2015

中国当代大学生
艺术作品年鉴

Yearbook of Contemporary Chinese University Students' Art Works in 2015

暨"逐日杯"中国当代大学生艺术作品大赛
获奖作品

The Award-winning Works of the "Eonian Cup" Contemporary Chinese University Students' Art Work Contest

中国当代大学生艺术作品年鉴》
委会 编
earbook of Contemporary Chinese
niversity Students' Art Works
ditorial board

易名 主编
ng Yiming Chief editor

获奖作品
人物档案

Award Winning Works
Figure Files

VOLUME ONE
卷壹

北京工艺美术出版社

谨以此年鉴

献给为中国高等艺术教育发展而辛勤付出的教师和学子们!

图书在版编目（CIP）数据

2015中国当代大学生艺术作品年鉴.获奖作品・人物档案.卷1/丁易名主编.—北京:北京工艺美术出版社，2015.9

（中国艺术年鉴）

ISBN 978-7-5140-0734-3

Ⅰ.①2… Ⅱ.①丁… Ⅲ.①艺术－作品综合集－中国－现代Ⅳ.①J121

中国版本图书馆CIP数据核字(2015)第213299号

出 版 人：陈高潮
责任编辑：杨世君　冯淑泰
装帧设计：北京逐日文化传媒有限公司
责任印制：宋朝晖

2015 中国当代大学生艺术作品年鉴

获奖作品・人物档案　卷 1

丁易名 主编

出版发行 北京工艺美术出版社
地　　址 北京市东城区和平里七区16号
邮　　编 100013
电　　话 (010) 84255105（总编室）
(010) 64283627（编辑部）
(010) 64283671（发行部）
传　　真 (010) 64280045/84255105
网　　址 www.gmcbs.cn
经　　销 各地新华书店
印　　刷 北京久佳印刷有限责任公司
开　　本 700毫米×1000毫米 1/8
印　　张 52
版　　次 2015年9月第1版
印　　次 2015年9月第1次印刷
印　　数 1～3000
书　　号 ISBN 978-7-5140-0734-3
定　　价 1494.00元（全三册）

主　　办　中国传媒大学美术传播研究所
　　　　　中国当代艺术家协会
策划／承办　北京逐日文化传媒有限公司
　　　　　《中国艺术年鉴》编辑部
学术顾问　李砚祖　吕品昌　叶建新　宁　钢
主　　编　丁易名
副 主 编　张立坤　刘　洋　毕小龙　张芳帆
编　　辑　雷雨龙　张鸿雨　贾迎春　王　帅
　　　　　陈致远　段会会　朱玉梅　史青苗
美　　编　李　鹏　耿　莹　胡振宇

特邀编委

谨以此年鉴

献给为中国高等艺术教育发展而辛勤付出的教师和学子们!

2015

中国当代大学生艺术作品年鉴

暨"逐日杯"中国当代大学生艺术作品大赛

《2015 中国当代大学生艺术作品年鉴》(以下简称《年鉴》)暨"逐日杯"中国当代大学生艺术作品大赛在全国两千余所高等艺术院校师生的大力支持下，前后耗费一年左右的时间终于圆满结束。此次征稿共收到 3 万余名学生的 11 万余幅(件)投稿作品，经过编委会、评审团、专家评审委员会遵循公平、公正的原则分级评审，最终有 6000 余幅(件)作品被《年鉴》收编入册，其中有近 500 幅(件)优秀作品在大赛中获得终评提名。这些作品延续了上一年度作品多类型、多风格、多理念的特点，不仅反映出当前高等院校艺术教育多元化、实用化、职业化的发展状况和实践创作教育成果，更体现出当代大学生朝气蓬勃的活力与天马行空的创造力。

《年鉴》对于高等艺术教育部门、教育机构和从事绘画艺术、书画艺术、造型艺术、视觉传达艺术、建筑环境艺术、动漫新媒体艺术、工业设计、摄影艺术、纺织服装艺术等设计创作人员掌握高校艺术教育行业发展趋向，了解新的设计创作理念，有很好的参考和借鉴作用。在本次《年鉴》的征稿、编辑和大赛的举办过程中，还得到了以中央美术学院、清华大学美术学院、天津美术学院、湖北美术学院、西安美术学院等全国八大美院为主的 31 所独立高等艺术院校和其他综合类、职业类高等艺术院校的专家、教授以及老师们的大力支持和帮助，在此向为《年鉴》和大赛提供帮助和支持的单位及个人表示衷心的感谢!

《年鉴》由北京工艺美术出版社出版，委托相关的图书销售公司、发行公司在国外和国内(含港、澳、台)等各地区发行。由于资料数据繁多，在编辑过程中难免有疏漏或错误之处，敬请读者指正，并提出宝贵意见，以便我们不断提高《年鉴》的编辑水平，满足广大读者的需求。

《中国艺术年鉴》编辑部

《中国当代大学生艺术作品年鉴》编委会

2015 年 7 月

序

preface

艺术教育是教育中不可缺少的组成部分。在现实生活中，人们常常会侧重技法的提高而忽视感受，重视考学而忽视兴趣，重视成绩而忽视审美能力和艺术素质的培养，这无疑束缚了人的想象力和创造力。随着时代的发展，越来越多的人开始明白要培养全面发展的人才，就必须重视艺术教育，各院校也从多方面开展艺术教育活动，这促进了当前我国文化和艺术的大发展、大繁荣。在文化和艺术百花齐放的大环境下，《2015 中国当代大学生艺术作品年鉴》开始了新的征程。

《2015 中国当代大学生艺术作品年鉴》暨〝逐日杯〞中国当代大学生艺术作品大赛是中国传媒大学美术传播研究院与北京逐日文化传媒有限公司共同面向全国大学生征集艺术作品的评选活动，反映了 2014 ~ 2015 年度我国各大院校在绘画艺术、造型艺术、视觉传达艺术、动漫新媒体艺术等九大类艺术专业方面学生的实际情况及其所取得的成就。我们本着客观、公正的原则，全面真实地展现了中国当代大学生的创作才华和进取精神，用年鉴这一形式记录莘莘学子在艺术道路上的成长历程，希望能点燃更多年轻人对艺术创作的热情。

回顾《年鉴》走过的历程，有努力，有汗水，更有宝贵的学习经验。我们将每年的大学生艺术创作足迹系统真实地记录下来，总结过去，把握现在，展望未来。希望《年鉴》继续担负起重任，不断推动中国艺术教育的发展。

最后，真挚地感谢给我们提供支持和帮助的高校的老师们、朋友们，以及给我们提出宝贵意见的社会各界人士。《年鉴》在大家的共同努力下，一定会越办越好。

[illegible] 主编

谨以此年鉴

献给为中国高等艺术教育发展而辛勤付出的教师和学子们！

藝術作為興趣同時又是自己的本職工作，那不仅意味着幸运，更意味着社会将艺术创造的责任赋予了你。作为未来的艺术家、设计家，将用艺术之笔描绘一个新的美好世界，因此，在大学时代的学习和努力就十分重要。

李砚祖

2015年5月

清华大学美术学院教授 博士研究生导师 李砚祖题词

很欣慰，又看到了2015年度的年鉴作品，看得出当代大学生思维活跃，勇于探索，能真实地面对现实生活，感受当下……无论是技术训练还是观念表现都有较好体现。从作品中看得出新一代青年艺术家们的和充满智慧的目光，且充满活力。

中央美术学院雕塑系 吕品昌

2015.5.22

中央美术学院教授 硕士研究生导师 吕品昌题词

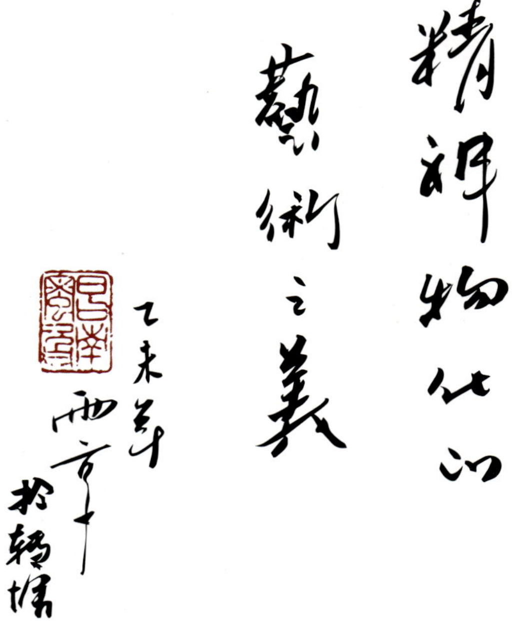

中国美术学院教授 硕士研究生导师 戴雨享题词

弘扬民族传统
展现时代风采
实现中国梦想

郭振山

天津美术学院教授 郭振山题词

谨以此年鉴

献给为中国高等艺术教育发展而辛勤付出的教师和学子们!

历史年轮

时代见证

陈君

湖北美术学院教授 陈君题词

天化技笔

艺术之魂

癸巳 任焕斌

西安美术学院教授 任焕斌题词

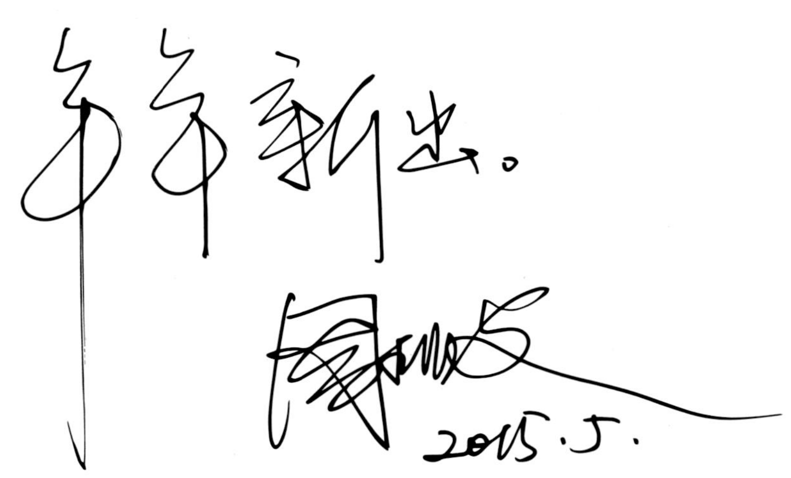

四川美术学院教授 硕士研究生导师 周小波题词

这里不仅是展示，更是交流，坚持，再坚持！

期待年青的艺术才子们在这个平台上，
相互激励，未来有更美好的辉煌！

在这里你总会被关注，
期待你的参与！

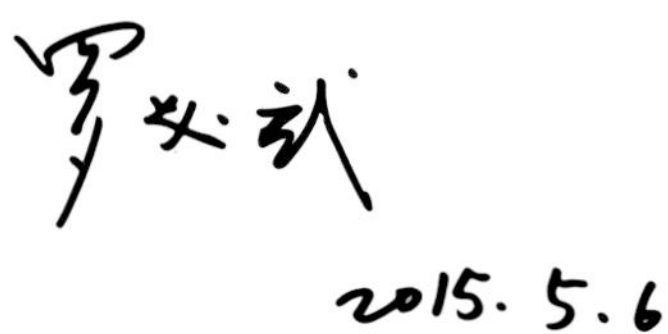

广州美术学院教授 硕士研究生导师 罗必武题词

谨以此年鉴

献给为中国高等艺术教育发展而辛勤付出的教师和学子们！

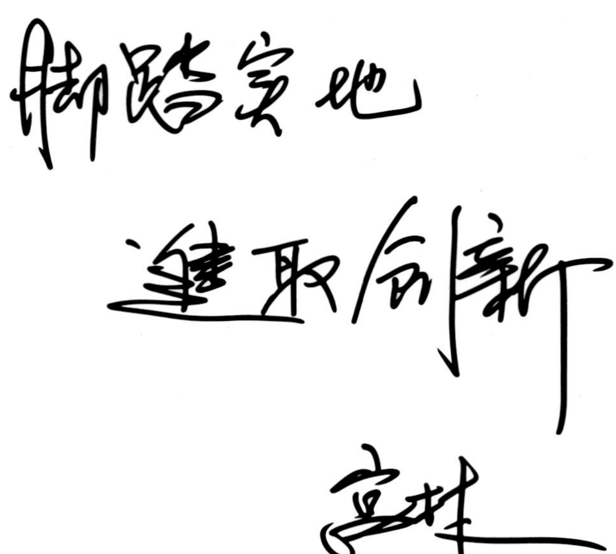

北京电影学院教授 宫林题词

闳约深美

敬录蔡元培先生对上海美专师生训！蔡元培先生为我国著名的思想家、教育家和社会活动家，曾为上海美专董事局主席

乙未初夏 刘伟冬

南京艺术学院教授 硕士研究生导师 刘伟冬题词

寄语
Wishes

追求卓越，宁静致远

景德镇陶瓷学院教授 宁钢题词

構築中國當代大學生藝術才華展示平臺，功在當代，利在千秋！今屆更比往屆好！

廣州大學美術與設計學院

詹武

2015年5月8日

广州大学美术与设计学院教授 硕士研究生导师 詹武题词

谨以此年鉴

献给为中国高等艺术教育发展而辛勤付出的教师和学子们！

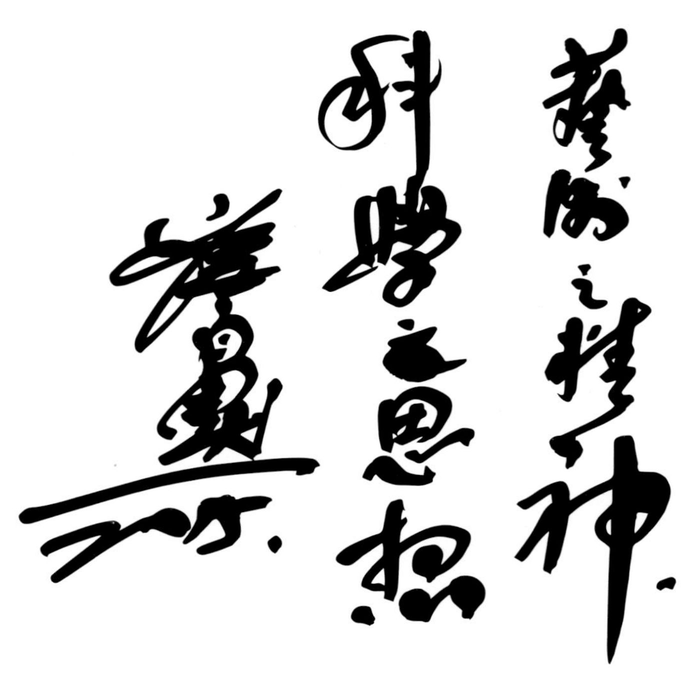

国防大学美术书法研究院教授 崔自默题词

希望中国当代大学生艺术作品

发展越来越好！

陈建辉 书贺

2015.5.13

东华大学服装·艺术设计学院教授 硕士研究生导师 陈建辉题词

从《中国当代大学生艺术作品年鉴》出版的积累中看到当代大学生进步的印痕，加油！

徐青青

西安工程大学艺术工程学院教授 徐青青题词

中國大學生藝術之精華，經典藝術文獻。

癸巳年冬月葉建新題

中国传媒大学教授 叶建新题词

谨以此年鉴

献给为中国高等艺术教育发展而辛勤付出的教师和学子们！

艺术家的摇篮　中华艺术的希望

祝《中国当代大学生艺术作品年鉴》取得成功！

天津工艺美术职业学院商业美术系主任

李宗尧

天津工艺美术学院副教授　李宗尧题词

贺《2015年中国当代大学生艺术年鉴》出版

创意人生，记忆青春

陈高潮

二〇一五年五月十四日

北京工艺美术出版社社长　陈高潮题词

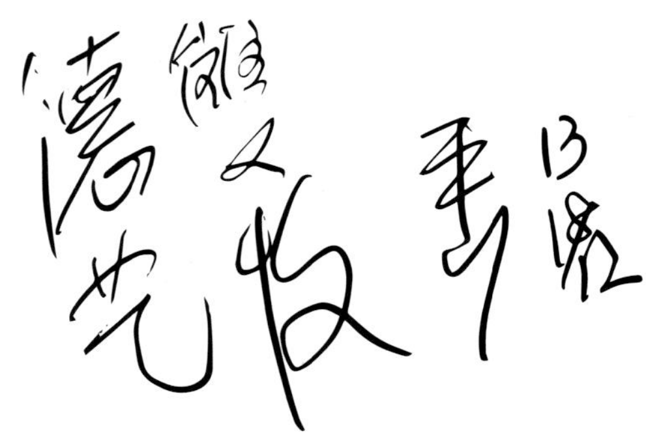

著名艺术家　边平山题词

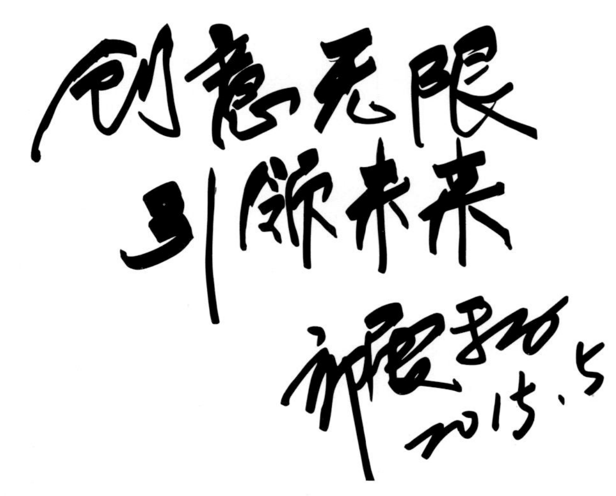

中国陶瓷艺术大师　郭爱和题词

专家评审委员会

The committee of review experts

艺术院校专家评审委员

李砚祖　清华大学美术学院　教授
吕品昌　中央美术学院　教授
戴雨享　中国美术学院　教授
郭振山　天津美术学院　教授
陈　君　湖北美术学院　教授
任焕斌　西安美术学院　教授
周小波　四川美术学院　教授
罗必武　广州美术学院　教授
晏　阳　鲁迅美术学院　副教授
宫　林　北京电影学院　教授
刘伟冬　南京艺术学院　教授
宁　钢　景德镇陶瓷学院　教授
詹　武　广州大学美术与设计学院　教授
崔自默　国防大学美术书法研究院　教授
陈建辉　东华大学服装·艺术设计学院　教授
徐青青　西安工程大学艺术工程学院　教授
刘颖悟　广东技术师范学院美术学院　教授
李宗尧　天津工艺美术学院　副教授

出版社、杂志社等评审委员

翟　博　《中国教育报》总编辑
陈高潮　北京工艺美术出版社　社长
兰翠芹　《设计》杂志社　副社长
张　彬　北京艺术与科学电子出版社　社长

社会知名艺术家、企业家等评审委员

边平山　著名画家
郭爱和　中国陶瓷艺术大师
闫　蕾　广东佛山鹰牌陶瓷有限公司策划中心总监
丁雄军　亚皇集团总裁

主办、承办单位负责人评审委员

叶建新　中国传媒大学美术传播研究所　教授
丁易名　北京逐日文化传媒有限公司　董事长、总经理
杨李军　中国传媒大学　博士
叶加贝　北京工商大学　博士

所有铜奖（含）以上获奖作品均由专家评审委员会综合评审打分产生

谨以此年鉴

献给为中国高等艺术教育发展而辛勤付出的教师和学子们！

姓名	所属院校
阿不来提·马合苏提	新疆大学
包　琳	嘉兴学院
蔡玉硕	河南大学
陈春贵	泉州工艺美术职业学院
陈伟龙	浙江师范大学
陈聿东	南开大学
程　耀	广东第二师范学院
邓　斌	四川工程职业技术学院
董振怀	沧州师范学院
丰兴军	济宁学院
高元华	荆州理工职业学院
耿　翊	贵州大学
顾明智	常州纺织服装职业技术学院
管学理	湖北交通职业技术学院
韩永林	兰州财经大学
郝淑宝	河套学院
何靖泉	辽宁轻工职业学院
贺洛乙	周口师范学院
胡晓洁	黄冈师范学院
黄光辉	贵州师范大学
黄　辉	天津职业技术师范大学
黄检文	萍乡学院
黄　侃	广州商学院
黄文中	泉州师范学院
黄　洋	阿坝师范高等专科学校
黄作林	重庆师范大学
惠晓钟	陕西国防工业职业技术学院
江水明	苏州高博软件技术职业学院
姜百瑞	重庆师范大学涉外商贸学院

姓名	所属院校
姜　博	广东松山职业技术学院
姜松华	南京信息职业技术学院
姜　霞	山东工艺美术学院
蒋　鑫	河南科技大学
金　卓	亳州师范高等专科学校
鞠广东	石家庄理工职业学院
雷文彬	四川师范大学成都学院
李　刚	上海工艺美术职业学院
李六杏	安徽经济管理学院
李　萌	华南理工大学
李锐文	广州大学
李　一	安阳工学院
李志强	常州工学院
梁观光	贺州学院
林　勇	福建信息职业技术学院
林梓波	福州大学
刘　蓉	重庆工商大学
刘树龙	吉林建筑大学
刘　爽	大连艺术学院
刘晓杰	厦门大学
刘训立	西安美术学院
刘永福	广西职业技术学院
刘志刚	西北民族大学
楼正国	鲁东大学
罗礼平	福建师范大学
罗　源	重庆工商大学
马　辉	西安美术学院雕塑系客座教授
马绥莉	榆林学院
马振龙	天津理工大学

所有铜奖（不含）以下获奖作品均由评审团成员综合打分产生（评委按姓氏首字母排序）

评审团成员

Members of the jury

姓 名	所属院校
牛 学	武汉工商学院
漆琰玲	鲁迅美术学院
曲阜贵	漳州科技学院
佘国富	福州大学厦门工艺美术学院
申庆全	黑龙江农业经济职业学院
沈 宏	燕京理工学院
沈雷鸣	宁波大红鹰学院
寿伟克	衢州学院
宋国彬	黄冈师范学院
苏子东	珠海城市职业技术学院
孙 皓	天津商业大学
孙友全	广东农工商职业技术学院
汤洪泉	江苏理工学院刘海粟艺术学院
王东辉	上海第二工业大学
王 飞	湖北工程学院
王兆健	青岛黄海学院
吴智勇	重庆电信职业学院
武文丰	西华师范大学
肖机灵	广东职业技术学院
谢 迁	西安工程大学
幸代远	西昌学院
徐 丹	盐城工学院
许广彤	石家庄大学
薛 果	湖北工业大学商贸学院
薛圣言	景德镇陶瓷学院
薛文峰	内蒙古农业大学
杨剑涛	宜宾学院
杨 珺	武汉职业技术学院

姓 名	所属院校
杨开富	重庆工商大学
杨立泳	北方民族大学
杨树彬	广东工业大学
杨 涛	北京师范大学珠海分校
杨永福	广西大学行健文理学院
姚静萍	西北民族大学
殷晓克	渭南师范学院
尹 波	荆楚理工学院
禹 青	青岛科技大学
袁朝辉	黄冈师范学院
袁 哲	西南林业大学
张高志	唐山师范学院
张丽娟	郑州轻工业学院
张 利	山东女子学院
张晓莉	武汉生物工程学院
张晓黎	四川师范大学
张 旭	惠州经济职业技术学院
赵维平	郑州升达经贸管理学院
赵 云	武汉工程职业技术学院
郑 斌	湖南理工学院
郑 鑫	闽江学院
钟砚涛	常州大学
周晨阳	南通大学
周晓亚	中国戏曲学院
周燕弟	连云港师范高等专科学校
朱 彬	景德镇陶瓷学院
邹昌锋	江西农业大学
左铁峰	黄山学院

目　录 / Contents

获奖作品（卷一）

人物档案（卷一）

目 录 / Contents

获奖作品

Award winning works

序　　号：CA001 ~ CA005
作品名称：印象西湖系列
作　　者：丁阳
学　　校：杭州师范大学
指导教师：孙尔
获得奖项：年度特等大奖

年度特等大奖

The special awards

绘画艺术

The art of painting

序　　号：AA001
作品名称：钢笔画——外婆
作　　者：范强强
学　　校：河南科技学院
指导教师：无
获得奖项：金奖

序　　号：AA010
作品名称：欲望
作　　者：黄海涛
学　　校：广东工业大学
指导教师：蒋弘烨
获得奖项：铜奖

序　　号：AA011
作品名称：秋满永胜
作　　者：龙发明
学　　校：云南师范大学
指导教师：无
获得奖项：铜奖

序　　号：AA012
作品名称：信念交集
作　　者：郝温艳
学　　校：贵州民族大学
指导教师：何国富
获得奖项：铜奖

AA013

AA014

序　　号：AA013
作品名称：怒吼
作　　者：余东
学　　校：江西师范大学
指导教师：丘元
获得奖项：最佳作品奖

序　　号：AA014
作品名称：耄耋梦
作　　者：胡欢
学　　校：天津美术学院
指导教师：唐国树
获得奖项：最佳作品奖

序　　号：AA015
作品名称：dǎng
作　　者：许光彪
学　　校：延边大学
指导教师：姜钟浩
获得奖项：最佳作品奖

序　　号：AA016
作品名称：禁锢
作　　者：陈星霖
学　　校：四川美术学院
指导教师：无
获得奖项：最佳作品奖

序　　号：AA017
作品名称：平面镶嵌——中华龙马纹
作　　者：张昊
学　　校：延边大学
指导教师：李华英
获得奖项：最佳作品奖

序　　号：AA018
作品名称：综合绘画系列
作　　者：谢文
学　　校：广西艺术学院
指导教师：无
获得奖项：最佳作品奖

序　　号：AA019
作品名称：西藏女孩
作　　者：赵倩静
学　　校：北方工业大学
指导教师：祝凯
获得奖项：最佳作品奖

AA020

AA021

序　　号：AA020
作品名称：老人
作　　者：杜兴亮
学　　校：上海大学
指导教师：无
获得奖项：最佳作品奖

序　　号：AA021
作品名称：素描头像
作　　者：宋文超
学　　校：河南大学
指导教师：王卫东
获得奖项：最佳作品奖

序　　号：AA022
作品名称：同窗
作　　者：孙博文
学　　校：江南大学
指导教师：李方明
获得奖项：最佳作品奖

序　　号：AA023
作品名称：入梦
作　　者：孙庆辉
学　　校：昆明理工大学
指导教师：张建国
获得奖项：最佳作品奖

序　　号：AA024
作品名称：童年记忆
作　　者：刘敏
学　　校：衡阳师范学院
指导教师：刘力奇
获得奖项：最佳作品奖

序　　号：AA025
作品名称：bird
作　　者：邢娜娜
学　　校：鲁迅美术学院
指导教师：刘天舒
获得奖项：最佳作品奖

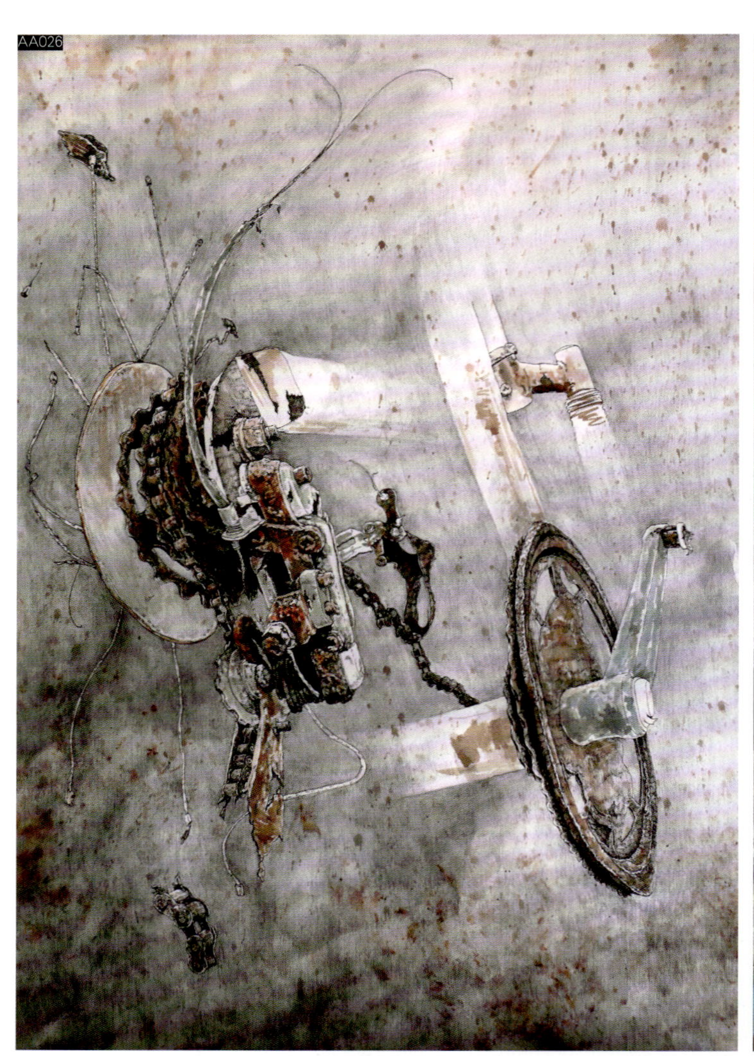
AA026

AA027

AA028

序　　号：AA039 ｜ AA040
作品名称：晴雪 ｜ 老寨
作　　者：李迪
学　　校：杭州师范大学
指导教师：董春雷
获得奖项：优秀奖

序　　号：AA041 ～ AA043
作品名称：绿野仙踪系列
作　　者：赵易鑫
学　　校：景德镇陶瓷学院
指导教师：吴一源
获得奖项：优秀奖

序　　号：AA044
作品名称：老去的记忆
作　　者：姚艳霞
学　　校：四川文理学院
指导教师：无
获得奖项：优秀奖

序　　号：AA045
作品名称：素描静物
作　　者：陈承报
学　　校：石河子大学
指导教师：刘人果
获得奖项：优秀奖

序　　号：AA046
作品名称：结构素描
作　　者：刘万全
学　　校：北方民族大学
指导教师：杨立泳
获得奖项：优秀奖

序　　号：AA047
作品名称：忆昔
作　　者：巫静怡
学　　校：韩山师范学院
指导教师：吴晓纯
获得奖项：优秀奖

序　　号：AA048
作品名称：慈爱耶稣
作　　者：宋翊菲
学　　校：南开大学滨海学院
指导教师：李博宇、叶莹
获得奖项：优秀奖

AA049

AA050

AA051

AA052

序　　号：AA049
作品名称：Dear Diary 系列·庆祝的意义
作　　者：张婷崴
学　　校：中央美术学院
指导教师：无
获得奖项：优秀奖

序　　号：AA050
作品名称：烦恼什么
作　　者：谢文
学　　校：广西艺术学院
指导教师：无
获得奖项：优秀奖

序　　号：AA051
作品名称：大卫
作　　者：李木剑
学　　校：汕尾职业技术学院
指导教师：无
获得奖项：优秀奖

序　　号：AA052
作品名称：素描人物
作　　者：郭燕
学　　校：河套学院
指导教师：李烨林
获得奖项：优秀奖

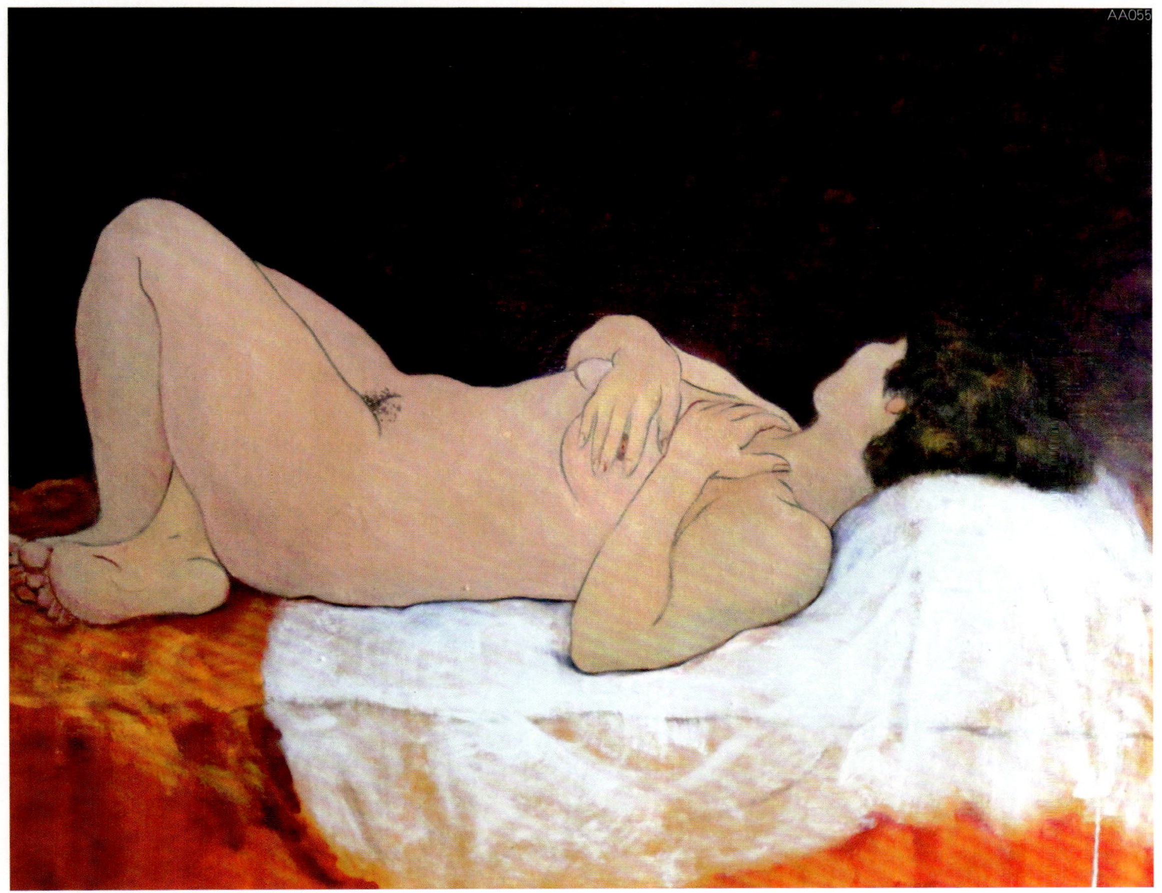

序　　号：AA053
作品名称：承接
作　　者：樊庆燕
学　　校：山东师范大学
指导教师：邹光平
获得奖项：优秀奖

序　　号：AA054
作品名称：花之语
作　　者：孙延梅
学　　校：山东师范大学
指导教师：刘宏
获得奖项：优秀奖

序　　号：AA055
作品名称：女人体
作　　者：龙秀萍
学　　校：杭州师范大学
指导教师：董春雷
获得奖项：优秀奖

AA056

AA058

AA057

AA059

序　　号：AA056
作品名称：吐峪沟印象
作　　者：刘亚运
学　　校：新疆师范大学
指导教师：莫合德尔·亚森
获得奖项：优秀奖

序　　号：AA057
作品名称：秋莲
作　　者：崔影
学　　校：中国环境管理干部学院
指导教师：杨旭光
获得奖项：优秀奖

序　　号：AA058
作品名称：暖阳
作　　者：刘敏玲
学　　校：广东第二师范学院
指导教师：陈中科
获得奖项：优秀奖

序　　号：AA059
作品名称：转城
作　　者：冯钰
学　　校：福州外语外贸学院
指导教师：齐飞
获得奖项：优秀奖

序　　号：AA060
作品名称：声声相传
作　　者：尹颖欣
学　　校：韩山师范学院
指导教师：邓石兰
获得奖项：优秀奖

序　　号：AA061
作品名称：黑暗中的笑容
作　　者：王迪玄
学　　校：扬州职业大学
指导教师：张晨
获得奖项：优秀奖

AA062

AA063

AA064

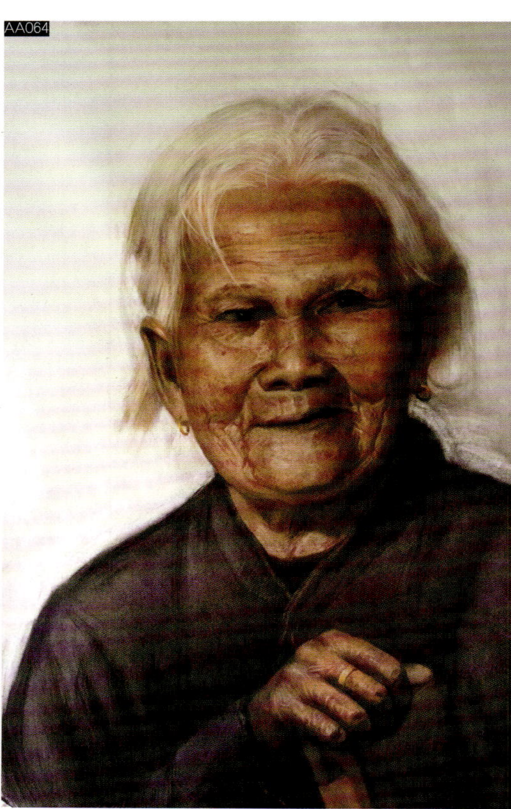

AA065

序　　号：AA062
作品名称：藏女
作　　者：那泽汗
学　　校：中央民族大学
指导教师：高润喜
获得奖项：优秀奖

序　　号：AA063
作品名称：西藏印象
作　　者：肖桥华
学　　校：广州大学
指导教师：汪晓曙、刘慧汉
获得奖项：优秀奖

序　　号：AA064
作品名称：母亲
作　　者：范秋滨
学　　校：广州商学院
指导教师：吴福珍
获得奖项：优秀奖

序　　号：AA065
作品名称：卖西瓜的女孩
作　　者：王瑞星
学　　校：广西艺术学院
指导教师：罗鸿
获得奖项：优秀奖

序　　号：AA066
作品名称：绽
作　　者：韩敬意
学　　校：山东轻工职业学院
指导教师：高迅
获得奖项：优秀奖

序　　号：AA067
作品名称：陕北人物
作　　者：张海燕
学　　校：山西师范大学
指导教师：刘松江
获得奖项：优秀奖

AA068

AA069

AA070

序　　号：AA068
作品名称：都・京
作　　者：那泽汗
学　　校：中央民族大学
指导教师：钟捷
获得奖项：优秀奖

序　　号：AA069
作品名称：灭火器
作　　者：黎永强
学　　校：广东第二师范学院
指导教师：无
获得奖项：优秀奖

序　　号：AA070
作品名称：水 524
作　　者：孟子淋
学　　校：广西师范大学
指导教师：秦剑
获得奖项：优秀奖

序　　号：AA071 | AA072
作品名称：岁月静好 | 煤油灯和苞米篮
作　　者：孙博文
学　　校：江南大学
指导教师：李方明
获得奖项：优秀奖

序　　号：AA073
作品名称：老旧的蒸馏器
作　　者：白闪尘
学　　校：仲恺农业工程学院
指导教师：郑洪昕
获得奖项：优秀奖

书画
艺术

The art of calligraphy and painting

BA001

序　　号：BA001
作品名称：元阳赶集
作　　者：李思遥
学　　校：湖南师范大学
指导教师：焦成根
获得奖项：金奖

序　　号：BA006
作品名称：归牧
作　　者：张智宇
学　　校：西南财经大学天府学院
指导教师：张辉、彭秋璐
获得奖项：铜奖

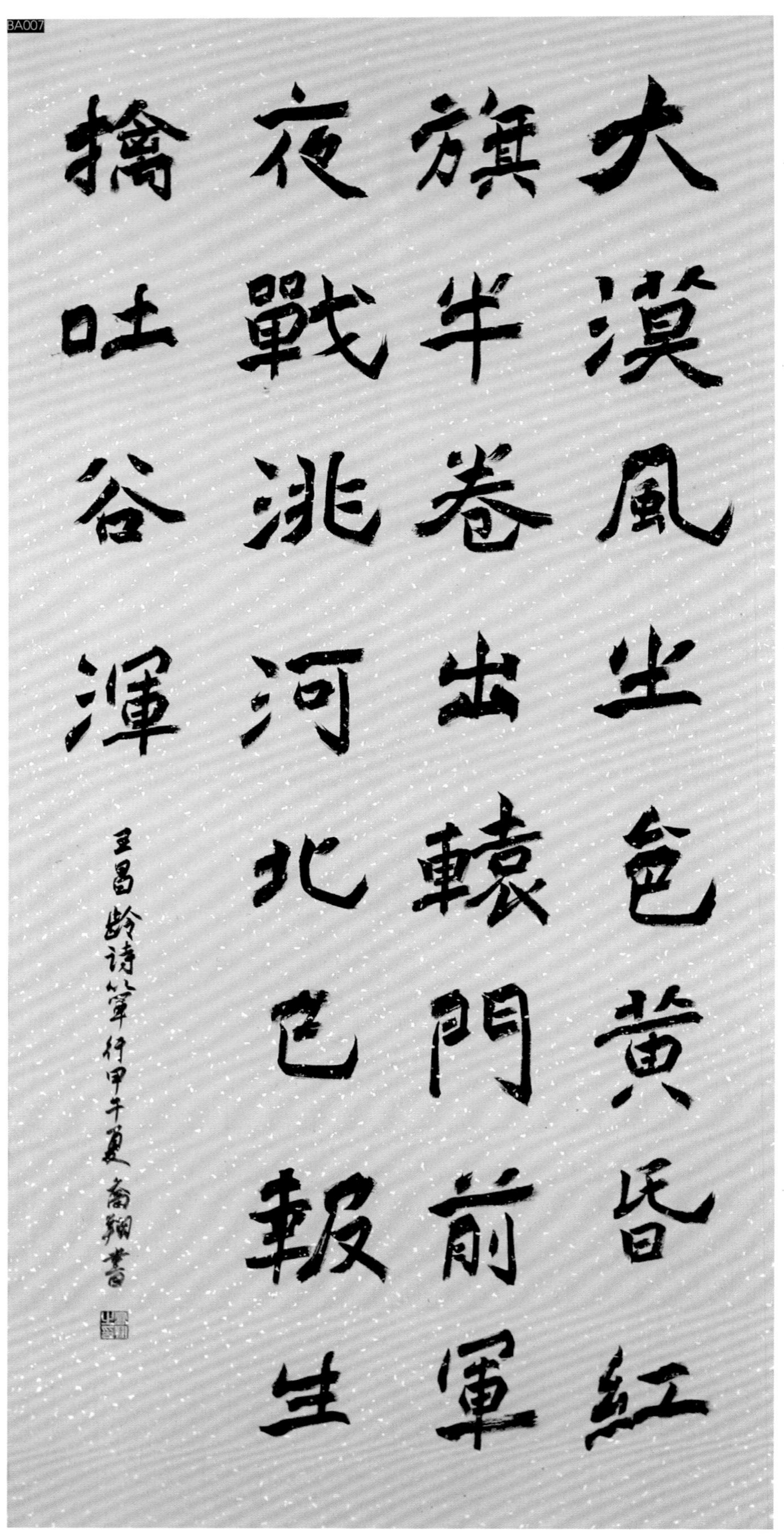

序　　号：BA007
作品名称：从军行
作　　者：乔翔
学　　校：信阳师范学院
指导教师：邹东升
获得奖项：最佳作品奖

BA009

序　　号：BA008
作品名称：一体同春
作　　者：李远元
学　　校：武汉商学院
指导教师：肖鹏
获得奖项：最佳作品奖

序　　号：BA009
作品名称：何处隐匿
作　　者：张鹏
学　　校：景德镇陶瓷学院
指导教师：郭立
获得奖项：最佳作品奖

序　　号：BA010
作品名称：园·早春
作　　者：杨娜
学　　校：陕西师范大学
指导教师：陶雪莲
获得奖项：最佳作品奖

序　　号：BA011
作品名称：归
作　　者：郑琬俞
学　　校：福建师范大学
指导教师：张明超
获得奖项：最佳作品奖

BA029

序　　号：BA029
作品名称：瓷
作　　者：刘赢兴
学　　校：广西师范大学
指导教师：徐芳
获得奖项：优秀奖

造型艺术

The art of sculpture

序　　号：CA001 ～ CA010
作品名称：囚
作　　者：周德廉
学　　校：天津美术学院
指导教师：谭勋
获得奖项：金奖

CA007

CA008

CA009

CA010

CA011

序　　号：CA011
作品名称：菩提本无树
作　　者：李军毓
学　　校：杭州师范大学
指导教师：周小瓯
获得奖项：银奖

序　　号：CA012
作品名称：汐·染
作　　者：杨茗皓
学　　校：中国美术学院
指导教师：戴雨享
获得奖项：银奖

序　　号：CA013
作品名称：支前
作　　者：秦志鸿
学　　校：广西艺术学院
指导教师：朱连城
获得奖项：铜奖

序　　号：CA014
作品名称：童心近禅
作　　者：陈树勇
学　　校：佛山科学技术学院
指导教师：吴斌
获得奖项：铜奖

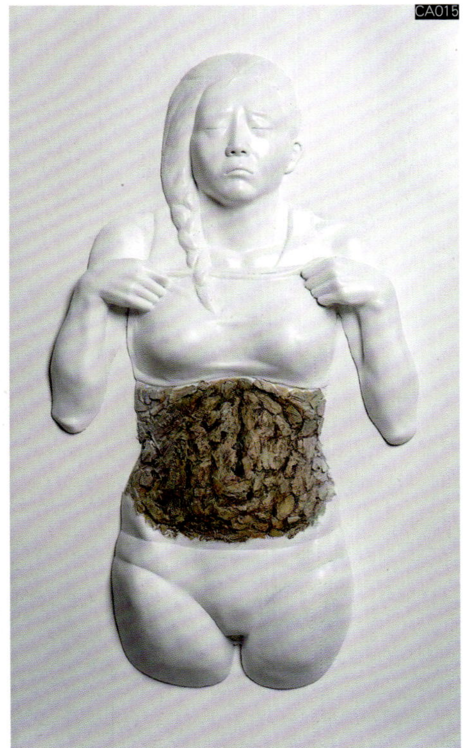

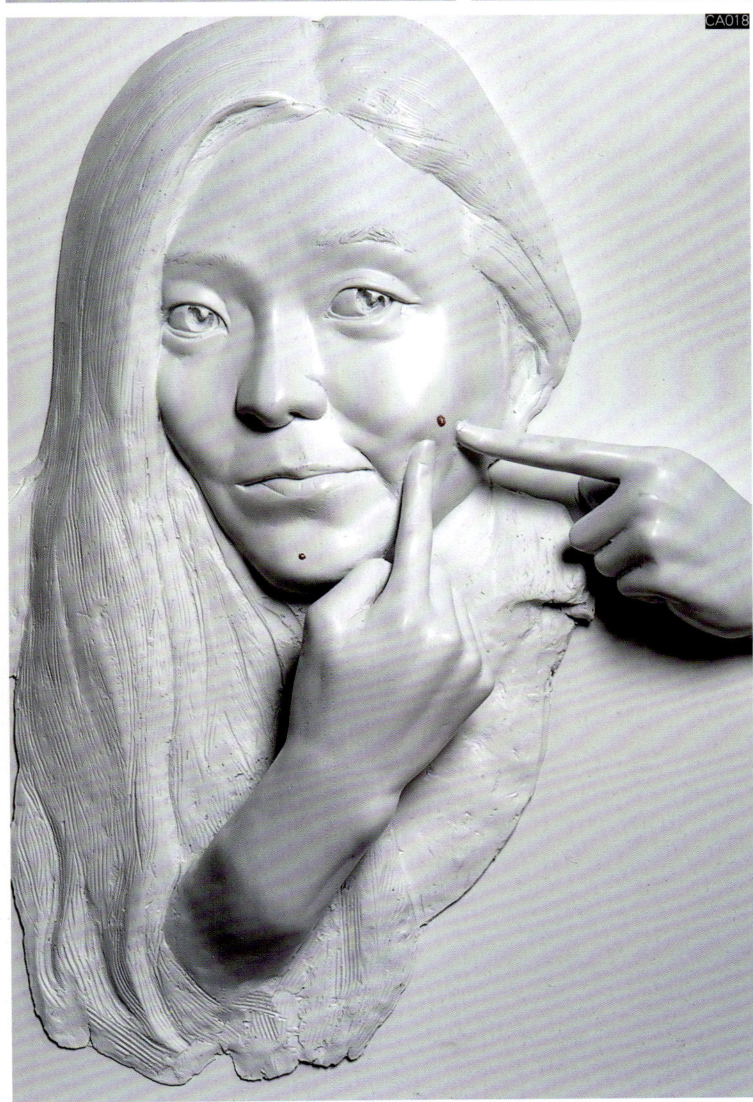

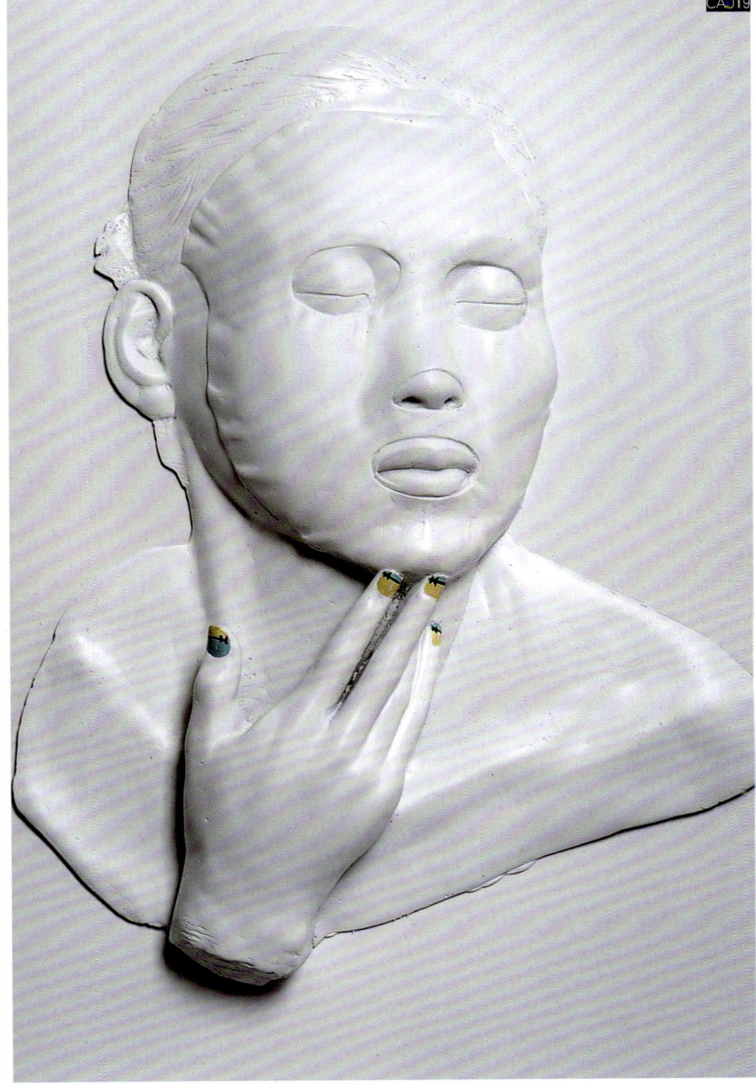

序　　号：CA015～CA019
作品名称：雪花膏系列
作　　者：董新秀
学　　校：大连工业大学
指导教师：肖福科
获得奖项：铜奖

CA020

CA021

CA022

序　　号：CA020 ~ CA022
作品名称：拥抱
作　　者：程越
学　　校：广州大学
指导教师：蔡忆龙
获得奖项：最佳作品奖

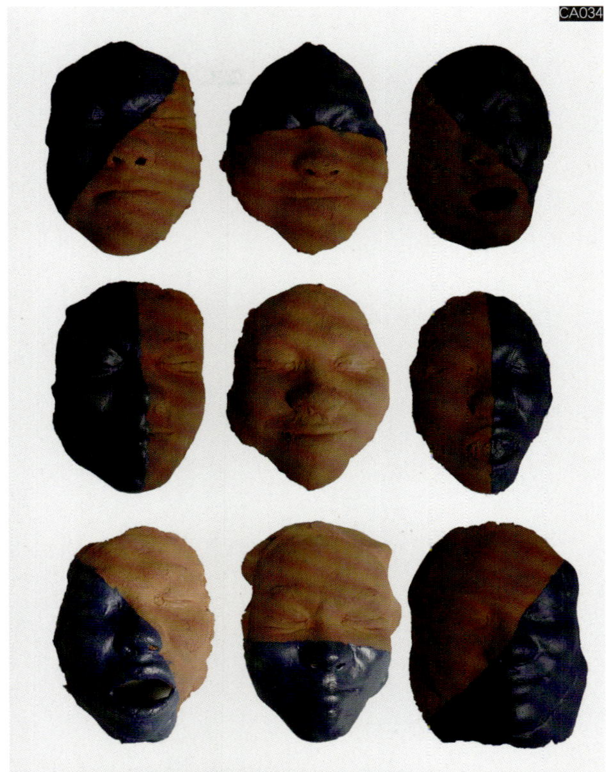

序　　号：CA033
作品名称：装饰人像浮雕
作　　者：胡欢
学　　校：天津美术学院
指导教师：唐国树
获得奖项：最佳作品奖

序　　号：CA034
作品名称：脸面
作　　者：邵帅帅
学　　校：常州大学
指导教师：徐英
获得奖项：最佳作品奖

序　　号：CA035
作品名称：蔓
作　　者：丁阳
学　　校：杭州师范大学
指导教师：孙尔
获得奖项：最佳作品奖

序　　号：CA036
作品名称：扑火
作　　者：李锡禄
学　　校：广西艺术学院
指导教师：石向东
获得奖项：最佳作品奖

CA037

CA038

序　　号：CA037
作品名称：文明的转换
作　　者：朱亚雷
学　　校：河南大学
指导教师：李政
获得奖项：最佳作品奖

序　　号：CA038
作品名称：祈祷
作　　者：林卓妍
学　　校：广东工业大学
指导教师：曾戈
获得奖项：最佳作品奖

序　　号：CA039
作品名称：乡音
作　　者：邓安
学　　校：合肥师范学院
指导教师：唐杰晓
获得奖项：最佳作品奖

序　　号：CA040
作品名称：石韵
作　　者：王登
学　　校：景德镇陶瓷学院
指导教师：黄焕义
获得奖项：最佳作品奖

CA039

CA040

CA041

CA042

CA043

序　　号：CA041
作品名称：荷
作　　者：侯丹
学　　校：西安美术学院
指导教师：刘训力
获得奖项：优秀奖

序　　号：CA042－CA043
作品名称：脊
作　　者：吴建毅
学　　校：中国美术学院
指导教师：周武、吴昊
获得奖项：优秀奖

CA044

CA045

序　　号：CA044
作品名称：茶具——随心
作　　者：郑惠文
学　　校：景德镇陶瓷学院
指导教师：黄焕义
获得奖项：优秀奖

序　　号：CA045
作品名称：条纹装饰
作　　者：谢雨成
学　　校：广西师范学院
指导教师：杨秀标、王胤
获得奖项：优秀奖

CA046

CA047

序　　号：CA046
作品名称：民族女孩
作　　者：茅文宽
学　　校：广西艺术学院
指导教师：齐雪松
获得奖项：优秀奖

序　　号：CA047
作品名称：印象湖景
作　　者：熊佳
学　　校：四川美术学院
指导教师：张海东
获得奖项：优秀奖

CA048

CA049

CA050

序　　号：CA048 ~ CA050
作品名称：岁月的尘埃
作　　者：陈晓春
学　　校：钦州学院
指导教师：卢珊
获得奖项：优秀奖

CA051

CA052

CA053

序　　号：CA051
作品名称：壮情
作　　者：茅文宽
学　　校：广西艺术学院
指导教师：齐雪松
获得奖项：优秀奖

序　　号：CA052
作品名称：都市情
作　　者：茅文宽
学　　校：广西艺术学院
指导教师：贺明
获得奖项：优秀奖

序　　号：CA053
作品名称：未羊贺吉
作　　者：刘永驹
学　　校：景德镇陶瓷学院
指导教师：黄焕义
获得奖项：优秀奖

序　　号：CA054
作品名称：鸟语
作　　者：蚁锦焕
学　　校：广州美术学院
指导教师：何汉明、王超
获得奖项：优秀奖

CA055

CA056

CA057

序　　号：CA055～CA057
作品名称：盘唇美
作　　者：王金灿
学　　校：景德镇陶瓷学院
指导教师：无
获得奖项：优秀奖

CA058

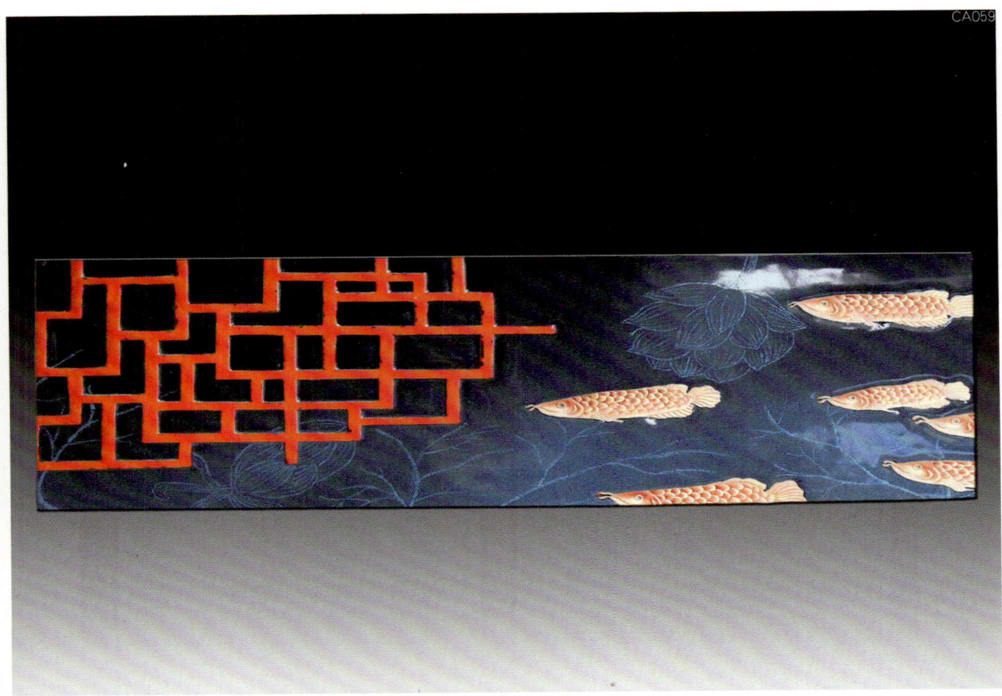
CA059

CA060

序　　号：CA058 ~ CA060
作品名称：鱼戏莲
作　　者：王超
学　　校：景德镇陶瓷学院
指导教师：何炳钦
获得奖项：优秀奖

视觉
传达
艺术

The art of visual communication

DA001

DA002

DA003

序　　号：DA001 ~ DA007
作品名称：石上人家
作　　者：苏子桐、陈美凤、肖文喜
学　　校：广西艺术学院
指导教师：喻湘龙
获得奖项：金奖

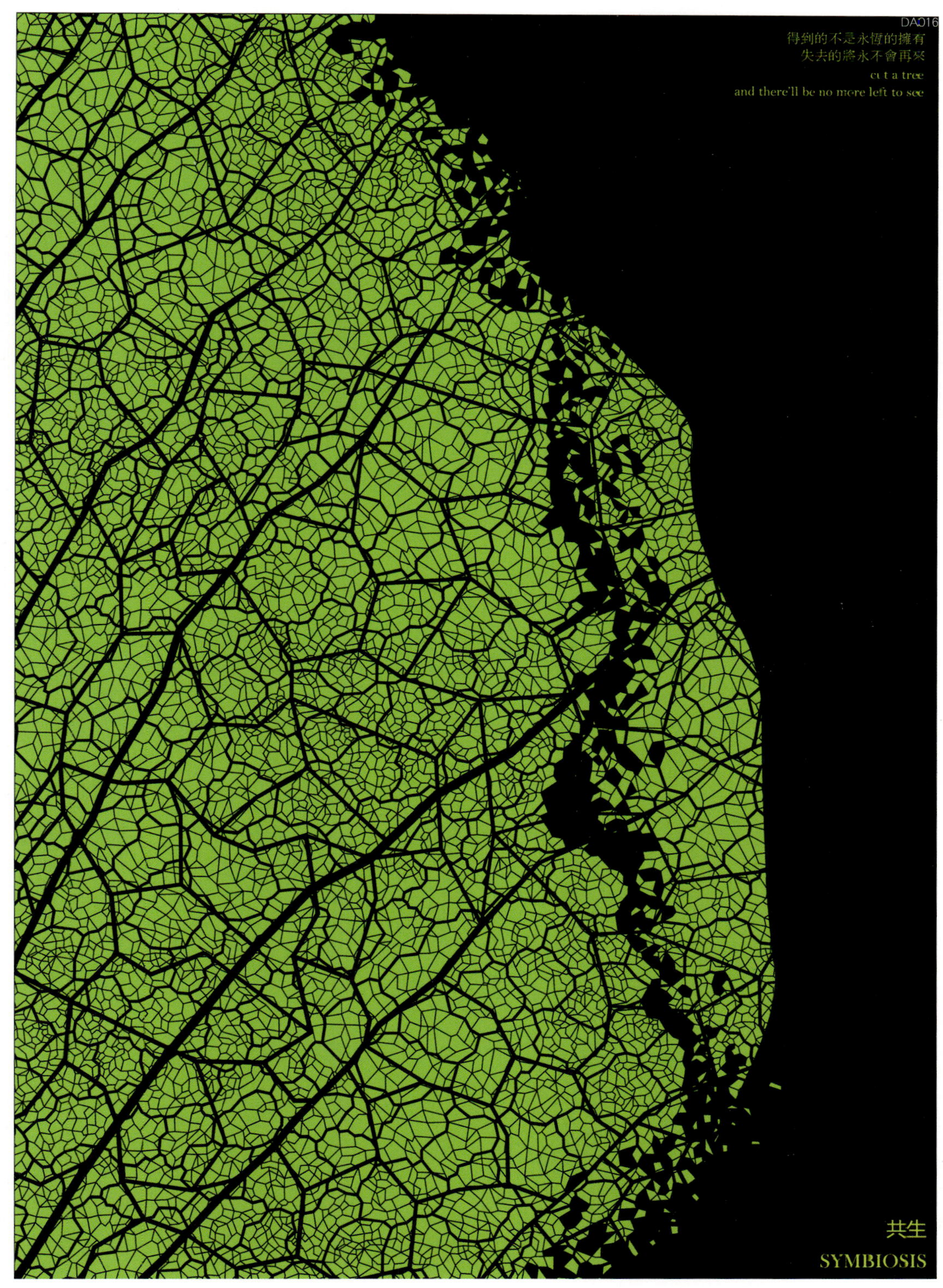

序　　号：DA016
作品名称：共生
作　　者：余文莹
学　　校：湖北工业大学
指导教师：魏珍珍
获得奖项：铜奖

DA017

DA018

DA019

序　　号：DA017～DA018
作品名称：相伴相随系列海报
作　　者：王志玉
学　　校：南京师范大学泰州学院
指导教师：无
获得奖项：最佳作品奖

序　　号：DA019
作品名称：TEA 茶叶包装设计
作　　者：伏家萱
学　　校：西北民族大学
指导教师：张少泉
获得奖项：最佳作品奖

序　　号：DA020
作品名称：沂蒙创意山果包装设计
作　　者：阚凤霞
学　　校：山东工艺美术学院
指导教师：苗登宇
获得奖项：最佳作品奖

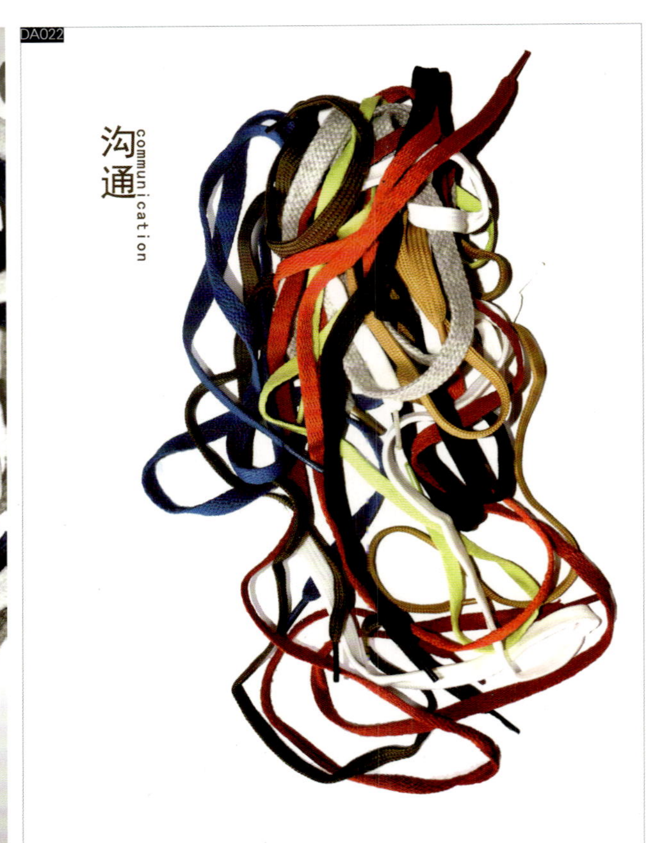

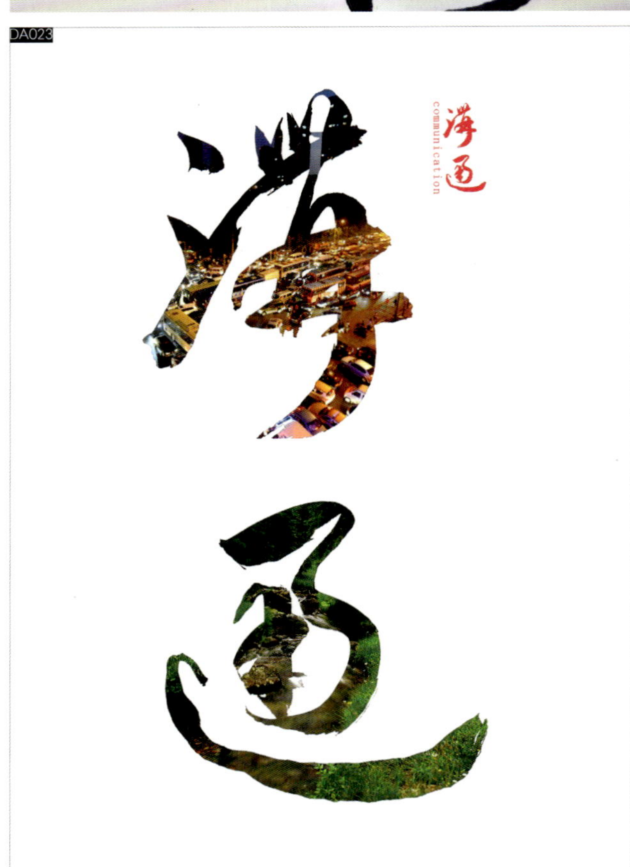

序　　号：DA021～DA024
作品名称：沟通系列
作　　者：余杰
学　　校：西安工程大学
指导教师：李永轮
获得奖项：最佳作品奖

序　　号：DA025～DA028
作品名称：“BIANG!”西安旅游纪念品标志设计
作　　者：魏凡茗
学　　校：河南大学
指导教师：无
获得奖项：最佳作品奖

DA029

DA030

DA031

DA032

序　　号：DA029 ~ DA032
作品名称：三大战役
作　　者：魏建臣
学　　校：石家庄学院
指导教师：赵建
获得奖项：最佳作品奖

序　　号：DA033 ~ DA035
作品名称：盘龙城系列招贴
作　　者：张瀚尹
学　　校：天津美术学院
指导教师：薛明
获得奖项：最佳作品奖

序　　号：DA036 ~ DA038
作品名称：麦斯威尔咖啡招贴设计系列
作　　者：郝琪
学　　校：广西师范大学
指导教师：何平静
获得奖项：最佳作品奖

序　　号：DA039 ~ DA041
作品名称：关爱老人系列
作　　者：张易坤
学　　校：安阳师范学院
指导教师：陈敏
获得奖项：最佳作品奖

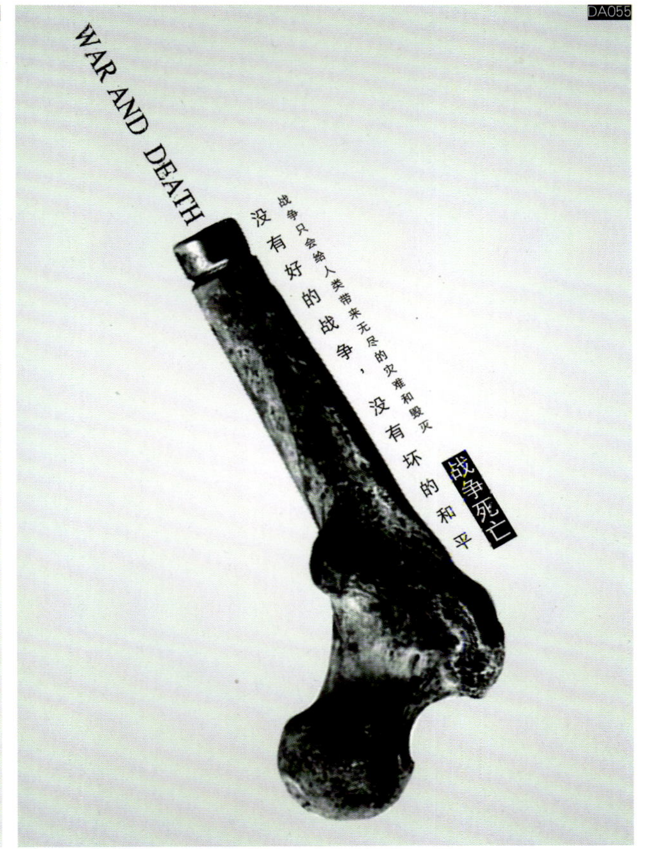

序　　号：DA053
作品名称：鸡蛋
作　　者：陈东
学　　校：辽宁交通高等专科学校
指导教师：张照雨
获得奖项：最佳作品奖

序　　号：DA054 ~ DA055
作品名称：共生系列
作　　者：丁俊
学　　校：曲阜师范大学
指导教师：徐丹
获得奖项：最佳作品奖

DA056

让你的自信多一点

Make you a little more confidence

序　　号：DA056 ~ DA058
作品名称：高跟鞋
作　　者：角佛砚
学　　校：云南民族大学
指导教师：马楠
获得奖项：优秀奖

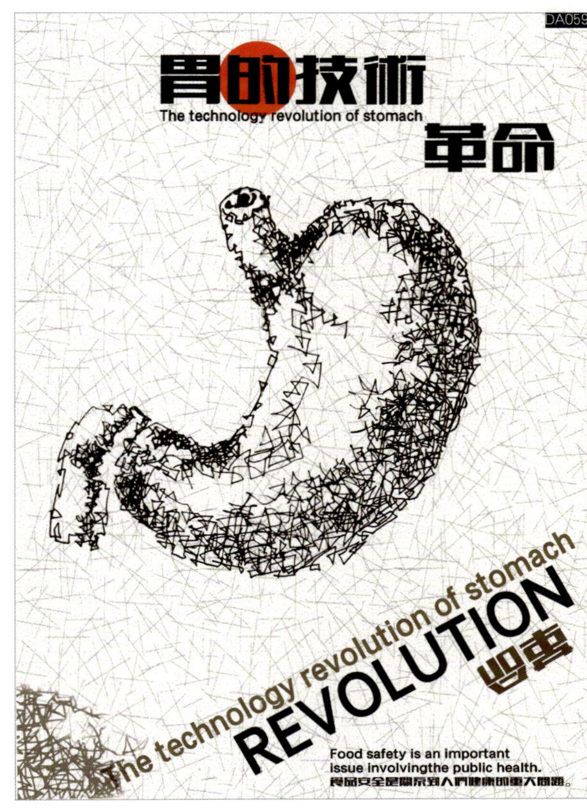

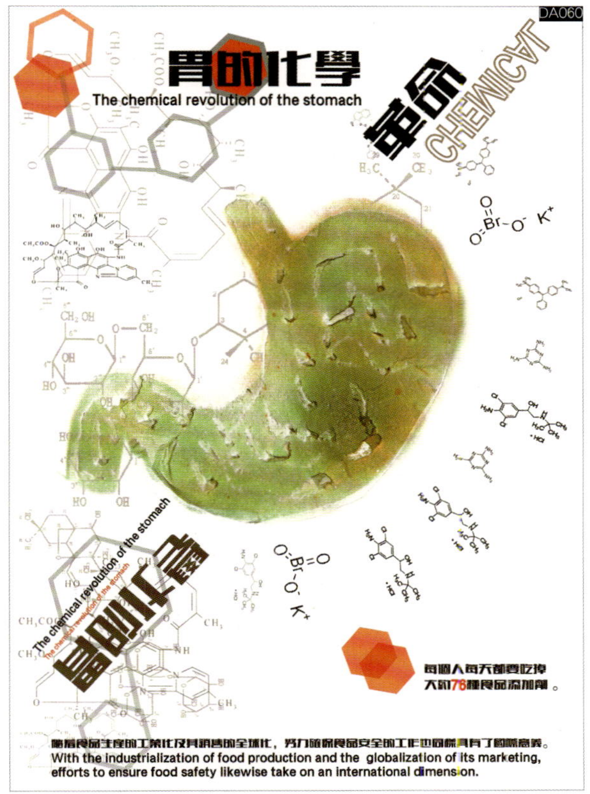

序　　号：DA059～DA061
作品名称：胃的革命系列
作　　者：梁杰
学　　校：云南艺术学院文华学院
指导教师：蔡薇
获得奖项：优秀奖

序　　号：DA062
作品名称：爱狗基地视觉形象设计
作　　者：曾洁
学　　校：山东工艺美术学院
指导教师：无
获得奖项：优秀奖

DA063

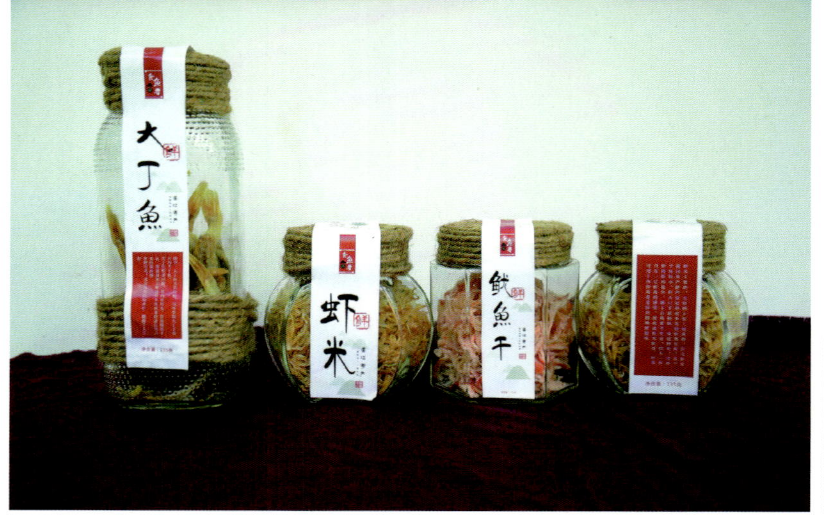

DA064

DA065

DA066

序　　号：DA063 ~ DA066
作品名称：食鱼者包装设计
作　　者：陈美凤
学　　校：广西艺术学院
指导教师：刘佳
获得奖项：优秀奖

建筑
环境
艺术

*The art of
built
environment*

EA001

序　　号：EA001 ~ EA004
作品名称："山石共生"概念建筑设计
作　　者：黄河，曾晓茜
学　　校：广西艺术学院
指导教师：玉潘亮，陈罡
获得奖项：金奖

EA002
EA003
EA004

TAI KOO
Marine theme restaurant

EA005

TAI KOO

EA006

TAiKOO
MARiNE THEME RESTAURANT
TAI KOO

EA007

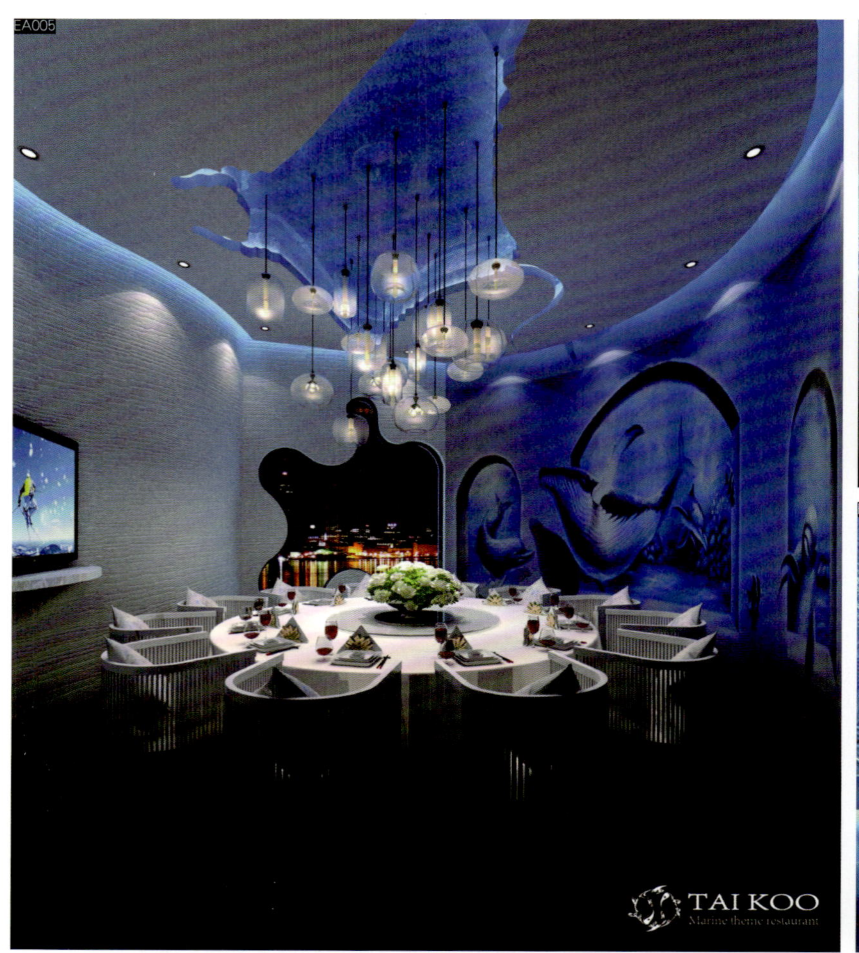

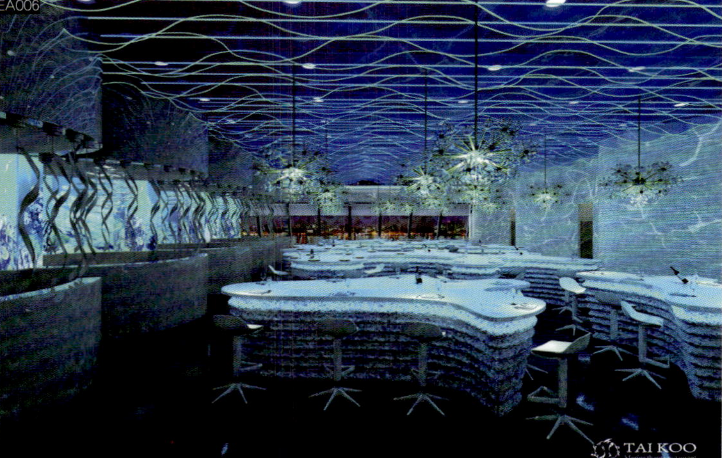

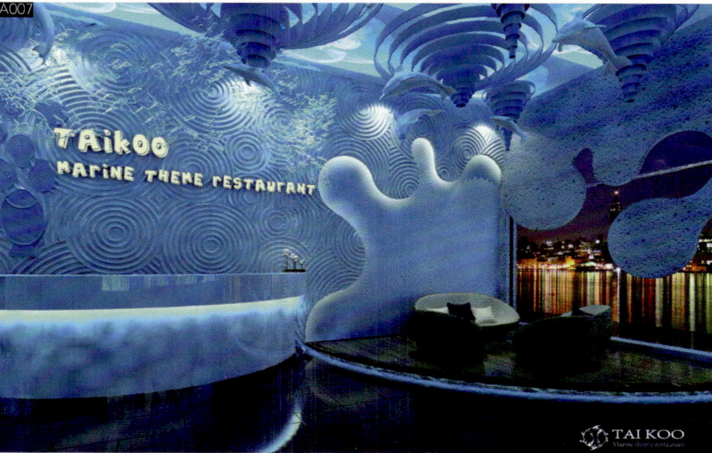

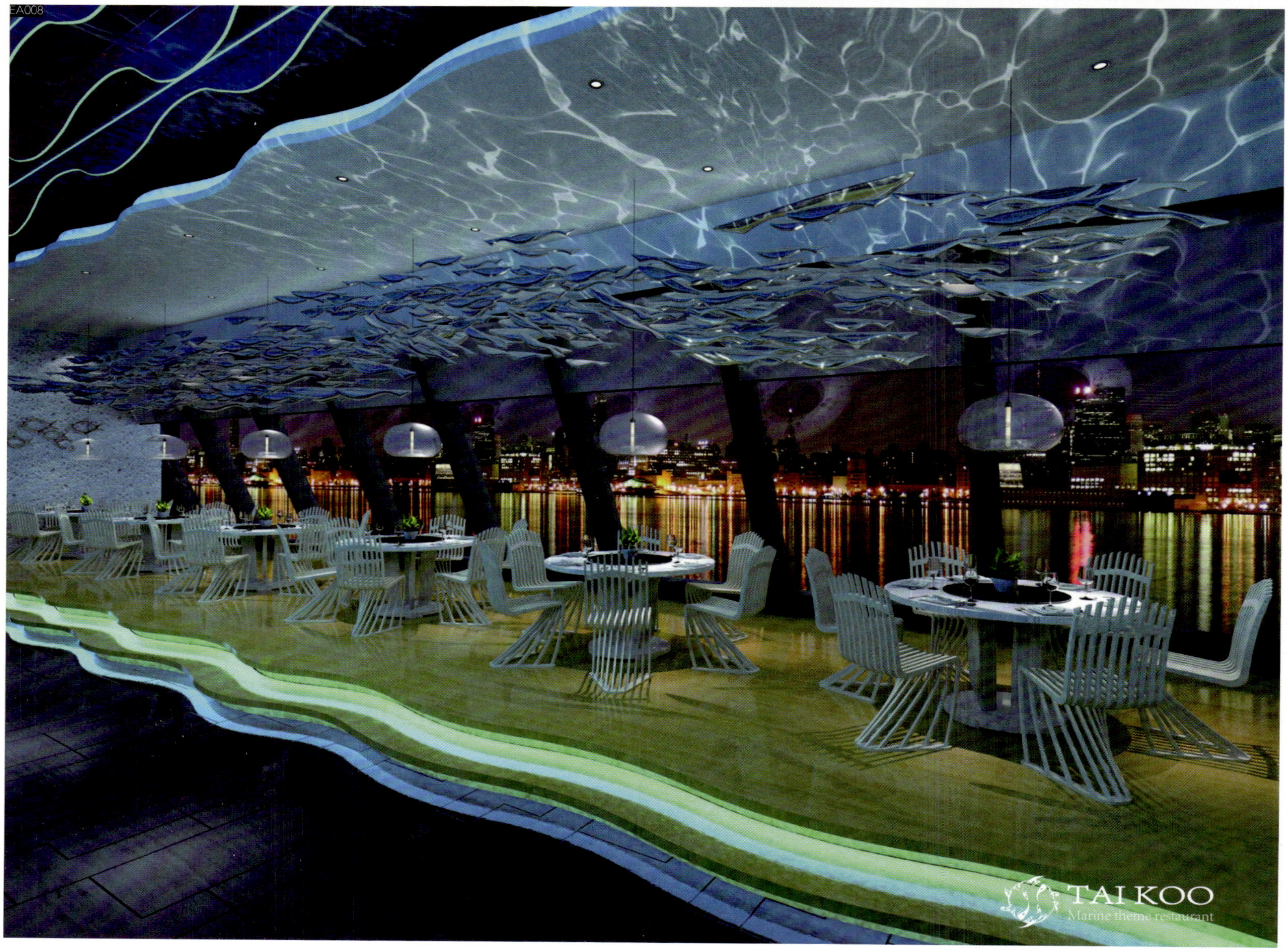
TAI KOO
Marine theme restaurant

EA008

EA009

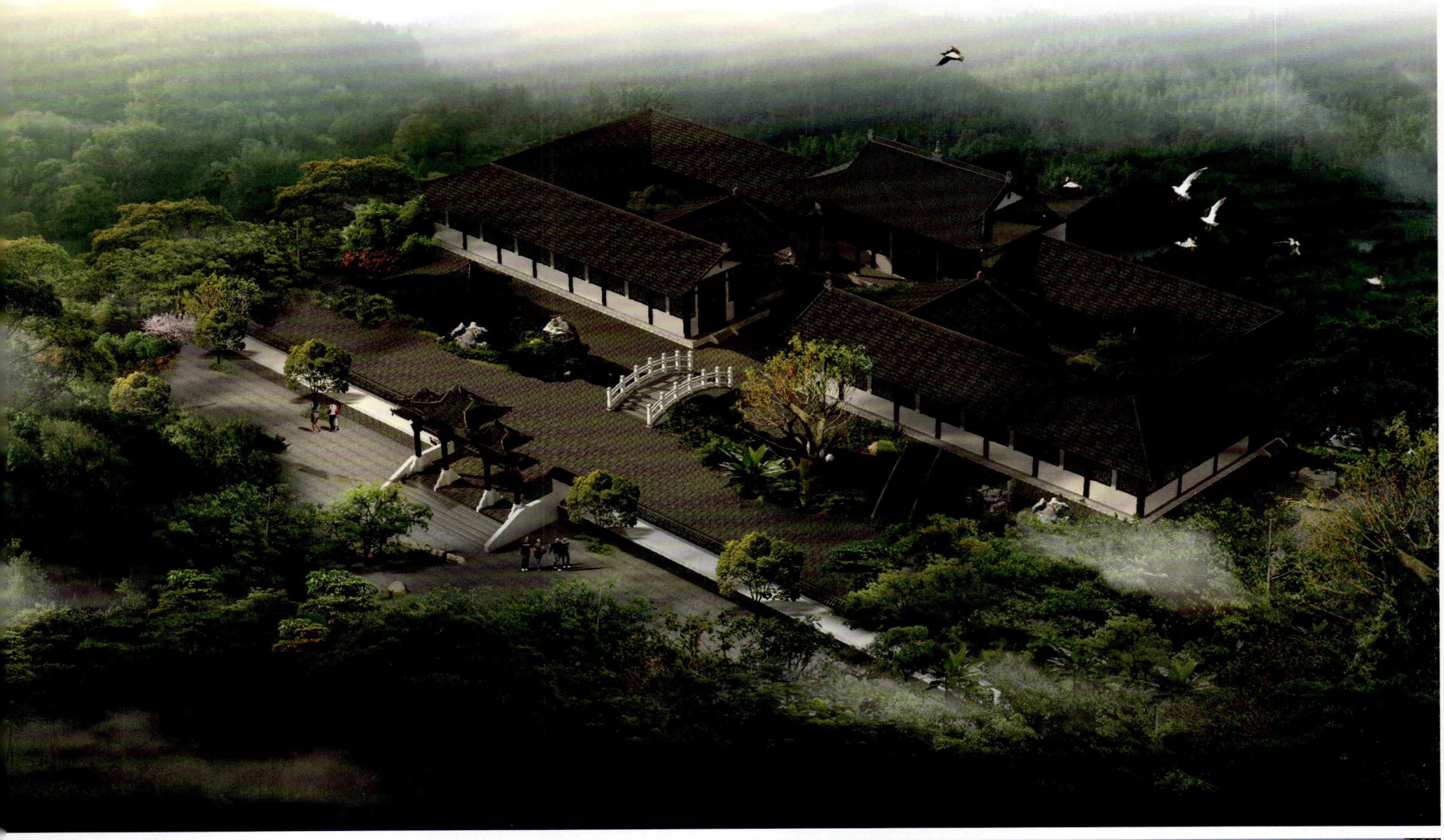

EA010

EA011

EA012

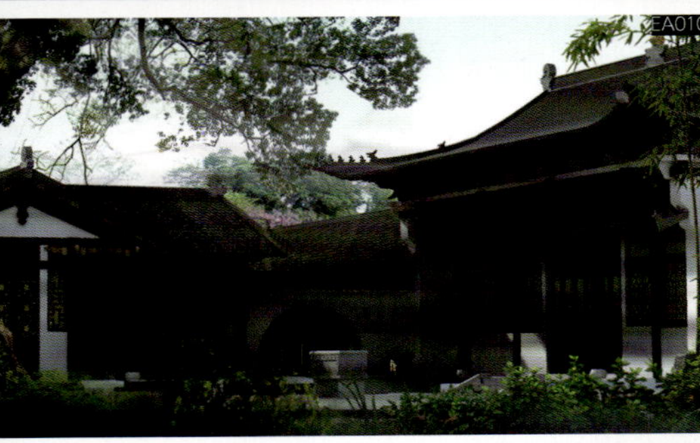

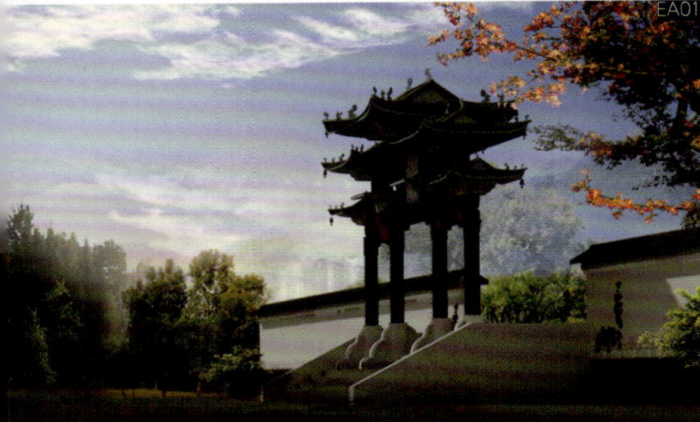

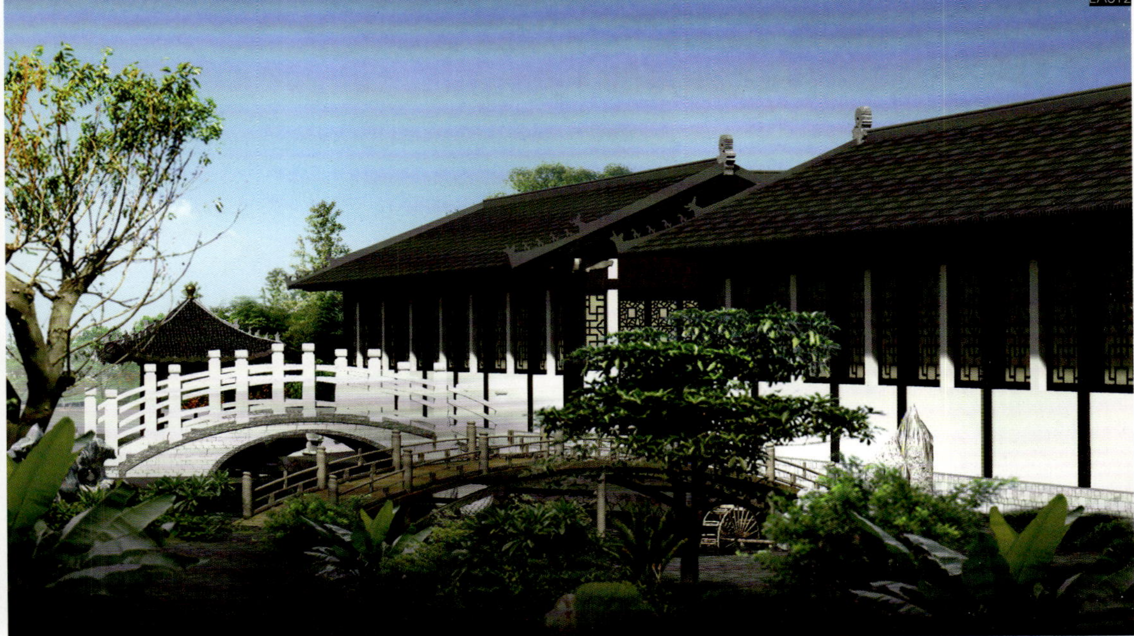

序　　号：EA005～EA008
作品名称：太古海洋主题餐厅
作　　者：蔡家伟
学　　校：广州大学纺织服装学院
指导教师：甘为
获得奖项：银奖

序　　号：EA009～EA012
作品名称：禅院建筑及景观设计
作　　者：刘丽姣
学　　校：昆明理工大学
指导教师：许佳、马云林
获得奖项：银奖

EA013

EA014

EA015

序　　号：EA013 ~ EA015
作品名称：颠覆传统美学——大理别墅设计
作　　者：刘丽姣
学　　校：昆明理工大学
指导教师：泞佳、马云林
获得奖项：铜奖

序　　号：EA016 ~ EA019
作品名称：恒
作　　者：李哲、王桂芳、曹梦雅、高瑷婷、谭杰、王伟哲
学　　校：燕山大学
指导教师：巴玥
获得奖项：铜奖

序　　号：EA020 ~ EA021
作品名称：木屋公社
作　　者：刘汉宇
学　　校：广西艺术学院
指导教师：黄文宪
获得奖项：铜奖

序　　号：EA022 ~ EA025
作品名称：5·12 主题餐厅
作　　者：翟美慧
学　　校：烟台大学
指导教师：李明同
获得奖项：最佳作品奖

序　　号：EA056～EA059
作品名称：四川美术学院东门校史馆设计
作　　者：赵中华
学　　校：四川美术学院
指导教师：无
获得奖项：最佳作品奖

序　　号：EA060～EA063
作品名称：模特餐饮空间
作　　者：于佳佳
学　　校：烟台大学
指导教师：李明同
获得奖项：最佳作品奖

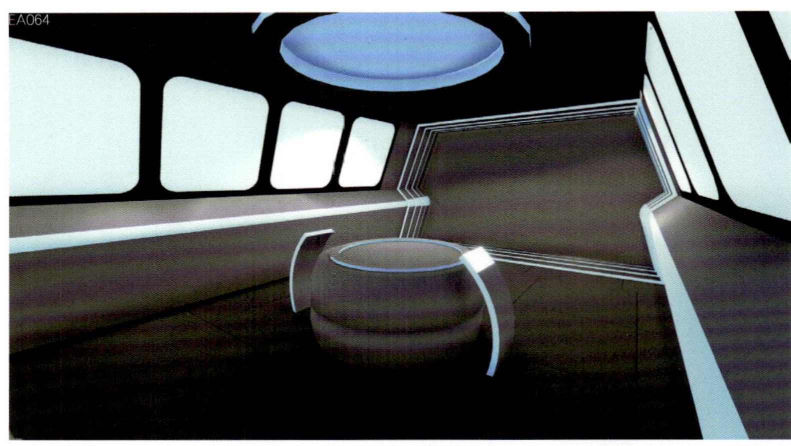

序　　号：EA064 ~ EA068
作品名称：太阳能智能化工作基站
作　　者：和楠、张玮扬、杨红
学　　校：河南科技大学
指导教师：朱丹君
获得奖项：最佳作品奖

序　　号：EA069 ~ EA070
作品名称：波普风
作　　者：郗桐
学　　校：燕京理工学院
指导教师：许克辉
获得奖项：最佳作品奖

EA071

EA072

EA073

EA074

EA075

EA076

序　　号：EA071 ~ EA076
作品名称："茗木"酒店设计
作　　者：黄河、曾晓茜、刘小梅
学　　校：广西艺术学院
指导教师：陈罡
获得奖项：最佳作品奖

序　　号：EA077 ~ EA080
作品名称：Ture Color 原生态主题餐厅设计
作　　者：史玉杰
学　　校：沈阳工学院
指导教师：侯妍文
获得奖项：最佳作品奖

序　　号：EA081 ~ EA084
作品名称：餐厅设计
作　　者：杨翠岩
学　　校：沈阳工学院
指导教师：侯妍文
获得奖项：最佳作品奖

序　　号：EA085～EA087
作品名称：圣尼·朴墅
作　　者：刘丽霞
学　　校：广西演艺职业学院
指导教师：韦慧春
获得奖项：最佳作品奖

序　　号：EA088～EA091
作品名称：筑巢小学
作　　者：尚宛蓉
学　　校：东北师范大学人文学院
指导教师：王子佳
获得奖项：最佳作品奖

EA092

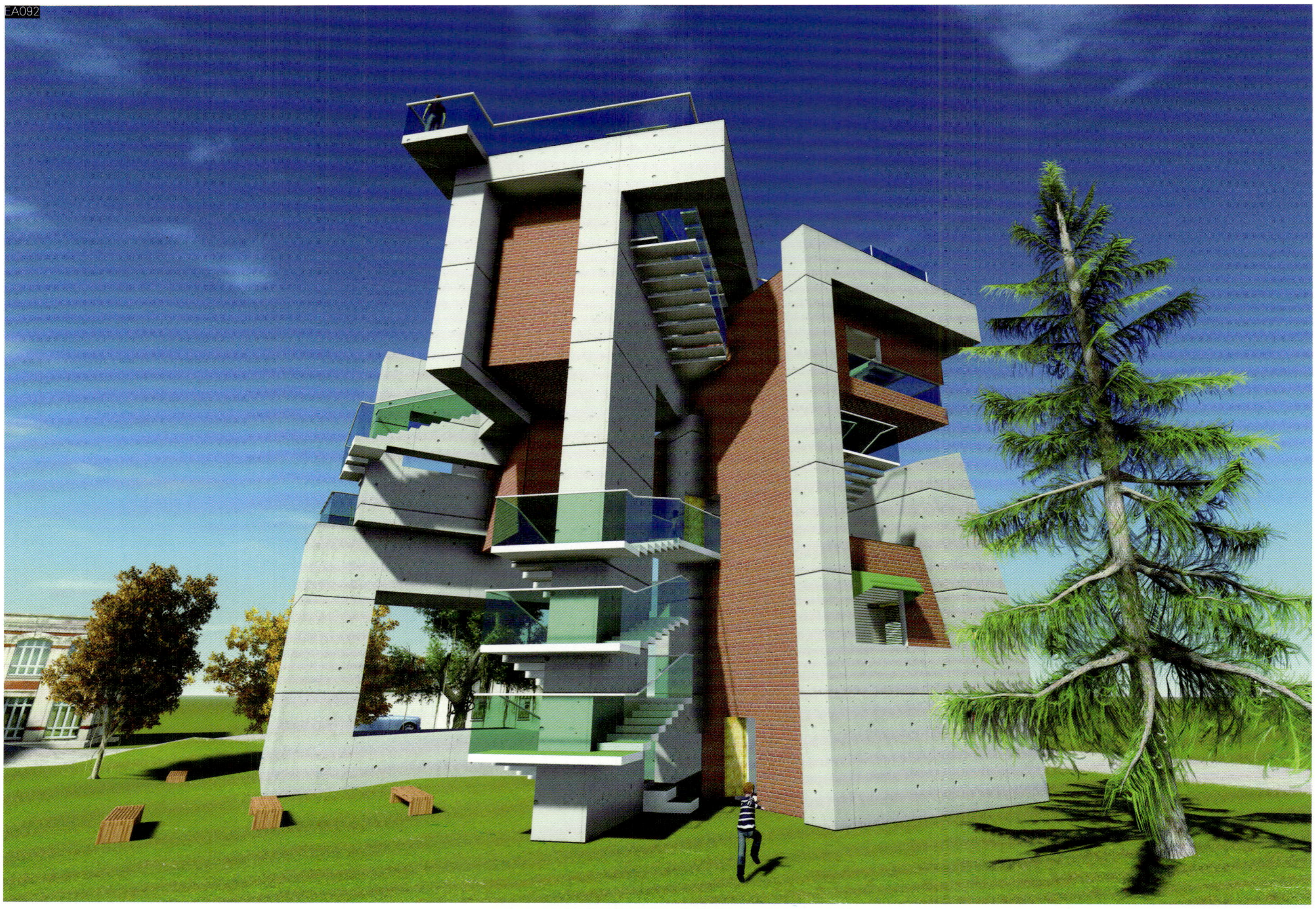

EA093

EA094

EA095

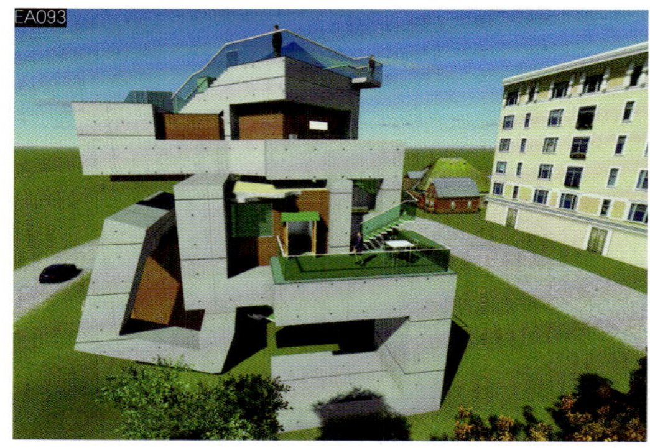

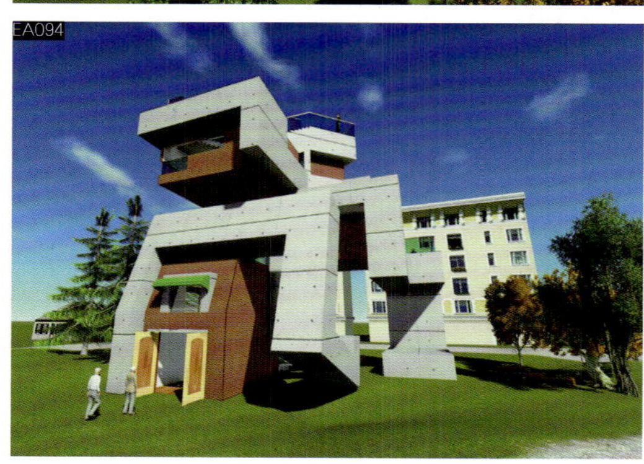

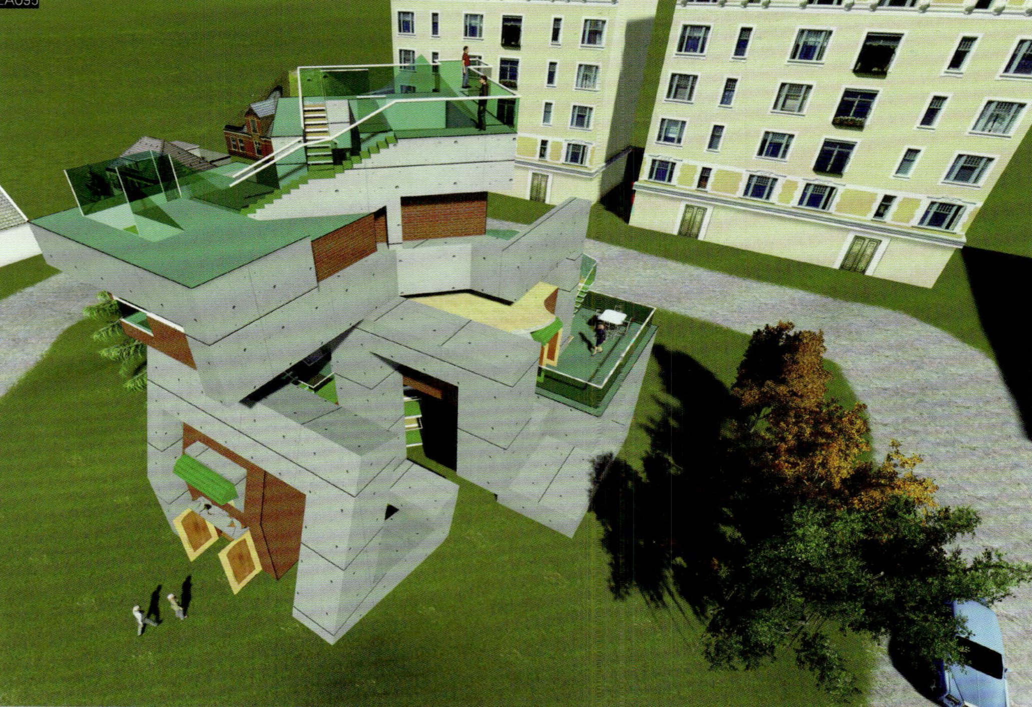

序　　号：EA092 ~ EA095
作品名称：珠宝首饰展示楼设计
作　　者：赵中华
学　　校：四川美术学院
指导教师：何庆
获得奖项：优秀奖

序　　号：EA096 ~ EA100
作品名称：米秀山（现代办公公寓设计）
作　　者：耿宪东、孙爱莉
学　　校：齐鲁工业大学
指导教师：刘木森
获得奖项：优秀奖

EA101

EA102

EA103

EA104

EA105

EA106

EA107

序　　号：EA101 ~ EA104
作品名称：翩然之城大型会展
作　　者：刘梦
学　　校：天津科技大学
指导教师：张立雷
获得奖项：优秀奖

序　　号：EA105 ~ EA107
作品名称：四圣公园
作　　者：张志辉
学　　校：漳州科技职业学院
指导教师：林振国
获得奖项：优秀奖

序　　号：EA108 | EA109
作品名称：手绘家装主卧透视图 | 手绘家装客厅透视图
作　　者：李溢
学　　校：成都艺术职业学院
指导教师：卢鹿
获得奖项：优秀奖

序　　号：EA110
作品名称：太行山石板岩
作　　者：陈远华
学　　校：广东技术师范学院
指导教师：陈超
获得奖项：优秀奖

动漫
新媒体
艺术

The art of
animation
and new media

FA001

FA002

序　　号：FA001～FA004
作品名称：衣食住行插画系列
作　　者：殷岫
学　　校：四川大学
指导教师：陈小林
获得奖项：金奖

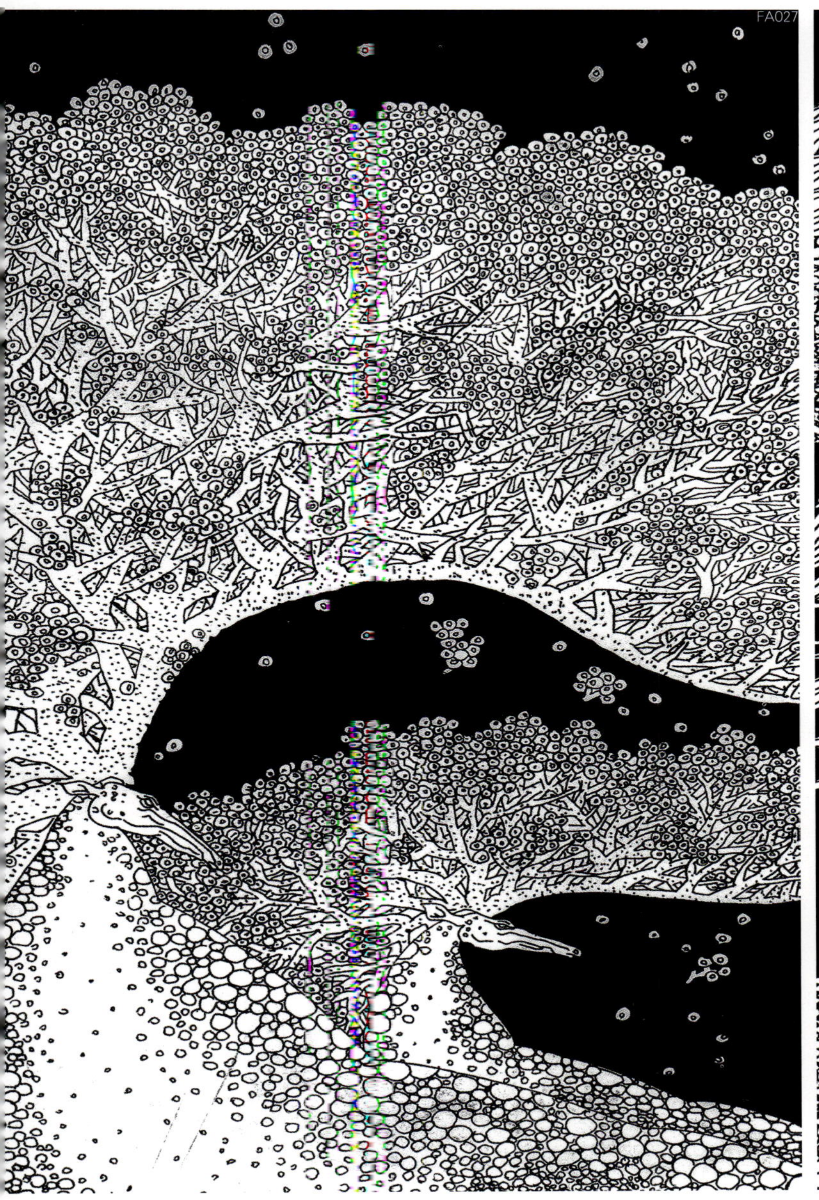

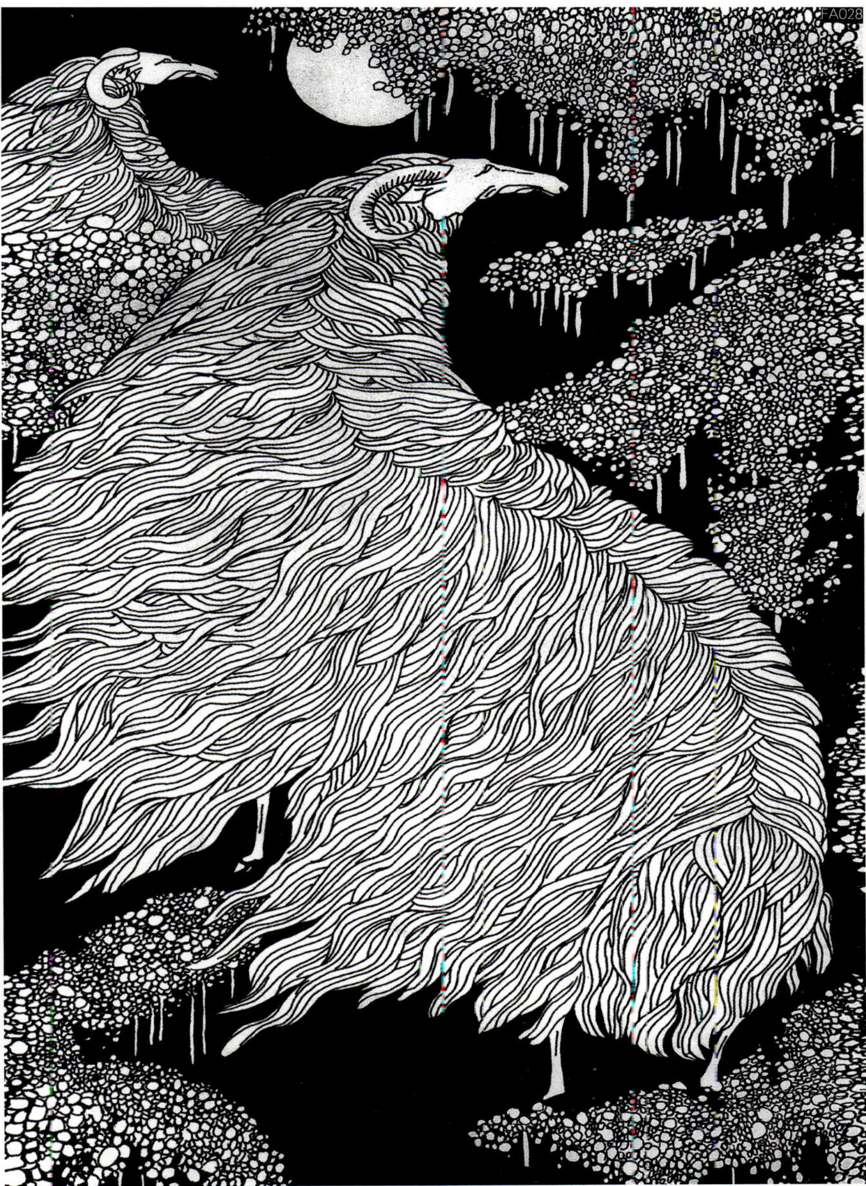

序　　号：FA015 ~ FAC26
作品名称：花女子装饰插画系列
作　　者：叶佩仪
学　　校：广州大学华软软件学院
指导教师：辛志亮
获得奖项：铜奖

序　　号：FA027 ~ FA028
作品名称：静 · 灵系列
作　　者：田润田
学　　校：昆明理工大学
指导教师：苏菁
获得奖项：铜奖

序　　号：FA029
作品名称：剑士
作　　者：凌飞燕
学　　校：西安美术学院
指导教师：李东航
获得奖项：铜奖

序　　号：FA030
作品名称：小 M 的魔幻冒险
作　　者：付栢菁
学　　校：广西艺术学院
指导教师：无
获得奖项：最佳作品奖

序　　号：FA031
作品名称：挤公交
作　　者：李晓微
学　　校：云南艺术学院
指导教师：无
获得奖项：最佳作品奖

序　　号：FA032
作品名称：谁是主角
作　　者：宾卫平
学　　校：广西师范大学
指导教师：李露
获得奖项：最佳作品奖

FA033

序　　号：FA033
作品名称：插画设计——圣女
作　　者：范强强
学　　校：河南科技学院
指导教师：无
获得奖项：最佳作品奖

序　　号：FA034 ～ FA045
作品名称：困困女孩与十二生肖
作　　者：谢佩芝
学　　校：广西艺术学院
指导教师：喻湘龙
获得奖项：最佳作品奖

FA046
FA047
FA048
FA049
FA050

序　　号：FA046
作品名称：回家的路
作　　者：郭春雨
学　　校：合肥师范学院
指导教师：唐杰晓
获得奖项：最佳作品奖

序　　号：[illegible] ～ FA050
作品名称：[illegible]系列
作　　者：马[illegible]
学　　校：[illegible]理工大学
指导教师：[illegible]
获得奖项：最佳作品奖

序　　号：FA051 ～ FA056
作品名称：咒
作　　者：段蓓
学　　校：中南大学
指导教师：屈云东
获得奖项：最佳作品奖

FA057

FA058

FA059

序　　号：FA057
作品名称：龙骑士
作　　者：杨予宁
学　　校：上海大学
指导教师：无
获得奖项：最佳作品奖

序　　号：FA058
作品名称：插画设计作品——艺术家
作　　者：曾慧
学　　校：私立华联学院
指导教师：刘翔
获得奖项：最佳作品奖

序　　号：FA059
作品名称：A+ 教育吉祥物齐小聪
作　　者：林洁莲
学　　校：广东技术师范学院
指导教师：姚斌
获得奖项：最佳作品奖

序　　号：GA002
作品名称：有机[illegible]
作　　者：李光[illegible]
学　　校：常州[illegible]
指导教师：张明月
获得奖项：银奖

序　　号：GA003
作品名称：网格休闲家具组合
作　　者：欧志峰
学　　校：广西机电职业技术学院
指导教师：陆莹
获得奖项：银奖

GA004

GA005

GA006

GA007

GA008

序　　号：GA004 ~ GA008
作品名称：Gene Smart 概念车系列
作　　者：林劭均
学　　校：台北科技大学
指导教师：宋立垚
获得奖项：铜奖

GA009

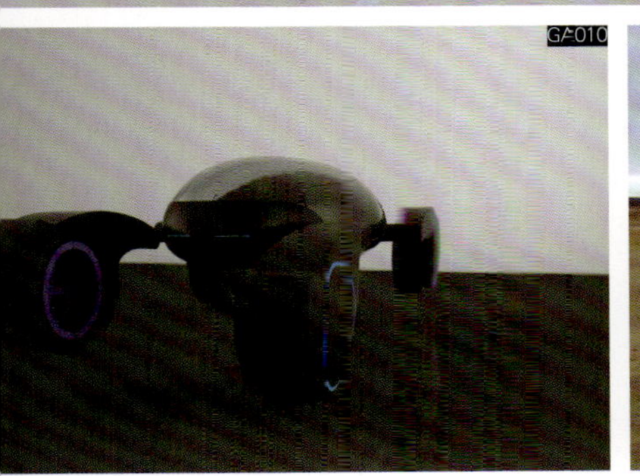
GA010

GA011

GA012

序　　号：GA009 ~ GA012
作品名称：概念
作　　者：李成
学　　校：景德镇陶瓷学院
指导教师：无
获得奖项：铜奖

GA013

盲人对于倒水有明显的障碍。他们只能靠听来识别水的高度，因此经常会倒到外面甚至是手上，因而烫伤。

有效的利用盲人对触觉的敏感程度，解决了盲人倒水而不会伤害这个问题。能严控显示杯中的水位与温度。使盲人通过触摸来了解杯中的水。

GA014

序　　号：GA013 ~ GA014
作品名称：盲人水杯
作　　者：邱晴
学　　校：黄山学院
指导教师：张晓利
获得奖项：铜奖

GA015

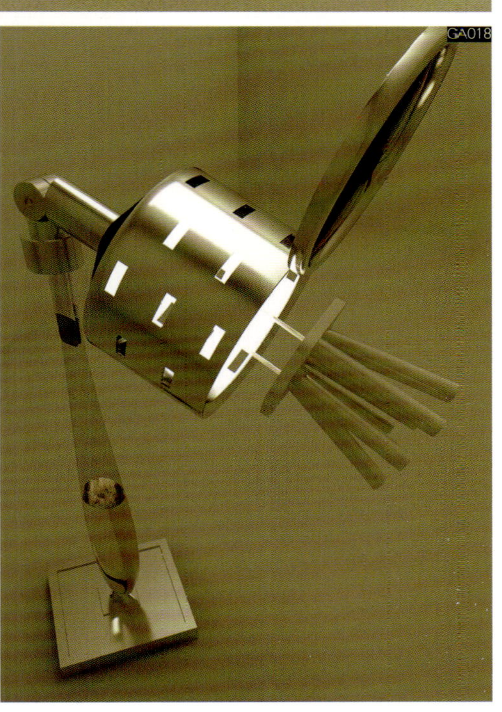

序　　号：GA015 ~ GA018
作品名称：摩登
作　　者：尚宛蓉
学　　校：东北师范大学人文学院
指导教师：潘奕
获得奖项：最佳作品奖

序　　号：GA019
作品名称：破壳而出
作　　者：周苗、杨玥、张小平
学　　校：黄山学院
指导教师：左铁峰、舒伟
获得奖项：最佳作品奖

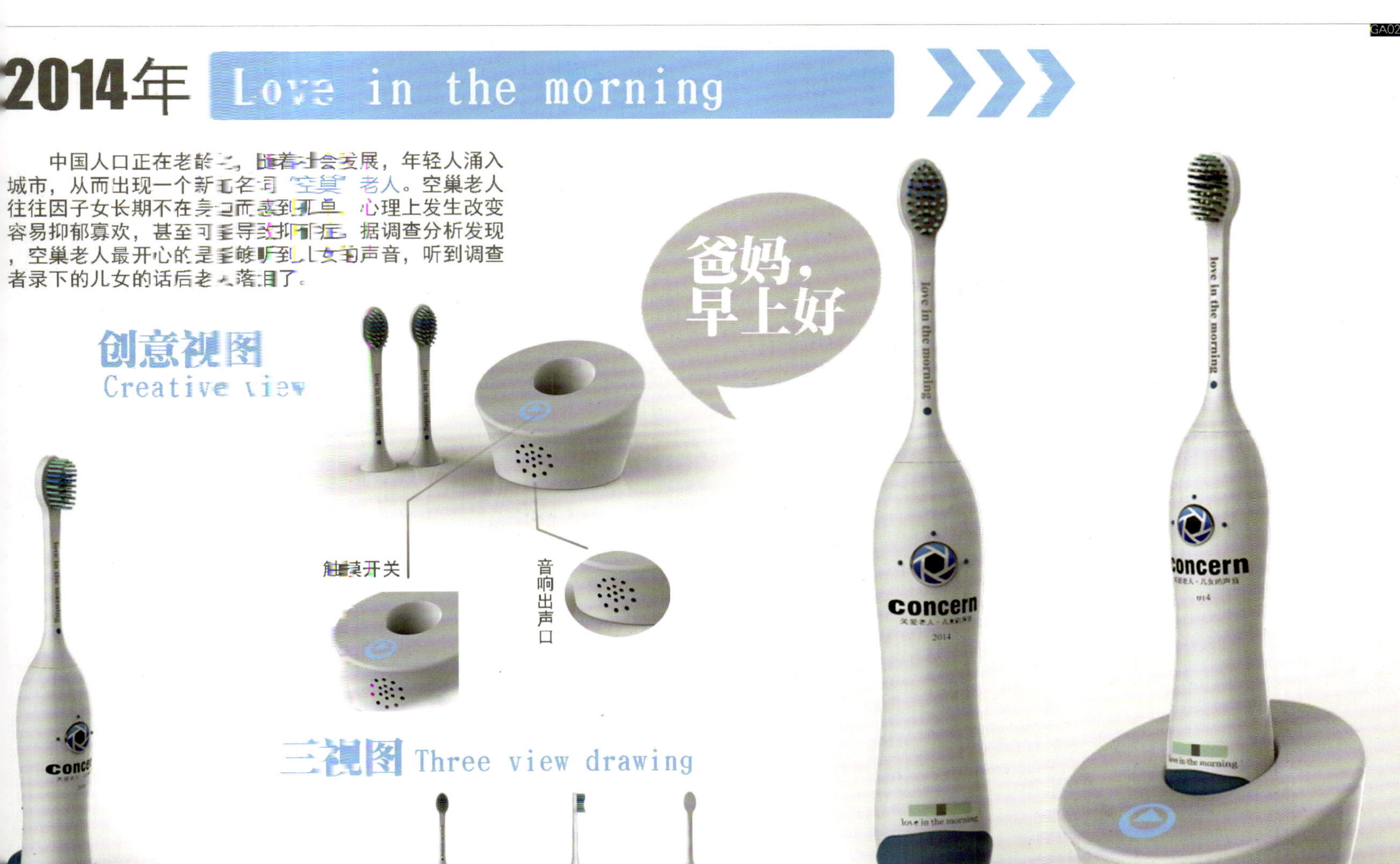

序　　号：GA020
作品名称：Love in the morning
作　　者：刘烁贤、刘永强、[illegible]
学　　校：三明学院
指导教师：林幸民
获得奖项：优秀奖

GA021

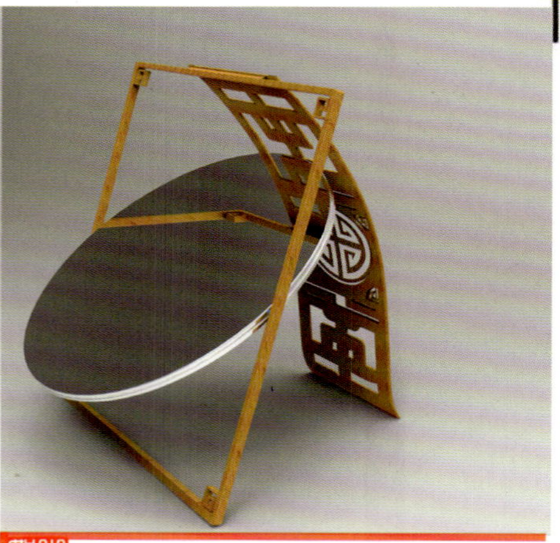

设计来源/Source

设计说明/Design notes

这是一款根据徽州建筑上广泛应用的回纹图案所设计的一款梳妆镜，回纹在民间有“富贵不断头”的说法。根据其纹样的特性，人们赋予了回纹连绵不断、吉利永长的吉祥寓意。

三视图/view

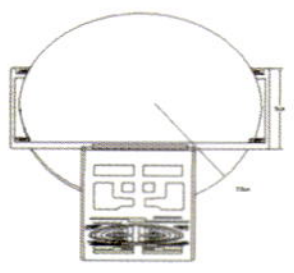

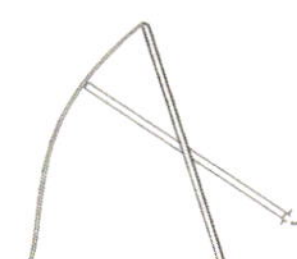

效果图/impression drawing

序　　号：GA021
作品名称：富贵不断头——梳妆镜设计
作　　者：韩冬、刘晨霞、刘颖、范雅迪、廖一帆、洪思敏
学　　校：黄山学院
指导教师：左铁峰
获得奖项：优秀奖

神奇太阳能贴膜
The Solar

由法国Wysips公司推出的最新型太阳能面板此次在CTIA大展上得到了公开亮相。据悉这块透明的面板只有0.1毫米后，同时可以覆盖在手机的触控屏幕上而不影响使用效果。根据现场工作人员介绍当贴了贴膜的手机在室内光或阳光下使用时，6小时即可为iPhone 4充满电。而目前Wysips公司正在对这款神奇的产品进行测试，并且表示一旦产品成熟就将会头像市场。

序　　号：GA022
作品名称：城市自由人
作　　者：潘梦二
学　　校：昆明理工大学
指导教师：王[illegible]言
获得奖项：优秀奖

摄影
艺术

The art of photography

序　　号：HA001～HA004
作品名称：锦绣大地
作　　者：陈萍
学　　校：广西艺术学院
指导教师：蒋英彩
获得奖项：金奖

序　　号：HA008
作品名称：夕阳映长城
作　　者：赵呈祥
学　　校：辽宁财贸学院
指导教师：王伟
获得奖项：铜奖

序　　号：HA009
作品名称：森
作　　者：李依龙
学　　校：天津职业技术师范大学
指导教师：刘东明
获得奖项：铜奖

序　　号：HA010
作品名称：在你世界的中心
作　　者：黎光波
学　　校：重庆航天职业技术学院
指导教师：无
获得奖项：最佳作品奖

序　　号：HA011
作品名称：追影人
作　　者：何昱
学　　校：温州大学城市学院
指导教师：孙跃
获得奖项：最佳作品奖

HA012

HA013

序　　号：HA012
作品名称：欲行
作　　者：余文莹
学　　校：湖北工业大学
指导教师：无
获得奖项：最佳作品奖

序　　号：HA013
作品名称：羞涩的合影
作　　者：毛秀程
学　　校：昆明理工大学
指导教师：陈出云
获得奖项：最佳作品奖

序　　号：HA014
作品名称：初雪
作　　者：边道庆
学　　校：西安美术学院
指导老师：边广福
获得奖项：最佳作品奖

序　　号：HA015
作品名称：夕阳
作　　者：王贸傑
学　　校：佛山科学技术学院
指导老师：昃伟
获得奖项：最佳作品奖

HA016

HA017

序　　号：HA016
作品名称：温暖与冰冷
作　　者：崔育玮
学　　校：广西艺术学院
指导教师：卢雄剑
获得奖项：最佳作品奖

序　　号：HA017
作品名称：云卷云舒
作　　者：高海阳
学　　校：昆明理工大学
指导教师：无
获得奖项：最佳作品奖

序　　号：HA018～HA019
作品名称：[illegible]
作　　者：刘[illegible]
学　　校：延边大学
指导教师：[illegible]龙
获得奖项：最佳作品奖

HA020

HA021

序　　号：HA020
作品名称：Olive 弹力素广告摄影
作　　者：余晓燕
学　　校：武汉工商学院
指导教师：牛学
获得奖项：最佳作品奖

序　　号：HA021
作品名称：雪花啤酒广告摄影
作　　者：董孟奇
学　　校：武汉工商学院
指导教师：牛学
获得奖项：最佳作品奖

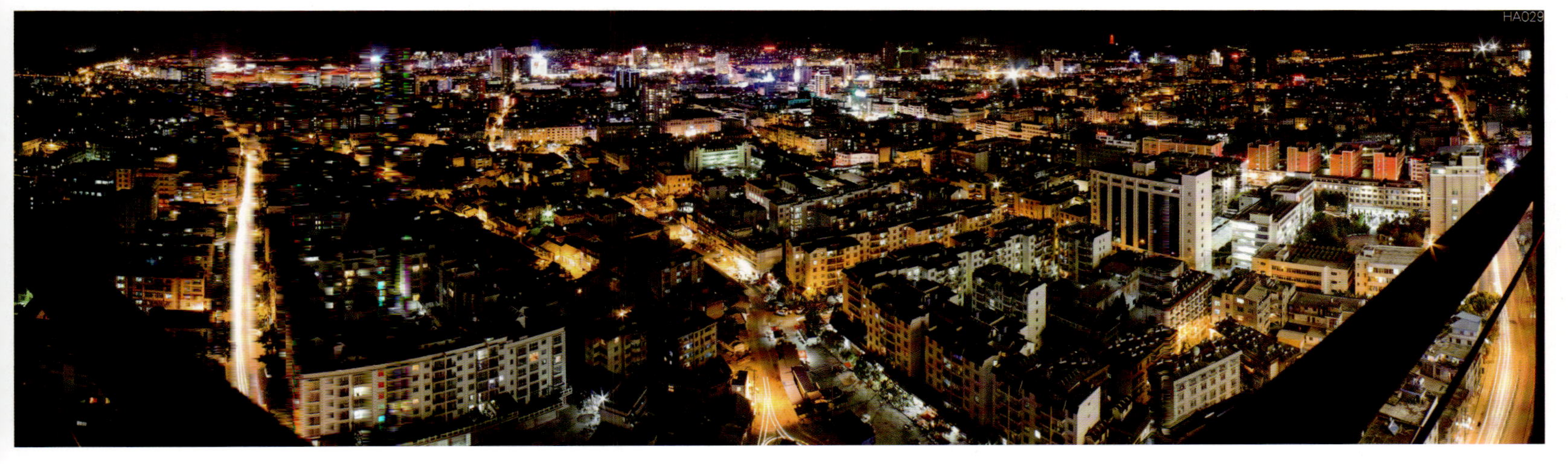

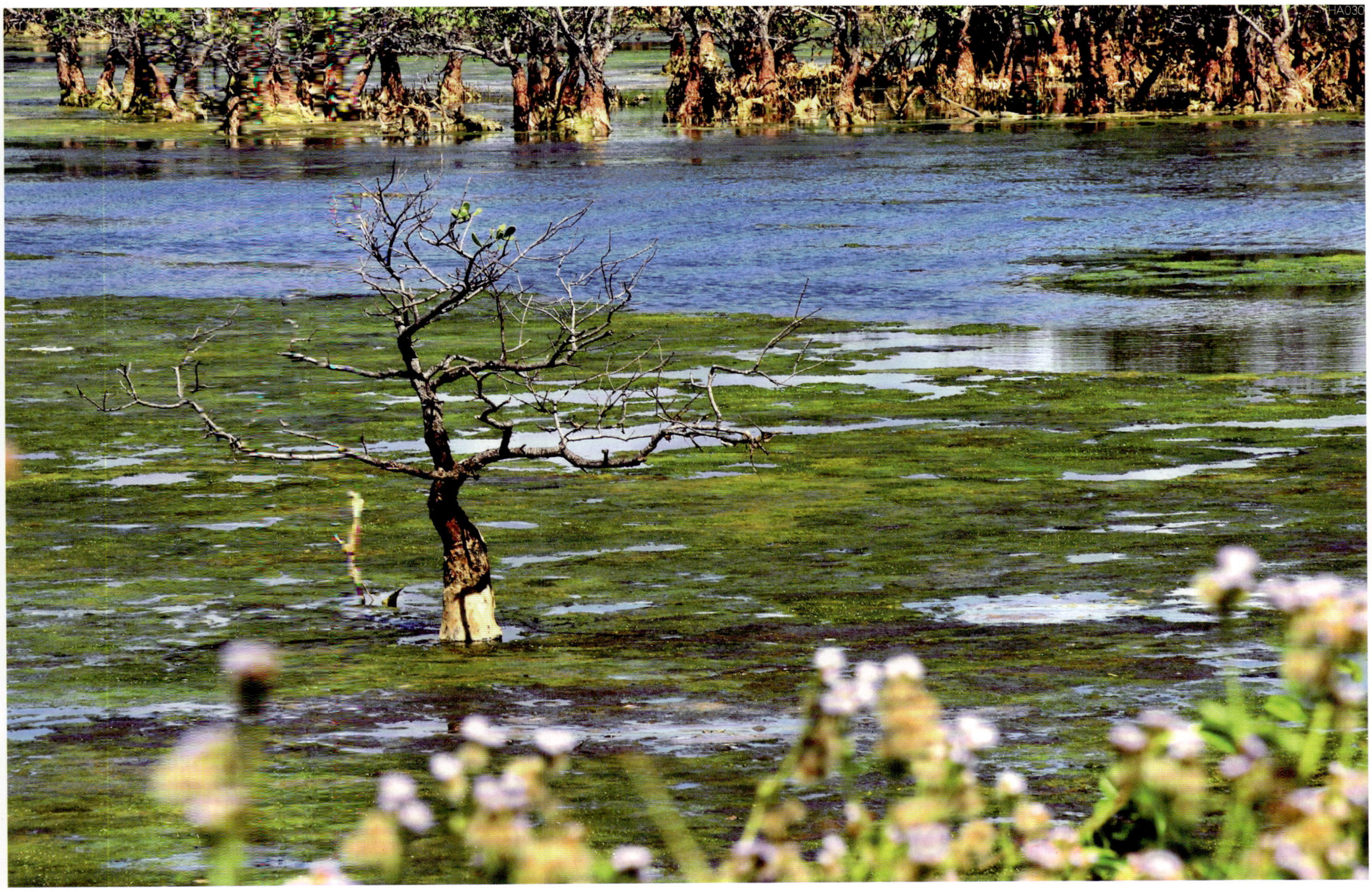

序　　号：HA029
作品名称：夜魅
作　　者：叶佳
学　　校：楚雄师范学院
指导教师：李涤尘
获得奖项：最佳作品奖

序　　号：HA03
作品名称：[illegible]舞
作　　者：[illegible]俊[illegible]
学　　校：[illegible]州学院
指导教师：无
获得奖项：最佳作品奖

序　　号：HA031 ｜ HA032
作品名称：镜｜紫金山的雪
作　　者：李春雨
学　　校：成都理工大学工程技术学院
指导教师：廖倩
获得奖项：优秀奖

序　　号：HA033
作品名称：[illegible]
作　　者：[illegible]鑫
学　　校：山西大学
指导老师：[illegible]
获得奖项：优秀奖

HA034

HA035

序　　号：HA034
作品名称：水中世界
作　　者：陈鸿楷
学　　校：吉林大学珠海学院
指导教师：无
获得奖项：优秀奖

序　　号：HA035
作品名称：树
作　　者：温吕钊
学　　校：成都理工大学工程技术学院
指导教师：廖倩
获得奖项：优秀奖

序　　号：HA036
作品名称：[illegible]
作　　者：[illegible]北
学　　校：[illegible]滨职业技术学院
指导教师：[illegible]
获得奖项：[illegible]秀奖

序　　号：HA037
作品名称：恩和丛林
作　　者：刘飞
学　　校：西南交通大学
指导教师：无
获得奖项：优秀奖

序　　号：HA038
作品名称：影子
作　　者：罗雯文
学　　校：广西演艺职业学院
指导教师：刘铸
获得奖项：优秀奖

序　　号：HA039
作品名称：耳语
作　　者：高海阳
学　　校：昆明理工大学
指导教师：无
获得奖项：优秀奖

HA040

HA041

序　　号：[illegible]0
作品名称：[illegible]鸟[illegible]颜[illegible]霜广告摄影
作　　者：[illegible]玲
学　　校：[illegible]工[illegible]学[illegible]
指导教师：[illegible]
获得奖项：[illegible]奖

序　　号：HA041
作品名称：雪碧汽水广告摄影
作　　者：孔德成
学　　校：武汉工商学院
指导教师：牛学
获得奖项：优秀奖

HA042

HA043

序　　号：HA042
作品名称：krupnik 伏特加酒广告摄影
作　　者：林婷
学　　校：武汉工商学院
指导教师：牛学
获得奖项：优秀奖

序　　号：HA043
作品名称：百加得冰锐广告摄影
作　　者：唐诗雨
学　　校：武汉工商学院
指导教师：牛学
获得奖项：优秀奖

序　　号：HA044
作品名称：高脚杯与玫瑰
作　　者：付茜玲
学　　校：武汉工商学院
指导教师：牛学
获得奖项：优秀奖

序　　号：HA045
作品名称：古驰花之舞香水广告摄影
作　　者：谢莎莎
学　　校：武汉工商学院
指导教师：牛学
获得奖项：优秀奖

纺织服装艺术

The art of apparel and textiles

序　　号：IA001
作品名称：莫里斯纹样
作　　者：宋博
学　　校：青岛大学
指导教师：王瑞荣
获得奖项：金奖

序　　号：IA002
作品名称：醉·墨
作　　者：郑慈
学　　校：广西艺术学院
指导教师：林燕宁
获得奖项：银奖

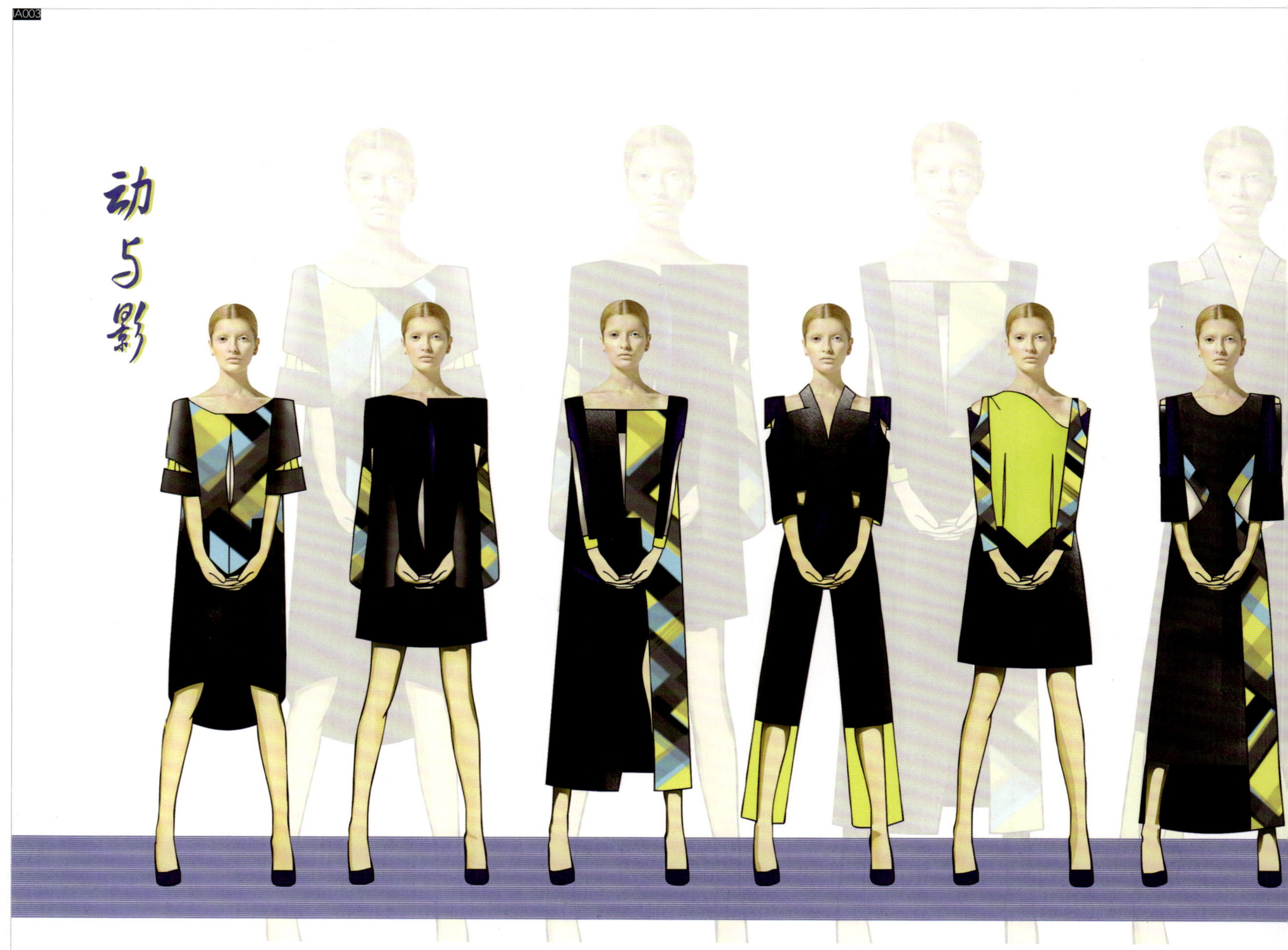

序　　号：IA003
作品名称：动与影
作　　者：谭丽
学　　校：四川美术学院
指导教师：卓克难
获得奖项：银奖

序　　号：IA004～IA006
作品名称：职业小青年
作　　者：刘玉婷
学　　校：四川师范大学
指导教师：张瑶黎、吕轩
获得奖项：铜奖

序　　号：IA007
作品名称：和
作　　者：范如丽
学　　校：鲁迅美术学院
指导教师：于君
获得奖项：铜奖

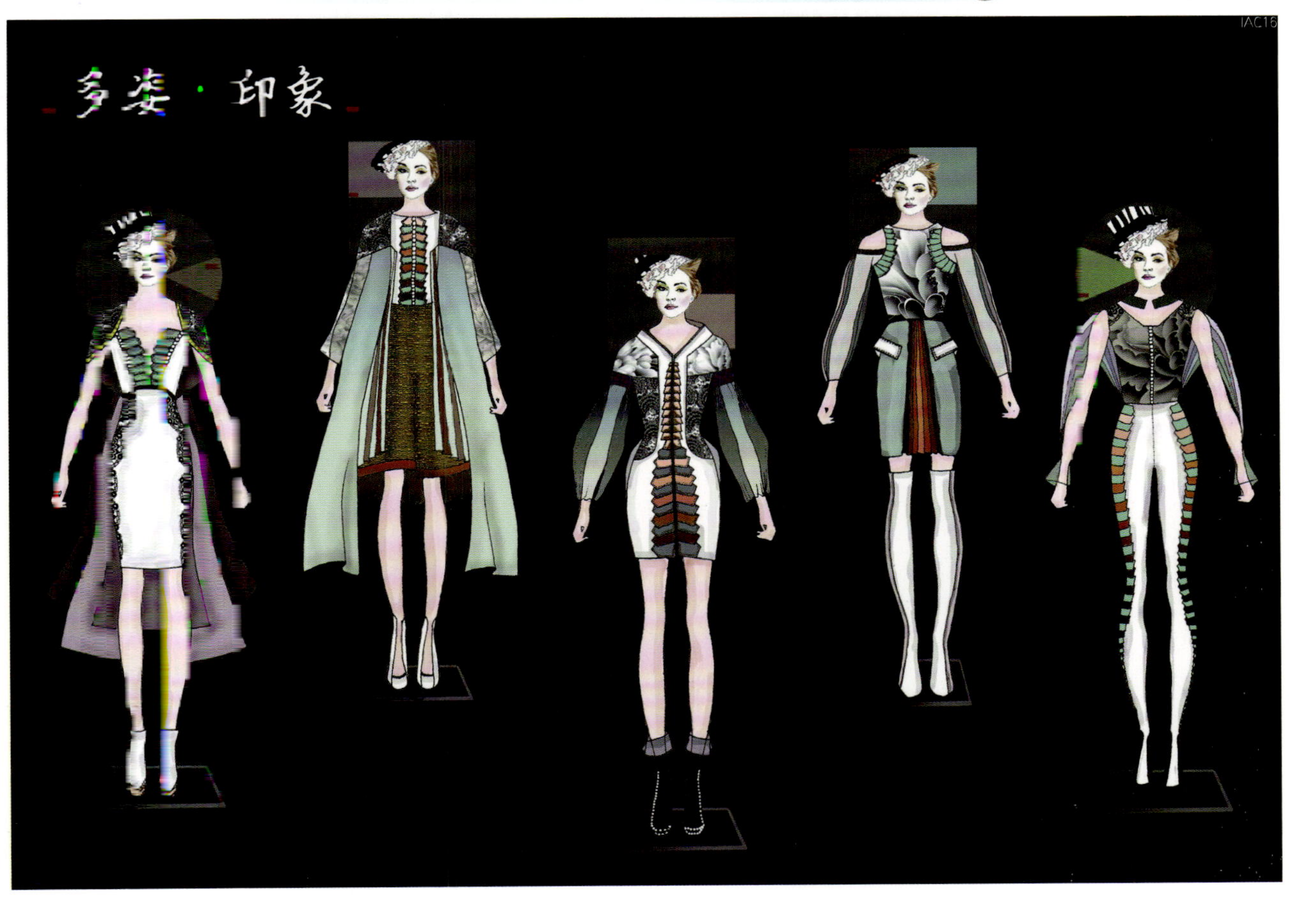

序　　号：IA015
作品名称："鱼"悦
作　　者：马云
学　　校：广西艺术学院
指导教师：[illegible]
获得奖项：最佳作品奖

序　　号：IA016
作品名称：多姿·印象
作　　者：王巧
学　　校：苏州大学
指导教师：李正
获得奖项：最佳作品奖

序　　号：IA017
作品名称：礼服设计——枪炮玫瑰服装效果图
作　　者：杨斯典
学　　校：天津科技大学
指导教师：无
获得奖项：最佳作品奖

序　　号：IA018
作品名称：清
作　　者：尚欢欢
学　　校：四川师范大学
指导教师：张晓黎
获得奖项：最佳作品奖

序　　号：IA019～IA022
作品名称：无用
作　　者：王茜
学　　校：广西艺术学院
指导教师：加民文
获得奖项：最佳作品奖

IA023

IA024

IA025

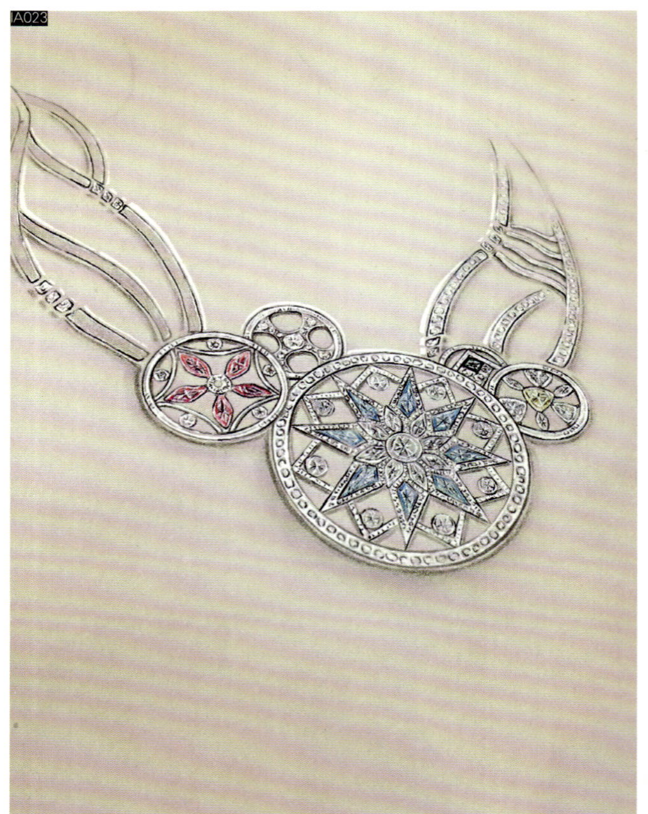

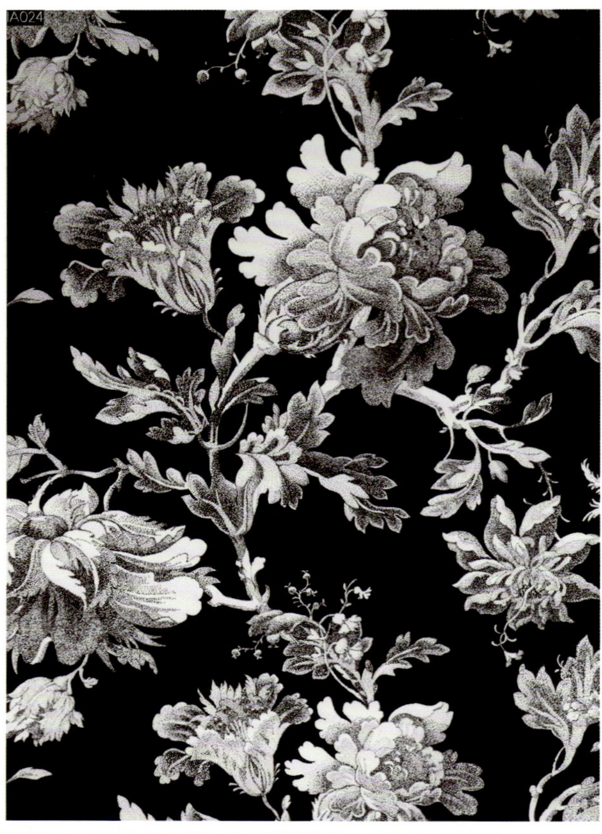

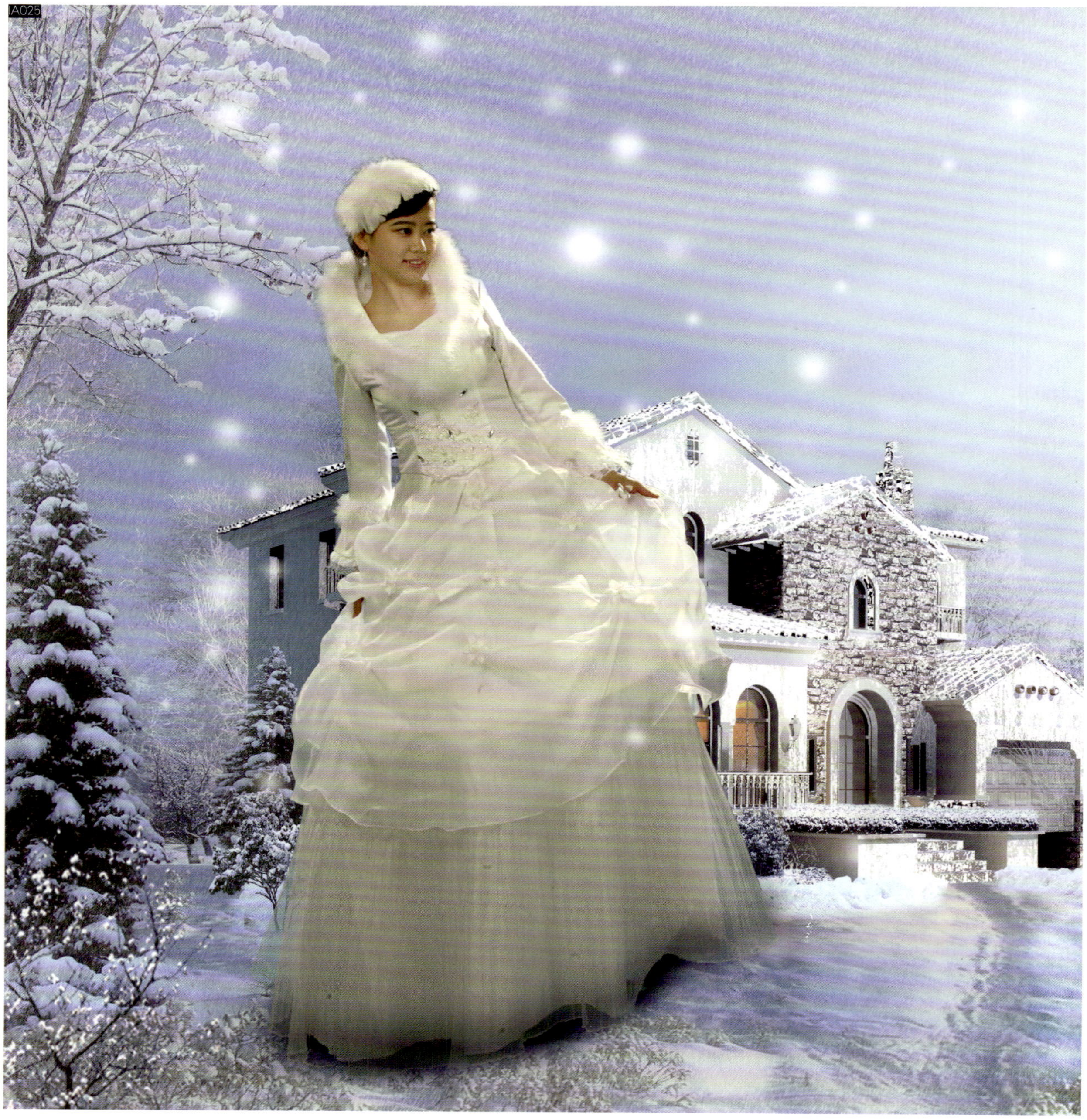

序　　号：IA023
作品名称：KALEIDOSCOPE · 项链
作　　者：曹丽媛
学　　校：四川师范大学
指导教师：程思
获得奖项：优秀奖

序　　号：IA024
作品名称：古典点
作　　者：陈梓嘉
学　　校：广州大学纺织服装学院
指导教师：谭美凤
获得奖项：优秀奖

序　　号：IA025
作品名称：飘雪
作　　者：白雪松
学　　校：抚顺职业技术学院
指导教师：朱霖、陈松立
获得奖项：优秀奖

序　　号：IA026 | IA027
作品名称：魅影 | 婚纱
作　　者：段晨
学　　校：抚顺职业技术学院
指导教师：朱霖、陈松立
获得奖项：优秀奖

人物档案

Figure files

专家评审委员会

The committee of review experts

艺术院校专家评审委员

清华大学美术学院 李砚祖 教授 博导

1954年生，江苏泰兴人。擅长工艺美术，长期从事艺术创作设计及艺术学、美术历史及理论、工艺美术历史及理论的教学和研究工作。现任清华大学美术学院美术学教授，博士研究生导师，国家级教学名师，江西省特聘首批“井冈学者”，景德镇陶瓷学院特聘教授，硕士研究生导师。《艺术与科学》丛刊主编。曾先后获得全国高校优秀教材一等奖、清华大学教书育人奖、北京市教学名师奖、首届国家级教学名师奖，享受国务院政府特殊津贴专家。

主讲课程

本科公共基础课“设计与艺术概论”、专业课“中外设计论著选读”。

研究生公共课“设计艺术学”“学术论文与学位论文写作”“学术要素讲座”。

校新生研讨课“中国陶瓷艺术”。

出版著作

《工艺美术概论》《创造精致》《造物之美——产品设计的历史与文化》《艺术设计概论》《造型艺术欣赏》《中国艺术学研究》《中国工艺美术学研究》《环境艺术设计的新视界》《设计经典论著选读（上、下）》《设计艺术心理学》《设计程序与设计管理》《设计美学》等全国高等院校设计艺术学系列教材。

中央美术学院 吕品昌 教授 硕导

1962年出生于江西。1982年毕业于景德镇陶瓷学院雕塑系，获学士学位。1983年在中国美术学院雕塑系深造，1988年获硕士学位。1992年起获国务院政府特殊津贴，2006年入选教育部“新世纪优秀人才支持计划”。现任中央美术学院教授、雕塑系主任，中国美术家协会雕塑艺术委员会副主任兼秘书长，全国城市雕塑建设指导委员会艺委会副主任，中国雕塑学会常务理事，中国艺术研究院中国雕塑院特聘雕塑家，《中国陶艺家》杂志副主编，联合国陶艺学会（IAC）会员。

艺术经历

2012年 参加“纸非纸——中日纸艺术展第一回”（中央美院美术馆）。

2011年 参加中国国家画院30年院庆大展（国家博物馆）。

参加大同国际雕塑双年展（山西大同和阳美术馆）。

2010年 参加新中国城市雕塑建设成就奖作品展（中国美术馆）。

2009年 获全国城市雕塑指导委员会颁发的中国城市雕塑“徐悲鸿奖”。

中国美术学院 戴雨享 教授 硕导

1965年出生于江西景德镇。1989年毕业于浙江美术学院，同年任教于景德镇陶瓷学院。1996年任教于中国美术学院。2002年应邀赴日本社会福祉慈永会陶艺研究所访问，2003年获中国美术学院陶艺系硕士学位，2004年应邀赴美国夏威夷大学作访问学者，2008年应中国澳门文化基金会邀请参加陶艺交流，2011年赴日本东京艺术大学参加“2011年国际陶瓷教育研讨会”，2011年获“中国陶瓷设计艺术大师”称号，同年赴美国西雅图参加“2012年美国NCK陶艺教育年会”。现为中国美术学院陶艺系教授、硕士研究生导师，中国美术家协会会员，丽水学院艺术学院院长，《中国陶瓷画刊》学术委员，《中国陶瓷》艺术版编委，《陶瓷科学与艺术》编委。

艺术经历

2011年 参加“二次元——当代陶艺之平面演义展”，策划“多元与拓展——当代国际陶艺嘉年华作品展”和“寻觅与担当——中国美术学院陶艺系优秀作品展”。

2009年 参加“全国第十一届美术作品展”“浙江省第十二届美术作品展”“2009年亚洲当代陶艺——新世纪交流展”。

2008年 应澳门基金会、文化局、澳门霍英东基金会邀请赴澳门进行陶艺交流，主要讲座“中国陶瓷彩绘的发展史”“中国当代陶艺家作品”及创作示范。

艺术院校专家评审委员

天津美术学院 郭振山
教授 硕导

1987年毕业于天津美术学院装潢艺术设计系，留校任教至今。现任中国美术家协会会员，天津美术家协会理事，天津包装技术协会设计委员会副主任，天津美术学院视觉传达设计系主任、教授、硕士研究生导师。《中国水粉画》杂志主编，天津中青年"德艺双馨"文艺工作者。作品入选第七、八、九、十届全国美展，获第十届全国美展天津展区金奖。

艺术经历

曾先后为国家邮政局设计完成《社会发展共创未来》《中华人民共和国第八届运动会》《国际老年人年》《二滩水电站》《2002年世界杯足球赛》《沙漠植物》等邮票。出版有《现代中国水粉画家郭振山水粉静物精选》等。

艺术特点

郭振山老师的专长是水粉静物画，最显著的特点是画面干净、色彩鲜明、笔法讲究、质感强烈，尤其是他笔下的水果，有着玲珑欲滴的感觉。郭振山老师的水粉彩作品基于装潢设计的大气与简洁明亮，笔触粗犷而又准确，每两笔颜色绝不会相同，使得大色块堆砌出来的物体整体看来质地细腻，光线与色彩丰富，是水粉画学者与爱好者以及设计专业人员都绝对值得参考的优秀作品。

湖北美术学院 [illegible]
教授 硕导

1966年出生于重庆，1988年毕业于景德镇陶瓷学院美术系，获文学学士学位。湖北美术学院教授、硕士研究生导师、雕塑系副主任，中国美术家协会会员，中国陶瓷工业协会会员，中国工艺美术学会会员，湖北省美术家协会会员。自1995年以来，多件作品参赛获得国内外大奖几十项。

艺术经历

2011年　年轮——首届湖北陶艺家双年展策展人。

2010年　参加第七届中国当代青年陶艺家作品双年展。

2009年　《三字经系列》获湖北省第十一届全国美术展览银奖。

2009年　《点点滴滴》获第三届湖北省现代陶艺作品展览学术奖。

西安美术学院 王[illegible]斌
教授 博导

1958年出生于吉林通化。1973年考入吉林省艺术学校美术系。1977年任职于吉林省历史博物馆。1979年考入中央工艺美术学院装饰艺术系。1983年任职于陕西人民出版社。1985年至今任职于西安美术学院。现为西安美术学院工艺系主任、教授、博士生导师，中国美术家协会会员，中国壁画学会理事，清华大学吴冠中艺术研究中心研究员，中国美术家协会工艺美术委员会委员，陕西美术家协会设计艺委会副主任。

艺术经历

2010年　参加西安地铁建设大型壁画设计与制作等工程。

2002年　参加北京首都国际机场二号航站楼大型石雕壁画设计与制作。

1999年　参加北京"中华世纪坛"大型浮雕壁画的设计。

艺术院校专家评审委员

四川美术学院 周小波 教授 硕导

1985年加入中国共产党，1986年毕业于四川美术学院美术教育系美术教育专业油画方向，1992年结业于油画系油画研究生课程助教进修班，2002年毕业于中国美术学院美术学系，获艺术硕士学位。现为四川美术学院影视动画学院院长、舞台与影视美术硕士研究生导师，中国舞台美术学会会员，中国电影电视技术学会影视美术专业委员会会员，中国电视艺术家协会会员，重庆市美术家协会会员。

主要科研学术成果

编写《油画课程教学探讨》《高等美术师范教育导向与相适应的基础、专业课程框架设想》《完善、整合与拓展—谈四川美术学院影视艺术学科建设》等论文。

相继编写了《舞台美术与影视环境设计》《影视美术教学大纲》《电视美术设计》《演播室美术设计》《动画专业风景色彩》等教材、讲义和多媒体课件。

广州美术学院 罗必武 教授 硕导

1964年出生于海南岛，广西人。1986年毕业于广州美术学院附中，1990年毕业于广州美术学院版画系获学士学位，1993年广州美术学院版画系硕士研究生毕业，获硕士学位。现为广州美术学院版画系教授、硕士研究生导师，中国美术家协会会员，广东美协版画艺术委员会委员。

作品发表

作品曾发表于《美术》《美术观察》《美术研究》《中国版画》《20世纪中国美术(1979～1999)——中国美术馆藏画选》《艺术界》《Art monthly画刊》《画廊》《中国当代艺术》《北方美术》《学院艺术》《美术界》《美术学报》《盛世典藏（版画卷）》《追补历史——广东美术馆1997—2007中国当代美术作品集》《春华秋实1949～2009新中国版画集》《个性图式的背后——当代中青年版画家透析》等书刊。

鲁迅美术学院 晏阳 副教授 硕导

1957年出生于辽宁沈阳。1993年毕业于鲁迅美术学院中国画专业，获硕士学位并留校任教至今，师从王盛烈教授。现为硕士研究生导师，艺术教育研究中心主任，从事中国画专业教学工作，主要讲授水墨人物画课程。中国美术家协会会员，国际全景画学会会员。

作品获奖及收藏

水墨作品《两个画家》获〝纪念世界反法西斯胜利五十周年〞全国美术作品展铜奖。

全景画作品《赤壁之战》获第十届全国美术作品展金奖、首届全国壁画大展大奖。

全景画作品《济南战役》获第十届全国美术作品展铜奖、首届全国壁画大展优秀作品奖。

油画作品《大刀向鬼子们的头上砍去》被中国国家博物馆收藏。

艺术院校专家评审委员

北京电影学院　宫林
教授 硕导

北京电影学院教授、电影学博士、硕士研究生导师，中国电影电视技术学会美术委员会副主任。

学术成果

曾先后参加平遥国际摄影大展DV影像艺术展映、第二届今日中国美术大展、国际数码艺术大奖第二届北京巡回展、“中国气氛”当代艺术家提名邀请展、“环铁时代”首届现代艺术部落邀请展、当代“物语”艺术展、“自然的恩惠”当代艺术展，举办“面花——宫林剪纸作品”开幕酒会。

影视创作（美术设计）

电影《娶你好福气》《大喜之家》《河流时光》、电视电影《还是那个冬天》。

宣传片（导演）

《提线木偶篇》。

著作

《中国电影专业史研究——电影美术卷》《中国电影美术史》。

南京艺术学院　刘伟冬
教授 硕导

1960年出生于江苏南通，祖籍浙江宁波。1984年毕业于南京师范大学外文系英国文学与语言专业，获学士学位，同年考取南京艺术学院美术系外国美术史专业研究生，师从刘汝醴教授。1987年毕业，获硕士学位并留校任教。在职期间，又追随奚传绩教授攻读博士学位，专门研究中西艺术教育比较。现任南京艺术学院副院长，中华人民共和国教育部艺术教学指导委员会委员，专业艺术硕士（MFA）教学指导委员会委员，《美术与设计》杂志主编。

学术成果

长期担任本科生和研究生的外国美术史、中外美术比较研究等课程的教学工作。先后在全国艺术类核心期刊及省级以上学术刊物上发表论文数十篇，出版多部专著，如《康定斯基》、《红色画廊》（三册）、《东西艺谭》、《画话之间》、《外国美术史》、《群星灿烂——欧洲文艺复兴时期的美术》和《图像与意义》等。担任江苏省初中美术教材副主编，从事中国美术史及中外美术比较的研究，发表的论文《从内化到外显——倪云林绘画图式和风格成因》《另一种空间》《欢宴的另一面》《簪花仕女图作者考辨》及《宫乐图——中外绘画的空间比较研究》等受到同行专家的关注。2007年主持完成的国家级课题《艺术作品中的国家形象》受到文化部的高度评价，其成果被《人民日报》全文刊载。

景德镇陶瓷学院　宁钢
教授 博导

1963年生，获韩国圆光大学美术学院美术学硕士学位、武汉理工大学设计艺术学文学博士学位。现任景德镇陶瓷学院教授、博士生导师。中华人民共和国教育部工业设计专业教学指导委员会委员，中华国家级大师联盟会副主席，中国陶瓷艺术大师，中国工艺美术大师评委，享受国务院特殊津贴专家。首批江西省文化名人，江西省美术家协会常务理事，《艺术设计》杂志主编。

学术成果

主持和参与国家社科基金艺术学，基金项目《设计艺术的民族特色研究》等国家级科研课题。在《美术观察》《美术与设计》《艺术百家》《中国陶瓷》《文艺研究》《装饰》《文艺争鸣》等核心刊物上发表学术论文五十余篇，出版个人陶艺画册四部、教材四部、专著两部。陶艺作品多次获国家级、省部级金奖、银奖，入选第十届全国美展、中国台湾亚太地区国际现代陶瓷展、韩国东方陶艺展等。在日本东京，新加坡、中国香港、上海、南京、中山等地举办陶艺个展十余次，多次赴国外讲学并参加国际学术交流，在国内外享有很高的声誉。

艺术院校专家评审委员

广州大学美术与设计学院 詹武 教授 硕导

现为广州大学美术与设计学院党委书记、教授、硕士研究生导师，广东省工业设计类专业教学指导委员会委员，中国工业设计协会会员，广东省工业设计协会会员，广州市工业设计促进会理事。

艺术经历

曾获广东省教学成果一等奖、广州大学教学成果一等奖。多次荣获广州市优秀教师、广州大学优秀教师称号。在《装饰》《装饰装修天地》《中国陶瓷》《中国陶瓷工业》《中国美术教育》《包装工程》《美术观察》发表论文十余篇。主编、出版著作4部，承担和完成了中华人民共和国教育部体卫艺司、中国艺术教育促进会、国家社会科学基金、广东省教育厅、广州市教育局、广州大学等多项科研课题。指导学生参加各种大赛并多次获奖。多次参加省、市各类书画展。

国防大学美术书法研究院 崔自默 院长 教授

1967年生，艺术史学博士，画家，国学艺术大师，书画巨匠范曾先生开山弟子。现为国防大学美术书法研究院院长，中国书画协会主席，中华人民共和国文化部中国艺术研究院专职创作员。艺术创作包括书法、篆刻、国画、油画、瓷器、雕塑、装置、漫画、摄影以及寓言、诗歌、散文、随笔等。艺术作品名列“中国当代国画艺术家个人价格指数排行榜”第一名，开启中国画价格的“平方寸时代”。

荣誉及参展

2013年 获“澳门亚洲文化艺术品交易会：当代艺术双年展文化特别贡献奖。

2012年 联合国教科文组织民间艺术国际组织（IOV）授予崔自默“文化艺术特别成就奖”“IOV终身会员”和“IOV中国形象大使”称号。

2012年 获得“卢浮宫卡鲁塞尔艺术展Salon Carrousel du LOUVRE”艺术与文化特别奖。

2010年 加拿大蒙特利尔举办“崔自默2010北美展”。

2009年 参加中国艺术十杰作品展。

2008年 特邀参展“2008奥林匹克美术大会”并获银奖。

东华大学服装·艺术设计学院 陈建辉 教授 硕导

1958年出生于天津。1981年毕业于天津美术学院。著名书画家孙其峰先生入室弟子。现为东华大学服装·艺术设计学院副院长、教授、硕士研究生导师，中华人民共和国教育部高等学校艺术类专业教学指导委员会委员，全国服装设计与工程本科专业教学指导委员会委员，中国服装设计师协会常务理事、主任委员，上海服装行业协会教育委员会主任，东华大学教学委员会委员，西安美术学院客座教授，深圳大学客座教授。在中华人民共和国国务院新闻办公室、文化部主办的赴美国纽约——“中国文化美国行”活动中，出任艺术总监等。曾在“兄弟杯”中国国际青年设计师作品大赛、“虎门杯”国际青年设计大赛、“中华杯”国际服装设计大赛、中国服装模特大赛等担任评委。

艺术成果

2011年 举办“水墨之维”——陈建辉当代水墨画展（中国美术馆·北京），《尘》《生命之旅（之一）》《生命之旅（之二）》三幅作品被中国美术馆正式永久收藏。

2009年 举办陈建辉当代水墨画展（刘海粟美术馆·上海）。

2008年 举办陈建辉当代水墨画展（山东曹州书画院·山东），阿散水墨空间（艺术景中心·上海）。

2007年 举办中国当代艺术画品展——陈建辉新作展（ART SCENE WAREHOUSE·波特曼丽嘉酒店·上海）。

艺术院校专家评审委员

西安工程大学艺术工程学院 李青青 教授 博导

教授，陕西省教学名师。服装学科带头人。中国第一位服装工程硕士，曾任西安工程大学艺术工程学院院长，现任西安工程大学教授，博士、硕士研究生导师，解放军总后勤部西安工程大学服装研究发展中心主任。

主要社会兼职

中华人民共和国教育部全国纺织教育指导分委员会副主任委员，中国服装设计师协会学术委员会主任委员，中华人民共和国教育部高等院校学位委员会专家，本科教学水平评估专家，陕西省服装协会常务理事，陕西省企业技术创新奖评审委员会专家，中华全国工商业联合会纺织服装业商会专家委员会专家，中国纺织出版社编审委员会专家委员，西安服装服饰协会会长，西安市名牌战略评审委员会专家，西安市科学技术进步奖评审委员。

主要研究方向

服装造型与结构设计方法研究，数字化服装设计与管理，西部服装服饰文化发掘研究，形象艺术设计与大型活动策划。

主要著作

《数字化服装设计与管理》《服装设计学》《服装设计系列教程》《服装表演、策划、训练》《民间美术》等。

广东技术师范学院美术学院 司颖恒 教授 硕导

1963年出生于江西。1986年毕业于江西师范大学美术系，获学士学位。1992年结业于中央美术学院油画进修班。现任广东技术师范学院美术学院院长、教授、硕士研究生导师，中国美术家协会会员，广东省美术家协会理事，广东省美术家协会油画艺委会秘书长，广东画院签约画家，广东省高校油画学术委员会委员，广东省高校美术与设计教育专业委员会理事。作品被中国体育博物馆、国家博物馆、广东美术馆收藏。

艺术成果

油画《立冬》入选第三届广东当代油画艺术展。

油画《杀猪过年》入选第四届广东当代油画艺术展。

油画《地劫·重生》组画获2009年广东省鲁迅文艺奖（主创人员）。

油画《林则徐》入选百年风云·广东近当代重大历史题材美术作品展。

油画《厨娘》《瑜珈系列》入选精品意识·第三回广东油画名家巡回展。

天津工艺美术学院 李云尧 副教授

1980年毕业于天津工艺美术学校装潢设计专业，同年任教于天津工艺美术设计院动画设计部。1986年毕业于天津美术学院装潢专业，获学士学位，同年任教于天津工艺美术职业学院商业美术系。2003年在加拿大温哥华埃米利设计学院做访问学者一年。现为天津工艺美术职业学院商业美术系主任，学科带头人，天津包装技术协会设计委员会理事，天津文化创意产业协会理事。主要讲授标志设计、VI设计、招贴设计、包装设计、广告设计，近些年也讲授平面构成、色彩构成、立体构成、黑白画设计等课程。

教学成果

2013年　组织学生参加第三届中国（天津）滨海国际文化创意展会天津艺术院校创意设计作品展，所辅导的学生获多个奖项。

2012年　组织学生参加第二届全国职业院校技能大赛，所辅导的学生获一等奖一名，二等奖一名，三等奖一名。

2009年　标志作品在"天津风2009天津品牌形象设计展"中荣获最佳设计奖、学术奖。

主要著作

《企业形象设计》《标志设计》《包装设计》《招贴设计》《纽约图案》。

出版社、杂志社等评审委员

《中国教育报》 翟博 总编辑

1962年生，中共党员，北京作家协会会员，现任《中国教育报》总编辑兼中国教育报刊社副社长，文学学士、经济学硕士、教育经济学博士。

学术成果

在理论研究、教育研究、新闻和文学写作等多方面取得丰硕成果，先后在海内外多家报刊发表理论文章、新闻和文学作品数千篇，有50多篇作品在全国及有关组织的评选中获奖。他先后在全国推出了"全国十杰中小学教师"王思明、河北农大走"太行山道路"先进教师群体、复旦大学九二国政大学生群体等10多个重大典型报道，在全国产生了深刻影响。参与了中华人民共和国教育部、中央电视台联合拍摄的三集电视专题片《千秋基业——邓小平与中国教育》的前期策划工作，参与了《李岚清教育访谈录》的采编工作。

出版作品

《世纪的呼唤——翟博报告文学通讯集》《法门寺传奇》《二十一世纪大眺望——中国记者十人谈》《迈向新世纪的脚步——我国教育热点问题的若干思考》《中国家训经典》《中国近现代史国情教育丛书》等。

北京工艺美术出版社 陈高潮 社长

1963年生，汉族，中共党员。现任北京工艺美术出版社社长、总编辑、编审，中国工艺美术协会常务理事，中国出版工作者协会书籍装帧委员会常务理事，中国工艺美术学会实业家分会常务理事等。

荣誉

2012年　获第二届北京市新闻出版行业领军人才称号。

2010年　获由中国编辑学会授予的首届全国优秀美术编辑称号。

2009年、2011年、2012年获得由北京市经济和信息化委员会颁发的优秀工作者、优秀共产党员称号。

2008年、2009年连续荣获由北京市人事局、北京市新闻出版局颁发的创意成果奖以及优秀个人称号。

2007年　获由北京工美集团授予的优秀共产党员称号。

《设计》杂志社 兰翠芹 副社长

曾任海尔集团工业设计中心总经理兼海尔PI推进部部长，负责海尔集团全球设计战略，全面推进海尔集团的设计经营体系。现任《设计》杂志社总编兼执行副社长，中国家用电器研究院创新设计中心设计总监，产业经济与技术经济研究所副所长。作为设计师主持和参与了多类产品的企划和设计工作，多项产品获得国际设计大奖，获光华龙腾奖2007中国设计业十大杰出青年称号，荣登清华2005中国设计业青年百人榜。

荣誉

2007年　获得由北京光华设计发展基金会主办、中国设计英才网承办的中国设计业十大杰出青年奖项。

北京艺术与科学电子出版社 张彬 社长

1966年生，北京印刷学院教授，中国艺术研究院设计艺术学博士，第29届奥林匹克运动会形象景观专家，中国印刷技术协会创意设计专业委员会主任委员，内蒙古鄂尔多斯市城市形象景观专家，河南省安阳市城市形象规划设计专家，北京艺术与科学电子出版社社长兼总编辑，北京艺科印成艺术设计中心主任。

主要成就

2015年　策划开发以承德历史文化为背景的移动终端游戏《承德传奇》。

2015年　规划设计完成第十届全国少数民族传统体育运动会主体育场鄂尔多斯体育中心导向标识工程。

2014年　《儿童有声读物系列产品研发及出版》获北京市新闻出版广电局北京市电子出版物奖励专项支持。

2010年　策划《妞妞与口袋青少年科普系列读物》入选北京市科学委员会的"社会科普项目"。

2009年至今策划、设计、出版各类出版物六百余种。其中，《图说北京印刷科技史》《故事中的北京精神》《京华民俗》分别入选2010年、2012年、2013年北京市出版工程。

社会知名艺术家、企业家等评审委员

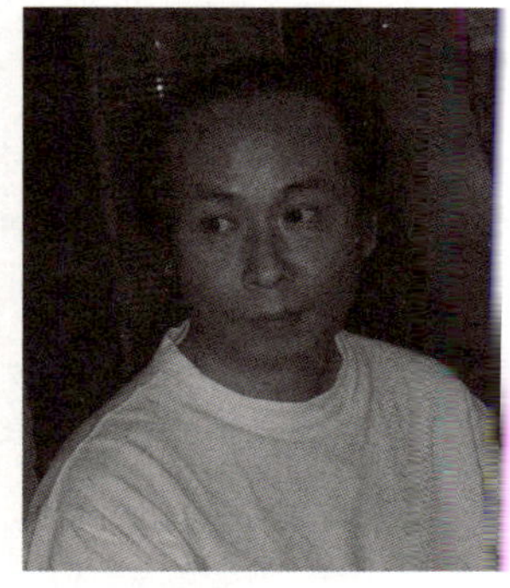

著名画家　边平山

1958年出生于北京，著名画家，新人文画代表人物。结业于中央美术学院国画系、中国艺术研究院、中国画名家研修班。曾任荣宝斋出版社编辑，编辑美术书籍百余种，并获全国优秀编辑一等奖。出版《边平山画集》，出版合集几十种。

艺术经历

参加上海艺术博览会及上海美术馆举办的国际水墨邀请展、上海中日书法联展、上海艺术博览会、上海第二回抽象艺术油画展、全国中国画百家作品邀请展；举办“金色池塘——边平山作品系列展”、“摘下面具——重返母系社会”边平山个展、第一回海上现代笔墨作品展、边平山作品展（香港）等。

出版著作

《摘下面具重返母系社会——边平山》《05平山手稿》《国画23家——边平山卷》《中国艺术家——边平山》《中国画名家精品集——边平山》《平山画稿》《大器丛书——边平山》《金色的池塘》《边平山小品集》等

中国陶瓷艺术大师　郭爱和

中国陶瓷艺术大师，中国陶瓷设计艺术大师，高级工艺美术师，洛阳三彩艺术博物馆馆长，政协第十一届河南省委员会委员，中华陶瓷大师联盟副主席，中国陶瓷工业协会陶瓷艺术设计中心副主任，中国硅酸盐学会陶瓷分会设计艺术专业委员会副主任，中国陶瓷工业协会常务理事，中国艺术研究工作委员会常务理事，中国工艺美术协会河南省常务理事。

艺术经历

2013年　作品《憩》获第三届全国“大地奖”陶瓷作品评比金奖。

2012年　出版发行《中国洛阳三彩》《中国陶瓷设计艺术大师——郭爱和》。

2011年　作品《出行》获全国“金凤凰”创新设计大赛金奖，作品《梯田》获第二届世界建筑陶瓷装饰艺术设计大奖赛“艺术创新”银奖。

广东佛山鹰牌陶瓷有限公司　闫蕾　策划中心总监

2000年毕业于景德镇陶瓷学院美术系。

2000年～2003年任职于广东佛陶集团钻石陶瓷有限公司，负责建筑陶瓷设计与创作。

2004年～2014年任职于广东佛山鹰牌陶瓷有限公司，担任策划中心总监。

建筑陶瓷领域首位“建筑陶瓷装饰理论”的建立者。

亚皇集团　丁雄军　总裁

亚皇集团总裁，亚太商业峰会（APBS）发起人、秘书长，亚太商业发展促进会执行会长兼秘书长，龙川九龙潭度假城开发有限公司董事长。

亚太商业峰会（APBS）于2013年在泰国上议院上议长尼空·瓦拉帕尼、亚皇集团总裁丁雄军、泰国皇室素博·巴莫亲王等共同倡议下宣告成立。APBS是全球商业发展与合作的高效交流平台，其宗旨是立足亚太、面向世界、促进和深化亚太地区的相互理解以及经济交流、协调与合作。APBS的目标是建立一个亚太地区国家与国家、国家与企业、企业与企业的高端交流及对话平台；构建一条亚太地区政府招商引资、招才引智、企业开拓市场、走向全球的快捷通道；打造一个融合亚太地区及全球政界、商界、金融界、学术界、传媒界的领袖智库；营造一个亚太地区企业家信息交换、思想撞碰、情感交流、互利共赢的多元空间；打造一个弘扬亚太地区企业家精神、企业文化与商帮文化的绚丽舞台；以APBS为媒介，将政界、商界、金融界、学术界、传媒界建立的网络为亚太地区企业家的国际发展提供综合性服务。

主办、承办单位负责人评审委员

中国传媒大学美术传播研究所

中国传媒大学美术传播研究所是由中华人民共和国教育部拨专项资金400万元建设的专项实验室，为国内第一家美术传播研究机构，旨在推动美术传播事业发展，促进美术传播事业的形成和美术传播规范化、学术研究化，建立全世界最大的美术传播资源信息库，从而推动中国美术传播事业和谐的发展。

中国传媒大学美术传播研究所首任所长由中国传媒大学广告学院教授、博士研究生导师叶建新教授担任。

中国传媒大学美术传播研究所 叶建新 教授 博导

1958年生。中国传媒大学广告学院教授、博士研究生导师，美术传播研究所所长，中央美术学院特聘教授，中国陶瓷设计艺术大师，中国美术家协会会员，中华陶瓷大师联盟副主席，中国硅酸盐学会陶瓷艺术委员会副主任，中国艺术研究工委常务理事，北京十杰艺术家，北京市旅游文化使者，《美术市场》杂志社社长。

展览

2013年10月　举办叶建新水墨·青花作品展在中国国家画院美术馆举行。

2013年11月　举办"艺缘四人行"中国国际友谊艺术展。

2013年11月　举办擎匠之门——叶建新水墨青花作品展全国巡展。

2013年12月18日　叶建新水墨青花馆开馆。

代表性著作

《叶建新小青绿山水画法》《叶建新作品集》。

北京逐日文化传媒有限公司 丁易名 董事长、总经理

1976年生，江西吉安人。1996年考入景德镇陶瓷学院美术系陶艺设计专业，2002年在中国传媒大学动画学院进修影视动画专业。艺名夸父，资深出版人、策展人，北京逐日文化传媒有限公司董事长。陶艺作品曾被多家单位及个人收藏，现在多所学校及培训机构任教，组织策划并编写了百余本教材及专著，《中国陶瓷设计艺术大师》《中国学院派艺术家》《中国实力派艺术家》《中国陶艺研究》《搞艺术》丛书主编。

主办、承办单位负责人评审委员

中国传媒大学 杨李军 博士

1976年生，湖南泸溪人。2004年考入北京广播学院影视艺术学院，2007年获文学硕士学位。现为中国传媒大学艺术研究院艺术传播学博士、讲师。

讲授课程

“影视艺术概论”“电视摄像与画面美学”“视听语言”等。

研究方向

中国非物质文化遗产的电视传播。

北京工商大学 叶加贝 博士

1986年出生于湖北武汉，现籍北京。博士，艺术评论人，青年画家，陶瓷艺术家。国画承袭家学，自幼随父中国陶瓷艺术大师、中国画大家叶建新先生习画。现为中国美术传播研究院院长，《美术市场》杂志社执行社长，中国传媒大学美术传播研究所研究员，中国工艺美术学会会员，叶建新美术馆艺术总监，北京工商大学嘉华学院文化产业管理教研室主任。

艺术简历

2012年　应邀赴美国参加“世界艺术展”。

2012年　在北京举办“叶子的梦想”艺术展，并出版同名画集。

2012年　艺术评论《论当代陶瓷艺术品的品评标准》刊于《人民论坛》。

2012年　向中国传媒大学教育基金会捐赠中国画作品和青花瓷作品。

评审团成员

Members of the jury

评审团成员

（按作者名字拼音首字母排序）

阿不来提·马合苏提（新疆大学）

1968年出生于新疆和田县

1992年就读于新疆艺术学院美术系，攻读艺术学学士学位

2009年就读于俄罗斯国立师范大学造型艺术系，攻读博士学位

艺术经历

2013年油画作品《圣彼得堡》入选“中国美术家眼中的世界”美术作品展

代表作品

《巴扎》《圣彼得堡》《归途》

包　琳（嘉兴学院）

1979年生

1998年就读于青岛大学美术学院，攻读设计艺术学学士学位

2002年就读于青岛大学美术学院，攻读设计艺术学硕士学位

2005年至今任教于嘉兴学院设计学院艺术设计系，并任学院党委委员

代表作品（研究课题）

《明清时期传统纹样在嘉兴的传承——以道家暗八仙纹为例》，嘉兴市哲学社会科学发展规划课题，已结题

《时尚中国风——丝绸产品的图形研发与创新设计》，浙江省大学生科技创新项目，已结题

蔡玉硕（河南大学）

1972年出生于河南省开封市

1991年就读于河南大学工艺美术和建筑工程系，1995年获文学学士学位

2004年就读于河南大学艺术学院，攻读美术学硕士学位

河南省美术家协会会员

现任教于河南大学

著作

《字体设计》

代表作品

《数码时代》《退而求其次》《借只猫眼看世界》

陈春贵（泉州工艺美术职业学院）

1978年出生于福建省莆田市

1999年就读于福建师范大学美术学院艺术设计专业，获学士学位

2008年就读于电子科技大学软件工程学院数字娱乐专业，获硕士学位

现任泉州工艺美术职业学院设计艺术系装潢教研室主任，讲师

代表作品

《四象》《海丝文化馆展厅设计》

陈伟龙（浙江师范大学）

2003年就读于西南交通大学工业设计系，攻读艺术学学士学位

2007年就读于西南交通大学工业设计系，攻读工学硕士学位

2010年至今任教于浙江师范大学美术学院

获奖

2014年《莲》《一板一坐具》入选第十二届全国美术作品展览

2014年《木之语》获2013—2014年度“龙”家具创意设计大赛金奖

代表作品

《系列再生家具设计——重生》《雅韵》《自由翱翔》《木之语》

陈聿东（南开大学）

1957年出生于天津市

1983年毕业于天津外国语大学

1986年毕业于中央美术学院，获硕士学位

现任教于南开大学东方艺术系

社会职务

美国亚洲文化委员会特聘艺术博士生导师、加拿大东方艺术学会会长、国际孔子学院派遣院长及师资文化培训课主讲专家

著作

《国画艺术》《中国大百科全书·美术卷》（印度美术部分）

程　耀（广东第二师范学院）

1987毕业于中央工艺美术学院（现清华大学美术学院），获学士学位

2002年毕业于武汉理工大学艺术设计学院，获硕士学位

中国工业设计协会会员、中国美术家协会会员、广东省高级专业技术资格评审委员会入库委员、广东第二师范学院美术学院学术委员会委员、艺术设计系教研室主任

出版

《材料装饰与形式》《园林设计》

邓　斌（四川工程职业技术学院）

1967年出生于重庆市

2000年毕业于西南大学美术学院美术教育专业，获硕士学位

先后于西南大学油画研究生班、中国香港职业训练局、美国加州州立大学圣伯纳迪诺分校学习

现为四川工程职业技术学院艺术系副教授，美术基础教研室主任，德阳市美术家协会理事，德阳市高等院校文学艺术界联合会常务理事

代表作品

《起舞之前》《仙人掌》《残雪》

董振怀（沧州师范学院）

1962出生于河北省沧州市

1985年就读于河北师范大学美术教育系，攻读艺术学学士学位

中国美术家协会会员

艺术经历

2012年 举办“淡墨清岚”董振怀山水作品展

2005年《欢乐山村》入选全国中国画展

2004年《赤岸寄情》获纪念邓小平诞辰100周年全国美术作品展优秀奖

代表作品

《山村印象》《秋染山村秋更浓》《秋染山村秀》

丰兴军（济宁学院）

1963出生于山东莒县

1995年就读于曲阜师范大学美术系，获学士学位

现任济宁学院美术系副主任，教授

中国室内设计学会会员

济宁市有突出贡献中青年专家

济宁市美术家协会副主席

代表作品

《生死攸关》《伤痛》《关于纸的故事》

高元华（荆州理工职业学院）

1982年出生于湖北省

2005年就读于华中科技大学软件工程专业，攻读硕士学位

荆州市美术家协会会员

艺术经历

2014年论文《探析信息技术中的多媒体动画课件制作》获第三届全国教育课程改革教研成果一等奖

2011年在“第六届全国信息技术应用水平大赛”Photoshop平面设计比赛中荣获“大赛最佳指导老师”称号

耿 翊（贵州大学）

1965年出生于辽宁省沈阳市

贵州大学艺术学院副院长，教授，硕士研究生导师，中国美术家协会会员，贵州省美术家协会副主席，贵州画院特聘学术委员。

作品收藏及发表

作品被日本株式画廊、中国香港艺术画廊、对比窗艺廊、上海美术馆、广东美术馆、上海多伦现代美术馆、国际奥林匹克委员会、浙江美术馆、贵阳美术馆等机构收藏。多幅作品发表于《中国油画》《艺术当代》《当代美术家》《画刊》等刊物

顾明智（常州纺织服装职业技术学院）

1966年生

任教于常州纺织服装职业技术学院，艺术设计与应用研究所所长，视觉传达专业带头人，非遗传承与创新工作室负责人，中国包装联合会设计委员会委员，江苏省工艺美术行业协会会员

著作

《色彩构成》《标志与设计》《CI设计》

代表作品

《常州装饰网》《宝上寺》《中国风》《激浊扬清》《滴水石穿》

管学理（湖北交通职业技术学院）

1969年出生于江西

湖北交通职业技术学院设计艺术系教授、副主任，中国动画学会理事，中国工艺美术学会会员

著作

《ILLUSTRATOR图形绘制》《设计透视》

科研成果

完成湖北省教育厅教育科学规划课题《行动导向教学法在模型设计与制作课程中的运用研究》《神农架木鱼坪至兴山昭君桥旅游公路环境工程技术研究与示范》等多项省级、部级科研项目

韩永林（兰州财经大学）

1968年生

1994年毕业于西北师范大学，获文学学士学位。现为兰州财经大学艺术学院艺术设计系主任，硕士研究生导师。中国工业设计协会会员，甘肃省美术家协会会员，甘肃省青年美术家协会常务理事

获奖

《民间艺术在现代设计教育中的地位》获教育部全国高等学校艺术教育科学论文三等奖

代表作品

《囚系列》《孤寂系列》《雪顿乳业整体形象设计》

郝淑宝（河套学院）

1977年生

1997年就读于内蒙古师范大学国际现代设计艺术学院广告设计专业，攻读艺术学学士学位

2002年至今任教于河套学院

获奖

巴彦淖尔市廉政文化海报创作评选活动一等奖

第六届全国美育成果展教研成果一等奖

代表作品

《北京奥运会海报》《一人不廉，全家不圆》《阴山魂》

何靖泉（辽宁轻工职业学院）

1969年生

任教于辽宁轻工职业学院，艺术设计系主任，副教授

艺术经历

2014年作品《职业技能竞赛平台建设与运行的研究和实践》获辽宁省教学成果奖三等奖

2013年作品《长兴岛体育公园设计》获中国建筑与艺术青年设计师奖

代表作品

《惠风和畅》《幽林泉声》《山水》

贺洛乙（周口师范学院）

1965年出生于河南省洛阳市

1995年毕业于河南大学，获学士学位

河南省美术家协会会员

现任周口师范学院美术学院副院长

获奖

2013年作品《静静的村庄》入选“美丽中原”——河南省油画写生作品展，并获二等奖

代表作品

《静静的村庄》《美丽家园》《逝水》系列、《秋水》系列

胡晓洁（黄冈师范学院）

1976年出生于湖北省黄冈市

2000年毕业于景德镇陶瓷学院，获学士学位

2008年毕业于武汉理工大学，获硕士学位

黄冈师范学院教师，副教授

湖北省美术家协会会员

中国陶瓷工业协会会员

景德镇陶艺家设计协会会员

论文发表

《徽派民居中铺首·环的艺术特征》发表于《装饰》2014年第4期

黄光辉（贵州师范大学）

1963年出生于湖南省

1989年毕业于贵州师范大学艺术系油画专业

现为贵州师范大学美术学院教授，副院长，硕士研究生导师

贵州省美术家协会常务理事

贵州省油画艺术委员会副主任

艺术经历

2014年举办黄光辉个人画展（新加坡）

2014年油画系列作品参加日中交流艺术展（日本山梨）

2013年油画系列作品参加“多彩江湖”——中日视觉艺术交流展（贵阳）

黄 辉（天津职业技术师范大学）

1979年出生于湖南省

1998年就读于景德镇陶瓷学院美术系，攻读艺术学学士学位

中国陶瓷工业协会会员

天津包装技术协会会员

著作

《动画角色雕塑》《立体构成》

代表作品

《郎才女貌》《戏剧人物》系列《指纹》系列《滨海景观》《老津城》

黄检文（萍乡学院）

1980年出生于江西省宜丰县

1999年就读于南昌大学艺术学院艺术设计系，获文学学士学位

2006年就读于北京大学艺术学院美术系，获艺术学硕士学位

萍乡学院计算机系助教，计算机系图形图像制作专业教研室主任

江西省电脑艺术设计专业委员会委员

黄　侃（广州商学院）

1982年生
2002年就读于广州美术学院，攻读学士学位
2012年于华南师范大学攻读硕士学位
工业设计师
广东省家具协会会员
中国设计师协会会员
获奖
2012年获全国艺术设计大奖赛优秀教育成果奖
2005年获德国博朗设计大奖

黄文中（泉州师范学院）

1975年出生于福建省永春县
福建省美术家协会油画艺术委员会副秘书长
福建省美术家协会理论委员会副秘书长
艺术经历
2014年《山村之夜》获首届福建省油画写生作品展优秀奖（最高奖）
2010年《潮落2》入选研究与超越——第二届中国小幅油画展
代表作品
《山村之夜》《海边的风景》《潮落》《云水谣》

黄　洋（阿坝师范高等专科学校）

1977年生
阿坝师范高等专科学校美术系副主任，阿坝师范高等专科学校藏羌造型艺术研究中心主任
四川省美术家协会会员
阿坝州美术家协会会员
获奖
2013年油画作品《在路上》获第四届四川省青年美术作品展优秀奖，并被四川省美术馆收藏

黄作林（重庆师范大学）

1963年生
1994年任教于重庆师范大学美术学院
中国美术家协会会员，重庆市美术家协会理事，重庆市高等教育学会高校美育专业委员会副主任，重庆市沙坪坝区美术家协会主席
艺术经历
2010年作品《青岛风情》参加情系青岛——留俄美术家作品展（青岛）
著作
《重庆黑白木刻》《设计素描》《黄作林留俄作品集》《素色心计》

惠晓钟（陕西国防工业职业技术学院）

1963年生
1990年上海理工大学毕业，2004年陕西师范大学硕士毕业，2013年清华大学美术学院研修班结业
陕西省美术家协会会员，陕西省职业技术教育学会书画教学委员会主任
现任陕西国防工业职业技术学院艺术学院院长
著作
《3D Studio MAX从入门到精通》《3D Studio MAX R3经典制作》
代表作品
《壁立千仞》《黄山云烟》《沁园春·雪》

江水明（苏州高博软件技术职业学院）

1973年出生于安徽省
1995年就读于安徽机电学院（现为安徽工程大学）工艺美术系，攻读文学学士学位
现就职于苏州高博软件技术职业学院
获奖
2013年参加江苏省工艺美术艺术设计大赛，获环境艺术类铜奖
代表作品
《救救母亲》《情定地中海——别墅空间设计》
《绿中海别墅设计方案》《回归童真——幼儿园空间设计》

姜百瑞（重庆师范大学涉外商贸学院）

1959年生
中国高校美术家协会理事
中国书画艺术研究院理事
中国民族文化研究会研究员、理事
陕西省美术家协会会员
现任重庆师范大学涉外商贸学院艺术设计学院院长
代表作品
《太行晨曦》《巴山人家》《山村小丫》

姜　博（广东松山职业技术学院）

1983年出生于辽宁省沈阳市
2014年担任ATM创意设计工作室艺术指导
2011年获得国家高级广告设计师职业资格
获奖
2013年参加第十三届全国多媒体课件大赛，获优秀奖
2012年参加"南京青奥会"专题设计竞赛，获优秀奖
代表作品
《沈阳市辽中县第一私立高级中学企业形象与VI设计》
《昆仑科技宣传海报系列》

姜松华（南京信息职业技术学院）

1954年生
1982年毕业于南京艺术学院美术系油画专业，获文学学士学位
现任南京信息职业技术学院数码艺术学院院长、教授
中国民主同盟盟员，江苏省工艺美术学会设计专业委员会理事，江苏省美术家协会会员，南京市美术家协会理事、南京油画研究会秘书长
词条被辑入《中国当代美术家人名录》《中国当代名人录》《南京文艺界名人录》等书目
代表作品
《茜茜肖像》《白色世界》《石头系列》

姜　霞（山东工艺美术学院）

2000年毕业于景德镇陶瓷学院，获学士学位
2005年毕业于景德镇陶瓷学院，获硕士学位
2005年任教于山东工艺美术学院现代手工艺术学院
中国陶瓷工业协会会员
清华大学美术学院访问学者
艺术经历
2014年《乡恋》入选第十八届山东美术新人新作展
代表作品
《乡恋》《禅茶一味》《长河》《中国柱式》

蒋　鑫（河南科技大学）

河南科技大学艺术与设计学院院长，副教授
河南省教育厅艺术教育指导委员会委员
河南省美术家协会会员
河南省教育厅艺术教育指导委员会委员
洛阳市美术家协会副主席
艺术经历
2012年《黄山春雨》获河南省第九届水彩·粉画作品展览银奖
2014年《雨后清夜》获河南省第十二届美术作品展览二等奖

金　卓（亳州师范高等专科学校）

1983年出生于辽宁省沈阳市
亳州师范高等专科学校美术系副教授
中国包装联合会设计委员会委员
中国广告协会学术委员会委员
中国民俗摄影家协会会员
著作
《广告设计与创意》《现代平面构成》《招贴设计》《影视美学》

鞠广东（石家庄理工职业学院）

1975年出生于河北省沧州市
石家庄理工职业学院艺术设计系主任
中国建筑学会室内设计分会会员
河北美术家协会会员
河北省高校风景园林专委会委员

艺术经历

2010年获"GSSP(金曦奖)国际设计大赛"创新印象奖
2005年获吉林省第五届建筑画评比大赛二等奖
2014年获河北省第二届插花和园林绿化快速设计竞赛先进个人

李　一（安阳工学院）

1963年出生于河南省安阳市
河南省美术家协会会员
现任安阳工学院艺术设计学院教授、院长

著作

《设计素描》《公共空间设计》

代表作品

《岁月如蓬》《太行岁月》《江南民居写生》《太行民居写生》

雷文彬（四川师范大学成都学院）

1948年生
四川师范大学成都学院艺术学院院长，中国美术家协会会员，四川省美术家协会理事，四川省工艺美术学会理事
多次参加中国香港当代书画名家邀请展、加拿大国际水墨大赛、日本国立国际美术馆举办的现代中国美术作品展等展示活动，获"有突出贡献的拔尖人才"称号，享受国务院政府特殊津贴。作品被中国美术馆等专业机构收藏，入编多种大型画集、名人典籍

李志强（常州工学院）

1958年出生于江苏省常州市
江苏省美术家协会会员
常州工学院艺术与设计学院教授

著作

《李志强作品集》

代表作品

《西藏印象》《拉卜楞寺的行人》

李　刚（上海工艺美术职业学院）

1976年出生于黑龙江
副教授，高级工艺美术师
南京艺术学院艺术设计专业研究生毕业，江苏省室内装饰协会常务理事、上海景观设计协会专业委员会委员
现任上海工艺美术职业学院环境艺术学院院长

艺术经历

2008年获得中国青年教师设计论坛银奖
2014年获得中国环境设计"青年设计师"展银奖

梁观光（贺州学院）

1978年出生于广西壮族自治区贺州市
1999年就读于广西师范大学，攻读文学学士学位
2007年就读于武汉大学，攻读硕士学位
贺州学院设计学院视觉传达设计教研室主任

获奖

2014年指导学生参加第六届全国大学生广告艺术设计大赛获得广西赛区二等奖6项、三等奖5项，本人被评为优秀指导老师

代表作品

《富川脐橙包装设计》《贺州[illegible]》《贺州铜锣湾商业广场招商画册》

李六杏（安徽经济管理学院）

1972年生
副教授，动漫设计与制作教研室主任，安徽省教育厅数字媒体类评审专家

教学成果

2012年《院企合作的高职动漫设计专业实训平台构建》获安徽省教学成果奖
2011年《动漫专业人才培养模式研究》获安徽经济管理学院教学成果奖
2009年《计算机文化基础课程教学改革》获安徽经济管理学院教学成果奖

林　勇（福建信息职业技术学院）

1959年出生于福建省福安市
1978年就读于福建师范大学艺术系美术专业，获文学学士学位
中国美术教育研究会会员
中国高校摄影家协会会员
福建美术家协会会员

著作

《招贴设计》《Photoshop基础教程》《素描淡彩》

代表作品

《情系故里》《徽州故事》

李　萌（华南理工大学）

1980年生
1999年就读于北京理工大学工业设计系，攻读工业设计学士学位
2003年就读于北京理工大学设计与艺术学院，攻读设计艺术学硕士学位
现任华南理工大学设计学院工业设计系产品设计教研室主任

林梓波（福州大学）

先后就读于福建师范大学、景德镇陶瓷学院，硕士学位
福州大学厦门工艺美术学院工艺美术系主任、教授，硕士研究生导师
福建省非物质文化遗产专家评审委员会委员
福建省雕塑学会常务理事
中央美术学院访问学者
中国雕塑学会会员
中国工艺美术学会会员

代表作品

《直上青云》《中国盆景》《[illegible]》

李锐文（广州大学）

1959年生
中华美学学会会员，中国摄影家协会会员，广东省美术家协会会员，广州市美术家协会常务理事，广州大学美术与设计学院绘画艺术系副主任、硕士研究生导师，广东省鹤山市大雁山书画院院长，安徽省淮南书画院名誉院长，广东省高校中国画学术委员会委员，广州画院特聘画家

代表作品

《太行朝晖》《太行神韵》《氤氲山村》《春山入画屏》

刘　蓉（重庆工商大学）

重庆工商大学设计艺术学院服装设计专业讲师

著作

《服装艺术解读与欣赏》《服装画与实训》

刘树龙（吉林建筑大学）

1976年生

现为吉林建筑大学艺术设计学院副教授，长春白山水彩画院副院长、陕西当代水彩粉画研究院研究员、中国意象油画研究会会员、青年艺术网艺术总监

艺术经历

作品《爆破系列NO.1》入选吉林省高校教师油画精品展

作品《老街》入选“情系中国梦”——庆祝建国65周年美术作品展

代表作品

《爆破系列》《秋絮》《北京胡同》

刘　爽（大连艺术学院）

1978年生

1997年就读于吉林艺术学院

2001年任教于大连艺术学院，现任大连艺术学院艺术设计学院副院长、副教授，CIID第二十二专业委员会委员，高级室内建筑师，计算机艺术设计工程师

代表作品

《千山玄贞观建筑景观规划设计》《旅顺博物馆》《银帆》

刘晓杰（厦门大学）

1964年出生于辽宁省

1982年就读于内蒙古师范大学，攻读文学学士学位

2008年就读于厦门大学，攻读艺术学硕士学位

中国美术家协会会员

福建省美术家协会漆画艺术委员会副秘书长

艺术经历

2014年作品《畲乡茶韵》入选第十二届全国美术作品展

2014年作品《羌族女子》入选“大漆艺术”——2014海峡漆艺术大展

2012年作品《祈》入选第三届全国漆画作品展并获优秀作品奖

刘训立（西安美术学院）

1976年出生于山东菏泽

2001年毕业于景德镇陶瓷学院并同时任教于西安美术学院

2007年取得西安美院美术学（雕塑）硕士学位

多篇论文和作品发表于《中国陶艺》《当代美术与设计》《中国陶瓷》《陶瓷科学与艺术》《中国陶艺研究》等刊物

专著

《陶艺制作》

刘永福（广西职业技术学院）

广西职业技术学院传媒系主任兼艺术设计系常务副主任，广西工艺美术学会常务理事，广西广告协会常务理事，广西工艺美术大师评审会委员，广西教学名师、优秀教师，省级教学团队负责人，全国职业教育先进个人，环境艺术设计专业带头人，主持“景观规划设计”“民族陶艺设计与制作”两门国家级精品课程和“包装设计”省级精品课程

刘志刚（西北民族大学）

1976年出生于甘肃省张掖市

艺术学硕士研究生学历，西北民族大学美术学院视觉传达设计专业副教授、美术学硕士研究生导师、艺术硕士（MFA）研究生导师，中国博物馆协会会员，甘肃省美术家协会会员

艺术经历

2014年油画作品《普陀·八卦村》入选美丽甘肃——甘肃省美术写生作品展

2014年漆画作品《心迹向空山》入选追寻中国梦——甘肃美术作品大展

楼正国（鲁东大学）

1965年生

1986年就读于西安美术学院，攻读文学学位

2012年美国布里奇波特大学设计学院访问学者

中国包装联合会委员

山东省美术家协会会员

代表作品

《门神印象》《汉子印象》《世界艾滋病日》

罗礼平（福建师范大学）

1967年生于福建省长汀县

2007年毕业于北京大学，获文学硕士学位

2013年毕业于福建师范大学美术学院

福建师范大学美术学院教授，设计基础部主任，硕士研究生导师

中国教育学会会员，福建省美术家协会美术理论委员会委员

著作

《中国艺术史》《中国设计全集·民艺用具》

《手绘秘笈》《室内专业快题设计》

罗　源（重庆工商大学）

毕业于西南师范大学（现为西南大学）美术学院，获学士学位

重庆工商大学设计艺术学院艺术设计系主任、三级教授

中国工业设计协会会员，中国建筑装饰协会室内设计协会会员，中国建筑装饰协会资深设计师，重庆工业设计协会专业委员会理事，重庆市美术家协会会员

在高端室内、环境景观工程设计和社会项目中有较多的实施，对艺术和设计专业学科有较深的研究，有数十项环境景观、室内设计被相关单位及机构应用

马　辉（西安美术学院雕塑系客座教授）

毕业于西安美术学院雕塑系，获艺术学学士学位

中国雕塑学会理事，中国工艺美术学会雕塑专业委员会委员，陕西省体育文化艺术协会理事

现任职于陕西省雕塑院，国家一级美术师

作品曾参加第八、九、十、十一届全国美术作品展，第五届全国体育美术作品展，中国美术家协会第十五次新人新作展，中国北京·国际城市雕塑艺术展，“中国西部风”雕塑巡回展，523全国美术作品展，中国美术家协会延安颂庆建党80周年美术作品展

马绥莉（榆林学院）

1977年生

2001年毕业于西北大学装潢设计专业，同年在榆林学院艺术系任教，现任设计教研室主任一职，2014年获得西北农林科技大学风景园林在职硕士学位

马振龙（天津理工大学）

1964年生

教授、硕士生导师

中国数字艺术设计专家委员会委员

天津市包装技术协会设计委员会理事

获奖

2010年作品《天津国家软件出口基地标志设计》获“天津风”品牌形象设计展最佳设计奖

2005年参加第六届亚洲冬季运动会“冰雪丽人”形象大使选拔赛（组委会）招贴设计，获一等奖

牛　学（武汉工商学院）

副教授、国家一级摄影师、中国摄影家协会会员、湖北省摄影家协会会员、湖北省高校摄影学会会员、中国设计师协会理事

2012年获"湖北省青年岗位能手"称号，2013年获教育部青年骨干教师国内访问学者奖学金，师从中国美术学院王雪青教授

近年来发表论文及设计与摄影作品多篇（幅），撰写教材三部，其设计与摄影作品在各类比赛中获奖三十余项，并指导学生获各类设计与摄影奖项一百余项

沈雷鸣（宁波大红鹰学院）

1979年生

2001年毕业于浙江师范大学艺术学院，2014年赴台湾昆山科技大学访学，中国设计师协会理事

获奖

2009年指导学生获得由教育部高等学校高职高专艺术设计类专业教学指导委员会主办的优秀毕业设计金奖，并被评为优秀指导教师

代表作品

《叁拾年后之绝迹》《毛利家武士》《熊本城城墨》

漆琰玲（鲁迅美术学院）

1983年出生于江西省

2004年任教于广州大学

2005年任教于鲁迅美术学院附属中等学校

2010年至今任教于鲁迅美术学院大连校区

艺术经历

2007年作品《风景》获得辽宁省水彩画展提名奖

2005年作品《人物系列》参加ART SHOW当代艺术展

寿伟克（衢州学院）

1967年出生于浙江省衢州市

2010年毕业于南京艺术学院，获硕士学位

浙江省美术家协会会员，浙江省版画家协会会员，浙江省油画家协会会员

现为衢州学院副教授、艺术系副主任

艺术经历

2011年油画作品参加首届衢州学院教师教育学院艺术系美术教师作品展

2010年油画作品参加金丽衢三地油画家写生作品展

曲阜贵（漳州科技学院）

1959年生

漳州科技学院艺术设计学院院长

艺术经历

2011年作品《幽膝》经第二届国际刻字艺术大展赛评审委员会评审为"第二届国际刻字艺术大展赛"入展作品

2011年作品《根在故土》荣登"五代同堂"——海峡两岸摄影名家精品联展，在北京中华世纪坛中心展厅展出

2009年作品《忆》在福建省首届美术院校（系）教师优秀作品联展中被评为优秀作品

宋国彬（黄冈师范学院）

1970年出生于湖北

毕业于武汉理工大学，获硕士学位

黄冈师范学院美术学院讲师

湖北省高等教育学会艺术设计专业委员会会员

主持湖北省教育厅人文社科研究项目两项，参与省部级科研项目多项

著作

《鄂东非物质文化遗产概论》《农耕瑰宝——鄂东人文艺术与非物质文化调查报告》

余国富（福州大学厦门工艺美术学院）

1958年出生于福建省莆田市

中国工艺美术学会雕塑专业委员会常务委员，福建省工艺美术协会木雕专业委员会副主任，福建省雕塑学会副会长，厦门美术家协会常务理事

现为福州大学厦门工艺美术学院教授、副院长、硕士研究生导师，高级工艺美术师

代表作品

《永不止步》《黎明前的勇士》《琴韵》《絮语》《与蓝色对话》

苏子东（珠海城市职业技术学院）

1962年生

1991年西安美术学院硕士毕业留校任教，获文学硕士学位

1997年调入珠海城市职业技术学院任设计学院院长

中国美术家协会会员，广东省高职高专艺术设计教指委理事，珠海美术家协会副主席

代表作品

《参军光荣》《那达慕的骑手》《笑脸》《土方矿区系列》《X年X月日记系列》《运动员公寓系列》

申庆全（黑龙江农业经济职业学院）

1967年生

黑龙江省艺术设计协会理事，黑龙江省美术家协会会员，中青年艺术设计家，黑龙江省十佳艺术设计教育工作者，牡丹江市美术家协会副主席，牡丹江市艺术设计协会副会长，牡丹江市漆画艺委会主任，牡丹江市国画艺委会副主任，牡丹江市青联委员

现为黑龙江农业经济职业学院人文艺术分院副院长，艺术教研部主任，艺术专业带头人

代表作品

《苍塬圣境》《初恕图》

孙　皓（天津商业大学）

1968年出生于天津市

天津商业大学设计学院环境设计教研室主任，学术委员会副主任，学科带头人

天津市美术家协会会员，中国建筑学会室内设计分会会员，天津职业大学黄金珠宝学院特聘教授，天津市教师书画研究院顾问

著作

《爱我之家系列丛书——色彩设计》《室内环境艺术设计指导》《公共艺术——室内装饰艺术》（上篇）

沈　宏（燕京理工学院）

1980年生

燕京理工学院艺术学院副院长

中国艺术家创作中心艺术顾问，吴道子艺术馆理事，迁安龙湾游艇俱乐部设计总监，长城国家公园项目艺术总监

艺术经历

参与并主持北京市延庆县政府办公楼外立面设计，延庆长城旅游纪念品开发设计，固安轩辕宾馆大厅设计，中国国际广播电台前厅规划设计，湖南省长沙市人大常委会办公厅设计，北京傻儿火锅店总体设计，国家长城公园博物馆规划设计等多个项目

孙友全（广东农工商职业技术学院）

1978年出生于湖北

2007年毕业于华南农业大学艺术学院动画专业

北京电影学院访问学者

美术学讲师

ICAD高级影视美术设计师

艺术经历

2014年参加离线——青年艺术邀请展

2009年参加南方多媒短片节

2009年参加"啊啊啊人样"第二回艺术联展

汤洪泉（江苏理工学院刘海粟艺术学院）

1962年出生于安徽省阜阳市
1980年就读于安徽师范大学美术系，攻读文学学士学位
1993年中央工艺美术学院访问学者
中国美术家协会会员，中国版画家协会会员，中国室内设计学会会员

著作

《汤洪泉素描》《素描》《室内设计原理》《我国保障性住房建设理论与空间设计研究》

代表作品

《哥伦布发现新大陆》《战友》

肖机灵（广东职业技术学院）

1978年出生于湖南省郴州市
1999年就读于广州美术学院设计学系，攻读艺术学学士学位
2013年就读于中南工业大学，攻读硕士学位
广州工业设计促进会会员，佛山市卫浴洁具行业协会设计专委会顾问

代表作品

《冰娜》《出水芙蓉》《狗与影》《鹿与影》《美与时代》

王东辉（上海第二工业大学）

1971年出生于安徽省马鞍山市
1995年毕业于安徽师范大学美术学院
上海第二工业大学应用艺术设计学院视觉传达系讲师
被《文化人物》杂志授予“感动中国杰出文化传承人”
被中国文学艺术研究会和中国艺术家报联合评为“全国书画作品最具收藏价值30名艺术家”之一

谢　迁（西安工程大学）

1965年出生于陕西省西安市
2001年调入西安工程大学任教，现任西安工程大学艺术工程学院环境设计专业主任
陕西省油画艺术研究会会员

著作

《西部人家》《立体构成》《城市景观设计》

代表作品

《西部人情》《静与光》

王　飞（湖北工程学院）

1979年出生于安徽省蚌埠市
2009年就读于湖北工业大学艺术设计学院，攻读硕士学位
国家高级摄影师，新华社签约摄影师，湖北工程学院文学与新闻传播学院副教授，英国胡弗汉顿大学访问学者

著作

2013年摄影作品《前进中的孝感》在全洲杯“中华孝文化，孝感动苍穹”全国摄影大展中荣获金质收藏奖

代表作品

《余香》《藏人肖像之画意四条屏》《薄物》

幸代远（西昌学院）

1964年出生于四川省富顺县
1990年于西南师范大学（现为西南大学）美术系毕业后分配至西昌师范高等专科学校。2000年至2002年就读于中国美术学院研究生班。油画作品多次参加国内外各级展览并在各类报纸杂志上发表

艺术经历

2013年油画《冬储》参加“澄怀观道”——中国当代艺术邀请展
2011年油画《惊蛰》荣获“美术大观杯”全国美术教师艺术作品双年奖铜奖

王兆健（青岛黄海学院）

1979年出生于山东省临沂市
2001年就读于鲁东大学美术系，获文学学士学位
亚洲动漫学会会员
中国青岛美术家协会会员

艺术经历

2010年《蒙山印象》入选山东十四届新人新作展
2003年《少女》获纪念邓小平诞辰一百周年优秀奖

代表作品

《蒙山印象》《生命》

徐　丹（盐城工学院）

1976年出生于江苏省盐城市
2000年毕业于同济大学装饰艺术系，获学士学位
2006年毕业于南京艺术学院艺术设计专业，获硕士学位
现为盐城工学院设计艺术学院艺术设计系主任、副教授

获奖

2011年参加中国之星设计艺术大赛，获优秀奖
2011年参加江苏省工艺美术艺术设计大赛，获金奖

吴智勇（重庆电信职业学院）

1981年出生于重庆市
重庆电信职业学院设计与建筑学院执行院长，国家级高等职业学院专业骨干教师，建筑工程师，高级设计师，中国室内装饰协会会员

艺术经历

2014年作品《致——梦之家》获第二届全国高校数字艺术作品大赛教师组一等奖
2014年作品《中国·永川茶山竹海翠竹老年公寓设计》获全国美育成果展教师组一等奖

许广彤（石家庄大学）

1974年出生于河北省石家庄市
1997年毕业于河北师范大学美术系，获美术教育学士学位
2009年毕业于河北师范大学美术学院，获艺术硕士学位
河北省美术家协会会员
河北省动漫协会会员

著作

《非线性编辑》《Flash动画技法》

武文丰（西华师范大学）

1979年出生于河南省灵宝市
2012毕业于四川美术学院新媒体艺术系，获戏剧与影视学硕士学位
现为西华师范大学美术学院设计系副教授，担任学术型硕士研究生导师和专业型硕士研究生导师，主要研究方向为摄影艺术和数字媒体艺术设计

著作

《数码摄影技艺指要》

代表作品

《角落》《生如夏花》《窑洞》《遗失的院落》

薛　果（湖北工业大学商贸学院）

1981年出生于湖北省武汉市
1999年就读于桂林电子科技大学工业设计系，攻读工学学士学位
2007年就读于湖北工业大学工业设计专业，攻读硕士学位

艺术经历

2013年在武汉举办个人玩具收藏和设计巡展
2002年作品《拼插室外运动器械》获深圳国际家具展二等奖

著作

《产品设计速写》《人体工程学》

薛圣言（景德镇陶瓷学院）

1981年出生于山东省烟台市
2000年就读于景德镇陶瓷学院美术系，获文学学士学位
2004年就读于景德镇陶瓷学院，获硕士学位
景德镇陶瓷学院科技艺术学院美术系环境艺术设计教研室负责人，讲师
中国建筑学会室内设计分会会员
中国陶瓷工业协会会员

艺术经历

2012年《后现代符号—客家文化馆设计》获2012首届高等院校设计艺术大赛二等奖

薛文峰（内蒙古农业大学）

1971年出生于内蒙古自治区
中国文艺评论家协会会员，中国工笔画学会会员，呼和浩特市天际紫辰文化传播有限公司艺术总监

著作

《薛文峰作品集》

代表作品

《灰色山巅·驻》《草原印象》《煤海》

杨剑涛（宜宾学院）

1969年出生于四川省荣县
1986年就读于四川理工学院
1994年就读于西南大学美术学院
四川省美术家协会会员

著作

《震·源——杨剑涛诗画作品集》《基础图案》《教学技能培训测试教程》

代表作品

《丽日》《浓香》《天风》《地网》《谷雨时节》

杨　珺（武汉职业技术学院）

1979年出生于湖北省武汉市
1997年就读于湖北美术学院环境艺术设计学院环境艺术设计系，获学士学位
2004年就读于湖北美术学院环境艺术设计系，获硕士学位
中国职业技术教育学会教学工作委员会艺术设计专业教学研究会会员

代表作品

《厂房改造》《庐山酒店景观规划及内部改造》

杨开富（重庆工商大学）

1991年毕业于重庆大学包装与食品工程系，获学士学位
中国动画学会会员，中国图象图形学学会会员，中国数字艺术设计专家委员会高级专家

著作

《市场实现·网页设计》

代表作品

《美心防盗门》《欢乐总动员》《中华广场》

杨立泳（北方民族大学）

1966年出生于内蒙古自治区
中国美术家协会会员，宁夏美术家协会设计艺术委员会副主任，北方民族大学设计艺术学院环境艺术系主任

代表作品

《毛主席翻越六盘山》《宁夏解放与和平老人》《红军三大主力会师同心城》

杨树彬（广东工业大学）

1958年生
1999年毕业于哈尔滨师范大学教育系，获教育学硕士学位
1999年于清华大学美术学院服装设计系攻读硕士学位
现任广东工业大学艺术设计学院服装系主任

著作

《服饰图案与设计》《服装局部设计——鞋》《服装设计基础》

杨　涛（北京师范大学珠海分校）

1959年生
毕业于四川美术学院，获硕士学位
北京师范大学珠海分校设计学院视觉传达设计教研室主任，主要从事品牌设计、广告设计、字体设计、图形符号设计等专业方向的研究实践和教学
系列作品分别被《中国品牌年鉴》《中国体育美术作品选》《首届华人平面设计大赛获奖作品选》《中国艺术大展作品全集·艺术设计卷》收录发表

杨永福（广西大学行健文理学院）

1983年生
2010年至2012年于广西艺术学院攻读在职研究生
2008年至今任教于广西大学行健文理学院

艺术经历

主持院级课题两项，参与院级课题两项，指导学生创新实践课题三项
曾获2010年至2012年广西大学高等教学成果奖一等奖

姚静萍（西北民族大学）

1963年生
西北民族大学美术学院教授，硕士研究生导师

获奖

2014年参加“绚丽年华”第一届全国美育成果展评，获本届艺术美育个人教学成果一等奖
2014年作品《风景》获“绚丽年华”第七届全国美育成果展评教师组一等奖

著作

《装饰画艺术——基础·创意·赏析》《装饰画集》

殷晓克（渭南师范学院）

1980年出生于河南省开封市
2000年毕业于陕西师范大学艺术系，获文学学士学位
2009年进入河南大学艺术学院攻读艺术学硕士学位
陕西省大秦岭文化艺术研究中心副主任，渭南师范学院美术设计学院院长助理

艺术经历

2014年荣获渭南师范学院科研成果三等奖教师组一等奖
2013年荣获第七届“创意中国”设计大赛优秀教师称号
2012年作品《拴马桩》入选陕西省首届写生作品展览

尹　波（荆楚理工学院）

1962年生
任教于荆楚理工学院艺术学院，教授

著作

《室内设计基础》《展示设计》

代表作品

《双喜湖景观工程设计》《星谷佛缘》《意空间设计》

禹　青（青岛科技大学）

青岛科技大学艺术学院艺术设计系主任，副教授，硕士研究生导师
中国设计师协会会员
山东省水彩画会理事
青岛市流行色协会专家委员会秘书长
青岛市市北区民间文艺家协会副会长

艺术经历

2010年获"GSSP（金曦奖）国际设计金奖"设计大赛获创新印象艺术奖
2010年获山东省第二届高校美术与设计专业师生基本功大赛二等奖

张晓莉（武汉生物工程学院）

1981年生于湖北省宜昌市
中共党员，亚洲动漫协会会员
现任教于武汉生物工程学院艺术系

著作

《PHOTOSHOP CS4图像处理秘技大全》《动漫CG插画表现技法》

袁朝辉（黄冈师范学院）

1994年毕业于黄冈师专（现黄冈师范学院）美术系
2000毕业于湖北美术学院油画专业，获学士学位
2007年毕业于武汉理工大学艺术设计学院，获工程硕士学位
黄冈师范学院美术学院讲师
湖北美术家协会会员
亚洲动漫协会会员
湖北省艺术与设计高等教育指导委员会理事

张晓黎（四川师范大学）

1958年出生于四川省成都市
2003年至2007年任四川师范大学服装学院院长
2007年3月起任四川师范大学服装服饰文化研究所所长、服装学院名誉院长
中国服装设计师协会理事，中国时装学术委员会执行委员，中国时装艺术委员会委员，中国流行色协会理事，亚洲时尚联合会中国理事，《时尚设计与管理》杂志主编

著作

《从设计到设计》《见证中国服装30年》《绵竹年画》

袁　哲（西南林业大学）

1975年生
1993年至1997年就读于西北农林科技大学，攻读室内及家具设计专业工学学士学位
1999年至2002年就读于西南林业大学，攻读木材科学与技术专业室内及家具设计方向工学硕士学位
2003年至2006年就读于南京林业大学，攻读家具设计与工程专业工学博士学位
1997年至今，任教于西南林业大学，从事室内及家具设计、艺术设计专业的教学与科研

张　旭（惠州经济职业技术学院）

1974年出生于河南省信阳市
毕业于吉林艺术学院
北京师范大学艺术学硕士
国家一级美术师
西泠艺术馆特聘画家
惠州市博物馆、惠州文化遗产研究所客座研究员
惠州经济职业技术学院艺术系副主任

艺术经历

2013年作品入选第五届中国西部（银川）房车生活文化节

张高志（唐山师范学院）

1963年出生于河北省乐亭县
1989年毕业于河北师范大学美术系，1993年至1994年于中国美术学院进修，文学硕士
现任教于唐山师范学院美术系，主任，教授，河北省美术家协会会员，河北画院研究员

获奖

作品《寒露》入选第八届全国美术作品展并获河北省美展一等奖
作品《园林系列》参加河北省城市面貌三年大变样摄影展，获银奖

赵维平（郑州升达经贸管理学院）

1951年出生于河南省开封市
中国美术家协会河南分会会员
郑州升达经贸管理学院艺术系主任

获奖

1999年作品《蚀日》获省展二等奖
1992年作品《太行石壁》参加全国美展，获省一等奖

代表作品

《麦子》《田野》

张丽娟（郑州轻工业学院）

2006年毕业于景德镇陶瓷学院，获学士学位
2009年毕业于景德镇陶瓷学院，获硕士学位
郑州轻工业学院讲师

艺术经历

2012年作品《物·语》获2012河南省工业设计大赛教师组一等奖
2013年作品《悟》系列获2013河南省首届陶瓷艺术大展三等奖
2014年作品《冷颜》获河南省第二届陶瓷艺术大展二等奖

赵　云（武汉工程职业技术学院）

1981年出生于湖南省
2000年就读于湖南科技大学美术学院水彩系，攻读艺术学学士学位
现任教于武汉工程职业技术学院

论文发表

《浅析中国民间图案在动画设计中的应用》
《浅谈动画教学中想象力和创新力的培养》
《动画造型中的色彩及表现形式》
《高职院校动漫设计专业教学之我见》

张　利（山东女子学院）

1985年就读于青岛大学美术学院，获文学学士学位
山东美术家协会会员
山东女子学院副教授

艺术经历

2013年作品《黄土》等参加山东齐鲁风情作品展获铜奖
2014年作品《大山》参加济南市—中国第五届文化产业博览会作品展

著作

《形态构成》

郑　斌（湖南理工学院）

1967年生
1994年毕业于清华大学美术学院（原中央工艺美术学院），获学士学位
2008年毕业于东华大学，获艺术学硕士学位
现为湖南理工学院美术学院环境艺术设计专业负责人，硕士研究生导师，市级专家协会理事，设计家协会副会长，中国建筑学会会员，目前主要从事高校艺术设计教学与科研等工作

著作

《设计漫步》《商品包装设计》

郑　鑫（闽江学院）

1968年出生于福建省福州市

中国美术家协会会员，中国教育学会美术教育专业委员会漆画艺术委员会副主任，福建省美术家协会理事，福建省美术家协会漆画艺委会委员，福建省工艺美术学会漆艺专业委员会副主任，福州市美术家协会常务理事，福州市漆艺研究会副会长，福州画院特聘画师

著作

《中国工艺美术大师·郑益坤：漆艺》《中国设计全集（卷十一）·餐饮类编·厨具篇》《中国工艺美术大师全集·郑益坤卷》

钟砚涛（常州大学）

1979年出生于山东省

2003年毕业于国立华侨大学美术学院、文学院，获双学士学位

2009年毕业于江南大学设计学院，获硕士学位

常州大学视觉文化与产业研究中心主任，副教授

中国广告协会学术委员会委员

江苏美术家协会会员

著作

《包装设计》《速写》

周晨阳（南通大学）

1961年出生于江苏省

江苏省油画学会理事，江苏省美术家协会会员

艺术经历

2013年作品《黄土民居》获"时代风华"——江苏省高校美术作品展优秀作品奖

2010年作品《乡间小路》入选第七届江苏省油画展暨2010年小幅油画研究展

著作

《周晨阳油画风景集》《周晨阳写意风景》《写意自然》

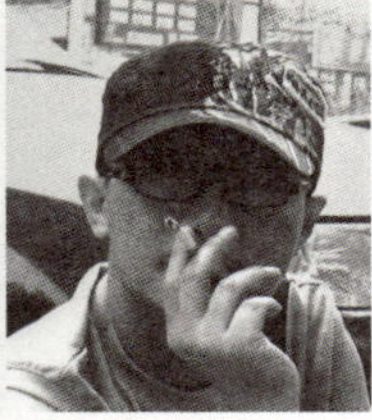

周晓亚（中国戏曲学院）

1963年出生于江西省南昌市

1987年毕业于景德镇陶瓷学院美术系，获学士学位

2003年毕业于中国戏曲学院，获硕士学位

中国戏曲学院新媒体艺术系副教授，硕士生导师

中国美术家协会会员

著作

《中国现代陶艺》《中国清代瓷器》《美术概论》

周燕弟（连云港师范高等专科学校）

1963年出生于江苏省灌云县

现为连云港师范高等专科学校美术学院院长，教授，江苏师范大学硕士研究生导师

中国美术家协会会员，江苏省徐悲鸿研究会副会长

艺术经历

2014年作品《巨石图》参加由中国国家画院主办的中国国家画院刘健工作室作品展

2014年参加境随心转——中国国家画院范扬工作室书画展全国巡展

朱　彬（景德镇陶瓷学院）

1981年出生于江苏省

2004年就读于景德镇陶瓷学院设计艺术学院，获硕士学位

景德镇陶瓷学院设计艺术学院副教授

艺术经历

2011年作品《中流砥柱》入选中国共产党建党90周年陶瓷作品巡回展

2011年作品《吉祥菩萨·净》入选中国轻工业创意文化展并获首届"大地奖"陶瓷评比金奖

代表作品

《大吉祥》《吉祥菩萨》

邹昌锋（江西农业大学）

1974 年生

江西农业大学园林与艺术学院副教授，硕士研究生导师

左铁峰（黄山学院）

1972年生

1998年毕业于鲁迅美术学院工业设计系，获工业设计文学硕士学位

黄山学院艺术学院教授，硕士生导师

安徽省教学名师，台湾实践大学专任客座教授，中国工业设计协会会员，中国建筑学会室内设计分会会员，中国高校美术家协会理事

著作

《产品设计进阶》《空间设计手绘表现图解析》

《设计手语——产品设计之手绘解析》

指导老师

The instructors

艾　萱　长沙理工大学

毕业于山东大学，获硕士学位
现为长沙理工大学副教授，高级工艺美术师

主要作品

株洲天台宾馆室内装饰设计、长沙天心区背街小巷改造设计指导

陈冀湘　湖南师范大学

1968年生，湖南长沙人
1991年毕业于中央工艺美术学院（现清华大学美术学院）装饰艺术系壁画专业
湖南师范大学工程与设计学院设计系副教授，湖南省美术家协会漆画艺术委员会主任

代表作品

2013年作品《足浴图》《升旗礼》《夜宴交杯图》《游车寻梅图》入选大漆世界：源·流——2013湖北国际漆艺三年展，作品《戏法》入选2013韩中现代漆画交流展

白　云　榆林学院

陕西横山人
2003年毕业于陕西科技大学工业设计专业
2012年毕业于西北农林科技大学风景园林专业，获硕士学位
2013年赴台湾树德科技大学视觉传达系研修半年
2003年起任教于榆林学院，主要从事艺术设计教学工作
2015年起任榆林学院艺术系教学秘书

艺术经历

主持校级、系级教改项目4项，其中一项获得教学成果奖，参与校级教改、科研项目多项，发表学术论文11篇，其中核心论文5篇

陈　静　北京科技经营管理学院

1982年生
2005年毕业于北京服装学院服装艺术设计专业，获学士学位
2009年毕业于北京服装学院设计艺术学专业，获硕士学位
2009年至今任北京科技经营管理学院艺术系讲师
中国流行色协会会员

艺术经历

2013年作品《丝念》入选"日日夜夜"2013北京时装艺术国际展
2015年论文《纸艺在服装创意实训课程中的应用探析》发表于《艺术教育》期刊

柏　清　四川长江职业学院

1988年生
2011年毕业于西南交通大学，本科学历
2014年至今就读于西南交通大学，研究生在读
2013年至今任成都源一建筑工程设计有限公司品牌总监

艺术经历

2014年参与云南怒江高黎贡山VI设计
2015年参与蜀都客车公交车外观及内饰设计
2015年参与圣桑系列饮品包装设计

陈　璐　常州工学院

1986年生
2009年毕业于东华大学工业设计专业，本科学历
2011年毕业于美国波士顿大学，获艺术硕士学位

艺术经历

大学期间多次在设计比赛中获奖
2011年硕士毕业设计作品于波士顿大学展出

毕翼飞　河北科技师范学院

1980年生
2007年毕业于景德镇陶瓷学院，获硕士学位
2008年至今工作于河北科技师范学院
2010年～2012年任教于美国肯塔基大学孔子学院

艺术经历

2015年作品《青铜时代》30头组合套具（第二作者），获中国陶瓷艺术设计大展暨第十届全国陶瓷艺术设计创新评比银奖
2015年论文《邢窑的艺术成就》（第二作者），获中国陶瓷艺术大展论文评比二等奖

陈　旺　燕京理工学院

1975年生
毕业于中央美术学院，获设计学、美术学学士
毕业于中国人民大学，获国际传播学双学位
毕业于中国传媒大学广告学院艺术设计系，获硕士学位
2013年获国家高级工艺美术师高级技术职称
中国工艺美术协会高级会员，国家一级美术师（绘画研究），中国国际文艺家协会高级研究员，金犊奖特约推广人

艺术经历

2011年在中央美术学院举办"新意境"画展
2013年作品《变迁》入选大庆博物馆壁画创作

卞昱婷　安徽广播影视职业技术学院

1985年生
本科毕业于安徽建筑工业学院，硕士毕业于合肥工业大学工业设计专业
2005年任合肥宇豪装饰设计公司设计师
2006年～2008年任安徽国华教育专修学院教师
2008年至今任安徽广播影视职业技术学院教师

担任课程

主要承担"居住空间设计""公共空间设计""AutoCAD""装饰材料与施工工艺"等核心课程的教学

陈宜人　广东技术师范学院

1985年生

著作

2014年参编国家示范性高等职业院校艺术设计专业精品教材高职高专艺术设计类"十二五"规划教材《FLASH动画基础与实训》
2014年主编"十二五"职业教育国家规划教材《三维动画创意设计》

代表作品

《笑颜如花》《玩偶》《数码家族》《永恒之火》

陈凤红　中央美术学院继续教育学院

1981年生
2006年毕业于内蒙古农业大学室内设计专业
2011年毕业于中央美术继续教育学院环境艺术专业
现任水晶石教育学院室内设计高级讲师，中央美术学院继续教育学院讲师
2015年至今于清华大学环境艺术系硕士在读

艺术经历

2013年参加全国高校空间设计大赛，被评为优秀指导老师
2014年获中国设计师家园网2014"设计达人秀"第八期"资深设计达人"荣誉称号

陈泽词　韩山师范学院

1984年生
2010年毕业于广州美术学院，本科学历
2013年毕业于广州美术学院，研究生学历
2013年至今任教于韩山师范学院陶瓷学院

艺术经历

2012年作品《修复的红色记忆》参加由中国美术家协会主办的首届中国当代陶瓷艺术大展并发表于《首届中国当代陶瓷艺术大展作品集》
2014年作品《文明》《修复的红色记忆》获广东省高校陶艺作品学院展一等奖，作品《文明》入选陶埏·新语——首届中国当代陶艺家作品三年展

楚　梵　韩山师范学院

1980年生

2002年毕业于顺德职业技术学院装潢设计专业

2011年毕业于景德镇陶瓷学院，获文学硕士学位

现为韩山师范学院陶瓷学院讲师

艺术经历

数篇论文发表于国内专业学术核心期刊，作品曾参加广东省高校陶艺作品学院展并获铜奖

代表作品

陶艺作品《静思》《功夫》《花语》

崔国伶　保山学院

1981年生

2005年毕业于河北师范大学，获学士学位

2008年毕业于四川师范大学，获硕士学位

2008年至今任教于保山学院艺术学院

艺术经历

出版教材《版画技法与创作》并主持参与校级课题三项，主持市级课题1项，参与省级课题一项，公开发表学术论文20余篇，核心期刊发表作品和论文多篇，参与学生毕业创作毕业论文的指导工作，获得较好的成效

邓恩谦　南京师范大学泰州学院

1964年生

1987年毕业于南京师范大学美术学院

2005年毕业于安徽师范大学美术学院，获文学硕士学位

现任教于南京师范大学泰州学院美术学院

艺术经历

2013年举办邓恩谦绘画作品展

2014年论文《美术教学中情绪体验引入机制初探》发表于中文核心期刊《教学与管理》

邓石兰　韩山师范学院

1984年生

2006年毕业于景德镇陶瓷学院，获学士学位

2009年毕业于景德镇陶瓷学院，获硕士学位

2009年至今任韩山师范学院陶瓷学院讲师

代表作品

《初生态》《幻城》《乱》《融》

邓　薇　昆明理工大学

1979年生

2001年毕业于重庆建筑大学，后在昆明理工大学任教

2002年开始从事景观设计的相关实践工作

2006年筹备昆明蓝瑞园林景观工程有限公司，后更名云南蓝瑞园林景观工程有限公司，任公司总监一职

艺术经历

2011年辅导07级景观设计专业毕业生完成大理下山口温泉SPA度假酒店景观设计，获第九届中国环境艺术设计学年奖景观工程方案类设计银奖

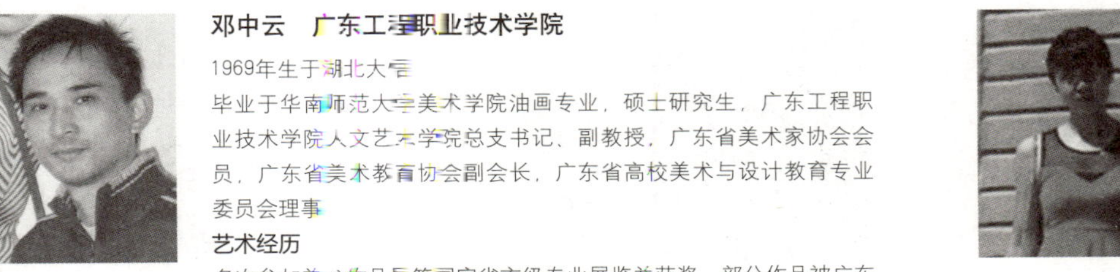

邓中云　广东工程职业技术学院

1969年生于湖北大冶

毕业于华南师范大学美术学院油画专业，硕士研究生，广东工程职业技术学院人文艺术学院总支书记，副教授，广东省美术家协会会员，广东省美术教育协会副会长，广东省高校美术与设计教育专业委员会理事

艺术经历

多次参加美术作品展等国家省市级专业展览并获奖，部分作品被广东美术馆等收藏，先后在国内外各级各类报纸杂志、学术刊物上发表美术作品数百件，并有数十篇学术论文在国家核心和省级学术刊物发表

董广辉　四川农业大学

1985年生

2009年毕业于重庆邮电大学传媒艺术学院，本科学历

2012年毕业于四川美术学院新媒体艺术系，研究生学历

2012年至今任教于四川农业大学艺术与体育学院设计艺术系

艺术经历

2012年作品入选四川美术学院美广国研究生作品年展并获优秀奖

2013年作品入选色影无忌·2013中国新锐摄影师发现之旅

2014年举办"犹其未央"个人摄影作品展

董耀华　四川音乐学院成都美术学院

1963年生

1993年毕业于清华大学美术学院，获文学学士学位

四川省美术家协会会员，成都民进书画院画师，成都蜀都书画院特聘画师，四川音乐学院成都美术学院副教授

艺术经历

2008年在第六届奥林匹克文化节——"奥运在我心中"全国青少年书画作品展示活动中被授予优秀辅导老师奖

2013年油画作品被载入《都江堰之秋——知名油画家写生创作活动作品集》

杜兆勇　广州华夏职业学院

1986年生

2011年毕业于太原师范学院

研究生在读，现任广州华夏职业学院教师

艺术经历

参与筹建建筑与艺术传媒系装饰广告综合实训室

2011年独立完成太原市上林苑印纸有限公司参与的第六届中国中部投资贸易博览会的画册、海报和包装设计制作

任职期间带领学生参加绚丽多彩第五届、第六届全国美育成果展，取得优异的成绩

范前程　桂林理工大学

1978年生

2002年毕业于江南大学设计学院公共艺术专业，获学士学位

2007年结业于江南大学设计学院研究生课程班

2013年毕业于武汉大学国际教育学院，获硕士学位

现为桂林理工大学艺术学院讲师

艺术经历

2013年水彩画作品《天际》《水乡》发表于《艺术百家》第5期，插画作品《where's uncle Mario》获"中国创意设计年鉴·2012"金奖

2014年插画作品《心灵游戏》获"中国创意设计年鉴·2013"银奖

范秀云　广州华立科技职业学院

1981年生

2006年毕业于河北农业大学园林与旅游学院，本科学历

2009年毕业于华南农业大学林学院研究生院，研究生学历

2009年～2012年任广东工业大学华立学院教师

2013年至今任广州华立科技职业学院教师

艺术经历

指导学生参加第八届"创意中国"设计大奖并获平面设计类优秀奖两项

代表作品

《推广计划生育插画》《科技文化艺术节会徽》

冯晶雅　广州大学纺织服装学院

1985年生

2006年毕业于景德镇陶瓷学院，获学士学位

2009年毕业于广州美术学院在职研究生班

艺术经历

2014年作品《青韵多枝》获"中国创意设计年鉴·2013"金奖

2014年获第八届《中国大学生美术作品年鉴》最佳指导教师奖并被特邀为编委

2014年陶瓷家具《提盒》获国际艺术设计大赛"互艺奖"优秀奖

冯　毅　广东第二师范学院

1962年生于广东清远

1987年毕业于广州美术学院美术师范系，获学士学位

2000年在广州美术学院高级进修班学习

现任广东第二师范学院美术系副教授，高级平面艺术设计师，广东省美术家协会会员，广东水彩画研究会会员

艺术经历

2010年油画作品《雪山红衣》入选中共广东省委教育工委举办的广东高校书画摄影大赛作品展并获优秀奖，水彩画作品《詹天佑》入选首届广东省高校水彩画作品学院展

高娅娟　武汉工商学院

1986年生

2007年毕业于武汉理工大学，本科学历

2010年毕业于武汉理工大学，研究生学历

2012年任武汉工商学院艺术与设计学院环境设计系专职讲师

论文发表

2014年论文《民间传统家具中的情感寄托——以京西川底下村43号民居为例》发表于《艺术科技》，论文《浅谈白族民居照壁中装饰艺术审美》发表于《现代装饰(理论)》

官　泓　昆明理工大学

1970年生

1996年毕业于云南艺术学院美术系，获学士学位

2007年毕业于昆明理工大学艺术学专业，获硕士学位

昆明理工大学艺术与传媒学院美术系副教授、硕士研究生导师。云南省美术家协会会员，云南省油画协会会员，昆明市美术家协会会员，昆明市风景画学会会员

艺术经历

2014年作品《晨光》获2014昆明绘画雕塑艺术展优秀奖

何继业　私立华联学院

1986年生

2011年毕业于澳大利亚科廷科技大学设计专业，先后在设计公司、高校任职

2013年任广州华夏职业学院建筑与艺术设计系教研室主任

2014年就职于私立华联学院园林生态工程系

艺术经历

2007年参加首届"金紫荆奖"中华全国摄影艺术邀请赛，获"金紫荆奖当代优秀摄影艺术家"称号

侯小锋　昆明理工大学

1973年生

2001年毕业于四川美术学院

2001年任教于昆明理工大学

2003年～2004年进修于清华大学美术学院

2010年毕业于四川大学艺术学院，获硕士学位

昆明理工大学艺术与传媒学院硕士研究生导师

艺术经历

获得国际级、国家级和省级设计大赛奖项共计28项，多件设计作品发表于《中国设计年鉴》《中国西南设计年鉴》等设计专业丛书

胡翠微　云南大学滇池学院

1984年生

2007年本科毕业于云南大学艺术设计学院

2010年研究生毕业于云南大学艺术设计学院

2009年～2010年任教于云南大学旅游文化学院，教研室主任

2010年至今任教于云南大学滇池学院

艺术经历

2013年作品《文笔峰写生》获绚丽年华第六届全国美育成果展二等奖

2014年作品《壁画牡丹》获绚丽年华第七届全国美育成果展教师组一等奖，论文《从符号到艺术》发表于《艺术品鉴》第12期

胡瑞波　贵州师范大学

1985年生

2009年毕业于湖北民族学院，获学士学位

2012年毕业于昆明理工大学，获硕士学位

2012年至今任教于贵州师范大学

2013年被贵州师范大学学术委员会破格提拔为讲师

主讲课程

"风景园林设计""商业空间设计""人机工程学""产品设计表现技法""室内设计与人体工程学"等

黄　辉　天津职业技术师范大学

1979年生于湖南岳阳

1998年就读于景德镇陶瓷学院美术系，获艺术学学士学位

2008年就读于同济大学软件学院，攻读硕士

中国陶瓷工业协会会员，天津包装技术协会会员

艺术经历

2012年油画作品《老津城》参加天津市"同在一方热土、共建美好家园"写生作品展并获优秀奖，国画系列作品《滨海风光》参加天津滨海新区美术采风写生创作作品展并获入围奖

黄　迅　广东工业大学

1958年生

1986年获广州美术学院工艺美术系包装装潢设计专业文学学士学位

广东工业大学艺术设计学院动画系教授、高级平面设计师、硕士研究生导师、学院学术学位委员会委员

艺术经历

2011年作品《宏远家居》荣获2011中国之星设计艺术大奖标志类最佳设计奖

2012年作品《汉文字形意设计》获2012广东之星设计·印艺大赛专业组标志类金奖

贾小琳　西京学院

1978年生

本科毕业于西安美术学院，研究生毕业于西北民族大学，曾在石河子大学工作

西京学院设计艺术学院教师，陕西省油画艺术研究会秘书长

艺术经历

2014年油画作品《小院春色》入选高原·高原——第四届中国西部美术展油画年度展

2015年油画作品《到家了》入选我们的中国梦——全国优秀艺术作品展：长安精神·陕西省油画、水彩、水粉画作品展

姜　丹　新疆师范大学

1985年生

2007年毕业于中国美术学院，本科学历

2010年毕业于中国美术学院，研究生学历

2010年至今任新疆师范大学美术学院艺术设计系专职讲师

艺术经历

主持厅局级、省部级课题共计六项，发表CSSCI论文四篇，出版专著两部，参加并指导学生参加多项国家级设计类、科技创新类竞赛并获奖

李博宇　南开大学滨海学院

1984年生

2006年获天津工业大学广告学专业文学学士学位及法学学士学位

2008年获韩国东明大学视觉设计硕士学位

2010年至今任南开大学滨海学院艺术系视觉传达设计专业教师

艺术经历

2012年作品获韩国釜山国际环境艺术展入选奖

2013年于中国民族摄影艺术出版社出版《插画设计》

李　东　桂林师范高等专科学校

1977年生于四川乐山

2000年毕业于四川美术学院版画系，本科学历

2012年结业于中央美术学院版画系硕士研究生班

桂林师范高等专科学校美术系副主任，版画教研室主任，桂林古陶瓷标本研究中心主任，中国教育学会会员，广西美术家协会会员，广西社科联会员，四川美术学院广西校友分会副会长兼秘书长

艺术经历

版画作品多次参加全国性美术作品展览并获奖，作品在《美术观察》《江苏画刊》《中国版画》及国内多种刊物上发表

李　光　西京学院

1981年生

毕业于陕西师范大学

现就职于西京学院设计艺术学院

艺术经历

编写教材《色彩》《结构素描》

代表作品

《柿子熟了》《残荷》《阳光下的记忆》

李建华　云南师范大学

1960年生

1987年毕业于云南艺术学院版画专业

1987年毕业分配到云南师范大学

云南师范大学教授，硕士研究生导师，中国美术家协会会员，云南省美术家协会会员，昆明市美术家协会版画艺委会副主任

专著

《意象素描》《李建华画集》

教材

《综合造型基础——素描》《综合造型基础——色彩》《字体设计》

李　靓　北京工业大学耿丹学院

1980年生

中南民族大学本科毕业，北京大学硕士研究生毕业，爱尔兰都柏林工业大学访问学者，北京像素软件科技股份有限公司游戏美术设计师，北京工业大学耿丹学院教师，动画教研室负责人，中国舞台美术学会会员

艺术经历

2012年获挑战数码时代国际大学生游戏竞赛优秀指导教师称号，获北京工业大学耿丹学院优秀指导教师称号

2013年获北京工业大学耿丹学院2013年度优秀教师荣誉称号

李　俊　云南民族大学

1967年生

1988年毕业于昆明工学院（现昆明理工大学），本科学历

1988年～1998年就职于云南省新闻图片社

1998年～2003年就职于美国柯达公司昆明办事处

2003年至今任教于云南民族大学

李科燕　湖南科技学院

1982年生于陕西西安

2005年毕业于西安美术学院版画系摄影专业

2012年毕业于西安美术学院，摄影专业艺术硕士

现为湖南科技学院讲师，陕西省摄影家协会会员

艺术经历

2012年摄影作品《渴望抚养》系列作品入选第七届阿联酋国际摄影展

2013年作品《吉祥甘南三》《吉祥甘南四》入选2013塞尔维亚“生活”国际摄影展

公开发表论文6篇，三年参与省级科研、教改课题若干

李天华　天津师范大学津沽学院

1987年生

毕业于安徽师范大学摄影专业，研究生学历

艺术经历

2013年作品《皖南秋韵》获绚丽年华第六届全国美育成果展评教师组一等奖，个人获绚丽年华第六届全国美育成果展优秀辅导教师奖，作品《海边掠影》入选2013年国平遥国际摄影展

2014年作品《古村印象》获绚丽年华第七届全国美育成果展评教师组二等奖，个人获绚丽年华第七届全国美育成果展优秀指导教师奖，作品《虔诚》入选2014中国平遥国际摄影展

李晓弟　昆明理工大学

1959年生

1985年毕业于四川美术学院

曾赴重庆建工学院进修建筑与室内设计本研究生课程，从事过建筑室内装饰设计工作

现为昆明理工大学教授

艺术经历

出版著作《李晓弟美术作品选集》《素描思维》，发表多篇学术论文，参加过各种级别的画展

李烨林　河套学院

1986年生

2010年毕业于俄罗斯后贝加尔国立师范大学艺术系　本科学历

2012年毕业于俄罗斯后贝加尔国立师范大学艺术系　研究生学历

2012年至今任河套学院教师

艺术经历

2014年作品《我俩》《家人》《木材厂》参加巴彦淖尔市美术家协会举办小幅油画作品展

李云歌　榆林学院

1982年生

2006年毕业于西安美术学院装饰艺术系

2006年至今任榆林学院艺术学院设计教研室专业教师

2012年获西北农林科技大学风景园林硕士学位

现为榆林学院讲师

艺术经历

2013年指导学生获得第二届陕西省高校廉政文化作品大赛三等奖

2014年指导学生参加的省级大学生创新项目《校园节约》成功结题

李志强　常州工学院

1958年生于江苏常州

1980年就读于南京师范大学油画系，获学士学位

江苏省美术家协会会员，常州工学院艺术与设计学院教授

艺术经历

作品参加第六届江苏省水彩、粉画作品展览获优秀奖

作品参加首届江苏省粉画作品展览获优秀奖

作品参加江苏省首届水粉画展获优秀奖

作品参加庆祝中华人民共和国成立60周年江苏省美术作品展览获优秀奖

廉　婷　山西大学

2003年毕业于天津美术学院

2012年被学校公派天津大学建筑学院进修学习

现任教于山西大学美术学院，中国建筑装饰协会室内设计分会会员，山西省建筑装饰协会会员，太原市室内装饰协会会员

艺术经历

作品多次获国家级奖，数篇论文发表于核心期刊

廖　倩　成都理工大学工程技术学院

1983年生

2006年毕业于四川大学艺术学院，获学士学位

2009年毕业于四川大学艺术学院，获硕士学位

2009年至今任教于成都理工大学工程技术学院艺术系

艺术经历

2014年作品在核工业西南物理研究院举办的“核聚中国梦”摄影书画展中获一等奖并被展出

刘　博　广西艺术学院

1983年生

2007年毕业于哈尔滨师范大学艺术学院，获学士学位

2013年毕业于山东建筑大学艺术学院，获硕士学位

2013年至今任广西艺术学院建筑艺术学院教师

艺术经历

2013年获第三届中国国际空间环境艺术设计大赛（筑巢奖）优秀奖

主要业绩

秦皇岛市北戴河区东三路、康乐路，刘庄北里建筑立面街道改造设计，济南市经七路中国农业银行山东分行设计

刘恩鹏　云南艺术学院

1979年生

2003年毕业于云南艺术学院设计学院，同年留校任教至今

2012年获江南大学设计学院硕士学位，之后就读于泰国东方大学艺术学院，攻读PHD博士学位

艺术经历

2013年作品《走进花腰彝网站》《no head》在由国家工业和信息化部主办的首届全国高校数字艺术作品大赛中分获网页设计类二等奖、微电影类三等奖

刘家伟　成都艺术职业学院

1953年生

1983年～1987年于成都教育学院学习

高级工艺美术师、经济师，四川省包装技术协会设计委员会委员，四川省职业资格鉴定考评员，成都艺术职业学院环境艺术设计学院家具设计与制造专业负责人、副教授、家具创意设计研究所主任

艺术经历

制作的成都市市徽参加96四川设计艺术大展并获奖，作品《成都时装模特俱乐部标志》曾入选《中国西南设计年鉴》，参与过成都花博会、成都永陵博物馆环境规划等多项设计

刘　珂　阿坝师范高等专科学校

1985年生

2007年于四川省教育学院艺术设计本科函授毕业

2009年毕业于云南师范大学艺术学院美术学专业，获硕士学位

2009年至今任阿坝师范高等专科学校美术系讲师

四川省美术家协会会员，阿坝州美术家协会会员，阿坝州书法家协会会员

艺术经历

2014年获四川省第七届大学生艺术节优秀指导教师奖，作品《西蜀风情》入选第三届四川省工笔画学会作品展暨中国工笔画名家邀请展

刘力奇　衡阳师范学院

1980年生于广东

2004年毕业于广州美术学院油画系

2012年毕业于广州美术学院油画系，获硕士研究生学位

2013年至今任衡阳师范学院美术系油画教师

艺术经历

2013年作品《莫名的忧郁》《迷失》参加新写实主题油画展

2015年作品《寻找圣者》入选当量——2014湖南省油画学会年度作品展

2015年参加形态与谱系：2015新春雷州籍在外艺术家作品联展

刘　梁　天津职业技术师范大学

1982年生

2009年毕业于天津美术学院

2009年至今就职于天津职业技术师范大学艺术学院

艺术经历

2013年油画作品《与阿咪数星星》入选《天津市艺术高校教师优秀作品集》

2014年油画作品《盛装舞步》获得天津市第五届青年美术节双十佳作品优秀奖，油画作品《校园时光》获得天津市第五届青年美术节“觉悟·实验空间”当代艺术展一等奖

刘　敏　南京理工大学泰州科技学院

1981年生

2008毕业于中国矿业大学，获设计艺术学硕士学位

现为南京理工大学泰州科技学院环境设计专业讲师

刘　琼　怀化学院

1982年生

2005年毕业于四川美术学院摄影专业，本科学历

2011年毕业于中国传媒大学艺术设计专业，研究生学历

2005年至今任职于怀化学院艺术设计系

艺术经历

2013年获全国青少年优秀卡通漫画与艺术设计竞赛优秀指导教师奖、全国美术教育暨关联学科教师优秀教学论文评选活动二等奖、获第十五届全国艺术摄影大赛入围奖

刘顺利　天津体育学院运动与文化艺术学院

1983年生

以全国第二名的专业成绩考入北京印刷学院艺术设计专业，毕业后获学士学位

北京工业大学硕士研究生，天津体育学院运动与文化艺术学院艺术设计系副主任

艺术经历

编著21世纪全国高职高专计算机应用专业规划教材两部，普通高等学校“十二五”规划教材一部，参编著作一部，发表论文4篇，多次组织、指导学生参加国内外设计竞赛并获得近百个奖项

刘松江　山西师范大学

1991年～1993年就读于中央美术学院版画系

山西师范大学美术学院副教授、硕士研究生导师，中国美术家协会会员，山西省美术家协会理事，山西省版画藏书票协会副会长

艺术经历

作品入选由文化部、中国美术家协会联合举办的第八届、第九届、第十届全国美术作品展以及第八届、第十一届、第十四届、第十六届全国版画展

参加21世纪首届中国黑白木刻展览，四次参加日本国际画展

刘续宗　宿州学院

1965年生

1989年毕业于阜阳师范学院美术系油画专业

2001年毕业于安徽师范大学美术学研究生班

2010年任中央美术学院高级访问学者

2011年赴德国柏林大学及意大利米兰大学访学

宿州学院美术学院副教授，中国美术家协会安徽分会会员，安徽省油画学会理事，安徽省青年美术家协会理事，宿州市美术家协会副主席，宿州市油画学会会长

艺术经历

美术作品多次参加国家级和省级画展并获奖，数篇专业学术论文在国家级和省级刊物上发表

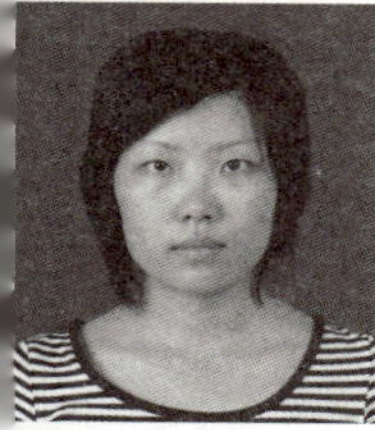

刘一峰　湖南女子学院

1989年生

2000年～2002年就读于长沙理工大学环境艺术专业，国内学习两年后被选派赴俄罗斯进行校际交流

2006年获圣彼得堡国立技术大学应用信息学专业学士学位

2008年至今任湖南女子学院艺术设计系教师

艺术经历

2014年获第十四届全国多媒体课件大赛三等奖、第十四届湖南省教育教学信息化大奖赛二等奖、湖南省教育教学改革发展优秀成果二等奖。影视作品入围第五届中国高校美术作品年展

刘勇奇　成都艺术职业学院

1982年生

毕业于贵州民族大学

2007年至今任教于成都艺术职业学院，同时在成都佰博装饰设计有限公司任设计总监

艺术经历

2012年、2013年连续两年荣获中国建筑与艺术“青年设计师奖”最佳指导教师奖

刘　宇　包头轻工职业技术学院

1978年生

毕业于内蒙古师范大学国际现代设计学院，获硕士学位

包头轻工职业技术学院讲师，从事室内设计方面的教学、研究工作

艺术经历

2013年作品《长龙湾别墅方案设计》《包头轻工学院校史展厅方案设计》分获绚丽年华第六届全国美育成果展评大赛教师组一等奖、二等奖

2014年参加内蒙古自治区三区技能大赛获“全区技术能手”“巾帼建功”等荣誉称号

刘志刚　西北民族大学

1976年生于甘肃张掖

艺术学硕士，西北民族大学美术学院视觉传达专业副教授、美术学硕士研究生导师、艺术硕士（MFA）研究生导师，中国博物馆协会会员、甘肃省美术家协会会员

艺术经历

2014年漆画作品《心迹向空山》入选追寻中国梦——甘肃美术作品大展，国画作品《山崖》入选第二届甘肃十四州市美术作品联展，油画《空门》入选由中国美术家协会主办的追寻中国梦·西部阳光——甘肃·宁夏·青海少数民族美术作品联展

鲁可乙　南京理工大学

1985年生

2008年毕业于南京理工大学　本科学历

2011年至今就读于南京理工大学，工程硕士

论文发表

2013年论文《独立学院艺术设计专业人才培养和专业特色浅析》发表于《大学教育》

代表作品

《虎》《婺源一隅》《宏村月沼》

陆　莹　广西机电职业技术学院

1981年生

2005年～2007年就读于清华大学

2010年～2012年任职于广西艺术学院

2007年至今任职于广西机电职业技术学院

艺术经历

2013年论文《行为导向在高职教育中的应用研究》发表于《广东科技》

2014年获全国大学生工业设计大赛优秀指导教师称号

罗永禄　阿坝师范高等专科学校

1983年生

2007年毕业于四川大学艺术学院，同年工作于阿坝师范高等专科学校美术系

艺术经历

2012年国画作品入选四川省第六届新人新作作品展

2013年国画作品入选第四届四川省青年美术作品展

2014年书法作品获四川省第七届少数民族艺术节一等奖，国画作品入选四川省第七届新人新作展

马惠龙　云南师范大学

1959年生

1986年毕业于西南师范大学美术系油画专业

云南师范大学艺术学院教授，硕士研究生导师，云南省美术家协会会员、油画艺术委员会委员，云南油画学会会员

艺术经历

2011年油画《八月板桥乡》获首届全国高校美术·设计大奖赛一等奖

2014年油画《滇西人家》获中国梦·劳动美云南省职工庆祝建国65周年摄影美术作品展二等奖

马丽丽　盐城工学院

1981年生

2003年毕业于哈尔滨师范大学

2003年至今任教于盐城工学院

2012年毕业于苏州大学，获硕士学位

艺术经历

2012年作品《印象》获2012“大连杯”青年服装设计师大赛优秀奖

2013年作品《收获》获江苏省首届水粉画作品展优秀奖，作品《流金岁月》获江苏省工艺美术艺术设计大赛银奖

马绥莉　榆林学院

1977年生

2001年毕业于西北大学艺术系，本科学历

2014年毕业于西北农林科技大学，研究生学历

2005年至今任教于榆林学院，担任设计系研室主任

马奕兰　河套学院

1980年生

2003年毕业于内蒙古师范大学美术学院

2003年至今任教于河套学院，并在工作之余兼职室内设计及平面设计工作

艺术经历

2013年获绚丽年华第六届全国美育成果展评优秀指导教师称号、教师组一等奖、公益海报设计竞赛二等奖

2014年获全区大学生艺术展演活动高校艺术教育科研论文教师组三等奖

马宗禹　马鞍山师范高等专科学校

1982年生

2005年毕业于安徽工程大学艺术设计专业，获学士学位

2015年毕业于南京师范大学视觉传达设计专业，获艺术硕士学位

安徽省书法家协会会员，中国设计师协会理事，马鞍山市设计艺术家协会副秘书长

著作

2012年参与主编由安徽教育出版社出版的安徽省中小学《书法》一年级全册、二年级下册、六年级上册教材

2015年编著由中国水利水电出版社出版的《Adobe Photoshop CS6设计基础实务教程》

梅雪莲　四川大学锦城学院

1982年生

毕业于四川大学艺术学院视觉传达设计专业

2005年～2011年任成都市兀西整合营销策划顾问公司平面设计师

2012年至今任教于四川大学锦城学院艺术系

艺术经历

2010年与四川大学艺术学院胡绍中教授合作编写由人民美术出版社出版的教材《字体设计》

2011年参加《参考消息》报社标志及创刊80周年纪念标志征集活动，获银奖

宁　钢　景德镇陶瓷学院

1963年生

1982年毕业于景德镇陶瓷学院，获学士学位

2005年～2006年于苏州大学进修学习

2004年～2006年于韩国圆光大学学习，获美术学硕士学位

2011年毕业于武汉理工大学，获博士学位

艺术经历

2013年获登《中国陶瓷画刊》杂志封面人物暨《宁钢梅花系列作品艺术作品及创作风格》专版介绍

2014年受邀参加师道瓷华——景德镇陶瓷学院教授作品展，参展三件作品

欧阳昱伶　四川美术学院

1998年毕业于西安美术学院版画系，获文学学士学位

2002年进入英国爱丁堡艺术学院陶瓷设计专业学习

2004年毕业于英国爱丁堡艺术学院，获硕士学位

2004年至今就职于四川美术学院设计学院

艺术经历

作品十余次参加全国、省、市展览，获奖并被收藏，十余篇学术论文被国家核心期刊以及重要期刊发表，并被国内知名数据平台维普、万方、中国知网等收录

潘秋思　东南大学成贤学院

1980年生

2002年毕业于东南大学，本科学历

2008年毕业于南京艺术学院，研究生学历

2008年至今任东南大学成贤学院教师

论文发表

2014年论文《中国动漫产业存在的误区及对策——评<民族化：中国动漫产业发展的必由之路>》发表于《当代教育科学》

2015年论文《浅析智能手机APP的界面设计要点》发表于《美术教育研究》

彭　谌　云南艺术学院

1984年生

2007年毕业于北京林业大学

2008年～2010年就读于英国谢菲尔德大学

2010年～2011年于谢菲尔德大学屋顶花园研究中心实习

彭　麒　北京印刷学院

1972年生

1987年开始学习油画

1996年毕业于湖北美术学院，获美术学士学位

2002年毕业于湖北美术学院，获油画硕士学位

2003年至今任教于北京印刷学院

代表作品

《闪耀的身体》《人物》《精灵》

彭雪漾　广州大学纺织服装学院

1991年生

2009年入读北京服装学院，期间曾担任施华洛世奇服装工作室主设计师助手

2013年毕业至今任职于广州大学纺织服装学院环艺系

丘　元　江西师范大学

1983年生

2009年毕业于中国艺术研究院研究生院设计艺术学系，获视觉传达专业硕士学位

2010年至今任江西师范大学美术学院视觉传达设计专业教师

艺术经历

2013年作品《装饰画》荣获第六届全国美育成果展评教师组特等奖

2014年作品《柳暗花明》荣获第七届全国美育成果展评教师组一等奖

邱　陵　湖南文理学院

1981年生

2000年～2004年就读于景德镇陶瓷学院美术学院陶瓷艺术设计专业

2004年至今就职于湖南文理学院美术学院

艺术经历

2003年于景德镇陶瓷学院举办"掠过千年"陶艺展

代表作品

《呱呱蛙娃》

邱水财　广东青年职业学院

1982年生

现任广东青年职业学院艺术设计系动画教师，高级三维动画师、影视动画师、国家二级技师、北京水晶石数字教育学院建筑动画及后期特效师，华南师范大学教育信息技术学院、中山大学网络教育学院、华南理工大学公开学院等院校客座教师

艺术经历

获北京水晶石数字教育学院建筑模型专业（3d类）最佳别墅合模奖（3d类）、建筑动画及后期特效专业最佳影片奖

在第七届全国美育成果展评中获艺术美育个人教学一等奖、教研一等奖

屈云东　中南大学

1972年生

博士研究生在读，中南大学建筑与艺术学院副教授、硕士研究生导师，中南大学品牌策划与设计研究中心主任，长沙市岳麓区政协委员

艺术经历

2008年论文《论高等设计艺术教育大众化推进区域性和和谐社会的构建》获湖南省第二届高校艺术教育科研论文评审一等奖

2011年在湖南美术出版社出版专著《我行我"速"：速写艺术研究》

任　斌　西北大学

1970年生

本科毕业于西安美术学院设计系，后获设计艺术硕士学位

西北大学艺术学院动画与数字媒体系主任，副教授、硕士研究生导师，陕西省美术家协会艺术设计委员会委员，陕西省动漫游戏行业协会理事，陕西水彩画学会会员

艺术经历

多年从事于艺术教学与科研创作，撰写创作的学术论文及艺术作品发表于《文艺研究》《美术》《美术观察》《装饰》《艺术与设计》等权威及核心期刊

石　鑫　河套学院

1974年生于山西大同

2002年毕业于内蒙古大学艺术学院美术系油画专业，获文学学士学位

河套学院艺术系讲师，自治区品牌专业美术教育专业核心成员，自治区级优秀教学团队美术教育系列课程教学团队核心成员，自治区级精品课程“油画”课程核心成员

艺术经历

2013年第六届绚丽年华全国美育成果展评教科研二等奖及优秀指导教师奖

2014年第七届绚丽年华全国美育成果展评教科研二等奖及优秀指导教师奖，作品分获教师组一等奖、二等奖

舒　伟　黄山学院

1977年生

2000年毕业于山东工业大学机械工程学院工业设计专业

2007年获山东大学设计艺术学文学硕士学位

现为黄山学院艺术学院产品设计专业教师、产品设计教研室主任、产品设计工作室主任导师，中国机械工程学会工业设计分会会员，中国建筑学会室内设计分会会员

艺术经历

2012年作品《“包装很忙”牙签盒》入选第四届安徽美术大展

2014年教材《家具设计》（第一作者）于海洋出版社出版

宋明轩　北华航天工业学院

1982年生

2004年本科毕业于西北工业大学机电学院

2007年研究生毕业于西北工业大学机电学院工业设计系

2007年任北华航天工业学院材料工程学院工业设计教研室讲师

论文发表

2009年论文《基于适应性反馈的产品生命周期设计》发表于中文核心期刊《包装工程》

2008年论文《对我国工业设计现状的思考》发表于中文核心期刊《商场现代化》

孙　林　仙桃职业学院

1980年生

毕业于湖北美术学院，获学士学位

仙桃职业学院艺术传媒学院讲师、专业骨干教师，数字媒体专业负责人，国家高级平面设计师，仙桃市美术家协会常务理事，Adobe平面设计师

著作

《数码摄影技术》《素描静物》《装饰画》

孙　琪　山西农业大学信息学院

1984年生

2007年毕业于山西大学美术学院，本科学历

2010年毕业于山西大学美术学院，研究生学历

2011年～2012年任教于山西工商学院艺术系

2013年至今任教于山西农业大学信息学院

论文发表

《色彩在现代医院室内设计中的运用》《论柳氏民居门头木雕的装饰艺术》

孙　伟　黄山学院

1987年生

毕业于天津科技大学，获硕士学位

黄山学院艺术学院产品设计专业教师

论文发表

2012年学术论文《基于产品生命周期的动态维护研究》发表于《价值工程》

代表作品

《胶粉改性沥青结构设计》《沥青拌合机综合布局与结构设计》《天津源同市政清洗工程车结构与外观设计》

孙小东　河北师范大学

2001年就读于中央美术学院贾又福硕士研究生班

河北师范大学美术学院教授、硕士研究生导师、山水画工作室主任，河北画院国画院研究员，石家庄市美术馆研究员，中国美术家协会会员，北京大学贾又福艺术研究会理事，河北省美术家协会理事

艺术经历

2012年参加“风云塞上江东树”——南北山水画对话展

2014年赴韩国参加“大墨东方”——2014中国水墨名家韩国邀请展

汤丹娜　私立华联学院

1993年生

2014年毕业于私立华联学院园林技术专业

2014年任深圳市华森建筑工程咨询有限公司设计师助理

2014年就职于私立华联学院园林生态工程系

现就读于仲恺农业工程学院园林工程与设计专业

艺术经历

作品获2014年全国职业院校技能大赛园林景观设计广东赛区选拔赛二等奖

代表作品

《新·生》

唐杰晓　合肥师范学院

1985年生

2009年毕业于武汉理工大学艺术与设计学院数字艺术设计专业，获学士学位

2009年～2010年工作于今古传奇报刊集团《新传奇》编辑部美术部

2013年毕业于武汉理工大学设计艺术学专业数字艺术设计专业，获硕士学位

2013年至今任合肥师范学院艺术传媒学院动画系专业教师

唐　丽　江苏经贸职业技术学院

1982年生

2005年毕业于南京艺术学院，获学士学位

2010年毕业于南京艺术学院，获硕士学位

江苏经贸职业技术学院艺术设计学院环艺系教师，中国室内装饰设计师协会（江苏分会）会员

艺术经历

2013年在教师技能展示月中获广告设计大赛校级三等奖

2014年论文《高职院校“室内设计”课程教学中的角色扮演研究》获江苏省第四届大学生艺术展演活动艺术教育科研论文三等奖

田　敬　天津商业大学

1983年生

2006年毕业于天津商业大学艺术设计系，获学士学位

2010年毕业于河北大学设计艺术系，获硕士学位

2010年至今任天津商业大学设计学院教学秘书

艺术经历

油画《耸立云天系列》四幅被收录于《中国天津商业大学造型艺术作品集》

王晨又　贵州财经大学

1985年生

2010年～2011年任湖南省科技职院建筑表现制作、施工组织、室内大户型设计等专业课外聘老师

2011年～2012年任天津开发区建设工程监理公司土建监理工程师

2011年至今任教于贵州财经大学艺术学院环境设计系

论文发表

2011年完成研究生论文《新中式家具的设计困境与对策研究》

2014年在全国中文核心期刊《艺术》发表论文《色彩在绘画中的运用探讨》

王芙亭　天津工业大学

1955年生
1982年毕业于天津美术学院工艺系装潢专业
天津工业大学艺术与服装学院硕士研究生导师、教授，天津包装技术协会设计委理事，天津市包装行业专家委员会委员

艺术经历

2010年香港桑麻基金会奖金获得者
主持设计的展示设计项目及标志与包装作品获优秀设计奖，在多项设计赛事中指导本科生和研究生参赛并获得各种奖项

王鸿敏　内蒙古大学

1968年生，蒙古族，内蒙古呼和浩特人
1995年毕业于内蒙古师范大学美术系，获学士学位
2009年毕业于首都师范大学美术学院，获文学硕士学位
现任教内蒙古大学艺术学院设计系，副教授，基础教研室主任

王　健　石河子大学

1978年生
1999年毕业于新疆师范大学美术学院
1999年至今任教于石河子大学文学艺术学院美术系，美术系副主任，其间在天津师范大学深造并获得研究生学位
2006年～2007年进修于北京大学艺术学院
九三学社社员，新疆兵团美术家协会会员

艺术经历

主持多项校级课题，发表论文数篇，是“263”青年骨干教师，曾连续多年辅导学生参加ITAT大赛、大学生广告设计大赛、全国文科计算机设计大赛，被授予优秀辅导教师称号

王丽丽　伊犁师范学院

1985年生
毕业于新疆师范大学，研究生学历，现任伊犁师范学院艺术设计系教师

艺术经历

论文《锡伯族民间传统绘画艺术研究》获全国教研成果一等奖
论文《地方高校环境艺术设计专业特色教学体系探析》在《新课程》期刊获得优秀论文一等奖
2014年、2015年均有作品参加伊犁州美术家协会迎新年美术作品展

王　璐　重庆三峡学院

1984年生
毕业于四川美术学院环境艺术设计专业，研究生学历

艺术经历

设计作品入选为“中国而设计”——第三届全国环境艺术设计大展专业组，作品《顶上漫步》获中国环境设计在线：第九届中国环境艺术设计学年奖铜奖

代表作品

歌乐山抗战风情街文化形态及景观设计，覃家岗欧陆风情街外观设计及景观设计，中国川剧博物馆室内和陈列设计

王宁宁　北海艺术设计学院

1988年生
2009年本科毕业于太原理工大学动画专业
2013年硕士毕业于东北林业大学设计艺术学专业
2014年任职于北海艺术设计学院动画专业
北海市艺术设计协会会员

论文发表

论文《谈模数方法在版式设计中的应用》《满族民间剪纸图案表现技法探究》发表于《山西建筑》

王　譞　南昌大学

1983年生于浙江绍兴
2003年毕业于江西科技师范大学，获学士学位
2003年～2005年任江西科技师范大学（原南昌高等专科学校）教师
2008年毕业于南昌大学，获硕士学位并留校任教
南昌大学艺术与设计学院讲师

艺术经历

主持国家社会科学基金艺术学青年项目，实现南昌大学艺术学单列学科国家社会科学基金立项零的突破，个人作品荣获国家级以上专业技术奖励十余项，多件作品入选《中国设计年鉴》

王燕霞　南京师范大学泰州学院

1982年生
毕业于中国美术学院视觉传达系，本科学历
毕业于南京师范大学视觉传达系，研究生学历

论文发表

《有关素描——对素描概念的再认识》《论摄影插图在插画设计中的运用》

代表作品

《JASONWOOD服饰品牌形象设计》《泰州红五星食品中高档食品礼盒包装设计形象设计》

王艺湘　天津科技大学

1971年生
1994年毕业于天津美术学院，本科学历，并分配至天津科技大学
1999年～2000年于天津美术学院装潢专业读研究生课程
2011年毕业于天津工业大学服装设计专业，硕士研究生
2000年至今担任天津科技大学艺术设计学院视觉传达设计系主任，硕士研究生导师，教授，天津包装技术协会理事

出版著作

《环境视觉导识设计》《商业展示与视觉导识系统设计》《服装展示设计原理与实例精解》《平面创意设计与文案创作》等

温　文　天津农学院

1985年生
毕业于天津理工大学艺术学院，硕士研究生，现为天津农学院园艺园林学院环境设计专业教师，高等学校骨干教师

艺术经历

作品《中式风格室内设计》参加天津市第五届青年美术节展览，个人获优秀组织教师奖
2014年获天津市大学生计算机应用能力竞赛艺术设计竞赛优秀指导教师奖

吴海波　广西机电职业技术学院

1980年生，湖北枝江人
艺术硕士（MFA），高级工艺美术师

艺术经历

在艺术设计专业期刊发表论文九篇，作品三十余件，主编高职高专“十二五”艺术设计专业规划教材两部，获得各种荣誉奖励二十余项

吴立行　南开大学

南开大学文学院艺术设计系视觉传达设计专业主任，美术学博士，南开大学东方审美文化研究中心研究员，南开大学文学实验教学中心数字与艺术传播实验室、数字编辑与出版实验室、数字文献实验室研究员

艺术经历

参与国家级重点科研项目《中国传统雕塑的复制与当代中国高等美术教育体系的建立》，负责国家社科基金项目《文化战略中的数字博物馆建设与艺术设计应用研究》等的研究工作，目前从事视觉艺术在文化领域的传播、文创经济的理论与应用的研究

吴尚君　湖南师范大学

1958年生

研究生学历，湖南师范大学系主任，现代形象研究所所长

中国设计师协会（CDA）会员

艺术经历

作品在国内外获金奖、银奖与最佳创意奖多项，指导本、硕学生获国际设计大赛多项设计金银大奖，两次举办个人时装发布会，央视三次专题介绍其系列服装设计作品，荣获"本土著名服装设计家"称号

徐　涛　东华理工大学

1976年生

2001年本科毕业于哈尔滨师范大学艺术学院

2011年研究生毕业于厦门大学漆画专业

中国美术家协会会员，江西省美术家协会会员，东华理工大学副教授

艺术经历

漆画作品《二十四花品·出尘》入选第四届全国青年美术作品展览

漆画作品《雨》入选第三届全国漆画展

吴　懿　重庆工商职业学院

1984年生

2010年毕业于四川美术学院，获硕士学位

重庆广播电视大学建筑工程学院讲师，重庆工商职业学院建筑工程学院讲师，室内设计技术教研室主任，中国建设学会室内设计分会会员，高级住宅室内设计师

艺术经历

作品曾入选"为中国而设计"——第三届全国环境艺术设计大展，获重庆市第三届(2008)海鑫杯建筑装饰设计作品大赛新秀奖，第六届全国高校景观设计毕业作品展优秀奖等奖项

徐　英　常州大学

1988年生

2011年毕业于景德镇陶瓷学院陶艺专业

2014年毕业于南京艺术学院设计学院陶瓷工作室，获硕士学位

2014年至今就职于常州大学艺术学院陶艺工作室

艺术经历

2015年作品获"中国陶瓷艺术大展"暨第十届全国陶瓷艺术设计创新评比金奖，论文获论文评比一等奖

夏梦秋　成都艺术职业学院

1989年生

2012年毕业于四川师范大学设计艺术学院

2012年～2013年进修于新加坡南洋艺术学院

成都艺术职业学院环境艺术设计系教师，成都沙龙实木家具制作有限公司家具外观设计师，成都艾可思品牌管理策划公司设计师

艺术经历

作品《花与蝶》十二件套，《吞噬》获创意中国·第七届全国设计艺术大奖赛优秀奖，参加第三届中国高校美术作品学年展获优秀指导教师称号

许佳佳　东南大学成贤学院

1988年生

2011年获南京艺术学院动画专业学士学位

2011年任东南大学成贤学院建筑动画专业教师

南京市室内设计学会会员

2014年于南京艺术学院艺术硕士在读

论文发表

《关于高校动画教学改革方案的探索》《基于支架式教学策略的动画教学实践研究》

肖志伟　贵州财经大学

1980年生

2005年～2009年任教于永州职业技术学院

2006年～2009年任北京汉鼎广告公司兼职美术指导、平面设计师

2009年～2012年任湖南科技大学兼职讲师

2012年至今任教于贵州财经大学

艺术经历

2013年作品《林泉高致》被贵州省政协征选为礼品，赠送给加拿大民治党中央，以此祝贺加拿大洪门民治党成立150周年庆典

2013年作品参加贵州省第六届青年美术作品展获优秀奖

杨海云　怀化学院

1978年生

2002年毕业于湖南科技大学美术系

2010年毕业于湖南师范大学美术学院

艺术经历

2014年作品《秋韵》发表于《文艺研究》

2009年作品《印痕》《重组清绿》发表于《美术观察》

2006年作品《封面设计1号》《封面设计2号》发表于《装饰》

代表作品

《印痕》《重组清绿》《秋韵》

徐　戈　中国美术学院

1983年生于浙江台州

2006年毕业于中国美术学院公共艺术系，获学士学位

2008年于意大利罗马美术学院雕塑系进行研修

2010年毕业于中国美术学院公共空间艺术系，获硕士学位

2010年至今任教于中国美术学院公共艺术学院公共空间艺术系

艺术经历

2014年作品《PUZZLE》获邀参加德国北方艺术展Nord Art

2014年作品《港通天下》获浙江省第十三届美术作品展银奖，并入选第三届全国壁画大展

杨宏伟　衡阳师范学院

1987年生

2009年毕业于青岛大学美术学院

2013年毕业于华南师范大学美术学院

衡阳师范学院讲师

艺术经历

2012年参与创作的作品《春愁》被广东省博物馆万只名人馆收藏

2012年参与创作的大型历史题材油画作品《重阳丰.1927》参加在中国美术馆举办的庆祝中国人民解放军建军85周年全国美术作品展暨第12届全军美术作品展并获得最高奖项

徐松波　天津美术学院

1971年生

1993年毕业于河南大学美术系，获学士学位

2005年毕业于中央美术学院壁画系，获硕士学位

2005年至今任教于天津美术学院实验艺术学院综合绘画系

个展

2009年个展"矢量与寻已"（北京环铁时代国际画廊）

2014年个展"唐风"（北京千年时间画廊）

2014年个展"净界"（中国嵩山永泰寺）

2014年个展"梦起洛阳"（洛阳市美术馆）

杨　虹　湖南工业大学

1981年生

2004年本科毕业于湖南工业大学包装设计艺术学院

2003年～2004年就读于清华大学美术学院装潢设计系

2010年研究生毕业于湖南工业大学包装设计艺术学院

2004年至今任教于湖南工业大学包装设计艺术学院

论文发表

2010年论文《数字媒体艺术的呈现浅析》发表于《电影评介》第3期

2011年参与株洲市醴陵国税局文化建设的横向课题，负责视觉形象导向部分的设计

杨晶晶　南京理工大学泰州科技学院

1982年生

2005年毕业于华北理工大学，获学士学位

2007年毕业于南京理工大学，获硕士学位

2007年至今任南京理工大学泰州科技学院教师，获工艺美术师证书、室内设计师证书

艺术经历

作为主编或副主编出版教材2部，在国家级核心期刊或省级期刊上发表论文十余篇，获各级专业竞赛奖项十余项，指导学生获得各类奖项数十项

姚静萍　西北民族大学

1963年生

1986年毕业于西安美术学院工艺系，获艺术学士学位

西北民族大学美术学院教授、硕士研究生导师

艺术经历

2014年参加绚丽年华第七届全国高校美育成果展，获本届艺术美育个人教学成果一等奖

2014年作品《风景》获绚丽年华第七届全国高校美育成果展教师组一等奖

姚禹伯　怀化学院

1984生

2012年毕业于黑龙江大学艺术学院

怀化学院设计艺术学院数字艺术系主任，湖南省摄影家协会会员，怀化影视动漫文化创意基地负责人

艺术经历

2015年著《武陵山地方志——苗族侗族节庆文化绘本集》

2014年创作动画短片《菩提》，获北京电影学院奖优秀作品奖、中国暨东北亚地区青少年版权创意作品大赛铜奖

要　宇　山西大学

1966年生

1988年毕业于太原理工大学建筑学专业

1988年～2005年就职于太原市建筑设计研究院

山西大学美术学院副教授，国家一级注册建筑师，国家注册城市规划师

艺术经历

已获取三项国家技术专利

主持或参与的多项工程获得山西省优秀工程设计一、二等奖若干项

主持或参与了多项国家社科基金项目，省级和校级科研基金项目

叶　莹　南开大学滨海学院

1975年生

1997年毕业于天津美术学院，获学士学位

2006年毕业于天津美术学院，获硕士学位

1997年～2006年任天津市美术中学教师

2006年～2007年工作于天津美术学院科研处

2007年至今任南开大学滨海学院讲师

代表作品

《音律乐舞》《爱·母亲·自然》《起承转合》

尹远洋　衡阳师范学院

1985年生

2009年毕业于福建师范大学美术学院雕塑专业，获学士学位

2012年毕业于广州美术学院雕塑系，获硕士学位

2012年至今任教于衡阳师范学院美术系

艺术经历

2007年雕塑作品《起风了》获全国大学生艺术展演活动二等奖

2008年雕塑作品《隔》获福建省雕塑优秀作品展优秀奖

代表作品

《起风了》《隔》《东方三女神》

于丽华　山东理工大学

1977年生

1998年毕业于山东工艺美院

毕业后就业于山东理工大学

2013年获得山东理工大学文学硕士学位

艺术经历

作品《装饰画》荣获绚丽年华第六届全国高校美育成果展教师组一等奖

2014年在“大鲁阁”杯首届山东省服装面料图案设计大赛中获得优秀作品指导教师奖

于兴财　四川文化传媒职业学院

1982年生于甘肃靖远

大学本科学历，获文学学士学位，中国设计师协会（CDA）理事，四川省工艺美术学会会员，四川省科技青年联合会会员，都江堰市美术家协会会员，靖远县美术家协会会员，四川花之语装饰工程有限公司设计顾问，四川文化传媒职业学院室内设计教研室主任

艺术经历

2014年油画作品《秋之味》和水粉作品《古镇系列》分获第五届中国高校美术作品学年展大学教师组二等奖和优秀奖

油画风景作品《秋韵》入选《第五届中国高校美术学年展作品集》

虞锋波　景德镇陶瓷学院

1976年生于江西鄱阳

景德镇陶瓷学院设计艺术学院副教授，江西省美术家协会会员，景德镇市美术家协会理事，景德镇当代粉古彩研究院副院长

艺术经历

作品《静物·茶具》获江西省第三届色彩静物、风景、人物写生作品大赛一等奖

作品《绽放》《雨的怀抱》获江西省数字艺术设计双年展一等奖

作品《金秋》获第十三届江西省美术作品展三等奖

袁　玲　成都艺术职业学院

1982年生

2005年毕业于四川农业大学园林专业，之后任职于湛江市森林公园，担任景观设计师一职

2005年任四川师范大学设计艺术学院、成都艺术职业学院教师

2012年兼任绿茏园林绿化有限公司设计总监

2015年任成都艺术职业学院环境艺术设计学院行政支部书记

代表作品

贵和高科农业观光园景观设计、新津外国语实验学校校园景观设计、新筑集团厂区景观设计

袁　艺　武汉工商学院

1986年生

2007年毕业于西南大学美术学院，获学士学位

2011年毕业于湖北美术学院油画系，获硕士学位

艺术经历

2014年作品获第五届中国高校美术作品学年展教师组优秀奖

2014年发表教研论文《对想象素描的教学研究与思考》

2014年论文在湖北省第五届大学生艺术节艺术教育科研论文评选中获美术类三等奖

昃　伟　佛山科学技术学院

1963年生于山东淄博

1989年毕业于山东师范大学美术学院，

现任教于佛山科学技术学院陶艺设计学院，中国著名画家，国家一级美术师，文化部艺术发展中心中国书画院院士研究员，国务院中国亚太经济合作中心国宾礼特供艺术家

艺术经历

2013年与梅墨生等一同入选中国文联出版社出版的《艺术大家——书画名家八人集》

2013年第二次被国务院中国亚太经济合作中心授予并颁发国务院国际事务国宾礼特供艺术家证书，并成为签约艺术家

张　晨　扬州职业大学

1982年生

本科毕业于南京工程学院工业设计专业，研究生毕业于南京林业大学设计学院，获硕士学位

扬州职业大学讲师，中国收藏家协会会员，扬州市美术家协会会员

代表作品

《挂落装饰艺术与现代室内设计》《中国元素与艺术智慧》

赵　力　西安美术学院

1972年生

1996年毕业于西安美术学院油画系

2007年毕业于西安交通大学艺术系，获文学硕士学位

比利时布鲁塞尔皇家美术学院访问学者，西安美术学院版画系教师

艺术经历

2009年～2011年连续三年获得西安美术学院优秀指导教师一等奖

2012年任中国重点美术学院系列教材《素描基础》副主编

张建琴　新疆轻工职业技术学院

1985年生

2000年毕业于新疆师范大学美术学院，获文学学士学位

2005年参加全国高职高专青年骨干教师培训，获双师证书及骨干教师证书

新疆轻工职业技术学院讲师，全国轻工职业教学委员会工艺美术专业委员会委员

代表作品

工笔画《明天的回忆》《蝶系列》，水彩画《高山上的来客》

赵文琰　景德镇陶瓷学院

硕士学位，景德镇陶瓷学院设计艺术学院视觉传达专业教师，江西省美术家协会会员

艺术经历

作品获江西省青年美术作品展、平面艺术设计双年展、青年艺术设计双年展等银、铜、优秀奖等多项奖项，在《美术界》《艺术与设计》等专业期刊上发表学术论文多篇，编写"十一五"国家级规划教材《广告设计》

张立雷　天津科技大学

1976年生

2002年进修于中央美术学院设计学院

天津科技大学艺术设计学院讲师

艺术经历

设计的标志和形象设计作品曾多次在华人平面设计大赛、中国设计年鉴、中国之星设计艺术大赛中入选或获奖，招贴设计作品曾参与中国、韩国、日本、法国、德国等国多个城市的专题展览，多个设计项目成果被相关企业机构采用

赵元征　天津体育学院运动与文化艺术学院

1986年生

2008年本科毕业于山东工艺美术学院

2011年硕士毕业于中国戏曲学院舞台美术设计专业

现为天津体育学院运动与文化艺术学院专业教师

艺术经历

曾参与中国戏曲学院第二届"国戏论坛"舞台美术策划，多次奔赴山西地区做传统戏曲演出场所田野考察，参加大型古装豫剧《陈蕃》的舞美设计工作，并获文华舞台美术奖

张明月　常州大学

1982年生

2000年～2004年任西安建筑科技大学校团委宣传部长

2004年～2005年任广东佛山普立华科技有限公司工业设计部工程师

2006年任泛太克数码技术（南京）有限公司工艺技术部主管

2006年～2008年任教于江南大学

2008年至今任教于常州大学

著作

《计算机辅助工业产品设计》《印刷工艺》

郑　凯　安徽广播影视职业技术学院

1978年生

本科毕业于中国矿业大学环境艺术设计专业，研究生毕业于合肥工业大学建筑设计及理论专业

2005年于北京雅力苑环境文化艺术有限责任公司从事景观设计工作

2006年至今任教于安徽广播影视职业技术学院，2010年至今任环境艺术设计教研室主任

论文发表

《浅谈3DMAX的教学方法》《模拟公司在高职艺术院校的创办经验和思考》《浅谈艺术设计专业软件课程教学中的几点误区》

张巍巍　南京师范大学泰州学院

1983年生于辽宁大连

2005年毕业于吉林大学艺术学院，获学士学位

2008年毕业于吉林大学艺术学院，获硕士学位

现为南京师范大学泰州学院讲师，泰州市美术家协会会员

艺术经历

作品《山村》入选"吉林大学合校六周年暨建校六十周年校庆书画作品展"，并入编由长春出版社出版的作品集

代表作品

《画桥小景》《天高云淡》《紫藤花开》

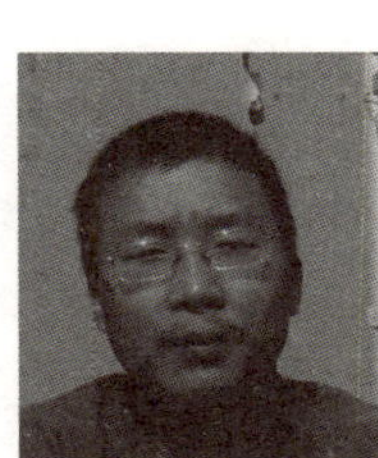

支炳山　桂林理工大学

1976年生于浙江玉环

2002年毕业于西安美术学院装饰艺术专业

2007年结业于第三届全国漆画高级研修班

2011年获清华大学美术学院艺术学硕士学位

桂林理工大学艺术学院讲师，中国美术家协会会员

艺术经历

2010年漆画作品《车》入选第四届中国北京国际美术双年展

2014年漆画作品《车·流》入选第十二届全国美术作品展览

赵　刚　保山学院

1959年生

1978年被评为保山食品系统先进工作者

1990年被评为龙陵县文化系统先进工作者

1995年被评为"边境文化长廊"建设先进工作者

1998年至今任教于保山学校，副教授

艺术经历

2010年《心灵的选择——赵刚》发表于《书画市场报》

2010年作品《数枝疏花含求露》《九月林梢》（花鸟）入选高原巡礼·云南省美术作品展览——保山作品展

钟金琦　广州科技职业技术学院

1979年生

2005年毕业于华南师范大学

2005年～2015年任广州科技职业技术学院专职教师

艺术经历

2011年主持2011中国包装创意设计大赛，获得最佳组织优秀奖、专业组三等奖等数个奖项

2013年主持2013中国包装创意设计大赛，获优秀指导教师奖、专业组二等奖等数个奖项

钟兰馨　海南职业技术学院

1983年生

2002年～2010年于湖北工业大学艺术学院进行本科至研究生阶段的课程学习

2010年～2012年任海南翼能文化传播有限公司设计顾问

现为海南职业技术学院讲师

艺术经历

2014年获第六届全国大学生广告艺术大赛福建分赛区优秀指导教师奖

2011年，主编由湖南大学出版社出版的"十二五"规划教材《人机工程学》

周必龙　江西工程学院三校园抱石艺术学院

1961年生

1986年～1989年于江西师范大学美术系学习

1994年～1998年于江西省教育学院美术系学习

2000年～2004年在井冈山大学附中特长班任美术教师

2004年至今在江西工程学院抱石艺术学院任美术教师

代表作品

油画作品《风景写生》《皖南秋色》《农庄》

周　菲　湖北工业大学

1981年生

2003年毕业于湖北美术学院艺术设计系，获学士学位

2011年毕业于武汉大学，获硕士学位

曾任教于井冈山大学艺术设计学院、华中师范大学武汉传媒学院动画与数字艺术学院

现任湖北工业大学讲师

艺术经历

论文《重读图像——当代艺术中的图像游戏》获三等奖并被收录于《中国创意设计年鉴论文集2012》

周　尤　南京艺术学院

1988年生

2010年毕业于南京艺术学院美术学院插画系，获学士学位，同年被推荐为南京艺术学院美术学插画艺术方向硕士研究生，后赴加拿大安大略艺术设计学院留学一年

现为南京艺术学院美术学院插画系教师，江苏省青年美术家协会会员

艺术经历

出版绘本《大老哥打猎》《过年》《哈！吓我一跳》《拔萝卜》等

获中青无限杯第三届大学生绿色游戏动漫设计大赛CG插画类一等奖

举办我图我画——周尤绘画作品展，画说童心——周尤绘本原作展

朱　军　扬州职业大学

1972年生

东华大学装潢设计专业本科毕业，苏州大学设计艺术学硕士毕业，现为扬州职业大学艺术学院副教授

艺术经历

2011年作品《守望平阴》获首届全国高校美术·设计作品大奖赛金奖

2013年作品《风景写生系列》入选时代风华——江苏省高校美术作品展

2014年作品《寂寞让你如此美丽》入选江苏省首届中青年美术作品展

朱亮亮　常州工学院

1983年生

2005年毕业于江苏理工学院

2008年毕业于上海大学艺术研究院，获美术学硕士学位

2011年毕业于华东师范大学艺术研究所，获文学博士学位

常州工学院艺术与设计学院教师、南京艺术学院艺术学博士后、《民族美术》执行主编

论文发表

在《艺术百家》《民族艺术》《美术与设计》《中国书画》《荣宝斋》等CSSCI核心及美术类核心期刊发表学术论文二十余篇

左铁峰　黄山学院

1972年生

1995年毕业于沈阳航空工业学院

1998年毕业于鲁迅美术学院工业设计系，获工业设计文学硕士学位

黄山学院艺术学院教授，硕士研究生导师，安徽省教学名师，台湾实践大学专任客座教授，中国高校美术家协会理事，中国设计师协会理事，安徽省美术家协会会员

著作

《空间设计手绘表现图解析》《设计手语：产品设计之手绘解析》

安琳莉　沈阳工学院
安祥祥　山东大学（威海）
巴　玥　燕山大学
白　帆　东华理工大学
白　鑫　沈阳大学
白钊义　山西大学
包志钢　上饶师范学院
鲍永亮　吉林艺术学院
边广福　西安美术学院
边继琛　广西艺术学院
边　卓　东北农业大学
蔡　锦　天津美术学院
蔡　薇　云南艺术学院文华学院
蔡炎辉　闽江学院
蔡忆龙　广州大学
蔡玉静　河南理工大学万方科技学院
曹　靖　武汉商学院
曹卫超　德州科技职业学院
曹亚红　渭南师范学院
曹毅亮　辽宁经济职业技术学院
曹　悦　云南艺术学院
车华忠　枣庄学院
陈保红　湖北美术学院
陈布克　昆明理工大学
陈　超　广东技术师范学院
陈　琛　河南大学
陈出云　昆明理工大学
陈春娱　广东技术师范学院
陈菲菲　佛山科学技术学院
陈　锋　四川农业大学
陈　罡　广西艺术学院
陈国兴　广东技术师范学院
陈宏建　广东技术师范学院
陈　辉　广西艺术学院
陈佳仪　仲恺农业工程学院
陈建国　广西艺术学院
陈　渐　广东第二师范学院
陈景国　扬州教育学院
陈　静　景德镇陶瓷学院
陈静敏　广东技术师范学院
陈　俊　山西大学
陈　克　厦门理工学院
陈　乐　广东第二师范学院

陈卢鹏　韩山师范学院
陈　敏　安阳师范学院
陈启祥　湖北工业大学
陈青志　仲恺农业工程学院
陈树中　四川美术学院
陈思捷　福建幼儿师范高等专科学校
陈松立　抚顺职业技术学院
陈　伟　淮北师范大学
陈文新　集美大学诚毅学院
陈　曦　齐鲁师范学院
陈贤望　温州大学城市学院
陈　湘　湖州师范学院
陈小林　四川大学
陈晓俊　丽水学院
陈玄巍　杭州师范大学
陈　迅　哈尔滨理工大学荣成学院
陈　艺　成都大学
陈永安　伊犁师范学院
陈泳洁　广东培正学院
陈聿东　南开大学
陈　真　漳州职业技术学院
陈振宇　广西艺术学院
陈镇宇　四川美术学院
陈　铮　中华女子学院
陈之远　北京舞蹈学院
陈志莹　天津理工大学
陈中科　广东第二师范学院
陈宗光　福建师范大学
成　洁　天津体育学院运动与文化艺术学院
程　思　四川师范大学
初　春　郑州轻工业学院易斯顿（国际）美术学院
崔　俊　延边大学
崔正浩　延边大学
戴崇武　成都理工大学工程技术学院
戴雨享　中国美术学院
邓　斌　四川工程职业技术学院
邓俊峰　武汉工程大学
邓玉萍　广西艺术学院
董春雷　杭州师范大学
董海英　延边大学
董恒华　四川电影电视学院
董晓丽　日照职业技术学院
杜改芝　河北美术学院

杜　伟　湖北经济学院
段建宇　华南师范大学
段轩如　济南大学泉城学院
樊　俊　华中师范大学
樊　莉　甘肃民族师范学院
樊琳琳　大连科技学院
范存江　河南大学
范子珍　浙江同济科技职业学院
方丹丹　杭州职业技术学院
冯晶雅　广州大学纺织服装学院
冯任军　山西大学
冯兴保　成都理工大学工程技术学院
付　博　长治学院
付　泓　北京理工大学
付智明　广东技术师范学院
甘森忠　厦门大学
甘　为　广州大学纺织服装学院
甘　艳　兰州大学
高　彬　四川美术学院
高　歌　山东理工大学
高俊峰　河北科技大学
高　峻　山东师范大学
高　璐　海口经济学院
高明辉　天津师范大学
高润喜　中央民族大学
高若宇　兰州大学
高　韬　山东轻工职业学院
高献敏　广西师范大学
高　迅　山东轻工职业学院
高　瑜　北京汇佳职业学院
高　云　福州外语外贸学院
龚声明　常州工学院
巩姝姗　沈阳航空航天大学
古海萍　广州科技职业技术学院
谷　旭　贵州民族大学
顾　杰　天津职业技术师范大学
顾　静　贵州师范大学
关　洪　湖北工业大学
关洪丹　辽东学院
关慧仪　广东第二师范学院
关　涛　沈阳理工大学
关向伟　沈阳航空航天大学
关晓娜　东北农业大学

管学理 湖北交通职业技术学院
广廷渤 沈阳师范大学
桂小虎 首都师范大学
郭 宏 河北科技大学
郭君健 许昌学院
郭 立 景德镇陶瓷学院
郭丽萍 齐齐哈尔大学
郭 旗 四川师范大学
郭 琼 广西师范大学
郭 荣 电子科技大学成都学院
郭湘黔 广州美术学院
韩爱菊 成都理工大学工程技术学院
韩 冰 广西艺术学院
韩 梅 成都理工大学工程技术学院
韩敏学 河北艺术职业学院
韩 清 西安工程大学
韩新顺 洛阳师范学院
郝海波 曲阜师范大学
郝淑宝 河套学院
郝雪婷 首都师范大学
郝亚维 北京理工大学
郝蕴琴 北京科技经营管理学院
何炳钦 景德镇陶瓷学院
何国富 贵州民族大学
何汉明 广州美术学院
何汉求 广东第二师范学院
何平静 广西师范大学
何 庆 四川美术学院
何淑妍 燕京理工学院
何 玮 西京学院
何彦彦 武汉工商学院
贺景卫 湖南师范大学
贺 明 广西艺术学院
洪 放 韩山师范学院
侯弟坤 山东艺术学院
侯庆斌 陕西国际商贸学院
侯 伟 上海师范大学
侯亚红 成都理工大学工程技术学院
侯妍文 沈阳工学院
候吉明 浙江师范大学
胡伯忠 闽江学院
胡海静 广州大学纺织服装学院
胡海燕 山东农业大学

胡建强 广西师范大学
胡秋霞 山东工艺美术学院
胡 兮 贵州民族大学
胡叶娟 河源职业技术学院
胡 毅 江西工程学院
胡雨霞 湖北工业大学
花瑞卿 楚雄师范学院
滑侨新 河南师范大学
黄芳芳 广东工业大学
黄焕义 景德镇陶瓷学院
黄建标 桂林理工大学
黄江鸣 广西艺术学院
黄 磊 四川理工学院
黄 利 景德镇陶瓷学院
黄卢健 广西艺术学院
黄明科 四川大学锦城学院
黄明秋 广东技术师范学院
黄 嵩 广西艺术学院
黄文霖 温州大学城市学院
黄文宪 广西艺术学院
黄雪梅 延边大学
黄育松 广东培正学院
黄 嫄 东北农业大学
黄哲雄 延边大学
惠 岩 山东工艺美术学院
霍绪德 曲阜师范大学
姬长友 天津职业技术师范大学
纪保超 郑州轻工业学院易斯顿（国际）美术学院
纪 丽 青岛科技大学
贾 悍 广西艺术学院
贾 宁 北京财贸职业学院
贾思怡 广西艺术学院
贾 愚 景德镇陶瓷学院
江 波 广西艺术学院
江 华 广东第二师范学院
江 星 闽西职业技术学院
江 涯 杭州师范大学
姜 杨 辽宁财贸学院
姜钟浩 延边大学
蒋苾蕙 湖南科技学院
蒋弘烨 广东工业大学
蒋英彩 广西艺术学院
焦成根 湖南师范大学

解晓明 景德镇陶瓷学院
金 丹 杭州师范大学
金弘大 河南理工大学
金永参 延边大学
金优石 三明学院
靳桂芳 天津科技大学
康 辉 华北电力大学
康勇峰 天津美术学院
孔凡平 鲁迅美术学院
孔 帅 天津商业大学
孔祥莉 北京科技大学天津学院
蓝惠媛 江门职业技术学院
雷慧珍 丽水学院
雷淑娟 广州美术学院
雷文生 丽水学院
雷晓漫 达州职业技术学院
黎安娟 重庆工商大学
李炳训 天津美术学院
李 波 大连工业大学
李 波 天津职业技术师范大学
李涤尘 楚雄师范学院
李东航 西安美术学院
李方明 江南大学
李海华 云南艺术学院
李 浩 广东环境保护工程职业学院
李恒滨 兰州城市学院
李华英 延边大学
李慧敏 海南职业技术学院
李慧媛 齐鲁工业大学
李 佳 北京航空航天大学
李建设 河南大学
李金龙 江西工程学院
李晶晶 兰州大学
李晶源 昆明理工大学
李磊颖 景德镇陶瓷学院
李 莉 安阳师范学院
李 羚 福州外语外贸学院
李 露 广西师范大学
李 伦 广州美术学院
李 萌 华南理工大学
李 明 浙江理工大学
李明同 烟台大学
李 娜 西京学院

李　楠　山东工艺美术学院

李秋云　江门职业技术学院

李　群　新疆师范大学

李　戎　贵州大学

李善杰　山东大学（威海）

李胜龙　延边大学

李士仓　武汉理工大学

李双双　贵州师范大学

李文博　广西大学

李文红　北京科技大学天津学院

李　翔　周口师范学院

李晓伟　福建师范大学

李　欣　江门职业技术学院

李　歆　闽南师范大学

李行立　上饶师范学院

李　严　河北美术学院

李炎波　云南民族大学

李艳妮　榆林学院

李燕梅　福州外语外贸学院

李拥军　成都理工大学工程技术学院

李永华　周口师范学院

李永轮　西安工程大学

李　勇　中国美术学院

李羽婧　吉林艺术学院

李　媛　西安培华学院

李跃芹　河北科技大学

李　正　苏州大学

李　政　河南大学

李枝秀　南昌大学

李志强　常州纺织服装职业技术学院

李志强　天津美术学院

李志英　广东舞蹈戏剧职业学院

利　江　广西艺术学院

栗　功　燕山大学

连晓波　三明学院

梁　峰　湖南女子学院

梁宏理　西安美术学院

梁　星　桂林理工大学

梁　勇　山西大学

梁徵琳　广西艺术学院

林　恩　闽江学院

林　海　台州学院

林　涓　广东技术师范学院

林　利　华南理工大学

林　明　南京师范大学泰州学院

林文信　三明学院

林　霞　广东建设职业技术学院

林晓燕　华南农业大学

林幸民　三明学院

林雪松　四川音乐学院成都美术学院

林燕宁　广西艺术学院

林宜耕　福建师范大学

林振国　漳州科技职业学院

凌　柯　广东工业大学

刘宝华　大连大学

刘宝岳　天津职业技术师范大学

刘　驰　北华航天工业学院

刘春花　广州商学院

刘春雷　沈阳航空航天大学

刘春影　海南职业技术学院

刘　东　天津职业技术师范大学

刘东明　天津职业技术师范大学

刘　埗　陕西师范大学

刘　宏　山东师范大学

刘宏勋　哈尔滨理工大学荣成学院

刘洪澍　辽宁大学

刘慧汉　广州大学

刘　佳　广西艺术学院

刘珈伲　海南职业技术学院

刘　杰　海口经济学院

刘　磊　吉林大学

刘莉莉　广东技术师范学院

刘立民　广东第二师范学院

刘木森　齐鲁工业大学

刘人果　石河子大学

刘瑞欣　西安建筑科技大学

刘淑泓　广东技术师范学院

刘　硕　湖北美术学院

刘天舒　鲁迅美术学院

刘　铁　北京科技经营管理学院

刘　维　中山大学南方学院

刘　伟　北方民族大学

刘　伟　湖南师范大学

刘武安　渭南师范学院

刘宪标　广西师范大学

刘　翔　私立华联学院

刘晓彬　常州大学

刘　欣　天津财经大学

刘雪茜　山东艺术学院

刘训力　西安美术学院

刘亚婷　四川大学锦城学院

刘延恒　江苏师范大学

刘　艳　河南理工大学

刘　洋　天津职业技术师范大学

刘毅飞　常州工学院

刘永奎　北京科技经营管理学院

刘　妤　江苏理工学院

刘玉娟　西安翻译学院

刘　煜　云南师范大学

刘　媛　包头轻工职业技术学院

刘媛媛　石河子大学

刘智平　湖北美术学院

刘智勇　石家庄学院

刘　柱　哈尔滨理工大学荣成学院

刘　铸　广西演艺职业学院

卢　鹿　成都艺术职业学院

卢　珊　钦州学院

卢雄剑　广西艺术学院

陆春连　广东财经大学华商学院

陆　琦　杭州师范大学

陆　洲　杭州师范大学

吕　鸿　沈阳师范大学

吕金泉　景德镇陶瓷学院

吕　轩　四川师范大学

罗东明　广东技术师范学院

罗　鸿　广西艺术学院

罗秋建　保山学院

马东骅　曲阜师范大学

马丽茵　北方民族大学

马　楠　云南民族大学

马　霞　保山学院

马亚平　上海师范大学

马应应　青岛滨海学院

马　元　天津美术学院

马云林　昆明理工大学

马振龙　天津理工大学

马中文　广东工业大学

买新民　中央民族大学

满　甜　北京科技大学天津学院

毛玲丽　广州华立科技职业学院

梅赞夫　广安职业技术学院

门德来　华南理工大学

孟德琦　吉林大学

孟光伟　齐鲁工业大学

孟　夏　大连工业大学

孟　拥　佛山职业技术学院

孟　拥　河源职业技术学院

苗登宇　山东工艺美术学院

苗红玉　北京科技经营管理学院

闵　薇　昆明理工大学

缪根生　西南交通大学（犀浦校区）

莫合德尔·亚森　新疆师范大学

倪春洪　天津职业技术师范大学

倪　蕾　闽西职业技术学院

牛明明　北京印刷学院

牛　学　武汉工商学院

潘凯翔　广东第二师范学院

潘　奕　东北师范大学人文学院

庞　侃　广东技术师范学院

庞映平　四川工商职业技术学院

裴继刚　佛山科学技术学院

彭秋璐　西南财经大学天府学院

彭小杭　广东技术师范学院

彭　媛　重庆电信职业学院

彭　云　南昌大学

朴美善　西安外国语大学

漆　克　湖南工业大学科技学院

齐　飞　福州外语外贸学院

齐雪松　广西艺术学院

钱柏英　江西工程学院

钱江研　杭州师范大学

钱忠平　华中师范大学

乔延菊　山西师范大学

乔　杨　河套学院

秦　波　韩山师范学院

秦　枫　曲阜师范大学

秦　辉　南昌大学共青学院

秦　剑　广西师范大学

秦　杰　江苏理工学院

秦　科　福州外语外贸学院

秦文斌　福建工程学院

秦一婷　广东技术师范学院

邱光平　四川大学锦城学院

曲国先　青岛科技大学

饶岱珲　福建工程学院

饶娟娟　江门职业技术学院

任建民　天津美术学院

邵长宗　景德镇陶瓷学院

邵力华　山东大学（威海）

沈德坤　昆明理工大学

沈小华　南京理工大学泰州科技学院

沈　颖　鲁迅美术学院

沈　岳　中国美术学院

师欢欢　山东英才学院

施俊天　浙江师范大学

施　茜　江苏理工学院

施宇峰　云南民族大学

石海彬　渭南师范学院

石庭明　成都艺术职业学院

石向东　广西艺术学院

石增泉　山东工艺美术学院

时　萌　天津职业技术师范大学

史婵婵　广西艺术学院

史宏云　山西大学

寿伟克　衢州学院

帅民风　广西艺术学院

司纪中　仲恺农业工程学院

司维东　山东大学（威海）

宋丰光　山东师范大学

宋光辉　河南理工大学

宋季蓉　大连理工大学

宋金英　山东理工大学

宋立垚　台北科技大学

宋鸣笛　深圳大学

宋谋芳　天津科技大学

宋世成　廊坊师范学院

宋先福　重庆电信职业学院

宋艳梅　南京理工大学泰州科技学院

宋永胜　大连工业大学

苏　波　燕山大学

苏鹤宇　赤峰学院

苏　健　烟台大学

苏　菁　昆明理工大学

苏　韬　北京理工大学

隋　丞　深圳大学

孙　博　吉林艺术学院

孙昌武　吉林艺术学院

孙　超　天津科技大学

孙　尔　杭州师范大学

孙慧丽　北京印刷学院

孙　琪　山西农业大学信息学院

孙诗谦　衡阳师范学院

孙彤彤　山东科技大学

孙　跃　温州大学城市学院

孙志远　广西师范大学

索　理　景德镇陶瓷学院

覃柳师　广西艺术学院

谭　红　北京航空航天大学

谭开界　山东艺术学院

谭　琳　广西艺术学院

谭美凤　广州大学纺织服装学院

谭　勋　天津美术学院

谭有进　广西艺术学院

唐国树　天津美术学院

唐济川　齐鲁工业大学

唐丽春　海南大学

唐　茜　华中师范大学武汉传媒学院

陶雄军　广西艺术学院

陶雪莲　陕西师范大学

田鸿喜　景德镇陶瓷学院

田　丽　保山学院

田智文　湖北美术学院

佟　进　沈阳航空航天大学

涂志初　湖北美术学院

汪　俊　惠州经济职业技术学院

汪晓曙　广州大学

王安霞　江南大学

王　滨　青岛科技大学

王　超　广州美术学院

王丹丹　北京经济技术职业学院

王东声　北京理工大学

王　芳　河北科技大学

王　芬　河套学院

王广文　天津职业技术师范大学

王宏民　郑州轻工业学院易斯顿（国际）美术学院

王宏香　西安美术学院

王洪章　东北师范大学

王纪平　山西大学

王继平 陕西理工学院
王 健 廊坊师范学院
王 洁 桂林电子科技大学
王金富 北京吉利学院
王 静 东北农业大学
王 军 广西师范大学
王 骏 烟台大学
王克年 河西学院
王奎东 青岛科技大学
王坤茜 昆明理工大学
王 雷 河南大学
王丽莹 吉林动画学院
王 萌 郑州轻工业学院易斯顿（国际）美术学院
王米雪 天津师范大学津沽学院
王年文 燕山大学
王 萍 铜陵职业技术学院
王瑞荣 青岛大学
王 山 西安美术学院
王松华 哈尔滨工业大学
王天甲 湖北工业大学
王 汀 西安建筑科技大学
王同旭 天津科技大学
王 巍 齐鲁工业大学
王 伟 辽宁财贸学院
王伟光 天津科技大学
王伟智 华南理工大学
王 卫 厦门大学
王卫东 河南大学
王文新 华中师范大学
王晓梅 海南职业技术学院
王晓予 郑州大学
王兴堂 山东艺术学院
王雅君 天津美术学院
王雅卓 东北师范大学人文学院
王 妍 枣庄学院
王艳琦 昆明学院
王 阳 北京科技大学天津学院
王一旺 福州外语外贸学院
王艺湘 北京理工大学
王 胤 广西师范学院
王永成 湖南理工学院
王 勇 昆明理工大学
王 余 华中师范大学
王 宇 沈阳工学院
王 禹 大连艺术学院
王玉珏 广西艺术学院
王 远 西京学院
王月海 渭南师范学院
王占欣 中国戏曲学院
王志俊 山西大学
王子佳 东北师范大学人文学院
王子旭 郑州轻工业学院易斯顿（国际）美术学院
王宗果 四川大学锦城学院
韦慧春 广西演艺职业学院
韦举昌 广西工业职业技术学院
韦连春 南宁职业技术学院
韦文翔 广西艺术学院
韦咏芳 广西艺术学院
魏 东 北京科技大学天津学院
魏泰祥 南京师范大学泰州学院
魏珍珍 湖北工业大学
文明红 菏泽学院
吴 彪 重庆文理学院
吴 斌 佛山科学技术学院
吴春丽 东北师范大学人文学院
吴 芳 广西艺术学院
吴 芳 河北旅游职业学院
吴福珍 广州商学院
吴国良 山东理工大学
吴 昊 中国美术学院
吴就远 北海职业学院
吴佩婷 江门职业技术学院
吴 萍 山东理工大学
吴荣华 厦门大学
吴闪哨 广西幼儿师范高等专科学校
吴叔羊 天津美术学院
吴向东 吉林大学
吴晓纯 韩山师范学院
吴一源 景德镇陶瓷学院
吴 哲 东北师范大学人文学院
吴振全 广东技术师范学院
武小明 山西大学
夏大统 天津体育学院运动与文化艺术学院
项锡黔 贵州大学
肖福科 大连工业大学
肖海英 河南大学
肖华英 广东工业大学华立学院
肖 鹏 武汉商学院
肖舜之 广西师范大学
谢 朝 南开大学
谢海红 郑州轻工业学院易斯顿（国际）美术学院
谢建华 四川工程职业技术学院
谢 洁 河南大学民生学院
谢莉斯 仲恺农业工程学院
谢瑞乐 温州大学城市学院
谢少威 华南师范大学
谢 宇 大连工业大学
辛志亮 广州大学华软软件学院
邢成武 三明学院
邢洪亮 辽宁经济职业技术学院
熊 焰 景德镇陶瓷学院
熊燕飞 广西艺术学院
徐川克 广西艺术学院
徐 丹 曲阜师范大学
徐 芳 广西师范大学
徐 刚 中国矿业大学
徐 昊 青岛大学
徐和平 河套学院
徐铭杰 哈尔滨职业技术学院
徐文环 江门职业技术学院
许 佳 昆明理工大学
许克辉 燕京理工学院
许乃学 沈阳航空航天大学
许树贤 广东技术师范学院
许 晔 闽南师范大学
薛 明 天津美术学院
薛 旋 西安外国语大学
闫 斌 哈尔滨理工大学荣成学院
闫 芳 德州科技职业学院
闫 肃 日照职业技术学院
严似蜜 广东技术师范学院
阎 飞 景德镇陶瓷学院
颜成宇 吉林艺术学院
阳 丰 广州美术学院
阳 燕 重庆电信职业学院
杨 冰 景德镇陶瓷学院
杨 超 景德镇陶瓷学院
杨东宇 哈尔滨理工大学荣成学院
杨恩举 广西艺术学院

杨　峰　长春工业大学
杨　虹　中国戏曲学院
杨建明　北京理工大学
杨建平　云南艺术学院
杨立泳　北方民族大学
杨　柳　西安培华学院
杨　柳　云南艺术学院
杨　猛　沈阳航空航天大学
杨闵敏　九江学院
杨清延　广州大学华软软件学院
杨庆荣　杭州师范大学
杨淑馨　郑州轻工业学院易斯顿（国际）美术学院
杨天民　常州大学
杨　威　长春信息技术职业学院
杨小乐　广安职业技术学院
杨小舟　东北大学
杨　晓　兰州城市学院
杨晓帆　河南科技大学
杨晓辉　珠海第一中等职业学校
杨晓艺　青岛科技大学
杨秀标　广西师范学院
杨旭光　中国环境管理干部学院
杨　雪　山东轻工职业学院
杨雪峰　河北科技师范学院
杨　洋　西京学院
杨　野　沈阳师范大学
杨永葳　广西师范大学
杨在珽　山东大学（威海）
杨造艺　北海职业学院
杨　哲　河北美术学院
杨中贵　武汉工程大学
杨中海　郑州轻工业学院易斯顿（国际）美术学院
姚　斌　广东技术师范学院
姚　江　常州大学
姚　田　华中师范大学武汉传媒学院
姚　瑶　铜陵职业技术学院
叶　峰　广东培正学院
叶蕾蕾　北海职业学院
叶志豪　广东技术师范学院
叶主行　集美大学诚毅学院
夜中会　西安美术学院
易凤霞　湖北大学知行学院
易　平　四川美术学院
易　阳　华中师范大学
阴晓雪　德州学院
殷海华　盐城工学院
尹睿婷　昆明理工大学
游东醌　中国美术学院
于国柱　周口师范学院
于　君　鲁迅美术学院
于小冬　天津美术学院
于兴财　四川天一学院
于　跃　河南大学
余潮松　广东技术师范学院
余方林　江南影视艺术职业学院
余小荔　景德镇陶瓷学院
余　毅　四川美术学院
余　颖　西安美术学院
俞烨操　苏州工艺美术职业技术学院
玉潘亮　广西艺术学院
郁燕飞　河套学院
喻湘龙　广西艺术学院
毓　鑫　沈阳航空航天大学
袁　琳　贵州师范大学
袁树香　南京理工大学泰州科技学院
袁学丽　汕尾职业技术学院
袁　征　郑州轻工业学院易斯顿（国际）美术学院
苑晓旭　私立华联学院
曾　戈　广东工业大学
曾丽娟　广东技术师范学院
曾　琪　山东理工大学
曾　涛　成都艺术职业学院
曾万春　韩山师范学院
曾小桦　广州科技贸易职业学院
曾晓泉　广西艺术学院
翟慧敏　天津商业大学
翟蕾蕾　西安外国语大学
翟松桥　东北农业大学
翟　艳　河南大学
展　豪　吉林大学
占必传　江苏理工学院
张宝旺　天津师范大学津沽学院
张　博　西安建筑科技大学
张春磊　成都理工大学工程技术学院
张春明　常州大学
张　飞　钦州学院
张光帅　山东工艺美术学院
张广远　北京财贸职业学院
张海东　四川美术学院
张　晗　哈尔滨职业技术学院
张红辉　黄冈师范学院
张洪亮　广东工业大学
张　辉　西南财经大学天府学院
张惠贻　东莞职业技术学院
张　记　贵州财经大学
张继迎　河南理工大学万方科技学院
张建国　昆明理工大学
张　剑　广州美术学院
张　健　云南农业大学
张　岚　北京工商大学嘉华学院
张　丽　青岛科技大学
张凌云　景德镇陶瓷学院
张　名　廊坊师范学院
张明超　福建师范大学
张　培　江西工程学院
张　鹏　西安培华学院
张其锁　闽江学院
张　琪　昆明理工大学
张　倩　四川美术学院
张　钦　西安培华学院
张善诚　四川电影电视学院
张少华　广西师范学院
张少泉　西北民族大学
张威媛　天津科技大学
张　巍　烟台大学
张　为　重庆工商职业学院
张文恒　南开大学
张文智　黄冈师范学院
张　闻　枣庄学院
张西利　西安美术学院
张晓晶　吉林大学
张晓莉　武汉生物工程学院
张晓黎　四川师范大学
张晓利　黄山学院
张啸江　中国人民解放军第二军医大学
张　旭　重庆医科大学
张　璇　中华女子学院
张学衡　安庆师范学院
张岩鑫　深圳大学

张燕云　天津美术学院
张永海　福建师范大学
张照雨　辽宁交通高等专科学校
张志伟　北京理工大学
赵慧颖　鲁迅美术学院
赵　建　石家庄学院
赵　娟　西京学院
赵　均　南开大学
赵开坤　吉林艺术学院
赵可昕　北京建筑大学
赵腊梅　周口师范学院
赵　琳　燕山大学
赵培林　广州美术学院
赵乾坤　桂林理工大学
郑　超　广西艺术学院
郑　岱　天津美术学院
郑洪明　仲恺农业工程学院
郑家桢　广州大学纺织服装学院
郑江珊　广州美术学院
郑　凯　安徽职业技术学院
郑　频　闽江学院
郑士龙　台州学院
郑万林　广西艺术学院
郑　阳　山东大学（威海）
钟　捷　中央民族大学
诌　红　闽江学院
周安平　西北民族大学
周长亮　山东师范大学
周　峰　湖北工业大学
周南平　四川美术学院
周　青　南开大学
周　武　中国美术学院
周喜增　河南大学
周小瓯　杭州师范大学
周　新　青岛科技大学
周　岩　北京理工大学
周　毅　广东技术师范学院
周　臻　山东师范大学
朱昌森　延边大学
朱丹君　河南科技大学
朱鸽翔　杭州师范大学
朱海昆　昆明理工大学
朱　凯　广东工业大学
朱连城　广西艺术学院
朱　霖　抚顺职业技术学院
朱明富　四川大学锦城学院
朱木滋　广西艺术学院
朱　宁　四川大学锦城学院
朱瑜珠　河南大学
祝　凯　北方工业大学
庄光明　大连工业大学
庄维嘉　北京航空航天大学
庄　伟　哈尔滨职业技术学院
庄元玲　广西大学
庄子平　鲁迅美术学院
卓克难　四川美术学院
邹东升　信阳师范学院
邹光平　山东师范大学
邹　明　深圳大学

获奖作者

Award winning author

获奖作者

（按作者名字拼音首字母排序，未提供照片者均以本人作品代替照片。）

（年度特等大奖）

丁　阳

杭州师范大学

主要作品

《印象西湖》系列《蔓》

作品编号

CA001 ～ CA005/CA035

（金奖）

陈美凤

广西艺术学院

主要作品

《石上人家》《食鱼者包装设计》

《刺绣书籍装帧设计》《彩旗》《大自然的颜色》

作品编号

DA001 ～ DA007/DA063 ～ DA066/D0610/H0157/H0165

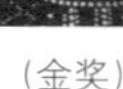

（金奖）

陈　萍

广西艺术学院

主要作品

《锦绣大地》《拾家》

作品编号

HA001 ～ HA004/H0158

（金奖）

范强强

河南科技学院

主要作品

《钢笔画——外婆》《插画设计——圣女》

《人体》《钢笔画·金毛》《泰山日落》《摄影艺术》

作品编号

AA001/FA033/A0653/A1041/H0032/H0033

（金奖）

耿兴浩

常州大学

主要作品

《景区清洁车》

作品编号

GA001

（金奖）

黄　河

广西艺术学院

主要作品

《“山石共生”概念建筑设计》《“茗木”酒店设计》

作品编号

EA001 ～ EA004/EA071 ～ EA076

（金奖）

李青青

常州大学

主要作品

《景区清洁车》

作品编号

GA001

（金奖）

李思遥

湖南师范大学

主要作品

《元阳赶集》《盼》

作品编号

BA001/B0011

（金奖）

宋　博

青岛大学

主要作品

《莫里斯纹样》《衍纸艺术系列》（临摹）

作品编号

IA001/C0037 ～ C0038

（金奖）

苏子桐

广西艺术学院

主要作品

《石上人家》

作品编号

DA001 ～ DA007

（金奖）

王　鹏

常州大学

主要作品

《景区清洁车》《Stop smoking》

《纸币兑换硬币机》《婴儿安全座椅》

作品编号

GA001/D0280 ～ D0282/G0005/G0050

（金奖）

王　玥

天津美术学院

主要作品

《包裹着的自画像》

作品编号

AA002

（金奖）

肖文喜

广西艺术学院

主要作品

《石上人家》

作品编号

DA001 ～ DA007

（金奖）

殷　頔

四川大学

主要作品

《衣食住行插画》系列《拉萨街景》

作品编号

FA001 ～ FA004/HA028

曾晓茜

广西艺术学院

主要作品

《"山石共生"概念建筑设计》《"茗木"酒店设计》

作品编号

EA001 ~ EA004/EA071 ~ EA076

（金奖）

张　燕

常州大学

主要作品

《景区清洁车》

作品编号

GA001

（金奖）

周德廉

天津美术学院

主要作品

《素描静物》《囚》《素描人物》

作品编号

AA004/CA001 ~ CA010/A0647 ~ A0648

（金奖）

蔡家伟

广州大学纺织服装学院

主要作品

《太古海洋主题餐厅》

作品编号

EA005 ~ EA008

（银奖）

陈　旭

山东师范大学

主要作品

《无题》《迢递隔重城》

作品编号

BA002/B0014

（银奖）

杜旭丹

辽宁大学

主要作品

《跨越 50 年的重逢》《石刻情琢》《星月夜时装效果图》

作品编号

HA006/B0152 ~ B0153/I0099

（银奖）

李光楠

常州大学

主要作品

《有机防反插 U 盘》《仿生贝壳汽车婴儿安全座椅》

作品编号

GA002/G0065

（银奖）

李军毓

杭州师范大学

主要作品

《菩提本无树》《浮·生》

作品编号

CA011/I0004 ~ I000[illegible]

（银奖）

刘丽姣

昆明理工大学

主要作品

《禅院建筑及景观设计》《颠覆传统美学——大[illegible]别墅设计》

《家》《父与子》《里道寺院建筑及景观设计》

作品编号

EA009 ~ EA012/EA013 ~ EA015/A0301/A1037/E0318 ~ E0319

（银奖）

欧志峰

广西机电职业技术学院

主要作品

《网格休闲家具组合》《童趣》

作品编号

GA003/G0041

（银奖）

彭艳芳

湖南师范大学

主要作品

《茶印象》

作品编号

DA009 ~ DA012

（银奖）

谭　丽

四川美术学院

主要作品

《动与影》《R.T》《轻·自在》

作品编号

IA003/I0064/I0065

（银奖）

王　晶

西北民族大学

主要作品

《辩经》《静物》《古楼·记忆》

《光影》《七彩神山》

作品编号

HA005/A0520/A1004/H0136/H0137

（银奖）

王曙光

燕京理工学院

主要作品

《怀柔写生》《暖秋》《百合争春》

作品编号

AA006/A0104/B0073

（银奖）

吴　庆

广西艺术学院

主要作品

《龙母系列插画》

作品编号

FA009 ~ FA014

（银奖）

吴一然

首都师范大学

主要作品

《静静》《中国梦航天梦》

作品编号

AA003/A0162

（银奖）

（银奖）

谢佩芝

广西艺术学院

主要作品

《我们也需要呼吸》《困困女孩与十二生肖》

《五谷杂粮包装》《年货包装》

作品编号

DA008/FA034 ~ FA045/D0210/D0211

（银奖）

许俊平

广西师范大学

主要作品

《瓶》

作品编号

FA005 ~ FA008

（银奖）

杨茗皓

中国美术学院

主要作品

《汐 · 染》

作品编号

CA012

（银奖）

曾超尘

广东技术师范学院

主要作品

《漂》《素》《如空》

作品编号

AA005/A0261/I0031

（银奖）

郑　慈

广西艺术学院

主要作品

《醉 · 墨》《Le · Go》

作品编号

IA002/I0103

（银奖）

朱梦婷

四川音乐学院成都美术学院

主要作品

《黔东南印象》

作品编号

BA003

（铜奖）

蔡碧芬

闽江学院

主要作品

《书桌一角》《老巷子》

作品编号

AA007/A0581

（铜奖）

曹梦雅

燕山大学

主要作品

《恒》《室内设计》《木 · 时代》

作品编号

EA016 ~ EA019/E0019 ~ E0021/I0047 ~ I0050

（铜奖）

曹知英

湖南工业大学科技学院

主要作品

《创意玻璃杯循环包装》

作品编号

DA013 ~ DA014

（铜奖）

陈　虹

曲阜师范大学

主要作品

《最后的晚餐 · 怯》《惜》

作品编号

AA008/A0247

（铜奖）

陈树勇

佛山科学技术学院

主要作品

《童心近禅》《乡味》

作品编号

CA014/C0015

（铜奖）

崔　雪

抚顺职业技术学院

主要作品

《饕餮》《民国佳人》

作品编号

IA008/I0025

（铜奖）

董新秀

大连工业大学

主要作品

《雪花膏》系列

作品编号

CA015 ~ CA019

（铜奖）

范如丽

鲁迅美术学院

主要作品

《和》

作品编号

IA007

（铜奖）

方　洁

湖南工业大学科技学院

主要作品

《创意玻璃杯循环包装》

作品编号

DA013 ~ DA014

（铜奖）

高瑷婷

燕山大学

主要作品

《恒》

作品编号

EA016 ~ EA019

（铜奖）

郝温艳

贵州民族大学

主要作品

《信念交集》《点亮明天》

作品编号

AA012/A0580

（铜奖）

刘汉宇

广西艺术学院

主要作品

《木屋公社》《竹灯》

作品编号

EA020 ~ EA021/E0226 ~ E022[illegible]

（铜奖）

侯钦苓

枣庄学院

主要作品

《余韵》《花与鹂》

作品编号

BA004/B0089

（铜奖）

刘玉婷

四川师范大学

主要作品

《职业小青年》

作品编号

IA004 ~ IA006

（铜奖）

黄海涛

广东工业大学

主要作品

《欲望》《月季之美》

作品编号

AA010/A0335

（铜奖）

龙发明

云南师范大学

主要作品

《秋满永胜》《老树》

作品编号

AA011/A0546

（铜奖）

李　成

景德镇陶瓷学院

主要作品

《概念》《友·瓷》

作品编号

GA009 ~ GA012/C0092

（铜奖）

宁　欣

四川师范大学

主要作品

《日出时的影子》《日出时分》《流动的倒影》

作品编号

HA007/H0014/H0082

（铜奖）

李依龙

天津职业技术师范大学

主要作品

《森》《湖·林》《峦》《雾川》

作品编号

HA009/H0054/H0055/H0056

（铜奖）

秦志鸿

广西艺术学院

主要作品

《壮族农家乐之午休母子乐秋千》《壮族农家乐之爷爷帮奶奶试新衣》

《壮族农家乐之爷爷爱牛，奶奶爱猪》《支前》《[illegible]接二连三，奋不顾身》

作品编号

CA013/C0010/C0011/C0012/C00[illegible]3

（铜奖）

李　哲

燕山大学

主要作品

《恒》

作品编号

EA016 ~ EA019

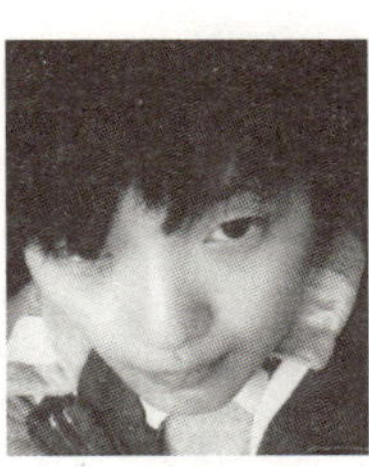

（铜奖）

邱　晴

黄山学院

主要作品

《盲人水杯》

作品编号

GA013 ~ GA014

（铜奖）

林劭均

台北科技大学

主要作品

《Gene Smart 概念车》系列

作品编号

GA004 ~ GA008

（铜奖）

谭　杰

燕山大学

主要作品

《恒》

作品编号

EA016 ~ EA019

（铜奖）

凌飞燕

西安美术学院

主要作品

《剑士》《幽静》《女神》

作品编号

FA029/A1005/F0004

（铜奖）

田润田

昆明理工大学

主要作品

《静·灵》系列《菲乐化妆品包装》《中玉[illegible]》

作品编号

FA027 ~ FA028/D0206/D0[illegible]25

（铜奖）

王桂芳

燕山大学

主要作品

《恒》

作品编号

EA016 ~ EA019

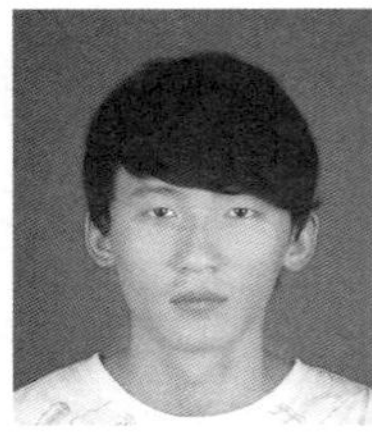

（铜奖）

王伟哲

燕山大学

主要作品

《恒》

作品编号

EA016 ~ EA019

（铜奖）

肖桥华

广州大学

主要作品

《大昭寺的晨洗》《西藏印象》系列

作品编号

AA009/AA063/A0124 ~ A0132

（铜奖）

杨雨然

首都师范大学

主要作品

《京城胡同书籍装帧》系列《bonbonboxVI 识别系统设计》系列

作品编号

DA015/D0585

（铜奖）

叶佩仪

广州大学华软软件学院

主要作品

《花女子装饰插画》系列

作品编号

FA015 ~ FA026

（铜奖）

余文莹

湖北工业大学

主要作品

《共生》《欲行》《水映谢赫扎伊德清真寺》

作品编号

DA016/HA012/H0352

（铜奖）

张　凯

泰山学院

主要作品

《赏荷》

作品编号

BA005

（铜奖）

张智宇

西南财经大学天府学院

主要作品

《归牧》《凌云天地》

作品编号

BA006/B0106

（铜奖）

赵呈祥

辽宁财贸学院

主要作品

《夕阳映长城》《祝福祖国》《独赏春意》《春暖花开》

作品编号

HA008/H0250/H0269/H0270

（最佳作品奖）

边道欣

西安美术学院

主要作品

《初雪》《织》

作品编号

HA014/A0161

（最佳作品奖）

宾卫平

广西师范大学

主要作品

《谁是主角》

作品编号

FA032

（最佳作品奖）

陈　东

辽宁交通高等专科学校

主要作品

《鸡蛋》

作品编号

DA053

（最佳作品奖）

陈杰聪

惠州经济职业技术学院

主要作品

《我的宿舍》

作品编号

FA062 ~ FA065

（最佳作品奖）

陈　硕

桂林理工大学

主要作品

《西北情》《生命》

作品编号

CA027 ~ CA029/A1010

（最佳作品奖）

陈思黎

集美大学诚毅学院

主要作品

《惜粮》《韵律》《寻庚者》《火苗》

作品编号

FA069/FA070/IA014/H0484

（最佳作品奖）

陈星霖

四川美术学院

主要作品

《禁锢》《时代的追忆》

作品编号

AA016/A0113

（最佳作品奖）

成晓彤

枣庄学院

主要作品

《树之翼》《风之柔》《浮来春酒系列包装》

作品编号

CA031 ～ CA032/C0101/C0242

（最佳作品奖）

程　越

广州大学

主要作品

《拥抱》《猴》

作品编号

CA020 ～ CA022/H0205

（最佳作品奖）

崔　姝

河南大学

主要作品

《童年不同样 · 儿童主题公园》《态度》

作品编号

EA042 ～ EA045/D0357

（最佳作品奖）

崔　莹

河北美术学院

主要作品

《核桃》《期待》

作品编号

AA032/A0387

（最佳作品奖）

崔玉婷

烟台大学

主要作品

《海的记忆》

作品编号

EA026 ～ EA029

（最佳作品奖）

崔育玮

广西艺术学院

主要作品

《温暖与冰冷》

作品编号

HA016

（最佳作品奖）

戴伊娜

广东第二师范学院

主要作品

《九龙印象》

作品编号

AA035

（最佳作品奖）

邓　安

合肥师范学院

主要作品

《乡音》《福娃娃》《老汉》

作品编号

CA039/C0027/C0028

（最佳作品奖）

丁　俊

曲阜师范大学

主要作品

《共生》系列

作品编号

DA054 ～ DA055

（最佳作品奖）

董孟奇

武汉工商学院

主要作品

《雪花啤酒广告摄影》

作品编号

HA021

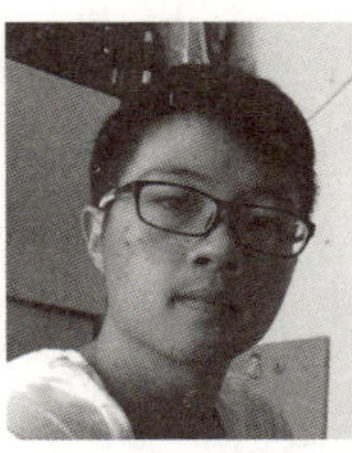

（最佳作品奖）

杜兴亮

上海大学

主要作品

《老人》《势力》

作品编号

AA020/A0576

（最佳作品奖）

段　蓓

中南大学

主要作品

《咒》

作品编号

FA051 ～ FA056

（最佳作品奖）

伏家萱

西北民族大学

主要作品

《TEA 茶叶包装设计》《花开静[illegible]》《山坡上的村庄》

作品编号

DA019/A0078/A0193

（最佳作品奖）

付栢菁

广西艺术学院

主要作品

《小 M 的魔幻冒险》

作品编号

FA030

（最佳作品奖）

高海阳

昆明理工大学

主要作品

《云卷云舒》《耳语》《东坡[illegible]半首》《破败的星球》

《上海翡翠文化中心建筑设计》《相思》《月支》《神圣之地》《纯净》

作品编号

HA017/HA039/B0140/E0274 — E0276/F00[illegible]/F0023/F0170/H0104/H0105

（最佳作品奖）

郭春雨

合肥师范学院

主要作品

《回家的路》《扑克世界》

作品编号

FA046/F0046

（最佳作品奖）

郭林吉

广西艺术学院

主要作品

《溪山盛韵图》《空山新雨后》《馨香润青山》

作品编号

BA015/B0098/B0099

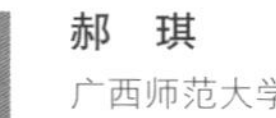

（最佳作品奖）

郝　琪

广西师范大学

主要作品

《麦斯威尔咖啡招贴设计》系列

《自创品牌“尚客茶品”包装设计》《粉墨人生》

作品编号

DA036 ~ DA038/DA071 ~ DA073/H0327 ~ H0328

（最佳作品奖）

何　昱

温州大学城市学院

主要作品

《追影人》《水粉风景》《眼见为虚》《凯莉朵标志设计》《月光》

《义利标志》《9 号当代艺术馆 Logo》《凯莉朵包装》《蓝色幻想》

《艳丽》

作品编号

HA011/A0417/B0107/D0128/D0190/D0191/D0222/H0007/H0052/H0243

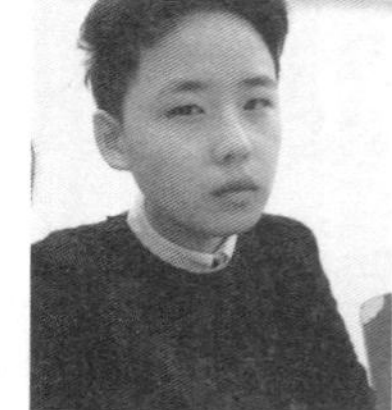

（最佳作品奖）

和　楠

河南科技大学

主要作品

《太阳能智能化工作基站》

作品编号

EA064 ~ EA068

（最佳作品奖）

侯闫博雨

西安工程大学

主要作品

《生命之水》《沟通》系列

作品编号

DA050/D0382 ~ D0383

（最佳作品奖）

胡　欢

天津美术学院

主要作品

《蠢蠢梦》《装饰人像浮雕》《同学》

《老年人》《热带象语》《土著人》

作品编号

AA014/CA033/A0521/B0003/F0075/F0076

（最佳作品奖）

黄红豆

广西艺术学院

主要作品

《芑来》《荏苒·匆容》

《魅影》《石·间》《朝露》

作品编号

EA037 ~ EA041/E0049 ~ E0052/E0075 ~ E0077/E0284 ~ E0291/H0219

（最佳作品奖）

黄雯娟

西安培华学院

主要作品

《彩虹之巅》

作品编号

IA012

（最佳作品奖）

阚凤霞

山东工艺美术学院

主要作品

《沂蒙创意山果包装设计》《沂蒙山果标志》

《小雪人儿童美术培训馆标志及招贴设计》

作品编号

DA020/D0085/D0515

（最佳作品奖）

康宗社

贵州师范大学

主要作品

《德式复古会所设计》《心相印纸品 365 包装设计》

作品编号

EA034 ~ EA036/D0247

（最佳作品奖）

匡　欣

武汉工商学院

主要作品

《The Real Me LeParfum 香水广告摄影》

作品编号

HA023

（最佳作品奖）

黎光波

重庆航天职业技术学院

主要作品

《在你世界的中心》《陌路人》

作品编号

HA010/H0057/H0301

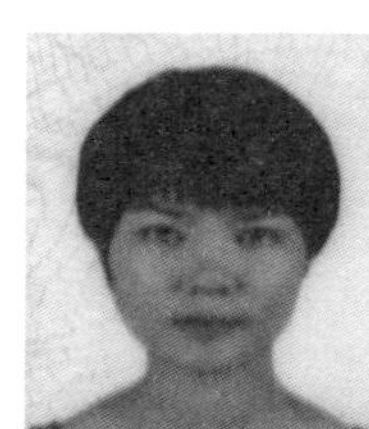

（最佳作品奖）

李春娴

湖南科技学院

主要作品

《追忆》

作品编号

BA013

（最佳作品奖）

李方舟

鲁迅美术学院

主要作品

《梦的城堡》《梦幻仙境》《穿梭》

《胡桃夹子的世界》《裂变》

作品编号

IA010/I0060/I0061/I0062/I0063

（最佳作品奖）

李曼园

哈尔滨工业大学

主要作品

《色达五明佛学院——那些不为人知的风景》《蓝调街区》

作品编号

AA033/A0452

（最佳作品奖）

李诗雅

江门职业技术学院

主要作品

《思·逸》《眷念》

作品编号

BA014/A0569

（最佳作品奖）

李锡禄

广西艺术学院

主要作品

《扑火》

作品编号

CA036

（最佳作品奖）

刘　敏

衡阳师范学院

主要作品

《童年记忆》《黄昏》《夕阳西下》

《静静的时光》《黑屋顶的房子》

作品编号

AA024/A0095/A0151/A0152/A0153

（最佳作品奖）

李晓微

云南艺术学院

主要作品

《挤公交》《花小姐》《卡通小男孩》

作品编号

FA031/F0140/F0196

（最佳作品奖）

刘小梅

广西艺术学院

主要作品

《“茗木”酒店设计》

作品编号

EA071 ~ EA076

（最佳作品奖）

李雪莹

西北民族大学

主要作品

《窗前》《有白花的静物》《花卉静物》《手工皂》

作品编号

AA027/AA031/A0077/D0226

（最佳作品奖）

刘欣灵

辽宁经济职业技术学院

主要作品

《纪念》《气变》

作品编号

DA051/D0358

（最佳作品奖）

李　岩

福建师范大学

主要作品

《“梦回大唐”女子休闲会所设计》

《比利华山庄景观设计手绘表现》《空灵》《盼》

作品编号

EA030 ~ EA033/E0383 ~ E0389/H0028/H0077

（最佳作品奖）

刘　洋

延边大学

主要作品

《生活》《早雾》《起航》

作品编号

AA036/HA018 ~ HA019/A0067

（最佳作品奖）

李远元

武汉商学院

主要作品

《一体同春》《山水晓韵》《古·意韵》《手绘效果图》

作品编号

BA008/B0047/E0220/E0402

（最佳作品奖）

马凤瑞

浙江理工大学

主要作品

《手做》系列

作品编号

FA047 ~ FA050

（最佳作品奖）

林洁莲

广东技术师范学院

主要作品

《A+ 教育吉祥物齐小聪》《灵动儿童主题餐厅》

《DOU 个人画作展邀请函》《包小宝》

作品编号

FA059/D0044/D0670/F0194

（最佳作品奖）

马　戎

山西大学

主要作品

《轮回》

作品编号

CA023

（最佳作品奖）

林卓妍

广东工业大学

主要作品

《祈祷》

作品编号

CA038

（最佳作品奖）

马　鑫

山西大学

主要作品

《奋发》《羞涩》《伫立》

作品编号

HA026/H0217/H0349

（最佳作品奖）

刘丽霞

广西演艺职业学院

主要作品

《圣尼·朴墅》

作品编号

EA085 ~ EA087

（最佳作品奖）

马　云

广西艺术学院

主要作品

《“鱼”悦》《对撞系列设计》

作品编号

IA015/I0102

（最佳作品奖）

毛秀程
昆明理工大学
主要作品
《羞涩的合影》《稻收》
《南登渔乡》《自然的旋律》《卖土豆》
作品编号
HA013/H0121/H0122/H0123/H0298

（最佳作品奖）

庞　炯
北京印刷学院
主要作品
《自行车》《向日葵》
作品编号
AA026/A0330

（最佳作品奖）

齐　雪
榆林学院
主要作品
《123 敬礼》
作品编号
HA024

（最佳作品奖）

仇佳蓓
西安外国语大学
主要作品
《吸引力》《陕西面食》《节气》
作品编号
DA052/D0212/D0601 ～ D0604

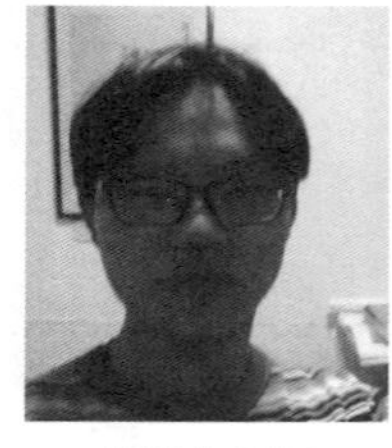
（最佳作品奖）

乔　翔
信阳师范学院
主要作品
《从军行》《王冕晨牧图》
作品编号
BA007/B0090

（最佳作品奖）

区　绿
钦州学院
主要作品
《漫步人生》
作品编号
CA024 ～ CA026

（最佳作品奖）

尚欢欢
四川师范大学
主要作品
《清》《绕指柔》
作品编号
IA018/I0054

（最佳作品奖）

尚宛蓉
东北师范大学人文学院
主要作品
《筑巢小学》《摩登》
作品编号
EA088 ～ EA091/GA015 ～ GA018

（最佳作品奖）

邵帅帅
常州大学
主要作品
《脸面》
作品编号
CA034

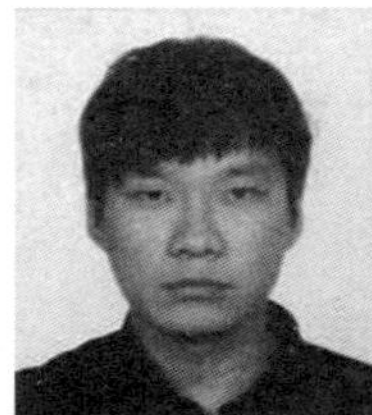
（最佳作品奖）

申江雄
天津美术学院
主要作品
《干柴》《成熟》
作品编号
AA028/A0114

（最佳作品奖）

史　梁
青岛大学
主要作品
《红富士》《缚》
作品编号
AA030/A0231

（最佳作品奖）

史玉杰
沈阳工学院
主要作品
《Ture Color 原生态主题餐厅设计》
作品编号
EA077 ～ EA080

（最佳作品奖）

宋文超
河南大学
主要作品
《素描头像》《企盼》
作品编号
AA021/A0657/A0660

（最佳作品奖）

苏曼宁
广西艺术学院
主要作品
《岜来》《水墨材质·守护》《荏苒·匆容》
《院子》《竹子艺·包》
作品编号
EA037 ～ EA041/B0077 ～ B0078/E0049 ～ E0052/H0100/I0044 ～ I0046

（最佳作品奖）

粟亚元
广西艺术学院
主要作品
《海边情调》《草绳风情》
作品编号
EA053 ～ EA055/C0030

（最佳作品奖）

孙博文
江南大学
主要作品
《同窗》《岁月静好》《煤油灯和苞米篮》
作品编号
AA022/AA071/AA072

（最佳作品奖）

孙庆辉

昆明理工大学

主要作品

《入梦》《梦忆童真》《和谐》《字韵》

作品编号

AA023/A0386/D0301/D0302

（最佳作品奖）

汪　静

武汉工商学院

主要作品

《造型》《雅姿香水广告摄影》

作品编号

HA022/H0472

（最佳作品奖）

王　登

景德镇陶瓷学院

主要作品

《石韵》《共生》

作品编号

CA040/C0128

（最佳作品奖）

王翰林

中央美术学院

主要作品

《厨房里的女孩》《老虎》《[illegible]由象》系列

作品编号

HA025/A0630/H0046 ～ H004[illegible]/H0489 ～ H0490

（最佳作品奖）

王惠惠

杭州师范大学

主要作品

《静》

作品编号

BA012

（最佳作品奖）

王贸傑

佛山科学技术学院

主要作品

《夕阳》

作品编号

HA015

（最佳作品奖）

王　茜

广西艺术学院

主要作品

《无用》《女裸体速写》

作品编号

IA019 ～ IA022/A[illegible]51 ～ A0853

（最佳作品奖）

王　巧

苏州大学

主要作品

《多姿 · 印象》《格子迷青》《茶韵》

作品编号

IA016/I0074/I0075

（最佳作品奖）

王源鑫

广西师范大学

主要作品

《雁山镇菜市场》

作品编号

HA027/H0278 ～ H0280

（最佳作品奖）

王月杉

四川师范大学

主要作品

《印度风格帕拉伊巴碧玺项链》

作品编号

IA013

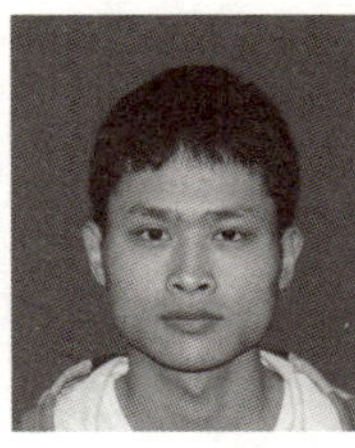

（最佳作品奖）

王志玉

南京师范大学泰州学院

主要作品

《南京师范大学泰州学院读书协会标志》

《泰州站前商业街》《相伴相随系列海报》

作品编号

DA017 ～ DA018/D0034/D0035

（最佳作品奖）

魏凡茗

河南大学

主要作品

《"BIANG！"西安旅游纪念品[illegible]设计》

作品编号

DA025 ～ DA028

（最佳作品奖）

魏建臣

石家庄学院

主要作品

《三大战役》

作品编号

DA029 ～ DA032

（最佳作品奖）

吴俊隆

琼州学院

主要作品

《独舞》《守》《毫无杂质的[illegible]》

作品编号

HA030/H0008/H0178

（最佳作品奖）

吴晓蕾

广东第二师范学院

主要作品

《苗寨日记》《童年》《不[illegible]》

《苗寨印象》《夏木阳阴[illegible]》《门》

作品编号

AA034/A0414/A0415/A041[illegible]～A05[illegible]/A051[illegible]

（最佳作品奖）

郗　桐

燕京理工学院

主要作品

《波普风》《手绘橱窗设计》《太和》《[illegible]的[illegible]华》

作品编号

EA069 ～ EA070/E0230/E02[illegible]/E0[illegible]25

（最佳作品奖）

谢　文

广西艺术学院

主要作品

《综合绘画》系列《烦恼什么》

作品编号

AA018/AA050

（最佳作品奖）

邢娜娜

鲁迅美术学院

主要作品

《bird》

作品编号

AA025/A0547

（最佳作品奖）

熊　成

北京科技经营管理学院

主要作品

《梦之乡》

作品编号

IA009

（最佳作品奖）

许光彪

延边大学

主要作品

《dǎng》

作品编号

AA015

（最佳作品奖）

杨翠岩

沈阳工学院

主要作品

《餐厅设计》

作品编号

EA081 ～ EA084

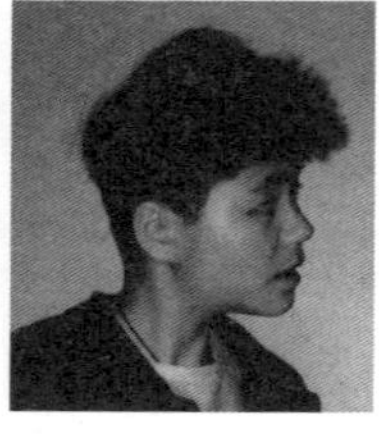

（最佳作品奖）

杨　红

河南科技大学

主要作品

《太阳能智能化工作基站》《手绘游记》

作品编号

EA064 ～ EA068/A0814

（最佳作品奖）

杨　娜

陕西师范大学

主要作品

《园・早春》

作品编号

BA010

（最佳作品奖）

杨斯典

天津科技大学

主要作品

《礼服设计——枪炮玫瑰服装效果图》《LIKE A BOY》

作品编号

IA017/I0096

（最佳作品奖）

杨予宁

上海大学

主要作品

《龙骑士》《女剑士》《月下城堡》

作品编号

FA057/F0001/F0008

（最佳作品奖）

杨　玥

黄山学院

主要作品

《破壳而出》《令牌 U 盘》

作品编号

GA019/G0073

（最佳作品奖）

杨紫燕

广州美术学院

主要作品

《童》

作品编号

BA016

（最佳作品奖）

叶　佳

楚雄师范学院

主要作品

《夜魅》《黑夜末的希望》

作品编号

HA029/H0140

（最佳作品奖）

于佳佳

烟台大学

主要作品

《模特餐饮空间》《晚礼服吧椅》

作品编号

EA060 ～ EA063/G0074

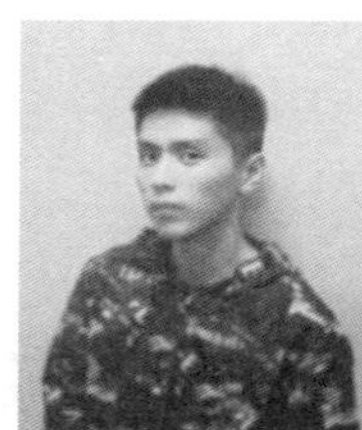

（最佳作品奖）

余　东

江西师范大学

主要作品

《怒吼》

作品编号

AA013

（最佳作品奖）

余　杰

西安工程大学

主要作品

《沟通》系列

作品编号

DA021 ～ DA024

（最佳作品奖）

余晓燕

武汉工商学院

主要作品

《Olive 弹力素广告摄影》

作品编号

HA020

(最佳作品奖)

曾　慧
私立华联学院
主要作品
《插画设计作品——艺术家》《插画设计》
作品编号
FA058/F0148/F0151

(最佳作品奖)

翟美慧
烟台大学
主要作品
《5·12 主题餐厅》
作品编号
EA022 ~ EA025

(最佳作品奖)

张瀚尹
天津美术学院
主要作品
《盘龙城系列招贴》《盘龙城标志设计》
作品编号
DA033 ~ DA035/D0013

(最佳作品奖)

张　昊
延边大学
主要作品
《平面镶嵌——中华龙马纹》
作品编号
AA017

(最佳作品奖)

张灵梅
四川美术学院
主要作品
《昆明滇池卫城别墅之中式雅居·国色》《设计素描》《速写》
《城市窝居——人类与鸟类生存空间共生设计》
作品编号
EA046 ~ EA052/A0115 ~ A0152/A0811 ~ A0813/E0292 ~ E0301

(最佳作品奖)

张曼舒
北京理工大学
主要作品
《吃茶去》《吉祥如意》《如果有一天，它们真地不见了——鱼》
《如果有一天，它们真地不见了——鸟》《如果有一天，它们真地不见了——鹿》
作品编号
DA042 ~ DA045/DA046 ~ DA049/D0298/D0299/D0300

(最佳作品奖)

张　鹏
景德镇陶瓷学院
主要作品
《何处隐匿》
作品编号
BA009/B0031 ~ B0032

(最佳作品奖)

张玮扬
河南科技大学
主要作品
《太阳能智能化工作站》
作品编号
EA064 ~ EA068

(最佳作品奖)

张小平
黄山学院
主要作品
《破壳而出》《令牌 U 盘》
作品编号
GA019/G0073

(最佳作品奖)

张星晨
天津美术学院
主要作品
《怪·动》《金属·荷》
作品编号
CA030/C0016 ~ C0017

(最佳作品奖)

张易坤
安阳师范学院
主要作品
《关爱老人》系列
《蒙牛酸酸乳》系列
作品编号
DA039 ~ DA041/D0520 ~ D[illegible]

(最佳作品奖)

张玉双
广西艺术学院
主要作品
《梦梁祝》《瓷言》
作品编号
IA011/I0100

(最佳作品奖)

赵倩静
北方工业大学
主要作品
《西藏女孩》《手》
作品编号
AA019/A0240

(最佳作品奖)

赵中华
四川美术学院
主要作品
《四川美术学院东门校史馆设计》《珠宝首饰展示楼设计》
作品编号
EA056 ~ EA059/EA092 ~ EA095

(最佳作品奖)

赵子喻
天津科技大学
主要作品
《贝蒂生病了》
作品编号
FA060 ~ FA061

(最佳作品奖)

郑琬俞
福建师范大学
主要作品
《归》《人体》
作品编号
BA011/A0697

（最佳作品奖）

周　苗

黄山学院

主要作品

《破壳而出》《令牌 U 盘》

作品编号

GA019/G0073

（最佳作品奖）

朱慧莹

台州学院

主要作品

《静静的午后》《弃韵》《旧事新说》《落叶归根》

作品编号

AA029/A0408/A0409/A0535

（最佳作品奖）

朱亚雷

河南大学

主要作品

《文明的转换》《雄狮》《百花争艳》

作品编号

CA037/C0025/C0121

（优秀奖）

白闪尘

仲恺农业工程学院

主要作品

《老旧的蒸馏器》

作品编号

AA073

（优秀奖）

白雪松

抚顺职业技术学院

主要作品

《飘雪》《青花》

作品编号

IA025/I0008

（优秀奖）

曹丽媛

四川师范大学

主要作品

《KALEIDOSCOPE · 项链》《熊猫 · 手镯》

作品编号

IA023/I0055

（优秀奖）

陈承报

石河子大学

主要作品

《素描静物》《素描头像》《禾木印象系列之老树》

作品编号

AA045/A0667/A0708

（优秀奖）

陈鸿楷

吉林大学珠海学院

主要作品

《水中世界》

作品编号

HA034

（优秀奖）

陈晓春

钦州学院

主要作品

《岁月的尘埃》

作品编号

CA048 ～ CA050

（优秀奖）

陈远华

广东技术师范学院

主要作品

《太行山石板岩》《油画头像》

作品编号

EA110/A0017 ～ A0022/E0456

（优秀奖）

陈梓嘉

广州大学纺织服装学院

主要作品

《古典点》《平衡湘间》

作品编号

IA024/A0979 ～ A0980

（优秀奖）

崔　影

中国环境管理干部学院

主要作品

《秋莲》《戴珍珠耳环的少女》（临摹）

作品编号

AA057/A0122

（优秀奖）

邓美玲

武汉工商学院

主要作品

《火烈鸟净颜 BB 霜广告摄影》

作品编号

HA040

（优秀奖）

段　晨

抚顺职业技术学院

主要作品

《魅影》《婚纱》

作品编号

IA026/IA027

（优秀奖）

樊庆燕

山东师范大学

主要作品

《承接》《对话》《时尚》

作品编号

AA053/A0167/A0168

（优秀奖）

范秋滨

广州商学院

主要作品

《母亲》

作品编号

AA064

（优秀奖）

范雅迪
黄山学院
主要作品
《富贵不断头——梳妆镜设计》
《韵味——女性香水瓶设计》《手电筒设计》
作品编号
GA021/G0083/G0087

（优秀奖）

冯　钰
福州外语外贸学院
主要作品
《转城》
作品编号
AA059

（优秀奖）

付茜玲
武汉工商学院
主要作品
《高脚杯与玫瑰》
作品编号
HA044

（优秀奖）

耿宪东
齐鲁工业大学
主要作品
《米秀山（现代办公公寓设计）》
《渔悦沙讴》《月初巫山》
作品编号
EA096 ~ EA100/A1082/A1084

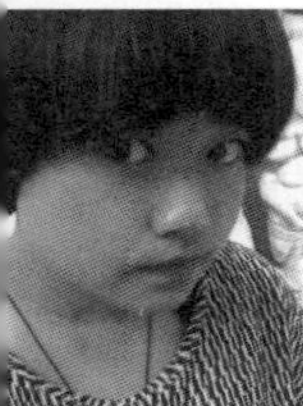
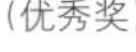
（优秀奖）

郭　燕
河套学院
主要作品
《素描人物》
作品编号
AA052

（优秀奖）

韩　冬
黄山学院
主要作品
《富贵不断头——梳妆镜设计》
《韵味——女性香水瓶设计》《手电筒设计》
作品编号
GA021/G0083/G0087

（优秀奖）

韩敬意
山东轻工职业学院
主要作品
《绽》
作品编号
AA066

（优秀奖）

韩绪茂
大连工业大学
主要作品
《心网》《"垂乙兔"卡通设计》
作品编号
FA073 ~ FA080/F0177 ~ F0182

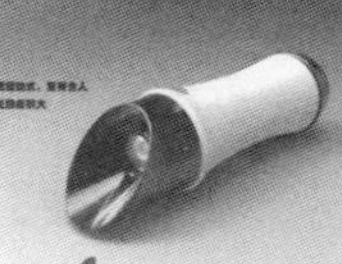

（优秀奖）

洪思敏
黄山学院
主要作品
《富贵不断头——梳妆镜设计》
《韵味——女性香水瓶设计》《手电筒设计》
作品编号
GA021/G0083/G0087

（优秀奖）

侯　丹
西安美术学院
主要作品
《荷》《瞳》
作品编号
CA041/C0131

（优秀奖）

黄欣琪
吉林艺术学院
主要作品
《2014 年吉林艺术学院毕业生作品集》
《TM VI 设计》《吉林艺术学院 2014 年毕业展纪念卡》
作品编号
DA074/D0578/D0691 ~ D0693

（优秀奖）

角佛砚
云南民族大学
主要作品
《高跟鞋》
作品编号
DA056 ~ DA058

（优秀奖）

揭博文
山东理工大学
主要作品
《枫树山人》《千娇百媚》
作品编号
BA023/A0848

（优秀奖）

孔德成
武汉工商学院
主要作品
《雪碧汽水广告摄影》
作品编号
HA041

（优秀奖）

郎思北
哈尔滨职业技术学院
主要作品
《拂草》《秋》
作品编号
HA036/H0267

（优秀奖）

黎永强
广东第二师范学院
主要作品
《灭火器》
作品编号
AA069

李春雨
成都理工大学工程技术学院
主要作品
《镜》《紫金山的雪》《缠绕》《日出》，
作品编号
HA031/HA032/A0741/H0066

（优秀奖）

李　迪
杭州师范大学
主要作品
《晴雪》《老寨》
作品编号
AA039/AA040

（优秀奖）

李凌芳
天津科技大学
主要作品
《中国皮影》
作品编号
DA067 ～ DA068

（优秀奖）

李木剑
汕尾职业技术学院
主要作品
《大卫》《拿头盔的少女》
作品编号
AA051/F0137

（优秀奖）

李　溢
成都艺术职业学院
主要作品
《手绘家装主卧透视图》《手绘家装客厅透视图》
作品编号
EA108/EA109

（优秀奖）

梁　杰
云南艺术学院文华学院
主要作品
《胃的革命》系列
作品编号
DA059 ～ DA061

（优秀奖）

廖一帆
黄山学院
主要作品
《富贵不断头——梳妆镜设计》《韵味——女性香水瓶设计》
《手电筒设计》
作品编号
GA021/G0083/G0087

（优秀奖）

林　婷
武汉工商学院
主要作品
《krupnik 伏特加酒广告摄影》《爱夸矿泉水广告摄影》
作品编号
HA042/H0398

（优秀奖）

刘炳贤
三明学院
主要作品
《Love in the morning》
作品编号
GA020

（优秀奖）

刘晨霞
黄山学院
主要作品
《富贵不断头——梳妆镜设计》《韵味——女性香水瓶设计》
《手电筒设计》
作品编号
GA021/G0083/G0087

（优秀奖）

刘　飞
西南交通大学
主要作品
《恩和丛林》《恩和丛林》
作品编号
HA037/H0090

（优秀奖）

刘　梦
天津科技大学
主要作品
《翩然之城大型会展》
作品编号
EA101 ～ EA104

（优秀奖）

刘敏玲
广东第二师范学院
主要作品
《暖阳》《桌上》
作品编号
AA058/A0981

（优秀奖）

刘万全
北方民族大学
主要作品
《结构素描》
作品编号
AA046

（优秀奖）

刘亚运
新疆师范大学
主要作品
《吐峪沟印象》《帕米尔之春》《喜悦》
作品编号
AA056/A0046/H0333

（优秀奖）

刘赢兴
广西师范大学
主要作品
《瓷》
作品编号
BA029

（优秀奖）

（优秀奖）

刘　颖

黄山学院

主要作品

《富贵不断头——梳妆镜设计》

《韵味——女性香水瓶设计》《手电筒设计》

作品编号

GA021/G0083/G0087

（优秀奖）

刘永驹

景德镇陶瓷学院

主要作品

《未羊贺吉》

作品编号

CA053

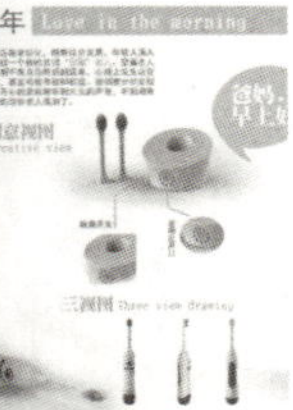

（优秀奖）

刘永强

三明学院

主要作品

《Love in the morning》

作品编号

GA020

（优秀奖）

龙秀萍

杭州师范大学

主要作品

《女人体》

作品编号

AA055

（优秀奖）

卢利肖

河北师范大学

主要作品

《老党员》

作品编号

BA020

（优秀奖）

鹿芳雨

山东大学（威海）

主要作品

《玫瑰神》《树之华》

作品编号

BA028/B0001

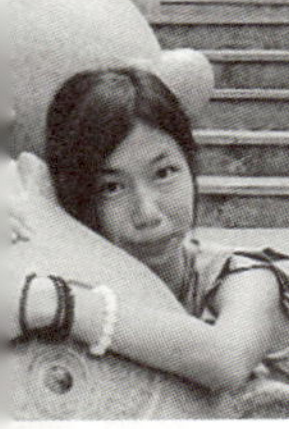

（优秀奖）

罗雯文

广西演艺职业学院

主要作品

《影子》

作品编号

HA038

（优秀奖）

马浩轩

天津商业大学

主要作品

《千方百计》《落花雨》《法度之外》

《三业清净》《花开那年》

作品编号

BA024/BA025/B0159/B0160 ~ B0161/B0162 ~ B0163

（优秀奖）

茅文宽

广西艺术学院

主要作品

《民族女孩》《壮情》《都市情》

《文殊菩萨》（局部临摹）

作品编号

CA046/CA051/CA052/B0087

（优秀奖）

孟子淋

广西师范大学

主要作品

《水 524》《剪》

作品编号

AA070/A0223

（优秀奖）

闵　锐

中国美术学院

主要作品

《拖拉机》《浴室》

作品编号

AA037/A0245

（优秀奖）

那泽汗

中央民族大学

主要作品

《藏女》《都·京》《女人体》

作品编号

AA062/AA068/A0177

（优秀奖）

潘梦千

昆明理工大学

主要作品

《城市自由人》《Touch the Sunshine 立式取暖器》《如风》《七彩礼裙》

作品编号

GA022/G0079/I0097/I0098

（优秀奖）

全　琛

河套学院

主要作品

《公益海报之道德标尺》《<艾菲的世界>书籍设计》

《商业海报之锐澳鸡尾酒多彩生活》《对比设计》

作品编号

DA070/D0542/D0615/D06

（优秀奖）

宋翊菲

南开大学滨海学院

主要作品

《慈爱耶稣》

作品编号

AA048

（优秀奖）

孙爱莉

齐鲁工业大学

主要作品

《米秀山（现代办公室设计）》《[illegible]初[illegible]山》

作品编号

EA096 ~ EA100/A1084

（优秀奖）

孙学敏
天津科技大学
主要作品
《书法》《厨房除油器》《天鹅座椅》
作品编号
BA022/G0016 ～ G0018/G0019

（优秀奖）

孙延梅
山东师范大学
主要作品
《花之语》
作品编号
AA054/A0169

（优秀奖）

唐诗雨
武汉工商学院
主要作品
《百加得冰锐广告摄影》
作品编号
HA043

（优秀奖）

王　超
景德镇陶瓷学院
主要作品
《鱼戏莲》
作品编号
CA058 ～ CA060

（优秀奖）

王迪玄
扬州职业大学
主要作品
《黑暗中的笑容》《室内效果图》《假期旅行》
作品编号
AA061/E0419 ～ E0420/F0114

（优秀奖）

王剑云
广西师范大学
主要作品
《幻》系列
作品编号
FA071 ～ FA072

（优秀奖）

王金灿
景德镇陶瓷学院
主要作品
《盘唇美》
作品编号
CA055 ～ CA057

王　菊
西安培华学院
主要作品
《预防艾滋》
作品编号
DA069

（优秀奖）

（优秀奖）

王瑞星
广西艺术学院
主要作品
《卖西瓜的女孩》《月下琴声长》
《陋室铭》《幸福之路》
作品编号
AA065/A1016/B0129/C0067

（优秀奖）

王思颖
中国戏曲学院
主要作品
《云山妙境》《风景写生》
作品编号
BA017/A0931

（优秀奖）

王婉洁
大连工业大学
主要作品
《藏》
作品编号
FA066 ～ FA068

（优秀奖）

王宗福
衡阳师范学院
主要作品
《渔猎之殇》《室友的小侄女》《等风来》
作品编号
AA038/A0016/C0019

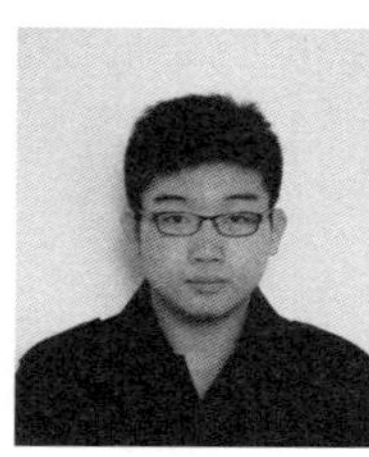

（优秀奖）

温吕钊
成都理工大学工程技术学院
主要作品
《树》《日出》
作品编号
HA035/H0131

（优秀奖）

巫静怡
韩山师范学院
主要作品
《忆昔》
作品编号
AA047

（优秀奖）

吴建毅
中国美术学院
主要作品
《脊》《合》
作品编号
CA042 ～ CA043/C0129

（优秀奖）

谢莎莎
武汉工商学院
主要作品
《古驰花之舞香水广告摄影》
作品编号
HA045

（优秀奖）

谢雨成

广西师范学院

主要作品

《条纹装饰》

作品编号

CA045

（优秀奖）

邢丽婷

海南职业技术学院

主要作品

《书法》《家和万事兴》

作品编号

BA027/B0114

（优秀奖）

熊　佳

四川美术学院

主要作品

《印象湖景》《摩登女郎》《花》《青韵》《瓷语》

作品编号

CA047/C0074/C0102/C0103/C0104

（优秀奖）

杨　婧

甘肃民族师范学院

主要作品

《丹柿小雀》《夏荷》

作品编号

BA019/B0039

（优秀奖）

杨　鑫

山西大学

主要作品

《雨》《太原 CBD》《炙热》

作品编号

HA033/H0019/H0182

（优秀奖）

姚艳霞

四川文理学院

主要作品

《老去的记忆》《广安古镇》

作品编号

AA044/A0783

（优秀奖）

蚁锦焕

广州美术学院

主要作品

《鸟语》《陈旧的信箱》《洋到》

作品编号

CA054/A0619/D0228

（优秀奖）

尹颖欣

韩山师范学院

主要作品

《声声相传》《欢乐蜥蜴颂》《狮之夜》

作品编号

AA060/A1108/A1109

（优秀奖）

岳宗站

曲阜师范大学

主要作品

《书法》

作品编号

BA026

（优秀奖）

曾　洁

山东工艺美术学院

主要作品

《爱狗基地视觉形象设计》

《善待孤独》《新蓝天然牧场视觉形象设计》

作品编号

DA062/D0315/D0547

（优秀奖）

张春阳

西南交通大学（犀浦校区）

主要作品

《唐诗一首》《波斯纹样与现代色彩结合》

作品编号

BA021/I0029

（优秀奖）

张海燕

山西师范大学

主要作品

《陕北人物》《静物》

作品编号

AA067/A0575

（优秀奖）

张明利

长治学院

主要作品

《溪山幽居图》

作品编号

BA018

（优秀奖）

张式科

山东英才学院

主要作品

《保护森林》

作品编号

DA075

（优秀奖）

张婷崴

中央美术学院

主要作品

《相依为命系列·认识》《Dear Diary 系列·何时能结束》《Dear Diary 系列·庆祝的意义》《相依为命系列·不会有事的》《Dear Diary 系列·我们最爱的》《Dear Diary 系列·回忆我们曾经在一起》

作品编号

AA049/A0024/A0025/A0026/A0027/A0028

（优秀奖）

张志辉

漳州科技职业学院

主要作品

《四圣公园》《碎蜂》

作品编号

EA105 ~ EA107/E0232 ~ E[illegible]

（优秀奖）

赵易鑫

景德镇陶瓷学院

主要作品

《绿野仙踪》系列《心语》《绿野仙踪》《一家人》

作品编号

AA041 ~ AA043/A0965/A0343/F0050

（优秀奖）

郑惠文

景德镇陶瓷学院

主要作品

《茶具——随心》《茶具——忆古》《茶具——陶·素》

作品编号

CA044/C0090/C0091

（优秀奖）

郑艺乐

三明学院

主要作品

《Love in the morning》

作品编号

GA020

入编作者

Incorporation of the author

入编作者

（按作者名字拼音首字母排序，未提供照片者均以本人作品代替照片。）

艾　静

贵州民族大学

主要作品

《接轨》

作品编号

A0539

安　静

成都艺术职业学院

主要作品

《育爱》

作品编号

A1042

安俊芳

贵州师范大学

主要作品

《昆明理工大学 60 周年校庆标志设计》《人人快餐标志设计》

作品编号

D0195/D0196

安　铭

湖南科技学院

主要作品

《静物摄影》

作品编号

H0404

巴　菁

北京理工大学

主要作品

《国粹》系列

作品编号

A0229 ～ A0230

白　洁

昆明理工大学

主要作品

《忆》《舞动》《梦》《回家的小路》

作品编号

A0529/A0587/A1113/E0454

白　淼

兰州城市学院

主要作品

《雪域》

作品编号

I0030

白瑞淑

齐鲁工业大学

主要作品

《印记系列之纸指相传》《绣香四溢》《遗术长青》

作品编号

D0283/D0284/D0285

白万东

昆明理工大学

主要作品

《易收纳插头》《剪・甲》

作品编号

G0081/G0082

白　雪

厦门大学

主要作品

《Forever》

作品编号

C0122

拜　琨

广西师范大学

主要作品

《那一年・聚》《冬日阳光》

作品编号

A0144/A0145

班楚薇

广西艺术学院

主要作品

《壮居院落设计》

作品编号

E0311 ～ E0313

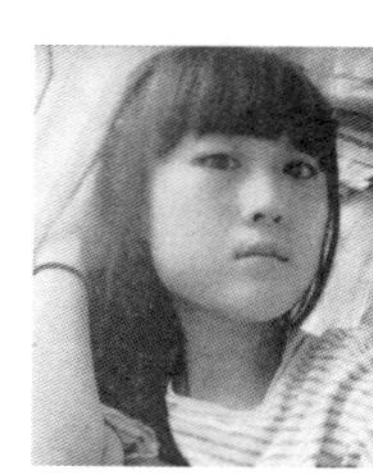

班　爽

沈阳航空航天大学

主要作品

《秋意渐浓》《羊头》

作品编号

H0084/H0162

包　亮

河套学院

主要作品

《速写》

作品编号

A0905

包世莲

广西艺术学院

主要作品

《祈》

作品编号

H0166

毕冰洁

山西大学

主要作品

《光影》《独立》

作品编号

E0347/H0221

毕妍秋

南开大学

主要作品

《酒庄标志设计系列作品》《秋》

作品编号

D0002 ～ D0004/H0088

毕　玥

海南大学

主要作品

《双生》《草木偶》《花丛中的女人》

作品编号

I0087/I0088/I0089

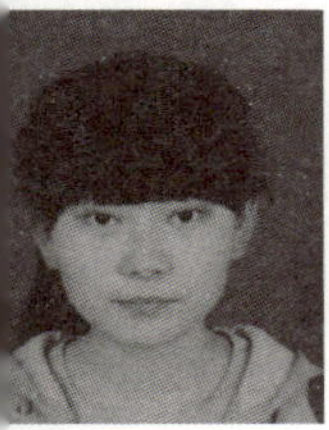

边雅婷

内蒙古大学

主要作品

《素描静物》

作品编号

A0763

别玮璐

大连科技学院

主要作品

《坐》《危机》

作品编号

A0855/F0048

伯惠婕

重庆电信职业学院

主要作品

《黑白装饰画》

作品编号

A1142

蔡宝英

湖北美术学院

主要作品

《随遇而安》

作品编号

D0268 ～ D0270

蔡　贺

西安美术学院

主要作品

《彩色插画》

作品编号

F0024 ～ F0026

蔡华宇

云南艺术学院

主要作品

《寻》《窗》

作品编号

A0494/A0495

蔡锦豪

四川工程职业技术学院

主要作品

《梦境》

作品编号

A1126

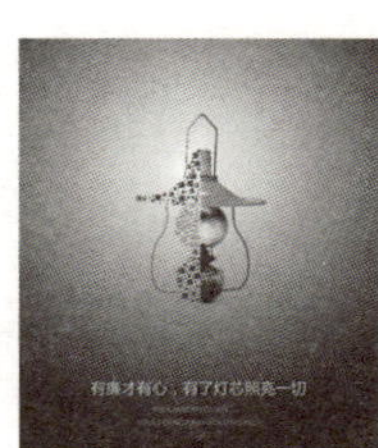

蔡　铭

云南民族大学

主要作品

《投资公司标志》《廉心》

作品编号

D0122/D0465

蔡晓君

中山大学南方学院

主要作品

《名琅雅轩》

作品编号

E0411 ～ E0412

蔡永超

曲阜师范大学

主要作品

《欧式客厅》

作品编号

E0162 ～ E0164

蔡雨颖

西安美术学院

主要作品

《溪》《晨》

作品编号

A0430/A0431

曹红飞

广西师范大学

主要作品

《手工金丝掐画系列之空谷幽兰》《室内设计效果图之办公室》《室内设计效果图之会议室》《室内设计效果图之策划部办公室》

作品编号

A0964/E0127/E0128/E0129

曹纪策
温州大学城市学院
主要作品
《少女独舞》
作品编号
H0358

曹　力
南京理工大学泰州科技学院
主要作品
《一组水果》《舌尖上的中国》
作品编号
A0288/F0034

曹胜慧
山东师范大学
主要作品
《室内家装透视图》
作品编号
E0429 ～ E0431

曹廷澍
北京理工大学
主要作品
《同学》
作品编号
A0117 ～ A0119

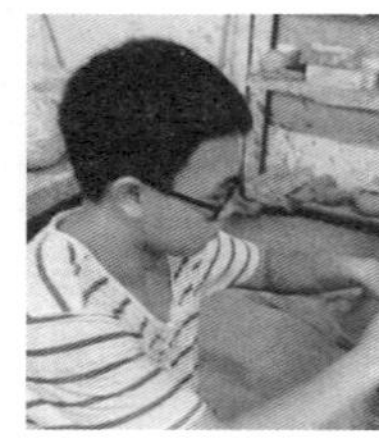

曹　湾
钦州学院
主要作品
《"物质"与"精神"》系列
作品编号
C0110 ～ C0113

曹文杰
广东技术师范学院
主要作品
《动》
作品编号
H0485

曹　旭
新疆师范大学
主要作品
《乌鲁木齐第 78 小学 LOGO》
《土性文化——新疆景区多功能民居》
作品编号
D0051/E0269 ～ E0273

曹雪琦
青岛滨海学院
主要作品
《国香》
作品编号
D0628

曹　衣
云南民族大学
主要作品
《三 A 集团》
作品编号
D0103

曹玉姝
沈阳航空航天大学
主要作品
《繁花似锦》《花团锦簇》
作品编号
A0945/A0946

曹月童
北京印刷学院
主要作品
《篮子和花》
作品编号
A0090

常佳宁
南开大学滨海学院
主要作品
《蕉叶下的女人》
作品编号
A0603

常似玉
四川音乐学院成都美术学院
主要作品
《钢笔风景写生》
作品编号
A0864 ～ A0865

陈　晨
无锡城市职业技术学院
主要作品
《北京润泽庄园别墅区景观写生》
作品编号
E0398 ～ E0400

陈　晨
武汉工商学院
主要作品
《雪碧汽水广告摄影》
作品编号
H0410

陈　成
河套学院
主要作品
《花卉》《静物》《装饰人物系列作品》《天佐农业标志设计》
《闽都文化研究会标志设计》《中国地质大学武汉环境学院标志设
《新国艺系列之皮影的芭蕾艺术》
作品编号
A0317/A0318/A0319 ～ A0320/D0060/D0061/D0182/D0183/
D0289/D0506/D0507/D0530/D0616/F0152

陈春凤

仲恺农业工程学院

主要作品

《农舍》《静物》

作品编号

A0301/A0302

陈　聪

广州大学

主要作品

《组合》《灯与植物》

作品编号

D0229/G0020 ～ G0022

陈聪菊

西京学院

主要作品

《色彩写生》

作品编号

A0516

陈　丹

山东工艺美术学院

主要作品

《咖啡 logo》

作品编号

D0067

陈丹萍

广西师范大学

主要作品

《鞋》《杂字集》《烟花绽放》《雾影》

作品编号

A0453/B0144/H0148/H0031

陈德运

成都理工大学工程技术学院

主要作品

《彝族咖啡馆》

作品编号

E0099 ～ E0102

陈　蝶

武汉工商学院

主要作品

《悦诗风吟绿茶护肤品广告摄影》

作品编号

H0443

陈　凡

福州外语外贸学院

主要作品

《深秋》《花》《静晤》

作品编号

A0251/A0314/A0315

陈　芳

韩山师范学院

主要作品

《傲》

作品编号

A1070

陈妃二

广州商学院

主要作品

《无私》

作品编号

A0455

陈桂阳

榆林学院

主要作品

《蝶恋花》

作品编号

H0208

陈宏斌

福州外语外贸学院

主要作品

《平潭夕阳》

作品编号

A0032

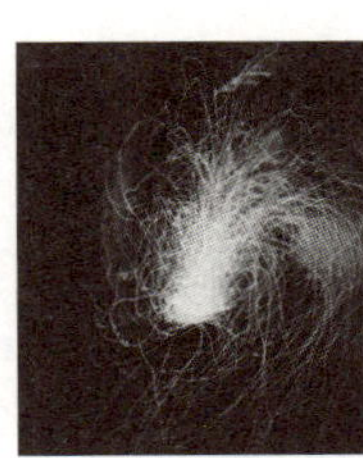

陈化玮

仙桃职业学院

主要作品

《生命的火》

作品编号

H0487

陈佳芸

湖北美术学院

主要作品

《果园飘香》

作品编号

D0617 ～ D0621

陈佳子

广东第二师范学院

主要作品

《蝶兰》

作品编号

A0079

陈家伟

湖北经济学院

主要作品

《被时间带走的父亲》《我的宿舍》

作品编号

A0502/A0503

陈嘉琪
东莞职业技术学院
主要作品
《安徽写生》
作品编号
A0939

陈嘉欣
浙江师范大学
主要作品
《车内》
作品编号
A0254

陈嘉艺
台州学院
主要作品
《我和你》《Damon》
作品编号
F0040/F0110

陈建新
四川工商职业技术学院
主要作品
《独坐敬亭山》
作品编号
B0121

陈江晓
广东舞蹈戏剧职业学院
主要作品
《家具展示空间设计》
作品编号
E0222 ~ E0225

陈　杰
广州美术学院
主要作品
《搓衣凳凳》《笑脸瓶盖》
作品编号
G0014/G0054

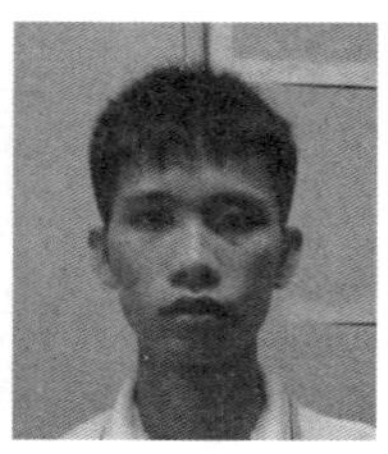

陈　杰
广东建设职业技术学院
主要作品
《旗韵》
作品编号
D0227

陈　晋
四川师范大学
主要作品
《呼唤自然》《街头》
作品编号
I0080/I0086

陈晶晶
黑河学院
主要作品
《俄罗斯小女孩》《大山情》
作品编号
A0146/A0394

陈俊先
内蒙古大学
主要作品
《素描静物》
作品编号
A0764

陈凯新
齐鲁工业大学
主要作品
《油画静物》《素描半身像》
作品编号
A0110/A0650

陈康子
韩山师范学院
主要作品
《孩》
作品编号
A0147

陈可昕
西安建筑科技大学
主要作品
《圈椅》《布灯》
作品编号
G0044/G0045 ~ G0046

陈　磊
武汉工商学院
主要作品
《雪花啤酒广告摄影》
作品编号
H0451

陈李瑞
广东青年职业学院
主要作品
《小房子》
作品编号
F0281

陈丽娜
闽江学院
主要作品
《女子》
作品编号
A0601

陈丽娜

集美大学诚毅学院

主要作品

《字体设计》《摄影》

作品编号

D0092/H0199/H0283

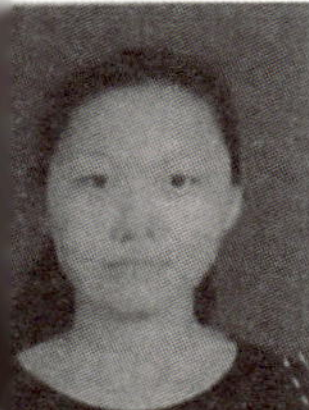

陈丽施

广州科技职业技术学院

主要作品

《春色满园》《游园惊梦》

作品编号

C0065/C0066

陈丽燕

仲恺农业工程学院

主要作品

《朴》《赣之景》《门》《[illegible]

作品编号

A0487/F0060/F0061/H001[illegible]

陈　琳

天津职业技术师范大学

主要作品

《琉璃美顶》

作品编号

A0499

陈　榴

成都艺术职业学院

主要作品

《静心居》《逆舟斋手绘

作品编号

E0418/E0424

陈曼烁

广东工业大学华立学院

主要作品

《鸟低语花欲香》

作品编号

A0336

陈美凤

广东培正学院

主要作品

《静物装饰画》

作品编号

A0519

陈　朋

仙桃职业学院

主要作品

《消防栓》

作品编号

A0758

陈鹏宇

四川大学锦城学院

主要作品

《橘味》

作品编号

D0292

陈　苹

景德镇陶瓷学院

主要作品

《光与影的对话》《错位》

作品编号

A0760/A0761

陈　淇

私立华联学院

主要作品

《东湖先月亭》

作品编号

A0792

陈　琦

西京学院

主要作品

《民间装饰画》

作品编号

A0982

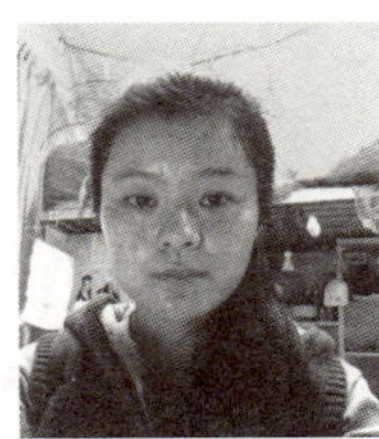

陈　茜

南京理工大学泰州科技学院

主要作品

《黑龙江博物馆标志设计》

作品编号

D0025

陈倩雯

江南影视艺术职业学院

主要作品

《昏韵江南》

作品编号

A0435

陈卿卿

广东建设职业技术学院

主要作品

《麦斯威尔咖啡》

作品编号

D0239

陈仁高

南京理工大学泰州科技学院

主要作品

《我眼中的布达拉宫》

作品编号

A0785

陈茹茹
兰州大学
主要作品
《忆馨阁茶社》系列
作品编号
F0267 ～ F0270

陈圣文
河南大学
主要作品
《小吃》
作品编号
A0661

陈双宝
河套学院
主要作品
《素描静物》
作品编号
A0751

陈霜子
大连工业大学
主要作品
《归》
作品编号
A0236

陈顺虎
周口师范学院
主要作品
《油画静物》
作品编号
A0257

陈思雅
南开大学滨海学院
主要作品
《教堂》
作品编号
A0618

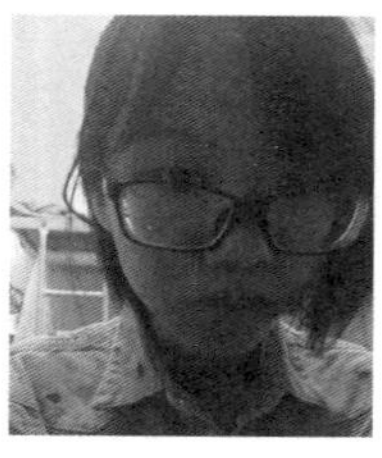

陈思怡
桂林电子科技大学
主要作品
《鹅卵石》
作品编号
A0779

陈思羽
常州大学
主要作品
《空气净化保温杯垫》《星星灯 · 应急灯台灯》
作品编号
G0006/G0030

陈偲铭
湖北交通职业技术学院
主要作品
《主卧效果图》《客厅效果图》《餐厅效果图》
作品编号
E0159/E0160/E0161

陈松民
广东第二师范学院
主要作品
《静物》《徽色四月》系列
作品编号
A0456/A0831 ～ A0833

陈　婷
武汉工商学院
主要作品
《妮维雅沐浴乳广告摄影》
作品编号
H0445

陈伟华
广东建设职业技术学院
主要作品
《生命》《绿家房地产》
作品编号
D0236/D0576

陈伟钊
东莞职业技术学院
主要作品
《安徽徽派建筑写生系列之门前》《巷子一角》
作品编号
A0914/A0915

陈文娣
武汉工商学院
主要作品
《阿萨姆奶茶广告摄影》
作品编号
H0400

陈文君
常州大学
主要作品
《元》
作品编号
G0001

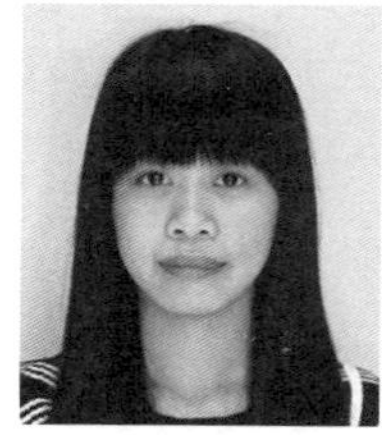

陈汶卿
湖北美术学院
主要作品
《日历》《敦煌》
作品编号
D0452/H0344

陈　曦

昆明理工大学

主要作品

《梦里九寨》

作品编号

H0022 ～ H0024

陈小康

武汉长江工商学院

主要作品

《HAI，有多少鱼额？》

作品编号

D0261

陈小龙

电子科技大学成都学院

主要作品

《雕塑肌肉人》《森林女神》《adidas》

作品编号

C0018/C0022/H0383

陈晓冬

广东环境保护工程职业学院

主要作品

《理想别墅设计》

作品编号

E0053 ～ E0061

陈晓牧

厦门大学

主要作品

《梦回青涩》

作品编号

C0008

陈杏仪

韩山师范学院

主要作品

《猫》《灵·韵》

作品编号

A1073/A1074

陈雪莲

三明学院

主要作品

《Barrier–free Cup》

作品编号

G0069 ～ G0070

陈　洵

私立华联学院

主要作品

《江汉关》

作品编号

A0794

陈雅雪

武汉工商学院

主要作品

《伊丽莎白雅顿乳液广告摄影》

作品编号

H0428

陈　艳

成都艺术职业学院

主要作品

《景观建筑手绘表现》

作品编号

E0394

陈　叶

湖南师范大学

主要作品

《服饰》

作品编号

D0393

陈以毕

重庆工商大学

主要作品

《摄影系列之昆明记忆》

作品编号

H0036 ～ H0037

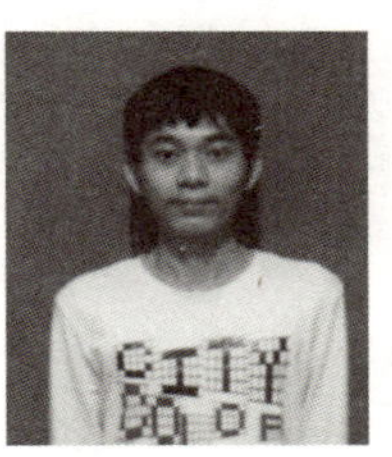

陈　逸

广州科技职业技术学院

主要作品

《素描老虎》

作品编号

A0632

陈颖莞

广州大学纺织服装学院

主要作品

《缤纷》《装饰自画像》

作品编号

A0299/A0700

陈永亮

广东第二师范学院

主要作品

《第六根烟》

作品编号

A0250

陈勇兴

吉林大学

主要作品

《跳舞的女孩》《滴滴香浓尽在麦斯威尔》

作品编号

A0458/D0514

陈俞霖

广东技术师范学院

主要作品

《思绪》《我》

作品编号

A0411/A1094

陈宇韵

四川美术学院

主要作品

《倾城》系列

作品编号

A0338 ~ A0339

陈　雨

重庆电信职业学院

主要作品

《花雨》《巍峨峻峭》

作品编号

A0337/A0789

陈玉灯

四川工程职业技术学院

主要作品

《未来城市》

作品编号

A1120

陈蕴洁

杭州师范大学

主要作品

《宏村印象》《仕女》《海洋花》《时光》

作品编号

A0471/A0604/A1012/H0249

陈泽斌

广东第二师范学院

主要作品

《树荫》

作品编号

A0510

陈泽宁

海南职业技术学院

主要作品

《企业标志》

作品编号

D0020

陈　阵

昆明理工大学

主要作品

《山峦余晖》《云海涌波》

作品编号

H0061/H0192

陈　卓

江西工程学院

主要作品

《水赏公园》

作品编号

E0374

陈梓佳

广东建设职业技术学院

主要作品

《柠檬时光》

作品编号

D0564

陈紫微

常州工学院

主要作品

《招贴设计》

作品编号

D0286 ~ D0288

陈祖鹏

广州华立科技职业学院

主要作品

《晨雾下的小城》《挡不住的光》

作品编号

H0029/H0030

成海轩

海口经济学院

主要作品

《高压》《花露》

作品编号

H0068/H0272

成佩潼

四川理工学院

主要作品

《机械鲸鱼》

作品编号

F0097 ~ F0099

成　曦

成都理工大学工程技术学院

主要作品

《我和我的 318》

作品编号

A0578

程毕鲜

常州大学

主要作品

《便捷储存神器》

作品编号

G0061

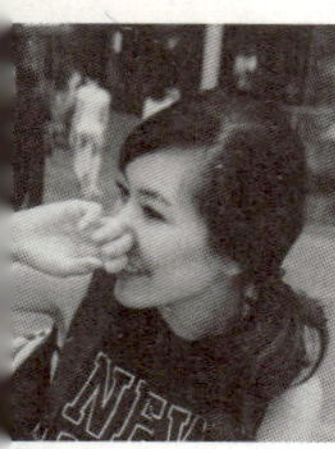

程嘉翌

大连理工大学

主要作品

《立构首饰》

作品编号

C0031～C0032

程　璐

信阳师范学院

主要作品

《浉河壹号标志设计》

作品编号

D0016

程　帅

长春信息技术职业学院

主要作品

《聚光灯下的静物》《家乡的落日》

作品编号

A0732/H0079

程　鑫

郑州轻工业学院易斯顿（国际）美术学院

主要作品

《飘》《豫谱》《凝聚力》

作品编号

C0116/C0117/C0118

程　杨

常州工学院

主要作品

《山涧溪流》

作品编号

A0967

程　云

青岛滨海学院

主要作品

《中国饮食文化》

作品编号

D0600

迟　铭

南开大学滨海学院

主要作品

《佛光》

作品编号

A0613

褚晓伟

安徽广播影视职业技术学院

主要作品

《景观表现・绿化》《室内表现・客厅》

作品编号

A0819/A0820

褚歆仪

上海师范大学

主要作品

《门》

作品编号

A0044

褚亦杰

山东理工大学

主要作品

《冥想》《岁月》

作品编号

A0138/A0139

崔东超

黄淮学院

主要作品

《状元府标志》《怡心茶餐厅设计》

作品编号

D0043/E0200

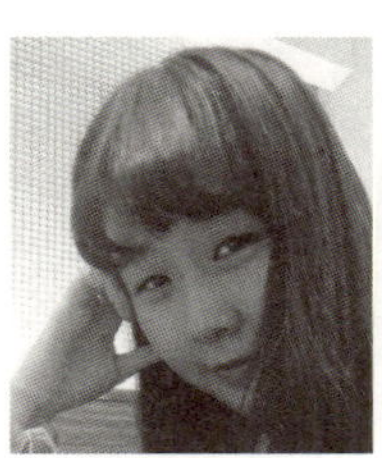

崔慧花

抚顺职业技术学院

主要作品

《风雅》《婚纱》

作品编号

I0018/I0026

崔建波

河套学院

主要作品

《河套大学师范学院标志设计》《河套大学艺术与体育学院标志设计》

《保护野生动物招贴设计》《民族团结招贴设计》系列

作品编号

D0176/D0177/D0442/D0487～D0488

崔腊梅

山东大学（威海）

主要作品

《冬日》《出航》

作品编号

A0621/A0622

崔倩倩

青岛滨海学院

主要作品

《京剧脸谱》

作品编号

D0642

崔　巍

合肥师范学院

主要作品

《失落的男孩》

作品编号

F0138

崔文涛
广州大学纺织服装学院
主要作品
《遗传与流转》《岭南建筑》
作品编号
C0060/E0479

崔晓楠
青岛科技大学
主要作品
《青岛科技大学图书馆标志设计》
作品编号
D0132

笪娟娟
四川美术学院
主要作品
《爱》《仰·望》《沟·通》《元素》
作品编号
A0958/A1127/A1128/A1129

代钰璇
武汉工商学院
主要作品
《CK One Shock 香水广告摄影》
作品编号
H0414

戴　红
湖南工业大学
主要作品
《绽放》《韵》《盛夏》
作品编号
H0225/H0226/H0229

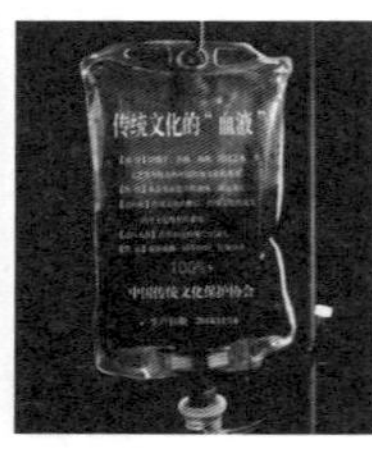

戴辉龙
湖南师范大学
主要作品
《文化的救赎》
作品编号
D0371

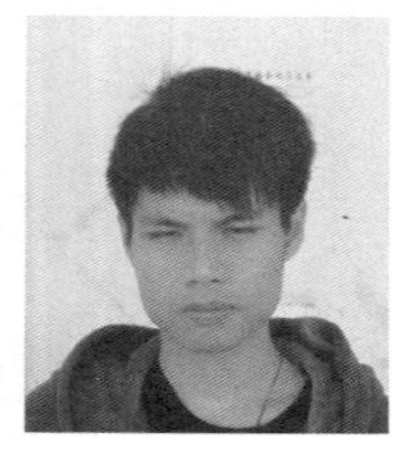

戴伟豪
广西师范学院
主要作品
《日落归山》
作品编号
A1064

戴勇刚
宿州学院
主要作品
《窗明几"静"》《晨曦》
作品编号
A0107/A0108

单　硕
吉林大学
主要作品
《Tree 服装品牌海报设计》
作品编号
D0271 ~ D0273

邓春凯
沈阳航空航天大学
主要作品
《艾诗奈尔座椅品牌标志》《冰力克广告》
作品编号
D0027/D0517 ~ D0519

邓豪俣
昆明理工大学
主要作品
《城市中的宁静生活》
作品编号
D0513

邓怀林
四川音乐学院成都美术学院
主要作品
《钢笔风景写生》
作品编号
A0906

邓嘉丽
江门职业技术学院
主要作品
《美好回忆》《花花世界》《夕阳》
作品编号
A0579/C0072/H0186

邓丽韵
私立华联学院
主要作品
《武成门》
作品编号
A0796

邓　露
湖北工程学院
主要作品
《稻草人》
作品编号
A0570

邓美妮
广东培正学院
主要作品
《双影》《乐宴》
作品编号
A0961/A0962

邓森文

四川大学锦城学院

主要作品

《易信广告》《米缇贝蒂女包系列广告》《静界》

作品编号

D0387/D0525 ~ D0526/H0116

邓卫君

韩山师范学院

主要作品

《残》《空幻》《迷鹿》

作品编号

A1132/A1133/A1134

邓小慧

江西工程学院

主要作品

《清江公园》

作品编号

E0377

邓雅丽

常州大学

主要作品

《纸币兑换硬币机》

作品编号

G0005

狄淼森

北京印刷学院

主要作品

《热烈的向日葵》

作品编号

A0080

丁　姣

山东轻工职业学院

主要作品

《泡泡里 de 爱》

作品编号

F0208 ~ F0226

丁瑞轩

北方民族大学

主要作品

《门头一角》

作品编号

A0910

丁杨杨

云南民族大学

主要作品

《幻景公司标志》《老坛子重庆泡菜鱼标志》

作品编号

D0173/D0174

丁奕娇

成都艺术职业学院

主要作品

《花园设计》《波西米亚风格》

作品编号

E0393/E0463

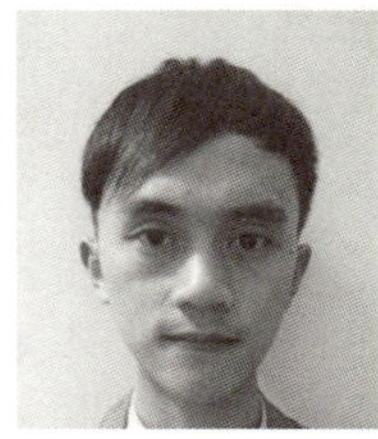

丁　翼

海南职业技术学院

主要作品

《黎族文化书籍封面》

作品编号

D0637

董海桃

日照职业技术学院

主要作品

《巧克力包装》系列

作品编号

D0201

董金强

海南职业技术学院

主要作品

《岵山旅游景区标志》《Green Design 标志》《江西航空标志》

作品编号

D0012/D0062/D0141

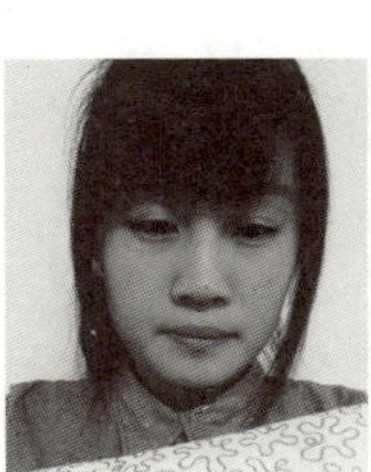

董璐娟

大连艺术学院

主要作品

《凝望》

作品编号

A1145

董玫萱

青岛滨海学院

主要作品

《三行，情书》

作品编号

D0645

董明骏

楚雄师范学院

主要作品

《云南最美》

作品编号

A0566

董南南

四川美术学院

主要作品

《扎西德勒》

作品编号

A0378 ~ A0379

董鑫淼
西安培华学院
主要作品
《堂倌小厨》
作品编号
D0152

董　银
曲阜师范大学
主要作品
《擦拭》
作品编号
H0348

杜海棋
云南大学滇池学院
主要作品
《汉仪小篆 · 青花瓷 · 歌词》
作品编号
B0139

杜金林
九江学院
主要作品
《围棋之公共座椅设计》《池塘》《渔》
作品编号
G0049/H0043 ~ H0044/H0096

杜文文
河南大学
主要作品
《故乡》《初春》
作品编号
A0014/A0202

杜无名
昆明理工大学
主要作品
《雀巢 · 释放你的潜力》《雀巢 · 冲击你的梦想》《可乐 · 无处不在》
《可乐 · 美好生活》《诱惑 · 嘴唇的诱惑》《诱惑 · 眼睛的诱惑》
作品编号
D0437/D0438/D0439/D0440/D0426/D0427

杜小娟
广西师范大学
主要作品
《花间鼠趣》《幽林鸟趣》
作品编号
B0096/B0097

杜欣欣
天津美术学院
主要作品
《天津市东丽湖湿地景观设计》
《建筑景观手绘》《室内设计手绘》
作品编号
E0314 ~ E0317/E0392/E0449

杜秀琴
广东技术师范学院
主要作品
《彩骷》
作品编号
A1003

段丹丽
沈阳航空航天大学
主要作品
《沈阳印象》《锡伯印象》
作品编号
D0523/D0524

段继飞
贵州师范大学
主要作品
《花》
作品编号
H0255

段江新
三明学院
主要作品
《绽放》《背井离乡》
作品编号
C0001/C0002

段仁坤
云南民族大学
主要作品
《花嫁》
作品编号
H0218

段伟建
华中师范大学武汉传媒学院
主要作品
《华硕展示空间设计》《苏州博物馆模型》
作品编号
E0363 ~ E0365/E0358 ~ E0362

朵一凡
天津美术学院
主要作品
《即日启程》《北冥有鱼》
作品编号
A0582 ~ A0585/C0071

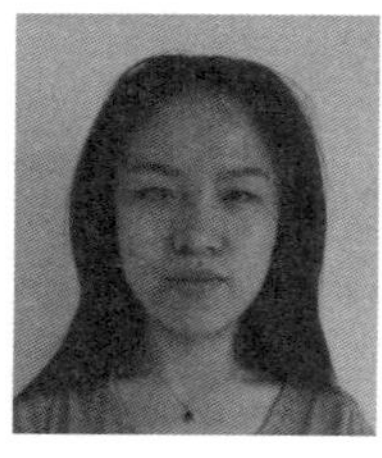

樊莲芝
河南大学
主要作品
《豆蔻年华》
作品编号
B0004

樊　顺
北方民族大学
主要作品
《水粉静物》
作品编号
A0278

樊颂冰
私立华联学院
主要作品
《狮子林》
作品编号
A0795

范佳悦
湖南师范大学
主要作品
《水乡》
作品编号
A0439

范林勇
广安职业技术学院
主要作品
《松菊图》《深山访友》《观瀑图》
作品编号
B0034/B0035/B0036

范琴琴
河北师范大学
主要作品
《凝烟碧水 · 色秋》
作品编号
B0055

范稳彪
华南师范大学
主要作品
《老人坐姿全身像》《游》《讷言敏行》
作品编号
A0649/B0079/B0108

范　鑫
云南农业大学
主要作品
《卧室》《客厅》
作品编号
E0022/E0023 ~ E0024

范亚茹
燕山大学
主要作品
《山里人家》
作品编号
E0407 ~ E0409

范燕红
榆林学院
主要作品
《草尖上的虫》
作品编号
H0212

范杨桥
广东工业大学
主要作品
《胡杨林》
作品编号
A0467

范云龙
怀化学院
主要作品
《凤凰夜魅》
作品编号
H0152

方彬洲
厦门大学
主要作品
《Don't hurt me》系列《Don' let the green disappear》系列
作品编号
D0262 ~ D0265/D0266 ~ D0267

方　芳
安庆师范学院
主要作品
《素描静物》
作品编号
A0731

方海斌
广东技术师范学院
主要作品
《色彩创作之清朗》
作品编号
A0527

方佳佳
广东建设职业技术学院
主要作品
《寇依香水》
作品编号
D0248

方金萍
马鞍山师范高等专科学校
主要作品
《天天相“拌”餐餐相“拌”》
作品编号
D0516

方丽君
杭州师范大学
主要作品
《On the way》
作品编号
A0544 ～ A0545

方　倩
武汉工商学院
主要作品
《SsDOROTHY 珍珠水广告摄影》
作品编号
H0458

方　欣
天津职业技术师范大学
主要作品
《荷兰映像》
作品编号
A0423 ～ A0426

方志博
武汉工商学院
主要作品
《RIO 鸡尾酒广告摄影》
作品编号
H0424

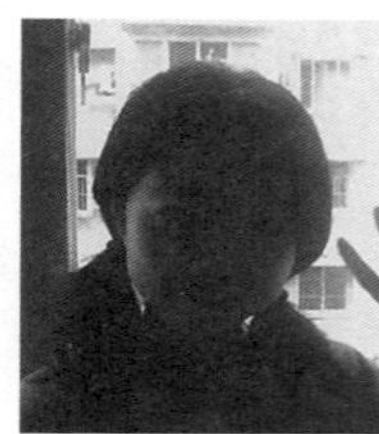

方智慧
山东大学（威海）
主要作品
《泸沽湖映像》
作品编号
H0025

费　婷
四川师范大学
主要作品
《纸飞机的天空》《现》
作品编号
I0078/I0079

冯程程
石家庄学院
主要作品
《岁月之一》《岁月之二》
作品编号
B0045/B0046

冯　贺
吉林艺术学院
主要作品
《吉林艺术学院官网设计》
作品编号
F0271 ～ F0272

冯骥驰
成都艺术职业学院
主要作品
《山水椅》
作品编号
G0013

冯建鹏
新疆轻工职业技术学院
主要作品
《书法》
作品编号
B0147

冯　蕾
山西农业大学信息学院
主要作品
《辽宁博物馆大厅设计》
作品编号
E0468 ～ E0470

冯　恋
广西艺术学院
主要作品
《舞》《民族》
作品编号
A0998/C0035

冯琳琳
青岛滨海学院
主要作品
《七彩云南》
作品编号
D0638

冯　姗
四川工程职业技术学院
主要作品
《鞋》
作品编号
A0742

冯思婷
西安美术学院
主要作品
《乡间小道》《风景》《树荫斑驳》
作品编号
A0432/A0433/A0434

冯亚楠
燕山大学
主要作品
《观海之家》
作品编号
E0242 ～ E0248

冯燕君
江门职业技术学院
主要作品
《童年》
作品编号
A0564

冯子倩
中华女子学院
主要作品
《兔先生》《音符椅》
作品编号
C0125/G0008

符美豪
广州大学纺织服装学院
主要作品
《遗传与流转》
作品编号
C0060

付枭云
成都理工大学工程技术学院
主要作品
《猫头鹰私房菜馆 VIS》
作品编号
D0586

付学成
云南艺术学院
主要作品
《手绘》
作品编号
A1006

傅　昊
东北大学
主要作品
《"国破"一二九广场改造方案》
作品编号
E0378 ～ E0384

傅　莉
广西艺术学院
主要作品
《老家的小花被》《壮乡情》《月牙泉》
作品编号
A1011/F0039/H0106

傅雅文
山西农业大学信息学院
主要作品
《欧式酒店大堂》《小公园设计——馨苑》
作品编号
E0183 ～ E0184/E0344

甘　丽
南开大学滨海学院
主要作品
《埃及映像》
作品编号
A0593 ～ A0596

甘文松
广东技术师范学院
主要作品
《寂寞阁》《酒店大堂》
作品编号
E0435/E0436

高　歌
杭州师范大学
主要作品
《家印象》《天元众博会展标识》
《中国民艺采风录套系书籍设计》《童年》《坠入繁星》
作品编号
A0993/D0137/D0643/F0122/I005

高冠明
广东青年职业学院
主要作品
《剩房》
作品编号
F0282

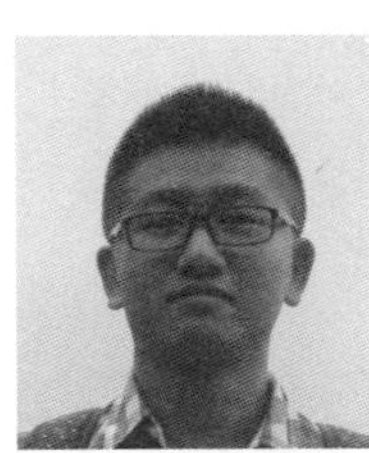

高　坤
景德镇陶瓷学院
主要作品
《未羊贺吉》
作品编号
C0126

高丽莹
燕山大学
主要作品
《星·海》
作品编号
E0253

高名佳
天津科技大学
主要作品
《蝶影》
作品编号
A1087

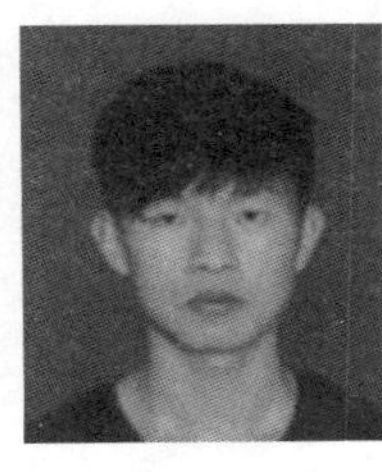

高　沛
北方民族大学
主要作品
《那年夏》
作品编号
A0818

高全进

景德镇陶瓷学院

主要作品

《陶瓷绘画》

作品编号

A0983 ~ A0985

高群强

周口师范学院

主要作品

《门后》

作品编号

A0066

高诗琦

抚顺职业技术学院

主要作品

《蝶殇》

作品编号

I0019

高志浩

天津理工大学

主要作品

《二维构成系列之渐变构成》《二维构成系列之点线面》《二维构成系列之韵律》《纵享"乐"不停系列之吃货女孩》《纵享"乐"不停系列之水果女孩》《纵享"乐"不停系列之运动女孩》

作品编号

A1110/A1111/A1112/D0428/D0429/D0430

高志敏

成都艺术职业学院

主要作品

《室内家装手绘卧室透视图》《室内家装手绘客厅透视图》

作品编号

E0413/E0414

杲禹彤

周口师范学院

主要作品

《荷香》

作品编号

A0477

葛　芳

山东师范大学

主要作品

《杉杉、梅梅卡通吉祥物设计》

作品编号

F0193

葛　攀

内蒙古大学

主要作品

《素描静物》

作品编号

A0745

葛芸瑞

齐鲁工业大学

主要作品

《渔悦沙讴》《空寂》

作品编号

A1082/A1083

耿　彪

江苏理工学院

主要作品

《阴与晴》《谜迹》

作品编号

A0462/C0057

耿佳盈

昆明理工大学

主要作品

《油画头像》《空间折叠衣柜》《喧闹》《兀立》

作品编号

A0049/G0075/H0020/H0181

耿薇薇

江西工程学院

主要作品

《石桥》

作品编号

A0514

耿新钰

河套学院

主要作品

《反对皮草公益海报之泣血》

作品编号

D0473

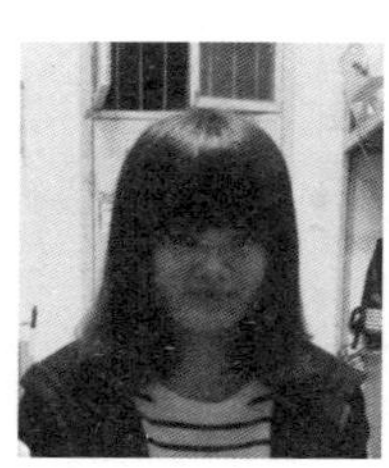

龚晨晖

景德镇陶瓷学院

主要作品

《墨韵犹离》

作品编号

A0709

龚传武

贵州财经大学

主要作品

《水粉静物》《初秋》《唐诗一首》《漂泊》

作品编号

A0303/A0304/B0131/H0138

龚艳君

南京师范大学泰州学院

主要作品

《夕阳下的风景》

作品编号

A0204

巩泽琦
北京航空航天大学
主要作品
《我·时间·动作》《静物》《自画像》《国画人物》
作品编号
A0053/A0054/A0055/B0005

古灵灵
广西艺术学院
主要作品
《空间体》《罗汉果》《岩头镇 VIS 手册》
作品编号
D0646/D0203/D0548

谷思洁
重庆工商大学
主要作品
《小鹿斑比》
作品编号
F0153

谷晓娜
山东师范大学
主要作品
《速写》《素描静物》《山东特产系列之野风酥》
作品编号
A0856/A0857/D0223

顾佳鑫
抚顺职业技术学院
主要作品
《雀之灵》
作品编号
I0009

关世俊
大连工业大学
主要作品
《静物习作》《西施浣纱》《贵妃醉酒》
《易拉罐画四大美女系列之昭君出塞》《貂蝉拜月》
作品编号
A0106/C0053/C0054/C0055/C0056

管苏婳
集美大学
主要作品
《鹭岛》
作品编号
A0513

管小磊
曲阜师范大学
主要作品
《雨维斯标志》《美丽与爱》
作品编号
D0130/F0166

管　昕
武汉东湖学院
主要作品
《凤凰夜色》《生命的延伸》
《水墨宏村》《生命与坚强》
作品编号
H0021/H0039/H0040/H0198

郭大千
青岛大学
主要作品
《谁改变了谁》《自画像》
作品编号
A0401/A0677

郭洪雄
福建师范大学
主要作品
《佛壁》（局部临摹）《秋山碧云》
《福建师大西部爱心联盟标志》
作品编号
B0086/B0091/D0084

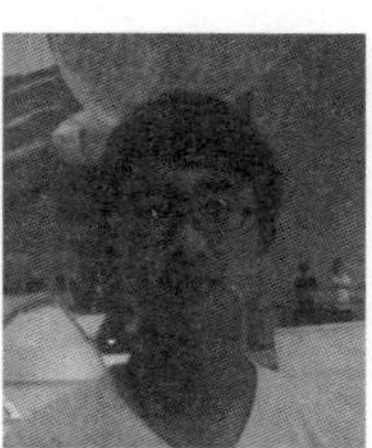

郭焕钿
私立华联学院
主要作品
《磨山五重塔》
作品编号
A0793

郭佳妮
武汉工商学院
主要作品
《花信堂香薰沐浴露广告摄影》
作品编号
H0449

郭金秋
昆明理工大学
主要作品
《生机》《春天》
作品编号
H0215/H0216

郭靖程
湖南师范大学
主要作品
《回归》
作品编号
D0480

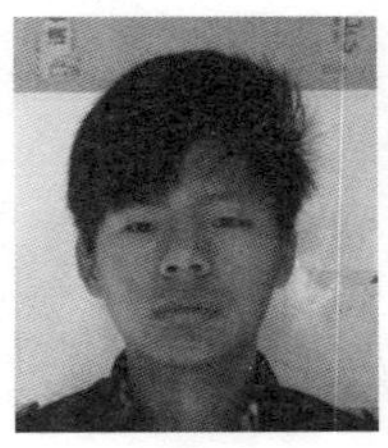

郭凯凯
天津商业大学
主要作品
《神犬》
作品编号
A0629

郭芮嘉
北京理工大学
主要作品
《公益广告》系列《雨维斯 LOGO 设计》
《盛瑞科技 LOGO 设计》《手绘插画》系列
作品编号
D0189/D0337 ~ D0339/D0550/F0100 ~ F0102

郭少卿
怀化学院
主要作品
《龙头》
作品编号
A0752

郭　雯
中国矿业大学
主要作品
《童趣》
作品编号
A0149

郭晓婷
陕西师范大学
主要作品
《高塬初雪》
作品编号
B0033

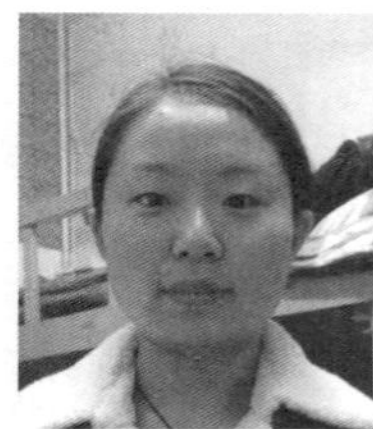

郭彦廷
山西大学
主要作品
《书香百合》
作品编号
B0068

郭　莹
北京印刷学院
主要作品
《浪漫花》
作品编号
A0334

郭宇丰
韩山师范学院
主要作品
《新旧交替》《专注》
作品编号
A0097/A0635

郭振坤
北京科技经营管理学院
主要作品
《小孩》
作品编号
A0170

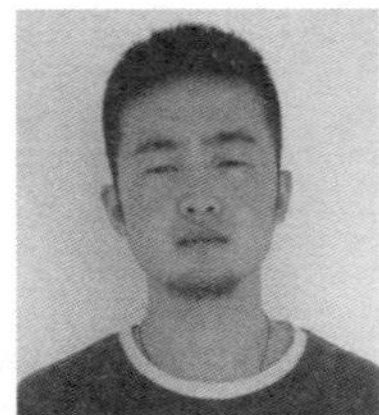

韩　昊
厦门大学
主要作品
《关爷庙》《我要回家》
作品编号
H0180/H0337

韩可君
山西大学
主要作品
《寨子钢笔写生》
作品编号
A0872 ~ A0873

韩丽茹
天津美术学院
主要作品
《水粉花卉写生》《领航美院标识设计》
《中国传统文化招贴·中西合璧》《陪伴》
作品编号
A0268/D0193/D0314/H0488

韩麟祥
德州科技职业学院
主要作品
《翘板》
作品编号
D0385

韩露利
广安职业技术学院
主要作品
《思索》
作品编号
H0332

韩曼曼
北京印刷学院
主要作品
《一枝花》
作品编号
A0325

韩　倩
厦门理工学院
主要作品
《鹿》
作品编号
A1035 ~ A1036

韩琼琼
昆明理工大学
主要作品
《凝视》《雾笼山村》《油菜花》《金色朝霞映雪山》
作品编号
A0040/A0041/A0205/A0206

韩　涛

德州科技职业学院

主要作品

《德科传媒 VI 识别系统》

作品编号

D0582

韩卫卫

郑州大学

主要作品

《郑州大学校园文化产品》《情侣伞》

作品编号

D0669/G0064

韩枭鹏

西安培华学院

主要作品

《烧烤食堂》

作品编号

D0166

韩　晓

北方民族大学

主要作品

《乡里人家》

作品编号

A0913

韩学红

福建师范大学

主要作品

《创可贴》

作品编号

D0305

韩彦珺

闽江学院

主要作品

《傍晚夜景》

作品编号

H0176

韩　瑜

广东建设职业技术学院

主要作品

《浪花》《新感觉》

作品编号

D0255/D0561

韩　昭

贵州大学

主要作品

《终点》

作品编号

D0464

韩　喆

湖北美术学院

主要作品

《纸质易存取洗衣粉包装》

作品编号

D0224 ~ D0225

郝　程

青岛科技大学

主要作品

《三国无双插画·鲍三娘与关索》

《英雄联盟插画·提莫与瑞雯》

作品编号

F0006/F0007

郝炜丰

成都理工大学工程技术学院

主要作品

《傍晚》《大风景》

作品编号

H0062/H0110

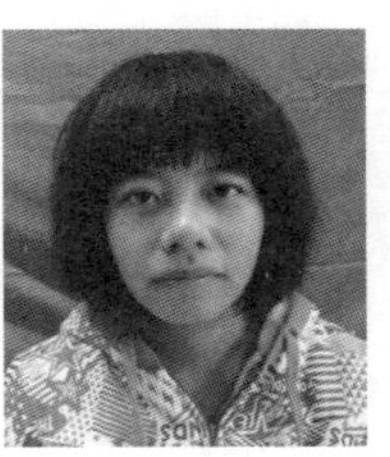

郝晓庆

内蒙古大学

主要作品

《素描静物》

作品编号

A0766

郝亚丹

南开大学滨海学院

主要作品

《欲动》

作品编号

A0597

何艾玲

天津师范大学津沽学院

主要作品

《室内手绘效果图》

作品编号

E0417

何　川

武汉工商学院

主要作品

《曼秀雷敦洁面乳广告摄影》

作品编号

H0444

何德胜

北海艺术设计学院

主要作品

《蛋壳里的孩子》

作品编号

A1089

何海燕

武汉工商学院

主要作品

《The Face Shop 芦荟洗面奶广告摄影》

作品编号

H0420

何佳萌

天津商业大学

主要作品

《人物创意速写》

作品编号

A1095

何家栋

杭州职业技术学院

主要作品

《枫华》《时》

作品编号

H0260/H0286

何　娟

成都艺术职业学院

主要作品

《暖夏手绘》

作品编号

E0443

何　宁

北京科技大学天津学院

主要作品

《红日》

作品编号

H0134

何　婷

北京培黎职业学院

主要作品

《十二生肖之"猪"》《十二生肖之"鸡"》《十二生肖之"鼠"》

作品编号

F0070/F0071/F0072

何颖姗

广州康大职业技术学院

主要作品

《"童话"树屋》系列

作品编号

E0366 ~ E0369

何宇晨

大连艺术学院

主要作品

《没头脑 & 不高兴》

作品编号

D0633

何宇涛

四川师范大学

主要作品

《银·信》系列

作品编号

I0052

何　羽

浙江同济科技职业学院

主要作品

《坚果孙》

作品编号

D0570

何　雨

常州工学院

主要作品

《风景》

作品编号

A0518

何雨欣

武汉工商学院

主要作品

《RIO 鸡尾酒广告摄影》

作品编号

H0438

何园园

马鞍山师范高等专科学校

主要作品

《作废》

作品编号

D0412

何子豪

成都理工大学工程技术学院

主要作品

《田园别墅钢笔画写生》

作品编号

A0904

和东东

北方民族大学

主要作品

《水粉静物》

作品编号

A0281

贺春燕

河套学院

主要作品

《新国艺系列作品之脸谱》

作品编号

D0540 ~ D0541

贺明名

广东技术师范学院

主要作品

《错乱》系列《童脸》《[illegible]》《一缕阳光》

作品编号

A0008 ~ A0009/A0380/A0381 ~ A0382/H0188

洪利宏

杭州师范大学

主要作品

《好想回到那里》

作品编号

A0577

洪升强

韩山师范学院

主要作品

《向光明》《生态集》《马聚集》

作品编号

A1059/A1060/A1065

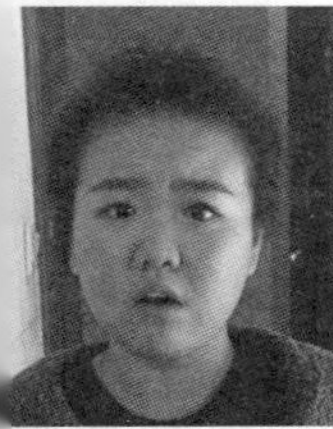

洪艺铭

沈阳工学院

主要作品

《简爱主题餐厅设计》

作品编号

E0191 ~ E0193

洪泽平

重庆电信职业学院

主要作品

《墨迹》

作品编号

A0790

洪振羽

榆林学院

主要作品

《孤》《朝圣》《逃》

作品编号

H0135/H0299/H0319

胡　冰

景德镇陶瓷学院

主要作品

《张爱玲小说<倾城之恋>连环画节选》

作品编号

A0356 ~ A0377

胡博臻

湖南科技大学

主要作品

《城市里的人》

作品编号

C0034

胡继明

北方民族大学

主要作品

《古建筑写生》

作品编号

A0802

胡嘉箐

成都理工大学工程技术学院

主要作品

《落日斜阳》《清晨》

作品编号

A0427/A0428

胡凌怡

苏州科技学院

主要作品

《墨香》

作品编号

B0128

胡梦霞

景德镇陶瓷学院

主要作品

《旧址》

作品编号

A0997

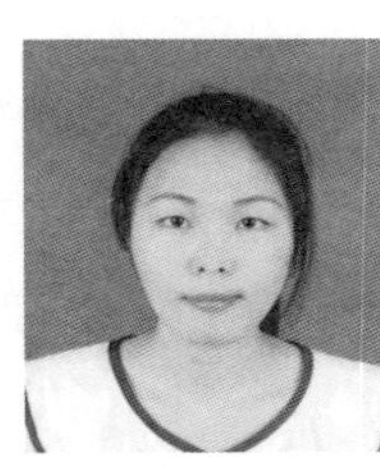

胡　娜

南昌大学

主要作品

《心泊》

作品编号

E0072 ~ E0074

胡　娜

武汉工商学院

主要作品

《植物日记青竹高水分广告摄影》

作品编号

H0440

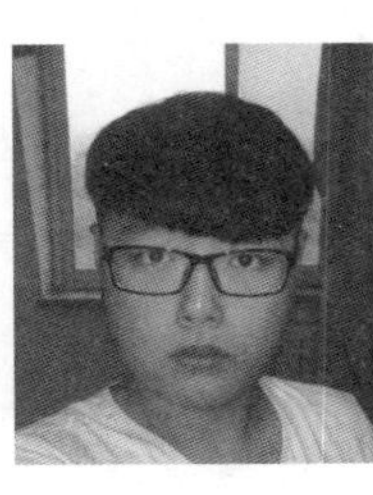

胡文龙

北方民族大学

主要作品

《罐类结构素描》

作品编号

A0729

胡馨月

重庆电信职业学院

主要作品

《风景》

作品编号

A0787

胡雪洁
大连艺术学院
主要作品
《某同学》
作品编号
A0390

胡鑫月
广西艺术学院
主要作品
《"姝"内衣包装》
作品编号
D0588 ~ D0593

胡璎宸
河南大学
主要作品
《豫园》
作品编号
E0325 ~ E0327

胡羽柔
南昌大学
主要作品
《心泊》
作品编号
E0072 ~ E0074

胡玉配
北方民族大学
主要作品
《水粉画》《素描静物》
作品编号
A0280/A0724

胡志秋
重庆电信职业学院
主要作品
《黑白装饰画》
作品编号
A1141

胡子明
南京理工大学泰州科技学院
主要作品
《标志设计》
作品编号
D0106

黄晨曦
湖北工业大学
主要作品
《东京梦华》《行走》系列
作品编号
D0010/D0388 ~ D0389

黄春榕
韩山师范学院
主要作品
《异猫》
作品编号
A1102

黄　丹
海南职业技术学院
主要作品
《和风江岸》
作品编号
E0154 ~ E0158

黄德坤
河套学院
主要作品
《保护水资源·少了水怎么活》《时代印象》系列
作品编号
D0528/D0470 ~ D0472

黄　革
湖南师范大学
主要作品
《箱》
作品编号
D0538

黄冠茂
广东工业大学
主要作品
《东巴文五行系列动画之水元素》
作品编号
F0239 ~ F0242

黄洪龙
广州商学院
主要作品
《迷》
作品编号
F0027

黄慧怡
广州美术学院
主要作品
《初醒的欢乐》
作品编号
F0043

黄佳媛
常州工学院
主要作品
《<望江南>字体设计》
作品编号
D0650

黄剑君
韩山师范学院
主要作品
《女人就是麻烦》《嘿，bird》
作品编号
A1098/A1099

黄　岚
广西艺术学院
主要作品
《罗汉果》《岩头镇 VIS 手册》
作品编号
D0203/D0548

黄丽娟
四川长江职业学院
主要作品
《相宜本草海报》
作品编号
D0497

黄丽娟
私立华联学院
主要作品
《拙政园一角》
作品编号
A0837

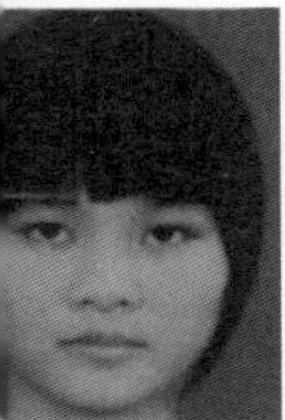

黄玲鹂
广州大学纺织服装学院
主要作品
《遗传与流转》
作品编号
C0060

黄　娜
青岛滨海学院
主要作品
《跟我学》
作品编号
D0634

黄秋萍
武汉工商学院
主要作品
《玫琳凯护肤品广告摄影》
作品编号
H0429

黄珊珊
闽江学院
主要作品
《你那么美——泉州》
作品编号
A0504

黄　帅
延边大学
主要作品
《尘土》《老家》《人体——男》
作品编号
A0136/A0141/A0656

黄　帅
成都艺术职业学院
主要作品
《钢心柔情》
作品编号
G0068

黄婷婷
湖南科技学院
主要作品
《静物摄影》
作品编号
H0389

黄土铭
广东建设职业技术学院
主要作品
《至尊男士包装》《至尊男士标志
作品编号
D0252/D0577

黄婉华
广州科技贸易职业学院
主要作品
《花》《编织球台灯》
作品编号
H0261/G0084

黄晓龙
武汉工商学院
主要作品
《脉动功能饮料广告摄影》
作品编号
H0396

黄筱莹
广东技术师范学院
主要作品
《农家小舍》
作品编号
A0838

黄璇璇
武汉工商学院
主要作品
《迪奥香水广告摄影》
作品编号
H0379

黄　雪

成都艺术职业学院

主要作品

《衣架的诱惑》

作品编号

G0057

黄颖妍

广东青年职业学院

主要作品

《火焰山洞》

作品编号

F0284

黄永梅

私立华联学院

主要作品

《樱花大道》

作品编号

A0807

黄勇敏

海南职业技术学院

主要作品

《海南格林蒂舍建筑景观工程有限公司》《黎族书籍之故事》系列

作品编号

D0160/D0626

黄　云

成都艺术职业学院

主要作品

《乐生》

作品编号

G0059

黄召帆

武汉工商学院

主要作品

《百威啤酒广告摄影》

作品编号

H0386

黄震坤

广东青年职业学院

主要作品

《生命盛开》《一勇向前》《倒影 · 两座城》

作品编号

H0252/H0346/H0356

黄志斌

曲阜师范大学

主要作品

《公益系列——美德篇》

作品编号

D0361

黄智宇

重庆三峡学院

主要作品

《江南好》《上善若水》

作品编号

B0059/B0130

黄宙炜

广东舞蹈戏剧职业学院

主要作品

《盼望 · 关注留守儿童》

作品编号

D0372 ～ D0377

黄子航

东北林业大学

主要作品

《书籍装帧＜资治通鉴＞》

作品编号

D0594

黄子夏

燕京理工学院

主要作品

《安康福 logo 设计》《朗禾 logo 设计》《人像摄影》

《云锦 logo 设计》《四川搏鸣文化传播有限公司 logo 设计》《静物

作品编号

D0093/D0094/D0095/D0096/H0246/H0380/H0393/H0307

黄自丹

桂林师范高等专科学校

主要作品

《小城故事》

作品编号

A0574

黄作宏

广西艺术学院

主要作品

《静物素描》

作品编号

A0757

黄智豪

广东第二师范学院

主要作品

《父亲的帽子》《喜出》《夜蝴蝶》

作品编号

A0536/A0537/B0040

惠　超

北京科技大学天津学院

主要作品

《印记纹》

作品编号

A0406

吉　晨
北方民族大学
主要作品
《结构素描》
作品编号
A0723

汲晓丹
沈阳工学院
主要作品
《邯郸市丛台公园景观设计》
作品编号
E0345 ～ E0346

纪　红
大连科技学院
主要作品
《生活》《一家人》
作品编号
A0289/F0174

冀　星
云南艺术学院
主要作品
《书法》
作品编号
B0109

贾留洋
洛阳师范学院
主要作品
《安庆广播电视台标志》《安徽省淮南市政务服务中心标志》
《保护剪纸艺术》
作品编号
D0005/D0032/D0419

贾桃霞
抚顺职业技术学院
主要作品
《勿忘我》
作品编号
I0016

贾文波
河套学院
主要作品
《精品女鞋展区设计》
作品编号
E0142

贾小红
四川长江职业学院
主要作品
《飞科吹风机改良设计》
作品编号
G0088

贾艳平
河北艺术职业学院
主要作品
《资助海报》系列
作品编号
D0434 ～ D0436

贾一珍
南京理工大学泰州科技学院
主要作品
《水粉》《光》
作品编号
A0308/A0309

贾懿航
集美大学诚毅学院
主要作品
《大组合静物》《找我玩网站 LOGO》
《鼓浪屿系列之小女孩的记忆》《鼓浪屿系列之窗外的鼓浪屿》
作品编号
A0270/D0076/F0073/F0074

蹇敦颖
武汉工商学院
主要作品
《芳草集卸妆水广告摄影》
作品编号
H0413

江　奥
湖北经济学院
主要作品
《健康跳绳》
作品编号
G0071

江程琳
北方民族大学
主要作品
《静物》
作品编号
A0282

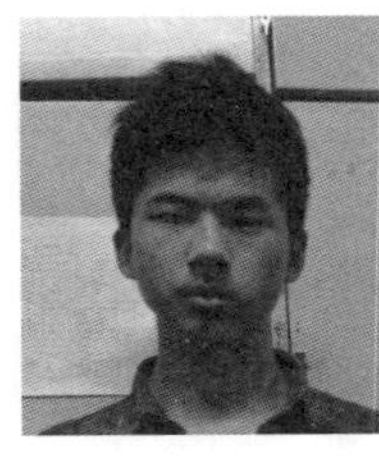

江辉龙
福建农林大学东方学院
主要作品
《落日 · 寂》《落日 · 耀》
作品编号
H0009/H0010

江惠南
广西艺术学院
主要作品
《咖啡海报》
作品编号
D0500

江丽红
河源职业技术学院
主要作品
《时装画》
作品编号
I0070 ~ I0073

江幸媚
江门职业技术学院
主要作品
《花女》《花世界》
作品编号
C0039/C0040

江　瑛
武汉工商学院
主要作品
《伊丽莎白雅顿香水广告摄影》
作品编号
H0459

姜丙真
天津科技大学
主要作品
《村里的灶台》《窝》《无限的网》《现代简约艺术》
作品编号
A0935/A0836/D0611/D0612

姜春雨
沈阳理工大学
主要作品
《现代陶艺"Rhythm"的设计与实践》
作品编号
C0137

姜方岳
天津体育学院运动与文化艺术学院
主要作品
《适合纹样（黑白）》
作品编号
A1097

姜钜昌
沈阳航空航天大学
主要作品
《孤独患者 Neo》《端庄的鹿角》
作品编号
F0094/F0159

姜琦悦
昆明理工大学
主要作品
《易收纳插头》《剪 · 甲》
作品编号
G0081/G0082

姜圣昊
东北师范大学人文学院
主要作品
《约瑟夫的工作室——室内设计》
作品编号
E0125 ~ E0126

姜　雪
东北师范大学人文学院
主要作品
《约瑟夫的工作室——室内设计》
作品编号
E0125 ~ E0126

姜召建
北方民族大学
主要作品
《No water no life》
作品编号
D0304

蒋剑波
南昌大学共青学院
主要作品
《莫名的纯洁》
作品编号
H0256

蒋　洁
南京理工大学泰州科技学院
主要作品
《"江南"字体设计》
作品编号
D0163

蒋　坤
成都理工大学工程技术学院
主要作品
《元桥冬景》《校园》
作品编号
F0273 ~ F0275/F0276 ~ F0278

蒋雅洁
武汉工商学院
主要作品
《The Face Shop Calendula 化妆品广告摄影》
《本草优萃洗发水广告摄影》
作品编号
H0433/H0434

焦丽橙
南开大学
主要作品
《青年读物》
作品编号
D0598

焦恬也

昆明理工大学

主要作品

《乡思》《烤地瓜》

作品编号

H0320/H0342

靳迦因

吉林艺术学院

主要作品

《AI 实战精髓海报》《书籍封面设计》《品牌手袋设计》

作品编号

D0522/D0607/D0663

解明明

扬州职业大学

主要作品

《卧室效果图》《客厅效果图》《家具设计》

作品编号

E0446/E0447/E0448

靳焱婕

武汉工商学院

主要作品

《Hammer 电子烟广告摄影》

作品编号

H0463

解乃珑

北京财贸职业学院

主要作品

《龙影 VI》

作品编号

D0568

居　莹

扬州职业大学

主要作品

《归》

作品编号

A0201

金　洁

丽水学院

主要作品

《雾帆影》《夜绽》《存在的痕迹》

作品编号

H0087/H0242/H0491

康　博

青岛大学

主要作品

《反腐倡廉系列之印不下》《坐不牢》《戴不住》《立不稳》

作品编号

D0350/D0351/D0352/D0353

金　双

大连艺术学院

主要作品

《素描头像之孤独老者》

作品编号

A0685

康　钰

山西大学

主要作品

《点墨山水美术馆》

作品编号

E0282 ~ E0283

金　婷

合肥师范学院

主要作品

《花朵与女孩》《读书的女孩》《侍女》

作品编号

A1008/F0145/H0311

亢　鑫

西北工业大学明德学院

主要作品

《低头沉思的男人》《静坐的二人》

作品编号

A0849/A0850

靳广伟

云南艺术学院

主要作品

《记忆的片段》

作品编号

A0150

柯冠群

武汉工商学院

主要作品

《CK 香水广告摄影》

作品编号

H0431

靳鸿晨

抚顺职业技术学院

主要作品

《芭比娃娃》

作品编号

I0023

孔佳妮

江苏理工学院

主要作品

《荷》

作品编号

A0461

孔沙沙
江西工程学院
主要作品
《客厅效果图》
作品编号
E0444

寇 屹
河北科技大学
主要作品
《初雪》《静谧》
作品编号
H0045/H0240

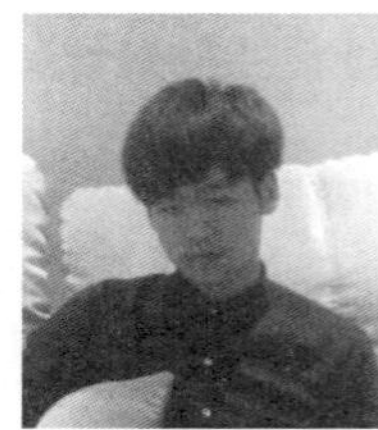

库晓林
天津体育学院运动与文化艺术学院
主要作品
《现代简约》
作品编号
E0028 ～ E0031

匡 涛
桂林理工大学
主要作品
《美梦》《秘境》《渔乡》
作品编号
H0124/H0125/H0126

邝佩珊
广东建设职业技术学院
主要作品
《浪凡》
作品编号
D0250/D0562

赖文静
广东建设职业技术学院
主要作品
《玩转时空》《一生缘》
作品编号
D0240/D0559/D0560

赖秀梅
东莞职业技术学院
主要作品
《小花园》《一缕阳光》
作品编号
A0900/A0907

赖煜培
广东建设职业技术学院
主要作品
《绿水余晖》《瓷韵》《滕王阁茶业》
作品编号
D0237/D0244/D0553

兰建军
北方民族大学
主要作品
《加勒比海盗》《老房子》
作品编号
A0699/A0883

兰 梦
山东农业大学
主要作品
《BC 动漫设计工作室标志设计》《面对面》
作品编号
D0098/D0323

兰 晓
武汉工商学院
主要作品
《雀巢咖啡广告摄影》
作品编号
H0461

兰 昕
电子科技大学成都学院
主要作品
《Kos—Mos 手办》
作品编号
C0023 ～ C0024

蓝智敏
广东建设职业技术学院
主要作品
《玫瑰园》
作品编号
D0563

郎艺婷
燕山大学
主要作品
《竹 · 简 · 生活》
作品编号
E0261 ～ E0264

郎英瑞
广东技术师范学院
主要作品
《室内设计》《闺房》
作品编号
E0432/E0433

劳远盛
广东青年职业学院
主要作品
《老房子》
作品编号
F0286

雷　钦
常州大学
主要作品
《闪闪红星》
作品编号
C0123

雷　啸
武汉工商学院
主要作品
《资生堂泡沫洁面乳广告摄影》
作品编号
H0439

雷亚伦
广西艺术学院
主要作品
《土肥原次设计》《山本一郎人物设计》
作品编号
F0002/F0009

雷雨顺
天津职业技术师范大学
主要作品
《藏传佛教八瑞图》
作品编号
A0505

黎嘉玲
广东第二师范学院
主要作品
《化》《莲》
作品编号
A0645/C0124

黎秋霞
广东建设职业技术学院
主要作品
《莫菲包装》
作品编号
D0254

李邦胜
北方民族大学
主要作品
《徽州梦》
作品编号
A0909

李晨曦
青岛滨海学院
主要作品
《镜头下的花》
作品编号
D0639

李崇如
河套学院
主要作品
《有鞋的静物》
作品编号
A0234

李　丹
广西师范大学
主要作品
《闺蜜》
作品编号
A0056

李丹丹
天津职业技术师范大学
主要作品
《沧桑》《黄果树瀑布》
作品编号
A0686/H0067

李淡杏
广东建设职业技术学院
主要作品
《爱丽娜标志》
作品编号
D0565

李得民
仙桃职业学院
主要作品
《拒绝水污染》《一抹夕阳销红土》
作品编号
D0360/H0285

李东骏
常州工学院
主要作品
《雾霾化感应》
作品编号
D0324

李飞扬
成都艺术职业学院
主要作品
《景观手绘表现》
作品编号
E0385

李　峰
湖南工业大学
主要作品
《I WANT YOU》《桃花姬，吃出来的美丽
《OPPO，我的世界因我不凡之舞台篇
作品编号
D0448/D0449/D0450

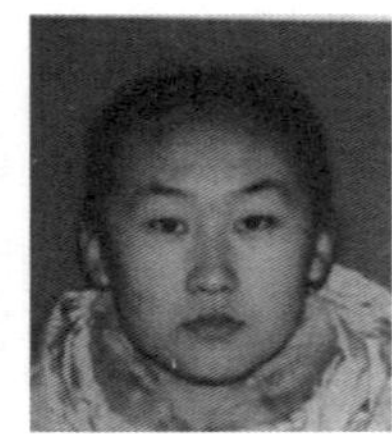

李凤霞
内蒙古大学
主要作品
《素描静物》
作品编号
A0767

李海珠
武汉工商学院
主要作品
《潘婷洗发露广告摄影》
作品编号
H0407

李寒霄
山东轻工职业学院
主要作品
《地狱兔尸尸》
作品编号
F0205 ～ F0207

李航宇
三明学院
主要作品
《岩洞茶具设计》
作品编号
G0085

李昊宸
重庆医科大学
主要作品
《素描》
作品编号
A0722

李虹佼
山西农业大学信息学院
主要作品
《文房四宝》
作品编号
D0214

李华洋
广西艺术学院
主要作品
《字体设计》系列
作品编号
D0654 ～ D0655

李欢欢
包头轻工职业技术学院
主要作品
《手绘别墅设计方案》系列
作品编号
E0439 ～ E0441

李慧超
河套学院
主要作品
《金色童年插画设计》
作品编号
F0160

李基凡
仲恺农业工程学院
主要作品
《卧室设计》《客厅设计》《夕阳》
作品编号
E0174/E0175/H0071

李冀航
北海职业学院
主要作品
《珠宝标志》《珠宝形象推广物料运用设计》
作品编号
D0120/D0571

李家杰
怀化学院
主要作品
《花境》
作品编号
H0237

李家旭
沈阳工学院
主要作品
《校园景观设计》
作品编号
E0341

李建波
北方民族大学
主要作品
《渴望》
作品编号
A1047

李建平
盐城工学院
主要作品
《无界》《震》《深海迷情》《源》《黑白对话》
作品编号
I0001 ～ I0002/I0003/I0056/I0057/I0090

李　洁
浙江同济科技职业学院
主要作品
《满坤科技有限公司标志设计》《三吴·筑福酒店标志设计》
作品编号
D0129/D0552

李　晶
燕京理工学院
主要作品
《京京》
作品编号
F0197

李　婧
南开大学滨海学院
主要作品
《九月九》
作品编号
A0599

李　静
北方民族大学
主要作品
《结构素描》
作品编号
A0726

李凯歌
山东大学（威海）
主要作品
《网》《希冀》
作品编号
H0287/H0288

李坤颖
北京印刷学院
主要作品
《繁花》
作品编号
A0333

李　乐
江西工程学院
主要作品
《景怡公园》
作品编号
E0375

李　丽
枣庄学院
主要作品
《中国画系列夜阑·蝶》
作品编号
B0037 ~ B0038

李　林
怀化学院
主要作品
《夜游凤凰》《妖娆》《生命》
作品编号
H0017/H0247/H0248

李林桐
常州大学
主要作品
《唐三彩壁画》
作品编号
C0073

李琳茜
景德镇陶瓷学院
主要作品
《夕》《生机》
作品编号
B0049/B0050

李孟雪
燕京理工学院
主要作品
《城市风景》《菊花》《花》
作品编号
H0155/H0239/H0262

李梦柯
黄山学院
主要作品
《蛋壳——电动儿童车》
作品编号
G0072

李梦楠
北京印刷学院
主要作品
《希望》《隔纸而望》
作品编号
A0083/A1019

李妙珍
山东轻工职业学院
主要作品
《温暖》
作品编号
F0055

李明聪
山东艺术学院
主要作品
《烟雨》
作品编号
B0060 ~ B0061

李明航
北京吉利学院
主要作品
《舞蹈》《天空之城》《蜀山仙境》《进击的巨人》《标志——龙》
作品编号
A0956/A1079/A1080/A1081/D0121

李明杰
浙江工业大学之江学院
主要作品
《远处东方》
作品编号
H0363

李明倩
广西艺术学院
主要作品
《印象 · 西厢》
作品编号
E0205

李楠楠
抚顺职业技术学院
主要作品
《人鱼公主》
作品编号
I0022

李　宁
南京师范大学泰州学院
主要作品
《众里寻他千百度》《夕阳西下几时回》
作品编号
H0048/H0049

李盼盼
河南理工大学万方科技学院
主要作品
《五月玫瑰视觉识别系统》
作品编号
D0584

李沛蓉
广西艺术学院
主要作品
《水彩装饰画》《黑白装饰画》《永乐宫壁画》（局部临摹）
作品编号
A0403/A1054 ～ A1058/B0081 ～ B0082

李奇旺
东北农业大学
主要作品
《静待》《光与暗的界限》《手艺》《现代的贫民窟》
作品编号
H0163/H0189/H0306/H0364

李倩倩
广州大学纺织服装学院
主要作品
《月 · 影》《静 · 美》
作品编号
H0051/H0376

李倩茹
常州工学院
主要作品
《俯望》
作品编号
A1007

李琴琴
燕山大学
主要作品
《梦 · 箱》
作品编号
E0133 ～ E0134

李青秀
青岛滨海学院
主要作品
《舌尖上的中国》
作品编号
D0640

李秋润
大连科技学院
主要作品
《园中玩偶》
作品编号
F0175

李秋燕
广东工业大学
主要作品
《东巴文五行系列动画之水元素》
作品编号
F0239 ～ F0242

李瑞君
广西工业职业技术学院
主要作品
《楷书 · 芙蓉楼送辛渐》
作品编号
B0111

李润瑶
昆明理工大学
主要作品
《沉浸在故事里的女孩》《心经》
作品编号
B0013/B0141

李杉杉
天津美术学院
主要作品
《天津外国语大学少儿英语机构标志》
《全国大学生艺术展演活动标志》《福禄寿禧》系列
作品编号
D0053/D0192/D0378 ～ D0381

李胜兰
武汉生物工程学院
主要作品
《孤岛幻影》
作品编号
F0012

李士豪
武汉理工大学
主要作品
《茅屋桑田》《石路随笔》
作品编号
A0192/A0938

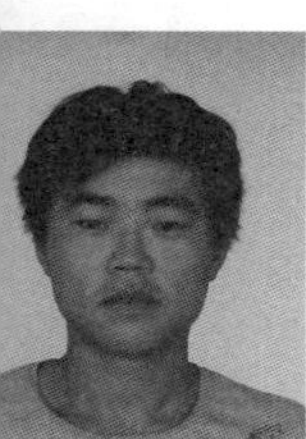

李士伟
山东大学（威海）
主要作品
《人物速写课堂随记》《行飞》
作品编号
A0847/B0052

李双宇
江西工程学院
主要作品
《小丑》
作品编号
A0954

李　爽
北京理工大学
主要作品
《水粉画静物》
作品编号
A0260

李　爽
抚顺职业技术学院
主要作品
《花仙》
作品编号
I0024

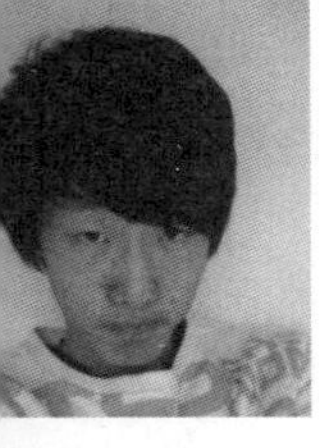

李　朔
燕山大学
主要作品
《集装箱再造海边休闲餐厅》
作品编号
E0255 ~ E0257

李思祁
广西大学
主要作品
《驼队》《玉米地》《普达措浅湾》
作品编号
H0127/H0133/H0183

李　桃
海南职业技术学院
主要作品
《海南格林蒂舍公司标志设计》
《永春县岵山镇标志设计》《黄[illegible]夫摄影》
作品编号
D0157/D0162/H0340

李天龙
湖南师范大学
主要作品
《文化的救赎》
作品编号
D0371

李天琪
天津职业技术师范大学
主要作品
《世界诱惑》《青瓷》《崂山景色》
作品编号
A0311/A0312/A0834 ~ A0835

李　婷
云南民族大学
主要作品
《静物》
作品编号
A0277

李琬莹
抚顺职业技术学院
主要作品
《婚纱》
作品编号
I0012

李卫民
周口师范学院
主要作品
《路边小景》
作品编号
A0065

李文慧
天津职业技术师范大学
主要作品
《鬼吹灯》系列《摄影黄山》
作品编号
F0068 ~ F0069/H0139

李文娟
仲恺农业工程学院
主要作品
《镜头下的井冈山》《镜头下的富日》《古巷小道》《牡丹》
作品编号
A1052/A1053/A0530/B[illegible]75

李夏瞳
常州大学
主要作品
《印巷系列之一》
作品编号
A0255

李先达
广西艺术学院
主要作品
《荒野》《小孩》
作品编号
F0021/F0106

李　翔
海南大学
主要作品
《云致香堂》《加能品牌饮料设计》
作品编号
D0114 ～ D0115/D0579

李小玲
广东技术师范学院
主要作品
《默》《奋斗还是死亡》
作品编号
A0999/A1091

李小龙
武汉工商学院
主要作品
《美汁源果粒橙广告摄影》
作品编号
H0397

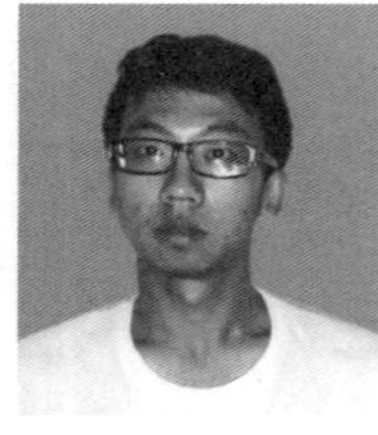

李晓斌
内蒙古大学
主要作品
《石膏与向日葵》
作品编号
A0756

李晓丽
山东理工大学
主要作品
《自由之鱼》《浪之韵》
作品编号
I0083/I0084

李晓丽
云南民族大学
主要作品
《小城》
作品编号
A0419

李昕馨
山东工艺美术学院
主要作品
《街景》《游乐场》
作品编号
F0058/F0124

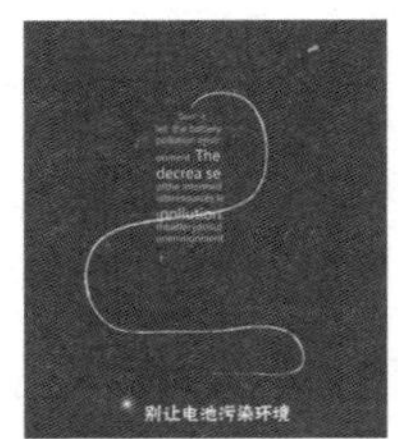

李欣霖
成都理工大学工程技术学院
主要作品
《别让灯泡污染环境》《别让电池污染环境》
作品编号
D0405/D0406

李欣仪
内蒙古大学
主要作品
《素描静物》
作品编号
A0736

李　鑫
云南大学滇池学院
主要作品
《彝情》
作品编号
I0034 ～ I0037

李雪华
延边大学
主要作品
《新工人系列二》《走向阳光》
作品编号
A0047/A0048

李雪沁子
大连艺术学院
主要作品
《爱因斯坦》
作品编号
A0682

李雅璐
天津科技大学
主要作品
《晋膳斋系列食品包装设计》《荞家小院系列食品包装设计》
作品编号
D0204/D0205

李亚琳
齐鲁工业大学
主要作品
《渔悦沙讴》《空寂》《月初巫山》
作品编号
A1082/A1083/A1084

李亚男
北方民族大学
主要作品
《建筑速写》
作品编号
A0488

李亚男
河南大学
主要作品
《孙子兵法》
作品编号
D0622

李阳光
北海艺术设计学院
主要作品
《灾难引擎，制动！》
作品编号
F0059

李　垚
北京印刷学院
主要作品
《向日葵》
作品编号
A0332

李　瑶
四川工程职业技术学院
主要作品
《装饰静物》
作品编号
A0772

李一博
许昌学院
主要作品
《小区景观》
作品编号
E0307 ~ E0310

李　仪
华中师范大学武汉传媒学院
主要作品
《华硕展示空间设计》《苏州博物馆模型》
作品编号
E0363 ~ E0365/E0358 ~ E0362

李　瑛
山东师范大学
主要作品
《水墨人物写生》
作品编号
B0019 ~ B0020

李颖然
青岛滨海学院
主要作品
《美味小铺之疯狂的糕点》
作品编号
D0644

李永华
榆林学院
主要作品
《高粱影》《角落里的人》
作品编号
H0132/H0308

李宇汐
鲁迅美术学院
主要作品
《人物头像》《异形》
作品编号
C0005 ~ C0007/I0053

李宇轩
北京印刷学院
主要作品
《静美》
作品编号
A0086

李　玉
广西师范学院
主要作品
《条形纹》
作品编号
C0097

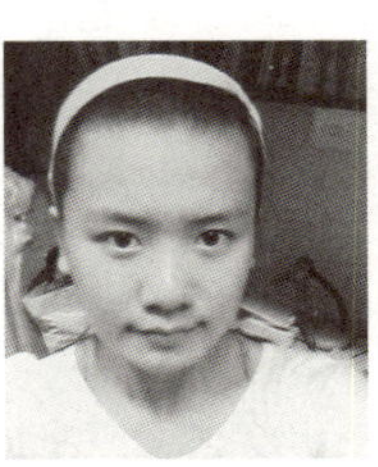

李玉杰
北方民族大学
主要作品
《结构素描》《建筑速写》
作品编号
A0730/A0882

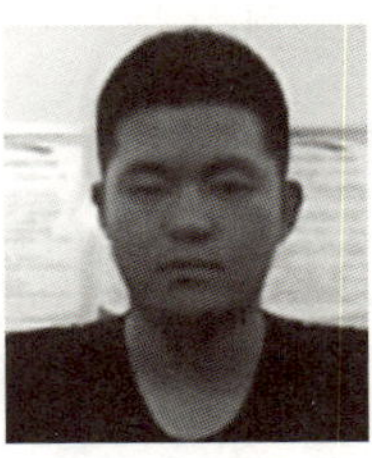

李玉强
河套学院
主要作品
《芳草标志设计》《金点食王油标志设计》
《锐澳鸡尾酒宣传海报》《十二生肖创意设计》
《嘉达高科标志设计》《阴山岩画海报招贴设计》系列
作品编号
D0184/D0185/D0186/D043[illegible] ~ D046[illegible]/D0[illegible]/D0676

李玉婷
天津职业技术师范大学
主要作品
《梵·高的世界》
作品编号
F0123

李云珊
天津美术学院
主要作品
《花篮与果》《藻井图案》
作品编号
A0711/A1021

李泽菲
西京学院
主要作品
《粗犷》
作品编号
A0738

李兆文
景德镇陶瓷学院
主要作品
《安静》
作品编号
A0728

李　哲
哈尔滨理工大学荣成学院
主要作品
《色彩享受》《线条与体积》
作品编号
A0273/A0717

李自莲
榆林学院
主要作品
《杜甫草堂标志设计》《光年里的旧知己》
《银川滨河新区国际科教城标志设计》
作品编号
D0101/D0154/H0313

李宗润
北京科技大学天津学院
主要作品
《日出》《日落》
作品编号
H0129/H0170

利进业
佛山职业技术学院
主要作品
《岭南建筑素描》
作品编号
A0786

连大勇
广州华夏职业学院
主要作品
《微笑》
作品编号
A0953

廉敏婷
燕山大学
主要作品
《暖馨》
作品编号
E0088 ～ E0091

梁董坚
桂林理工大学
主要作品
《屋檐下的光芒》
作品编号
A0208

梁宏碧
吉林艺术学院
主要作品
《吉林省美术家协会》《吉林建筑大学——高等教育研究所》
作品编号
F0263/F0264 ～ F0266

梁　佳
山西大学
主要作品
《适度》《万物之心皆地球》《商业广告习作》
作品编号
D0510/D0511/H0394

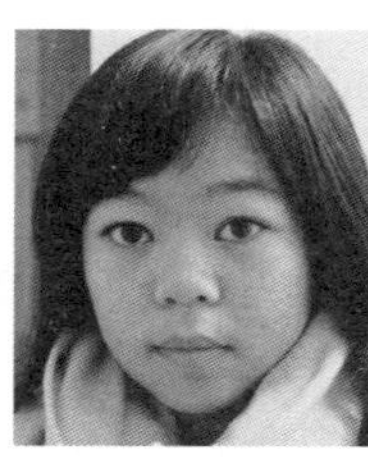

梁金凤
韩山师范学院
主要作品
《春的气息》
作品编号
F0032

梁　宽
河北科技师范学院
主要作品
《画室一角》
作品编号
A0242

梁　良
广西艺术学院
主要作品
《清·闲》系列
作品编号
D0310 ～ D0311

梁梦迪
天津体育学院运动与文化艺术学院
主要作品
《创意光盘》《RIO 小桃小橙》
作品编号
D0241/D0659

梁敏娜
广州大学纺织服装学院
主要作品
《归》
作品编号
A0468

梁佩仪
广西艺术学院
主要作品
《幻》
作品编号
A1088

梁圣颖
广州华立科技职业学院
主要作品
《将进酒》《菩提偈》
作品编号
B0136/B0137

梁新缘
湖南科技学院
主要作品
《人物摄影》《静物摄影》
作品编号
H0324/H0437

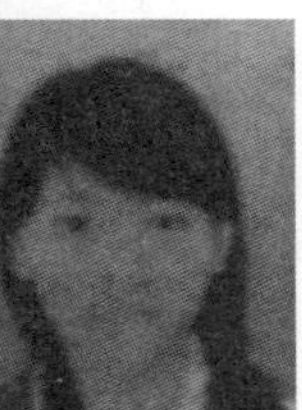

梁艺怡
广东工业大学
主要作品
《风景写生》
作品编号
A0492

梁颖莹
仲恺农业工程学院
主要作品
《浴室一角》
作品编号
E0462

梁芷茵
私立华联学院
主要作品
《苏州山塘》
作品编号
A0804

梁卓越
山东科技大学
主要作品
《皖南映像》
作品编号
A0799 ~ A0800

廖　辉
河南大学
主要作品
《素描头像》《创意灯罩》
作品编号
A0692/G0031

廖俊鹏
武汉工商学院
主要作品
《雀巢咖啡广告摄影》
作品编号
H0416

廖　康
四川工程职业技术学院
主要作品
《遗漏的绿》
作品编号
A0506

廖力民
常州大学
主要作品
《甲虫台灯》《破网》《依偎》
作品编号
G0048/H0168/H0238

廖林丽
东莞职业技术学院
主要作品
《安徽速写》
作品编号
A0888

廖　玲
广西艺术学院
主要作品
《牛仔体》
作品编号
D0649

廖淇锋
郑州轻工业学院易斯顿（国际）美术学院
主要作品
《景观》《河石》《男孩》
作品编号
H0069/H0070/H0294

廖昀蕾
四川师范大学
主要作品
《人物》《嘿，伙计》
作品编号
A0668 ~ A0669/H0193

林阿怀
闽江学院
主要作品
《林则徐字体设计》《流光》
作品编号
D0651/H0177

林东升
北京汇佳职业学院
主要作品
《印象巴里室内设计》《简欧室内设计》
作品编号
E0065/E0179

林　凡
三明学院
主要作品
《救生圈机器人》
作品编号
G0007

林冠廷
景德镇陶瓷学院
主要作品
《来自外太空的积木》
作品编号
A1154

林汉武
东莞职业技术学院
主要作品
《安徽村落》
作品编号
A0889

林华娱
重庆三峡学院
主要作品
《素描头像》
作品编号
A0694

林慧佳
广东建设职业技术学院
主要作品
《欢乐果园》《绿色果园》
作品编号
D0218/D0219

林佳佳
韩山师范学院
主要作品
《五色》《草丛深处》
作品编号
A1104/A1105

林建航
佛山科学技术学院
主要作品
《MT FASHION》《CREATED》
《快乐的女孩》《KEEPFRESH》《纪念服图案》
作品编号
D0109/D0653/F0167/I0067/I0068

林　洁
成都艺术职业学院
主要作品
《室内设计手绘表现》
作品编号
E0422

林锦英
广东技术师范学院
主要作品
《安逸者》《花之殇》
作品编号
A0220/A0221

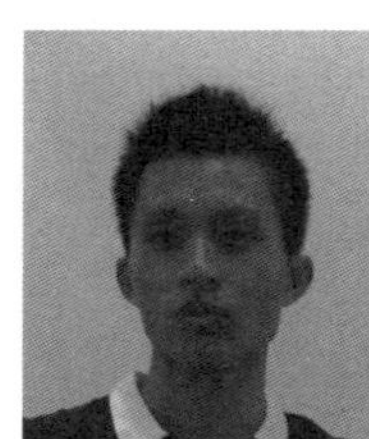

林雷明
海南职业技术学院
主要作品
《雾霾开关》《丝绸之路》
作品编号
D0366/D0493

林利园
北京印刷学院
主要作品
《K—Alexander》《K—David》《K—Charlemagne》
作品编号
A0548/A0549/A0550

林莉纯
韩山师范学院
主要作品
《蝙蝠侠》
作品编号
A1071

林美兰
闽江学院
主要作品
《静物水粉写生》
作品编号
A0262 ~ A0263

林乃翔
华南农业大学
主要作品
《青春少女》《广州动物园》《蒜头》
作品编号
A0404/A0405/A0753

林乔武

三明学院

主要作品

《绽放》《背井离乡》《Barrier–free cup》《陶艺》

作品编号

C0001/C0002/G0069 ～ G0070/H0326

林秋阳

闽江学院

主要作品

《圣诞精灵》《安静！有情况》

作品编号

A1075/A1076

林如柏

深圳大学

主要作品

《梅花四条屏》《京剧文化展示空间设计》

《校园公共艺术设计》《西湖印象》《别墅设计》

作品编号

B0041 ～ B0044/E0211 ～ E0215/E0216 ～ E0218/E0332 ～ E0334/H0072

林润青

广州大学纺织服装学院

主要作品

《自己》

作品编号

A0955

林　烁

广东青年职业学院

主要作品

《玉石门》

作品编号

F0283

林思聪

惠州经济职业技术学院

主要作品

《难》

作品编号

A0827

林松涵

福建师范大学

主要作品

《午后》

作品编号

A0212

林先婷

广东工业大学

主要作品

《河中虾》《凋零》《山腰一角》《雨与丝》《晒猪头》

作品编号

A1043/H0034/H0108/H0109/H0486

林祥辉

三明学院

主要作品

《Radar》

作品编号

G0086

林晓金

私立华联学院

主要作品

《大理古城》

作品编号

A0805

林晓婷

韩山师范学院

主要作品

《逃离》《幻》

作品编号

A1122/C0132

林晓珍

广东工业大学华立学院

主要作品

《天线》《海天之草》

作品编号

H0169/H0191

林欣桦

天津体育学院运动与文化艺术学院

主要作品

《餐厅》《春》

作品编号

E0111 ～ E0113/H0236/H0268

林燕玲

广州大学纺织服装学院

主要作品

《摊簧》

作品编号

D0422 ～ D0424

林　扬

郑州轻工业学院易斯顿（国际）美术学院

主要作品

《乡愁·门前》《夜》《优

作品编号

A0918/B0092/B0156

林　阳

河南大学

主要作品

《反战招贴》《水污染招贴》《哈尔滨北方森林动物园识别系统》

作品编号

D0326/D0441/D0545 ～ D0546

林炀子
汕尾职业技术学院
主要作品
《水之上》
作品编号
H0093/H0144

林银芳
韩山师范学院
主要作品
《木石版画》
作品编号
A0552

林映琳
私立华联学院
主要作品
《天龙八部影视城》
作品编号
A0806

林中川
暨南大学
主要作品
《形象设计》
作品编号
F0185

林子钰
三明学院
主要作品
《陶艺》
作品编号
H0326

刘　安
武汉工商学院
主要作品
《红广场伏特加预调酒广告摄影》
作品编号
H0432

刘冰清
四川美术学院
主要作品
《梦寐时分系列之以梦为马》
作品编号
A0199

刘　博
天津商业大学
主要作品
《现代简约》《中式别墅》《新中式》
作品编号
E0093 ~ E0095/E0096/E0097 ~ E0098

刘成龙
南京邮电大学
主要作品
《静寂》
作品编号
H0085

刘骋宇
武汉工商学院
主要作品
《百加得冰锐朗姆酒广告摄影》
作品编号
H0405

刘頔桦
东南大学成贤学院
主要作品
《自画像》《神居》《陨落》
作品编号
A0688/F0157/F0158

刘东阳
南京师范大学泰州学院
主要作品
《古韵·老街》
作品编号
A0936

刘冬常
华中师范大学
主要作品
《楚天遥》
作品编号
A0571

刘　栋
闽南师范大学
主要作品
《现代中式》
作品编号
E0185 ~ E0187

刘逢仕
南宁职业技术学院
主要作品
《秋·物语》
作品编号
H0271

刘　凤
广西幼儿师范高等专科学校
主要作品
《舒适》
作品编号
H0097

刘福生
山西师范大学
主要作品
《黑白木刻》
作品编号
A0563

刘莞芸
景德镇陶瓷学院
主要作品
《"梦湾"度假村》《"时速"网络》
作品编号
D0018/D0052

刘光勇
广西艺术学院
主要作品
《小区景观设计手绘表现》
《欧美别墅建筑手绘表现》《程阳八寨侗族建筑写生》
作品编号
E0401/E0453/E0472

刘国勇
武汉工商学院
主要作品
《水密码美容液广告摄影》
作品编号
H0453

刘红丽
河北旅游职业学院
主要作品
《重庆市沙坪坝曾家镇标识》
《中国酒泉网征集LOGO》《天空之城字体设计》
作品编号
D0009/D0080/D0656

刘华麟
吉林艺术学院
主要作品
《Cock roach》《Fly》《Geotrupidae》
作品编号
D0672/D0673/D0674

刘　欢
大连大学
主要作品
《婚纱》
作品编号
H0338

刘会会
浙江师范大学
主要作品
《苏州园林写生》系列
作品编号
A0925

刘霁萱
广西艺术学院
主要作品
《北海渔船》
作品编号
A0489

刘佳红
广东技术师范学院
主要作品
《饰》
作品编号
A0291

刘嘉欢
山西大学
主要作品
《点墨山水美术馆》
作品编号
E0282 ~ E0283

刘嘉敏
三明学院
主要作品
《睡莲》《蔡君》《陶影》
作品编号
C0003/C0004/C0105

刘　坚
南昌大学
主要作品
《心泊》
作品编号
E0072 ~ E0074

刘　娇
四川音乐学院成都美术学院
主要作品
《河畔》
作品编号
A0440

刘劲草
北京科技大学天津学院
主要作品
《水出芙蓉》
作品编号
H0253

刘景发
河源职业技术学院
主要作品
《中国江苏网视觉形象设计》
作品编号
D0071

刘　静

北方民族大学

主要作品

《花》《雅安上里古镇》

作品编号

A0283/A0886 ~ A0887

刘凯琳

天津职业技术师范大学

主要作品

《轮滑鞋》《皮影仙女》《童年记忆》

作品编号

A0454/F0125/F0128

刘　康

西京学院

主要作品

《天性》《静物写生》《创意素描》

作品编号

A0631/A0706/A1116

刘雷石

新疆师范大学

主要作品

《枯萎》《建筑写生》

作品编号

A0290/E0455

刘　磊

德州科技职业学院

主要作品

《远离毒品》《青岛印象》

作品编号

D0491/D0529

刘　蕾

天津职业技术师范大学

主要作品

《哪吒闹海》《脸谱》

作品编号

F0126/F0127

刘　力

广西师范大学

主要作品

《空城系列之亲情》《空城系列之空》

《空城系列之爱情》《空城系列之自我》

作品编号

C0049/C0050/C0051/C0052

刘利娜

重庆工商大学

主要作品

《记忆》

作品编号

H0231

刘梅红

广西演艺职业学院

主要作品

《伊甸园》

作品编号

E0148 ~ E0150

刘梦君

广东建设职业技术学院

主要作品

《薇驰》

作品编号

D0554

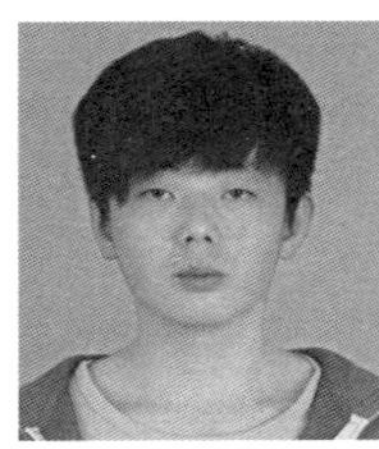

刘培城

伊犁师范学院

主要作品

《宠物猫食品标志》

作品编号

D0031

刘培培

西京学院

主要作品

《村庄》

作品编号

A0934

刘沛敏

韩山师范学院

主要作品

《手机随拍・光线》

作品编号

H0373

刘千羽

华南理工大学

主要作品

《家味》《校园》

作品编号

A0483/F0168/F0176

刘秋利

广西艺术学院

主要作品

《“姝”内衣包装》

作品编号

D0588 ~ D0593

刘　锐

江西师范大学

主要作品

《宁静》《淑女》《摇曳》

作品编号

A0274/A0947/A0948

刘绍博
北京工业大学耿丹学院
主要作品
《无商不奸》
作品编号
F0067

刘诗璐
湖北工业大学工程技术学院
主要作品
《梦想国》
作品编号
A1090

刘士威
武汉工商学院
主要作品
《力士沐浴乳广告摄影》
作品编号
H0435

刘淑娴
广东技术师范学院
主要作品
《斑驳》
作品编号
A0481

刘思彤
四川音乐学院成都美术学院
主要作品
《川西民居》
作品编号
A0897

刘斯月
成都理工大学工程技术学院
主要作品
《别墅区外景》
作品编号
A0919

刘特利
抚顺职业技术学院
主要作品
《遇见》
作品编号
I0020

刘　亭
昆明理工大学
主要作品
《笑颜》
作品编号
A0084

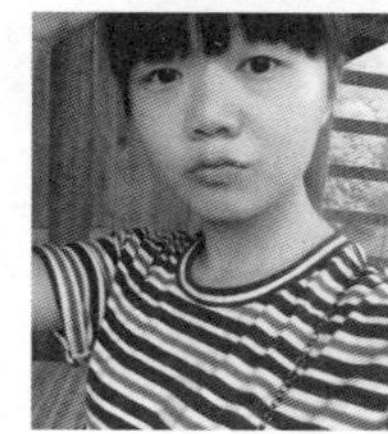

刘　婷
广西艺术学院
主要作品
《侗寨记忆》
作品编号
A0870 ~ A0871

刘　桐
江苏师范大学
主要作品
《秋日赴阙题潼关驿楼》
作品编号
B0110

刘　潼
大连艺术学院
主要作品
《水彩画》
作品编号
A0296

刘　伟
西京学院
主要作品
《冷淡》
作品编号
A0265

刘伟晨
惠州经济职业技术学院
主要作品
《围龙屋》《海景楼》
作品编号
A0822/A0823

刘　锡
北京印刷学院
主要作品
《白玫瑰》
作品编号
A0081

刘肖肖
北京理工大学
主要作品
《枝上花》系列《水岸秋香》《都会过去》
作品编号
B0023 ~ B0026/B0027/B0158

刘晓琳
齐鲁工业大学
主要作品
《吉林市中心医院标志》《触手可“吉”》
作品编号
D0078/D0431 ~ D0433

刘晓萍
成都理工大学工程技术学院
主要作品
《别墅区外景》
作品编号
A0930

刘晓庆
西安培华学院
主要作品
《荷叶》《古建筑苏式彩绘》
作品编号
A0460/A1017

刘晓雪
北京工业大学耿丹学院
主要作品
《天然去雕饰》
作品编号
H0001

刘昕怡
内蒙古大学
主要作品
《素描静物》
作品编号
A0765

刘新宇
华中师范大学
主要作品
《荒》
作品编号
A0216

刘　信
郑州轻工业学院易斯顿（国际）美术学院
主要作品
《万丈光芒》《琵琶女》《翔》
作品编号
B0146/C0061/C0062

刘雪梅
江西工程学院
主要作品
《睡花》
作品编号
A0088

刘亚菲
河套学院
主要作品
《新国艺系列作品之青花意韵》
《新国艺系列作品之青花瓷》《彩妆招贴广告》
作品编号
D0536/D0537/D0539

刘言浩
南开大学滨海学院
主要作品
《武神》
作品编号
A0588

刘彦君
桂林理工大学
主要作品
《律・动》系列
作品编号
A0976 ~ A0978

刘　洋
北方民族大学
主要作品
《西递全景》
作品编号
A0912

刘一民
哈尔滨理工大学荣成学院
主要作品
《老虎》《七天》
作品编号
A0352/F0029

刘弋捷
四川美术学院
主要作品
《新禧・心喜》
作品编号
D0678 ~ D0681

刘　艺
韩山师范学院
主要作品
《孔雀的梦》
作品编号
A1123

刘亦璐
南开大学
主要作品
《风景写生》《攀登》
作品编号
A0420/A1146

刘逸凡
广东技术师范学院
主要作品
《静物》《海市蜃楼》
作品编号
A0294/A0963

刘银枝
天津职业技术师范大学
主要作品
《新新之家》《爱之深》
作品编号
F0051/F0052

刘　颖
湖南师范大学
主要作品
《水乡周庄》《周庄 · 晨》《周庄 · 暮》
作品编号
A0436/H0171/H0172

刘娱晗
燕山大学
主要作品
《清馨居》《简 · 馨之家》
作品编号
E0062 ~ E0064/E0258 ~ E0260

刘　宇
天津财经大学
主要作品
《婺美》
作品编号
H0335

刘　宇
吉林艺术学院
主要作品
《老林新绿》
作品编号
A0042

刘宇轩
广东工业大学
主要作品
《室外设计手绘》系列
作品编号
A0839 ~ A0840/E0457 ~ E0459

刘玉洁
烟台大学
主要作品
《唯美宏村》《舞英》《独爱莲》
作品编号
H0091/H0223/H0224

刘　媛
榆林学院
主要作品
《中国梦 · 摄影梦》
作品编号
A1018

刘振宇
常州大学
主要作品
《唐三彩壁画》
作品编号
C0073

刘正华
武汉工商学院
主要作品
《九朵玫瑰花中水广告摄影》
作品编号
H0455

刘　志
四川长江职业学院
主要作品
《怒放》
作品编号
H0235

刘忠茹
福建工程学院
主要作品
《家乡 · 土楼》
作品编号
A0926

刘　柱
成都艺术职业学院
主要作品
《风姿绰约》
作品编号
G0010

柳桂雪
山东理工大学
主要作品
《我的朋友在哪里》
作品编号
H0161

柳濠坤
湖南师范大学
主要作品
《水乡周庄》
作品编号
A0429

柳　震
成都理工大学工程技术学院
主要作品
《水墨底蕴》
作品编号
D0316 ~ D0318

龙海涛

常州大学

主要作品

《纸币兑换硬币机》

作品编号

G0005

卢燕琪

私立华联学院

主要作品

《江汉关》

作品编号

A0797

龙　杰

成都艺术职业学院

主要作品

《山沟小树》

作品编号

A0098

卢　尧

江苏理工学院

主要作品

《人会是下一条鱼么》《字体排版》

作品编号

D0369/0248 ~ F0249

龙文鹏

武汉理工大学

主要作品

《岭南蓝天下》

作品编号

B0074

卢云巧

大连艺术学院

主要作品

《花甲之年》

作品编号

A0684

娄艺凡

北京理工大学

主要作品

《七度空间广告——随心所欲》系列

《烜晟集团视觉识别 logo》《湘味浓包装设计》系列

作品编号

D0233 ~ D0235/D0276 ~ D0277/D0549

陆婵娟

铜陵职业技术学院

主要作品

《剪纸之生旦净末丑》

作品编号

D0662

卢承君

黄冈师范学院

主要作品

《雾霾≠城市》

作品编号

D0466

陆殿霞

大连科技学院

主要作品

《水粉画静物》《一家人》

作品编号

A0275/F0173

卢　萍

武汉工商学院

主要作品

《爱丽蜗牛滋润面霜广告摄影》

作品编号

H0408

陆　凯

盐城工学院

主要作品

《无常》《勋章》《食气鬼》《获身鬼》《兽纹系列之牛》

《兽纹系列之狮》《兽纹系列之龙》《梦鬼》《宙瞳》《牢门》《浮

作品编号

F0077/F0078/F0079/F0080/F0081/F0082/F0083/F0084/F0085/
F0086/F0087

卢细妹

广东技术师范学院

主要作品

《艺之路之思》

作品编号

A0854

陆梦楠

马鞍山师范高等专科学校

主要作品

《太原市图书馆标志》

作品编号

D0107

卢晓彤

广东工业大学

主要作品

《我》《等候》

作品编号

A0562/A0846

陆兴梁

南京理工大学泰州科技学院

主要作品

《字体设计》

作品编号

D0648

陆　叶

南京理工大学泰州科技学院

主要作品

《长城》

作品编号

D0164

陆一溪

安阳师范学院

主要作品

《黎明的早晨》《秋韵》《夕阳下的 love》

作品编号

H0015/H0164/H0317

陆　哲

河套学院

主要作品

《红军长征纪念馆——外观设计方案》

《红军长征纪念馆——展厅设计方案》

作品编号

E0277/E0278

路广凯

南开大学滨海学院

主要作品

《年画》

作品编号

A0610

罗昌海

贵州财经大学

主要作品

《新居苗岭图》

作品编号

B0056

罗　畅

四川美术学院

主要作品

《新禧·心喜》

作品编号

D0678 ~ D0681

罗德顺

贵州师范大学

主要作品

《未知"授权"》

作品编号

A0163

罗方圆

天津科技大学

主要作品

《好人乐》《毕业祭》

作品编号

D0082/D0370

罗伽音

北京印刷学院

主要作品

《幻》

作品编号

A0082

罗恒杰

武汉工商学院

主要作品

《丝蕴洗发水广告摄影》

作品编号

H0462

罗华树

成都艺术职业学院

主要作品

《异动》

作品编号

G0032

罗来辉

四川工商职业技术学院

主要作品

《书法语，四小稿》

作品编号

B0123 ~ B0126

罗　乐

北方民族大学

主要作品

《江南风韵》

作品编号

A0911

罗　龙

常州大学

主要作品

《纸币兑换硬币机》

作品编号

G0005

罗钦文

常州工学院

主要作品

《牛与鸟》《虾》

作品编号

B0093/B0094

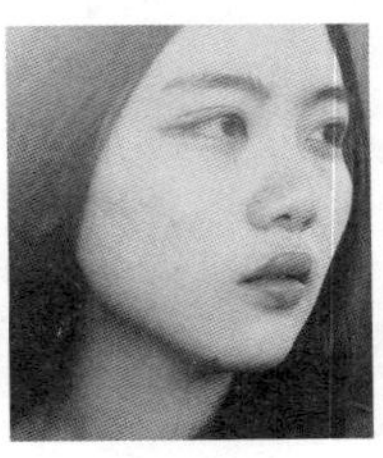

罗　琴

海口经济学院

主要作品

《溪栖温泉客栈》《和谐》

作品编号

D0110/D0675

罗少林
广东第二师范学院
主要作品
《光辉岁月》
作品编号
A0326

罗诗琪
北京科技大学天津学院
主要作品
《波光》
作品编号
H0184

罗世荣
东莞职业技术学院
主要作品
《徽派建筑写生系列之小巷》
作品编号
A0916 ～ A0917

罗舒文
景德镇陶瓷学院
主要作品
《插画系列之空明》《插画系列之大学小绘》《插画之好奇心》
作品编号
F0022 ～ F0023/F0130 ～ F0132/F0147

罗显欢
长江师范学院
主要作品
《嫩芽》
作品编号
H0234

罗新明
广西师范学院
主要作品
《生长》
作品编号
C0098

罗 鑫
安徽职业技术学院
主要作品
《动漫创作精品课程主页》《艺术设计系主页》
作品编号
F0261/F0262

罗 璇
湖北美术学院
主要作品
《谧》
作品编号
A0493

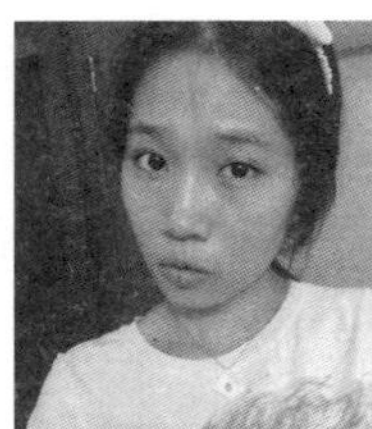

罗 薏
郑州轻工业学院易斯顿（国际）美术学院
主要作品
《国色天香》《飘零》《迁》
作品编号
C0114/C0115/C0119

罗银娉
重庆电信职业学院
主要作品
《花瓶》
作品编号
A1157

罗志刚
河北科技大学
主要作品
《岁月》
作品编号
A0646

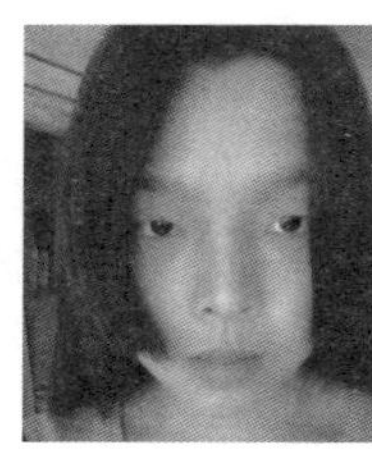

吕梦炎
武汉工商学院
主要作品
《樱花雪肌润白霜广告摄影》
作品编号
H0447

吕其配
佛山科学技术学院
主要作品
《山高水长》《便携咖啡机》
作品编号
A0476/G0078

吕优优
成都艺术职业学院
主要作品
《室内设计手绘表现》
作品编号
E0421

吕云鹏
武汉工商学院
主要作品
《范思哲香水广告摄影》
作品编号
H0378

马 斌
重庆三峡学院
主要作品
《万州标志》
作品编号
D0097

马楚骅
齐鲁工业大学
主要作品
《渔悦沙讴》《空寂》
作品编号
A1082/A1083

马　迪
厦门大学
主要作品
《Don't hurt me》系列《Don't let the green disappear》系列
作品编号
D0262 ~ D0265/D0266 ~ D0267

马　飞
湖南理工学院
主要作品
《舞》
作品编号
B0102

马洪颖
沈阳工学院
主要作品
《味道江湖中餐厅设计》
作品编号
E0168 ~ E0170

马　娇
北方民族大学
主要作品
《水粉静物》
作品编号
A0284

马金鑫
天津科技大学
主要作品
《馨晴》
作品编号
G0042 ~ G0043

马　兰
北华航天工业学院
主要作品
《孤独》《随意》
作品编号
H0065/I0032

马兰花
武汉生物工程学院
主要作品
《美》
作品编号
F0150

马　利
郑州轻工业学院易斯顿（国际）美术学院
主要作品
《天猫插画》系列《落日》《生命》
作品编号
D0293 ~ D0294/H0011/H0244

马莉颖
西北民族大学
主要作品
《大雅文化画廊标志设计》
作品编号
D0013

马靓叶
西北民族大学
主要作品
《比丘》
作品编号
A0586

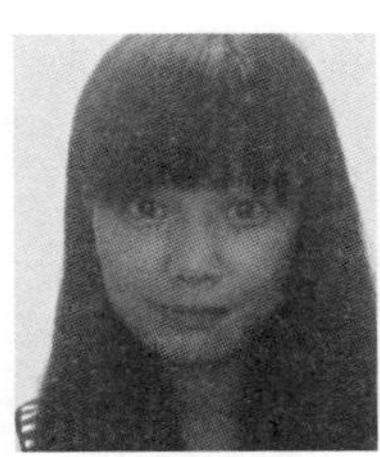

马妙璇
漳州职业技术学院
主要作品
《云水谣写生》
作品编号
A0874

马　萍
江西工程学院
主要作品
《角》
作品编号
H0076

马　强
榆林学院
主要作品
《夜》《守・望》
作品编号
H0151/H0321

马士博
天津美术学院
主要作品
《烟雨》
作品编号
A0253

马世银
北方民族大学
主要作品
《速写》
作品编号
A0858 ~ A0861

马小惠
沈阳大学
主要作品
《亦山亦水·一茶一坐》《漫》
作品编号
C0088/I0033

马小伟
榆林学院
主要作品
《中国梦·延安情》
作品编号
A1024

马亚浩
大连工业大学
主要作品
《树》系列
作品编号
D0399 ~ D0402

马玉洁
吉林艺术学院
主要作品
《薪火释乐》《剪纸为主题的手机界面》《麻布为主题手机界面》
作品编号
D0605 ~ D0606/F0246/F0247

马泽娟
云南民族大学
主要作品
《夕阳》《彩虹桥》《蒲公英》
作品编号
H0080/H0149/H0266

马　哲
天津职业技术师范大学
主要作品
《男孩儿们》《苗族》
作品编号
A0816/A0817

毛丹凤
东华理工大学
主要作品
《青》
作品编号
A0611

毛　俊
黄山学院
主要作品
《"琵琶"迷你音响》《"飞蛋"微型航拍仪》
作品编号
G0003/G0062

毛龙步
西京学院
主要作品
《接触》《静·时光》
作品编号
A0733/A0734

梅天鹏
西北民族大学
主要作品
《没有买卖没有伤害》
作品编号
D0413 ~ D0415

梅婷婷
浙江同济科技职业学院
主要作品
《素绣》
作品编号
D0149

门　喜
河南大学
主要作品
《中唐世家》《珍源坊》《胖哥食品》《千古寓言》
作品编号
D0026/D0077/D0135/D0614

孟界竹
中国美术学院
主要作品
《摩登之都》《梦中的玩偶》《聊斋之画皮》《故乡的美食》
作品编号
A1092/A1093/F0041/F0252

孟令翾
四川大学锦城学院
主要作品
《布达拉宫》《羊卓雍错》
作品编号
H0005/H0102

孟盟盟
安徽广播影视职业技术学院
主要作品
《建筑表现——哥特式建筑》《KTV 室内设计》
作品编号
A0908/E0085 ~ E0086

孟晓霞
景德镇陶瓷学院
主要作品
《金黄色的画卷》《痕》
作品编号
A0986/A1020

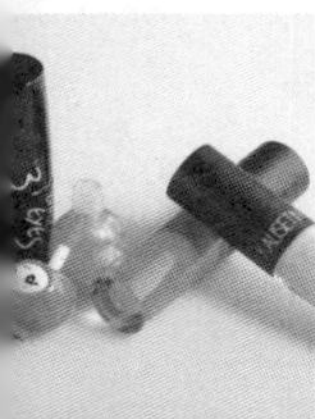

孟雅芝

湖南科技学院

主要作品

《商业摄影人物》《静物摄影》

作品编号

H0322/H0392

苗鹏杰

抚顺职业技术学院

主要作品

《飘》

作品编号

I0017

苗茜彦

成都艺术职业学院

主要作品

《室内设计》

作品编号

E0451

莫格茵

广东建设职业技术学院

主要作品

《娇兰》

作品编号

D0220

莫家旺

广西艺术学院

主要作品

《叶来香》《关爱》《关爱西部人民·关爱社会》

作品编号

D0202/D0368/H0304 ~ HC305

莫世波

武汉商学院

主要作品

《灶》《田野上的老牛》

作品编号

A0183/A0184

莫树财

常州大学

主要作品

《360 婴童卫士》

作品编号

G0004

母永霞

阿坝师范高等专科学校

主要作品

《堰亭小记》

作品编号

B0029

穆雅婷

西安培华学院

主要作品

《关爱儿童减负招贴》

作品编号

D0544

穆玉凤

山东师范大学

主要作品

《轮回的畅想》

作品编号

E0320 ~ E0324

穆泽新

北京印刷学院

主要作品

《藤板花》

作品编号

A0341

南　岳

湖北交通职业技术学院

主要作品

《餐厅》《客厅》《门厅》

作品编号

E0165/E0166/E0167

倪浩佳

韩山师范学院

主要作品

《凌霄》《梦深处》

作品编号

A1061/A1062

倪浩然

西京学院

主要作品

《素描静物》

作品编号

A0778

倪　欢

南京理工大学泰州科技学院

主要作品

《宏村一角》（临摹）

作品编号

A0400

倪茂家

广东技术师范学院

主要作品

《人·两个世界》

作品编号

A0158 ~ A0159

倪　尚
广西艺术学院
主要作品
《呼唤春天》
作品编号
C0029

倪文吉
南昌大学
主要作品
《后院》《素描头像》《古镇》
作品编号
A0509/A0695/H0173

倪夏楠
云南师范大学
主要作品
《那个叫玲子的女孩》
作品编号
A0121

倪雪媛
北京工业大学耿丹学院
主要作品
《黄土高坡》
作品编号
F0108

聂萌萌
天津体育学院运动与文化艺术学院
主要作品
《室内设计》
作品编号
E0143

聂　爽
郑州轻工业学院易斯顿（国际）美术学院
主要作品
《德芙海报》《良品铺子插画》系列
作品编号
D0386/F0162 ~ F0164

聂秀花
青岛滨海学院
主要作品
《舌尖上的中国》
作品编号
D0629

牛　琴
成都艺术职业学院
主要作品
《室内设计手绘表现》
作品编号
E0423

欧阳洁
四川美术学院
主要作品
《重彩岩洞》系列
作品编号
A0099 ~ A0100

欧阳舟
湖南师范大学
主要作品
《保护森林》
作品编号
D0291

潘　晗
武汉工商学院
主要作品
《丝蕴润发乳广告摄影》
作品编号
H0409

潘沪生
兰州大学
主要作品
《背之惑》《When it is over ？》
作品编号
A0676/D0425

潘金辰
河北师范大学
主要作品
《大道无形》
作品编号
B0054

潘　璐
景德镇陶瓷学院
主要作品
《案香》《繁花似锦》《萌芽》
作品编号
C0083 ~ C0084/C0085/C0136

潘　梅
景德镇陶瓷学院
主要作品
《我心畅想》《雅风》《相拥》
作品编号
C0081/C0082/C0135

潘敏捷
江苏理工学院
主要作品
《宅》《人物写生》
作品编号
A1025/B0007

潘庆安
山东科技大学
主要作品
《鱼米之乡》《梦 · 宏村》
作品编号
A1118/A1119

潘　秀
武汉工商学院
主要作品
《黑糖基底精华广告摄影》
作品编号
H0450

潘　莹
成都大学
主要作品
《美人蕉》《奔跑》
作品编号
B0075/H0302

潘芷瀛
广东舞蹈戏剧职业学院
主要作品
《FUN · 阅——概念体验馆》
作品编号
E0207 ~ E0209

潘梓璐
北京印刷学院
主要作品
《不不不》《你毁的不只是一代人》《放下斧头》
作品编号
D0484/D0485/D0486

盘思华
广东第二师范学院
主要作品
《初夏》
作品编号
A0249

庞邦君
华中师范大学
主要作品
《敦煌壁画》（局部临摹）《永乐宫壁画》（局部临摹）
作品编号
B0084/B0085

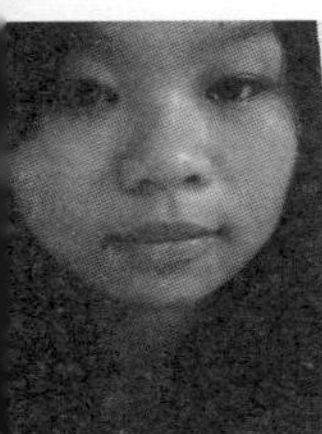

庞成梅
北海职业学院
主要作品
《标志设计》
作品编号
D0089

庞　倩
昆明理工大学
主要作品
《样》
作品编号
D0001

庞宇静
吉林艺术学院
主要作品
《畅游》《冬日暖阳》
作品编号
F0133/H0147

裴宏泽
武汉工商学院
主要作品
《守望者》
作品编号
H0141

裴华炜
燕山大学
主要作品
《集装箱系列室内效果图》
作品编号
E0194 ~ E0196

裴　璐
山西大学
主要作品
《wake up》《商业空间表现之中国风李餐厅》
《商业空间表现之沃尔沃购车中心》
作品编号
D0367/E0466/E0467

彭春丽
广东技术师范学院
主要作品
《沙溪小梯田》
作品编号
A0213

彭芳湲
河南大学
主要作品
《心经》
作品编号
B0132

彭　娟
大连艺术学院
主要作品
《哈尔的移动城堡》
作品编号
F0047

彭　庆
四川电影电视学院
主要作品
《安仁印象系列之民国学生》《安仁印象系列之童真》
作品编号
H0315/H0334

戚炎强
广东技术师范学院
主要作品
《回到原点》《虚实相间》
作品编号
A1115/H0355

齐雅聪
北京经济技术职业学院
主要作品
《城堡》
作品编号
A0933

齐娅璇
北京理工大学
主要作品
《梦幻奇缘》《婺源印象》
作品编号
A0001 ～ A0004/A0437 ～ A0438

祁　岩
天津科技大学
主要作品
《旋》
作品编号
A1117

綦　鑫
重庆工商大学
主要作品
《时光飞逝》系列
作品编号
F0227 ～ F0232

钱　程
昆明理工大学
主要作品
《黑天鹅》
作品编号
D0256 ～ D0259

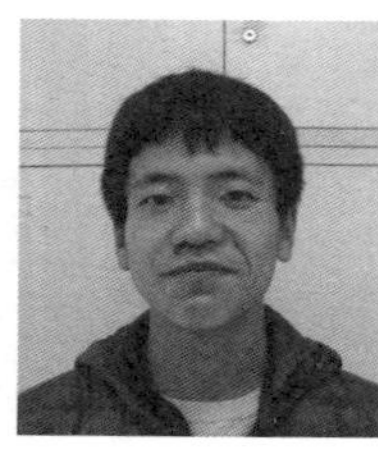

钱方方
西京学院
主要作品
《石膏静物》
作品编号
A0749

钱俊颖
广州大学纺织服装学院
主要作品
《凤凰茗茶》
作品编号
D0047

钱明渊
华中师范大学
主要作品
《女人体素描》系列
作品编号
A0654

钱文娴
常州纺织服装职业技术学院
主要作品
《花之灿》《女导游》
作品编号
A0532/H0316

乔冬倩
四川师范大学
主要作品
《年·味》《午后》
作品编号
A0496/A0497

乔　杰
沈阳工学院
主要作品
《时尚罗曼餐吧设计》
作品编号
E0206

覃彬玲
广西演艺职业学院
主要作品
《幸运之海》
作品编号
E0041 ～ E0046

覃鹏雕
北海职业学院
主要作品
《荣华南府标志设计》
作品编号
D0017

覃　思
广西艺术学院
主要作品
《"姝"内衣包装》
作品编号
D0588 ～ D0593

秦梦薇

齐鲁工业大学

主要作品

《印记系列之纸指相传》《绣香四溢》《遗术长青》

作品编号

D0283/D0284/D0285

秦　琴

武汉工商学院

主要作品

《相宜本草爽肤水广告摄影》

作品编号

H0421

秦雨田

合肥师范学院

主要作品

《毒蜘蛛》

作品编号

F0013

青云戈

南京艺术学院

主要作品

《水电站》《朱娜萨拉 n》系列

作品编号

A0237/A0444 ~ A0445

丘玉珍

东莞职业技术学院

主要作品

《徽派建筑钢笔速写》系列

作品编号

A0891 ~ A0892

邱光昊宇

河北美术学院

主要作品

《小提琴 Ⅱ》《小提琴 Ⅰ》

作品编号

F0015/F0018

邱榆杰

广东建设职业技术学院

主要作品

《丹尼尔》《飘落的时空》

作品编号

D0105/D0253

邱　媛

广东财经大学华商学院

主要作品

《窒息》《人人纳税　税为人人》《云海》《石家大院》

作品编号

D0354/D0355/H0094/H0361

仇文静

北华航天工业学院

主要作品

《平面构成》

作品编号

A1153

屈俊平

成都理工大学工程技术学院

主要作品

《好居家》

作品编号

E0121 ~ E0124

屈庆杰

济南大学泉城学院

主要作品

《快艇》

作品编号

H0142

曲宝琢

大连工业大学

主要作品

《油画习作》《自画像》

作品编号

A0089/A0671

曲东川

四川大学锦城学院

主要作品

《归来》电影海报

作品编号

D0477

曲宏宇

沈阳航空航天大学

主要作品

《视觉新沈阳 · 印象百合塔》《视觉新沈阳 · 印象故宫》

作品编号

D0278/D0279

阙婉璐

福建幼儿师范高等专科学校

主要作品

《产品设计——橱柜》

作品编号

G0027 ~ G0029

冉　彧

四川工程职业技术学院

主要作品

《未来空间站》

作品编号

A1121

任炳旭
天津师范大学津沽学院
主要作品
《黑云压城》《回忆》《躁动的臣子》
作品编号
H0350/H0372/H0381

任博威
陕西国际商贸学院
主要作品
《椒图祈福》《民国女》《自画像》
作品编号
F0030/F0031/F0042

任飞燕
武汉工商学院
主要作品
《里美保湿精华液广告摄影》
作品编号
H0427

任航航
山西农业大学信息学院
主要作品
《胶囊凳》
作品编号
G0058

任俊杰
齐鲁师范学院
主要作品
《雪后阳光》《力量》
作品编号
H0004/H0300

任秋燕
山东师范大学
主要作品
《人之初》《暮色》
作品编号
A0164 ~ A0166/H0154

阮琳琳
华东师范大学
主要作品
《静物》《写生》
作品编号
A0300/A0640

邵 忱
西安培华学院
主要作品
《忆色》
作品编号
H0375

邵立宁
吉林大学
主要作品
《秋舞》《休渔期》《荷叶·殇》
作品编号
A0171/A0174/A0256

邵 敏
周口师范学院
主要作品
《老屋》
作品编号
A0465

邵麒潼
沈阳师范大学
主要作品
《闺蜜·小竹》
作品编号
A0148

邵 茜
武汉工商学院
主要作品
《RIO 鸡尾酒广告摄影》
作品编号
H0423

邵滕珠
湖南工业大学
主要作品
《“沐”》系列
作品编号
E0011 ~ E0012

邵贤哲
山东轻工职业学院
主要作品
《忆雪》
作品编号
F0056

佘 娜
武汉工商学院
主要作品
《泊美化妆品广告摄影》
作品编号
H0469

申佳琪
闽南师范大学
主要作品
《LOOK》《风花雪月花茶包装》系列
作品编号
D0197/D0207

申　茹

齐鲁工业大学

主要作品

《熊猫房子标志设计》《果脯高粱酒包装》

作品编号

D0028/D0209

申育豪

青岛滨海学院

主要作品

《暴风雨前的海边》

作品编号

H0179

沈　迪

吉林艺术学院

主要作品

《<AI 实战精髓 > 海报设计》《"在五月"海报设计》《秋拾》

作品编号

D0411/D0463/D0495

沈　豪

武汉工商学院

主要作品

《Chateau 红酒广告摄影》

作品编号

H0436

沈　捷

扬州职业大学

主要作品

《黑白季节》《猫》

作品编号

A1085/A1086

沈心茹

西安培华学院

主要作品

《堂倌小厨》《自我标志》

作品编号

D0168/D0181

沈　雪

常州大学

主要作品

《婴儿安全座椅》

作品编号

G0050

沈雨然

厦门大学

主要作品

《蜗牛的翅膀》《科艺中心》《轨道》

作品编号

D0613/F0279/F0285

沈　月

上海师范大学

主要作品

《黑夜中的无畏之眼，用手揽住白光芒》

作品编号

A1149

沈哲宇

杭州师范大学

主要作品

《古镇》《小桥流水人家》《江南一景》《食之家》

作品编号

A0927/A0928/A0929/A1038

盛玉洁

江西工程学院

主要作品

《童趣》《如画》《雪山》

作品编号

F0192/H0041/H0042

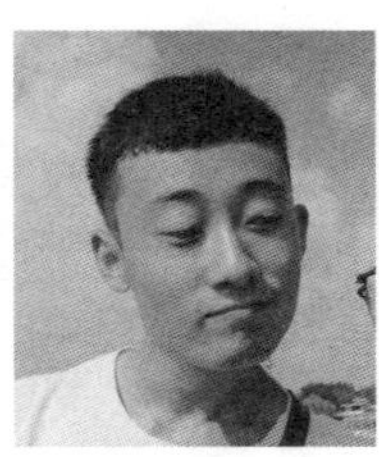

盛泽洋

吉林动画学院

主要作品

《萌喵妹》

作品编号

F0149

施斌杰

沈阳航空航天大学

主要作品

《低碳城市》《原生》《玉猪龙吉祥物》

作品编号

D0462/F0109/F0198

施娇娇

天津农学院

主要作品

《静物》《神马》

作品编号

A0459/A1040

施蕾妮

台州学院

主要作品

《巫峡秋涛》

作品编号

B0057

施良新

哈尔滨职业技术学院

主要作品

《X 西餐工厂效果图》

作品编号

E0103 ~ E0104

施　孟
武汉工商学院
主要作品
《CK 香水广告摄影》
作品编号
H0411

施琦超
青岛科技大学
主要作品
《青——茶具》
作品编号
C0138

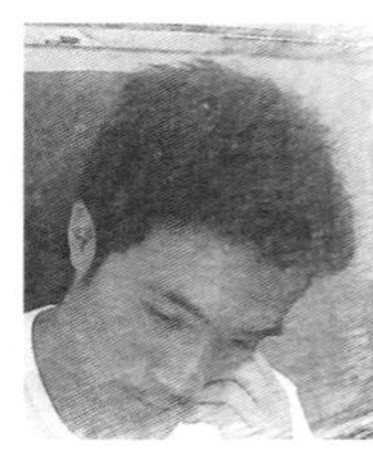

施启方
北方民族大学
主要作品
《水粉静物》《港湾》
作品编号
A0285 ~ A0287/H0146

施群颖
景德镇陶瓷学院
主要作品
《渐入初夏》《东栅的悠然自得》
作品编号
A0035/H0099

湿嘉豪
九江学院
主要作品
《围棋之公共座椅设计》
作品编号
G0049

石碧桃
福州外语外贸学院
主要作品
《室内手绘效果图》《建筑风景速写》
作品编号
E0437/E0478

石宸嘉
景德镇陶瓷学院
主要作品
《古巷春色》《自然生活》
作品编号
H0115/H0190

石钏莹
山东轻工职业学院
主要作品
《小草莓》
作品编号
F0183 ~ F0184

石慧芳
枣庄学院
主要作品
《守望》
作品编号
B0012

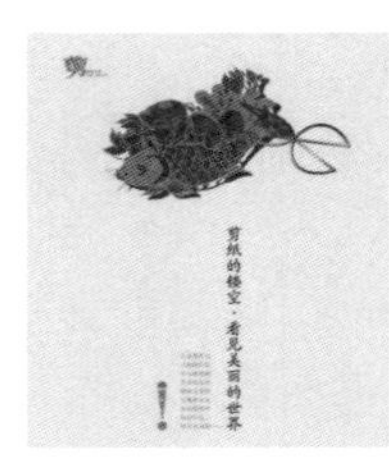

石健炜
河套学院
主要作品
《克丽缇娜美容院包间设计》《居室设计方案》
《中国邮政集团飞信特快标志设计》《剪纸招贴设计》
《海南省图书馆标志设计》《北京万物有灵传媒广告公司标志设
作品编号
D0178/D0179/D0180/D0356/E0171 ~ E0173/E0180

石小坚
广西师范学院
主要作品
《吉祥图案》
作品编号
C0099

石心雨
天津体育学院运动与文化艺术学院
主要作品
《魔石 U 盘》
作品编号
G0076

石玉静
怀化学院
主要作品
《门锁》
作品编号
A0750

时晓晖
燕山大学
主要作品
《风景写生》
作品编号
A0447

时晓颖
德州科技职业学院
主要作品
《贪字头上两把刀》《别走进自己挖好的坟墓》
作品编号
D0508/D0509

史　萌
昆明理工大学
主要作品
《日 · 落》
作品编号
H0089

史一鸣
哈尔滨职业技术学院
主要作品
《服装商业空间设计》
作品编号
E0105 ~ E0107

舒倩倩
北京科技大学天津学院
主要作品
《人与自然》
作品编号
A1124

疏义雄
南京理工大学泰州科技学院
主要作品
《猫》
作品编号
A1044

帅阳智
景德镇陶瓷学院
主要作品
《无题》《雨天》《木池之静谧》《蝶》
作品编号
A0037/A0038/A0039/C0089

司徒颖茵
广州大学纺织服装学院
主要作品
《愉悦》《"圆"美》
作品编号
A0501/C0059

宋婵玲
广西演艺职业学院
主要作品
《卸下》
作品编号
A0500

宋海鸥
天津美术学院
主要作品
《等》
作品编号
A0680

宋　昊
日照职业技术学院
主要作品
《枣庄电视台台标设计》《喜上眉梢喜铺标志》
《Q 果汁饮料包装》《日照绿茶包装》
作品编号
D0041/D0102/D0199/D0200

宋　铭
鲁迅美术学院
主要作品
《安逸》《凝视》《风雪后》《猹》
作品编号
A0321/A0322/A0323/A0324

宋　娜
大连艺术学院
主要作品
《爱》
作品编号
D0632

宋巧红
菏泽学院
主要作品
《绿境》
作品编号
B0008

宋少华
天津商业大学
主要作品
《抱着猫的孩子》《科研与创新编辑部标志》
作品编号
A0691/D0139

宋晓棠
广西师范大学
主要作品
《凤凰涅槃》
作品编号
B0002

宋欣格
抚顺职业技术学院
主要作品
《公主》《红颜》
作品编号
I0021/I0027

宋占祺
新疆师范大学
主要作品
《素描头像》《速写人物头像》
作品编号
A0633/A0634

苏　超
广东技术师范学院
主要作品
《保护伴侣动物招贴》系列
作品编号
D0340 ~ D0342

苏　丹

河套学院

主要作品

《公益海报之时间》《中国文化——茶香招贴设计》

作品编号

D0290/D0474

苏德姬

广州科技职业技术学院

主要作品

《春色满园》《游园惊梦》

作品编号

C0065/C0066

苏丽芬

广东建设职业技术学院

主要作品

《古韵》

作品编号

D0216

苏明月

北京理工大学

主要作品

《未来生命》系列

作品编号

A0012 ~ A0013

苏文燕

天津科技大学

主要作品

《泰山女儿茶包装设计》

作品编号

D0245 ~ D0246

苏晓龙

新疆师范大学

主要作品

《声与欲》系列《西・篱・翼》系列

作品编号

A0068/A0069/A0070/A0071/A0072/A0073/A0074

苏序蓬

天津职业技术师范大学

主要作品

《鸟》

作品编号

F0129

苏银梅

武汉生物工程学院

主要作品

《涅槃之战》

作品编号

F0010

苏月娇

常州工学院

主要作品

《线的装饰画》

作品编号

A1155

粟光鑫

东北农业大学

主要作品

《忧郁》《头像》《钓鱼》

作品编号

A0702/A0703/A1039

隋宜宏

山东工艺美术学院

主要作品

《观・看》《休憩时光》

作品编号

H0331/H0339

孙宝燕

青岛滨海学院

主要作品

《<青春，永不散场>封面设计》

作品编号

D0625

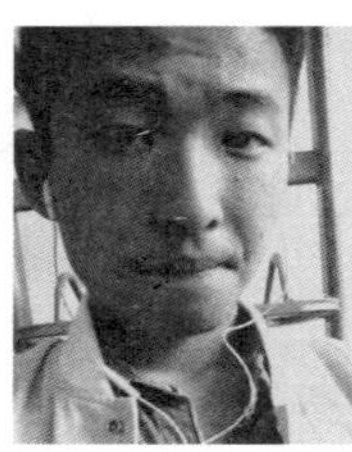

孙　畅

西安外国语大学

主要作品

《插画和平鸽》

作品编号

F0095

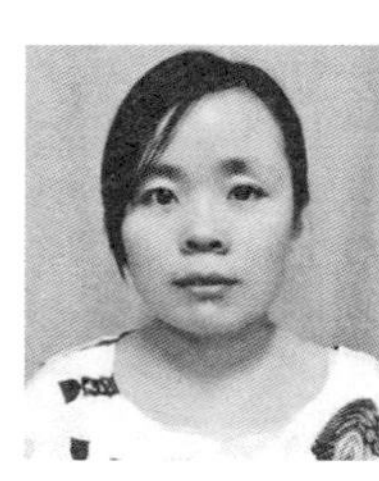

孙承艳

华北电力大学

主要作品

《荷》《人和》

作品编号

B0028/B0145

孙丹丹

黄山学院

主要作品

《超薄便携折叠杯》

作品编号

G0039 ~ G0040

孙　飞

仙桃职业学院

主要作品

《消防栓》

作品编号

A0759

孙红瑞
马鞍山师范高等专科学校
主要作品
《百善孝为先》
作品编号
D0501

孙会林
常州大学
主要作品
《Stop smoking》
作品编号
D0280 ~ D0282

孙佳宁
沈阳航空航天大学
主要作品
《海天拌饭酱系列之白领篇》
作品编号
D0407

孙嘉泽
湖北大学知行学院
主要作品
《日出剪影》《晚上九点》
作品编号
H0081/H0482

孙敏琳
东莞职业技术学院
主要作品
《徽州古村写生》系列
作品编号
A0898 ~ A0899

孙　鹏
湖北工程学院新技术学院
主要作品
《彩铅动物系列之梦幻水母》《彩铅动物系列之蝴蝶》
作品编号
A0951/A0952

孙青青
北京印刷学院
主要作品
《蝶恋花》
作品编号
A0085

孙秋芳
云南师范大学
主要作品
《当 x 遇上提手旁》《更替》《含苞待放》《迎》
作品编号
A0172/A0175/H0264/H0255

孙　锐
江南大学
主要作品
《"家之味农庄"标志设计》
作品编号
D0090

孙晓寒
内蒙古大学
主要作品
《素描静物》
作品编号
A0769

孙绪姣
德州科技职业学院
主要作品
《拯救》
作品编号
D0532

孙亚丽
武汉工商学院
主要作品
《欧可馨美甲油广告摄影》
作品编号
H0464

孙亚楠
天津职业技术师范大学
主要作品
《愉・悦》《家・想》
作品编号
A1023/A1158

孙　艳
天津科技大学
主要作品
《唯达宁》系列
作品编号
D0307 ~ D0308

孙艳晶
天津职业技术师范大学
主要作品
《古韵》《陶醉》
作品编号
H0175/H0347

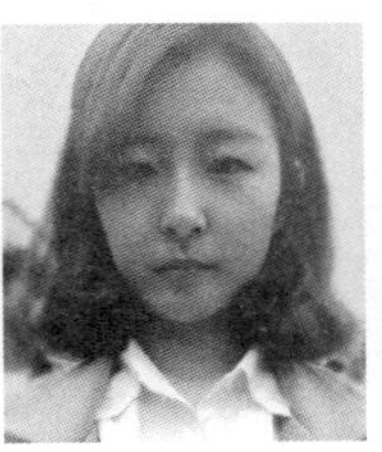

孙怡贤
景德镇陶瓷学院
主要作品
《情迷意乱》
作品编号
A1131

孙益康
景德镇陶瓷学院
主要作品
《青点咖啡标志设计》
作品编号
D0065

孙钰铭
南开大学滨海学院
主要作品
《四仕女图》
作品编号
A0606

孙月腾
德州科技职业学院
主要作品
《绿》
作品编号
D0527

孙云杰
齐鲁工业大学
主要作品
《君臣斗》
作品编号
F0169

孙运启
山东大学（威海）
主要作品
《篆刻·广海》《雪夜校园》
《篆刻·孙》《篆刻个人姓名章·孙运启》
作品编号
B0148/B0149/B0150/H0086

谈刘平
陇南师范高等专科学校
主要作品
《苦涩的少女》
作品编号
C0021

谭　超
重庆电信职业学院
主要作品
《忆瓷》《现代山水》
作品编号
A0522/A0791

谭　慧
广东技术师范学院
主要作品
《风景速写》
作品编号
A0937

谭济汕
云南师范大学
主要作品
《歌》
作品编号
B0103

谭美笑
私立华联学院
主要作品
《苏州虎丘》
作品编号
A0803

谭雯丹
江西工程学院
主要作品
《蓝色妖魅》
作品编号
A0011

谭勇军
齐齐哈尔大学
主要作品
《长白山天池》
作品编号
H0143

檀燕兰
广西艺术学院
主要作品
《罗马假日》
作品编号
E0370 ~ E0373

汤国英
武汉纺织大学
主要作品
《初》
作品编号
I0066

汤海洋
河套学院
主要作品
《速写》
作品编号
A0893

唐光耀
鲁迅美术学院
主要作品
《钓鱼山庄》《苏北农村》
作品编号
A0091/A0092

唐　剑
伊犁师范学院
主要作品
《沟通》
作品编号
D0443

唐娜仁
天津工业大学
主要作品
《建筑钢笔画》系列
作品编号
E0475 ~ E0477

唐　骎
武汉工商学院
主要作品
《Shisem 指甲油广告摄影》
作品编号
H0460

唐秋怡
大连科技学院
主要作品
《FAMILY》《县官一家》
作品编号
F0171/F0172

唐汪洋
常州大学
主要作品
《Stop smoking》
作品编号
D0280 ~ D0282

唐新然
石河子大学
主要作品
《安琪儿妇产医院广告·守护》
《插画设计系列之一只特立独行的猫》《插画设计系列之时逝》
作品编号
D0408 ~ D0410/F0120/F0121

唐　璇
昆明理工大学
主要作品
《探》《解》《空间纤维设计》
作品编号
F0065/F0066/I0038

唐雪莲
南京理工大学泰州科技学院
主要作品
《霜叶红于六月花》
作品编号
H0274

唐乙雯
云南艺术学院
主要作品
《三峡印象》
作品编号
A0968 ~ A0971

唐志海
江苏经贸职业技术学院
主要作品
《时尚·融合——南京江宁大学城专业区景观概念设计》
作品编号
E0335 ~ E0336

陶北京
华中师范大学
主要作品
《梦》
作品编号
A1148

陶丽媛
武汉工商学院
主要作品
《THE FACE SHOP 金盏花乳液广告摄影》
作品编号
H0442

陶罗洲
北海职业学院
主要作品
《千秋渔业标志设计》
作品编号
D0081

陶　轶
北京科技大学天津学院
主要作品
《夕阳》
作品编号
H0075

滕　飞
山东艺术学院
主要作品
《空间》
作品编号
C0043 ~ C0048

滕双宇
燕京理工学院
主要作品
《保护野生象》
作品编号
D0505

田　季

保山学院

主要作品

《晨》

作品编号

A0214

田津晖

成都理工大学工程技术学院

主要作品

《私房小镇》《吊脚楼》

作品编号

H0111/H0112

田　康

山东大学（威海）

主要作品

《相依》

作品编号

A0627

田　琼

海口经济学院

主要作品

《责任》

作品编号

D0543

田　甜

华中师范大学武汉传媒学院

主要作品

《苏州博物馆模型》

作品编号

E0358 ～ E0362

田宜丰

云南艺术学院

主要作品

《如歌的行板》《故乡之三》

作品编号

A0225/A0226

田英慧

伊犁师范学

主要作品

《相宜本草标志》《雪中飞标志》

作品编号

D0006/D0007

田永强

黄山学院

主要作品

《小乌龟探测器》

作品编号

G0077

田云博

渭南师范学院

主要作品

《静物写生》《风景写生》

作品编号

A0347/A0348 ～ A0349

童超然

景德镇陶瓷学院

主要作品

《花非花》《勿沾衣》

作品编号

C0075 ～ C0076/C0077 ～ C0080

童杰欣

广东建设职业技术学院

主要作品

《景秀南湾》《蜂蜜王国》

作品编号

D0555/D0556

童书瑶

湖南女子学院

主要作品

《哲学之家》

作品编号

D0596 ～ D0597

童　顺

武汉工商学院

主要作品

《葵源理坑》《空气问题》《致席勒》《牛·悟道》

作品编号

A0815/A0989/A0994/B0154 ～ B0155

童　鑫

南京理工大学泰州科技学院

主要作品

《静物——盆景》

作品编号

A0780

脱菊红

北方民族大学

主要作品

《民居院落》《河边风景》

作品编号

A0862/A0863

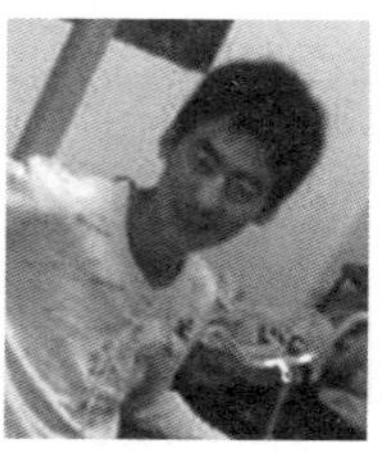

万戈松

北华航天工业学院

主要作品

《大蒜音响》《仰泳健身器材》

作品编号

G0034 ～ G0036/G0052 ～ G0053

万　清
东北农业大学
主要作品
《夕下一景》《望》《征梦》《上久光线传媒集团》
作品编号
A0868/A0869/B0120/C0194

万子曦
江南大学
主要作品
《苏风苹果店设计》
作品编号
E0410

汪静敏
广东技术师范学院
主要作品
《悲剧》《迹象》
作品编号
A0479/A0480

汪　轲
闽江学院
主要作品
《梦的世界》《霞浦故事》
作品编号
H0101/H0293

汪仁杰
华中师范大学武汉传媒学院
主要作品
《苏州博物馆模型》
作品编号
E0358 ~ E0362

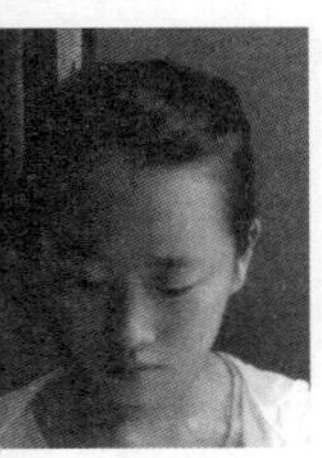

汪子莉
马鞍山师范高等专科学校
主要作品
《灵均菡萏 生态济南》
作品编号
D0124

王炳蕴
东北师范大学人文学院
主要作品
《约瑟夫的工作室——室内设计》
作品编号
E0125 ~ E0126

王博文
广西艺术学院
主要作品
《夜上海》《乌镇》《生命》
作品编号
H0156/H0174/H0254

王超杰
河南理工大学
主要作品
《向大师致敬》《大地是平的》
作品编号
A0412/A0413

王朝斐
抚顺职业技术学院
主要作品
《粉黛佳人》
作品编号
I0028

王晨阳
北京航空航天大学
主要作品
《幻梦发展三十年》《缺氧北京》
作品编号
F0116/F0117

王翠萍
江门职业技术学院
主要作品
《节录千字文》
作品编号
B0135

王　丹
湖南师范大学
主要作品
《古麓山寺》《爱晚亭》
作品编号
D0482/D0483

王　迪
南昌大学
主要作品
《心泊》
作品编号
E0072 ~ E0074

王栋梁
四川工程职业技术学院
主要作品
《盛宴》
作品编号
A1114

王杜方
天津职业技术师范大学
主要作品
《海南印象》《静物色构》
作品编号
A0306/A0307

王　芳

广西艺术学院

主要作品

《清晨》《一米阳光》《残荷》《老人与摄影》

作品编号

A0775/A0776/A0777/H0329

王　菲

东北大学

主要作品

《"国破"一二九广场改造方案》

作品编号

E0378 ~ E0384

王　广

天津农学院

主要作品

《婺源古建》

作品编号

E0481

王　贵

天津财经大学

主要作品

《勤》

作品编号

H0211

王桂云

西安工程大学

主要作品

《华山栈道》

作品编号

B0002

王国宏

桂林理工大学

主要作品

《自我独白》系列

作品编号

A0189 ~ A0191

王国辉

兰州大学

主要作品

《清晨》《幽情独居》《草书》

作品编号

B0072/B0105/B0112

王海超

延边大学

主要作品

《面对面》系列

作品编号

A0029 ~ A0031

王海琳

四川大学锦城学院

主要作品

《耶和华爱你我》《初露》

作品编号

C0063 ~ C0064/H0258

王　晗

武汉工商学院

主要作品

《香格里拉干红葡萄酒广告摄影》

作品编号

H0452

王　行

北京建筑大学

主要作品

《共享院廊——儿童福利院设计》

作品编号

E0280

王　浩

南开大学滨海学院

主要作品

《穆夏·慕夏》

作品编号

A0607

王　红

湖南师范大学

主要作品

《沟通》《家》

作品编号

D0416/D0417

王　虹

广东第二师范学院

主要作品

《扬帆起航》《宏村·村落》

作品编号

A0103/A0491

王　辉

渭南师范学院

主要作品

《郭师傅》《米脂写生风景》

作品编号

A0137/A0140

王吉英

山东师范大学

主要作品

《画画的青年》

作品编号

H0297

王佳彬

东北师范大学

主要作品

《T 舞台》

作品编号

A0050

王嘉曼

南开大学滨海学院

主要作品

《凤冠》

作品编号

A0614

王嘉晟

中国人民解放军第二军医大学

主要作品

《夕阳》《曲径》《静夜》

作品编号

H0013/H0038/H0063

王建斌

天津美术学院

主要作品

《古城》

作品编号

A0625 ~ A0626

王　娇

天津体育学院运动与文化艺术学院

主要作品

《二方连续》《省会公交异形卡》《锐澳一家》《炸弹音响》

作品编号

A1150/D0666/F0250/G0C80

王　杰

成都艺术职业学院

主要作品

《速写·点之印象》《上里古镇·野居》《上里古镇·古桥》

作品编号

A0824 ~ A0826/A0829/A0830

王界红

韩山师范学院

主要作品

《王者之风》《豆蔻》

作品编号

A1106/A1107

王　晶

山东师范大学

主要作品

《创意插画》

作品编号

F0142 ~ F0144

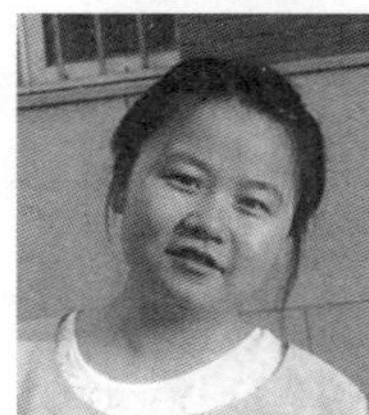

王　晶

东北师范大学人文学院

主要作品

《食·简——大学生商业综合体》

《归·巢——新型居家养老社区景观设计》

《城市落叶——一站式智能化便民服务公共设施设计》

作品编号

E0328 ~ E0329/E0342 ~ E0343/E0351

王　静

常州大学

主要作品

《唐三彩壁画》

作品编号

C0073

王　静

曲阜师范大学

主要作品

《隶书楹联》《李凭箜篌引·吴丝蜀桐张高秋》

作品编号

B0133/B0134

王　静

南京理工大学泰州科技学院

主要作品

《水泽鱼趣》

作品编号

B0030

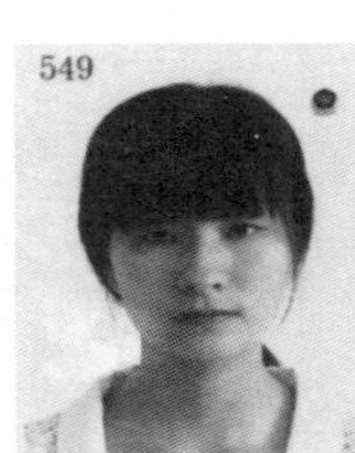

王　娟

武汉工商学院

主要作品

《迪奥花漾甜心淡香水广告摄影》

作品编号

H0384

王俊博

天津商业大学

主要作品

《经历沧桑的女人》

作品编号

A0683

王骏辰

南开大学滨海学院

主要作品

《庆典》

作品编号

A0605

王　凯

榆林学院

主要作品

《以技营生》

作品编号

H0289

王　蕾

四川大学锦城学院

主要作品

《中粮谷物"精选"》系列《依云矿泉水"浮"》系列

作品编号

D0343 ~ D0345/D0346 ~ D0347

王茂璐

昆明理工大学

主要作品

《西双版纳野生动物杯垫设计》系列

作品编号

G0023 ~ G0026

王立世

东北师范大学人文学院

主要作品

《至简·简约家居设计》

作品编号

E0221

王　萌

安阳师范学院

主要作品

《人体》

作品编号

A0178

王俪颖

北京科技大学天津学院

主要作品

《头像》

作品编号

A0687

王萌琨

湖南文理学院

主要作品

《竹林七贤》

作品编号

C0130

王莉娟

湖南女子学院

主要作品

《木偶牛仔》《无色》

作品编号

I0069/I0104

王蒙蒙

西北大学

主要作品

《热血青春》

作品编号

F0118

王玲玲

马鞍山师范高等专科学校

主要作品

《生活篇之王老吉》《学习篇之王老吉》《工作篇之王老吉》

作品编号

D0390/D0391/D0392

王梦圆

周口师范学院

主要作品

《莫斯科郊外的雪》

作品编号

A0450

王路星

江西工程学院

主要作品

《黑白简欧》系列

作品编号

E0176 ~ E0178

王明芝

福建师范大学

主要作品

《风吹过窗前》

作品编号

A0246

王　璐

温州大学城市学院

主要作品

《暮日》

作品编号

H0245

王　娜

南开大学滨海学院

主要作品

《黑暗中的舞者》

作品编号

A0589

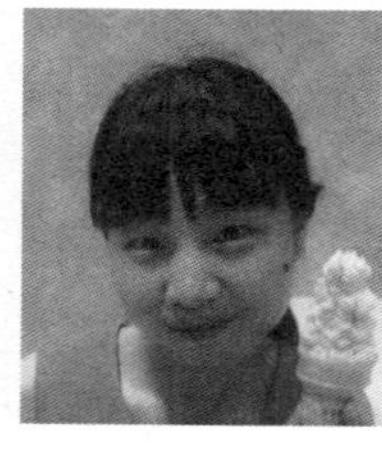

王　露

成都艺术职业学院

主要作品

《马边彝族文化旅游区》系列

作品编号

E0348 ~ E0350

王南南

天津美术学院

主要作品

《茶·火》

作品编号

A0101

王　楠

延边大学

主要作品

《我是小红军》《黑白猫》

作品编号

A0015/A0565

王诺冰

常州工学院

主要作品

《软笔书法》

作品编号

B0138

王佩怡

广东培正学院

主要作品

《天山一隅》《回溯》

作品编号

A0498/F0146

王平兰

成都艺术职业学院

主要作品

《景观设计表现技法》

作品编号

E0390

王琪斐

华南理工大学

主要作品

《冥》《妙趣泡面碗》

作品编号

C0106/C0120

王琪琪

马鞍山师范高等专科学校

主要作品

《砚山志愿者服务协会 logo》

作品编号

D0125 ～ D0126

王　旗

淮北师范大学

主要作品

《听海者——未来梦想厨房》《背后的冠军》

作品编号

F0280/H0303

王　倩

黄山学院

主要作品

《味源——调味瓶设计》

作品编号

G0063

王　倩

大连艺术学院

主要作品

《水粉静物》

作品编号

A0295

王　青

华中师范大学

主要作品

《素描人体》《梵音》

作品编号

A0675/B0006

王　青

武汉工商学院

主要作品

《脉动维生素饮料广告摄影》

作品编号

H0401

王青青

景德镇陶瓷学院

主要作品

《空间花瓶》

作品编号

A1130

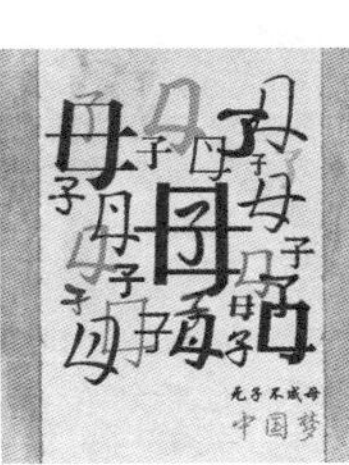

王　清

常州工学院

主要作品

《中国梦》

作品编号

D0364 ～ D0365

王清竹

北京理工大学

主要作品

《FOR LOVE——“JUST US”品牌广告》

《寂》《水 · 光影》《盘龙城遗址博物馆LOGO》

《沙漠系列之天际》《中国马术场地障碍巡回赛LOGO》

作品编号

D0039/D0064/D0008/F0253 ～ F0256/H0053/H0128/H0318

王蓉蓉

福建工程学院

主要作品

《呆萌》

作品编号

A0681

王锐强

兰州城市学院

主要作品

《书法》

作品编号

B0142

王　瑞
河北科技师范学院
主要作品
《丛林中的小伙伴》
作品编号
A1015

王瑞蓉
汕尾职业技术学院
主要作品
《色夜》
作品编号
H0150

王赛超
东北师范大学人文学院
主要作品
《食·简——大学生商业综合体》
《归·巢——新型居家养老社区景观设计》
《城市落叶——一站式智能化便民服务公共设施设计》
作品编号
E0328～E0329/E0342～E0343/E0351

王时晟
合肥师范学院
主要作品
《静物》《采蜜》
作品编号
A0754/H0251

王世平
重庆电信职业学院
主要作品
《幻想角度 1》《幻想角度 2》
作品编号
A0523/A1143

王世新
常州大学
主要作品
《唐三彩壁画》
作品编号
C0073

王舒婷
燕山大学
主要作品
《秋》《背篓》
作品编号
A0472/A0845

王树涛
仲恺农业工程学院
主要作品
《渼陂·渼陂》
作品编号
A0923 ～ A0924

王司祺
云南民族大学
主要作品
《纯花纯品》
作品编号
D0117

王思文
吉林艺术学院
主要作品
《生活》
作品编号
A0194

王嗣彤
东华理工大学
主要作品
《凌》
作品编号
A0457

王　田
枣庄学院
主要作品
《婚纱》《藏族女人》
作品编号
B0009/B0010

王婷婷
扬州教育学院
主要作品
《书法作品之陆游诗词节选》
作品编号
B0122

王婷婷
榆林学院
主要作品
《跳跃》
作品编号
H0312

王婷婷
南开大学滨海学院
主要作品
《古典中的美》
作品编号
A0602

王婉婷
河源职业技术学院
主要作品
《象鼻头视觉形象设计》
作品编号
D0581

王　薇

天津美术学院

主要作品

《沙庭春语》

作品编号

A0052

王维维

西安美术学院

主要作品

《大鱼大肉》《欺骗》系列

作品编号

A0233/A0541 ～ A0543

王　伟

四川音乐学院成都美术学院

主要作品

《钢笔风景写生》

作品编号

A0901 ～ A0902

王　伟

北方民族大学

主要作品

《速写》

作品编号

A0880 ～ A0881

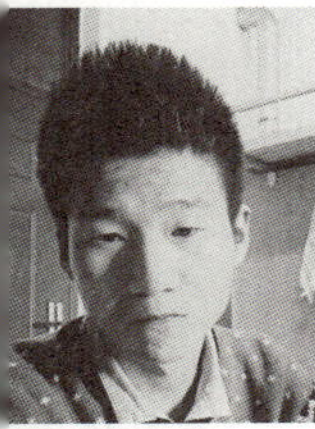

王文凯

北方民族大学

主要作品

《释彩》《河间一角》《古镇》《竹楼》

作品编号

A0279/A0877/A0878/A0879

王文涛

德州科技职业学院

主要作品

《酒驾》

作品编号

D0458

王文婷

山东艺术学院

主要作品

《水墨苗家》《道 · 生活》《几何出路》

作品编号

A0781/B0080/F0057

王夕兵

西安培华学院

主要作品

《保护野生动物》

作品编号

D0359

王　浙

西安建筑科技大学

主要作品

《流浪汉》《杯杯小铺 VIS 视觉识别系统》

作品编号

A0995/D0587

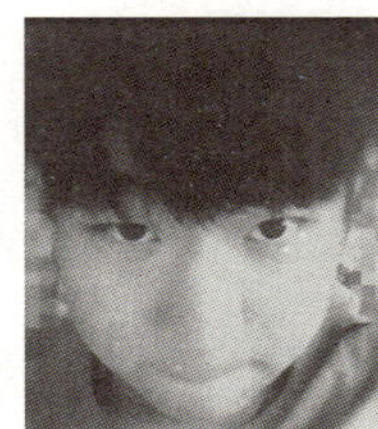

王锡鹏

湖南科技学院

主要作品

《静物摄影》

作品编号

H0391

王翔飞

天津科技大学

主要作品

《酒吧单身夜》《匆匆那年》

作品编号

D0453/H0360

王晓威

西安培华学院

主要作品

《小厨》

作品编号

D0167

王晓璇

广州大学

主要作品

《组合》《灯与植物》

作品编号

D0229/G0020 ～ G0022

王筱琴

四川师范大学

主要作品

《倾心》《丝巾》

作品编号

I0058/I0039 ～ I0043

王　昕

云南财经大学

主要作品

《望》

作品编号

A0470

王　欣

景德镇陶瓷学院

主要作品

《鄱湖意象》《景德镇古窑》《守望者》

作品编号

H0117/H0118/H0200

王　鑫
北京印刷学院
主要作品
《花》
作品编号
A0087

王秀玲
大连艺术学院
主要作品
《隐隐魅力》
作品编号
A0389

王　雪
沈阳工学院
主要作品
《辽东湾湿地公园景观规划设计》
作品编号
E0305 ～ E0306

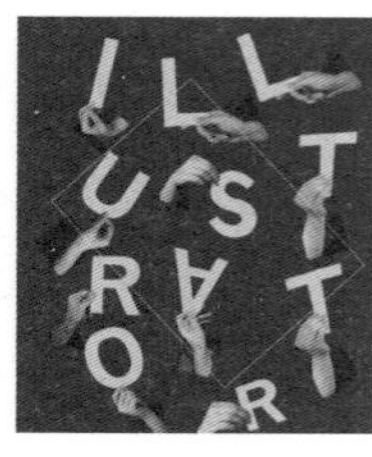

王　雪
吉林艺术学院
主要作品
《AI 实战精髓》《中美双校联展展示视频》
作品编号
D0451/F0233 ～ F0238

王雅雯
广东技术师范学院
主要作品
《一滴口水》
作品编号
H0281

王雅媛
武汉工商学院
主要作品
《金盏花新生焕肤乳广告摄影》
作品编号
H0471

王　演
广东第二师范学院
主要作品
《斑驳岁月》
作品编号
A0534

王艳春
大连艺术学院
主要作品
《白日梦》
作品编号
D0635

王阳阳
广西师范学院
主要作品
《鱼》
作品编号
C0100

王乙斐
南开大学滨海学院
主要作品
《盛夏花意浓》
作品编号
A0617

王　毅
重庆工商大学
主要作品
《等待》《梦》
作品编号
A0383/A0384

王英兰
榆林学院
主要作品
《余晖》《萌萌哒》
作品编号
H0130/H0282

王英棋
西京学院
主要作品
《湖》
作品编号
A0036

王颖娴
广州华立科技职业学院
主要作品
《能者为师》
作品编号
B0115

王应宽
保山学院
主要作品
《国画风景》
作品编号
B0058

王永强
成都艺术职业学院
主要作品
《钢艺》
作品编号
G0066

王永烁

德州科技职业学院

主要作品

《破蝶 · 中国梦》

作品编号

D0503

王宇晴

南开大学滨海学院

主要作品

《童趾》

作品编号

A0591

王雨濛

南开大学滨海学院

主要作品

《留住时光》《奇思妙想之爱异想》

作品编号

A1013/A1147

王玉杰

哈尔滨理工大学荣成学院

主要作品

《静物》

作品编号

A0105

王　毓

江苏经贸职业技术学院

主要作品

《E 时代商业区景观概念设计》

作品编号

E0356 ～ E0357

王园园

山东师范大学

主要作品

《时尚餐厅设计》

作品编号

E0130 ～ E0132

王月华

广西师范学院

主要作品

《玫瑰》

作品编号

C0094

王　玥

南开大学滨海学院

主要作品

《漆画》

作品编号

A0608

王　哲

榆林学院

主要作品

《花香》

作品编号

H0276

王　喆

沈阳航空航天大学

主要作品

《牛河梁遗址博物馆》《满聚柜声》《"玺"美术馆》《魅力古城》

作品编号

D0111/D0112/D0113/D0230 ～ D0232

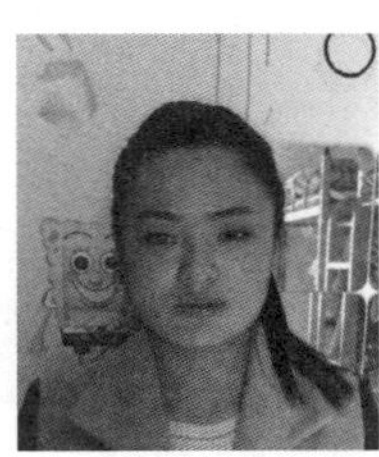

王贞贞

北京科技经营管理学院

主要作品

《和平的枪声》

作品编号

D0418

王志贤

常州大学

主要作品

《婴儿安全座椅》

作品编号

G0050

王竹茵

渭南师范学院

主要作品

《静物》

作品编号

A0747

王竹韵

沈阳工学院

主要作品

《爱斐堡名庄荟餐厅设计》

作品编号

E0135 ～ E0139

王梓潇

沈阳师范大学

主要作品

《The power of ocean》

作品编号

D0396 ～ D0398

韦　丰

广西艺术学院

主要作品

《"姝"内衣包装》

作品编号

D0588 ～ D0593

韦家勇
海南职业技术学院
主要作品
《永春县岵山旅游景区标志》
作品编号
D0142

韦　薇
武汉工商学院
主要作品
《贝尔兰尼香水广告摄影》
作品编号
H0441

韦艳珍
广西师范学院
主要作品
《青春舞曲》
作品编号
C0095

韦咏芳
广西艺术学院
主要作品
《荷韵》
作品编号
A0342

韦正霞
榆林学院
主要作品
《蒙娜丽莎标志设计》
作品编号
D0151

卫登山
四川天一学院
主要作品
《结构素描》
作品编号
A0714

魏　琴
四川电影电视学院
主要作品
《年年有余》《天山一隅》
作品编号
B0067/B0100

魏思琦
廊坊师范学院
主要作品
《水粉静物之羊头》《素描石膏之摩西》
作品编号
A0350/A0746

魏婷婷
常州大学
主要作品
《婴儿安全座椅》
作品编号
G0050

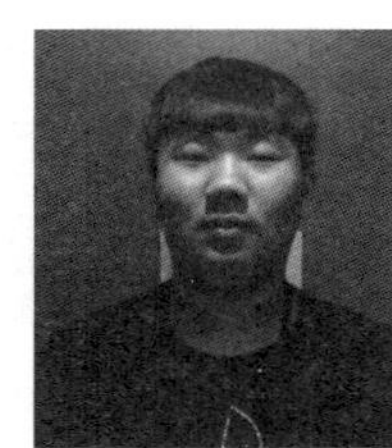

魏　巍
沈阳工学院
主要作品
《哈雷机车主题餐厅设计》
作品编号
E0108 ~ E0110

魏志帅
西安培华学院
主要作品
《烧烤标志》《海报设计》
作品编号
D0165/D0306

魏祝平
成都理工大学工程技术学院
主要作品
《室内手绘》
作品编号
E0480

温　坚
福州外语外贸学院
主要作品
《前沿》《摩登》《蓝魅》
作品编号
I0094/I0095/I0101

温洁怡
广州美术学院
主要作品
《色调》系列《静物》
作品编号
A0059 ~ A0064/A1022

温少裕
河源职业技术学院
主要作品
《无龄感视觉形象设计》《FAN FAN GOOD 品牌形象 VI 设计》
作品编号
D0050/D0580

文　波
成都艺术职业学院
主要作品
《结》
作品编号
G0067

闻世亮
西北民族大学
主要作品
《啤酒节吉祥物设计》
作品编号
F0195

吴臣凤
昆明理工大学
主要作品
《浅秋》《流水别墅》《流年》
《诱惑·嘴唇的诱惑》《诱惑·眼睛的诱惑》《茶苑》
作品编号
A0464/A0966/A1014/D0426/D0427/E0452

吴　达
吉林大学
主要作品
《江山》
作品编号
B0063

吴　迪
延边大学
主要作品
《起航》《她》
作品编号
A0451/A0689

吴逗逗
武汉工商学院
主要作品
《迪奥香水广告摄影》
作品编号
H0412

吴慧敏
浙江同济科技职业学院
主要作品
《西北工业大学附属中学 80 届标志设计》
作品编号
D0140

吴　佳
武汉工商学院
主要作品
《海之言果味饮料广告摄影》
作品编号
H0457

吴嘉盛
集美大学诚毅学院
主要作品
《树影》《少年》
作品编号
H0035/H0284

吴锦洵
广东技术师范学院
主要作品
《情绪与思维在搏斗》《沙溪戏》
作品编号
A0227/A0228

吴锦忠
天津体育学院运动与文化艺术学院
主要作品
《温馨》
作品编号
E0144

吴　静
合肥师范学院
主要作品
《静物》
作品编号
A0264

吴静雯
广州商学院
主要作品
《小池的静》
作品编号
A0784

吴　娟
合肥师范学院
主要作品
《战斗时刻》
作品编号
F0020

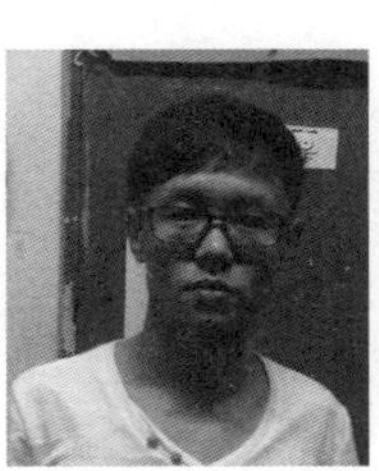

吴　康
天津美术学院
主要作品
《裹之》系列
作品编号
A0195 ~ A0196

吴立秀
北京科技经营管理学院
主要作品
《资助中心标志》《乡协会标志设计》《咖啡厅标志设计》
作品编号
D0046/D0055/D0087

吴　丽
燕山大学
主要作品
《静·动》《色彩纹样》
作品编号
H0222/A0407

吴明翰

广西大学

主要作品

《印象 · 云南》《冬》《素描肖像》

作品编号

A0093/A0094/A0636

吴沛琳

韩山师范学院

主要作品

《踏翼祥象》《随律年华》

作品编号

A1077/A1078

吴绮华

广州大学纺织服装学院

主要作品

《"圆"美》

作品编号

C0059

吴庆庆

湖南师范大学

主要作品

《逸雅茶舍》《金煌酒楼》《丹寨孩子》

作品编号

E0092/E0201/H0330

吴秋平

广东舞蹈戏剧职业学院

主要作品

《家具展示空间设计》

作品编号

E0222 ~ E0225

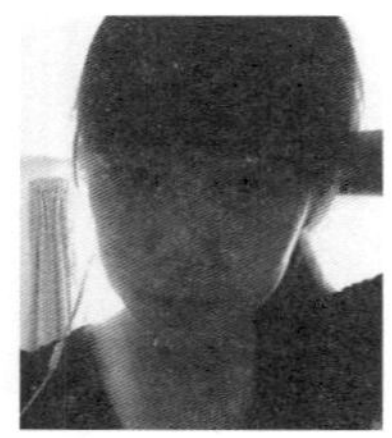

吴　珊

榆林学院

主要作品

《教师节标志设计》

作品编号

D0030

吴　双

四川师范大学

主要作品

《东方情愫》

作品编号

I0081

吴天蓉

成都艺术职业学院

主要作品

《绮梦》

作品编号

E0442

吴　恬

武汉工商学院

主要作品

《100 年润发洗发水广告摄影》

作品编号

H0425

吴　婷

山西大学

主要作品

《"福利"》《我的威尼斯梦》《BEMIS 香水广告》

作品编号

D0327/F0017/H0382

吴　溪

常州大学

主要作品

《唐三彩壁画》

作品编号

C0073

吴　曦

昆明理工大学

主要作品

《两岸一家亲》《同一个圆，同一个梦》

作品编号

D0420/D0421

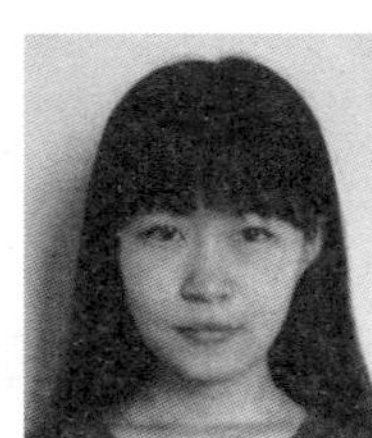

吴　晓

韩山师范学院

主要作品

《战鲨》

作品编号

A1137

吴晓雪

燕山大学

主要作品

《脑海里的静物》《笛》《蜗居》《自由》

作品编号

A0276/C0033/E0114 ~ E0116/H0374

吴小燕

天津美术学院

主要作品

《蕉（banana）》

作品编号

F0119

吴艳艳

湖南科技学院

主要作品

《静物摄影》

作品编号

H0395

吴燕燕

河西学院

主要作品

《童年》

作品编号

A0344

吴伊淑

私立华联学院

主要作品

《小飞虹》

作品编号

A0808

吴英亮

韩山师范学院

主要作品

《双鱼记》

作品编号

A1140

吴　虞

南京师范大学泰州学院

主要作品

《雪山》《水乡婺源》

作品编号

A0033/A0449

吴　悦

广西艺术学院

主要作品

《花境》

作品编号

A0327 ～ A0329

吴跃婷

河南大学

主要作品

《视觉方式 · 火龙果》

作品编号

A0102

吴祖儿

吉林艺术学院

主要作品

《房屋》系列

作品编号

E0197 ～ E0199

伍栋华

广东工业大学

主要作品

《破旧的房子》《胡杨林》

作品编号

A0185/A0186

伍繁斌

广西艺术学院

主要作品

《罗马假日》

作品编号

E0370 ～ E0373

伍柃亦

昆明理工大学

主要作品

《易收纳插头》《剪 · 甲》

作品编号

G0081/G0082

伍祺康

吉林大学珠海学院

主要作品

《毕业季》

作品编号

H0003

伍舒婷

广州美术学院

主要作品

《蜕变》

作品编号

A0940 ～ A0943

武常洋

黄冈师范学院

主要作品

《美在山西之"晋量吃"篇》《美在山西之"晋量玩"篇》

作品编号

D0394/D0395

武鸿佳

广西机电职业技术学院

主要作品

《有花卉的静物》

作品编号

A0293

武锦涛

燕山大学

主要作品

《屋顶》

作品编号

E0281

武宽慧

湖北工业大学

主要作品

《婴幼儿音乐洗手盆》《磁悬浮未来交通工具——蜗牛车》

作品编号

G0055/G0056

武　艺
北京科技大学天津学院
主要作品
《匆匆走过的你》《格子大衣》
作品编号
A0843/A0844

武镇嵩
广西艺术学院
主要作品
《圆珠笔素描头像》
作品编号
A0698

席若溪
郑州大学
主要作品
《花》
作品编号
A0469

夏　慧
广东技术师范学院
主要作品
《这棵树后面是我》《不安》
作品编号
A0198/A0528

夏盼盼
新疆轻工职业技术学院
主要作品
《伏尔泰像》
作品编号
A0748

夏伟泷
广东技术师范学院
主要作品
《吼》《色彩表情头像》《战争》
作品编号
A0023/A0385/A0478

夏　雾
武汉工商学院
主要作品
《贵妃醋保健饮料广告摄影》
作品编号
H0448

夏小敏
江苏理工学院
主要作品
《T&CAKE 甜蜜佳人》
作品编号
D0251

冼超凡
仲恺农业工程学院
主要作品
《红》《凝》《遮》《香》
作品编号
H0078/H0209/H0227/H0228

向　琴
武汉工商学院
主要作品
《困·雾霾》
作品编号
A1002

向寺怡
四川音乐学院成都美术学院
主要作品
《川西民居》《桂湖公园》
作品编号
A0895/A0896

向涛
华中师范大学
主要作品
《无题》
作品编号
A0659

向夏滨
武汉工商学院
主要作品
《舒蕾洗发水广告摄影》
作品编号
H0475

向　鑫
贵州民族大学
主要作品
《素描插画系列之狙击兵》《素描插画系列之坦克》
作品编号
F0035/F0036

向玉曜
成都艺术职业学院
主要作品
《藤椅》
作品编号
G0011

项　李
四川农业大学
主要作品
《“涓”款》
作品编号
A0743

肖　菲
大连工业大学
主要作品
《灯笼》
作品编号
D0131

肖凯文
河北科技大学
主要作品
《根》
作品编号
A0762

肖礼文
常州大学
主要作品
《常州大学彩虹桥工作站》《常州大学社会工作服务站》
《尚优青少年健康成长中心》《常州大学职业发展协会》
作品编号
D0056/D0057/D0058/D0059

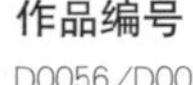

肖莉丽
河南大学
主要作品
《创意静物》《静物 001 号》《轮廓》
《红艺舞蹈学校 LOGO》《中国木版年画》《七号楼》
《华冠农业高科技有限公司 LOGO》《天羽艺术中心 LOGO》
作品编号
A0258/A0259/A0715/D0024/D0070/D0083/D0599/H0113

肖　鸣
景德镇陶瓷学院
主要作品
《炫舞时间》
作品编号
C0134

肖　雪
武汉工商学院
主要作品
《Bony Girls 指甲油广告摄影》
作品编号
H0466

肖　宇
江西师范大学
主要作品
《光影》《凳子组合》
作品编号
A0507/A0508

谢慧开
大连科技学院
主要作品
《人物》
作品编号
F0136

谢结庆
广西艺术学院
主要作品
《罗马假日》
作品编号
E0370 ~ E0373

谢金秀
青岛滨海学院
主要作品
《京剧脸谱》
作品编号
D0627

谢　明
河北科技大学
主要作品
《油漆工的鞋》
作品编号
A0740

谢锐丹
广东技术师范学院
主要作品
《头像系列之你》《头像系列之您》《头像系列之我》
《半身像年轻人》《静物雨伞》《石板岩写生》《宁静的繁华》
作品编号
A0133/A0134/A0135/A0664/A07[illegible]/E0460 ~ E0461/H0153

谢少冬
韩山师范学院
主要作品
《猫头鹰》《雨神》
作品编号
A1100/A1101

谢　天
天津科技大学
主要作品
《老舍茶馆型录设计》系列
作品编号
D0595

谢文静
马鞍山师范高等专科学校
主要作品
《太原图书馆标志设计》
作品编号
D0158

谢谕鹏
广西艺术学院
主要作品
《罗马假日》
作品编号
E0370 ~ E0373

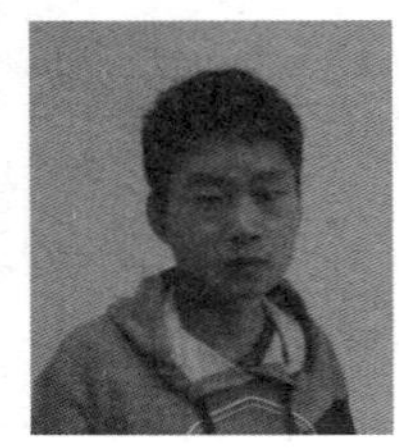

辛世举

北方民族大学

主要作品

《速写》

作品编号

A0884 ~ A0885

辛振兴

湖南师范大学

主要作品

《山居》《家·门》

作品编号

A0615/A0616

辛志薇

沈阳工学院

主要作品

《海洋主题餐厅设计》

作品编号

E0181

信敬茹

青岛滨海学院

主要作品

《海鸥》

作品编号

H0194

邢志超

青岛滨海学院

主要作品

《锐澳鸡尾酒宣传册》

作品编号

D0630

熊　丽

苏州大学

主要作品

《"耀笙公司"标志设计》

作品编号

D0091

熊永强

江西师范大学

主要作品

《变形记》

作品编号

A1009

宿　也

抚顺职业技术学院

主要作品

《太平公主》《步步生花》

作品编号

I0013/I0014

胥小庆

四川长江职业学院

主要作品

《化妆盒产品造型设计》系列

作品编号

D0213

徐宝辉

南昌大学

主要作品

《传宗接代》《大雁塔》《藏·露》《赣江·苍白》《城市里的地

作品编号

D0403 ~ D0404/H0064/H0092/H0107/H0353

徐晨晨

广东技术师范学院

主要作品

《此消彼长》《柔束》《三空》系列

作品编号

A0010/A0197/A0473 ~ A0474

徐　诚

山东科技大学

主要作品

《被遗忘的村落》

作品编号

H0026 ~ H0027

徐从戎

天津职业技术师范大学

主要作品

《鼓》

作品编号

A0351

徐福智

伊犁师范学院

主要作品

《赛里木湖》《婺源》《江湾》

作品编号

A0531/E0473/E0474

徐　华

四川工程职业技术学院

主要作品

《紫云》

作品编号

A0517

徐　欢

重庆工商职业学院

主要作品

《After taste》

作品编号

E0219

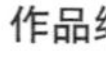

徐　晖
北京经济技术职业学院
主要作品
《豹出没》
作品编号
A1063

徐佳琪
天津科技大学
主要作品
《湖北新洋丰肥业股份有限公司标志》
《黄金叶香烟标志》《2016 冬运会标志》
《民以食为天——< 舌尖上的中国 > 海报作品》
作品编号
D0040/D0100/D0104/D0499

徐李侃轩
武汉工商学院
主要作品
《美人符沐浴露广告摄影》
作品编号
H0417

徐　龙
南京艺术学院
主要作品
《幻想世界》系列《渔船》《湖边的乌龟》
作品编号
A1031 ~ A1034/H0145/H0203

徐曼曼
桂林电子科技大学
主要作品
《梦》
作品编号
A0391

徐曼婷
山东大学（威海）
主要作品
《东篱》《素描老人头像》
作品编号
A0034/A0644

徐平平
武汉工商学院
主要作品
《水溶 C100 广告摄影》
作品编号
H0399

徐　帅
湖北工业大学
主要作品
《东京梦华》《行走》系列
作品编号
D0010/D0388 ~ D0389

徐　爽
哈尔滨理工大学荣成学院
主要作品
《瓶中的花》《海洋食品标志设计》
《好丽友标志设计》《卡地亚杂志插画》
作品编号
A0313/D0187/D0188/F0044

徐　婷
天津职业技术师范大学
主要作品
《眷》
作品编号
F0161

徐霞青
常州大学
主要作品
《唐三彩壁画》
作品编号
C0073

徐　宵
海口经济学院
主要作品
《镇远标志设计》《字体设计》
作品编号
D0159/D0657

徐秀丽
景德镇陶瓷学院
主要作品
《素描头像》系列《陶瓷装饰“集”》
作品编号
A0637 ~ A0638/C0058

徐琰昊
沈阳工学院
主要作品
《庄河市热水河滨水景观设计》
作品编号
E0330 ~ E0331

徐子惠
天津科技大学
主要作品
《休闲书吧方案设计》
作品编号
E0069 ~ E0071

徐宗昱
上海师范大学
主要作品
《进化论系列之起源》《进化论系列之暗影》《进化论系列之雪原》
《进化论系列之狂欢》《进化论系列之幻想》《进化论系列之飞天》
作品编号
A0556/A0557/A0558/A0559/A0560/A0561

许　岑
北京理工大学
主要作品
《FOR LOVE——"JUST US"品牌广告》
《廉政公益广告》《Ladybird 品牌形象设计》《中华福爷爷形象设计》

作品编号
F0253-F0260/D0460 ~ D0461/D0551/F0251

许枫烨
桂林理工大学
主要作品
《设计色彩静物》《回乡偶书诗一首》《橙汁饮料》
作品编号
A0298/B0113/D0063

许　静
武汉工商学院
主要作品
《爱马仕凯莉香水广告摄影》
作品编号
H0465

许兰欣
南开大学滨海学院
主要作品
《绽放》
作品编号
A0609

许梦雪
广西师范大学
主要作品
《水上人家》《天籁》
作品编号
A0421/A0422

许　强
铜陵职业技术学院
主要作品
《梅》《兰》《竹》《菊》
作品编号
D0687/D0688/D0689/D0690

许　晴
福州外语外贸学院
主要作品
《卧室空间手绘效果图》
作品编号
E0438

许仁敬
黄山学院
主要作品
《儿童任务点读笔》《蜗牛耳夹录音笔》
作品编号
G0037/G0038

许文凯
河套学院
主要作品
《保护环境·拒绝大气污染招贴广告》
《一线牵婚介机构·接待室设计方案》
《一线牵婚介机构·走廊设计方案》《果联盟插画设计》
作品编号
D0475/E0140/E0141/F0115

许　雯
韩山师范学院
主要作品
《水母之湛》
作品编号
A1103

薛　东
西安外国语大学
主要作品
《电池广告》
作品编号
D0504

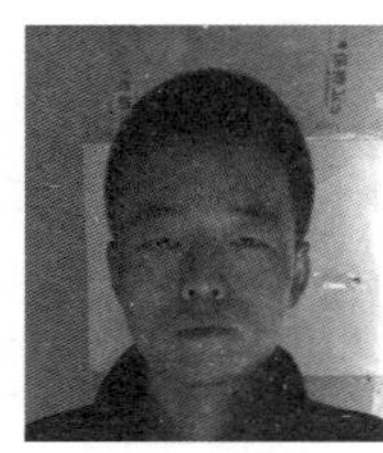

薛　飞
天津商业大学
主要作品
《成长的翅膀》
作品编号
A0744

薛　景
贵州大学
主要作品
《成套字体设计》
作品编号
D0647

薛少博
北京印刷学院
主要作品
《画桌一角》
作品编号
A0515

薛晓辉
伊犁师范学院
主要作品
《饥》《鱼》《夜色 BOY》
作品编号
D0664/D0665/F0187 ~ F0191

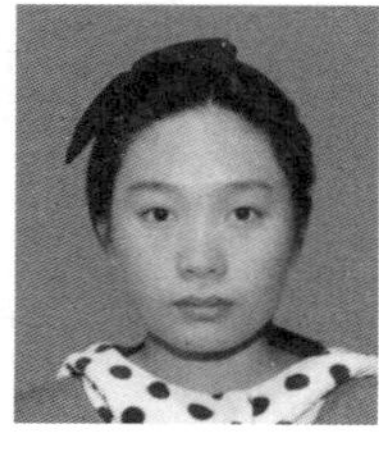

薛颖豪
内蒙古大学
主要作品
《素描静物》
作品编号
A0755

薛永红

辽东学院

主要作品

《花开富贵》《虎》

作品编号

B0064/B0065

闫昌明

南京邮电大学

主要作品

《花花世界》

作品编号

H0213

闫慧娟

山西农业大学信息学院

主要作品

《缘点》

作品编号

C0068

闫丽姣

燕山大学

主要作品

《家》系列

作品编号

E0151 ～ E0153

闫丽娜

西安建筑科技大学

主要作品

《罗睺罗》

作品编号

C0009

闫能冲

保山学院

主要作品

《论语》

作品编号

B0118

闫　鹏

山西大学

主要作品

《木质情怀》

作品编号

E0078 ～ E0080

闫瑞朋

河南理工大学

主要作品

《和平者》《logo 标志》

作品编号

C0036/D0099

闫迎新

昆明理工大学

主要作品

《文濠商贸公司标志设计》《艾滋病》《爱我就别鉴定我》

作品编号

D0033/D0348/D0349

严　冰

佛山科学技术学院

主要作品

《戏子入画一生天涯》《舞者入曲一生流离》

作品编号

A0396/C0020

严念琪

重庆电信职业学院

主要作品

《无题》

作品编号

A0788

严树雄

西京学院

主要作品

《素描静物》

作品编号

A0719

严思奇

云南艺术学院

主要作品

《恋色》系列

作品编号

F0111 ～ F0113

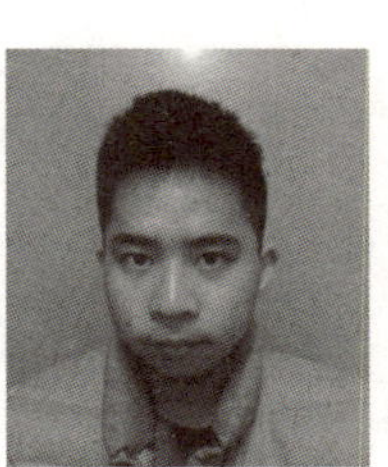

严子强

天津美术学院

主要作品

《欲望》系列

作品编号

A0990 ～ A0992

颜廷靖

常州大学

主要作品

《Stop smoking》

作品编号

D0280 ～ D0282

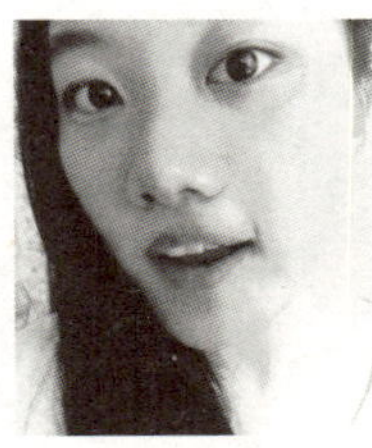

燕春丽

燕山大学

主要作品

《风味餐厅 · BOSS》

作品编号

E0204

杨超蓝

福州外语外贸学院

主要作品

《灰白》

作品编号

A0782

杨晨爽

西北民族大学

主要作品

《素描头像》《家》

作品编号

A0658/A0987 ~ A0988

杨晨曦

四川大学锦城学院

主要作品

《眼镜广告》

作品编号

D0455 ~ D0456

杨春花

四川音乐学院

主要作品

《残缺美》《露》

作品编号

H0233/H0257

杨春江

西北民族大学

主要作品

《一米阳光》《女同学》

作品编号

A0111/A0678

杨春霞

北京印刷学院

主要作品

《罌·花》

作品编号

A0340

杨　东

广东技术师范学院

主要作品

《捕鱼》《寻觅》《水中嬉戏》

作品编号

H0160/H0195/H0196

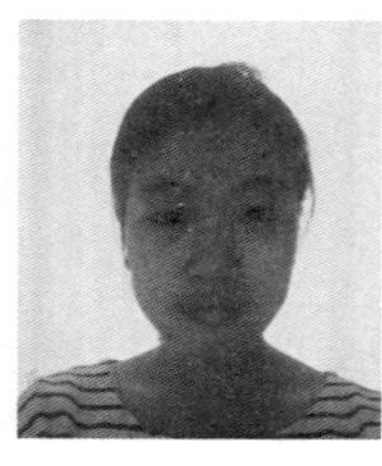

杨冬雪

延边大学

主要作品

《长颈鹿》

作品编号

A0567

杨　帆

台州学院

主要作品

《贪》

作品编号

F0096

杨　飞

上饶师范学院

主要作品

《古镇风情》

作品编号

A0115

杨光思

重庆文理学院

主要作品

《苗族斗牛》

作品编号

H0204

杨国晖

成都理工大学工程技术学院

主要作品

《星空下》

作品编号

E0081 ~ E0084

杨宏博

哈尔滨职业技术学院

主要作品

《君子轩餐厅效果图》

作品编号

E0007 ~ E0010

杨湖月

湖北工业大学

主要作品

《收藏品茗——苏州旅游产品设计》

作品编号

D0496

杨佳丽

贵州师范大学

主要作品

《涅槃重生》

作品编号

A0096

杨家辉

广州科技职业技术学院

主要作品

《素描狮子》

作品编号

A0628

杨京武

南京理工大学泰州科技学院

主要作品

《素描静物》

作品编号

A0725

杨梦媛

天津科技大学

主要作品

《向日葵奶茶店标志设计》《熊猫慢递邮局标志设计》

作品编号

D0069/D0086

杨　宽

合肥学院

主要作品

《济南老乡会标志》《留守老人》

作品编号

D0029/H0341

杨宁珍

广西艺术学院

主要作品

《美好的生活》《呆》

作品编号

A0600/A0996

杨利文

武汉工商学院

主要作品

《依云保湿液广告摄影》

作品编号

H0474

杨　诺

华中师范大学

主要作品

《痕》《永乐宫》（局部临摹）《兰亭序》

作品编号

A0651/B0083/B0127

杨柳燕

北海职业学院

主要作品

《品诺装饰标志设计》

作品编号

D0088

杨　茜

四川大学锦城学院

主要作品

《上里风景写生》《艺术公司

作品编号

A0203/D0022 ~ D0023

杨隆琰

延边大学

主要作品

《空间外的空间——延边大学创意咖啡馆建筑设计及景观灯光一体化》

作品编号

E0337 ~ E0340

杨庆林

广西艺术学院

主要作品

《仿宋古城》

作品编号

E0403

杨　璐

湖南工业大学

主要作品

《I WANT YOU》《桃花姬，吃出来的美丽》

《OPPO，我的世界因我不凡之舞台篇》

作品编号

D0448/D0449/D0450

杨　全

丽水学院

主要作品

《记忆中模糊了的爷爷》《蝶恋花》

作品编号

B0017 ~ B0018/B0048

杨　萌

燕山大学

主要作品

《屋顶》

作品编号

E0281

杨　蓉

云南民族大学

主要作品

《静物素描》

作品编号

A0773 ~ A0774

杨萌娜

抚顺职业技术学院

主要作品

《竹排争流》

作品编号

H0167

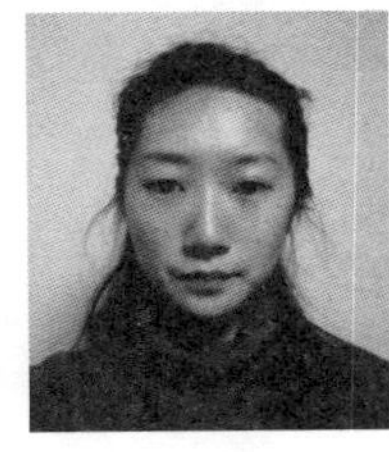

杨　瑞

武汉工商学院

主要作品

《爱丽小屋柔肤水广告摄影》

作品编号

H0430

杨　珊
成都理工大学工程技术学院
主要作品
《盘扣设计展板》
作品编号
D0697 ～ D0701

杨胜尤
江西工程学院
主要作品
《滨水公园》
作品编号
E0376

杨　时
广东工业大学
主要作品
《保护海洋》《节约用电》《奇妙幻想曲》《有点烦》《破茧》《嬉》
作品编号
D0362/D0363/F0062/F0063/F0064/H0207

杨　帅
东北师范大学人文学院
主要作品
《归·巢——新型居家养老社区景观设计》
《食·简——大学生商业综合体》
《城市落叶——一站式智能化便民服务公共设施设计》
作品编号
E0328 ～ E0329/E0342 ～ E0343/E0351

杨天鑫
广东工业大学
主要作品
《人物写生》《陕北农民》
作品编号
A0142/A0143

杨项玲
北华航天工业学院
主要作品
《印象家居》《温馨家居》《茶具》
作品编号
E0013 ～ E0015/E0016 ～ E0018/G0009

杨小慧
韩山师范学院
主要作品
《屋》
作品编号
B0095

杨晓彤
大连艺术学院
主要作品
《小狗布偶》
作品编号
A0727

杨校锋
广东技术师范学院
主要作品
《沙溪·玉米地》《黄埔古港》
作品编号
A0181/A0182

杨新雨
燕京理工学院
主要作品
《保护伞》
作品编号
H0277

杨鑫鹏
广东技术师范学院
主要作品
《咆哮》
作品编号
A0620

杨　旬
云南民族大学
主要作品
《水色秋意》《七点半》
作品编号
A0446/H0074

杨艳贞
广西演艺职业学院
主要作品
《蓝韵之居》
作品编号
E0038 ～ E0040

杨　燕
昆明理工大学
主要作品
《都市余辉》《回眸》《品味幸福》《未来风》《咖啡滋味》
作品编号
A1156/A0663/D0215/E0005 ～ E0006/E0032 ～ E0034

杨　洋
广东第二师范学院
主要作品
《呐喊系列三》《方茹》
作品编号
A0392/A0393

杨一飞
天津职业技术师范大学
主要作品
《景泰蓝纹饰复古收音机》
作品编号
G0033

杨沂林
三明学院
主要作品
《睡莲》《蔡君》《陶影》
作品编号
C0003/C0004/C0105

杨　莹
燕山大学
主要作品
《屋顶》
作品编号
E0281

杨永太
四川大学锦江学院
主要作品
《光之晨曦》《两只蝴蝶》《那一抹，灿烂》
作品编号
H0012/H0232/H0295

杨媛媛
阿坝师范高等专科学校
主要作品
《女汉子》
作品编号
B0151

杨韵怡
广西艺术学院
主要作品
《骆越文化历史主题馆设计》
作品编号
E0235 ～ E0241

杨泽斌
私立华联学院
主要作品
《黄鹤楼》
作品编号
A0798

杨　喆
广西艺术学院
主要作品
《"姝"内衣包装》
作品编号
D0588 ～ D0593

杨志芳
云南民族大学
主要作品
《云南民族大学文化学院标志》《世博会博物馆标志》
《灯泡变形之地球污染》《灯泡变形之脸谱》《灯泡变形之乘风破浪》
作品编号
D0073/D0074/F0103/F0104/F0105

杨　智
武汉工商学院
主要作品
《达芬堡干红广告摄影》
作品编号
H0454

杨子旖
西安培华学院
主要作品
《无彩印象》
作品编号
I0092 ～ I0093

姚晨阳
德州科技职业学院
主要作品
《反腐倡廉》
作品编号
D0492

姚九渝
重庆工商职业学院
主要作品
《After taste》
作品编号
E0219

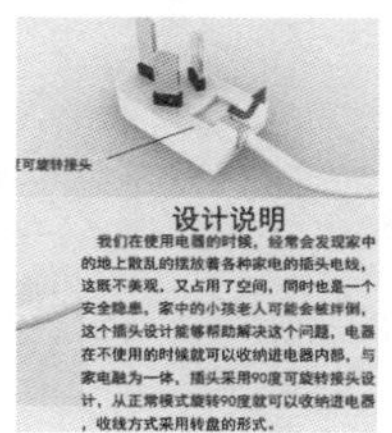

姚梦园
昆明理工大学
主要作品
《易收纳插头》《剪·甲》
作品编号
G0081/G0082

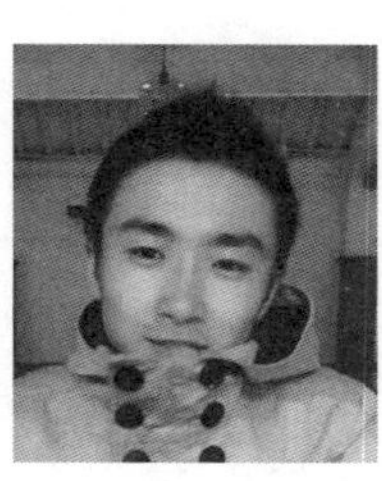

姚旗伟
中国人民大学
主要作品
《兔儿童餐具》《国颐建筑公司》《娄山广场》
作品编号
D0036/D0037/D0038

姚秀莲
常州大学
主要作品
《唐三彩壁画》
作品编号
C0073

姚屹雯
景德镇陶瓷学院
主要作品
《云深不知处》
作品编号
C0133

姚懿倩
无锡城市职业技术学院
主要作品
《徽州古村落建筑写生》系列
作品编号
E0395 ~ E0397

叶芳羽
湖南师范大学
主要作品
《沉寂与活力》《小镇印象》《苗族少女》《阳光组合》《百褶裙》
作品编号
A0238/A0490/A0957/I0076/I0077

叶建华
广西师范学院
主要作品
《鱼纹装饰图案》
作品编号
C0096

叶金磊
西安外国语大学
主要作品
《疲惫的苍蝇拍》
作品编号
D0459

叶美村
广东培正学院
主要作品
《梦里培正》
作品编号
A0200

叶舒平
湖北美术学院
主要作品
《没买卖就没杀害》
作品编号
D0494

叶毓涛
广东技术师范学院
主要作品
《肌理》
作品编号
A0243

叶梓琪
广东技术师范学院
主要作品
《湖》
作品编号
A0475

叶紫清
昆明学院
主要作品
《明信片设计》
作品编号
F0243 ~ F0245

伊晓薇
青岛滨海学院
主要作品
《行尸走肉》
作品编号
D0636

乙　人
云南艺术学院文华学院
主要作品
《夜晚的水上阁楼》
作品编号
A0239

易敏凤
陕西国际商贸学院
主要作品
《聆听》
作品编号
A0395

尹加领
保山学院
主要作品
《红浮萍》
作品编号
A0209

尹　璐
武汉工程大学
主要作品
《水粉画·陶罐与水果》《素描头像——中年妇女》
《旧时光，水影抽象委屈》《旧时光，水影抽象惊讶》
《旧时光，水影抽象怒吼》《旧时光，水影抽象深思》
作品编号
A0297/A0670/H0476/H0477/H0478/H0479

尹小岩
北方民族大学
主要作品
《古镇》
作品编号
A0876

尹延腾
山东轻工职业学院
主要作品
《阿翔》
作品编号
F0201 ~ F0204

尹珍珍
广东青年职业学院
主要作品
《牛魔山庄》
作品编号
F0287

尹志超
燕山大学
主要作品
《集装箱的新农村之旅》
作品编号
E0254

英　扎
达州职业技术学院
主要作品
《苇中尤物》
作品编号
A0043

由　今
西北民族大学
主要作品
《西藏寺院速写》系列
作品编号
A0920 ～ A0922

有楚薇
武汉工商学院
主要作品
《丝塔芙洁面乳广告摄影》
作品编号
H0415

于　恒
燕山大学
主要作品
《监测 & 健康》
作品编号
G0089

于家伟
青岛滨海学院
主要作品
《三星宣传册》《茶韵》
作品编号
D0608/D0609

于倩波
河套学院
主要作品
《素描动物》
作品编号
A1045

于　乔
抚顺职业技术学院
主要作品
《嫦娥奔月》《嫁衣》
作品编号
I0010/I0015

于悉婕
北京舞蹈学院
主要作品
《残秋系列之黄》
作品编号
H0259

于秀媛
辽东学院
主要作品
《插画》《秋意》
作品编号
F0135/H0083

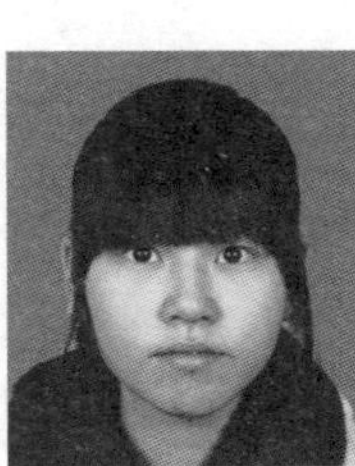

余丽雯
广州大学华软软件学院
主要作品
《渴望》
作品编号
A0533

余　童
四川美术学院
主要作品
《静物写生一号》《静物写生二号》
作品编号
A0310/A0316

余晓君
四川大学锦城学院
主要作品
《等待》《等等时间》《冰大[illegible]广告》
作品编号
A0642/A0643/D0331 ～ D03[illegible]

余颖文
广东第二师范学院
主要作品
《向日葵》
作品编号
A0331

余志祥
安庆师范学院
主要作品
《庄稼汉》《小村庄》
作品编号
A0173/A0176

俞永峰
天津职业技术师范大学
主要作品
《国际历史科学大会标志方案》《BLINK》系列《射门》《伤》《摄影》
作品编号
D0021/D0295 ~ D0297/H0210/H0310/H0325

俞　越
闽江学院
主要作品
《幸福时光》
作品编号
E0415 ~ E0416

禹　思
广西艺术学院
主要作品
《烽火扬州路》
作品编号
D0652

玉旺叫
云南民族大学
主要作品
《昆明理工大学 60 周年标志设计》《境》
作品编号
D0118/H0058

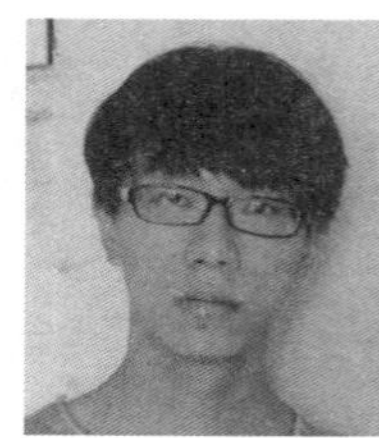

员清亮
河南大学
主要作品
《离开前祈祷》《被遗弃的房屋》
作品编号
A0179/A0180

袁超勇
广东技术师范学院
主要作品
《素描速写》《花之恋》系列
作品编号
A0662/A1026 ~ A1030

袁　芳
武汉工商学院
主要作品
《美津植秀化妆水广告摄影》
作品编号
H0470

袁　梦
西昌学院
主要作品
《人物设计》
作品编号
B0015

袁　萍
河套学院
主要作品
《素描静物》
作品编号
A0713

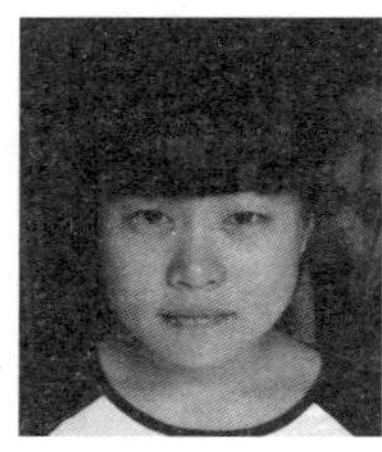

袁　琪
山东工艺美术学院
主要作品
《忆 · 云南》
作品编号
H0006/H0357

袁　翔
天津商业大学
主要作品
《进击的光头强》
作品编号
A0693

袁业伟
广东技术师范学院
主要作品
《印象》《鱼》《黄昏》
作品编号
A0005/A0006/A0007

原佳瑞
福建师范大学
主要作品
《他与她与它》《女人背影》
作品编号
A0154 ~ A0157/A0655

原艺洋
云南艺术学院
主要作品
《藏族民居》《光盘设计》
作品编号
A0418/D0198

岳超娟
延边大学
主要作品
《网》《夜》
作品编号
A0540/A0568

臧晶金
北京经济技术职业学院
主要作品
《满满爱》
作品编号
A1096

曾　安

广州大学纺织服装学院

主要作品

《遗传与流转》

作品编号

C0060

曾慧玲

韩山师范学院

主要作品

《时间爆炸》

作品编号

A1136

曾金花

广东建设职业技术学院

主要作品

《好人生养生茶传统包装》《好人生》

作品编号

D0221/D0569

曾景雯

广东工业大学

主要作品

《东巴文五行系列动画之水元素》

作品编号

F0239 ~ F0242

曾琳雯

韩山师范学院

主要作品

《好奇的世界》

作品编号

A1135

曾宪明

武汉工商学院

主要作品

《兰蔻香水广告摄影》

作品编号

H0377

曾祥雄

汕头大学

主要作品

《六道轮回 · 地狱道》《六道轮回 · 人间道》《六道轮回 · 天道》《六道轮回 · 畜生道》《六道轮回 · 阿修罗道》《六道轮回 · 饿鬼道》

作品编号

F0088/F0089/F0090/FC091/F0092/F0093

曾颖茵

广东技术师范学院

主要作品

《家具》《尽头》《侧面 · 脸》《色》《单车》

作品编号

A0235/A0402/A0410/A0482/H0483

曾钰芸

辽宁财贸学院

主要作品

《一湖隔春秋》《钟声》《未言之相醉》

作品编号

H0119/H0120/H0314

曾远发

华南理工大学

主要作品

《黎阵》《境落》

作品编号

F0019/H0073

曾志伟

河北科技大学

主要作品

《羊头》

作品编号

A0735

曾子渝

昆明理工大学

主要作品

《舌尖上的民俗》

作品编号

H0365 ~ H0367

查香玲

常州工学院

主要作品

《水彩画头像》

作品编号

A0388

翟　斌

天津农学院

主要作品

《新中式家装》

作品编号

E0203

翟健含

沈阳航空航天大学

主要作品

《胡魁章》《内之美》

作品编号

D0011/D0498

翟暖芝

广东技术师范学院

主要作品

《路糜何寄栖》《绿里无奇运

作品编号

A0353/A0679

翟云鹏
河北科技大学
主要作品
《芙蕖逸幽》
作品编号
B0051

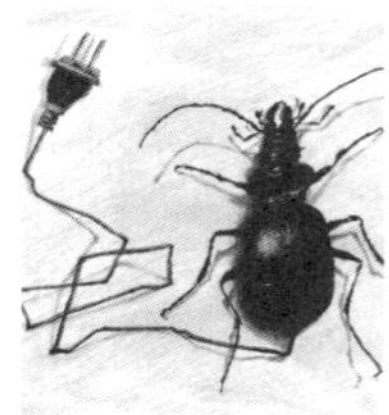

詹乾龙
合肥师范学院
主要作品
《甲壳虫》
作品编号
A1066

詹佑铭
景德镇陶瓷学院
主要作品
《喜洋洋》
作品编号
C0127

张艾心
天津美术学院
主要作品
《椅子》《女人体素描写生》
作品编号
A0241/A0652

张碧影
河北建筑学院
主要作品
《小村庄》《F 商业区》
作品编号
A0932/E0404

张　冰
大连工业大学
主要作品
《地宫女王》
作品编号
F0016

张博文
北京理工大学
主要作品
《梦想 · 希望》《FOR LOVE——"JUST US"品牌广告》
作品编号
D0334/F0253 ~ F0260

张　超
石河子大学
主要作品
《花》
作品编号
H0275

张楚煜
昆明学院
主要作品
《拒绝皮草系列之伤痛》
《拒绝皮草系列之货物》《拒绝皮草系列之消失》
作品编号
D0328/D0329/D0330

张丹璐
天津财经大学
主要作品
《星空》
作品编号
H0018

张　帆
华南师范大学
主要作品
《静物》《致敬巴齐耶》
作品编号
A0222/A0224

张　峰
齐鲁工业大学
主要作品
《四川省交通投资集团》《济南少儿羽乒俱乐部》
作品编号
D0133/D0134

张浩然
内蒙古大学
主要作品
《素描静物》
作品编号
A0768

张鹤莹
湖南科技学院
主要作品
《商业摄影人像》《静物摄影》
作品编号
H0323/H0388

张宏亮
燕山大学
主要作品
《现代简约住宅》
作品编号
E0025 ~ E0027

张　健
南京理工大学泰州科技学院
主要作品
《爱情 · 绽放》
作品编号
A0712

张健婷
私立华联学院
主要作品
《苏州狮子林一角》
作品编号
A0810

张　洁
深圳大学
主要作品
《玫瑰人生》
作品编号
A0553 ～ A0555

张洁玥
北京财贸职业学院
主要作品
《VI 设计立顿乐活》《VI 设计米歇尔的绿色厨房》
作品编号
D0574/D0575

张金娟
青岛滨海学院
主要作品
《陋室之鸣》
作品编号
D0631

张金鹏
燕京理工学院
主要作品
《菊花静物》《正男青年》《枯叶静物》
作品编号
A0269/A0665/A0704

张津铭
天津农学院
主要作品
《无障碍设施养老院·卧室》
《无障碍设施养老院·阳台》《无障碍设施养老院·卫生间》
作品编号
E0066/E0067/E0068

张靖瑭
西安培华学院
主要作品
《恒骄女性珠宝标志》
作品编号
D0175

张　静
河南理工大学万方科技学院
主要作品
《中国梦·融》
作品编号
D0444 ～ D0445

张　静
大连艺术学院
主要作品
《静物》
作品编号
A0305

张俊斌
黄冈师范学院
主要作品
《胜利 V？枪口！》
作品编号
D0457

张　兰
燕山大学
主要作品
《少年宫——乐动青春》
作品编号
E0265 ～ E0268

张岚婷
渭南师范学院
主要作品
《五光森林》
作品编号
A0217

张揽月
湖南科技学院
主要作品
《静物摄影》
作品编号
H0390

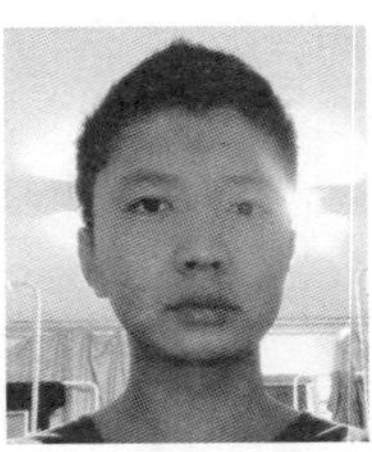

张　乐
赤峰学院
主要作品
《自画像》
作品编号
A0057 ～ A0058

张力军
昆明理工大学
主要作品
《我们还能砍伐多久》《布艺茶具》
《电动车外观设计》《刀锋骑士》《存
作品编号
D0502/G0002/G0051/G0060…-0351

张俐婷
西京学院
主要作品
《素描静物》
作品编号
A0721

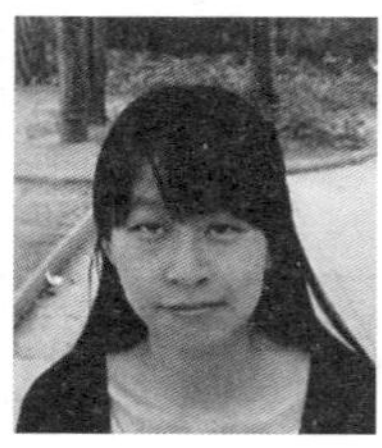

张　琳

北海职业学院

主要作品

《蒂格沙发标志设计》《蒂格沙发形象推广物料运用设计》

作品编号

D0068/D0572

张　敏

武汉工商学院

主要作品

《柠檬汁》

作品编号

H0402

张琳琳

湖南师范大学

主要作品

《湘游》

作品编号

D0335

张　楠

信阳师范学院

主要作品

《梦江南》

作品编号

B0088

张　璐

沈阳师范大学

主要作品

《大嘴怪鸟》《可爱的鹦鹉》

作品编号

H0197/H0206

张培鸿

广东建设职业技术学院

主要作品

《向日葵》

作品编号

D0557

张　梅

云南民族大学

主要作品

《独领风骚》《寒冬腊月》

作品编号

E0405/E0406

张培培

吉林艺术学院

主要作品

《折纸主题餐厅》

作品编号

E0047 ~ E0048

张　萌

河北科技大学

主要作品

《惬意》

作品编号

A0398

张　朋

延边大学

主要作品

《饺子君·吉祥物》《饺子君·符号》

作品编号

D0667/D0668

张梦琦

上饶师范学院

主要作品

《随处》

作品编号

A0448

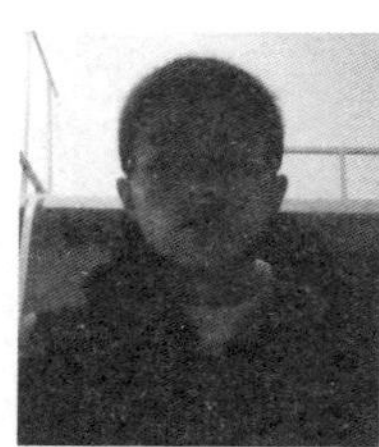

张鹏飞

黄淮学院

主要作品

《美丽黄淮》

作品编号

D0661

张　民

榆林学院

主要作品

《北汽集团图标》

作品编号

D0155

张　茜

烟台大学

主要作品

《迪拜帆船酒店》《升》

作品编号

C0069 ~ C0070/E0279

张　敏

南开大学滨海学院

主要作品

《盛装小象》

作品编号

A0592

张　倩

武汉工商学院

主要作品

《百岁山矿泉水广告摄影》

作品编号

H0385

张　倩

西京学院

主要作品

《素描静物》

作品编号

A0739

张倩倩

榆林学院

主要作品

《花影》

作品编号

H0220

张　庆

武汉工商学院

主要作品

《韩伊化妆品广告摄影》

作品编号

H0406

张蓉蓉

惠州经济职业技术学院

主要作品

《荒城》

作品编号

A0821

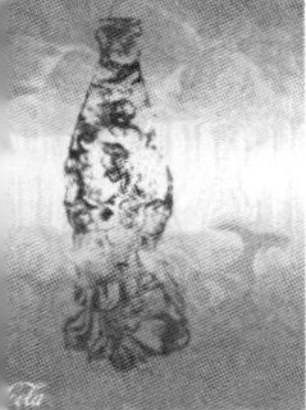

张蕎心

西北民族大学

主要作品

《速写风景》《可口可乐招贴》

作品编号

A0841 ～ A0842/D0489 ～ D0490

张　蕊

广西艺术学院

主要作品

《骆越文化历史主题馆设计》

作品编号

E0235 ～ E0241

张　芮

东北农业大学

主要作品

《国粹精魂》《金鱼》

作品编号

A0972 ～ A0973/F0155 ～ F0156

张　瑞

西京学院

主要作品

《素描静物》

作品编号

A0720

张瑞华

河套学院

主要作品

《设计色彩——装饰静物》《宏村速写》《创意速写》

作品编号

A0524/A0903/A1160

张润媛

北京理工大学

主要作品

《风一样自由》《宏村印象》《夏至未至》

作品编号

A0160/A0828/H0230

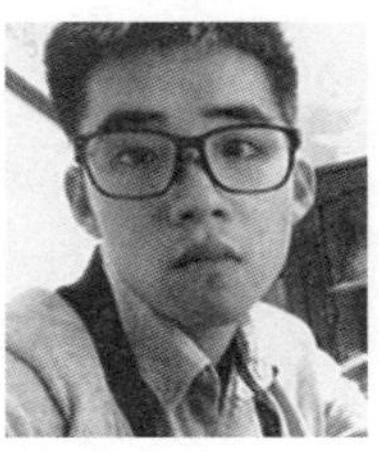

张少文

陕西理工学院

主要作品

《琴边》

作品编号

A0051

张书雷

天津科技大学

主要作品

《舞》

作品编号

D0454

张　澍

天津科技大学

主要作品

《Tomorrow 系列 VI 设计》《顾城诗集装帧》

作品编号

D0573/D0623

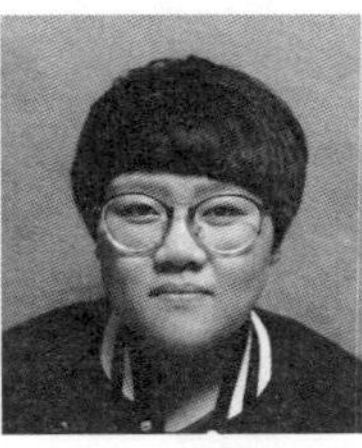

张水莉

内蒙古大学

主要作品

《素描静物》

作品编号

A0770 ～ A0771

张丝婷

广东技术师范学院

主要作品

《心墙》

作品编号

A0252

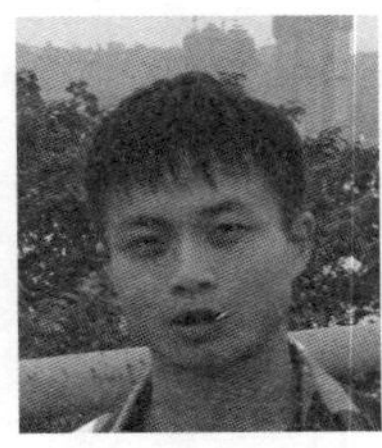

张苏鹏

成都理工大学工程技术学院

主要作品

《热浪》

作品编号

H0060

张　涛

安庆师范学院

主要作品

《皖南古民居》

作品编号

A0441

张万琴

保山学院

主要作品

《将眼对准心里》

作品编号

A0551

张文文

湖南师范大学

主要作品

《文化的救赎》

作品编号

D0371

张　雯

天津商业大学

主要作品

《海河文化基金会 LOGO》《海报》

作品编号

D0138/D0384

张务华

天津商业大学

主要作品

《完美恋人》

作品编号

A0701

张晓帆

成都理工大学工程技术学院

主要作品

《现代风格系列之镜中语餐厅》

作品编号

E0146

张晓亮

河套学院

主要作品

《公益海报 · 在一起》《拉开神奇色彩》系列

作品编号

D0533/D0534 ～ D0535

张晓梅

西安培华学院

主要作品

《堂倌小厨 · 烧烤食堂》《女子养生会所标志》

作品编号

D0169/D0170

张晓琪

山东农业大学

主要作品

《工农兵插画形象设计之那个年代的我们》

作品编号

F0014

张晓霞

天津体育学院运动与文化艺术学院

主要作品

《装饰画》

作品编号

A1161

张新京

成都理工大学工程技术学院

主要作品

《咖啡厅设计》《趣寻找展厅设计》

作品编号

E0035 ～ E0037/E0210

张雄亮

西安培华学院

主要作品

《情有毒终》

作品编号

D0336

张　旭

广西师范大学

主要作品

《山里人》

作品编号

A0572

张旭东

东莞职业技术学院

主要作品

《沟壑流淌过岁月的长河》《安徽宏村庭院速写》

作品编号

A0696/A0890

张学婧

山东工艺美术学校

主要作品

《相依共存》《沟通无限》

作品编号

D0274/D0275

张雪芝

天津科技大学

主要作品

《logo 设计》《夏之梦插画系列设计》

作品编号

D0054/F0037 ～ F0038/F0053 ～ F0054

张雪志

浙江同济科技职业学院

主要作品

《西工大附中 80 届 logo》

作品编号

D0150

张雅婷

韩山师范学院

主要作品

《龙环球》

作品编号

A1072

张亚南

廊坊师范学院

主要作品

《愤怒的心》

作品编号

F0003

张亚妮

广东技术师范学院

主要作品

《太行山》

作品编号

B0101

张艳杰

沈阳航空航天大学

主要作品

《沈阳旅游形象设计》《沈阳茗雅轩茶楼标志设计》《禹州钧瓷包装设计》《淮阳泥泥狗包装设计》

作品编号

D0066/D0116/D0217/D0238

张艳丽

广西艺术学院

主要作品

《精打细算》《前后》

作品编号

C0014/C0086 ~ C0087

张一超

长春工业大学

主要作品

《大学第一课》

作品编号

H0343

张　祎

西安翻译学院

主要作品

《国际雾霾系列之中国》《国际雾霾系列之法国》《国际雾霾系列之美国》《国际雾霾系列之印度》《ALPHA》《SWAN QUEEN》

作品编号

D0048/D0049/D0319/D0320/D0321/D0322

张　祎

大连艺术学院

主要作品

《26》

作品编号

D0624

张　艺

景德镇陶瓷学院

主要作品

《花·影·芬芳》《秦淮依旧》

作品编号

H0241/H0359

张艺凡

南开大学

主要作品

《素描头像》《素描静物》《太行山小景》《巍巍太行》

作品编号

A0666/A0705/B0053/B0062

张艺霖

韩山师范学院

主要作品

《人性的面具》《浮生》《若梦》

作品编号

A1067/A1068/A1069

张艺伟

西京学院

主要作品

《我的大学老师》

作品编号

A0672

张　莹

西京学院

主要作品

《党家街道》

作品编号

A0116

张　莹

西京学院

主要作品

《素描静物》

作品编号

A0718

张莹莹

广西艺术学院

主要作品

《彩铅小狗嘟嘟》《民族项链》《建筑速写》

作品编号

A0949/A0950/E0471

张又芳

成都艺术职业学院

主要作品

《对坐》

作品编号

G0015

张宇壮

北京汇佳职业学院

主要作品

《刺》

作品编号

I0105

张雨倩

广西艺术学院

主要作品

《罗马假日》《晚霞》《春意》

作品编号

E0370～E0373/H0053/H0103

张玉蓉

山东理工大学

主要作品

《舞者》

作品编号

A0974～A0975

张元洪

保山学院

主要作品

《人物》《风景写生》

作品编号

A0399/A0573

张　媛

天津师范大学

主要作品

《万鹿生首饰》系列《Time Know——星空》

作品编号

I0051/I0091

张远豪

四川工程职业技术学院

主要作品

《未来故事》

作品编号

A1125

张　月

武汉工商学院

主要作品

《小黑裙润肤霜广告摄影》

作品编号

H0418

张　悦

四川师范大学

主要作品

《芙青叠影》《Back To Nature》

作品编号

I0082/I0085

张云霄

武汉工商学院

主要作品

《百事可乐广告摄影》

作品编号

H0419

张　芸

贵州师范大学

主要作品

《怒放的生命》

作品编号

B0071

张早霞

河套学院

主要作品

《新国艺系列作品之皮影》

作品编号

D0476

张兆宁

广东工业大学华立学院

主要作品

《虎》《蟹》

作品编号

A0354/A0355

张哲君

河南大学民生学院

主要作品

《面具》《乌镇一景》

作品编号

A1159/H0098

张桢娜

杭州师范大学

主要作品

《茗豪茶叶包装设计》

作品编号

D0208

张　祯

南昌大学

主要作品

《紫色风情》

作品编号

E0117～E0119

张震凡

马鞍山师范高等专科学校

主要作品

《哈尔滨供水集团图标》

作品编号

D0123

张　镇

齐鲁工业大学

主要作品

《深思》《中允品牌策划有限公司标志》
《非遗，我们的生活方式》《一枝独秀》

作品编号

A0737/D0127/D0303/H0273

张　征

昆明理工大学

主要作品

《廉政保证》

作品编号

D0660

张正洁

四川农业大学

主要作品

《洁柔面纸的创意表现——"止"》

作品编号

H0480 ~ H0481

张志峰

广东技术师范学院

主要作品

《硕果》

作品编号

A0944

张志强

河套学院

主要作品

《禁毒作品之根本打击》《新国艺系列作品之青花瓷蛋糕》

作品编号

D0478/D0479

张志群

马鞍山师范高等专科学校

主要作品

《太原图书馆标志设计》

作品编号

D0108

张秩豪

东北师范大学人文学院

主要作品

《约瑟夫的工作室——室内设计》

作品编号

E0125 ~ E0126

张仲瑜

景德镇陶瓷学院

主要作品

《福音》

作品编号

C0093

张子浩

吉林艺术学院

主要作品

《青春绽放》《艺海无涯》《中国梦》《54路有轨电车主题餐厅》

作品编号

B0069/B0116/B0117/E0182

章甜甜

安徽广播影视职业技术学院

主要作品

《建筑表现——佛罗伦萨教堂》

作品编号

A0894

章英英

江西工程学院

主要作品

《水赏公园》

作品编号

E0374

招敏珊

私立华联学院

主要作品

《速写动物》《动漫角色设计系列——剑客》

作品编号

A1048 ~ A1051/F0011

赵宝绪

沈阳航空航天大学

主要作品

《"垂乙兔"卡通设计》

作品编号

F0177 ~ F0182

赵丹丹

广西师范大学

主要作品

《尚城国际房地产 LOGO》

作品编号

D0075

赵　璠

南开大学滨海学院

主要作品

《夏荷》

作品编号

A0598

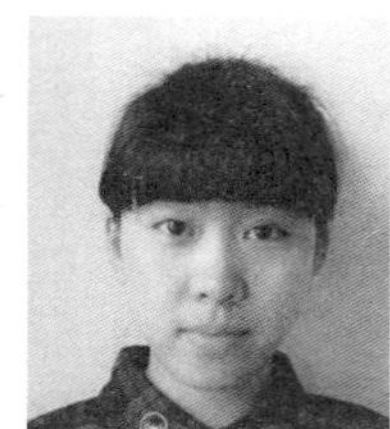

赵芳平
南开大学滨海学院
主要作品
《骑士与他的爱马》
作品编号
A0612

赵 芬
成都艺术职业学院
主要作品
《室内家装手绘效果图》
作品编号
E0450

赵鸿凯
南京理工大学泰州科技学院
主要作品
《坐着的奶奶》《字体设计》
作品编号
A0690/D0172

赵慧敏
武汉工商学院
主要作品
《自然堂精华水广告摄影》
作品编号
H0426

赵佳慧
湖北大学知行学院
主要作品
《墙边的旧时光》《植物纤维》
作品编号
A1000/A1001

赵建国
大连外国语大学
主要作品
《父亲》《质朴的老人》
作品编号
A0120/A0641

赵剑侠
四川长江职业学院
主要作品
《前门楼白酒包装》
作品编号
D0243

赵 洁
武汉工商学院
主要作品
《悦诗风吟化妆品广告摄影》
作品编号
H0467

赵 婧
渭南师范学院
主要作品
《油画静物》
作品编号
A0109

赵婧言
天津科技大学
主要作品
《现代别墅外观及庭院设计》
作品编号
E0352 ~ E0355

赵君璧
燕山大学
主要作品
《沙滩冷饮店》
作品编号
E0249 ~ E0252

赵璐瑶
山东交通学院
主要作品
《夜·上海》《繁花》
作品编号
H0354/H0362

赵 楠
陕西师范大学
主要作品
《太行风光》《老人像》
作品编号
A0207/A0639

赵 佩
西北民族大学
主要作品
《玫瑰》《芍药》
作品编号
A0075/A0076

赵 奇
广西艺术学院
主要作品
《主题公园景观设计》
作品编号
E0302 ~ E0304

赵 倩
青岛滨海学院
主要作品
《诗经》
作品编号
D0641

赵 庆
江西工程学院
主要作品
《客厅效果图》
作品编号
E0445

赵 然
杭州师范大学
主要作品
《雪》《彩》
作品编号
A0045/H0368

赵 瑞
武汉工商学院
主要作品
《植物精萃护肤品广告摄影》
作品编号
H0473

赵圣炜
四川长江职业学院
主要作品
《古代战场》
作品编号
F0288

赵婉岐
四川农业大学
主要作品
《千变万化·变化千万》
作品编号
H0369 ~ H0371

赵晓婉
北京理工大学
主要作品
《山与泡桐》
作品编号
A0218

赵筱婷
常州大学
主要作品
《唐三彩壁画》
作品编号
C0073

赵 欣
天津职业技术师范大学
主要作品
《海风》《土家窑》
作品编号
A0215/A0875

赵兴情
海口经济学院
主要作品
《海口经济学院运动会标志设计》
作品编号
D0161

赵雪宇
齐鲁工业大学
主要作品
《传承的技艺，永恒的祝福》《女人花》
作品编号
D0512/F0107

赵雅洁
西北民族大学
主要作品
《宿建德江》
作品编号
B0143

赵晔童
天津美术学院
主要作品
《万家灯火》《远方》
作品编号
A0623/A0624

赵一蕾
成都艺术职业学院
主要作品
《生命之初》
作品编号
G0012

赵 怡
榆林学院
主要作品
《淘宝网标志设计》《话当年》
作品编号
D0153/H0290

赵玉红
天津职业技术师范大学
主要作品
《背后》
作品编号
F0154

赵 婴
武汉工商学院
主要作品
《迪奥真我香水广告摄影》
作品编号
H0468

郑博文

天津商业大学

主要作品

《我想要只狗》

作品编号

A1046

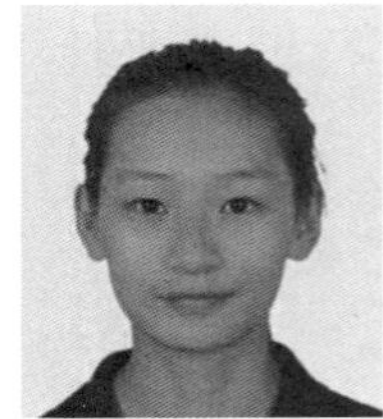

郑楚红

三明学院

主要作品

《睡莲》《蔡君》《陶影》

作品编号

C0003/C0004/C0105

郑方圆

四川美术学院

主要作品

《水彩写生》

作品编号

A0484 ~ A0486

郑加杭

广东工业大学

主要作品

《东巴文五行系列动画之水元素》

作品编号

F0239 ~ F0242

郑井洁

广西艺术学院

主要作品

《按下生活暂停键》

作品编号

D0119

郑军保

重庆工商职业学院

主要作品

《集团办公室》系列

作品编号

E0001 ~ E0004

郑开磊

私立华联学院

主要作品

《万里长江第一桥》

作品编号

A0809

郑龙俭

北方民族大学

主要作品

《安徽宏村写生》《古建筑写生》

作品编号

A0866/A0867

郑敏妍

珠海第一中等职业学校

主要作品

《花旦》

作品编号

F0045

郑淑仪

广东技术师范学院

主要作品

《夏荷》《花》

作品编号

A0463/H0214

郑琬滢

天津职业技术师范大学

主要作品

《古韵》

作品编号

F0033

郑　兴

马鞍山师范高等专科学校

主要作品

《宁静致远》

作品编号

H0201 ~ H0202

郑亚楠

榆林学院

主要作品

《黄岛区电视台图标》《年轻的心》《生活浮萍般卑微》

作品编号

D0156/H0291/H0292

郑艳红

广州商学院

主要作品

《武汉动物园标志设计》《卡通设计》

作品编号

D0136/F0199 ~ F0200

郑咏微

广东工程职业技术学院

主要作品

《封篆》

作品编号

B0157

郑又曦

海南职业技术学院

主要作品

《岵山标志》《格林蒂舍》《江西航空有限公司》

作品编号

D0143/D0144/D0145

郑　裕

南开大学滨海学院

主要作品

《嘻哈的老人》

作品编号

A0590

钟玉莹

广东技术师范学院

主要作品

《极简》《红色的》

作品编号

A0210/A0211

郑旨渊

湖北美术学院

主要作品

《纸质易存取洗衣粉包装》

作品编号

D0224 ~ D0225

种　庆

枣庄学院

主要作品

《油菜花》

作品编号

B0070

钟鸿如

湖南师范大学

主要作品

《合》

作品编号

D0313

周必云

保山学院

主要作品

《母亲》《父亲》

作品编号

B0021/B0022

钟　洁

广州大学

主要作品

《微笑毕业》

作品编号

H0345

周碧洋

景德镇陶瓷学院

主要作品

《昂首的羊》《印象中的景德镇》《十二生肖》

作品编号

D0014/D0260/F0165

钟梼怡

广东青年职业学院

主要作品

《ALBERT 展厅设计》

作品编号

E0087

周才映

海南职业技术学院

主要作品

《永春 · 岵山》《江西航空标志》《柏林蒂会》

作品编号

D0146/D0147/D0148

钟丽琴

福州外语外贸学院

主要作品

《琴音》

作品编号

A0244

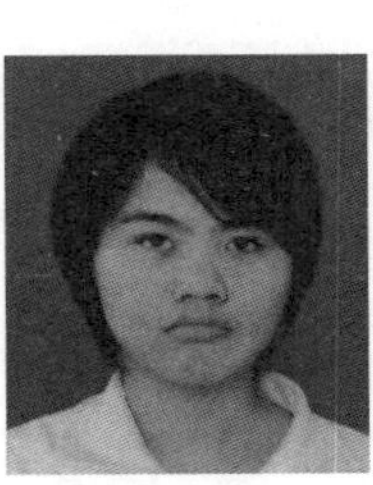

周超贤

广州大学纺织服装学院

主要作品

《遗传与流转》

作品编号

C0060

钟舒宜

广西艺术学院

主要作品

《色彩构成》

作品编号

A0267

周郭俊

福州外语外贸学院

主要作品

《手绘效果图卧室空间设计》

作品编号

E0434

钟宜希

衢州学院

主要作品

《撒网》

作品编号

H0095

周海珠

广东建设职业技术学院

主要作品

《茶道 · 茴香》《纯粹珠宝》《豪庭地产》

作品编号

D0249/D0566/D0567

周宏敏
广东建设职业技术学院
主要作品
《微笑甜品站》
作品编号
D0558

周　慧
北京科技经营管理学院
主要作品
《黑黑卷卷》
作品编号
I0011

周慧敏
河套学院
主要作品
《公益系列作品之道德》《锐澳鸡尾酒》
作品编号
D0309/D0312

周　晶
武汉工商学院
主要作品
《蓝月亮广告摄影》
作品编号
H0446

周骏秀
山东科技大学
主要作品
《孔雀开屏》《扎根》《荷花一点》
作品编号
A1138/F0049/H0263

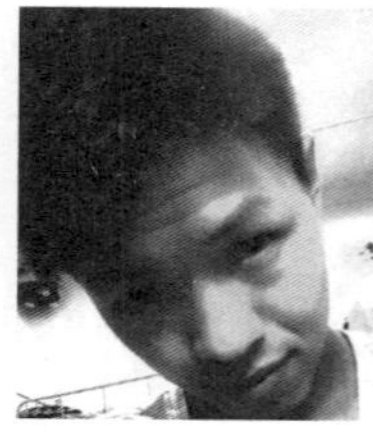

周　林
长沙理工大学
主要作品
《云水谣》《海边》《室内手绘》《海阔天空》
《钧天广乐室内设计手绘表现》《室内设计手绘表现》
作品编号
A0442/A0443/E0426/E0427/E0428/H0050

周龙敏
广西师范大学
主要作品
《静谧》《蓝》《禁》
作品编号
B0104/H0002/H0159

周马丽
达州职业技术学院
主要作品
《生机》《秋韵》
作品编号
A0187/A0188

周　满
韩山师范学院
主要作品
《猫》
作品编号
A1139

周柰隶
德州学院
主要作品
《远乡》
作品编号
A0248

周茹雪
西京学院
主要作品
《酒瓶》《静物》
作品编号
A0232/A0266

周天宇
成都理工大学工程技术学院
主要作品
《博物馆》《雅居》
作品编号
E0120/E0202

周文静
西安美术学院
主要作品
《萌动》《ZHOUWEN, JING 视觉媒体展示》《Ocean 视觉形象》
作品编号
D0682/D0683/D0684 ~ D0686

周雯雯
江西工程学院
主要作品
《滨水公园》
作品编号
E0376

周　晓
天津体育学院运动与文化艺术学院
主要作品
《室内设计》
作品编号
E0145

周　幸
广东建设职业技术学院
主要作品
《味优特》
作品编号
D0171

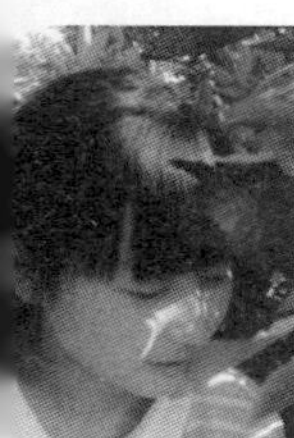

周 亚
湖南科技学院
主要作品
《静物摄影》
作品编号
H0403

周 燕
广西艺术学院
主要作品
《小意》《壮壮》
作品编号
A0219/C0026

周 杨
山西大学
主要作品
《中韵伽苑居室设计效果表现之主卧》《室内餐饮空间手绘表现方案》《中韵伽苑居室设计效果表现之儿童房》《海边假日酒店大厅手绘表现方案》《中韵伽苑居室设计效果表现之客厅》
作品编号
E0188/E0189/E0190/E0464/E0465

周 盈
湖州师范学院
主要作品
《惜水》
作品编号
D0045

周玉洁
大连艺术学院
主要作品
《望雪·忆冬》
作品编号
A0538

周 振
广西艺术学院
主要作品
《"姝"内衣包装》
作品编号
D0588 ~ D0593

周志远
华中师范大学
主要作品
《小篆诗一首》
作品编号
11106

朱炳林
成都艺术职业学院
主要作品
《景观设计手绘表现》
作品编号
E0391

朱宸豪
仙桃职业学院
主要作品
《荷叶》
作品编号
A0710

朱晗宇
河南师范大学
主要作品
《色彩点起生命》
作品编号
D0677

朱卉兰
江西师范大学
主要作品
《花瓶》《色彩静物》
作品编号
A0271/A0272

朱家旗
东北师范大学人文学院
主要作品
《宋人小品海棠图》
《簪花仕女图》（临摹）
作品编号
B0066/B0016

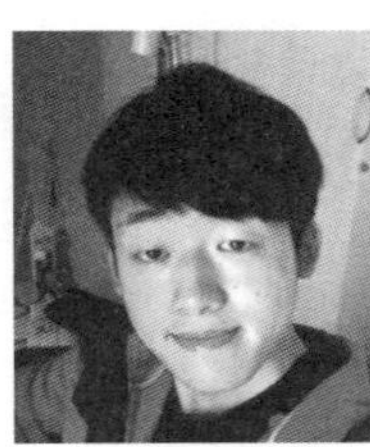

朱剑宇
苏州工艺美术职业技术学院
主要作品
《泰博教育》《光速快递》
作品编号
D0042/D0079

朱健衡
南昌大学
主要作品
《下棋》《冷军》《思念》
作品编号
A0112/A0673/A0674

朱梁珊
武汉工商学院
主要作品
《真我之恋香水广告摄影》
作品编号
H0422

朱璐璐
广西艺术学院
主要作品
《追溯》《铜趣》
作品编号
A0959 ~ A0960/C0041 ~ C0042

朱曼梅
马鞍山师范高等专科学校
主要作品
《生活篇之王老吉》《学习篇之王老吉》《工作篇之王老吉》
作品编号
D0390/D0391/D0392

朱　莹
山西大学
主要作品
《思绪》
作品编号
F0139

朱朦朦
山西大学
主要作品
《红鸾喜凤》《船》《暮色下的北部湾》
作品编号
F0134/H0185/H0187

朱玉祺
景德镇陶瓷学院
主要作品
《静好》
作品编号
C0107 ~ C0109

朱冕旻
杭州师范大学
主要作品
《红树》
作品编号
A0466

朱岳麟
广州大学
主要作品
《不想长大》
作品编号
H0296

朱明燕
北京工商大学嘉华学院
主要作品
《静物写生》
作品编号
A0292

朱悦韵
广东技术师范学院
主要作品
《渴望 · 曙光》
作品编号
H0336

朱群燕
广东工业大学
主要作品
《外婆》《如图》
作品编号
A0123/A0397

朱长喜
青岛科技大学
主要作品
《雷风设计》《强力胶 · 铁链》《关爱动物》
作品编号
D0072/D0446/D0447

朱小云
武汉生物工程学院
主要作品
《美丽人生》
作品编号
F0186

朱忠正
青岛科技大学
主要作品
《一叶扁舟》《树与水电视柜》
作品编号
E0147/G0047

朱晓敏
广东工业大学
主要作品
《放》《陕北情》
作品编号
A0345/A0346

祝　翠
闽西职业技术学院
主要作品
《路人咖啡》《草海之秋》
作品编号
D0015/D0583/H0114

朱心怡
武汉工商学院
主要作品
《大卫杜夫香水广告摄影》《登喜路香水广告摄影》
作品编号
H0387/H0456

卓振著
广东技术师范学院
主要作品
《湖》《生长》
作品编号
A0525/A0526

宗　霞

常州工学院

主要作品

《送友人》《饭点》

作品编号

D0658/D0481

邹勇清

榆林学院

主要作品

《美之静物》

作品编号

A0716

祖　冰

合肥师范学院

主要作品

《前世芙蓉》

作品编号

F0141

祖晨苑

榆林学院

主要作品

《大碗饭》

作品编号

H0309

后记

经过一年左右紧张而忙碌的征稿、审核、评审、设计、印刷等工作，《2015 中国当代大学生艺术作品年鉴》（以下简称《年鉴》）终于与大家见面了。此次征稿分为一、二、三批次，共收到了 3 万余名学生的投稿作品，最终有 6000 余幅（件）作品被《年鉴》收编入册，其中有近 500 幅（件）优秀作品在大赛中获奖。面对烦琐且庞大的数据、资料，我们必须进行多次的核对、整理、筛选来保证《年鉴》的质量。值得称赞的是，在征稿过程中我们看到了很多让人眼前一亮的艺术作品，这些作品风格、理念多样，充分展示出我国当代大学生天马行空的创造力。

随着国家对文化事业的大力扶植，越来越多的年轻人投入到艺术创作的浪潮中。他们充满着生命的热情，有着对美好前景的憧憬，他们是把中国艺术事业推向前进、推向未来的汹涌力量。《年鉴》在总结、归纳 2014 ～ 2015 年度中国当代大学生艺术创作成果的同时，也为中国年青一代搭建了良好的学术平台，全面展示中国当代大学生的艺术创作特征，让未来的艺术人才获得更多的展示机会。

创作是主观能动的，它需要一系列实践的经验，更要有创新的思维。大学生以传统的基础训练为根本，或基础形体，或淡墨重彩，抑或是灵动的设计，从各个方面延伸出不同的绘画语言和鲜明的艺术风格。尽管有些作品还很稚嫩，但依然可以看出他们对艺术的探求精神。

在《年鉴》征稿、编辑和大赛的举办过程中，不仅得到了主办方中国传媒大学美术传播研究所叶建新、杨李军、叶加贝老师及专家评委们强有力的支持，还得到了以中央美术学院、清华美术学院、天津美术学院、湖北美术学院、西安美术学院等全国八大美术学院为主的 31 所独立高等艺术院校和其他综合类、职业类高等艺术院校的专家、教授以及老师们的大力支持和帮助，还有很多老师、朋友提出了很多宝贵而中肯的建议，正是因为有你们，《年鉴》才能做得更好。

最后，感谢给我巨大帮助的李砚祖、吕品昌、戴雨享、郭振山、陈君、任焕斌、周小波、罗必武、晏阳、宫林、刘伟冬、宁钢、詹武、崔自默、陈建辉、徐青青、刘颖悟、李宗尧、翟博、陈高潮、兰翠芹、边平山、郭爱和、刘若望、闫蕾等老师、朋友和同学。感谢我的精英团队，在《年鉴》出版之际，谨向他们和所有关心支持《年鉴》工作的单位和个人表示衷心的感谢！

由于投稿人数多、数据量大，约 3000 人的资料信息，6000 多幅（件）作品需要工作人员一个个整理、核对。尽管同事们都全力以赴地进行工作，在编辑过程中也难免有疏漏或错误之处，还请大家多多指正，提出宝贵意见。

2015 年，我们用行动、思想、汗水和力量完成了《年鉴》的出版；2016 年，我们会继续坚持认真、严谨的工作态度，以公平、公正、专业、权威的评审机制来做好《年鉴》。加油吧，莘莘学子们，愿《年鉴》成为你们梦想的翅膀，带着你们展翅高飞！

2015 年 7 月 20 日写于北京

2015
中国当代大学生艺术作品年鉴

暨“逐日杯”中国当代大学生艺术作品大赛

大事件

发　起	2014.03.02	《2015 中国当代大学生艺术作品年鉴》大型公益性征稿活动启动，同时官方网站、微信等公众平台同步发布征稿动态
征　稿	2014.04.15	第一批截稿，共收到 15270 名学生的 59810 件报名作品
	2014.05.15	第一批共 3720 名学生的 10450 件作品获得入编资格
	2014.06.30	第二批截稿，共收到 7081 名学生的 21243 件报名作品
	2014.08.05	第二批共 825 名学生的 2256 件作品获得入编资格
	2014.11.30	第三批截稿，共收到 8284 名学生的 34852 件报名作品
	2014.12.30	第三批共 976 名学生的 4042 件作品获得入编资格
	2014.12.30	编委会共收到 30635 名学生的 115905 件报名作品，其中 5521 名学生的 16748 件作品获得入编资格
评　审	2015.01.05	经编委会核心成员综合评审，共有 3055 名学生的 6392 件作品获得正式入编资格
	2015.02.01	经编委会核心成员评审，共有近 500 幅（件）作品获得终评提名
	2015.03.15	经评审团成员远程打分评选，共 100 余件（评分时重分同时入选，不计名额）作品获得终评评审资格
	2015.04.15	评审委员会评审百强作品，产生各艺术类别铜奖以上的获奖名单 （依据投稿质量评选出年度特等大奖 1 名，绘画艺术类金奖 2 名、银奖 4 名、铜奖 6 名，其他类别金奖 1 名、银奖 2 名、铜奖 3 名，最佳作品奖、优秀奖若干）
出　版	2015.05	对全部入编作者的资料进行整理，《年鉴》进入校对阶段
	2015.07	《2015 中国当代大学生艺术作品年鉴》设计制作、印刷
	2015.09	《2015 中国当代大学生艺术作品年鉴》出版发行

【寓意】

目标远大，气魄非凡，传播正能，意志坚强，勇于担当，正直奉献，不怕牺牲，排除万难，追逐理想，唯我其谁。

Ambitious goal,extraordinary courage,spread positive energy,firm will power,strong sense of responsibility,honesty and dedication,fear no sacrifice,overcome all the difficulties,to find the truth and win victory,there is no one but me.

2015

中国当代大学生艺术作品年鉴

Yearbook of Contemporary Chinese University Students' Art Works in 2015

暨"逐日杯"中国当代大学生艺术作品大赛入编作品

The Selected Works of the "Eonian Cup" Contemporary Chinese University Students' Art Work Contest

中国当代大学生艺术作品年鉴》
委会 编
earbook of Contemporary Chinese
iversity Students' Art Works
itorial board

易名 主编
ng Yiming Chief editor

VOLUME TWO

卷贰

入编作品

The Selected Works

绘画艺术 书画艺术

纺织服装艺术 工业设计

北京工艺美术出版社

谨以此年鉴
献给为中国高等艺术教育发展而辛勤付出的教师和学子们!

图书在版编目（CIP）数据

2015中国当代大学生艺术作品年鉴.入编作品.卷2/丁易名主编.—北京:北京工艺美术出版社，2015.9
（中国艺术年鉴）
ISBN 978-7-5140-0734-3

Ⅰ.①2… Ⅱ.①丁… Ⅲ.①艺术－作品综合集－中国－现代 Ⅳ.①J121

中国版本图书馆CIP数据核字(2015)第213190号

出 版 人：陈高潮
责任编辑：杨世君 冯淑泰
装帧设计：北京逐日文化传媒有限公司
责任印制：宋朝晖

2015 中国当代大学生艺术作品年鉴
入编作品 卷 2
丁易名 主编

出版发行 北京工艺美术出版社
地 址 北京市东城区和平里七区16号
邮 编 100013
电 话 (010) 84255105（总编室）
(010) 64283627（编辑部）
(010) 64283671（发行部）
传 真 (010) 64280045/84255105
网 址 www.gmcbs.cn
经 销 各地新华书店
印 刷 北京久佳印刷有限责任公司
开 本 700毫米×1000毫米 1/8
印 张 58.5
版 次 2015年9月第1版
印 次 2015年9月第1次印刷
印 数 1～3000
书 号 ISBN 978-7-5140-0734-3
定 价 1494.00元（全三册）

谨以此年鉴

献给为中国高等艺术教育发展而辛勤付出的教师和学子们!

2015

中国当代大学生艺术作品年鉴

暨“逐日杯”中国当代大学生艺术作品大赛

《2015中国当代大学生艺术作品年鉴》（以下简称《年鉴》）暨“逐日杯”中国当代大学生艺术作品大赛在全国两千余所高等艺术院校师生的大力支持下，前后耗费一年左右的时间终于圆满结束。此次征稿共收到3万余名学生的11万余幅（件）投稿作品，经过编委会、评审团、专家评审委员会遵循公平、公正的原则分级评审，最终有6000余幅（件）作品被《年鉴》收编入册，其中有近500幅（件）优秀作品在大赛中获得终评提名。这些作品延续了上一年度作品多类型、多风格、多理念的特点，不仅反映出当前高等院校艺术教育多元化、实用化、职业化的发展状况和实践创作教育成果，更体现出当代大学生朝气蓬勃的活力与天马行空的创造力。

《年鉴》对于高等艺术教育部门、教育机构和从事绘画艺术、书画艺术、造型艺术、视觉传达艺术、建筑环境艺术、动漫新媒体艺术、工业设计、摄影艺术、纺织服装艺术等设计创作人员掌握高校艺术教育行业发展趋向，了解新的设计创作理念，有很好的参考和借鉴作用。在本次《年鉴》的征稿、编辑和大赛的举办过程中，还得到了以中央美术学院、清华大学美术学院、天津美术学院、湖北美术学院、西安美术学院等全国八大美院为主的31所独立高等艺术院校和其他综合类、职业类高等艺术院校的专家、教授以及老师们的大力支持和帮助，在此向为《年鉴》和大赛提供帮助和支持的单位及个人表示衷心的感谢!

《年鉴》由北京工艺美术出版社出版，委托相关的图书销售公司、发行公司在国外和国内（含港、澳、台）等各地区发行。由于资料数据繁多，在编辑过程中难免有疏漏或错误之处，敬请读者指正，并提出宝贵意见，以便我们不断提高《年鉴》的编辑水平，满足广大读者的需求。

《中国艺术年鉴》编辑部

《中国当代大学生艺术作品年鉴》编委会

2015年7月

序
preface

艺术教育是教育中不可缺少的组成部分。在现实生活中，人们常常会侧重技法的提高而忽视感受，重视考学而忽视兴趣，重视成绩而忽视审美能力和艺术素质的培养，这无疑束缚了人的想象力和创造力。随着时代的发展，越来越多的人开始明白要培养全面发展的人才，就必须重视艺术教育，各院校也从多方面开展艺术教育活动，这促进了当前我国文化和艺术的大发展、大繁荣。在文化和艺术百花齐放的大环境下，《2015 中国当代大学生艺术作品年鉴》开始了新的征程。

《2015 中国当代大学生艺术作品年鉴》暨“逐日杯”中国当代大学生艺术作品大赛是中国传媒大学美术传播研究院与北京逐日文化传媒有限公司共同面向全国大学生征集艺术作品的评选活动，反映了 2014 ~ 2015 年度我国各大院校在绘画艺术、造型艺术、视觉传达艺术、动漫新媒体艺术等九大类艺术专业方面学生的实际情况及其所取得的成就。我们本着客观、公正的原则，全面真实地展现了中国当代大学生的创作才华和进取精神，用年鉴这一形式记录莘莘学子在艺术道路上的成长历程，希望能点燃更多年轻人对艺术创作的热情。

回顾《年鉴》走过的历程，有努力，有汗水，更有宝贵的学习经验，我们将每年的大学生艺术创作足迹系统真实地记录下来，总结过去，把握现在，展望未来。希望《年鉴》继续担负起重任，不断推动中国艺术教育的发展。

最后，真挚地感谢给我们提供支持和帮助的高校的老师们、朋友们，以及给我们提出宝贵意见的社会各界人士。《年鉴》在大家的共同努力下，一定会越来越好。

主编

谨以此年鉴

献给为中国高等艺术教育发展而辛勤付出的教师和学子们！

藝術作为兴趣同时又是自己的未来职业工作，那不仅意味着幸运，更意味着社会将艺术创造的责任赋予了你。作为未来的艺术家、设计家，将用艺术之笔描绘一个时代的美好世界，因此，在大学时代的学习和努力就十分重要。

李砚祖
2015年5月

清华大学美术学院教授 博士研究生导师 李砚祖题词

很欣慰 又看到了2015年度百强年鉴作品，看得出当代大学生思维活跃，勇于探索，能真实地面对现实生活，感受当下……无论是技术训练还是个人表现都有较好展示。从作品中看得出新一代青年艺术家们阳光和充满智慧的目光，且充满活力。

中央美术学院雕塑系
2015.5.22

中央美术学院教授 硕士研究生导师 吕品昌题词

寄语
Wishes

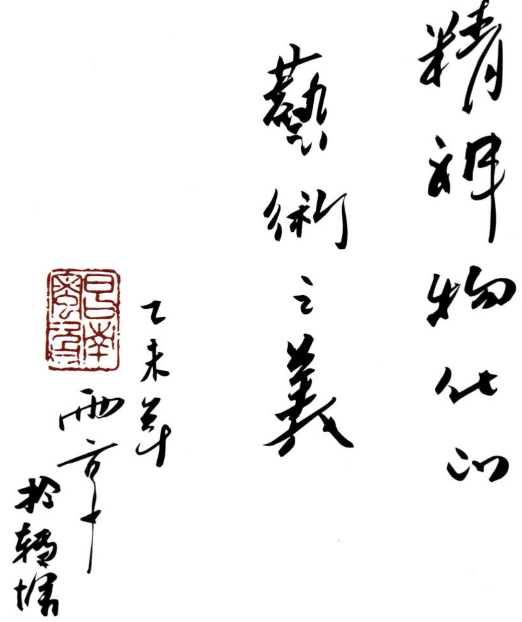

中国美术学院教授 硕士研究生导师 戴雨享题词

弘扬民族传统
展示时代风采
实现中国梦想
郭振山

天津美术学院教授 郭振山题词

谨以此年鉴

献给为中国高等艺术教育发展而辛勤付出的教师和学子们!

历史年轮
时代见证

陈君

湖北美术学院教授 陈君题词

天地精华
艺术之魂

癸巳 任焕斌

西安美术学院教授 任焕斌题词

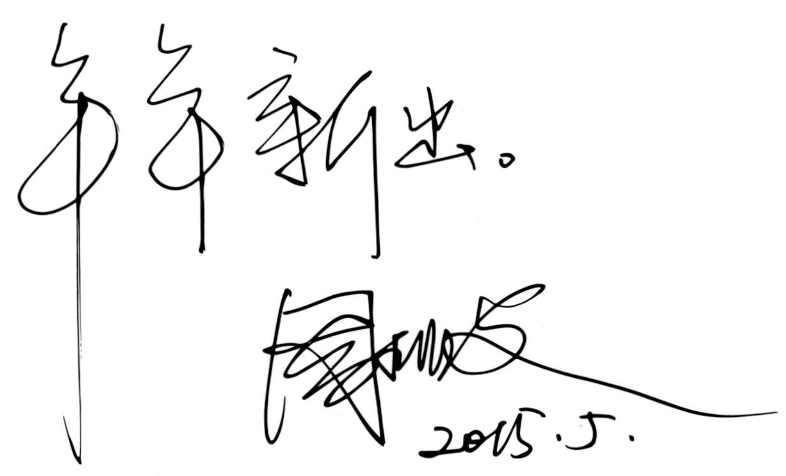

四川美术学院教授 硕士研究生导师 周小波题词

这里不仅是展示，更是交流，坚持，再坚持！

期待年青的艺术才子们在这个平台上，
相互激励，未来有更美好的辉煌！

在这里你总会被关注，
期待你的参与！

罗必武
2015.5.6

广州美术学院教授 硕士研究生导师 罗必武题词

谨以此年鉴

献给为中国高等艺术教育发展而辛勤付出的教师和学子们！

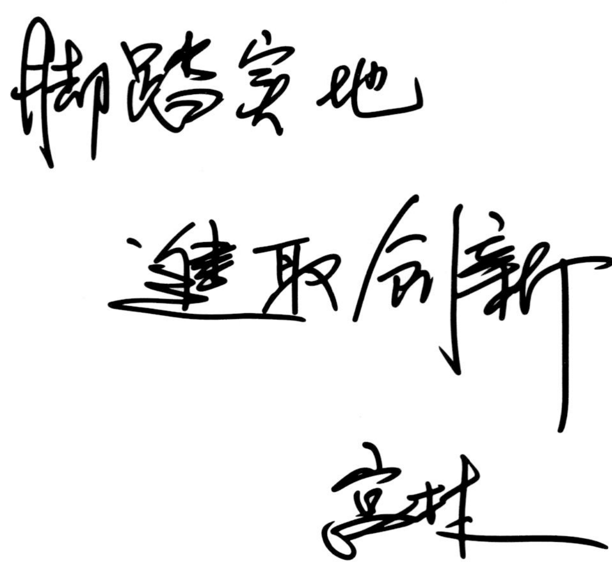

北京电影学院教授 宫林题词

闳约深美

敬录蔡元培先生为上海美专所题校训！蔡元培先生为我国著名的思想家、教育家和社会活动家，曾为上海美专董事局主席。

乙未初夏 刘伟冬

南京艺术学院教授 硕士研究生导师 刘伟冬题词

追求卓越，宁静致远

宁钢

景德镇陶瓷学院教授 宁钢题词

构筑中国当代大学生艺术才华展示平台，功在当代，利在千秋！今届更比往届好！

广州大学美术与设计学院
詹武
2015年5月8日

广州大学美术与设计学院教授 硕士研究生导师 詹武题词

谨以此年鉴

献给为中国高等艺术教育发展而辛勤付出的教师和学子们！

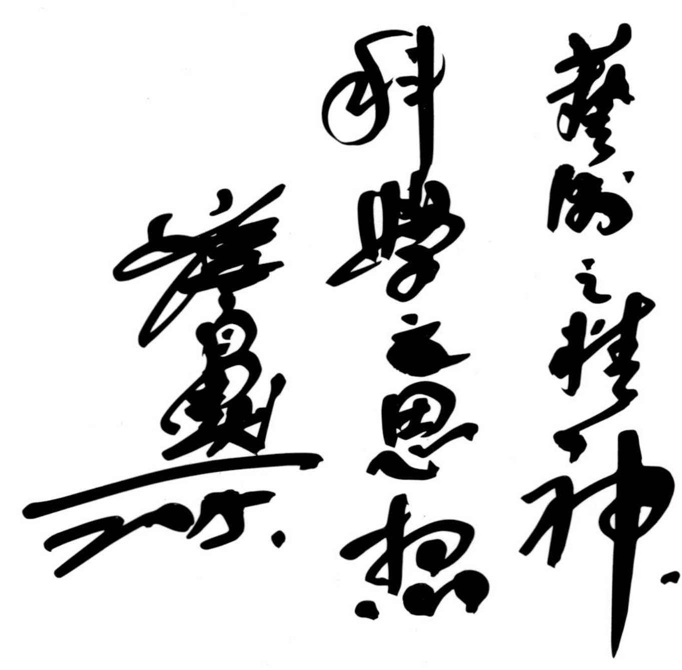

国防大学美术书法研究院教授 崔自默题词

希望中国当代大学生艺术作品集愈办愈好！

[illegible]

2015.5.13

东华大学服装·艺术设计学院教授 硕士研究生导师 陈建辉题词

从《中国当代大学生艺术作品年鉴》出版的稿集中看到当代大学生进步的印痕，加油！

徐青青

西安工程大学艺术工程学院教授 徐青青题词

中國大學生藝術之精華、經典藝術文獻。

癸巳年冬月叶建新题

中国传媒大学教授 叶建新题词

谨以此年鉴

献给为中国高等艺术教育发展而辛勤付出的教师和学子们！

艺术家的摇篮　中华艺术的希望

祝《中国当代大学生艺术作品年鉴》取得成功！

天津工艺美术职业学院商业美术系主任

李宗尧

天津工艺美术学院副教授 李宗尧题词

贺《2015年中国当代大学生艺术年鉴》出版

创意人生，记忆青春

陈高潮

二〇一五年五月十四日

北京工艺美术出版社社长 陈高潮题词

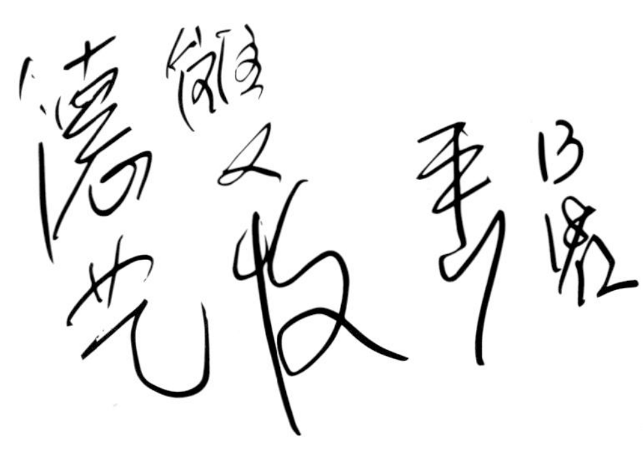

著名艺术家 边平山题词

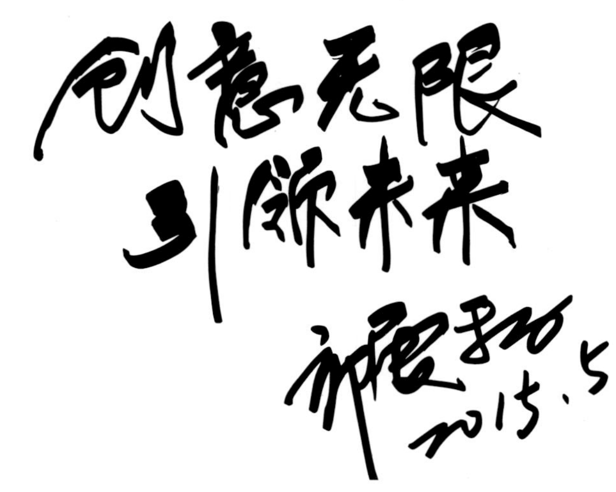

中国陶瓷艺术大师 郭爱和题词

专家评审委员会

The committee of review experts

艺术院校专家评审委员

李砚祖　清华大学美术学院　教授

吕品昌　中央美术学院　教授

戴雨享　中国美术学院　教授

郭振山　天津美术学院　教授

陈　君　湖北美术学院　教授

任焕斌　西安美术学院　教授

周小波　四川美术学院　教授

罗必武　广州美术学院　教授

晏　阳　鲁迅美术学院　副教授

宫　林　北京电影学院　教授

刘伟冬　南京艺术学院　教授

宁　钢　景德镇陶瓷学院　教授

詹　武　广州大学美术与设计学院　教授

崔自默　国防大学美术书法研究院　教授

陈建辉　东华大学服装·艺术设计学院　教授

徐青青　西安工程大学艺术工程学院　教授

刘颖悟　广东技术师范学院美术学院　教授

李宗尧　天津工艺美术学院　副教授

出版社、杂志社等评审委员

翟　博　《中国教育报》　总编辑

陈高潮　北京工艺美术出版社　社长

兰翠芹　《设计》杂志社　副社长

张　彬　北京艺术与科学电子出版社　社长

社会知名艺术家、企业家等评审委员

边平山　著名画家

郭爱和　中国陶瓷艺术大师

闫　蕾　广东佛山鹰牌陶瓷有限公司策划中心总监

丁雄军　亚皇集团总裁

主办、承办单位负责人评审委员

叶建新　中国传媒大学美术传播研究所　教授

丁易名　北京逐日文化传媒有限公司　董事长、总经理

杨李军　中国传媒大学　博士

叶加贝　北京工商大学　博士

所有铜奖（含）以上获奖作品均由专家评审委员会综合评审打分产生

谨以此年鉴

献给为中国高等艺术教育发展而辛勤付出的教师和学子们！

姓 名	所属院校
阿不来提·马合苏提	新疆大学
包 琳	嘉兴学院
蔡玉硕	河南大学
陈春贵	泉州工艺美术职业学院
陈伟龙	浙江师范大学
陈聿东	南开大学
程 耀	广东第二师范学院
邓 斌	四川工程职业技术学院
董振怀	沧州师范学院
丰兴军	济宁学院
高元华	荆州理工职业学院
耿 翊	贵州大学
顾明智	常州纺织服装职业技术学院
管学理	湖北交通职业技术学院
韩永林	兰州财经大学
郝淑宝	河套学院
何靖泉	辽宁轻工职业学院
贺洛乙	周口师范学院
胡晓洁	黄冈师范学院
黄光辉	贵州师范大学
黄 辉	天津职业技术师范大学
黄检文	萍乡学院
黄 侃	广州商学院
黄文中	泉州师范学院
黄 洋	阿坝师范高等专科学校
黄作林	重庆师范大学
惠晓钟	陕西国防工业职业技术学院
江水明	苏州高博软件技术职业学院
姜百瑞	重庆师范大学涉外商贸学院

姓 名	所属院校
姜 博	广东松山职业技术学院
姜松华	南京信息职业技术学院
姜 霞	山东工艺美术学院
蒋 鑫	河南科技大学
金 卓	亳州师范高等专科学校
鞠广东	石家庄理工职业学院
雷文彬	四川师范大学成都学院
李 刚	上海工艺美术职业学院
李六杏	安徽经济管理学院
李 萌	华南理工大学
李锐文	广州大学
李 一	安阳工学院
李志强	常州工学院
梁观光	贺州学院
林 勇	福建信息职业技术学院
林梓波	福州大学
刘 蓉	重庆工商大学
刘树龙	吉林建筑大学
刘 爽	大连艺术学院
刘晓杰	厦门大学
刘训立	西安美术学院
刘永福	广西职业技术学院
刘志刚	西北民族大学
楼正国	鲁东大学
罗礼平	福建师范大学
罗 源	重庆工商大学
马 辉	西安美术学院雕塑系客座教授
马绥莉	榆林学院
马振龙	天津理工大学

所有铜奖（不含）以下获奖作品均由评审团成员综合打分产生（评委按姓氏首字母排序）

评审团成员

Members of the jury

姓 名	所属院校
牛 学	武汉工商学院
漆琰玲	鲁迅美术学院
曲阜贵	漳州科技学院
佘国富	福州大学厦门工艺美术学院
申庆全	黑龙江农业经济职业学院
沈 宏	燕京理工学院
沈雷鸣	宁波大红鹰学院
寿伟克	衢州学院
宋国彬	黄冈师范学院
苏子东	珠海城市职业技术学院
孙 皓	天津商业大学
孙友全	广东农工商职业技术学院
汤洪泉	江苏理工学院刘海粟艺术学院
王东辉	上海第二工业大学
王 飞	湖北工程学院
王兆健	青岛黄海学院
吴智勇	重庆电信职业学院
武文丰	西华师范大学
肖机灵	广东职业技术学院
谢 迁	西安工程大学
幸代远	西昌学院
徐 丹	盐城工学院
许广彤	石家庄大学
薛 果	湖北工业大学商贸学院
薛圣言	景德镇陶瓷学院
薛文峰	内蒙古农业大学
杨剑涛	宜宾学院
杨 珺	武汉职业技术学院

姓 名	所属院校
杨开富	重庆工商大学
杨立泳	北方民族大学
杨树彬	广东工业大学
杨 涛	北京师范大学珠海分校
杨永福	广西大学行健文理学院
姚静萍	西北民族大学
殷晓克	渭南师范学院
尹 波	荆楚理工学院
禹 青	青岛科技大学
袁朝辉	黄冈师范学院
袁 哲	西南林业大学
张高志	唐山师范学院
张丽娟	郑州轻工业学院
张 利	山东女子学院
张晓莉	武汉生物工程学院
张晓黎	四川师范大学
张 旭	惠州经济职业技术学院
赵维平	郑州升达经贸管理学院
赵 云	武汉工程职业技术学院
郑 斌	湖南理工学院
郑 鑫	闽江学院
钟砚涛	常州大学
周晨阳	南通大学
周晓亚	中国戏曲学院
周燕弟	连云港师范高等专科学校
朱 彬	景德镇陶瓷学院
邹昌锋	江西农业大学
左铁峰	黄山学院

目 录 / Contents

获奖作品（卷一）

人物档案（卷一）

目 录 / Contents

绘画艺术

The art of painting

A0001
A0002
A0003
A0004
xuan.13.05

序　　号：A0017 ~ A0022
作品名称：油画头像
作　　者：陈远华
学　　校：广东技术师范学院
指导教师：秦一婷

序　　号：A0023
作品名称：吼
作　　者：夏伟泷
学　　校：广东技术师范学院
指导教师：陈春娱

序　　号：A0024 | A0025 | A0026 | A0027 | A0028
作品名称：相依为命系列·不会有事的 | 相依为命系列·认识 | Dear Diary 系列·何时能结束 | Dear Diary 系列·我们最爱的 | Dear Diary 系列·回忆我们曾经在一起
作　　者：张婷崴
学　　校：中央美术学院
指导教师：无

序　　号：A0029 ~ A0031
作品名称：面对面系列
作　　者：王海超
学　　校：延边大学
指导教师：金永参

序　　号：A0032
作品名称：平潭夕阳
作　　者：陈宏斌
学　　校：福州外语外贸学院
指导教师：李燕梅

序　　号：A0033
作品名称：雪山
作　　者：吴虞
学　　校：南京师范大学泰州学院
指导教师：林明

序　　号：A0034
作品名称：东篱
作　　者：徐曼婷
学　　校：山东大学（威海）
指导教师：无

A0034

序　　号：A0035
作品名称：渐入初夏
作　　者：施群颖
学　　校：景德镇陶瓷学院
指导教师：无

序　　号：A0036
作品名称：湖
作　　者：王英棋
学　　校：西京学院
指导教师：李光

A0037

A0038

A0039

A0040

A0041

序　　号：A0037 | A0038 | A0039
作品名称：无题 | 雨天 | 水池之静谧
作　　者：帅阳智
学　　校：景德镇陶瓷学院
指导教师：熊焰

序　　号：A0040 | A0041
作品名称：凝视 | 雾笼山村
作　　者：韩琼琼
学　　校：昆明理工大学
指导教师：官泓

序　　号：A0042
作品名称：老林新绿
作　　者：刘宇
学　　校：吉林艺术学院
指导教师：孙昌武

序　　号：A0043
作品名称：苇中尤物
作　　者：英扎
学　　校：达州职业技术学院
指导教师：雷晓漫

序　　号：A0044
作品名称：门
作　　者：褚歆仪
学　　校：上海师范大学
指导教师：侯伟

序　　号：A0045
作品名称：雪
作　　者：赵然
学　　校：杭州师范大学
指导教师：陆琦

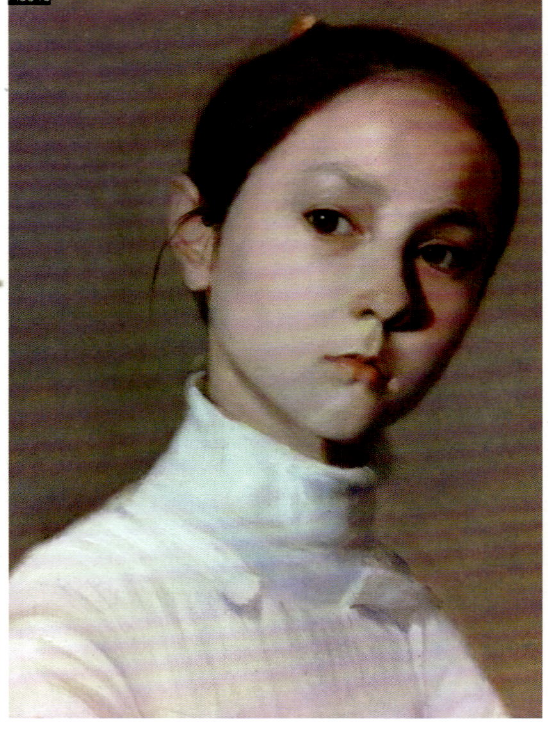

序　　号：A0046
作品名称：帕米尔之春
作　　者：刘亚运
学　　校：新疆师范大学
指导教师：莫合德尔·亚森

序　　号：A0047
作品名称：新工人系列二
作　　者：李雪华
学　　校：延边大学
指导教师：黄哲雄

序　　号：A0048
作品名称：走向阳光
作　　者：李雪华
学　　校：延边大学
指导教师：崔俊

序　　号：A0049
作品名称：油画头像
作　　者：耿佳盈
学　　校：昆明理工大学
指导教师：王坤茜

序　　号：A0050
作品名称：T 舞台
作　　者：王佳彬
学　　校：东北师范大学
指导教师：王洪章

A0067

序　　号：A0065
作品名称：路边小景
作　　者：李卫民
学　　校：周口师范学院
指导教师：李翔

序　　号：A0066
作品名称：门后
作　　者：高群强
学　　校：周口师范学院
指导教师：于国柱、赵腊梅

序　　号：A0067
作品名称：起航
作　　者：刘洋
学　　校：延边大学
指导教师：李胜龙

序　　号：A0068 | A0069 | A0070 | A0071
作品名称：声与欲系列之二 | 声与欲系列之六 | 声与欲系列之五 | 声与欲系列之八
作　　者：苏晓龙
学　　校：新疆师范大学
指导教师：无

序　　号：A0072 ｜ A0073 ｜ A0074
作品名称：西·篱·翼系列之七｜西·篱·翼系列之二｜西·篱·翼系列之六
作　　者：苏晓龙
学　　校：新疆师范大学
指导教师：无

序　　号：A0075 | A0076
作品名称：玫瑰 | 芍药
作　　者：赵佩
学　　校：西北民族大学
指导教师：周安平

序　　号：A0077
作品名称：花卉静物
作　　者：李雪莹
学　　校：西北民族大学
指导教师：张少泉

序　　号：A0078
作品名称：花卉静物
作　　者：伏家萱
学　　校：西北民族大学
指导教师：张少泉

序　　号：A0093 | A0094
作品名称：印象·云南 | 冬
作　　者：吴明翰
学　　校：广西大学
指导教师：庄元玲

序　　号：A0095
作品名称：黄昏
作　　者：刘敏
学　　校：衡阳师范学院
指导教师：刘力奇

序　　号：A0096
作品名称：涅槃重生
作　　者：杨佳丽
学　　校：贵州师范大学
指导教师：无

序　　号：A0097
作品名称：新旧交替
作　　者：郭宇丰
学　　校：韩山师范学院
指导教师：无

序　　号：A0098
作品名称：山沟小树
作　　者：龙杰
学　　校：成都艺术职业学院
指导教师：石庭明

A0099

A0100

A0101

A0102

序　　号：A0099～A0100
作品名称：重彩岩洞系列
作　　者：欧阳洁
学　　校：四川美术学院
指导教师：无

序　　号：A0101
作品名称：茶·火
作　　者：王南南
学　　校：天津美术学院
指导教师：孙超

序　　号：A0102
作品名称：视觉方式·火龙果系列一
作　　者：吴跃婷
学　　校：河南大学
指导教师：王雷

序　　号：A0103
作品名称：扬帆起航
作　　者：王虹
学　　校：广东第二师范学院
指导教师：陈中科

序　　号：A0104
作品名称：暖秋
作　　者：王曙光
学　　校：燕京理工学院
指导教师：陈旺

序　　号：A0105
作品名称：静物
作　　者：王玉杰
学　　校：哈尔滨理工大学荣成学院
指导教师：刘柱

序　　号：A0106
作品名称：静物习作
作　　者：关世俊
学　　校：大连工业大学
指导教师：庄光明

序　　号：A0107 | A0108
作品名称：窗明几“静” | 晨曦
作　　者：戴勇刚
学　　校：宿州学院
指导教师：刘续宗

序　　号：A0109
作品名称：油画静物
作　　者：赵婧
学　　校：渭南师范学院
指导教师：石海彬

序　　号：A0140
作品名称：米脂写生风景
作　　者：王辉
学　　校：渭南师范学院
指导教师：刘武安

序　　号：A0141
作品名称：老家
作　　者：黄帅
学　　校：延边大学
指导教师：崔俊

序　　号：A0142 | A0143
作品名称：人物写生 | 陕北农民
作　　者：杨天鑫
学　　校：广东工业大学
指导教师：张洪亮

序　　号：A0144 | A0145
作品名称：那一年·聚 | 冬日阳光
作　　者：拜丰
学　　校：广西师范大学
指导教师：秦剑

序　　号：A0146
作品名称：俄罗斯小女孩
作　　者：陈晶晶
学　　校：黑河学院
指导教师：无

A0147

A0148

A0149

A0150

序　　号：A0147
作品名称：孩
作　　者：陈康子
学　　校：韩山师范学院
指导教师：陈卢鹏

序　　号：A0148
作品名称：闺蜜·小竹
作　　者：邵麒潼
学　　校：沈阳师范大学
指导教师：广廷渤、吕鸿

序　　号：A0149
作品名称：童趣
作　　者：郭雯
学　　校：中国矿业大学
指导教师：徐刚

序　　号：A0150
作品名称：记忆的片段
作　　者：靳广伟
学　　校：云南艺术学院
指导教师：曹悦

序　　号：A0151 | A0152 | A0153
作品名称：夕阳西下 | 静静的时光 | 黑屋顶的房子
作　　者：刘敏
学　　校：衡阳师范学院
指导教师：刘力奇

序　　号：A0154 ~ A0157
作品名称：他与她与它
作　　者：原佳瑞
学　　校：福建师范大学
指导教师：陈宗光

A0160

序　　号：A0158 – A0159
作品名称：人·两个世界
作　　者：倪茂家
学　　校：广东技术师范学院
指导教师：余潮松

序　　号：A0160
作品名称：风一样自由
作　　者：张润媛
学　　校：北京理工大学
指导教师：杨建明

A0161

A0162

A0163

A0164

A0165

A0166

序　　号：A0179
作品名称：离开前祈祷
作　　者：员清亮
学　　校：河南大学
指导教师：于跃

序　　号：A0180
作品名称：被遗弃的房屋
作　　者：员清亮
学　　校：河南大学
指导教师：周喜增

序　　号：A0181 | A0182
作品名称：沙溪·玉米地 | 黄埔古港
作　　者：杨校锋
学　　校：广东技术师范学院
指导教师：罗东明

序　　号：A0183 | A0184
作品名称：灶 | 田野上的老牛
作　　者：莫世波
学　　校：武汉商学院
指导教师：曹靖

序　　号：A0185 | A0186
作品名称：破旧的房子 | 胡杨林
作　　者：伍栋华
学　　校：广东工业大学
指导教师：蒋泓烨

序　　号：A0187 | A0188
作品名称：生机 | 秋韵
作　　者：周马丽
学　　校：达州职业技术学院
指导教师：雷晓漫

A0189

A0190

A0191

序　　号：A0189 ~ A0191
作品名称：自我独白系列
作　　者：王国宏
学　　校：桂林理工大学
指导教师：范前程

序　　号：A0192
作品名称：茅屋桑田
作　　者：李士豪
学　　校：武汉理工大学
指导教师：李士仓

序　　号：A0193
作品名称：山坡上的村庄
作　　者：关家萱
学　　校：西北民族大学
指导教师：张少泉

序　　号：A0194
作品名称：生活
作　　者：王思文
学　　校：吉林艺术学院
指导教师：孙昌武、赵开坤

序　　号：A0195 ~ A0196
作品名称：裹之系列
作　　者：吴康
学　　校：天津美术学院
指导教师：康勇峰

A0197

A0198

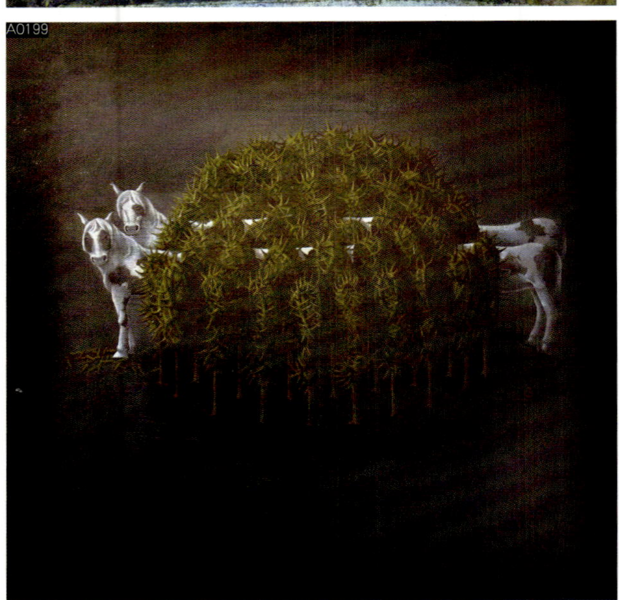
A0199

A0200

A0201

序　　号：A0213
作品名称：沙溪小梯田
作　　者：彭春丽
学　　校：广东技术师范学院
指导教师：无

序　　号：A0214
作品名称：晨
作　　者：田季
学　　校：保山学院
指导教师：罗秋建

序　　号：A0215
作品名称：海风
作　　者：赵欣
学　　校：天津职业技术师范大学
指导教师：姬长友

序　　号：A0216
作品名称：荒
作　　者：刘新宇
学　　校：华中师范大学
指导教师：樊俊

序　　号：A0217
作品名称：五光森林
作　　者：张岚婷
学　　校：渭南师范学院
指导教师：石海彬

序　　号：A0218
作品名称：山与泡桐
作　　者：赵晓婉
学　　校：北京理工大学
指导教师：王东声

序　　号：A0219
作品名称：小意
作　　者：周燕
学　　校：广西艺术学院
指导教师：罗鸿

序　　号：A0220 | A0221
作品名称：安逸者 | 花之殇
作　　者：林锦英
学　　校：广东技术师范学院
指导教师：周毅

A0222

A0223

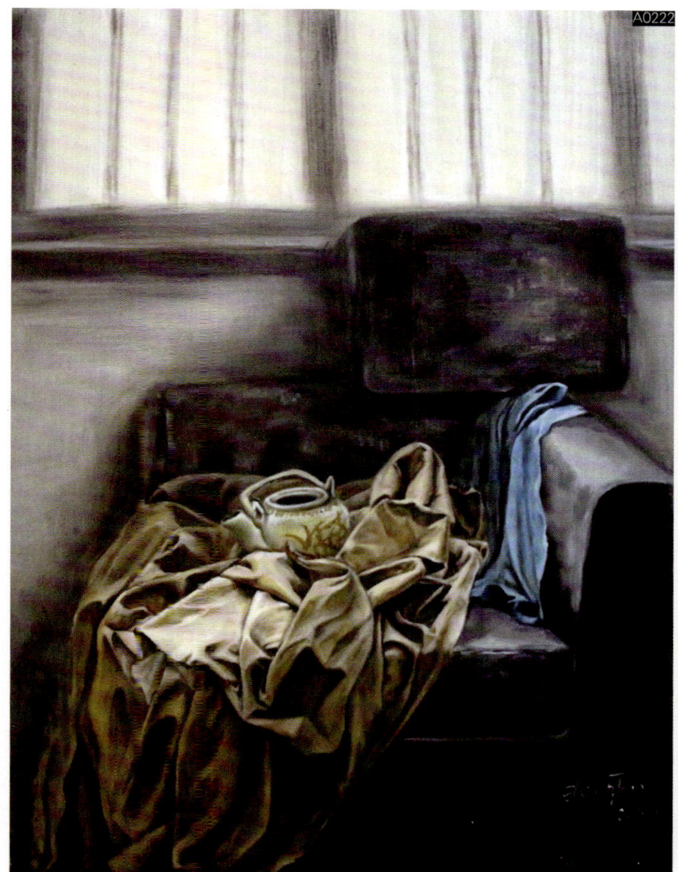

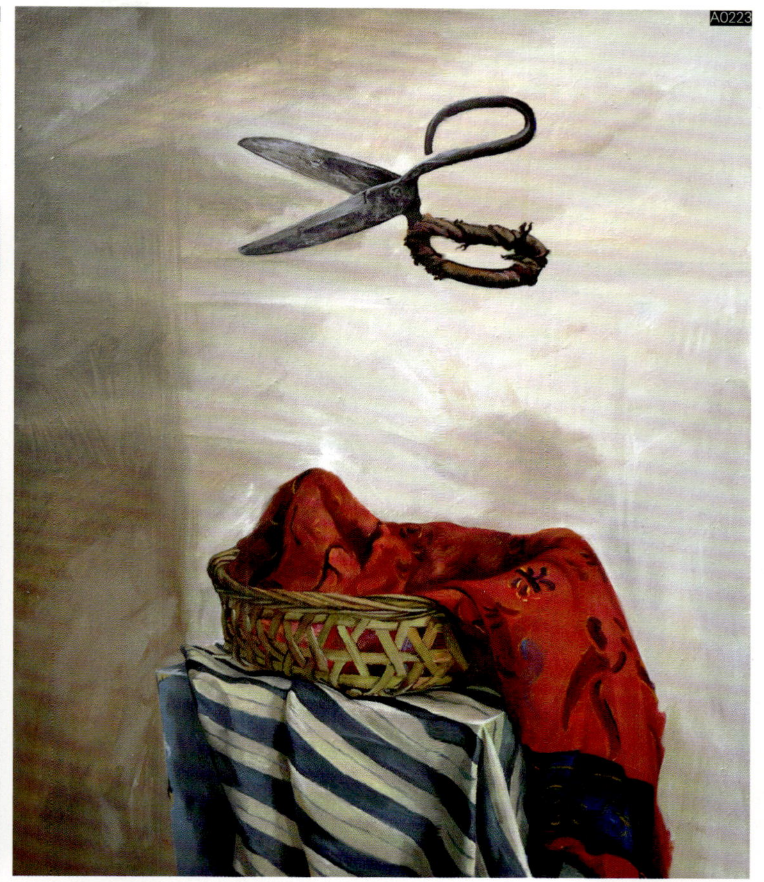

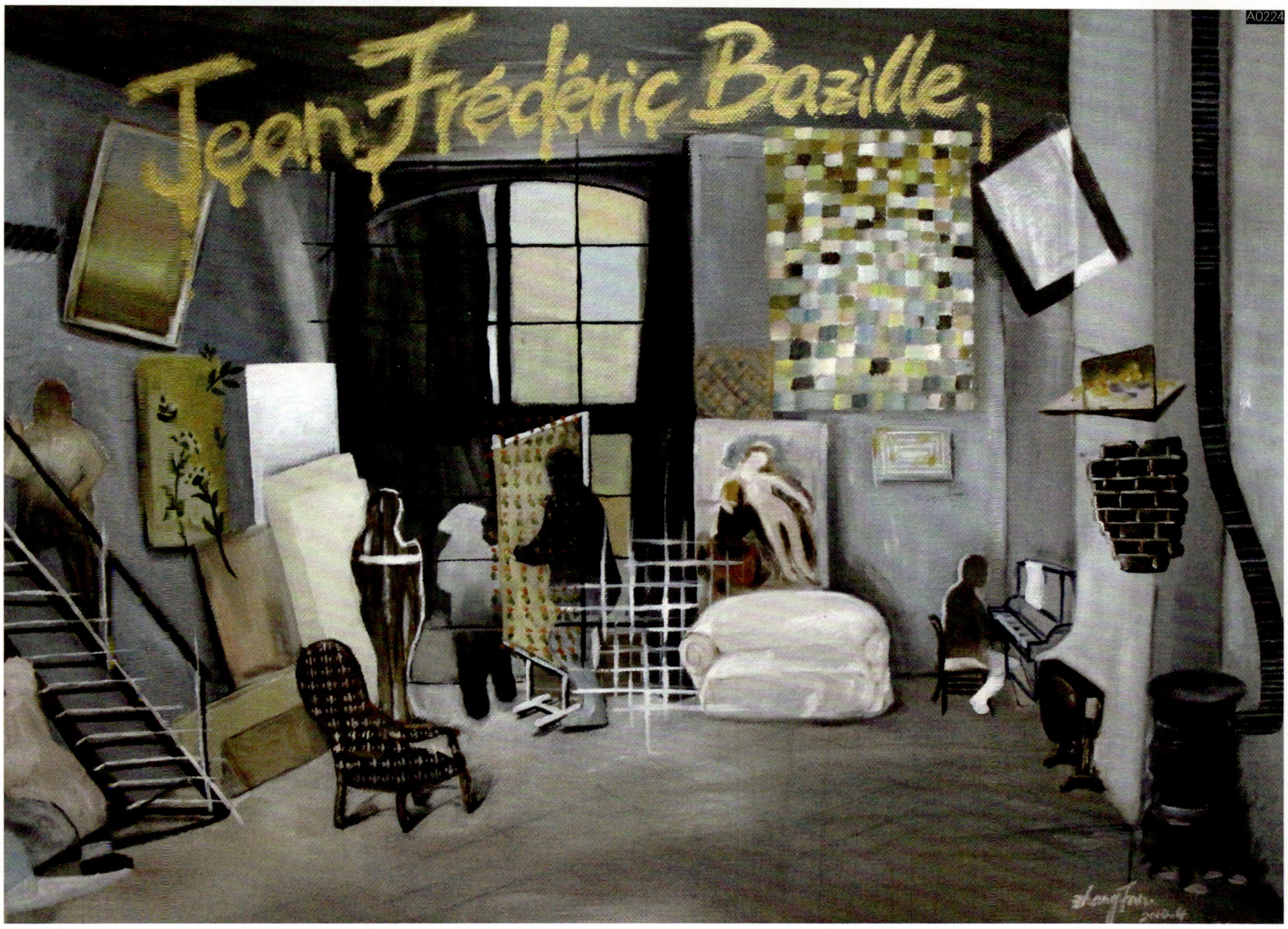
A0224
Jean Frédéric Bazille

序　　号：A0222
作品名称：静物
作　　者：张帆
学　　校：华南师范大学
指导教师：无

序　　号：A0223
作品名称：剪
作　　者：孟子淋
学　　校：广西师范大学
指导教师：胡建强

序　　号：A0224
作品名称：致敬巴齐耶
作　　者：张帆
学　　校：华南师范大学
指导教师：段建宇

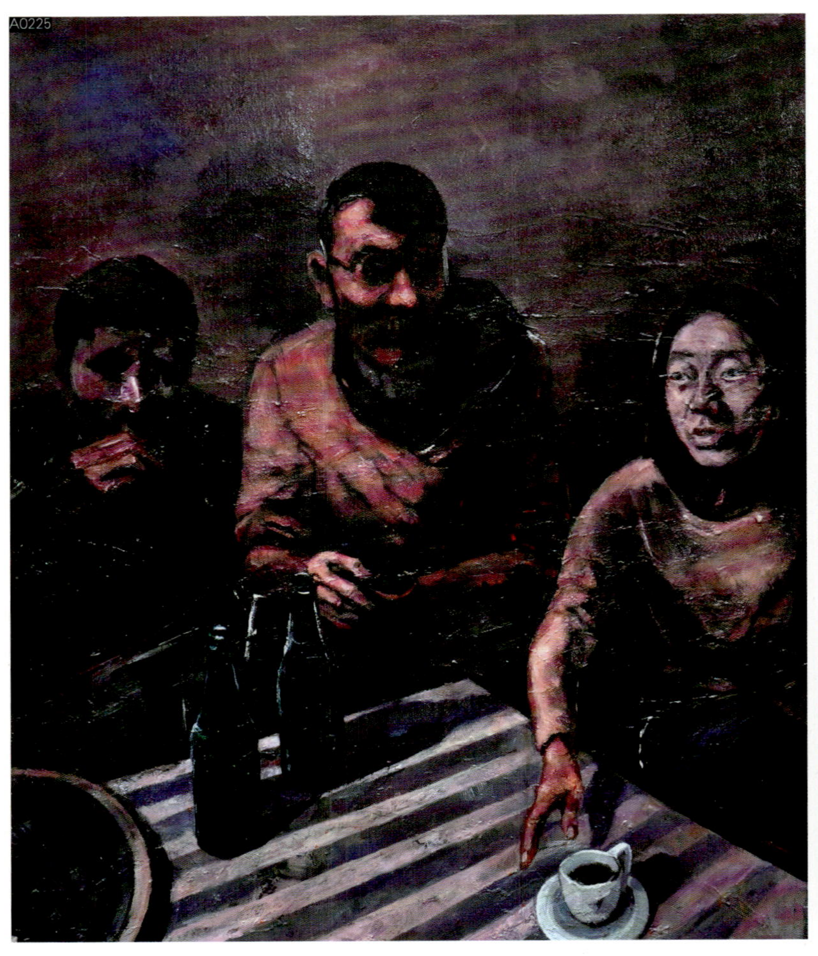

A0225

A0226

序　　号：A0225 | A0226
作品名称：如歌的行板 | 故乡之三
作　　者：田宜丰
学　　校：云南艺术学院
指导教师：无

序　　号：A0227 | A0228
作品名称：情绪与思维在搏斗 | 沙溪戏台
作　　者：吴锦洵
学　　校：广东技术师范学院
指导教师：罗东明

A0227

A0228

序　　号：A0236
作品名称：归
作　　者：陈霜子
学　　校：大连工业大学
指导教师：谭宇

序　　号：A0237
作品名称：火电站
作　　者：雷云戈
学　　校：南京艺术学院
指导教师：无

序　　号：A0238
作品名称：沉寂与活力
作　　者：叶芳羽
学　　校：渭南师范大学
指导教师：贺景卫

序　　号：A0239
作品名称：夜晚的水上阁楼
作　　者：乙人
学　　校：云南艺术学院文华学院
指导教师：无

序　　号：A0240
作品名称：三
作　　者：赵倩静
学　　校：北方工业大学
指导教师：司凯

A0241

A0242

A0243

序　　号：A0241
作品名称：椅子
作　　者：张艾心
学　　校：天津美术学院
指导教师：王雅君

序　　号：A0242
作品名称：画室一角
作　　者：梁宽
学　　校：河北科技师范学院
指导教师：杨雪峰

序　　号：A0243
作品名称：肌理
作　　者：叶毓涛
学　　校：广东技术师范学院
指导教师：刘淑泓

A0245

序　　号：A0244
作品名称：琴音
作　　者：钟丽琴
学　　校：福州外语外贸学院
指导教师：秦科

序　　号：A0245
作品名称：浴室
作　　者：闵锐
学　　校：中国美术学院
指导教师：游东醌

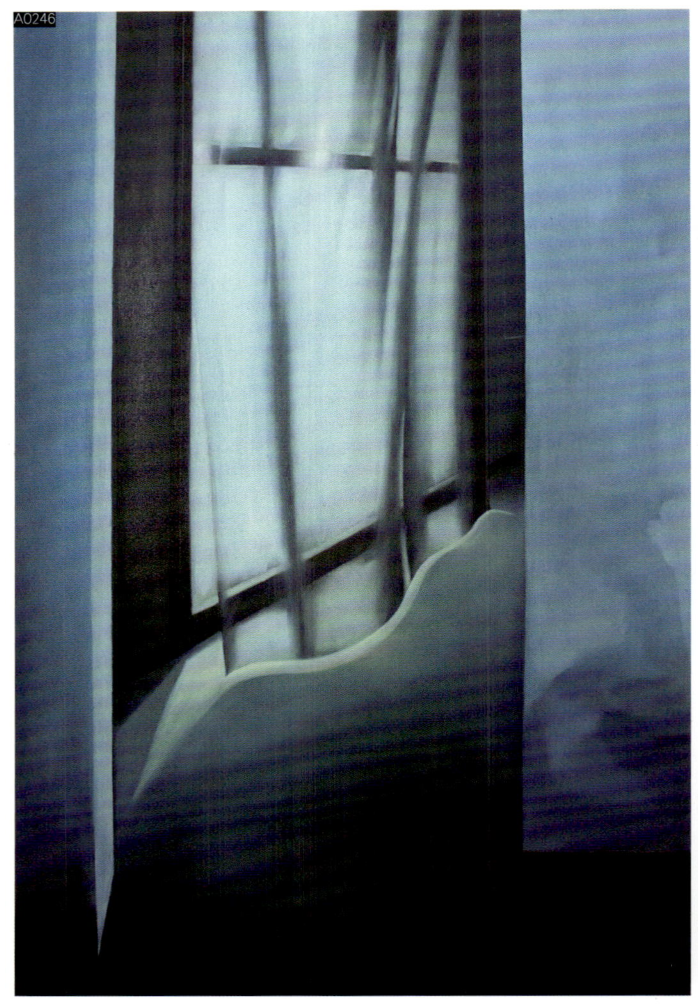

序　　号：A0246
作品名称：风吹过窗前
作　　者：王明芝
学　　校：福建师范大学
指导教师：李晓伟

序　　号：A0247
作品名称：惜
作　　者：陈虹
学　　校：曲阜师范大学
指导教师：霍绪德

序　　号：A0248
作品名称：远乡
作　　者：周荼隶
学　　校：德州学院
指导教师：阴晓雪

序　　号：A0261
作品名称：素
作　　者：曾超尘
学　　校：广东技术师范学院
指导教师：无

序　　号：A0262～A0263
作品名称：静物水粉写生
作　　者：林美兰
学　　校：闽江学院
指导教师：蔡炎辉

序　　号：A0264
作品名称：静物
作　　者：吴静
学　　校：合肥师范学院
指导教师：唐杰晓

序　　号：A0265
作品名称：冷淡
作　　者：刘伟
学　　校：西京学院
指导教师：贾小琳

序　　号：A0266
作品名称：静物
作　　者：周茹雪
学　　校：西京学院
指导教师：王远

序　　号：A0267
作品名称：色彩构成
作　　者：钟舒宜
学　　校：广西艺术学院
指导教师：黄江鸣

序　　号：A0268
作品名称：水粉花卉写生
作　　者：韩丽茹
学　　校：天津美术学院
指导教师：薛明

序　　号：A0269
作品名称：菊花静物
作　　者：张金鹏
学　　校：燕京理工学院
指导教师：陈旺

序　　号：A0270
作品名称：大组合静物
作　　者：贾懿航
学　　校：集美大学诚毅学院
指导教师：陈文新

序　　号：A0271 | A0272
作品名称：花瓶 | 色彩静物
作　　者：朱卉兰
学　　校：江西师范大学
指导教师：丘元

序　　号：A0273
作品名称：色彩享受
作　　者：李哲
学　　校：哈尔滨理工大学荣成学院
指导教师：刘柱

序　　号：A0274
作品名称：宁静
作　　者：刘锐
学　　校：江西师范大学
指导教师：丘元

序　　号：A0292
作品名称：静物写生
作　　者：朱昕燕
学　　校：北京工商大学嘉华学院
指导教师：张炭

序　　号：A0293
作品名称：有花卉的静物
作　　者：武鸿佳
学　　校：广西机电职业技术学院
指导教师：吴海波

序　　号：A0294
作品名称：静物
作　　者：刘逸凡
学　　校：广东技术师范学院
指导教师：彭小杭

A0295

A0296

A0297

A0298

A0299

A0300

序　　号：A0295
作品名称：水粉静物
作　　者：王倩
学　　校：大连艺术学院
指导教师：王禹

序　　号：A0296
作品名称：水彩画
作　　者：刘潼
学　　校：大连艺术学院
指导教师：王禹

序　　号：A0297
作品名称：水粉画 · 陶罐与水果
作　　者：尹璐
学　　校：武汉工程大学
指导教师：杨中贵

序　　号：A0298
作品名称：设计色彩静物
作　　者：许枫烨
学　　校：桂林理工大学
指导教师：梁星

序　　号：A0299
作品名称：缤纷
作　　者：陈颖莞
学　　校：广州大学纺织服装学院
指导教师：谭美凤

序　　号：A0300
作品名称：静物
作　　者：阮琳琳
学　　校：华东师范大学
指导教师：无

序　　号：A0301 | A0302
作品名称：农舍 | 静物
作　　者：陈春凤
学　　校：仲恺农业工程学院
指导教师：郑洪明

序　　号：A0303 | A0304
作品名称：水粉静物 | 初秋
作　　者：龚传武
学　　校：贵州财经大学
指导教师：无

序　　号：A0305
作品名称：静物
作　　者：张静
学　　校：大连艺术学院
指导教师：王禹

序　　号：A0306 ｜ A0307
作品名称：海南印象 ｜ 静物色构
作　　者：王杜方
学　　校：天津职业技术师范大学
指导教师：刘梁

序　　号：A0308 ｜ A0309
作品名称：水粉 ｜ 光
作　　者：贾一珍
学　　校：南京理工大学泰州科技学院
指导教师：沈小华

序　　号：A0310
作品名称：静物写生一号
作　　者：余童
学　　校：四川美术学院
指导教师：陈镇宇

序　　号：A0345 | A0346
作品名称：放 | 陕北情
作　　者：朱晓敏
学　　校：广东工业大学
指导教师：张洪亮

序　　号：A0347 | A0348 ~ A0349
作品名称：静物写生 | 风景写生
作　　者：田云博
学　　校：渭南师范学院
指导教师：王月海

A0350

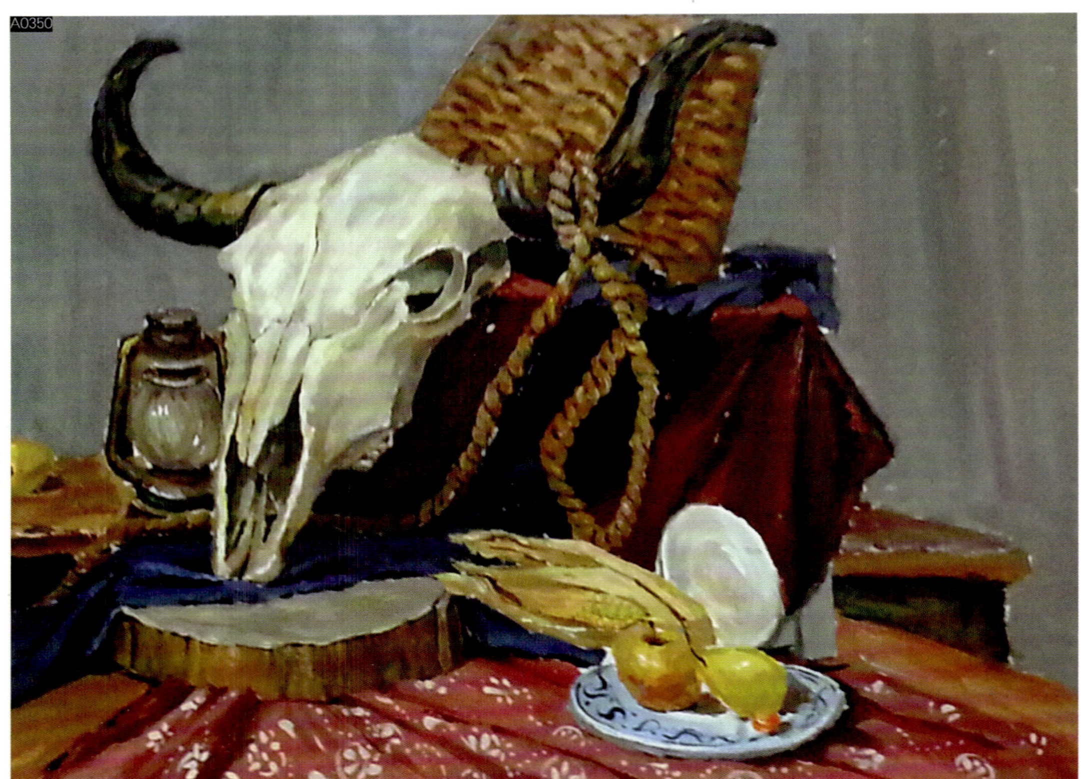

A0351

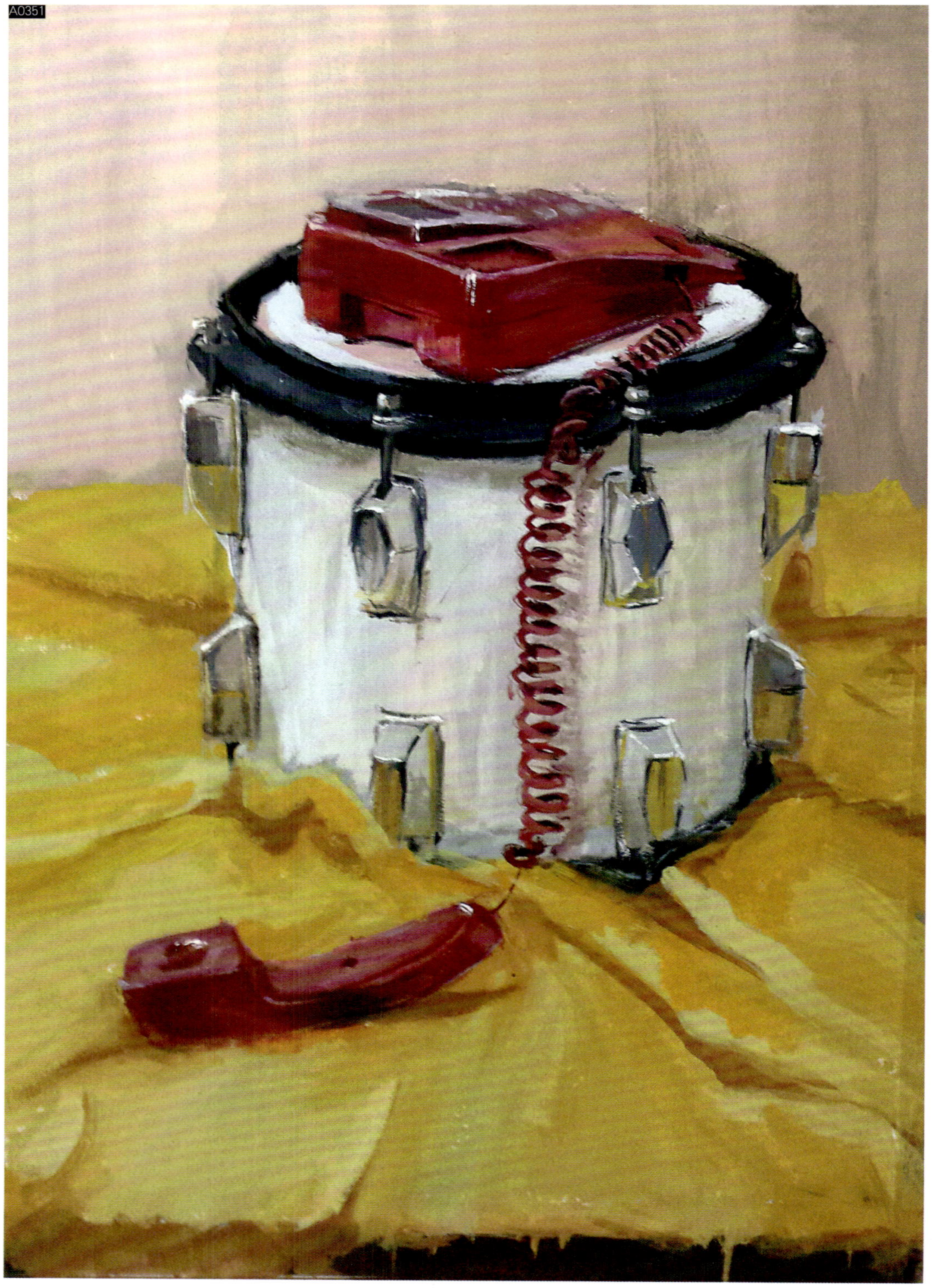

序　　号：A0350
作品名称：水粉静物之羊头
作　　者：魏思琦
学　　校：廊坊师范学院
指导教师：张名

序　　号：A0351
作品名称：鼓
作　　者：徐从戎
学　　校：天津职业技术师范大学
指导教师：刘梁

序　　号：A0352
作品名称：老虎
作　　者：刘一民
学　　校：哈尔滨理工大学荣成学院
指导教师：闫斌

序　　号：A0353
作品名称：路麋何寄栖
作　　者：翟暖芝
学　　校：广东技术师范学院
指导教师：无

序　　号：A0354 | A0355
作品名称：虎 | 蟹
作　　者：张兆宁
学　　校：广东工业大学华立学院
指导教师：肖华英

A0356

A0358

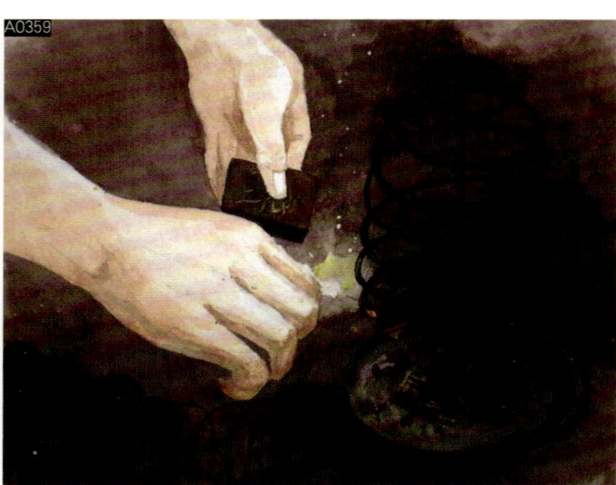
A0359

A0360

A0357

A0362

A0363

A0364

A0365

A0366

A0361

序　　号：A0356 ~ A0377
作品名称：张爱玲小说《倾城之恋》连环画节选
作　　者：胡冰
学　　校：景德镇陶瓷学院
指导教师：张凌云

A0367
A0368
A0369
A0370
A0372
A0373
A0374
A0371
A0375
A0376
A0377

A0378

A0379

序　　号：A0378 ~ A0379
作品名称：扎西德勒
作　　者：董南南
学　　校：四川美术学院
指导教师：无

序　　号：A0396
作品名称：戏子入画一生天涯
作　　者：严冰
学　　校：佛山科学技术学院
指导教师：裴继刚

序　　号：A0397
作品名称：如图
作　　者：朱群燕
学　　校：广东工业大学
指导教师：凌柯

序　　号：A0398
作品名称：惬意
作　　者：张萌
学　　校：河北科技大学
指导教师：高俊峰

A0398

序　　号：A0399
作品名称：人物
作　　者：张元洪
学　　校：保山学院
指导教师：崔国伶

序　　号：A0400
作品名称：宏村一角（临摹）
作　　者：倪欢
学　　校：南京理工大学泰州科技学院
指导教师：沈小华

序　　号：A0401
作品名称：谁改变了谁
作　　者：郭大千
学　　校：青岛大学
指导教师：无

序　　号：A0402
作品名称：尽头
作　　者：曾颖茵
学　　校：广东技术师范学院
指导教师：陈春娱

A0403

A0404

A0405

A0406

A0407

序　　号：A0403
作品名称：水彩装饰画
作　　者：李沛蓉
学　　校：广西艺术学院
指导教师：帅民风

序　　号：A0404 | A0405
作品名称：青春少女 | 广州动物园
作　　者：林乃翔
学　　校：华南农业大学
指导教师：林晓燕

序　　号：A0406
作品名称：印记纹
作　　者：惠超
学　　校：北京科技大学天津学院
指导教师：王阳

序　　号：A0407
作品名称：色彩纹样
作　　者：吴丽
学　　校：燕山大学
指导教师：无

A0409

序　　号：A0408 ｜ A0409
作品名称：弃韵 ｜ 旧事新说
作　　者：朱慧莹
学　　校：台州学院
指导教师：郑士龙

序　　号：A0410
作品名称：侧面·脸
作　　者：曾颖茵
学　　校：广东技术师范学院
指导教师：陈春娱

序　　号：A0411
作品名称：思绪
作　　者：陈俞霖
学　　校：广东技术师范学院
指导教师：陈春娱

序　　号：A0412 ｜ A0413
作品名称：向大师致敬｜大地是平的
作　　者：王超杰
学　　校：河南理工大学
指导教师：金弘大

序　　号：A0414
作品名称：童年
作　　者：吴晓蕾
学　　校：广东第二师范学院
指导教师：刘立民

序　　号：A0415
作品名称：不好玩
作　　者：吴晓蕾
学　　校：广东第二师范学院
指导教师：陈中科

序　　号：A0416
作品名称：苗寨印象
作　　者：吴晓蕾
学　　校：广东第二师范学院
指导教师：陈中科

序　　号：A0417
作品名称：水粉风景
作　　者：何昱
学　　校：温州大学城市学院
指导教师：黄文霖

A0418

A0419

A0420

A0421

A0422

序　　号：A0418
作品名称：藏族民居
作　　者：原艺洋
学　　校：云南艺术学院
指导教师：杨建平

序　　号：A0419
作品名称：小城
作　　者：李晓[illegible]
学　　校：云南民族大学
指导教师：施宇[illegible]

序　　号：A0420
作品名称：风景写生
作　　者：刘亦璐
学　　校：南开大学
指导教师：陈聿东、周青

序　　号：A0421 | A0422
作品名称：水上人家 | 天籁
作　　者：许梦雪
学　　校：广西师范大学
指导教师：高献敏

序　　号：A0423 ~ A0426
作品名称：荷兰[illegible]像
作　　者：方欣
学　　校：天津职业技术师范大学
指导教师：刘梁

A0427

A0428

A0429

A0430

A0431

序　　号：A0427 | A0428
作品名称：落日斜阳 | 清晨
作　　者：胡嘉箐
学　　校：成都理工大学工程技术学院
指导教师：戴崇武、韩梅

序　　号：A0429
作品名称：水乡周庄
作　　者：柳濠坤
学　　校：湖南师范大学
指导教师：吴尚君

序　　号：A0430 | A0431
作品名称：溪 | 晨
作　　者：蔡雨颖
学　　校：西安美术学院
指导教师：夜中会

序　　号：A0432 | A0433 | A0434
作品名称：乡间小道 | 风景 | 树荫斑驳
作　　者：冯思婷
学　　校：西安美术学院
指导教师：无

A0435

A0436

序　　号：A0435
作品名称：昏韵江南
作　　者：陈倩雯
学　　校：江南影视艺术职业学院
指导教师：余方林

序　　号：A0436
作品名称：水乡周庄
作　　者：刘颖
学　　校：湖南师范大学
指导教师：吴尚君

A0451

A0452

序　　号：A0451
作品名称：起航
作　　者：吴迪
学　　校：延边大学
指导教师：黄哲雄

序　　号：A0452
作品名称：古居街区
作　　者：李曼园
学　　校：哈尔滨工业大学
指导教师：王松华

A0453

A0454

A0455

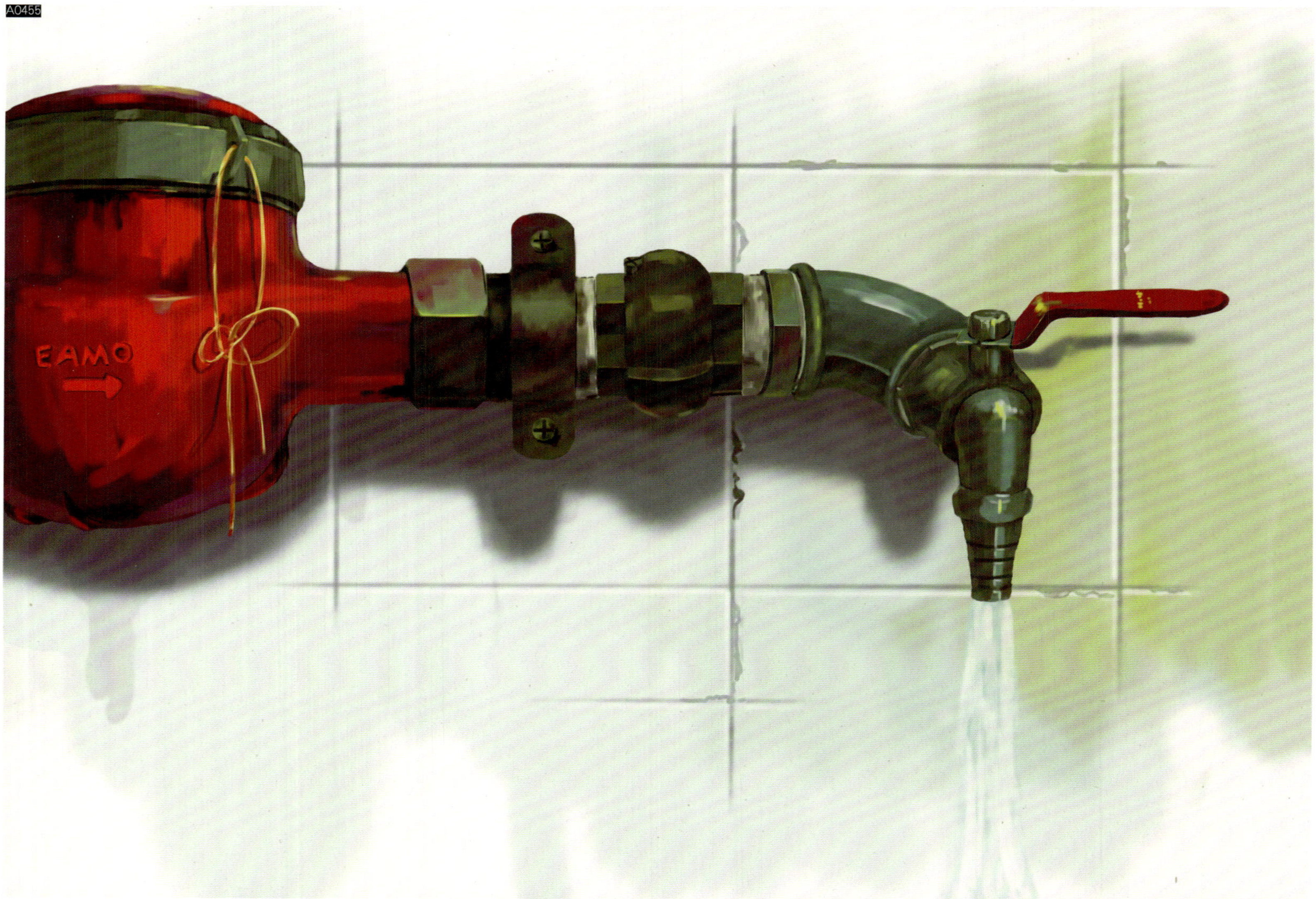

A0456

A0457

序　　号：A0453
作品名称：鞋
作　　者：陈丹萍
学　　校：广西师范大学
指导教师：杨永葳

序　　号：A0454
作品名称：轮滑鞋
作　　者：刘凯琳
学　　校：天津职业技术师范大学
指导教师：刘梁

序　　号：A0455
作品名称：无私
作　　者：陈妃二
学　　校：广州商学院
指导教师：刘春花

序　　号：A0456
作品名称：静物
作　　者：陈松民
学　　校：广东第二师范学院
指导教师：陈中科

序　　号：A0457
作品名称：凌
作　　者：王嗣彤
学　　校：东华理工大学
指导教师：白帆

序　　号：A0458
作品名称：跳舞的女孩
作　　者：陈勇兴
学　　校：吉林大学
指导教师：张晓晶

序　　号：A0459
作品名称：静物
作　　者：施娇娇
学　　校：天津农学院
指导教师：温文

A0458

A0459

A0460

A0461

A0462

序　　号：A0460
作品名称：荷叶
作　　者：刘晓庆
学　　校：西安培华学院
指导教师：无

序　　号：A0461
作品名称：荷
作　　者：孔佳妮
学　　校：江苏理工学院
指导教师：秦杰

序　　号：A0462
作品名称：阴与晴
作　　者：耿彪
学　　校：江苏理工学院
指导教师：秦杰

序　　号：A0463
作品名称：夏荷
作　　者：郑淑仪
学　　校：广东技术师范学院
指导教师：无

序　　号：A0464
作品名称：浅秋
作　　者：吴臣凤
学　　校：昆明理工大学
指导教师：邓薇

序　　号：A0465
作品名称：老屋
作　　者：邵[illegible]
学　　校：周口师范学院
指导教师：于国柱、赵腊梅

序　　号：A0466
作品名称：红树
作　　者：朱冕旻
学　　校：杭州师范大学
指导教师：金丹

序　　号：A0467
作品名称：胡杨林
作　　者：范杨桥
学　　校：广东工业大学
指导教师：张洪亮

A0468

A0469

A0470

序　　号：A0468
作品名称：归
作　　者：梁敏娜
学　　校：广州大学纺织服装学院
指导教师：彭雪漾

序　　号：A0469
作品名称：花
作　　者：席若溪
学　　校：郑州大学
指导教师：无

序　　号：A0470
作品名称：望
作　　者：王昕
学　　校：云南财经大学
指导教师：无

A0472

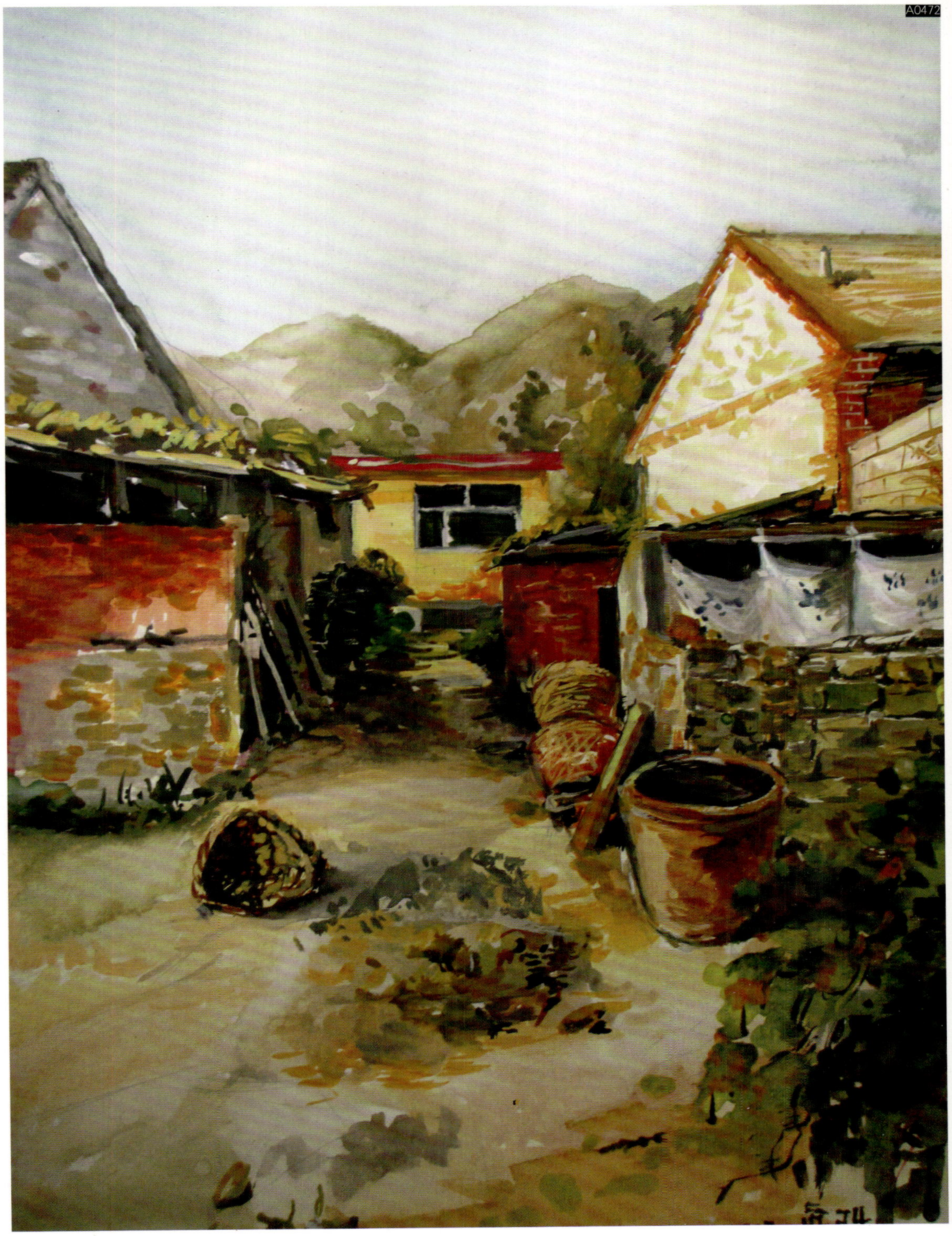

序　　号：A0471
作品名称：宏村印象
作　　者：陈蕴洁
学　　校：杭州师范大学
指导教师：金丹

序　　号：A0472
作品名称：秋
作　　者：王舒婷
学　　校：燕山大学
指导教师：赵琳

A0473

序　　号：A0473 ~ A0474
作品名称：三空系列
作　　者：徐晨晨
学　　校：广东技术师范学院
指导教师：陈春娱

序　　号：A0487
作品名称：朴
作　　者：陈丽燕
学　　校：仲恺农业工程学院
指导教师：郑洪明

序　　号：A0488
作品名称：建筑速写
作　　者：李亚男
学　　校：北方民族大学
指导教师：卫伟

序　　号：A0489
作品名称：北海渔船
作　　者：刘霁萱
学　　校：广西艺术学院
指导教师：罗鸿

序　　号：A0490
作品名称：小镇印象
作　　者：叶芳羽
学　　校：湖南师范大学
指导教师：贺景卫

A0491

A0492

A0493

A0494

A0495

序　　号：A0491
作品名称：宏村·村落
作　　者：王[illegible]
学　　校：广东第二师范学院
指导教师：江丰

序　　号：A0492
作品名称：风景写生
作　　者：梁芝怡
学　　校：广东工业大学
指导教师：张夫亮

序　　号：A0493
作品名称：谧
作　　者：罗璇
学　　校：湖北美术学院
指导教师：刘智平

序　　号：A0494 | A0495
作品名称：寻　[illegible]
作　　者：蔡华宇
学　　校：云南艺术学院
指导教师：无

序　　号：A0496 | A0497
作品名称：年　味　午后
作　　者：乔冬倩
学　　校：四川师范大学
指导教师：张晓琴

A0498

A0499

A0500

A0501

A0502

A0503

序　　号：A0498
作品名称：天山一隅
作　　者：王佩怡
学　　校：广东培正学院
指导教师：无

序　　号：A0499
作品名称：琉璃美顶
作　　者：陈琳
学　　校：天津职业技术师范大学
指导教师：刘东

序　　号：A0500
作品名称：卸下
作　　者：宋婵玲
学　　校：广西演艺职业学院
指导教师：刘铸

序　　号：A0501
作品名称：愉悦
作　　者：司徒颖茵
学　　校：广州大学纺织服装学院
指导教师：谭美凤

序　　号：A0502 | A0503
作品名称：被时间带走的父亲　我的宿舍
作　　者：陈家伟
学　　校：湖北经济学院
指导教师：无

序　　号：A0504
作品名称：你那么美——泉州
作　　者：黄珊珊
学　　校：闽江学院
指导教师：谄红

序　　号：A0505
作品名称：藏传佛教八瑞图
作　　者：雷雨顺
学　　校：天津职业技术师范大学
指导教师：刘东

序　　号：A0506
作品名称：遗漏的绿
作　　者：廖康
学　　校：四川工程职业技术学院
指导教师：谢建华

序　　号：A0507 | A0508
作品名称：光影 | 凳子组合
作　　者：肖宇
学　　校：江西师范大学
指导教师：丘元

序　　号：A0509
作品名称：后院
作　　者：倪文吉
学　　校：南昌大学
指导教师：彭云

序　　号：A0510
作品名称：树荫
作　　者：陈泽斌
学　　校：广东第二师范学院
指导教师：无

序　　号：A0511
作品名称：夏太阳明正可天
作　　者：吴晓蕾
学　　校：广东第二师范学院
指导教师：无

序　　号：A0512
作品名称：门
作　　者：吴晓蕾
学　　校：广东第二师范学院
指导教师：刘立民

序　　号：A0513
作品名称：鹭岛
作　　者：管苏婳
学　　校：集美大学
指导教师：无

序　　号：A0514
作品名称：石桥
作　　者：耿薇薇
学　　校：江西工程学院
指导教师：钱柏英

序　　号：A0515
作品名称：画桌一角
作　　者：薛少博
学　　校：北京印刷学院
指导教师：彭麒

序　　号：A0516
作品名称：色彩写生
作　　者：陈聪菊
学　　校：西京学院
指导教师：李光

序　　号：A0517
作品名称：紫云
作　　者：徐华
学　　校：四川工程职业技术学院
指导教师：谢建华

序　　号：A0518
作品名称：风景
作　　者：何雨
学　　校：常州工学院
指导教师：陈璐

序　　号：A0519
作品名称：静物装饰画
作　　者：陈美凤
学　　校：广东培正学院
指导教师：陈泳洁

序　　号：A0520
作品名称：静[illegible]
作　　者：王[illegible]
学　　校：西[illegible]民族大学
指导教师：文[illegible]刚

序　　号：A0521
作品名称：同学
作　　者：胡欢
学　　校：天津美术学院
指导教师：唐国树

序　　号：A0522
作品名称：忆瓷
作　　者：谭超
学　　校：重庆电信职业学院
指导教师：宋先福

序　　号：A0523
作品名称：幻想角度 1
作　　者：王世平
学　　校：重庆电信职业学院
指导教师：宋先福

A0524

A0525

A0526

A0527

A0528

序　　号：A0524
作品名称：设计色彩——装饰静物
作　　者：张瑞华
学　　校：河套学院
指导教师：李烨林

序　　号：A0525 ｜ A0526
作品名称：湖 ｜ 生长
作　　者：卓振著
学　　校：广东技术师范学院
指导教师：余潮松

序　　号：A0527
作品名称：色彩创作之清朗
作　　者：方海斌
学　　校：广东技术师范学院
指导教师：刘淑泓

序　　号：A0528
作品名称：不安
作　　者：夏慧
学　　校：广东技术师范学院
指导教师：余潮松

A0529

序　　号：A0529
作品名称：忆
作　　者：白洁
学　　校：昆明理工大学
指导教师：张建国

序　　号：A0530
作品名称：古巷小道
作　　者：李[illegible]娟
学　　校：仲恺农业工程学院
指导教师：[illegible]

A0530

JIANGXIJIAN
渼陂
SPRING
Mon. APRIL.17
2014

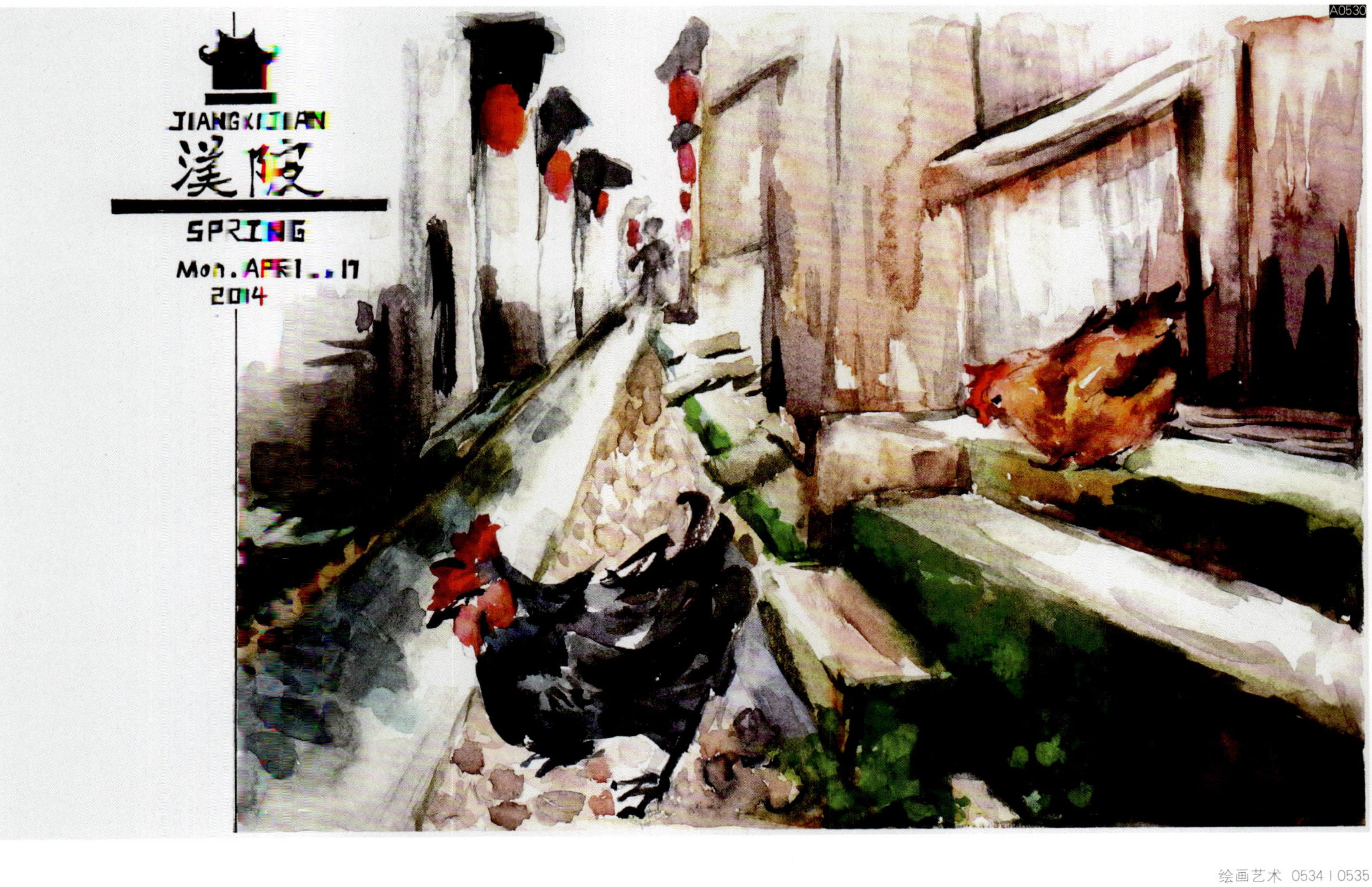

序　　号：A0531
作品名称：赛里木湖
作　　者：徐福智
学　　校：伊犁师范学院
指导教师：王丽丽

序　　号：A0532
作品名称：花之灿
作　　者：钱文娴
学　　校：常州纺织服装职业技术学院
指导教师：李志强

序　　号：A0533
作品名称：渴望
作　　者：余丽雯
学　　校：广州大学华软软件学院
指导教师：杨清延

序　　号：A0534
作品名称：斑驳岁月
作　　者：王演
学　　校：广东第二师范学院
指导教师：陈中科

序　　号：A0535
作品名称：落叶归根
作　　者：朱慧莹
学　　校：台州学院
指导教师：郑士龙

序　　号：A0536
作品名称：父亲的帽子
作　　者：黄智豪
学　　校：广东第二师范学院
指导教师：陈中科

序　　号：A0537
作品名称：喜出
作　　者：黄智豪
学　　校：广东第二师范学院
指导教师：陈中科

序　　号：A0538
作品名称：望雪·忆冬
作　　者：周玉洁
学　　校：大连艺术学院
指导教师：王禹

A0539

A0540

序　　号：A0539
作品名称：接轨
作　　者：艾静
学　　校：贵州民族大学
指导教师：何国富

序　　号：A0540
作品名称：网
作　　者：岳廷娟
学　　校：延边大学
指导教师：李华英

序　　号：A0541 ~ A0543
作品名称：欺骗系列
作　　者：王维维
学　　校：西安美术学院
指导教师：无

序　　号：A0544 ~ A0545
作品名称：On the way
作　　者：方丽君
学　　校：杭州师范大学
指导教师：陈玄巍

序　　号：A0546
作品名称：老树
作　　者：龙发明
学　　校：云南师范大学
指导教师：无

序　　号：A0547
作品名称：Bird
作　　者：邢娜娜
学　　校：鲁迅美术学院
指导教师：刘天舒

序　　号　A0548 | A0549 | A0550
作品名称　K–Alexander | K–David | K–Charlemagne
作　　者　林利园
学　　校　北京印刷学院
指导老师　牛明明

A0551

序　　号：A0551
作品名称：将眼对准心里
作　　者：张万琴
学　　校：保山学院
指导教师：崔国伶

序　　号：A0552
作品名称：木石版画
作　　者：林银芳
学　　校：韩山师范学院
指导教师：洪放

A0553

A0554

A0555

序　　号：A0553－A0555
作品名称：玫瑰人生
作　　者：张洁
学　　校：深圳大学
指导教师：周丞

序　　号：A0556 | A057 | A0558 | A0559 | A0560 | A0561
作品名称：进化论系列之起源 | 进化论系列之暗影 | 进化论系列之雪原 | 进化论系列之狂欢 | 进化论系列之幻想 | 进化论系列之飞天
作　　者：徐宗昱
学　　校：上海师范大学
指导教师：马亚平

序　　号：A0562
作品名称：我
作　　者：卢晓彤
学　　校：广东工业大学
指导教师：无

序　　号：A0563
作品名称：黑白木刻
作　　者：刘福生
学　　校：山西师范大学
指导教师：乔延菊

序　　号：A0564
作品名称：童年
作　　者：冯燕君
学　　校：江门职业技术学院
指导教师：徐文环

序　　号：A0565
作品名称：黑白猫
作　　者：王楠
学　　校：延边大学
指导教师：无

序　　号：A0566
作品名称：云南最美
作　　者：董明骏
学　　校：楚雄师范学院
指导教师：花瑞卿

序　　号：A0567
作品名称：长颈鹿
作　　者：杨冬雪
学　　校：延边大学
指导教师：李华英

A0570

序　　号：A0568
作品名称：夜
作　　者：岳超涓
学　　校：延边大学
指导教师：李胜龙

序　　号：A0569
作品名称：眷念
作　　者：李诗雅
学　　校：江门职业技术学院
指导教师：徐文环

序　　号：A0570
作品名称：稻草人
作　　者：邓露
学　　校：湖北工程学院
指导教师：无

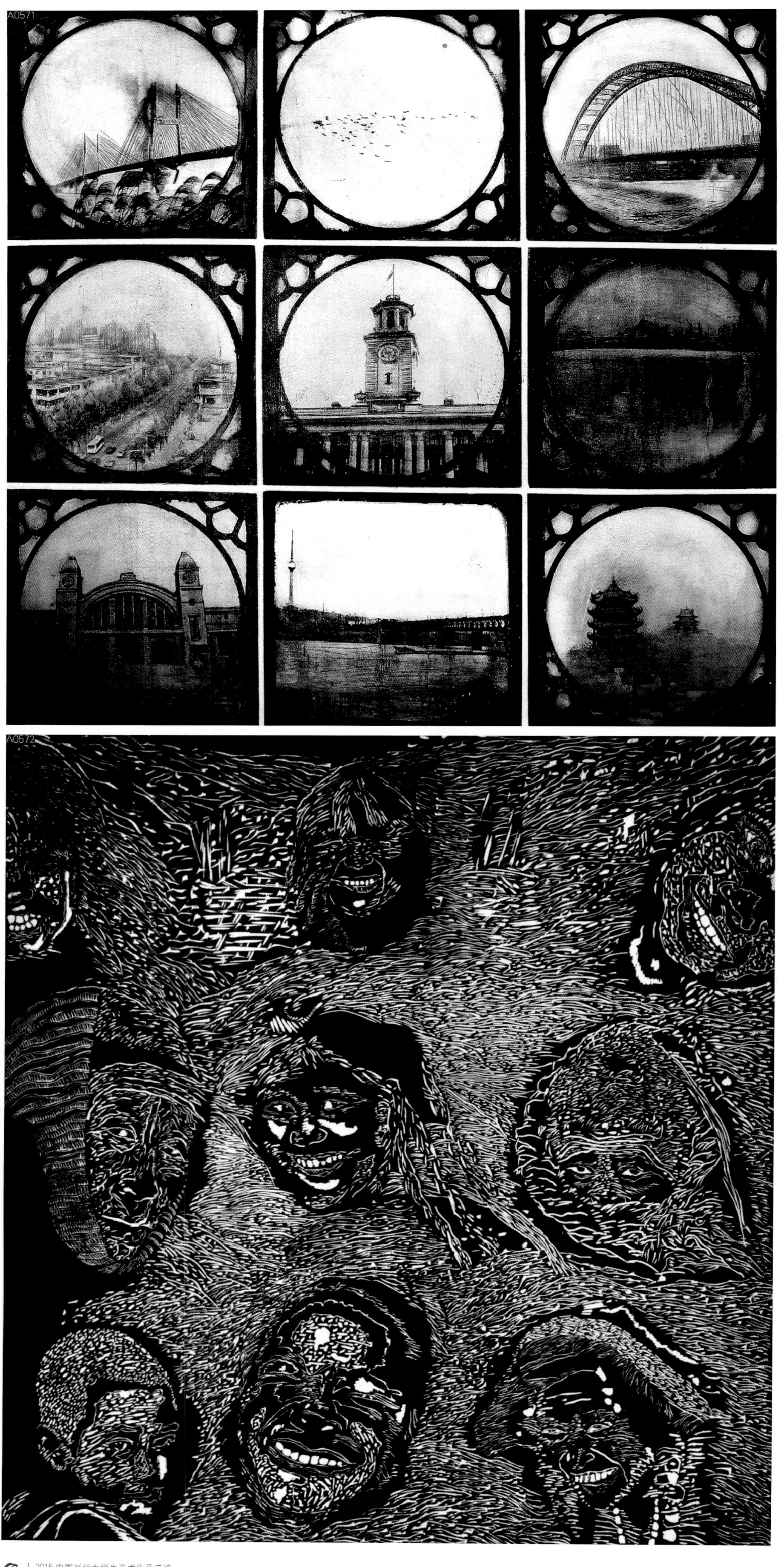

序　　号：A0571
作品名称：楚天遥
作　　者：刘冬常
学　　校：华中师范大学
指导教师：易阳

序　　号：A0572
作品名称：山里人
作　　者：张旭
学　　校：广西师范大学
指导教师：王军

序　　号：A0573
作品名称：风景写生
作　　者：张元洪
学　　校：保山学院
指导教师：田丽

序　　号：A0574
作品名称：小城故事
作　　者：黄自[illegible]
学　　校：桂林师范高等专科学校
指导教师：李东

序　　号：A0575
作品名称：静物
作　　者：张海燕
学　　校：山西师范大学
指导教师：乔延菊

A0576

A0577

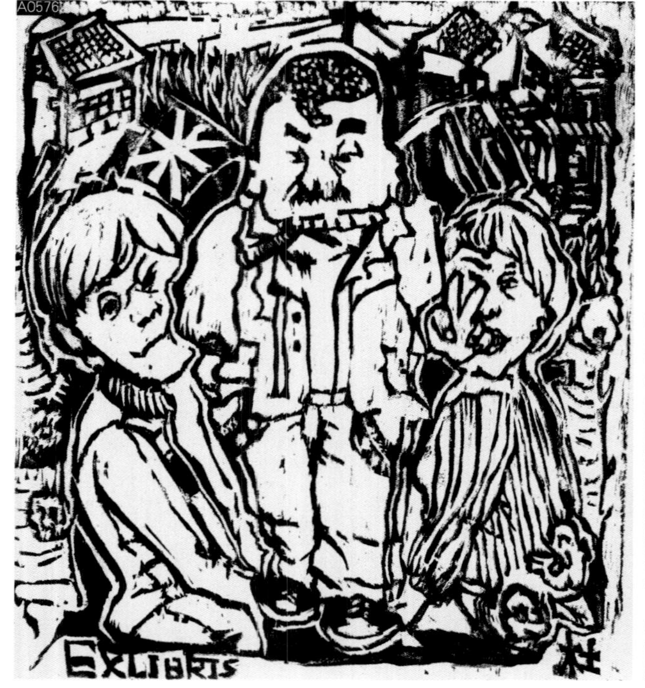

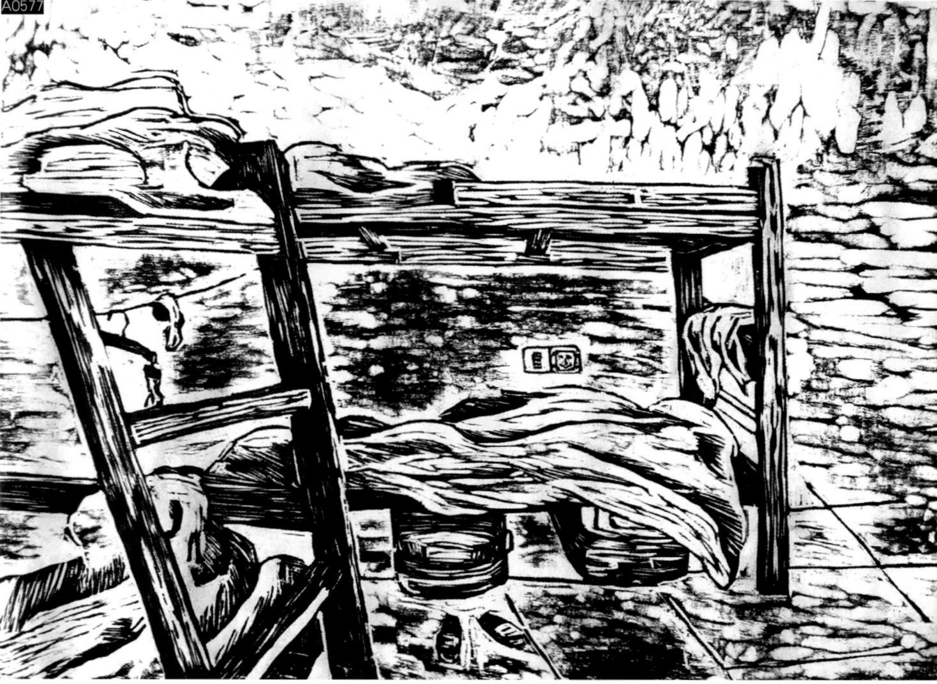

序　　号：A0576
作品名称：势力
作　　者：杜兴亮
学　　校：上海大学
指导教师：无

序　　号：A0577
作品名称：好想回到那里
作　　者：洪利宏
学　　校：杭州师范大学
指导教师：钱江研

序　　号：A0578
作品名称：我和我的 318
作　　者：成曦
学　　校：成都理工大学工程技术学院
指导教师：张春磊

A0578

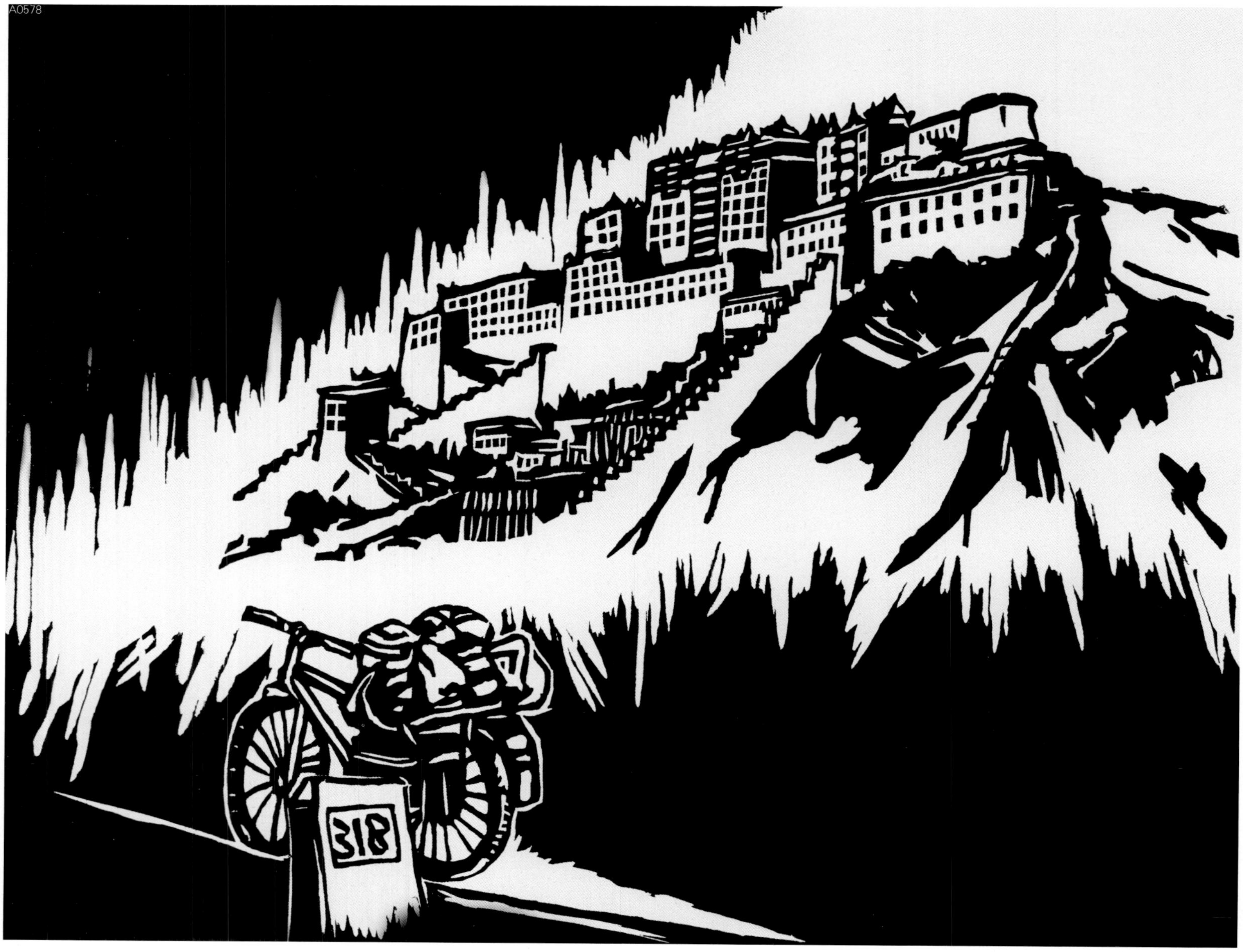

序　　号：A0579
作品名称：美好回忆
作　　者：邓嘉丽
学　　校：江门职业技术学院
指导教师：徐文环

序　　号：A0580
作品名称：点亮明天
作　　者：郝温艳
学　　校：贵州民族大学
指导教师：谷旭

序　　号：A0581
作品名称：老巷子
作　　者：蔡碧芬
学　　校：闽江学院
指导教师：无

序　　号：A0582 ~ A0585
作品名称：即日启程
作　　者：朵一凡
学　　校：天津美术学院
指导教师：唐国树

序　　号：A0586
作品名称：比丘
作　　者：马靓叶
学　　校：西北民族大学
指导教师：姚静萍

序　　号：A0587
作品名称：[illegible]
作　　者：[illegible]
学　　校：昆明理工大学
指导教师：[illegible]国

序　　号：A0588
作品名称：武神
作　　者：刘言浩
学　　校：南开大学滨海学院
指导教师：李博宇、叶莹

序　　号：A0589
作品名称：黑暗中的舞者
作　　者：王娜
学　　校：南开大学滨海学院
指导教师：李博宇、叶莹

A0590

A0591

A0592

A0593

A0594

A0595

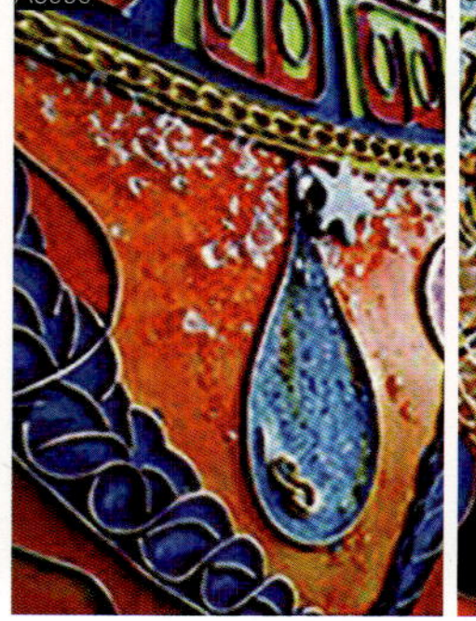

A0596

序　　号：A0590
作品名称：嘻哈的老人
作　　者：郑裕
学　　校：南开大学滨海学院
指导教师：李博宇，叶莹

序　　号：A0591
作品名称：童趣
作　　者：王宇晴
学　　校：南开大学滨海学院
指导教师：李博宇，叶莹

序　　号：A0592
作品名称：盛装小象
作　　者：张敏
学　　校：南开大学滨海学院
指导教师：李博宇

序　　号：A0593～A0596
作品名称：埃及映像
作　　者：甘丽
学　　校：南开大学滨海学院
指导教师：叶莹

序　　号：A0597
作品名称：欲动
作　　者：郝亚丹
学　　校：南开大学滨海学院
指导教师：李博宇、叶莹

序　　号：A0598
作品名称：夏荷
作　　者：赵璠
学　　校：南开大学滨海学院
指导教师：李博宇、叶莹

序　　号：A0599
作品名称：九月九
作　　者：李婧
学　　校：南开大学滨海学院
指导教师：李博宇

A0600
A0601
A0602
A0603
A0604
A0605

序　　号：A0600
作品名称：美好的生活
作　　者：杨宁珍
学　　校：广西艺术学院
指导教师：贺明

序　　号：A0601
作品名称：女子
作　　者：张丽娜
学　　校：闽江学院
指导教师：张其锁

序　　号：A0602
作品名称：古典中的美
作　　者：王婷婷
学　　校：南开大学滨海学院
指导教师：李博宇、叶莹

序　　号：A0603
作品名称：黄叶下的女人
作　　者：马佳宁
学　　校：南开大学滨海学院
指导教师：李博宇、叶莹

序　　号：A0604
作品名称：仕女
作　　者：陈蕴洁
学　　校：杭州师范大学
指导教师：王涯

序　　号：A0605
作品名称：古典
作　　者：王骏辰
学　　校：南开大学滨海学院
指导教师：李博宇

序　　号：A0606
作品名称：四仕女图
作　　者：孙钰铭
学　　校：南开大学滨海学院
指导教师：李博宇

序　　号：A0607
作品名称：浮夏·慕夏
作　　者：王浩
学　　校：南开大学滨海学院
指导教师：李博宇

A0608

A0609

A0610

序　　号：A0608
作品名称：漆画
作　　者：王玥
学　　校：南开大学滨海学院
指导教师：李博宇、叶莹

序　　号：A0609
作品名称：绽放
作　　者：许兰钦
学　　校：南开大学滨海学院
指导教师：李博宇　叶莹

序　　号：A0610
作品名称：年画
作　　者：路广凯
学　　校：南开大学滨海学院
指导教师：李博宇、叶莹

序　　号：A0611
作品名称：青
作　　者：毛丹凤
学　　校：东华理工大学
指导教师：徐涛

序　　号：A0612
作品名称：骑士与他的爱马
作　　者：赵芳平
学　　校：南开大学滨海学院
指导教师：叶莹

序　　号：A0613
作品名称：佛光
作　　者：迟铭
学　　校：南开大学滨海学院
指导教师：李博宇

序　　号：A0614
作品名称：凤冠
作　　者：王嘉曼
学　　校：南开大学滨海学院
指导教师：李博宇

序　　号：A0615 | A0616
作品名称：山居 | 家·门
作　　者：辛振兴
学　　校：湖南师范大学
指导教师：陈冀湘

序　　号：A0617
作品名称：盛夏花意浓
作　　者：王乙斐
学　　校：南开大学滨海学院
指导教师：李博宇、叶莹

序　　号：A0618
作品名称：教堂
作　　者：陈思雅
学　　校：南开大学滨海学院
指导教师：李博宇、叶莹

序　　号：A0619
作品名称：陈旧的信箱
作　　者：蚁锦焕
学　　校：广州美术学院
指导教师：李伦

序　　号：A0620
作品名称：[illegible]
作　　者：杨鑫[illegible]
学　　校：广东技术师范学院
指导教师：[illegible]

序　　号：A0621 | A0622
作品名称：冬日 | 出航
作　　者：崔腊梅
学　　校：山东大学（威海）
指导教师：杨在斑

A0623

A0624

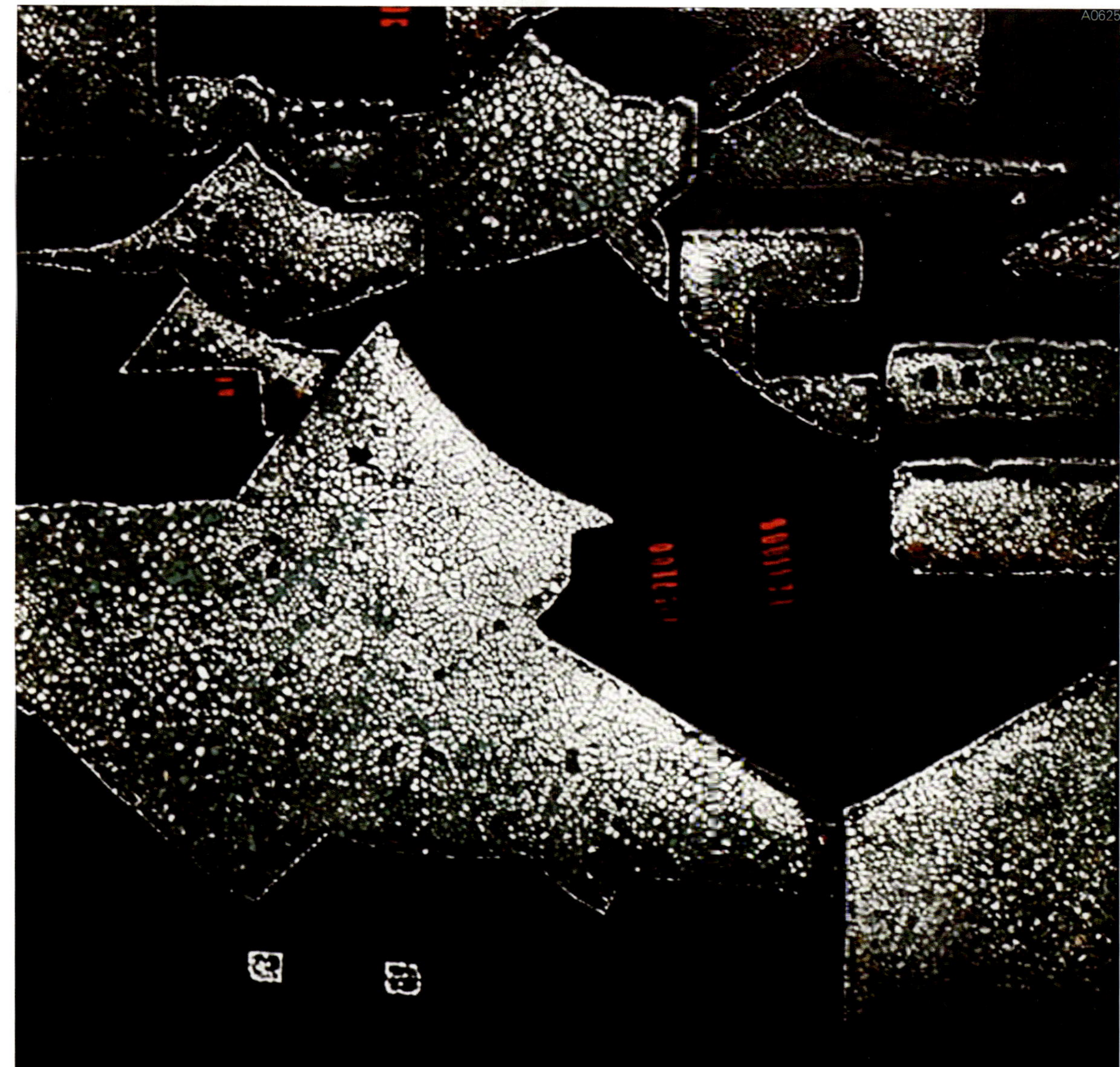

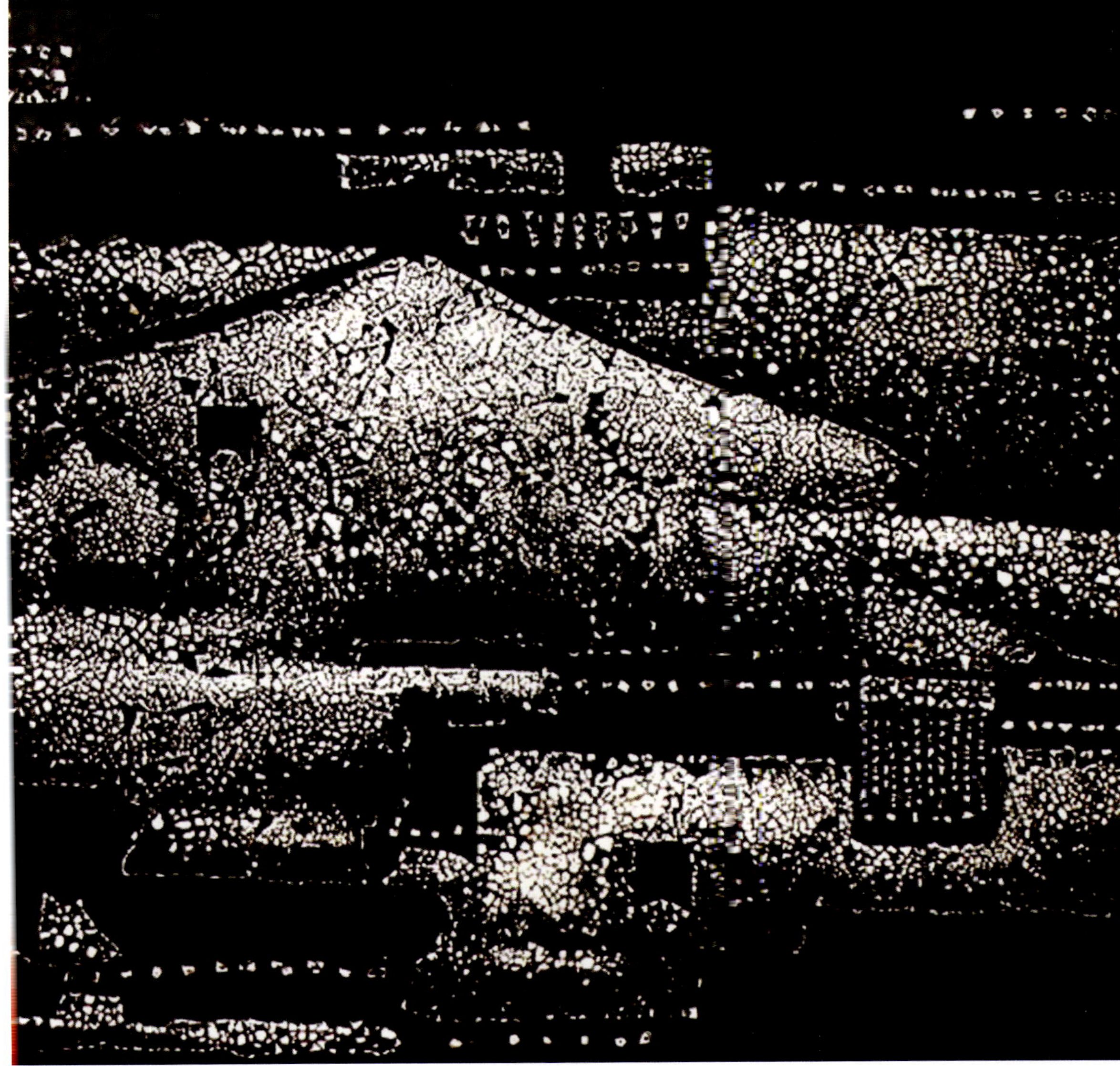

序　　号：A0623 | A0624
作品名称：万家灯火 | 远方
作　　者：赵晔童
学　　校：天津美术学院
指导教师：任建民

序　　号：A0625 ~ A0626
作品名称：古城
作　　者：王建斌
学　　校：天津美术学院
指导教师：张燕云

序　　号：A0627
作品名称：相依
作　　者：田康
学　　校：山东大学（威海）
指导教师：无

序　　号：A0628
作品名称：素描狮子
作　　者：杨家辉
学　　校：广州科技职业技术学院
指导教师：钟金琦

序　　号：A0629
作品名称：神犬
作　　者：郭凯凯
学　　校：天津商业大学
指导教师：田敬

A0630

A0631

A0632

序　　号：A0630
作品名称：老虎
作　　者：王翰林
学　　校：中央美术学院
指导教师：无

序　　号：A0631
作品名称：天性
作　　者：刘夏
学　　校：西京学院
指导教师：李郡

序　　号：A0632
作品名称：素描老虎
作　　者：陈逸
学　　校：广州科技职业技术学院
指导教师：钟金琦

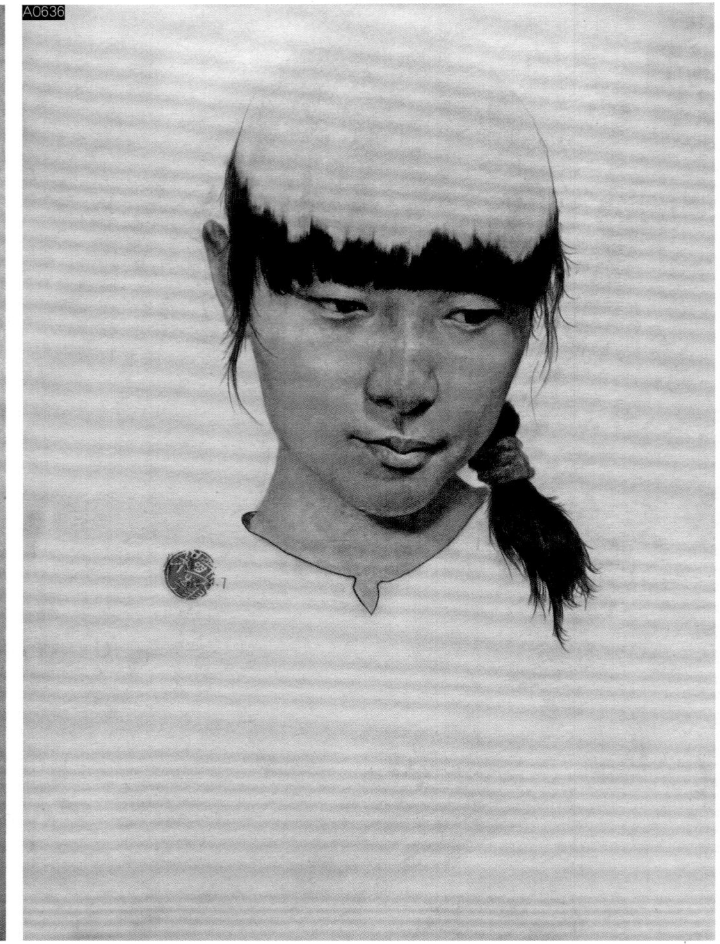

序　　号：A0633 | A0634
作品名称：素描头像 | 速写人物头像
作　　者：宋占祺
学　　校：新疆师范大学
指导教师：姜丹

序　　号：A0635
作品名称：专注
作　　者：郭宇丰
学　　校：韩山师范学院
指导教师：无

序　　号：A0636
作品名称：素描肖像
作　　者：吴明翰
学　　校：广西大学
指导教师：庄元玲

序　　号：A0637～A0638
作品名称：素描头像系列
作　　者：徐子丽
学　　校：景德镇陶瓷学院
指导教师：黄[illegible]

序　　号：A0639
作品名称：老人像
作　　者：赵楠
学　　校：陕西师范大学
指导教师：无

序　　号：A0640
作品名称：写生
作　　者：阮琳琳
学　　校：华东师范大学
指导教师：无

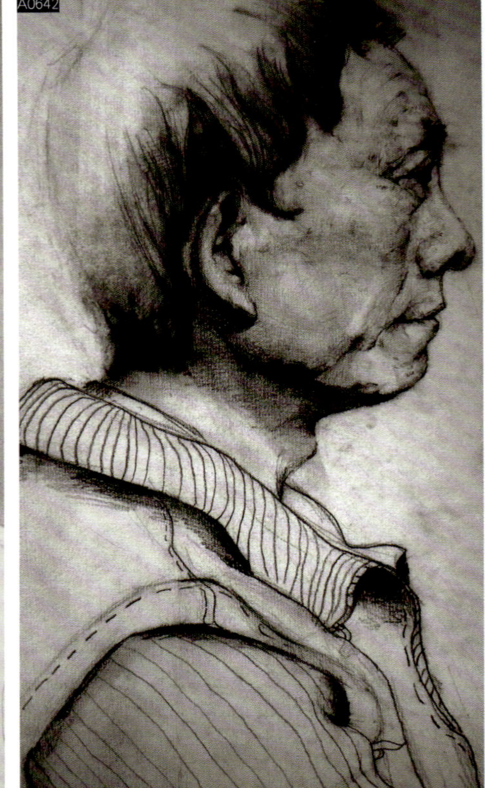

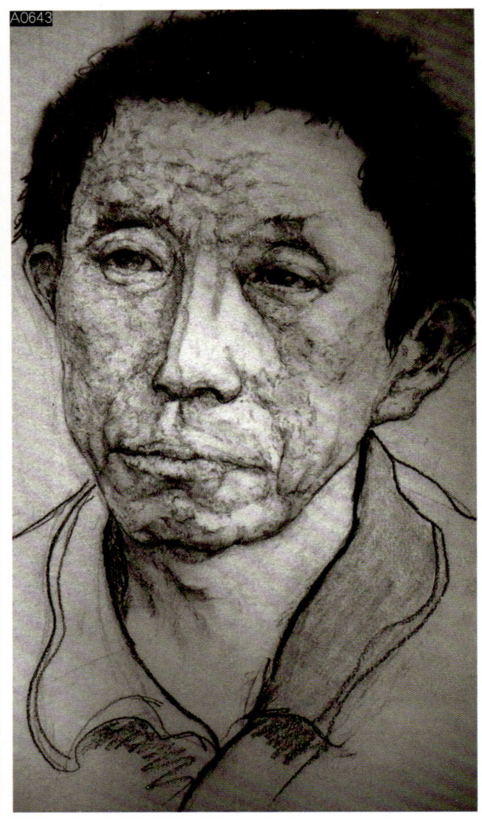

序　　号：A0641
作品名称：质朴的老人
作　　者：赵建国
学　　校：大连外国语大学
指导教师：无

序　　号：A0642 | A0643
作品名称：等待 | 等等时间
作　　者：余晓君
学　　校：四川大学锦城学院
指导教师：邱光平

序　　号：A0644
作品名称：素描老人头像
作　　者：徐曼婷
学　　校：山东大学（威海）
指导教师：无

序　　号：A0645
作品名称：化
作　　者：黎嘉玲
学　　校：广东第二师范学院
指导教师：何汉求

序　　号：A0646
作品名称：岁月
作　　者：[illegible]志刚
学　　校：河北科技大学
指导教师：李跃[illegible]

序　　号：A0647 ~ A0648
作品名称：素描人物
作　　者：周德廉
学　　校：天津美术学院
指导教师：无

A0649

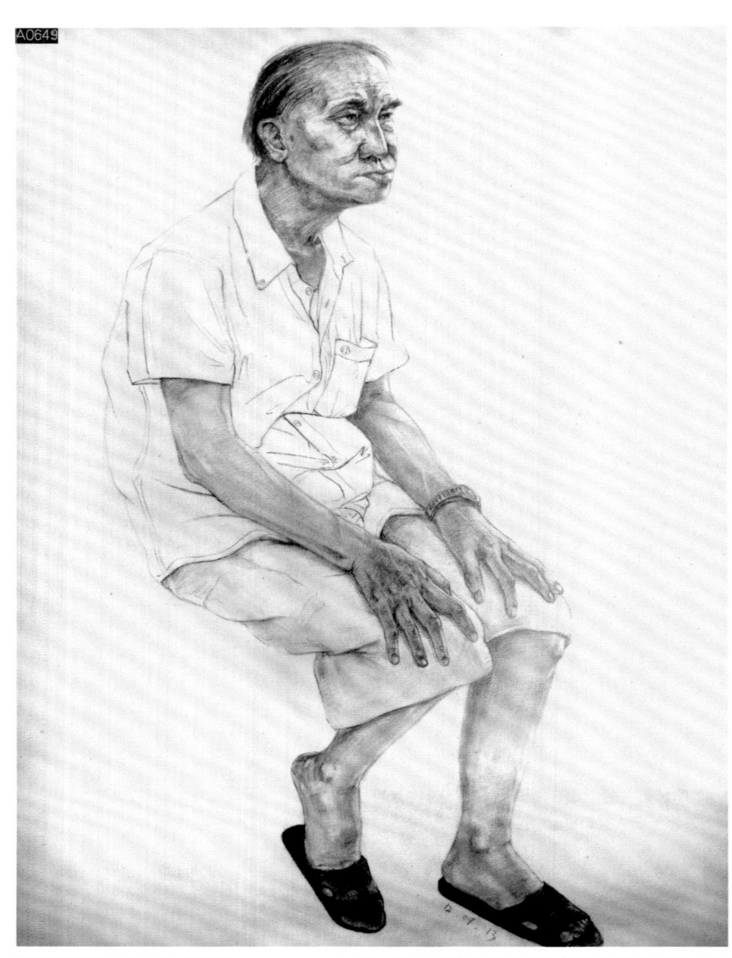

A0650

A0651

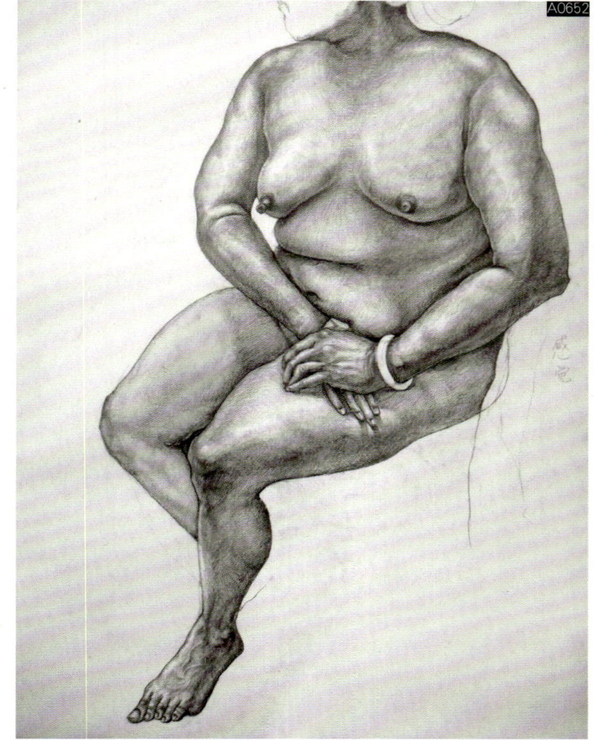

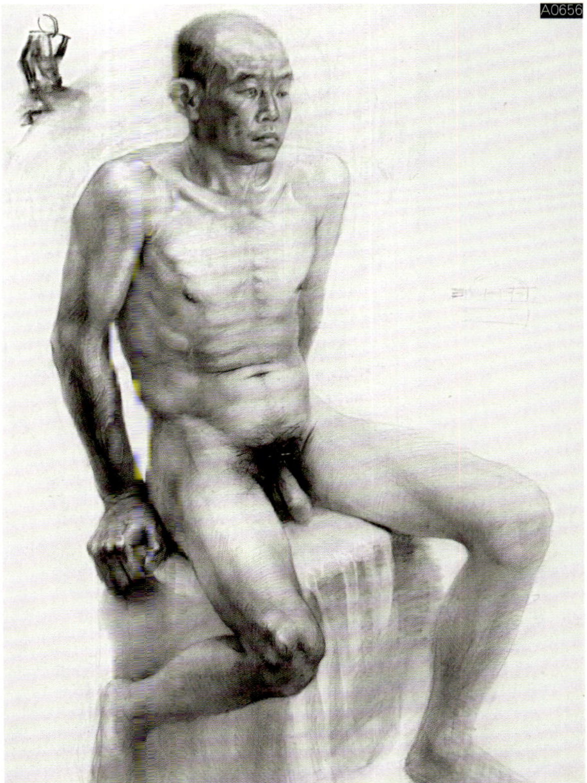

序　　号：A0649
作品名称：老人坐姿全身像
作　　者：范稳彪
学　　校：华南师范大学
指导教师：谢少威

序　　号：A0650
作品名称：素描半身像
作　　者：陈凯新
学　　校：齐鲁工业大学
指导教师：无

序　　号：A0651
作品名称：痕
作　　者：杨诺
学　　校：华中师范大学
指导教师：王会

序　　号：A0652
作品名称：女人体素描写生
作　　者：张艺心
学　　校：天津美术学院
指导教师：蔡锦

序　　号：A0653
作品名称：人体
作　　者：范强强
学　　校：河南科技学院
指导教师：无

序　　号：A0654
作品名称：女人体素描系列
作　　者：钱明渊
学　　校：华中师范大学
指导教师：无

序　　号：A0655
作品名称：女人背影
作　　者：原佳瑞
学　　校：福建师范大学
指导教师：陈宗光

序　　号：A0656
作品名称：人体——男
作　　者：黄帅
学　　校：延边大学
指导教师：黄雪海

序　　号：A0657
作品名称：素描头像
作　　者：宋文超
学　　校：河南大学
指导教师：王卫东

序　　号：A0658
作品名称：素描头像
作　　者：杨晨爽
学　　校：西北民族大学
指导教师：姚静萍

序　　号：A0659
作品名称：无题
作　　者：向涛
学　　校：华中师范大学
指导教师：钱忠平

序　　号：A0660
作品名称：企[illegible]
作　　者：宋[illegible]
学　　校：河南大学
指导教师：王卫东

序　　号：A0661
作品名称：小吃
作　　者：陈圣文
学　　校：河南大学
指导教师：王卫东

序　　号：A0662
作品名称：素描速写
作　　者：袁超勇
学　　校：广东技术师范学院
指导教师：余澜松

序　　号：A0663
作品名称：回眸
作　　者：杨燕
学　　校：昆明理工大学
指导教师：许佳

A0664

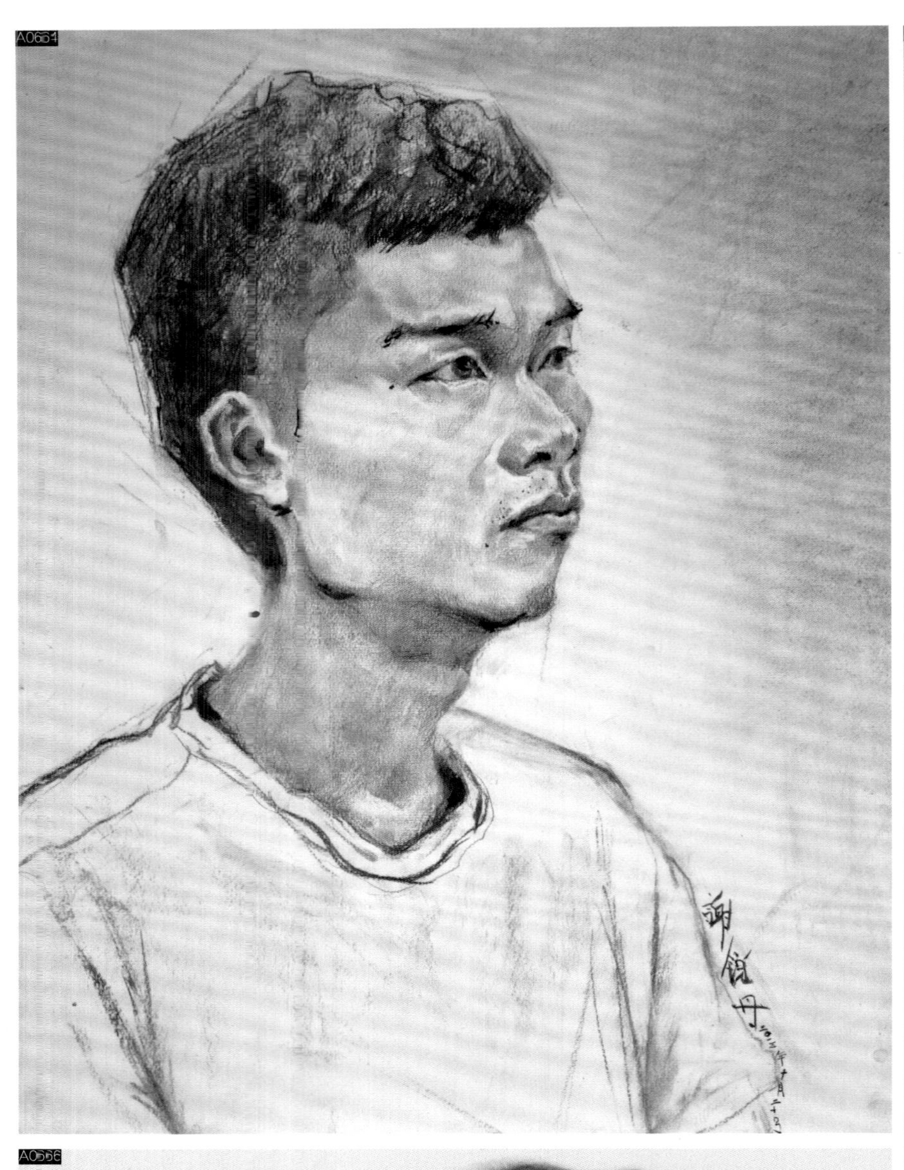

A0665

A0666

A0667

A0669

序　　号：A0664
作品名称：半身像年轻人
作　　者：谌锐兵
学　　校：广东技术师范学院
指导教师：秦一婷

序　　号：A0665
作品名称：王男青年
作　　者：张金鹏
学　　校：燕京理工学院
指导教师：陈旺

序　　号：A0666
作品名称：素描头像
作　　者：张艺凡
学　　校：南开大学
指导教师：赵均

序　　号：A0667
作品名称：素描头像
作　　者：陈承报
学　　校：石河子大学
指导教师：刘人果

序　　号：A0668 ~ A0669
作品名称：人物
作　　者：廖昀蕾
学　　校：四川师范大学
指导教师：张晓黎

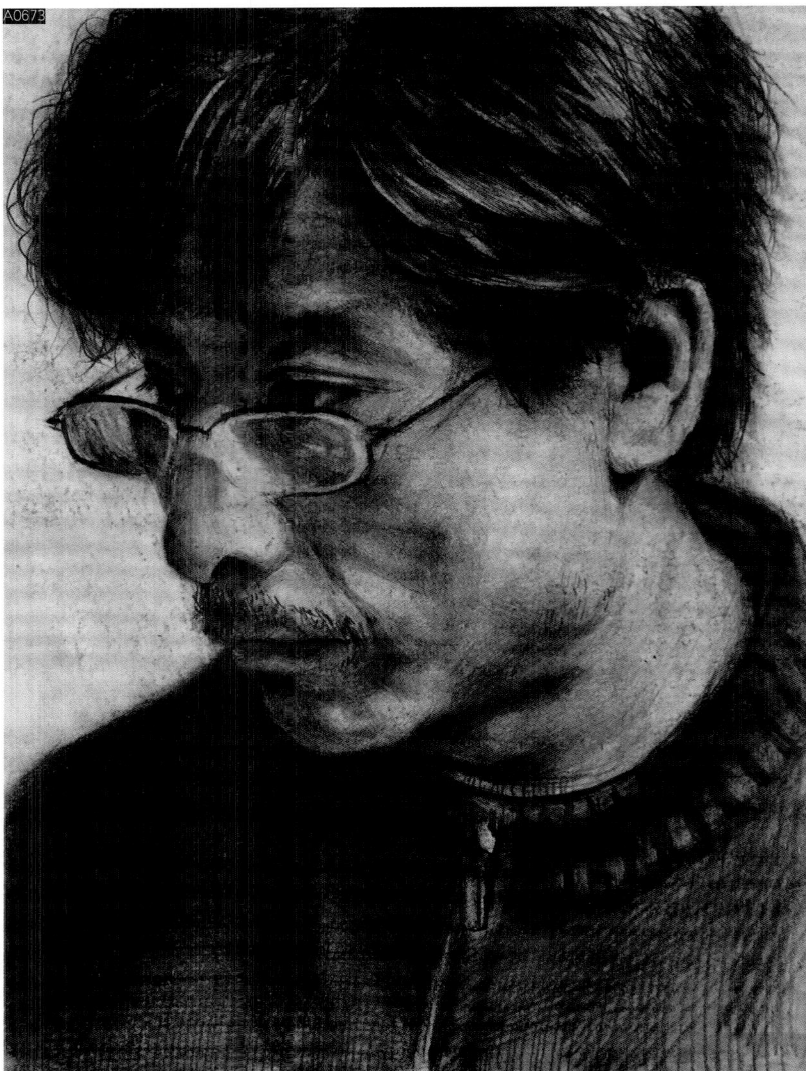

序　　号：A0670
作品名称：素描头像——中年妇女
作　　者：尹璐
学　　校：武汉工程大学
指导教师：杨中贵

序　　号：A0671
作品名称：自画像
作　　者：曲宝琢
学　　校：大连工业大学
指导教师：庄光明

序　　号：A0672
作品名称：我的大学老师
作　　者：张艺伟
学　　校：西京学院
指导教师：何玮、赵娟

序　　号：A0673 | A0674
作品名称：冷军 | 思念
作　　者：朱健衡
学　　校：南昌大学
指导教师：无

序　　号：A0687
作品名称：头像
作　　者：王俪颖
学　　校：北京科技大学天津学院
指导教师：孔祥莉

序　　号：A0688
作品名称：自画像
作　　者：刘頔栎
学　　校：东南大学成贤学院
指导教师：潘秋思、许佳佳

序　　号：A0689
作品名称：她
作　　者：吴迪
学　　校：延边大学
指导教师：黄哲雄

序　　号：A0690
作品名称：坐着的奶奶
作　　者：赵鸿凯
学　　校：南京理工大学泰州科技学院
指导教师：无

序　　号：A0691
作品名称：抱着猫的孩子
作　　者：宋少华
学　　校：天津商业大学
指导教师：田敬

序　　号：A0692
作品名称：素描头像
作　　者：廖辉
学　　校：河南大学
指导教师：无

序　　号：A0693
作品名称：进击的光头强
作　　者：袁翔
学　　校：天津商业大学
指导教师：田敬

序　　号：A0694
作品名称：素描头像
作　　者：林华娱
学　　校：重庆三峡学院
指导教师：无

序　　号：A0695
作品名称：素描头像
作　　者：倪文吉
学　　校：南昌大学
指导教师：彭云

序　　号：A0696
作品名称：沟壑流淌过岁月的长河
作　　者：张旭东
学　　校：东莞职业技术学院
指导教师：张惠贻

序　　号：A0697
作品名称：人体
作　　者：郑琬俞
学　　校：福建师范大学
指导教师：张明超

A0698

序　　号：A0698
作品名称：圆珠笔素描头像
作　　者：武镇嵩
学　　校：广西艺术学院
指导教师：无

序　　号：A0699
作品名称：加勒比海盗
作　　者：兰建军
学　　校：北方民族大学
指导教师：杨立泳

序　　号：A0700
作品名称：装饰自画像
作　　者：陈颖莞
学　　校：广州大学纺织服装学院
指导教师：郑家桢

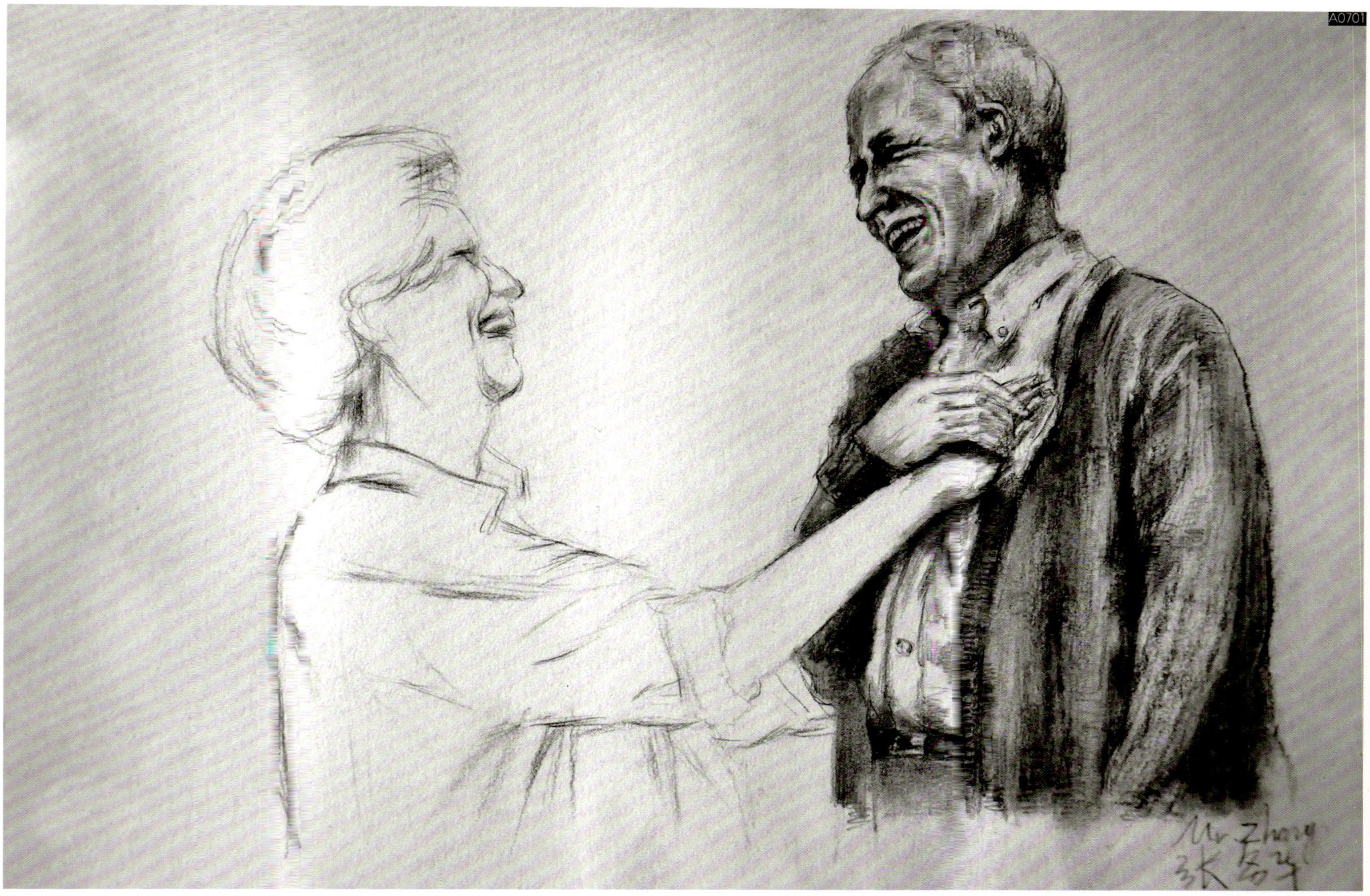

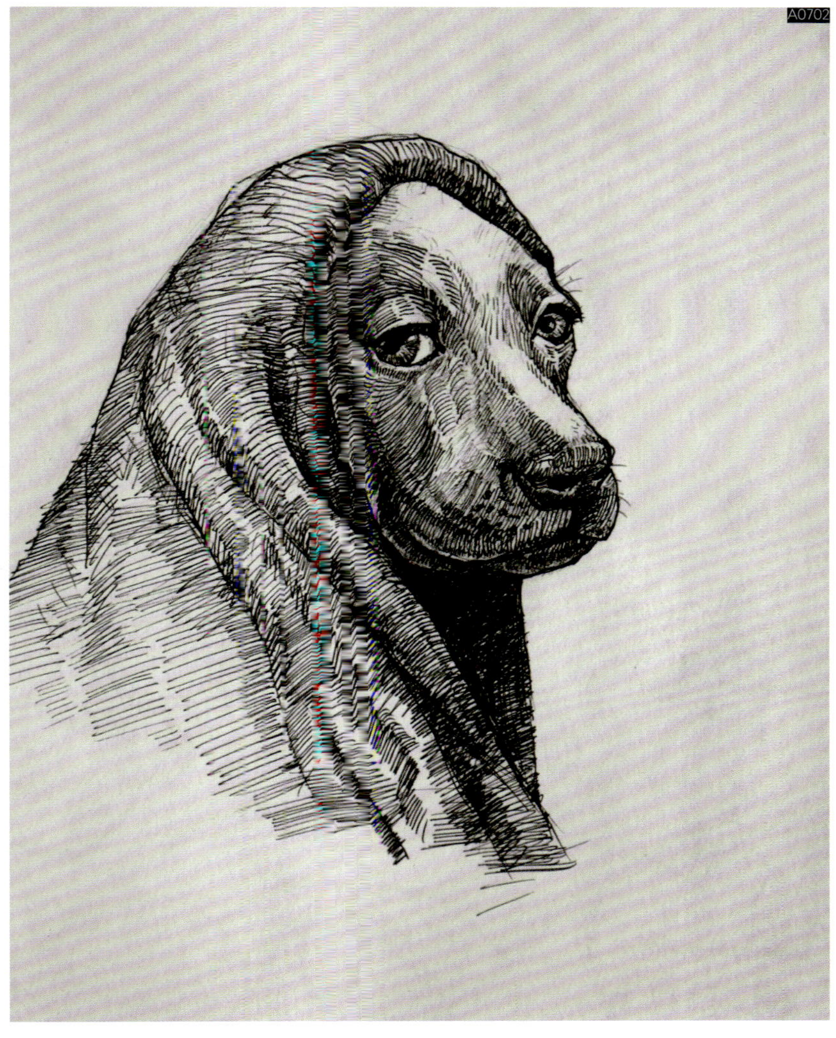

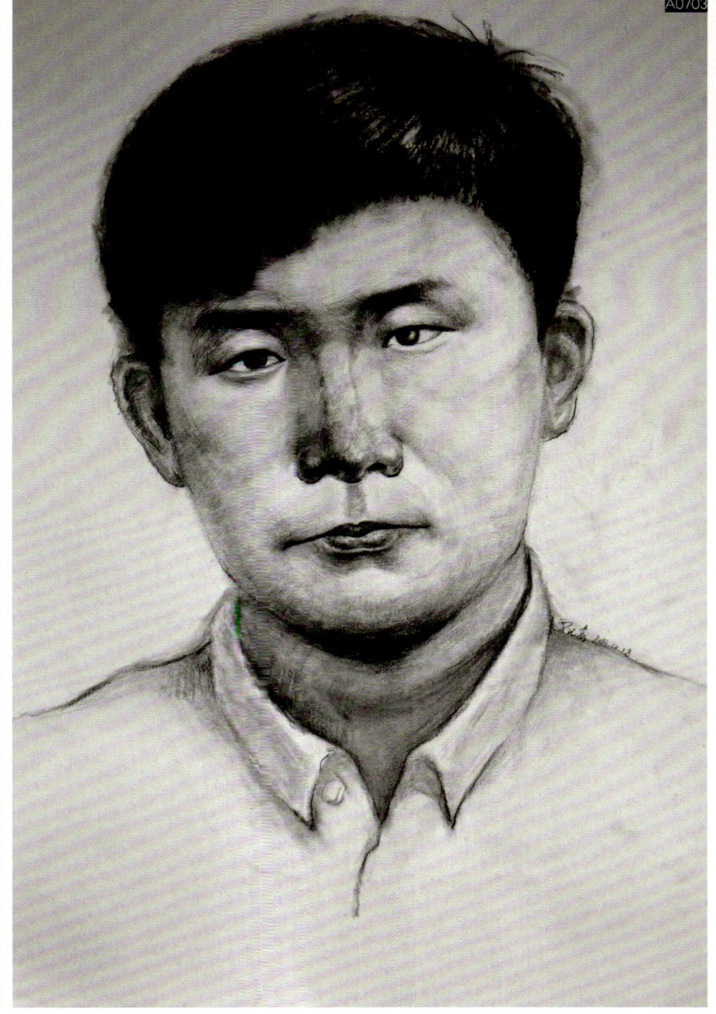

序　　号：A0701
作品名称：完美恋人
作　　者：张务华
学　　校：天津商业大学
指导教师：田敬

序　　号：A0702 | A0703
作品名称：[illegible] 头像
作　　者：[illegible]
学　　校：[illegible]业大学
指导教师：[illegible]

A0704

A0705

A0706

AC707

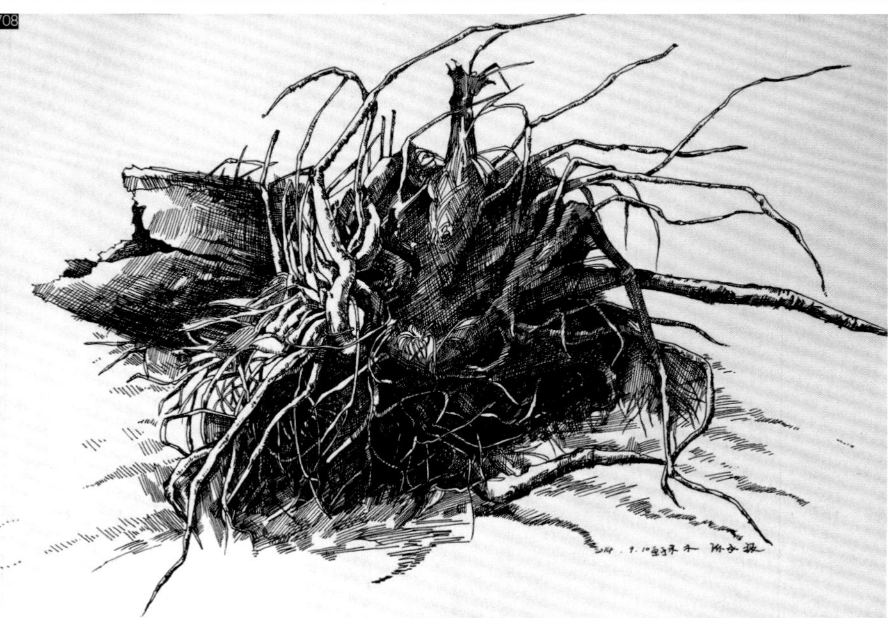
A0708

序　　号：A0727
作品名称：小狗布偶
作　　者：杨晓彤
学　　校：大连艺术学院
指导教师：王禹

序　　号：A072[illegible]
作品名称：安静
作　　者：李[illegible]二
学　　校：景德镇陶瓷学院
指导教师：杨超

序　　号：A0729
作品名称：罐类结构素描
作　　者：胡文龙
学　　校：北方民族大学
指导教师：杨立泳

序　　号：A0730
作品名称：结构素描
作　　者：李玉杰
学　　校：北方民族大学
指导教师：杨立泳

序　　号：A0731
作品名称：素描静物
作　　者：方芳
学　　校：安庆师范学院
指导教师：张学衡

A0732

A0733

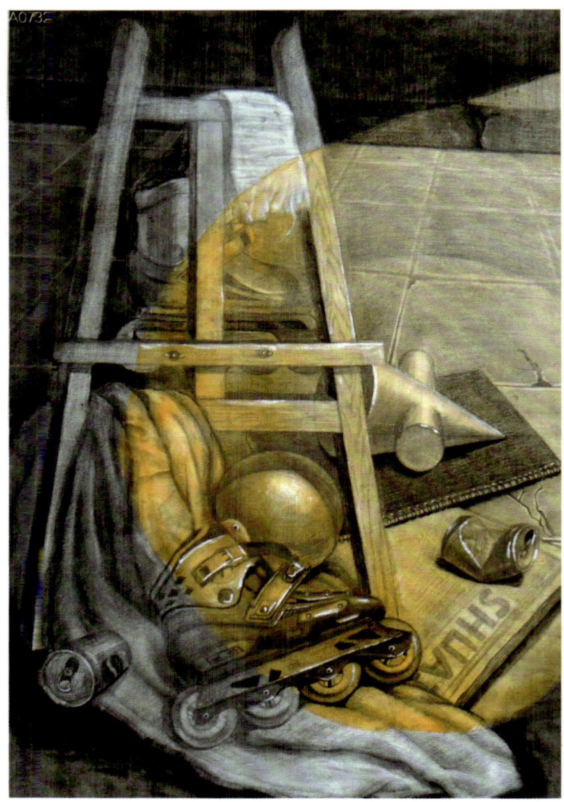

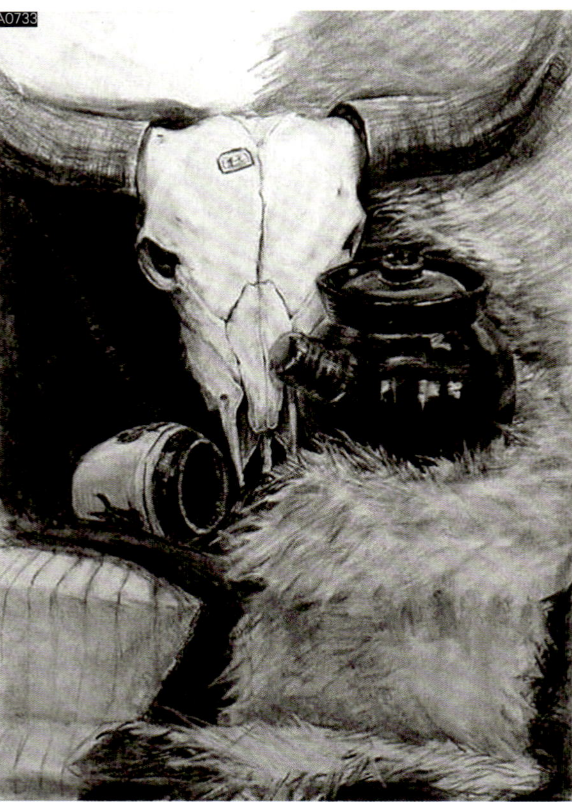

A0734

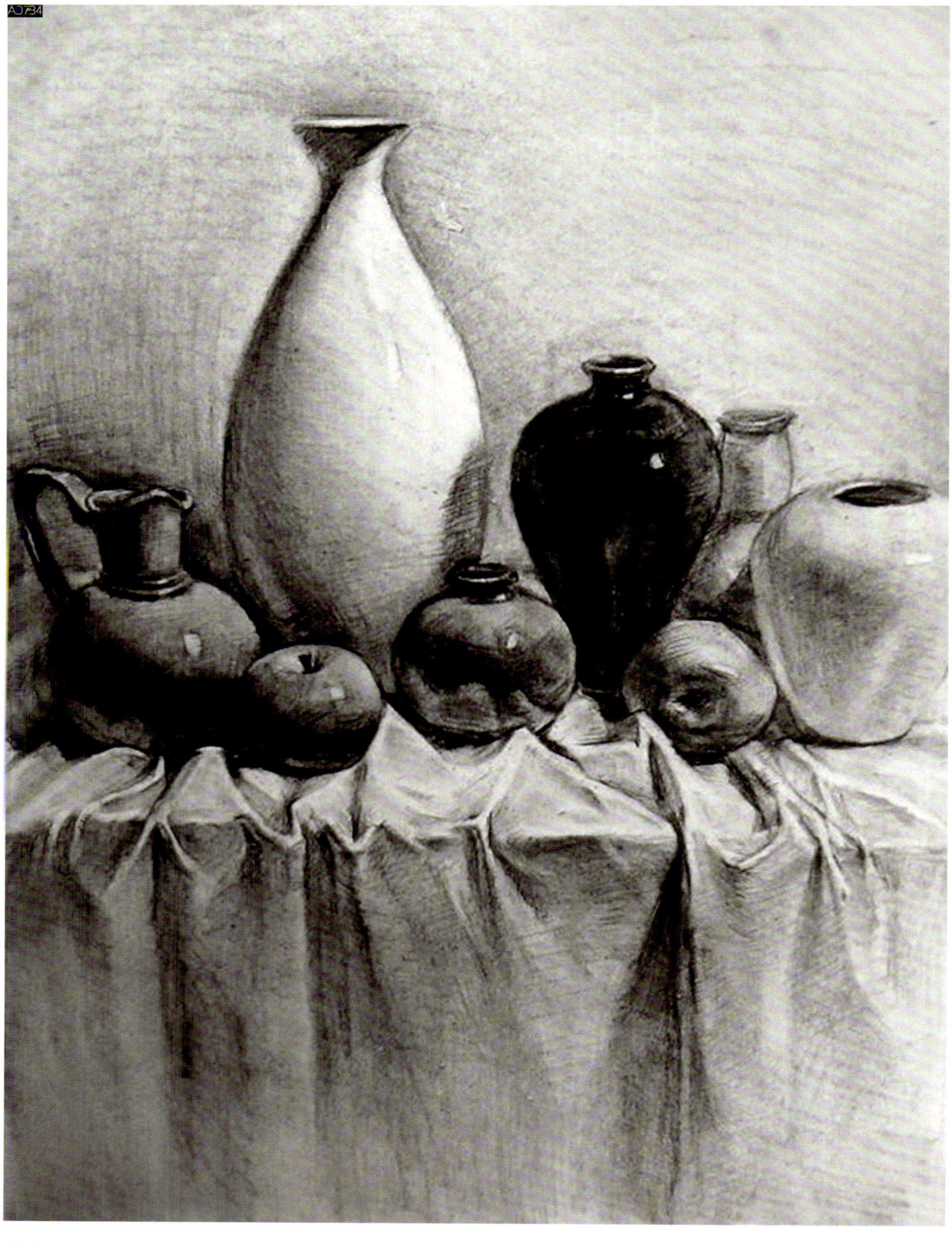

序　　号：A0732
作品名称：聚光灯下的静物
作　　者：程帅
学　　校：长春信息技术职业学院
指导教师：杨威

序　　号：A0733 ｜ A0734
作品名称：接触 ｜ 静·时光
作　　者：毛龙步
学　　校：西京学院
指导教师：贾小琳

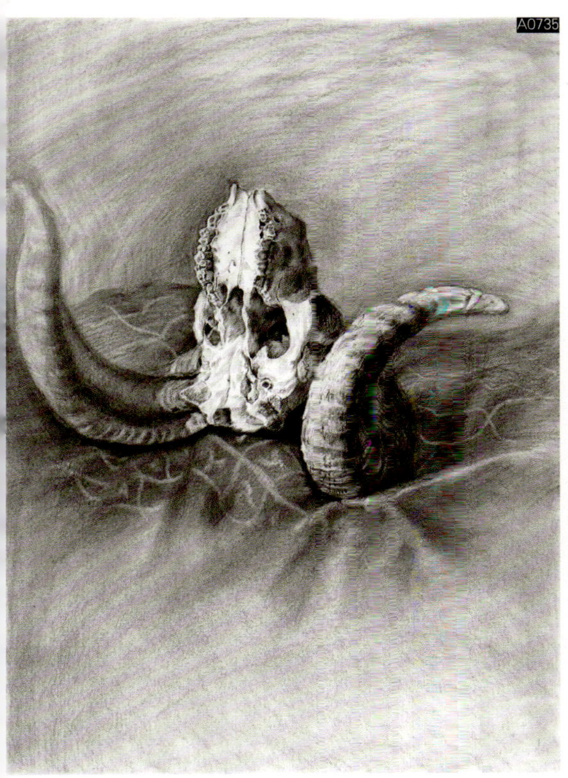

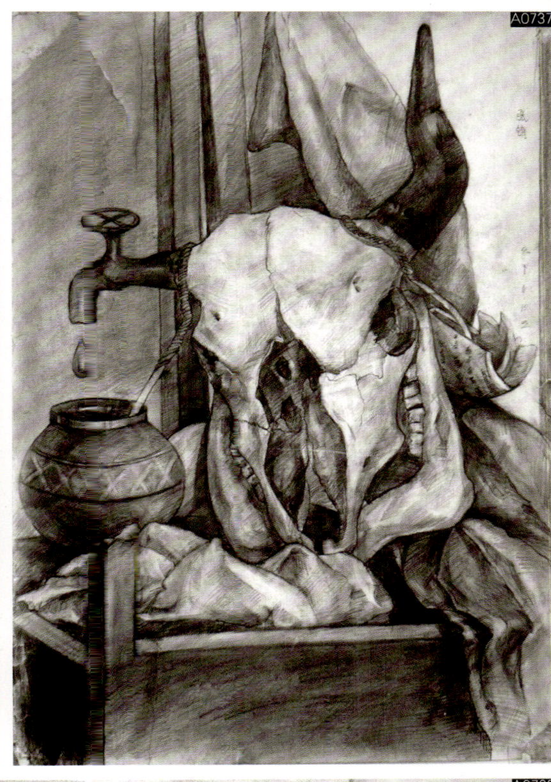

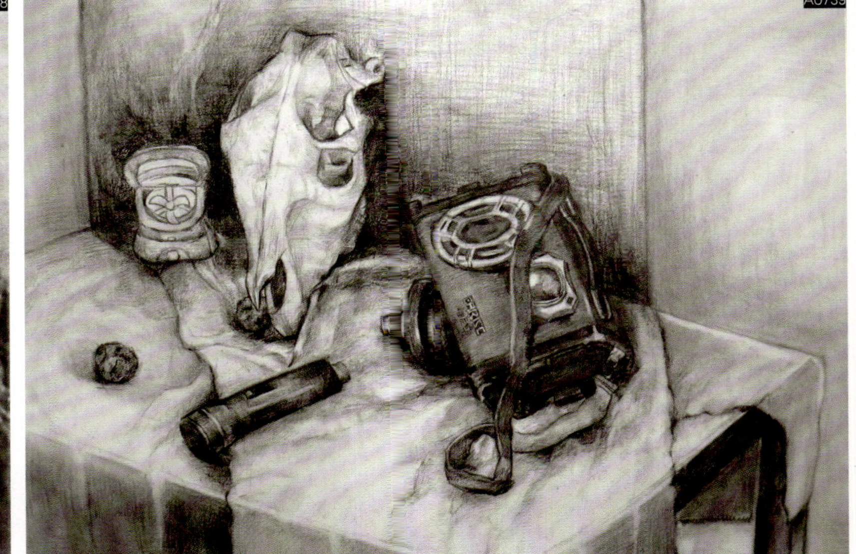

序　　号：A0735
作品名称：羊头
作　　者：曾志伟
学　　校：河北科技大学
指导教师：郭宏

序　　号：A0736
作品名称：素描静物
作　　者：李欣仪
学　　校：内蒙古大学
指导教师：王鸿敏

序　　号：A0737
作品名称：深思
作　　者：张镇
学　　校：齐鲁工业大学
指导教师：无

序　　号：A0738
作品名称：粗犷
作　　者：李泽菲
学　　校：西京学院
指导教师：贾小淋

序　　号：A0739
作品名称：素描静物
作　　者：张倩
学　　校：西京学院
指导教师：何玮

A0740

A0741

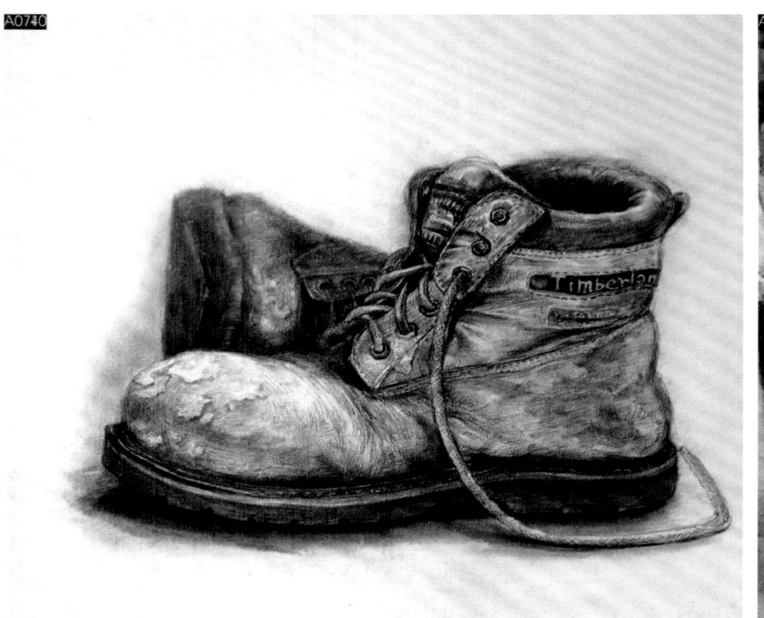

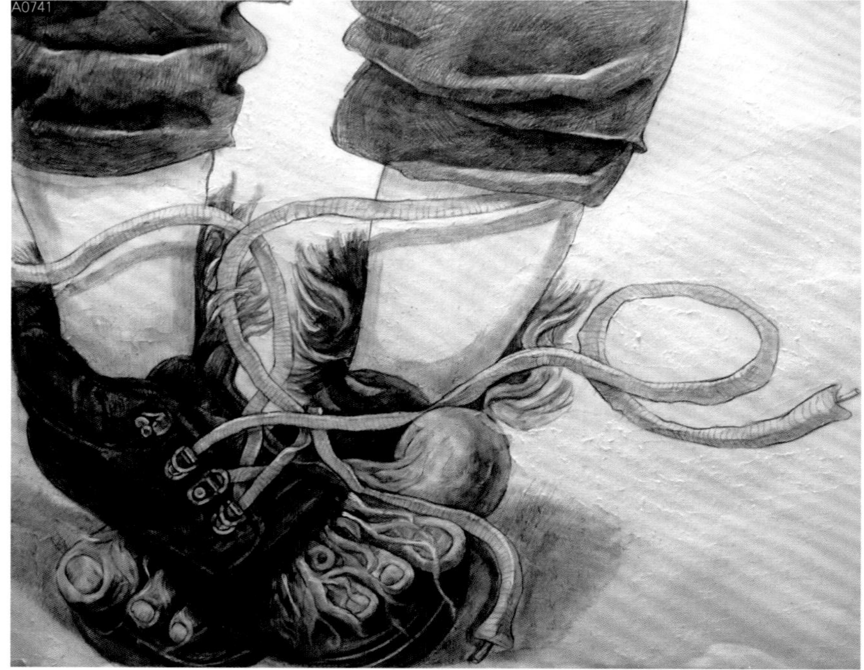

A0742

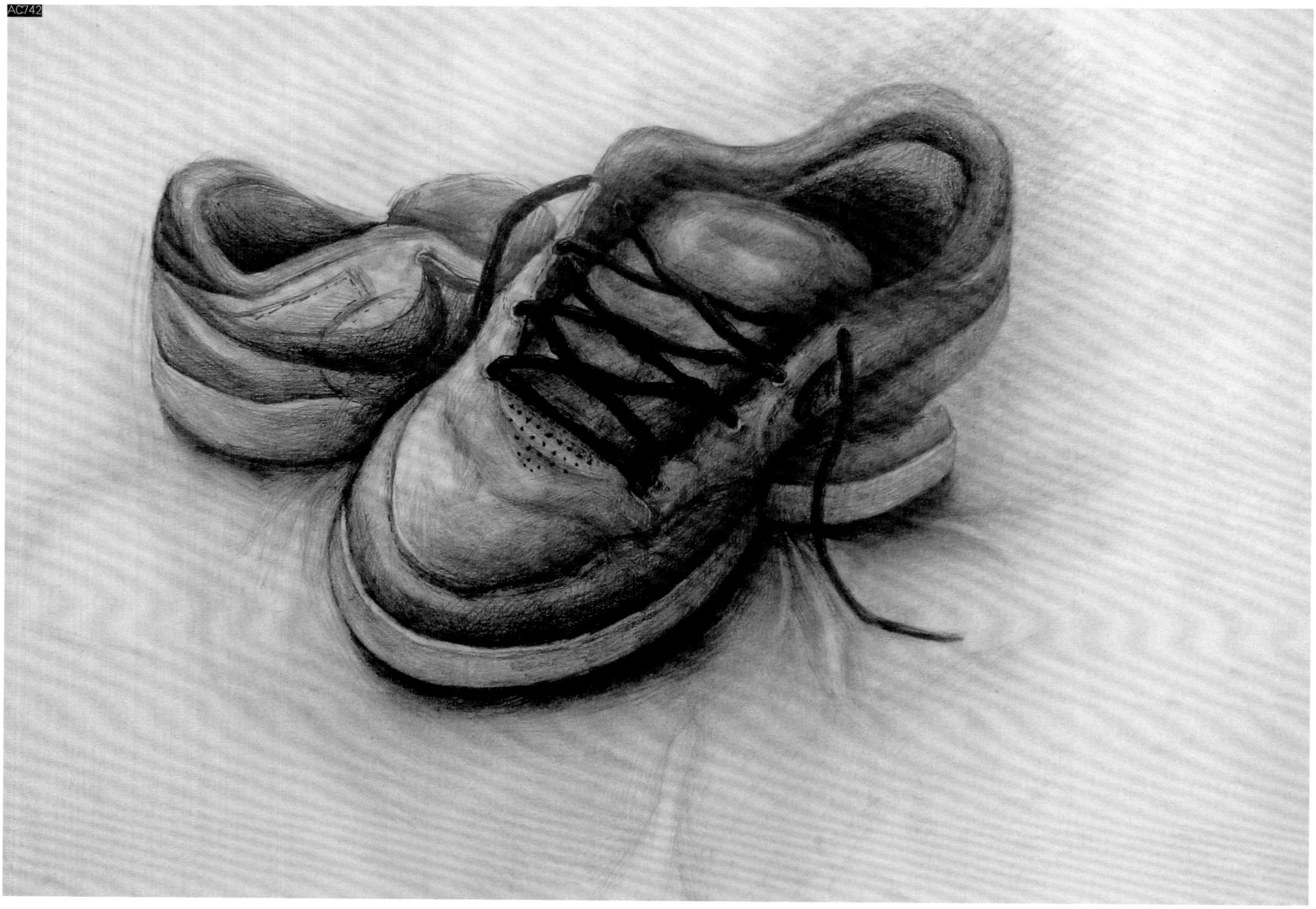

序　　号：A0740
作品名称：油漆工的鞋
作　　者：谢明
学　　校：河北科技大学
指导教师：郭宏

序　　号：A0741
作品名称：缠绕
作　　者：李春雨
学　　校：成都理工大学工程技术学院
指导教师：廖倩

序　　号：A0742
作品名称：鞋
作　　者：冯姗
学　　校：四川工程职业技术学院
指导教师：邓斌

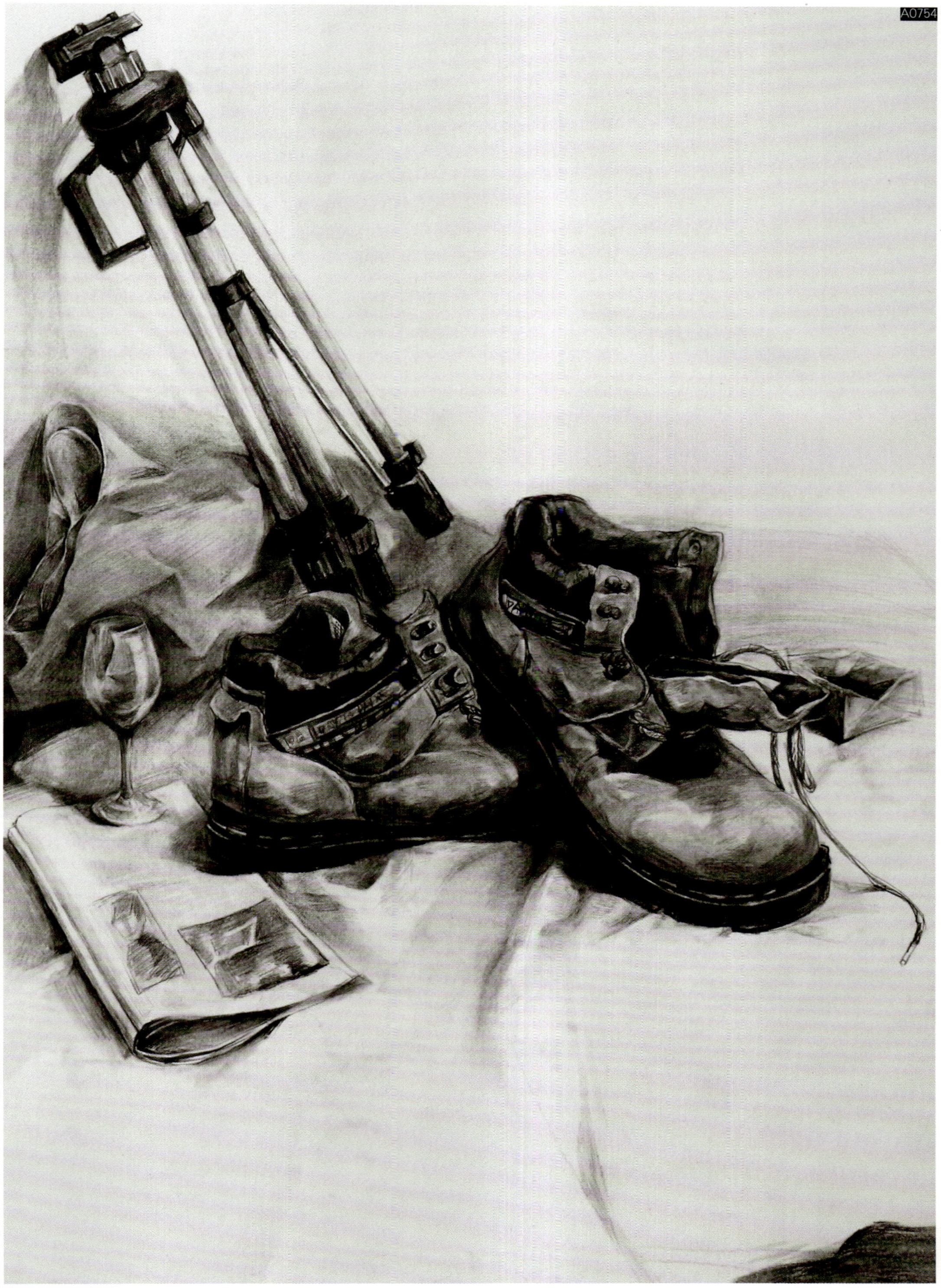

序　　号：A0753
作品名称：蒜[illegible]
作　　者：林[illegible]翔
学　　校：华[illegible]农业大学
指导老师：林[illegible]

序　　号：A0754
作品名称：静[illegible]
作　　者：王[illegible]
学　　校：合[illegible]师范[illegible]院
指导教师：唐[illegible]

A0755

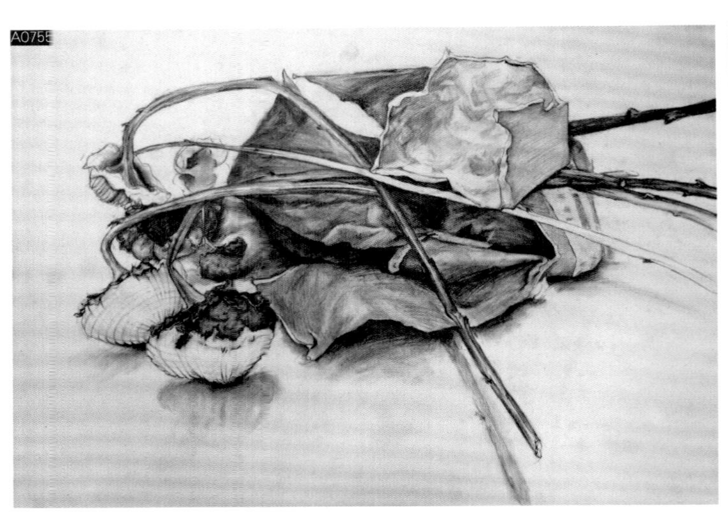

A0756

A0757

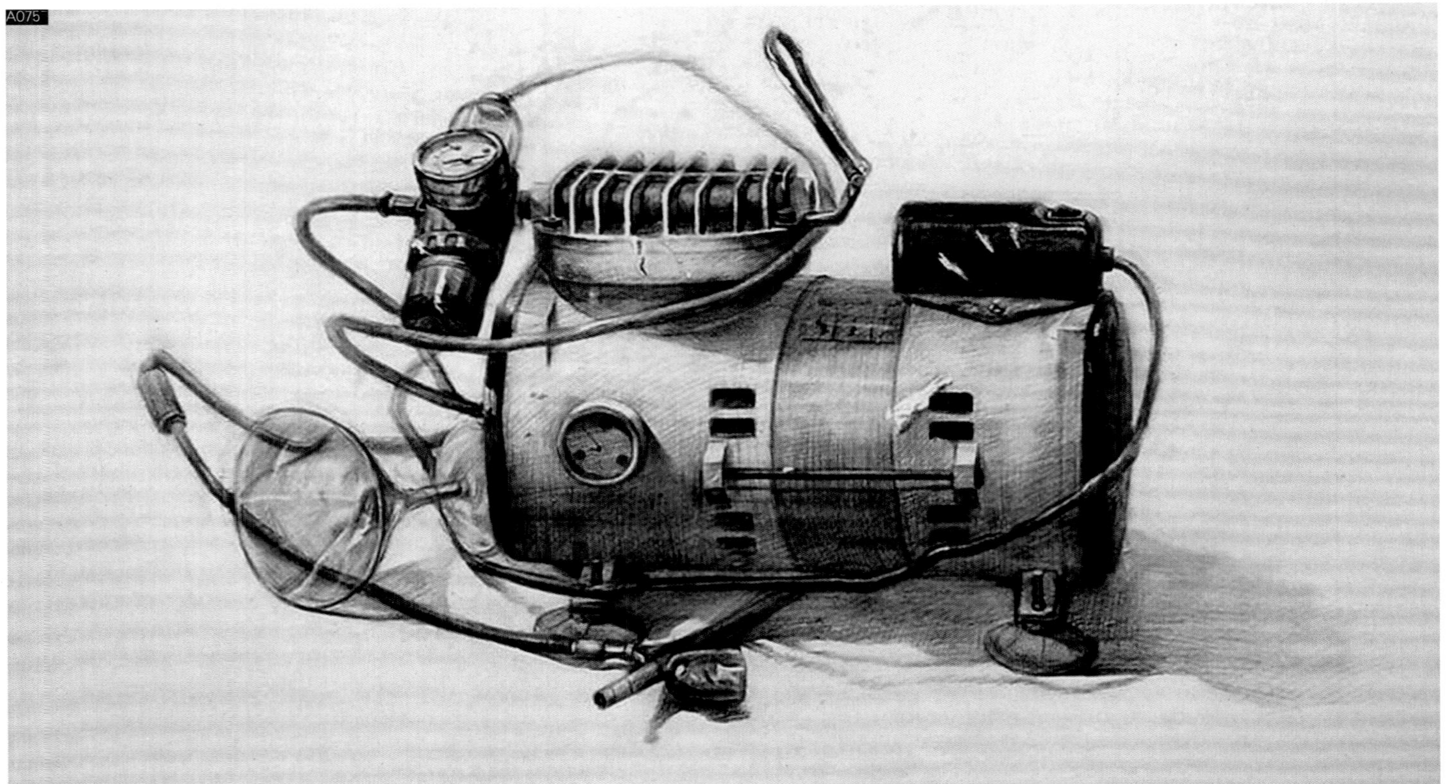

A0758

A0759

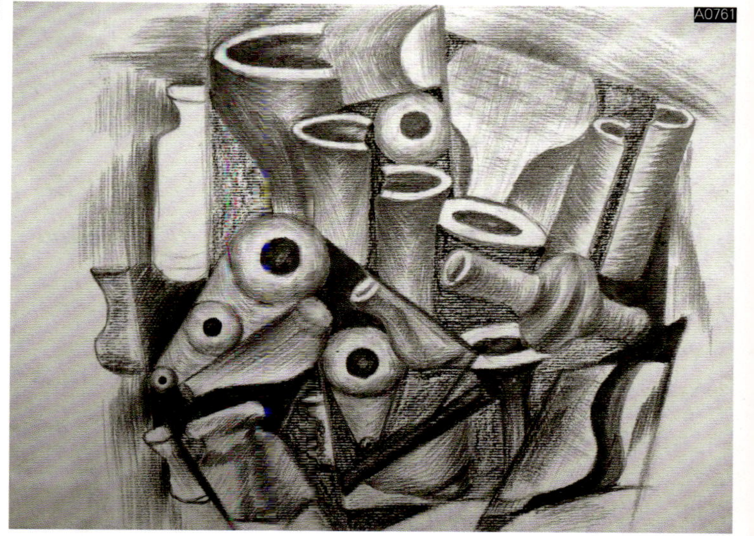

序　　号：A0755
作品名称：素描静物
作　　者：薛颖豪
学　　校：内蒙古大学
指导教师：王鸿敏

序　　号：A0756
作品名称：石膏与向日葵
作　　者：李晓斌
学　　校：内蒙古大学
指导教师：王鸿敏

序　　号：A0757
作品名称：静物素描
作　　者：黄作宏
学　　校：广西艺术学院
指导教师：余川克

序　　号：A0758
作品名称：消防栓
作　　者：陈朋
学　　校：仙桃职业学院
指导教师：孙林

序　　号：A0759
作品名称：消防栓
作　　者：孙飞
学　　校：仙桃职业学院
指导教师：孙林

序　　号：A0760 | A0761
作品名称：光与影的对话 | 错位
作　　者：陈苹
学　　校：景德镇陶瓷学院
指导教师：杨超

序　　号：A0762
作品名称：根
作　　者：肖凯文
学　　校：河北科技大学
指导教师：郭宏

A0763

A0764

A0765

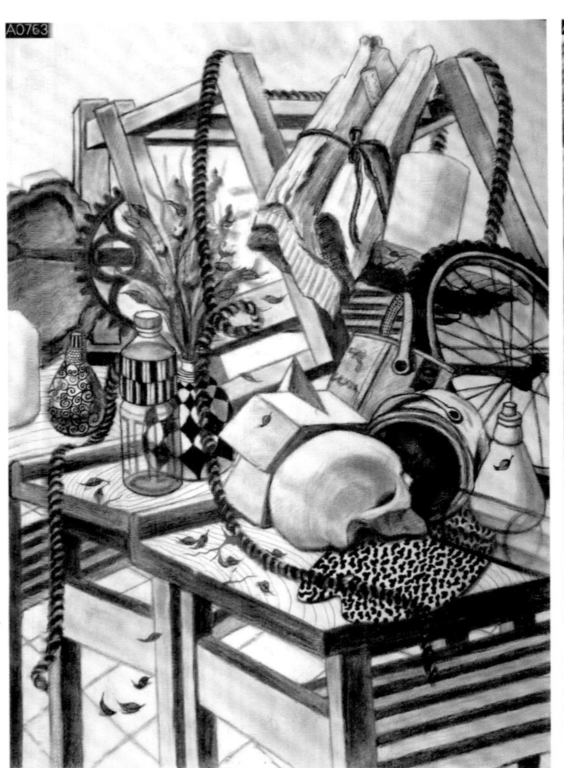

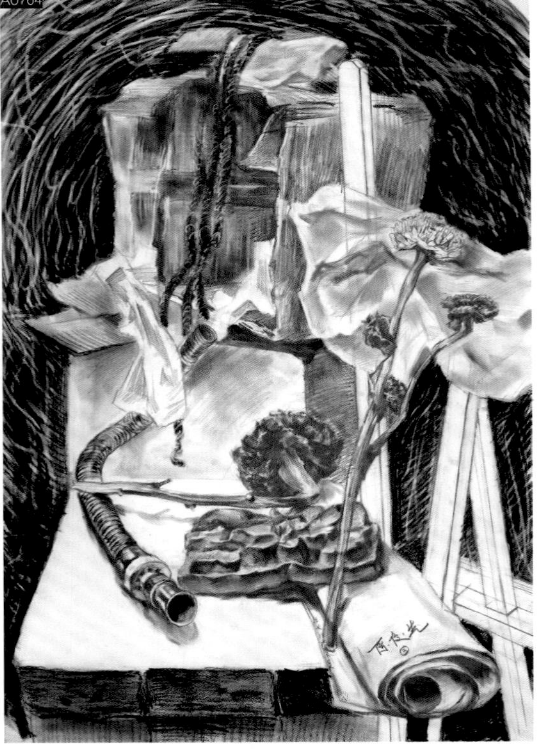

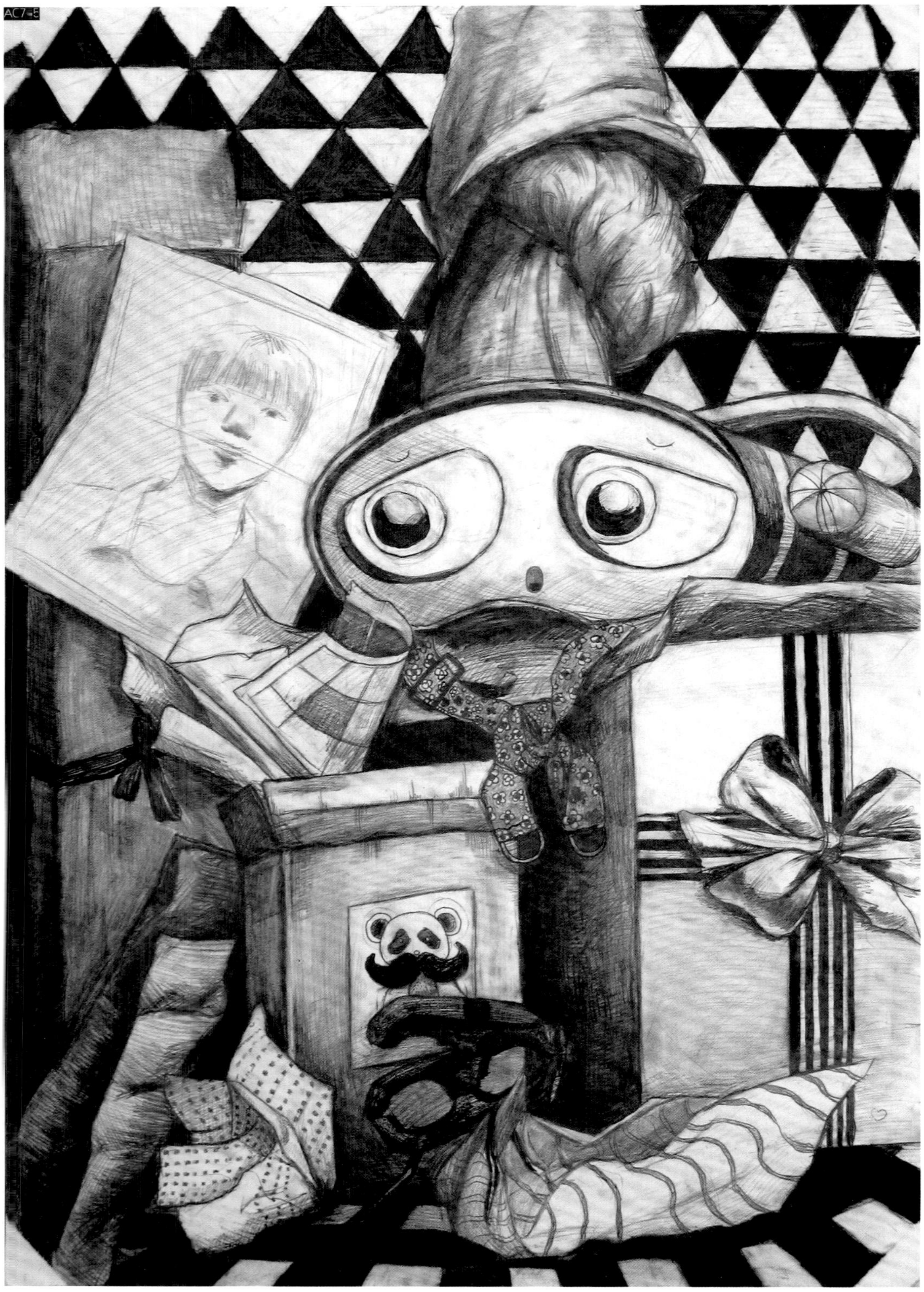

序　　号：A0763
作品名称：素描静物
作　　者：边雅婷
学　　校：内蒙古大学
指导教师：王鸿敏

序　　号：A0764
作品名称：素描静物
作　　者：陈俊先
学　　校：内蒙古大学
指导教师：王鸿敏

序　　号：A0765
作品名称：素描静物
作　　者：刘昕怡
学　　校：内蒙古大学
指导教师：王鸿敏

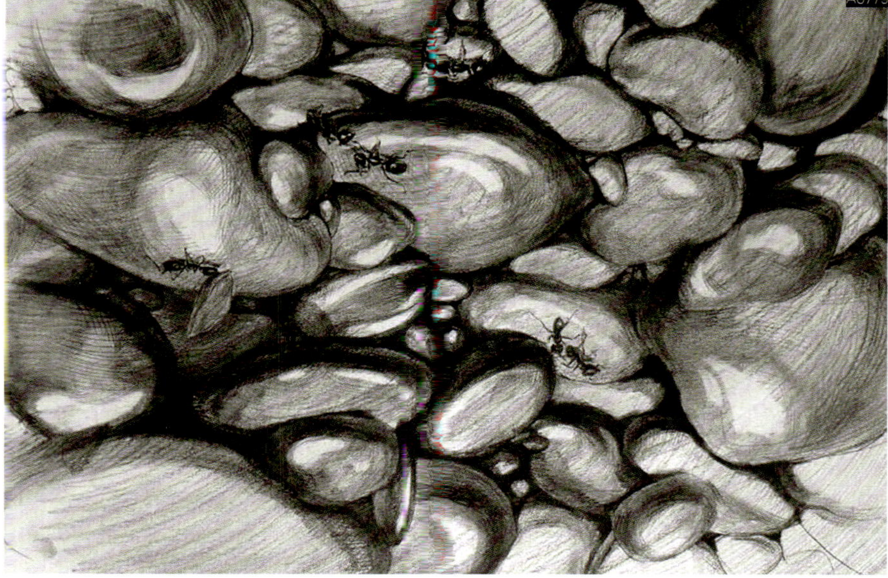

序　　号：A0775 | A0776 | A0777
作品名称：清晨 | 一缕阳光 | 残荷
作　　者：王芳
学　　校：广西艺术学院
指导教师：黄卢建

序　　号：A0778
作品名称：素描静物
作　　者：倪浩然
学　　校：西京学院
指导教师：何玮

序　　号：A0779
作品名称：鹅卵石
作　　者：陈思怡
学　　校：桂林电子科技大学
指导教师：王洁

序　　号：A0780
作品名称：静物——盆景
作　　者：童鑫
学　　校：南京理工大学泰州科技学院
指导教师：袁树香

序　　号：A0781
作品名称：水墨苗家
作　　者：王文婷
学　　校：山东艺术学院
指导教师：刘雪茜

序　　号：A0782
作品名称：灰白
作　　者：杨超蓝
学　　校：福州外语外贸学院
指导教师：齐飞

序　　号：A0783
作品名称：广安古镇
作　　者：姚艳霞
学　　校：四川文理学院
指导教师：无

序　　号：A0784
作品名称：小池的静
作　　者：吴静雯
学　　校：广州商学院
指导教师：无

序　　号：A0785
作品名称：我眼中的布达拉宫
作　　者：陈仁高
学　　校：南京理工大学泰州科技学院
指导教师：袁树香

序　　号：A0786
作品名称：岭南建筑素描
作　　者：利进业
学　　校：佛山职业技术学院
指导教师：孟拥

序　　号：A0787
作品名称：风景
作　　者：胡馨月
学　　校：重庆电信职业学院
指导教师：阳燕

A0788

A0789

A0790

AC799

A0800

A0801

A0802
2013.7.1.

A0803

A0804

A0805

A0806

序　　号：A0803
作品名称：苏州虎丘
作　　者：谭美芙
学　　校：私立华联学院
指导教师：何继业

序　　号：A0804
作品名称：苏州山塘
作　　者：梁芷茵
学　　校：私立华联学院
指导教师：何继业

序　　号：A0805
作品名称：大理古城
作　　者：林晓金
学　　校：私立华联学院
指导教师：汤丹娜

序　　号：A0806
作品名称：天龙八部影视城
作　　者：林晓琳
学　　校：私立华联学院
指导教师：汤丹娜

序　　号：A0807
作品名称：樱花大道
作　　者：黄永梅
学　　校：私立华联学院
指导教师：何继业

序　　号：A0808
作品名称：小飞虹
作　　者：吴伊涵
学　　校：私立华联学院
指导教师：王晓旭

序　　号：A0809
作品名称：万里长江第一桥
作　　者：郑开磊
学　　校：私立华联学院
指导教师：何继业

序　　号：A0810
作品名称：苏州狮子林一角
作　　者：张健婷
学　　校：私立华联学院
指导教师：何继业

A0811

A0812

A0813

A0814

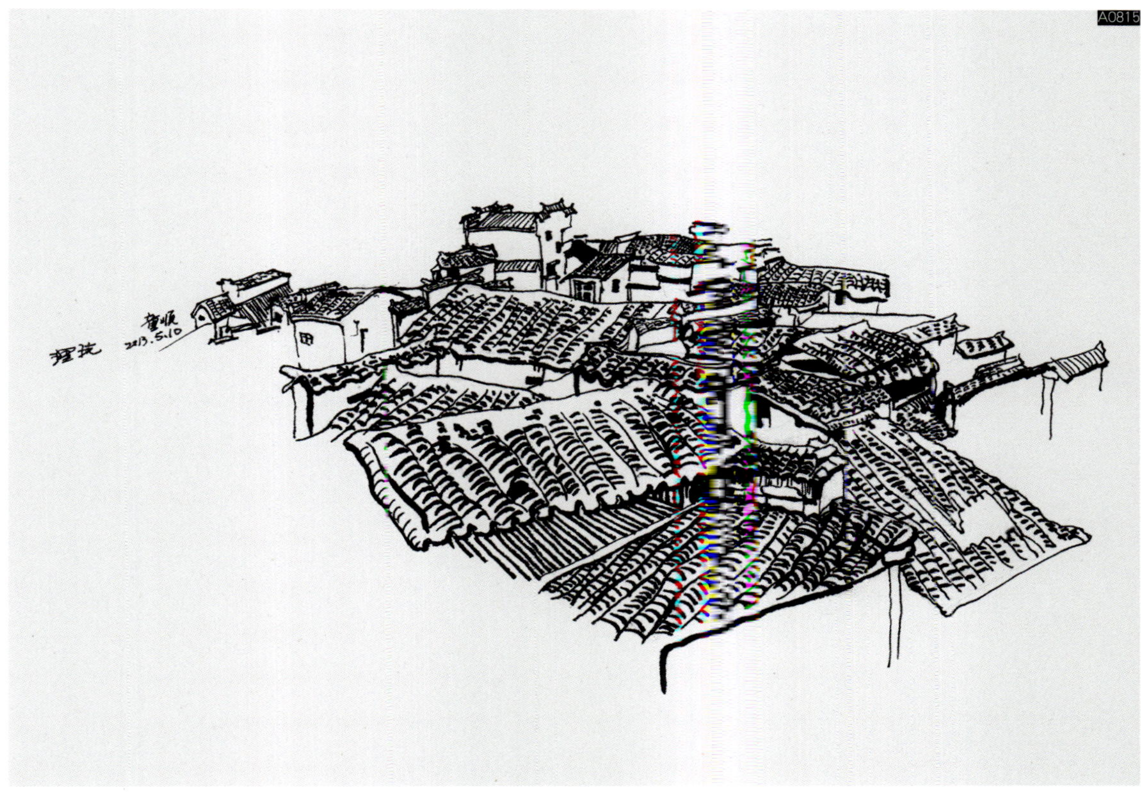

A0815

序　　号：A0811 ~ A0813
作品名称：速写
作　　者：张灵梅
学　　校：四川美术学院
指导教师：无

序　　号：A0814
作品名称：手绘游记
作　　者：杨红
学　　校：河南科技大学
指导教师：杨晓帆

序　　号：A0815
作品名称：婺源理坑
作　　者：童顺
学　　校：武汉工商学院
指导教师：无

A0816

A0817

序　　号：A0816 ｜ A0817
作品名称：男孩儿们 ｜ 苗族
作　　者：马哲
学　　校：天津职业技术师范大学
指导教师：顾杰

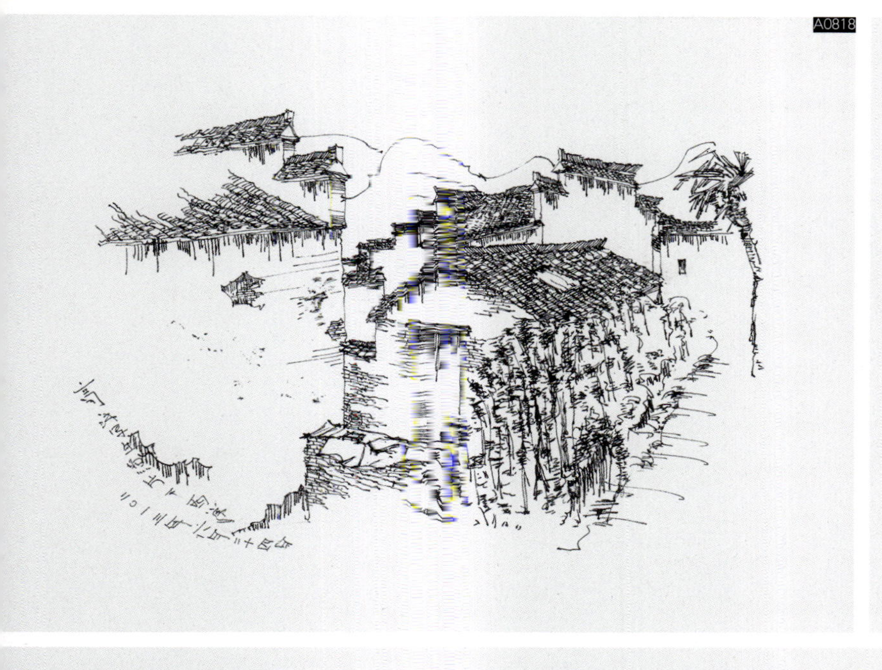

A0820

客厅平面 客厅背景立面 电视背景立面 天花布置图

序　　号：A0818
作品名称：那年夏
作　　者：高沛
学　　校：北方民族大学
指导教师：杨立泳

序　　号：A081[illegible] [illegible]820
作品名称：景观[illegible]·绿化 | 室内表现·客厅
作　　者：褚晓[illegible]
学　　校：安徽广[illegible]视职业技术学院
指导教师：[illegible]

A0821

A0822

A0823

序　　号：A0821
作品名称：荒城
作　　者：张蓉蓉
学　　校：惠州经济职业技术学院
指导教师：汪俊

序　　号：A0822 | A0823
作品名称：围龙屋 | 海景楼
作　　者：刘伟晨
学　　校：惠州经济职业技术学院
指导教师：汪俊

A0839

A0840

A0841

A0842

序　　号：A0834 ~ A0835
作品名称：崂山景色
作　　者：李天琪
学　　校：天津职业技术师范大学
指导教师：黄辉

序　　号：A0836
作品名称：宅
作　　者：姜丙真
学　　校：天津科技大学
指导教师：王艺湘

序　　号：A0837
作品名称：拙政园一角
作　　者：黄丽娟
学　　校：私立华联学院
指导教师：何继业

序　　号：A0838
作品名称：农家小舍
作　　者：黄筱莹
学　　校：广东技术师范学院
指导教师：陈春娱

序　　号：A0839 ~ A0840
作品名称：室外设计手绘系列
作　　者：文宇轩
学　　校：广东工业大学
指导教师：朱凯

序　　号：A0841 ~ A0842
作品名称：速写风景
作　　者：张蘅心
学　　校：西北民族大学
指导教师：无

A0843

A0844

序　　号：A0843
作品名称：匆匆走过的你
作　　者：武艺
学　　校：北京科技大学天津学院
指导教师：孔祥莉

序　　号：A0844
作品名称：格子大衣
作　　者：武艺
学　　校：北京科技大学天津学院
指导教师：王阳

A0847

序　　号：A0845
作品名称：背篓
作　　者：王舒婷
学　　校：燕山大学
指导教师：赵琳

序　　号：A0846
作品名称：等候
作　　者：卢晓彤
学　　校：广东工业大学
指导教师：无

序　　号：A0847
作品名称：人物速写课堂随记
作　　者：李士伟
学　　校：山东大学（威海）
指导教师：邵力华

A0848

A0849

A0850

序　　号：A0848
作品名称：千娇百媚
作　　者：揭博文
学　　校：山东理工大学
指导教师：曾琪

序　　号：A0849 | A0850
作品名称：低头沉思的男人 | 静坐的女人
作　　者：亢鑫
学　　校：西北工业大学明德学院
指导教师：无

A0851

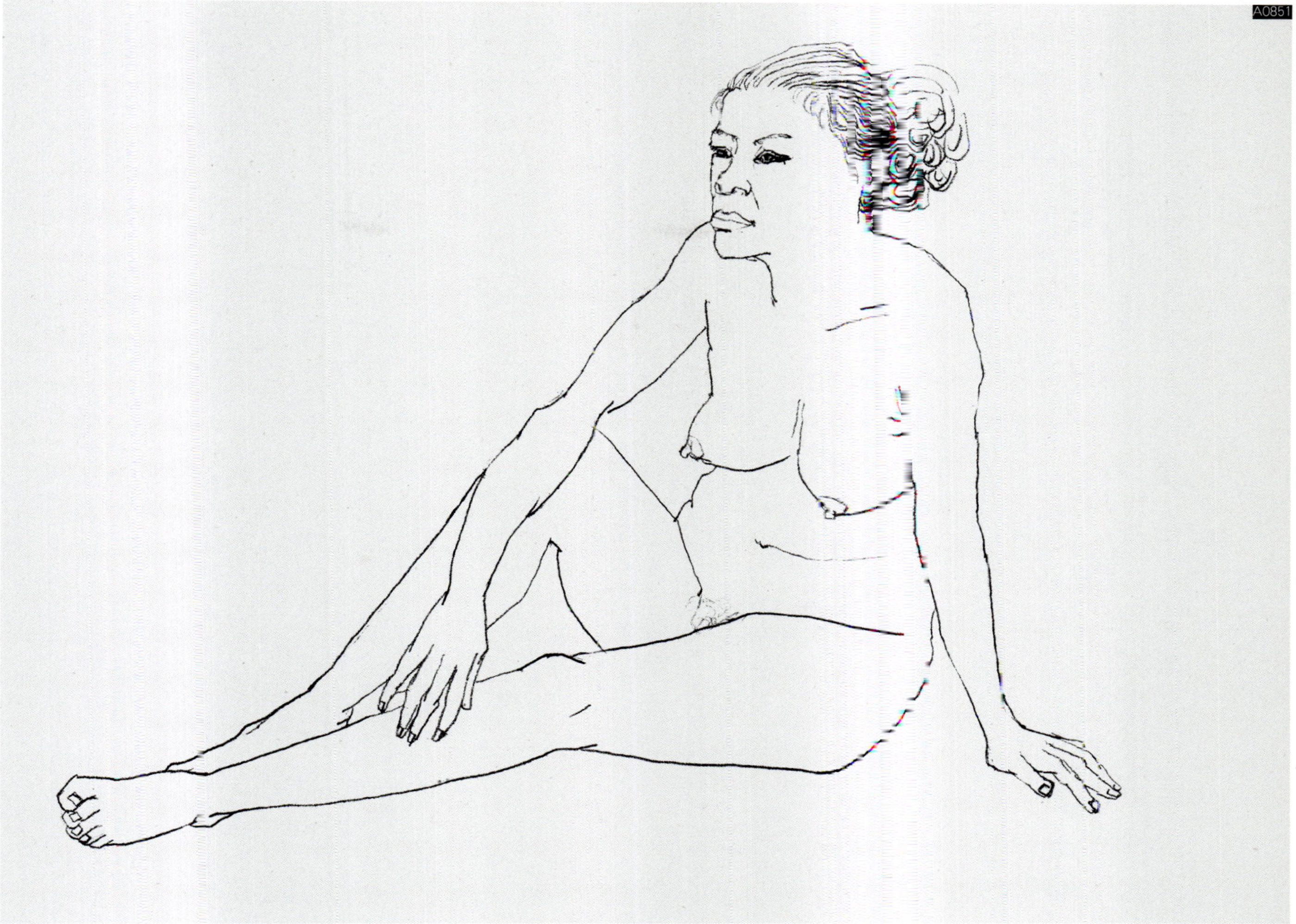

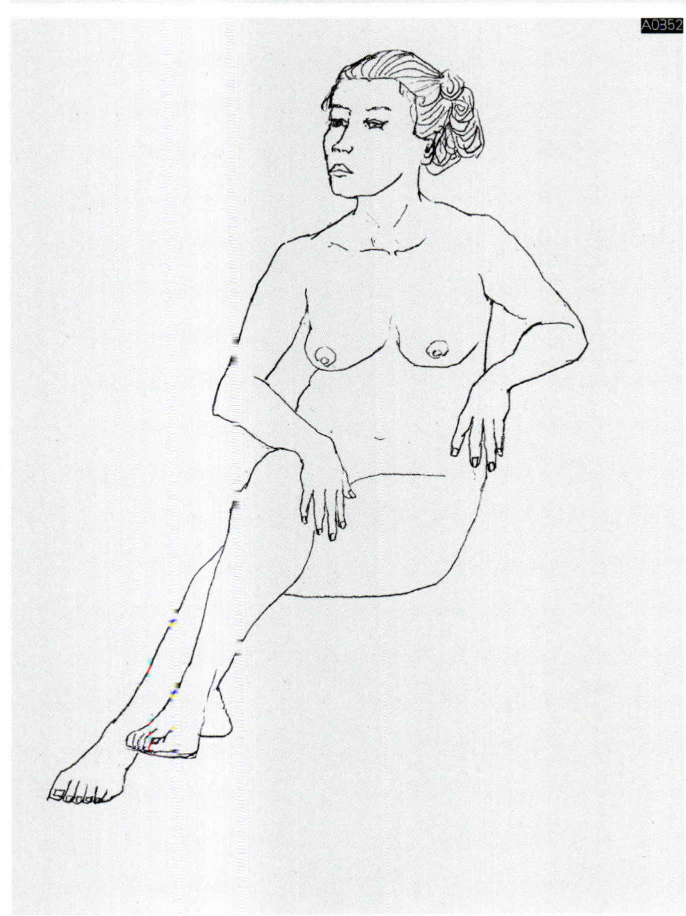

序　　号：A0851～A0853
作品名称：女裸体速写
作　　者：王茜
学　　校：广西艺术学院
指导教师：帅民风

A0854

A0855

A0856

A0857

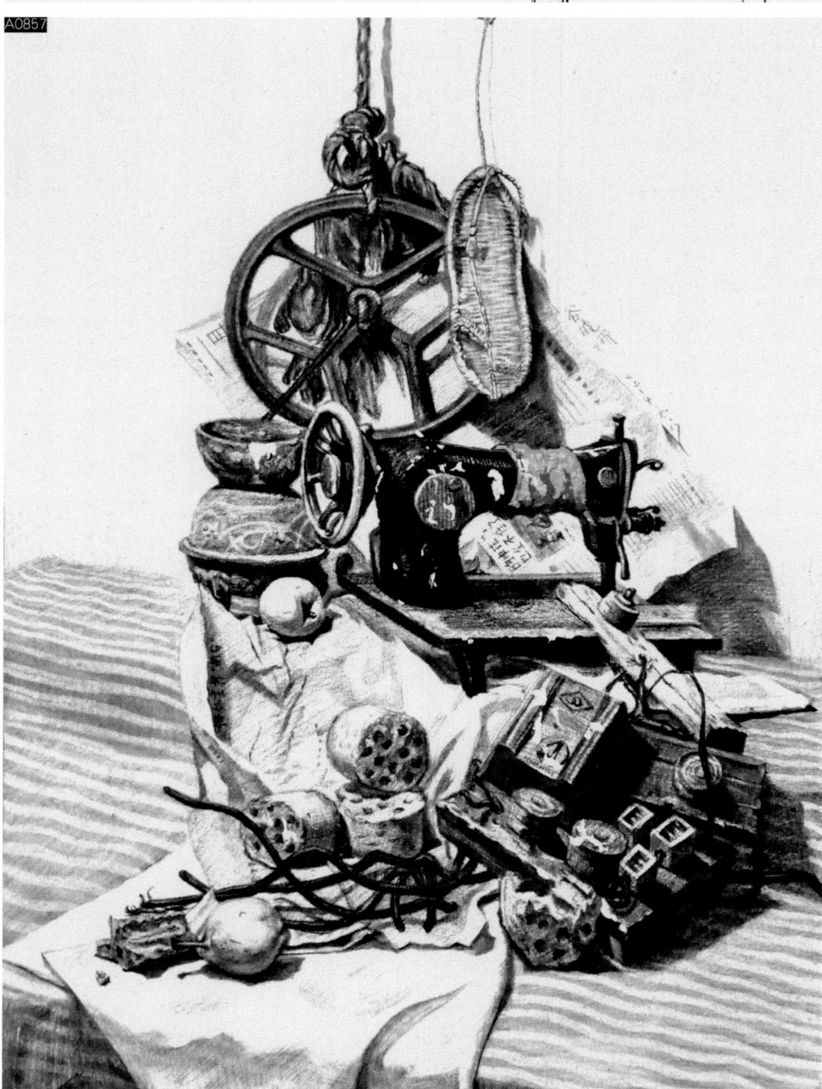

序　　号：A0854
作品名称：艺之路之思
作　　者：卢细妹
学　　校：广东技术师范学院
指导教师：陈宏建

序　　号：A0855
作品名称：坐
作　　者：别玮璐
学　　校：大连科技学院
指导教师：樊琳琳

序　　号：A0856 | A0857
作品名称：速写 | 素描静物
作　　者：谷晓娜
学　　校：山东师范大学
指导教师：无

序　　号：A0858 ~ A0861
作品名称：速写
作　　者：马世银
学　　校：北方民族大学
指导教师：杨立泳

序　　号：A0862 | A0863
作品名称：民居院落 | 河边风景
作　　者：脱菊红
学　　校：北方民族大学
指导教师：杨立泳

A0864

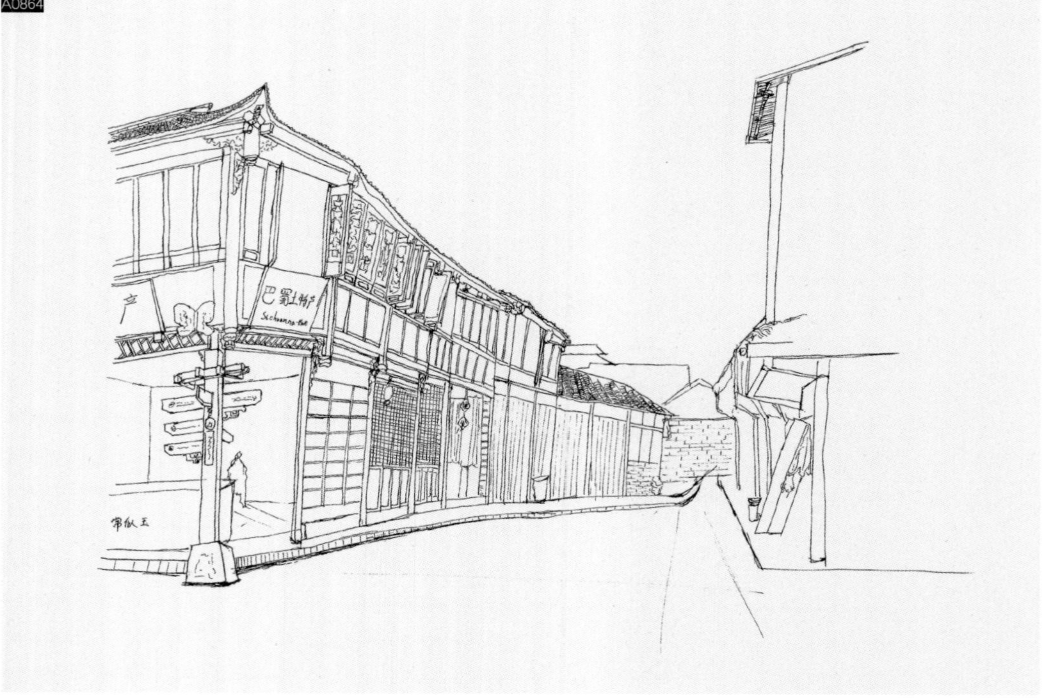

A0865

A0866

A0867

序　　号：A0864 ~ A0865
作品名称：钢笔风景写生
作　　者：常似玉
学　　校：四川音乐学院成都美术学院
指导教师：董耀华

序　　号：A0866 | A0867
作品名称：安徽宏村写生 | 古建筑写生
作　　者：郑龙俭
学　　校：北方民族大学
指导教师：杨立泳

序　　号：A0868 | A0869
作品名称：夕下一景 | 望
作　　者：万清
学　　校：东北农业大学
指导教师：边卓

A0882

A0883

序　　号：A0882
作品名称：建筑速写
作　　者：李玉杰
学　　校：北方民族大学
指导教师：杨立泳

序　　号：A0883
作品名称：老房子
作　　者：兰建军
学　　校：北方民族大学
指导教师：杨立泳

A0884

A0885

A0886

A0887

序　　号：A0884 ~ A0885
作品名称：速写
作　　者：辛世举
学　　校：北方民族大学
指导教师：杨立泳

序　　号：A0886 ~ A0887
作品名称：雅安上里古镇
作　　者：刘静
学　　校：北方民族大学
指导教师：杨立泳

序　　号：A0888
作品名称：安徽速写
作　　者：廖林丽
学　　校：东莞职业技术学院
指导教师：张惠贻

序　　号：A0889
作品名称：安徽村落
作　　者：林汉武
学　　校：东莞职业技术学院
指导教师：张惠贻

序　　号：A0890
作品名称：安徽宏村庭院速写
作　　者：张旭东
学　　校：东莞职业技术学院
指导教师：张惠贻

A0891

丘玉玲
园林1班
2014.9.4

A0892

丘玉玲
园林1班
2014.9.3

序　　号：A0891 ~ A0892
作品名称：徽派建筑钢笔速写系列
作　　者：丘玉珍
学　　校：东莞职业技术学院
指导教师：张惠贻

序　　号：A0893
作品名称：速写
作　　者：汤海洋
学　　校：河套学院
指导教师：石鑫

序　　号：A0894
作品名称：建筑表现——佛罗伦萨教堂
作　　者：章甜甜
学　　校：安徽广播影视职业技术学院
指导教师：卞煜婷

A0895

A0896

A0897

序　　号：A0895 | A0896
作品名称：川西民居 | 桂湖公园
作　　者：向寺怡
学　　校：四川音乐学院成都美术学院
指导教师：董耀华

序　　号：A0897
作品名称：川西民居
作　　者：刘思彤
学　　校：四川音乐学院成都美术学院
指导教师：董耀华

序　　号：A0898 ~ A0899
作品名称：徽州古村写生系列
作　　者：孙敏琳
学　　校：东莞职业技术学院
指导教师：张惠贻

A0898

二零一四年九月八日
孙敏琳 写于南屏

A0899

孙敏琳
园林一班
2014.9.3

A0900

A0901

A0902

A0903

A0904

序　　号：A0900
作品名称：一缕阳光
作　　者：赖秀梅
学　　校：东莞职业技术学院
指导教师：张惠贻

序　　号：A0901～A0902
作品名称：钢笔风景写生
作　　者：王伟
学　　校：四川音乐学院成都美术学院
指导教师：董耀华

序　　号：A0903
作品名称：宏村速写
作　　者：张瑞华
学　　校：河套学院
指导教师：石鑫

序　　号：A0904
作品名称：田园别墅钢笔画写生
作　　者：何子豪
学　　校：成都理工大学工程技术学院
指导教师：冯兴保

序　　号：A0905
作品名称：速写
作　　者：包亮
学　　校：河套学院
指导教师：石鑫

序　　号：A0906
作品名称：钢笔风景写生
作　　者：邓怀林
学　　校：四川音乐学院成都美术学院
指导教师：林雪松

序　　号：A0907
作品名称：小花园
作　　者：赖秀梅
学　　校：东莞职业技术学院
指导教师：张惠贻

序　　号：A0908
作品名称：建筑表现——哥特式建筑
作　　者：孟盟盟
学　　校：安徽广播影视职业技术学院
指导教师：郑凯

序　　号：A0909
作品名称：徽州梦
作　　者：李邦胜
学　　校：北方民族大学
指导教师：杨立泳

序　　号：A0910
作品名称：门头一角
作　　者：丁瑞轩
学　　校：北方民族大学
指导教师：杨立泳

序　　号：A0911
作品名称：江南风韵
作　　者：罗乐
学　　校：北方民族大学
指导教师：杨立泳

序　　号：A0912
作品名称：西递全景
作　　者：刘洋
学　　校：北方民族大学
指导教师：杨立泳

序　　号：A0913
作品名称：乡里人家
作　　者：韩晓
学　　校：北方民族大学
指导教师：杨立泳

序　　号：A0914 | A0915
作品名称：安徽徽派建筑写生系列之门前 | 巷子一角
作　　者：陈伟钊
学　　校：东莞职业技术学院
指导教师：张惠贻

序　　号：A0916 ~ A0917
作品名称：徽派建筑写生系列之小巷
作　　者：罗世荣
学　　校：东莞职业技术学院
指导教师：张惠贻

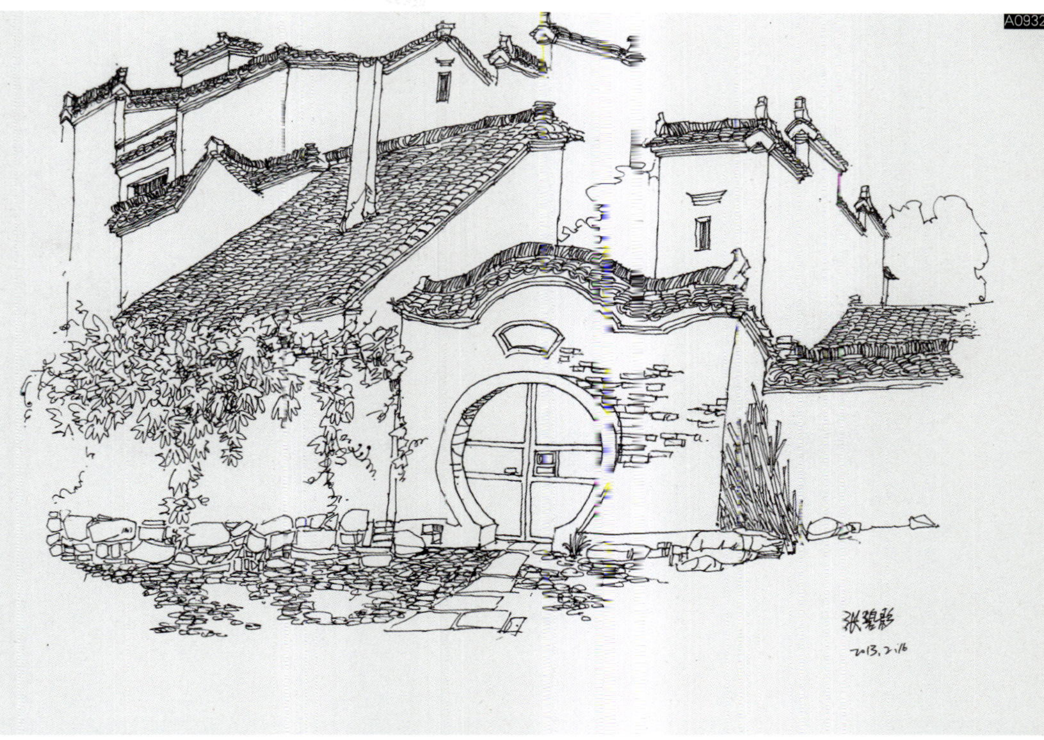

序　　号：A0931
作品名称：风景写生
作　　者：王思颖
学　　校：中国戏曲学院
指导教师：王占欣

序　　号：A0932
作品名称：小村庄
作　　者：张碧影
学　　校：河北建筑学院
指导教师：贾宁

序　　号：A0933
作品名称：城堡
作　　者：齐雅聪
学　　校：北京经济技术职业学院
指导教师：王丹丹

序　　号　A0934
作品名称　村庄
作　　者　刘培培
学　　校　西京学院
指导教师　贾小琳

A0935

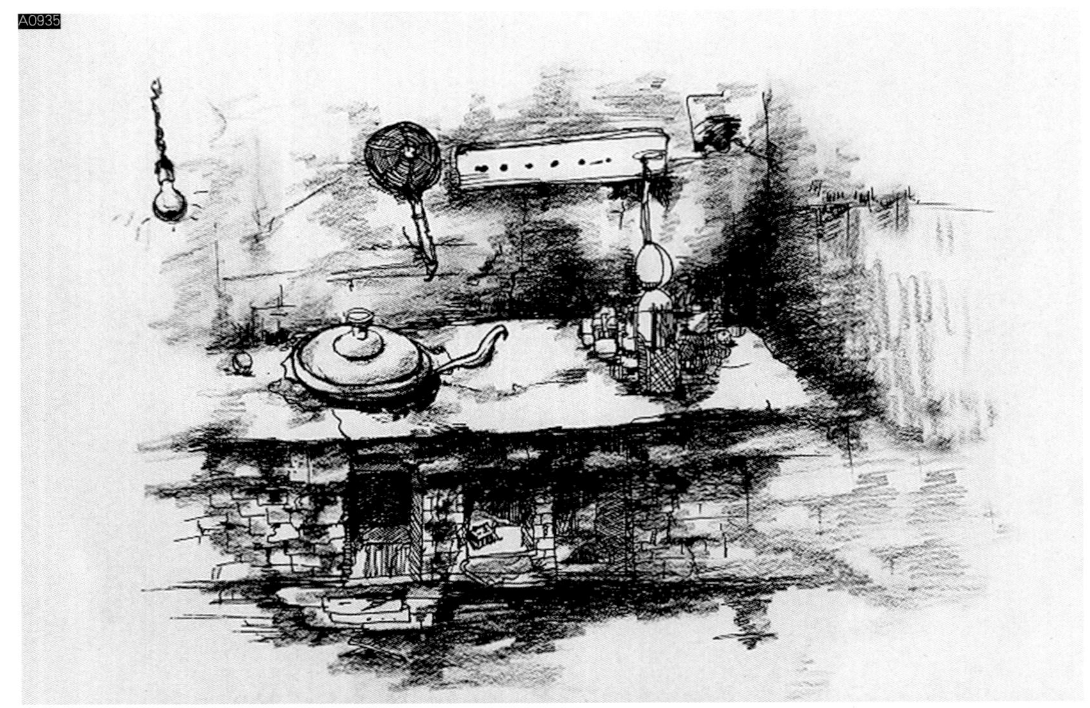

A0936

序　　号：A0935
作品名称：村里的灶台
作　　者：姜丙真
学　　校：天津科技大学
指导教师：王艺湘

序　　号：A0936
作品名称：古韵·老街
作　　者：刘东阳
学　　校：南京师范大学泰州学院
指导教师：张巍巍

序　　号：A0937
作品名称：风景速写
作　　者：谭慧
学　　校：广东技术师范学院
指导教师：陈春娱

序　　号：A0938
作品名称：石路随笔
作　　者：李士豪
学　　校：武汉理工大学
指导教师：李士仓

序　　号：A0939
作品名称：安徽写生
作　　者：陈嘉琪
学　　校：东莞职业技术学院
指导教师：张惠贻

A0937

薛慧
2013.09.10.日
河南太行山小花村

A0938

A0939

A0940

A0941

A0942

A0943

A0944

序　　号：A0940 ~ A0943
作品名称：蜕变
作　　者：伍舒婷
学　　校：广州美术学院
指导教师：阳丰

序　　号：A0944
作品名称：硕果
作　　者：张志峰
学　　校：广东技术师范学院
指导教师：陈国兴

序　　号：A0945 | A0946
作品名称：繁花似锦 | 花团锦簇
作　　者：曹玉姝
学　　校：沈阳航空航天大学
指导教师：毓鑫

序　　号：A0947 | A0948
作品名称：淑女 | 摇曳
作　　者：刘锐
学　　校：江西师范大学
指导教师：丘元

序　　号：A0961　A0962
作品名称：双影｜云宴
作　　者：邓美妮
学　　校：广东培正学院
指导教师：黄育松

A0963

序　　号：A0963
作品名称：海市蜃楼
作　　者：刘逸凡
学　　校：广东技术师范学院
指导教师：余潮松

序　　号：A0964
作品名称：手工金丝掐画系列之空谷幽兰
作　　者：曹红飞
学　　校：广西师范大学
指导教师：孙志远

序　　号：A0965
作品名称：心语
作　　者：赵易鑫
学　　校：景德镇陶瓷学院
指导教师：吴一源

A0964

A0965

序　　号：A0966
作品名称：流水别墅
作　　者：吴臣凤
学　　校：昆明理工大学
指导教师：邓薇

序　　号：A0967
作品名称：山涧溪流
作　　者：程杨
学　　校：常州工学院
指导教师：龚声明

序　　号：A0968～A0971
作品名称：三峡印象
作　　者：唐乙雯
学　　校：云南艺术学院
指导教师：杨柳

A0972
A0973
A0974
A0975

序　　号：A0993
作品名称：家印象
作　　者：高歌
学　　校：杭州师范大学
指导教师：无

序　　号：A0994
作品名称：致席勒
作　　者：童顺
学　　校：武汉工商学院
指导教师：无

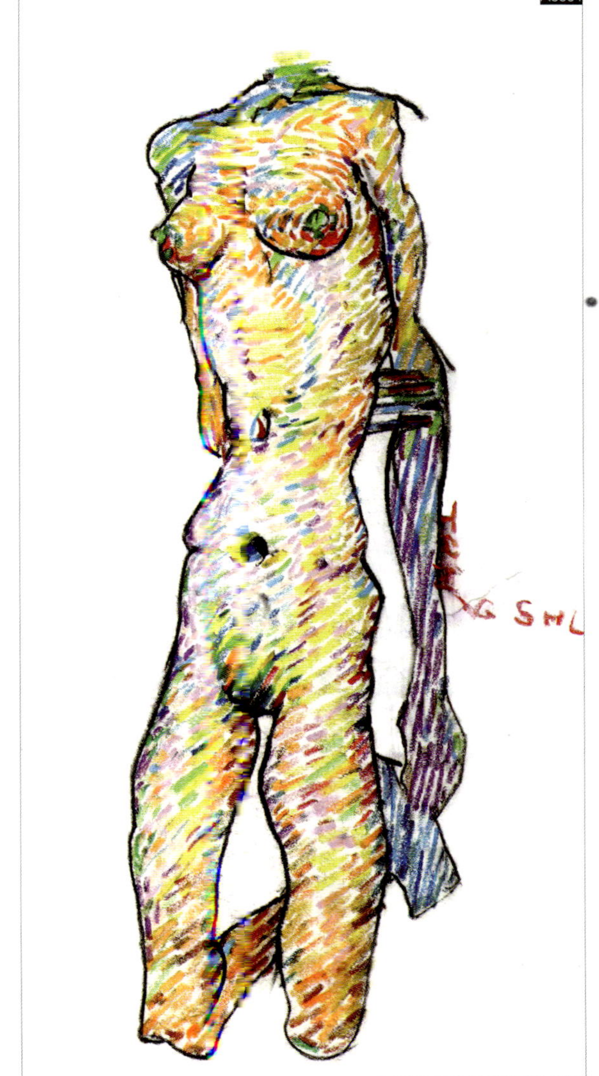

A0996

序　　号：A0995
作品名称：流浪汉
作　　者：王淅
学　　校：西安建筑科技大学
指导教师：无

序　　号：A0996
作品名称：呆
作　　者：杨宁珍
学　　校：广西艺术学院
指导教师：齐雪松

序　　号：A0997
作品名称：旧址
作　　者：胡梦霞
学　　校：景德镇陶瓷学院
指导教师：杨超

序　　号：A0998
作品名称：舞
作　　者：冯恋
学　　校：广西艺术学院
指导教师：黄江鸣

序　　号：A0999
作品名称：默
作　　者：李小玲
学　　校：广东技术师范学院
指导教师：陈宜人

A1000

A1001

A1002

A1003

序　　号：A1000 | A1001
作品名称：墙边的旧时光 | 植物纤维
作　　者：赵佳慧
学　　校：湖北大学知行学院
指导教师：无

序　　号：A1002
作品名称：困·雾霾
作　　者：向琴
学　　校：武汉工商学院
指导教师：袁艺

序　　号：A1003
作品名称：彩骷
作　　者：杜秀琴
学　　校：广东技术师范学院
指导教师：刘莉莉

序　　号：A1016
作品名称：月下琴声长
作　　者：王瑞星
学　　校：广西艺术学院
指导教师：无

序　　号：A1017
作品名称：古建筑苏式彩绘
作　　者：刘晓庆
学　　校：西安培华学院
指导教师：张钦

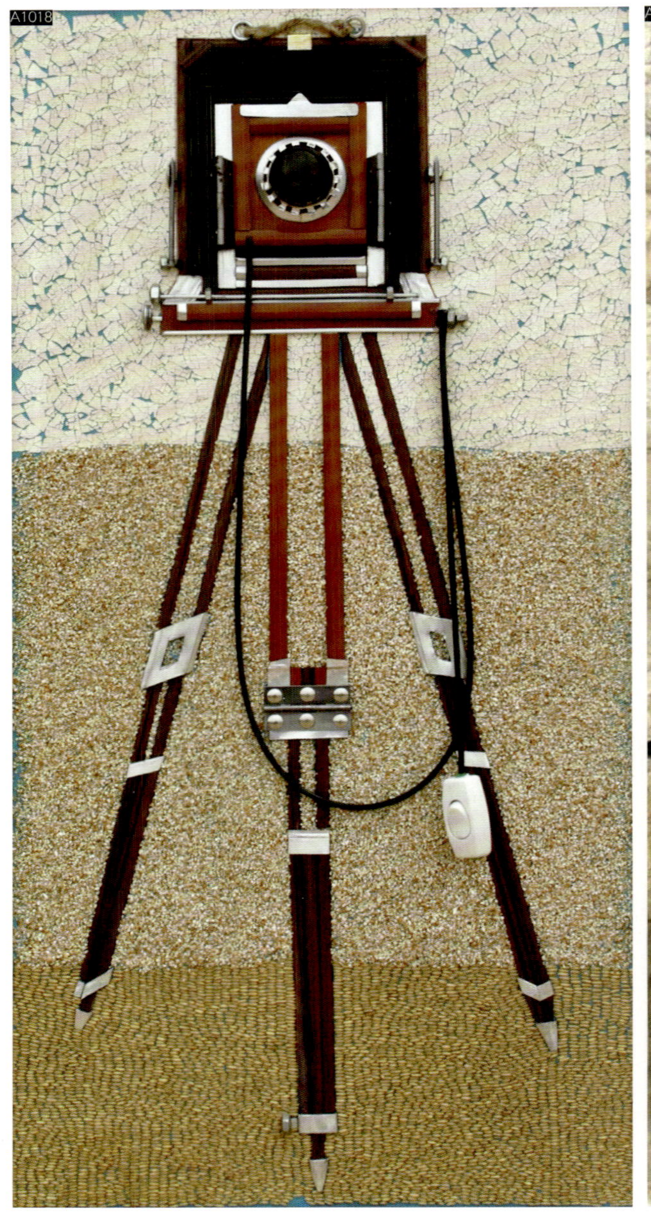

序　　号：A1018
作品名称：中国梦 · 摄影梦
作　　者：刘媛
学　　校：榆林学院
指导教师：李云歌

序　　号：A1019
作品名称：隔纸而望
作　　者：李梦楠
学　　校：北京印刷学院
指导教师：彭麒

序　　号：A1020
作品名称：痕
作　　者：孟晓霞
学　　校：景德镇陶瓷学院
指导教师：无

序　　号：A1021
作品名称：藻井图案
作　　者：李云珊
学　　校：天津美术学院
指导教师：李志强

序　　号：A1022
作品名称：静物
作　　者：温洁怡
学　　校：广州美术学院
指导教师：郑江珊

序　　号：A1023
作品名称：愉·悦
作　　者：孙亚楠
学　　校：天津职业技术师范大学
指导教师：无

序　　号：A1024
作品名称：中国梦·延安情
作　　者：马小伟
学　　校：榆林学院
指导教师：李云歌

序　　号：A1025
作品名称：宅
作　　者：潘敏捷
学　　校：江苏理工学院
指导教师：秦杰

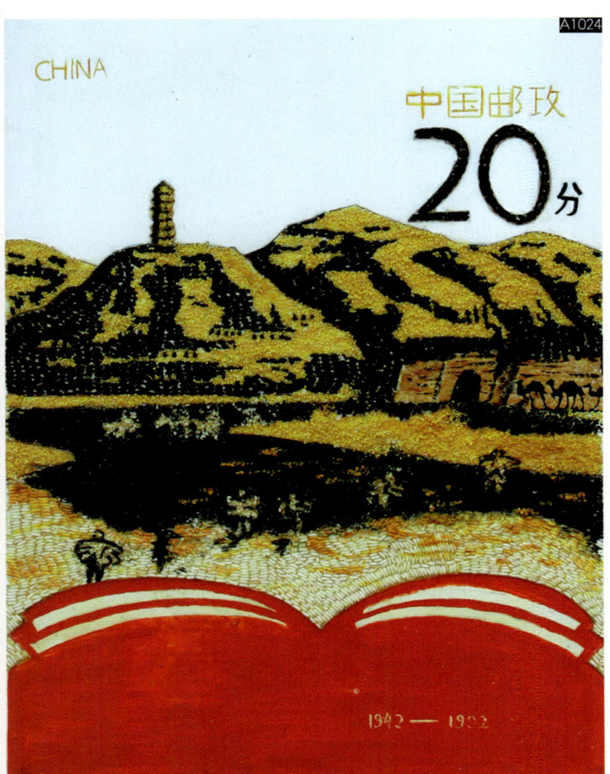

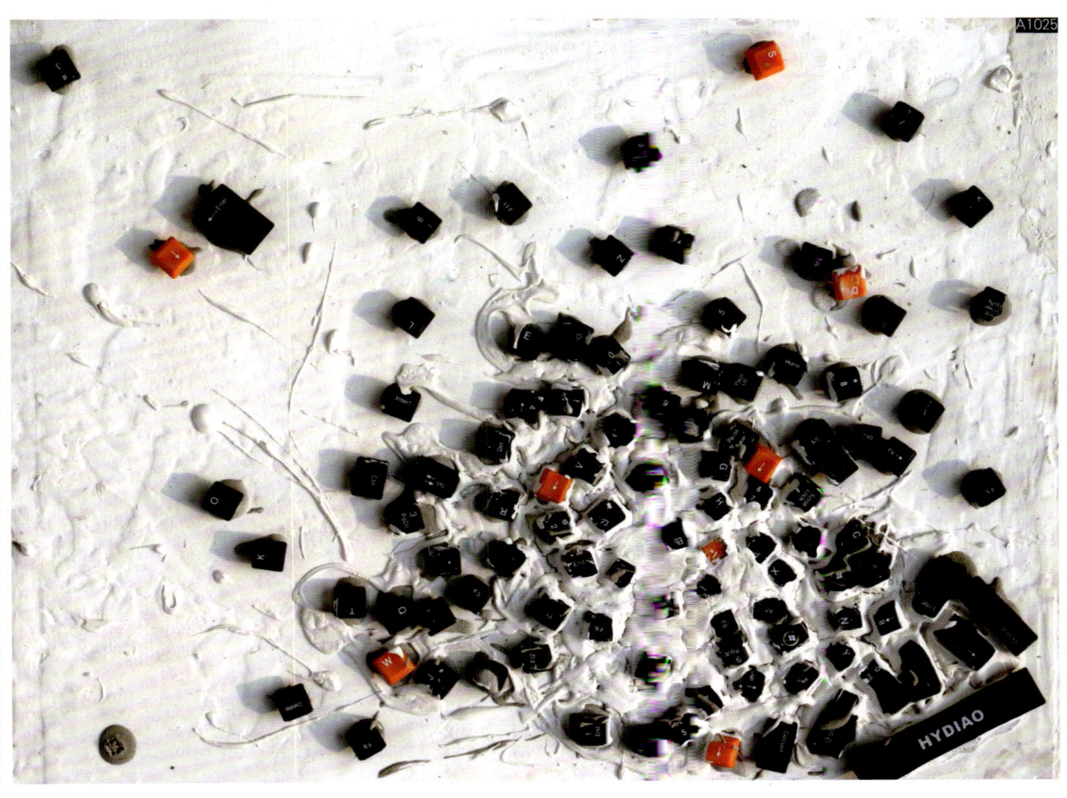

A1026

A1027

A1028

A1029

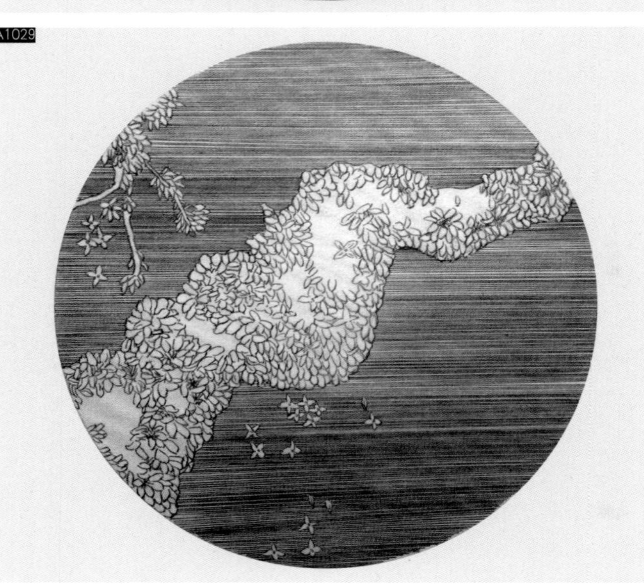

A1030

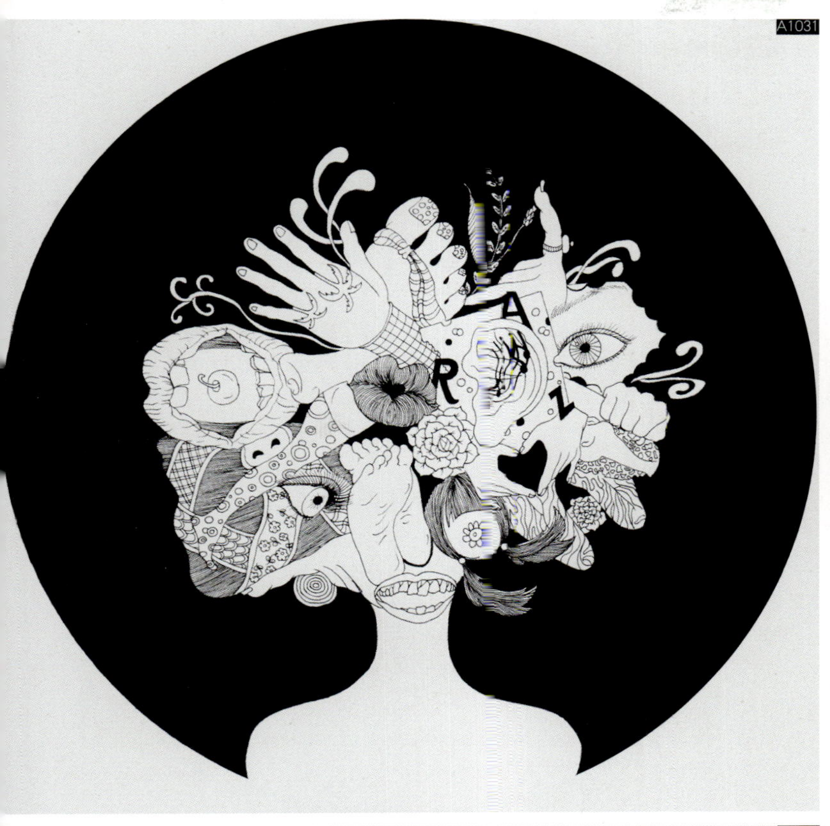

序　　号：A1026 ~ A1030
作品名称：花之恋系列
作　　者：袁超勇
学　　校：广东技术师范学院
指导教师：余潮松

序　　号：A1031 ~ A1034
作品名称：幻想世界系列
作　　者：徐龙
学　　校：南京艺术学院
指导教师：无

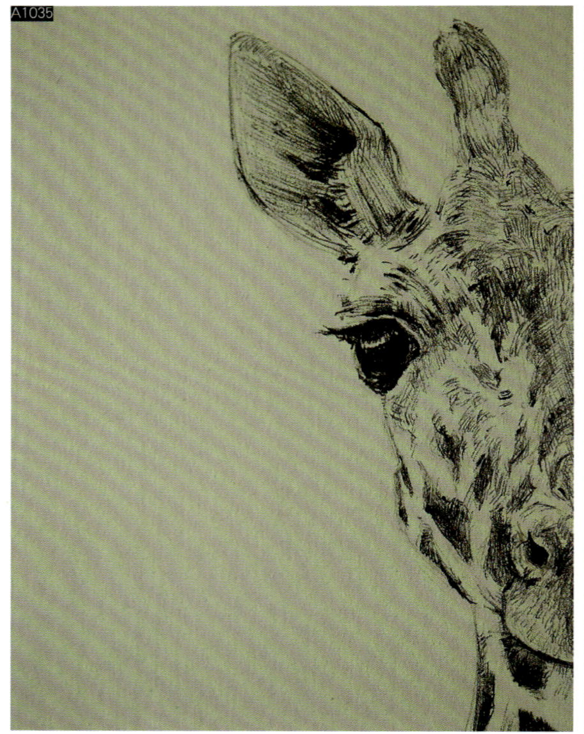
A1035

A1036

A1037

A1038

序　　号：A1035～A1036
作品名称：鹿
作　　者：韩倩
学　　校：厦门理工学院
指导教师：陈克

序　　号：A1037
作品名称：父与子
作　　者：刘丽姣
学　　校：昆明理工大学
指导教师：许佳、马云林

序　　号：A1038
作品名称：象之家
作　　者：沈哲宇
学　　校：杭州师范大学
指导教师：无

序　　号：A1039
作品名称：钓鱼
作　　者：粟光鑫
学　　校：东北农业大学
指导教师：关晓娜

序　　号：A1040
作品名称：神马
作　　者：施娇娇
学　　校：天津农学院
指导教师：温文

序　　号：A1041
作品名称：钢笔画·金毛
作　　者：范强强
学　　校：河南科技学院
指导教师：无

序　　号：A1042
作品名称：育爱
作　　者：安静
学　　校：成都艺术职业学院
指导教师：刘家伟

序　　号：A1043
作品名称：河中虾
作　　者：林先婷
学　　校：广东工业大学
指导教师：黄芳芳

A1039

A1040

A1041

A1042

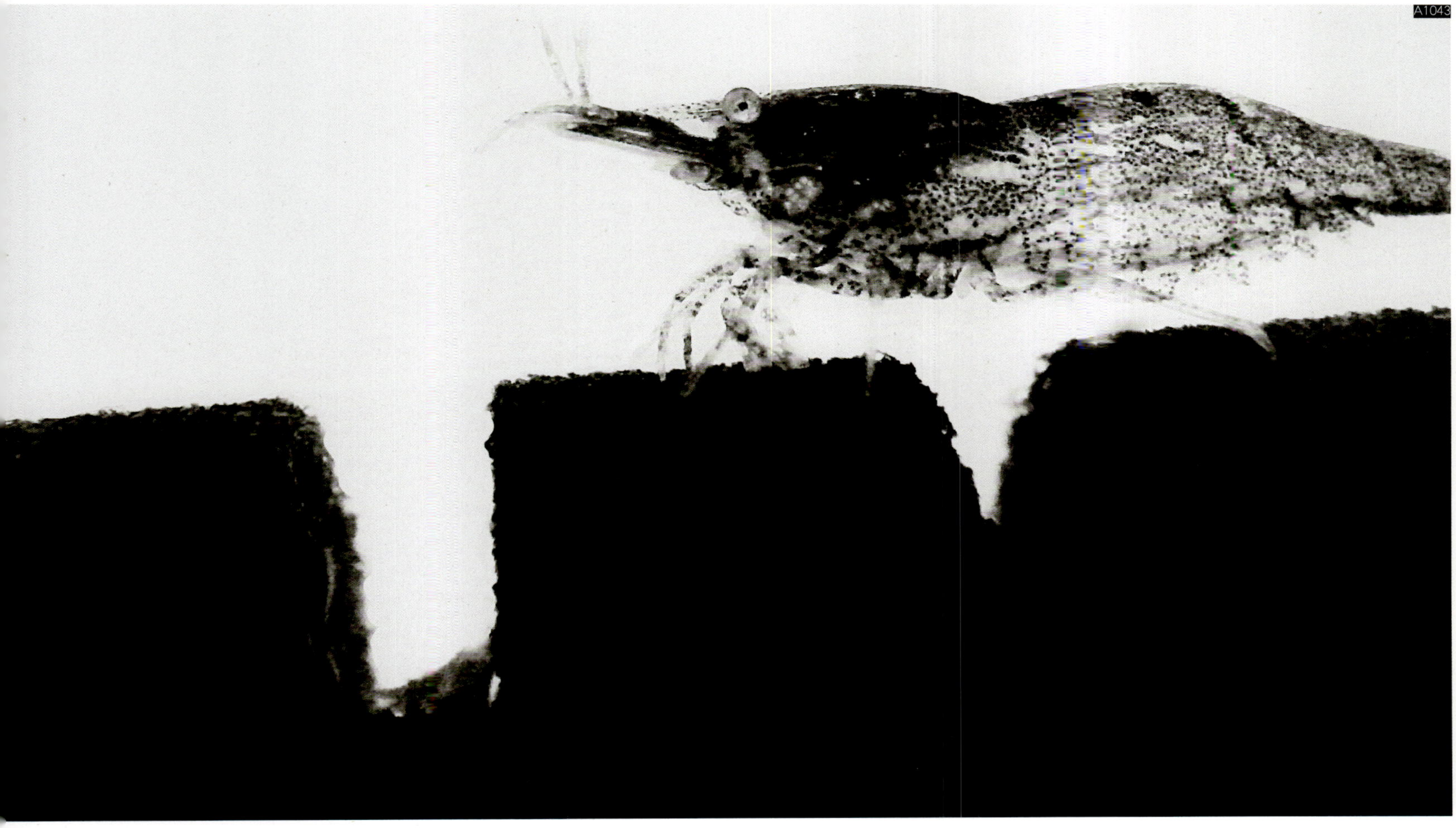

A1043

A1044

A1045

A1046

A1047

序　　号：A1044
作品名称：猫
作　　者：疏义雄
学　　校：南京理工大学泰州科技学院
指导教师：袁树香

序　　号：A1045
作品名称：素描动物
作　　者：于倩波
学　　校：河套学院
指导教师：李烨林

序　　号：A1046
作品名称：我想要只狗
作　　者：郑博文
学　　校：天津商业大学
指导教师：田敬

序　　号：A1047
作品名称：渴望
作　　者：李建波
学　　校：北方民族大学
指导教师：杨立泳

序　　号：A1048 ~ A1051
作品名称：速写动物
作　　者：招敏珊
学　　校：私立华联学院
指导教师：刘翔

A1052

A1053

序　　号：A1052 | A1053
作品名称：镜头下的井冈山 | 镜头下的富田
作　　者：李文娟
学　　校：仲恺农业工程学院
指导教师：谢莉斯

序　　号：A1054 ~ A1058
作品名称：黑白装饰画
作　　者：李沛蓉
学　　校：广西艺术学院
指导教师：帅民风

A1054

A1055

A1056

A1057

A1058

序　　号：A1059
作品名称：向光明
作　　者：洪升强
学　　校：韩山师范学院
指导教师：邓石兰

序　　号：A1060
作品名称：生态集
作　　者：洪升强
学　　校：韩山师范学院
指导教师：秦波

序　　号：A1061
作品名称：凌霄
作　　者：倪浩佳
学　　校：韩山师范学院
指导教师：邓石兰

序　　号：A1062
作品名称：梦深处
作　　者：倪浩佳
学　　校：韩山师范学院
指导教师：秦波

A1079

A1080

A1081

序　　号：A1079 ｜ A1080 ｜ A1081
作品名称：天空之城 ｜ 蜀山仙境 ｜ 进击的巨人
作　　者：李明航
学　　校：北京吉利学院
指导教师：王金富

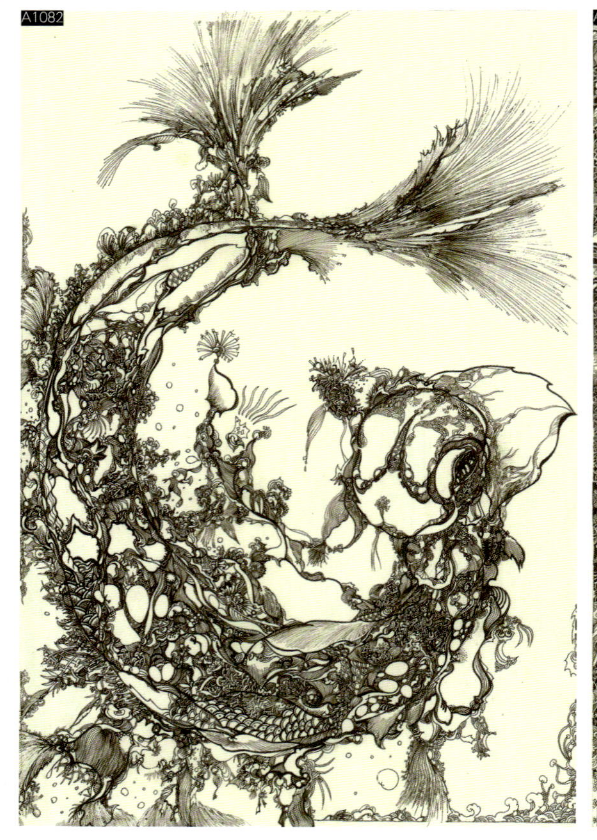

序　　号：A1082
作品名称：渔悦沙讴
作　　者：李亚琳、葛芸瑞、耿宪东、马楚骅
学　　校：齐鲁工业大学
指导教师：刘木森

序　　号：A1083
作品名称：空寂
作　　者：李亚琳、葛芸瑞、马楚骅
学　　校：齐鲁工业大学
指导教师：刘木森

序　　号：A1084
作品名称：月出巫山
作　　者：李亚琳、耿宪东、孙爱莉
学　　校：齐鲁工业大学
指导教师：刘木森

序　　号：A1085 | A1086
作品名称：黑白季节 | 猫
作　　者：沈捷
学　　校：扬州职业大学
指导教师：张晨

序　　号：A1087
作品名称：蝶影
作　　者：高名佳
学　　校：天津科技大学
指导教师：张立雷

序　　号：A1088
作品名称：幻
作　　者：梁佩仪
学　　校：广西艺术学院
指导教师：王玉珏

A1089

A1090

A1091

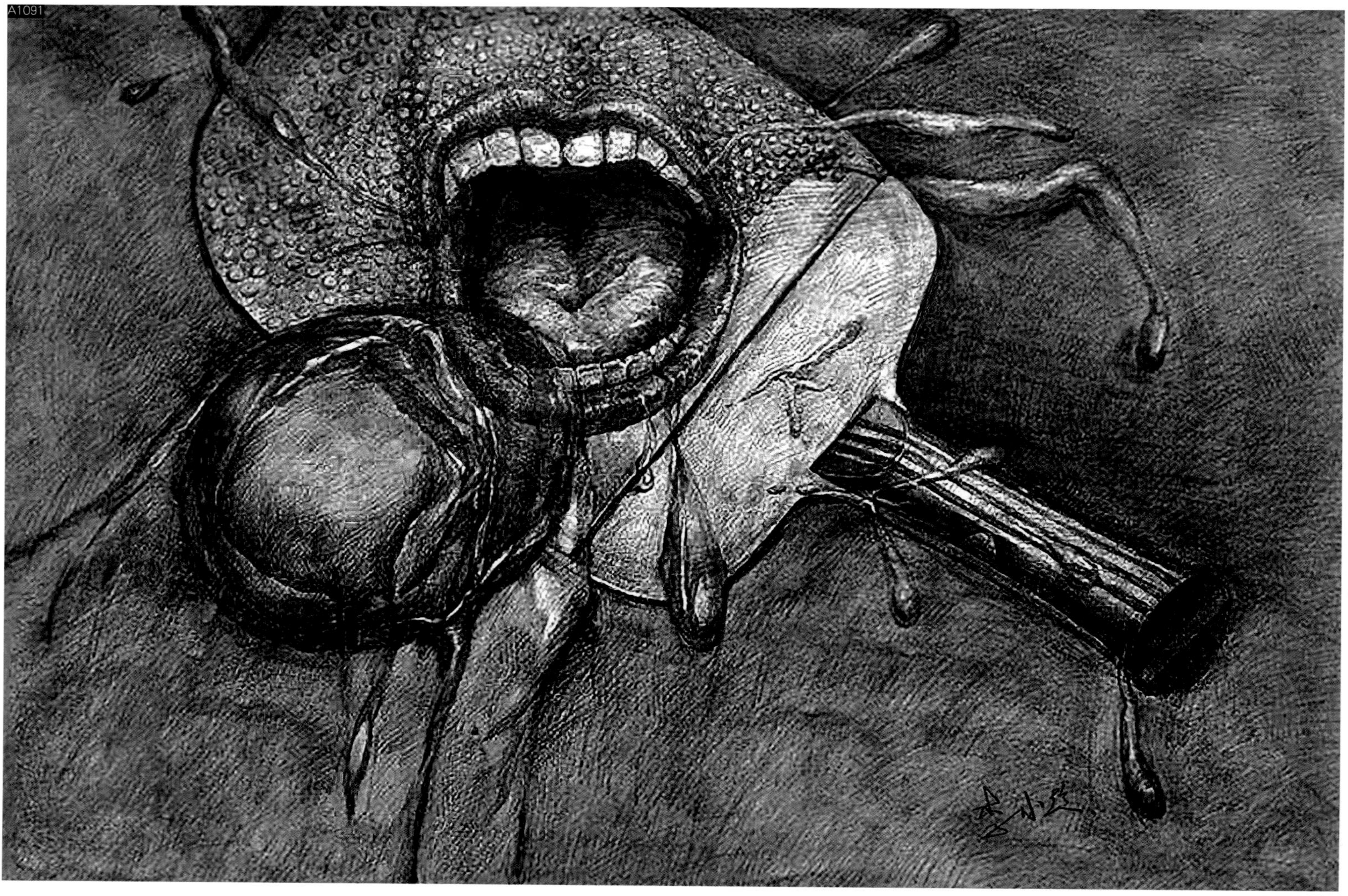

A1110

A1111

序　　号：A1104 | A1105
作品名称：五色 | 草丛深处
作　　者：林佳佳
学　　校：韩山师范学院
指导教师：楚梵

序　　号：A1106 | A1107
作品名称：王者之风 | 豆蔻
作　　者：王界红
学　　校：韩山师范学院
指导教师：邓石兰

序　　号：A1108
作品名称：欢乐蜥蜴颂
作　　者：尹颖欣
学　　校：韩山师范学院
指导教师：楚梵

序　　号：A1109
作品名称：狮之夜
作　　者：尹颖欣
学　　校：韩山师范学院
指导教师：邓石兰

序　　号：A1110 | A1111 | A1112
作品名称：二维构成系列之渐变构成 | 二维构成系列之点线面 | 二维构成系列之韵律
作　　者：高志浩
学　　校：天津理工大学
指导教师：马振龙

序　　号：A1113
作品名称：梦
作　　者：白洁
学　　校：昆明理工大学
指导教师：张建国

序　　号：A1114
作品名称：盛宴
作　　者：王栋梁
学　　校：四川工程职业技术学院
指导教师：谢建华

序　　号：A1115
作品名称：回到原点
作　　者：戚炎强
学　　校：广东技术师范学院
指导教师：无

序　　号：A1116
作品名称：创意素描
作　　者：刘康
学　　校：西京学院
指导教师：李娜

序　　号：A1117
作品名称：旋
作　　者：祁岩
学　　校：天津科技大学
指导教师：孙超

A1118

A1119

序　　号：A1118 | A1119
作品名称：鱼米之乡 | 梦·宏村
作　　者：潘庆安
学　　校：山东科技大学
指导教师：孙彤彤

序　　号：A1120
作品名称：未来城市
作　　者：陈玉灯
学　　校：四川工程职业技术学院
指导教师：邓斌

序　　号：A1121
作品名称：未来空间站
作　　者：冉彧
学　　校：四川工程职业技术学院
指导教师：邓斌

A1120

A1121

序　　号：A1122
作品名称：逃离
作　　者：林晓婷
学　　校：韩山师范学院
指导教师：秦波

序　　号：A1123
作品名称：孔雀的梦
作　　者：刘艺
学　　校：韩山师范学院
指导教师：吴晓纯

序　　号：A1124
作品名称：人与自然
作　　者：舒倩倩
学　　校：北京科技大学天津学院
指导教师：王阳

序　　号：A1125
作品名称：未来故事
作　　者：张远豪
学　　校：四川工程职业技术学院
指导教师：邓斌

序　　号：A1126
作品名称：梦竟
作　　者：蔡[illegible]豪
学　　校：四川工程职业技术学院
指导教师：[illegible]建华

A1127

A1128

A1129

序　　号：A1127 | A1128 | A1129
作品名称：仰·望 | 沟·通 | 元素
作　　者：笪娟娟
学　　校：四川美术学院
指导教师：张倩

序　　号：A1130
作品名称：空间花瓶
作　　者：王青青
学　　校：景德镇陶瓷学院
指导教师：杨超

序　　号：A1131
作品名称：情迷意乱
作　　者：孙怡贤
学　　校：景德镇陶瓷学院
指导教师：杨超

A1132
A1133
A1134
A1135
A1136
A1137

A1138

A1139

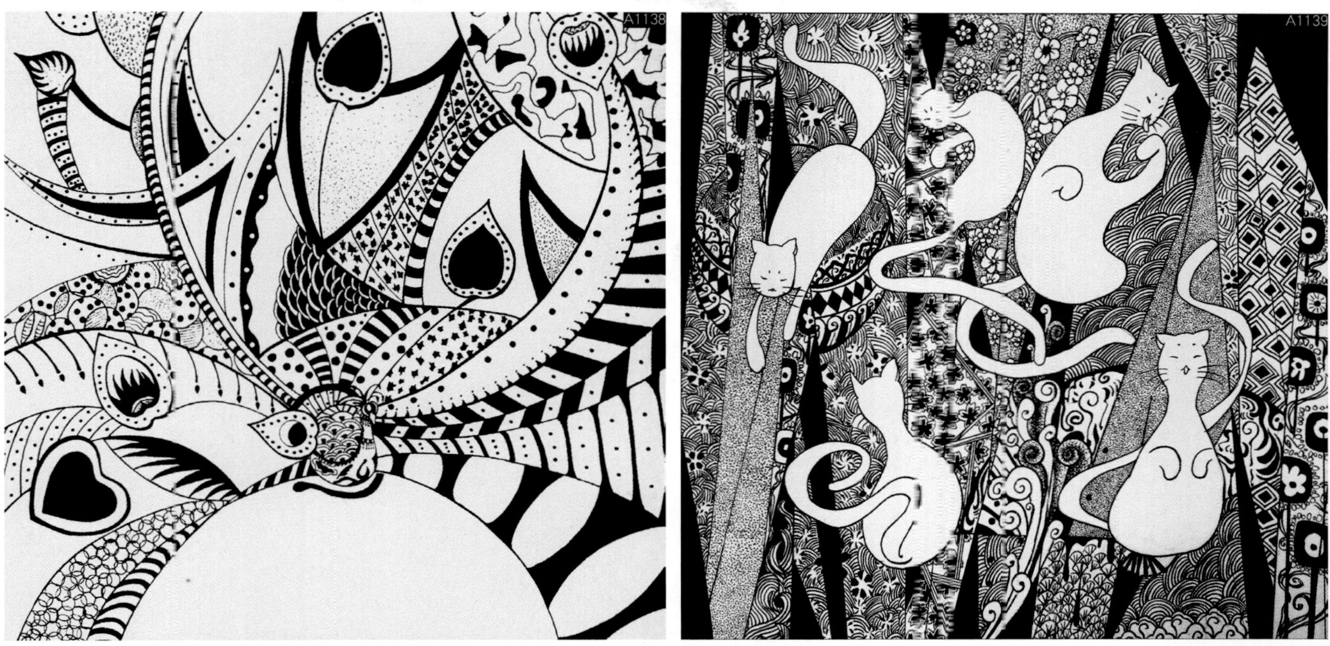

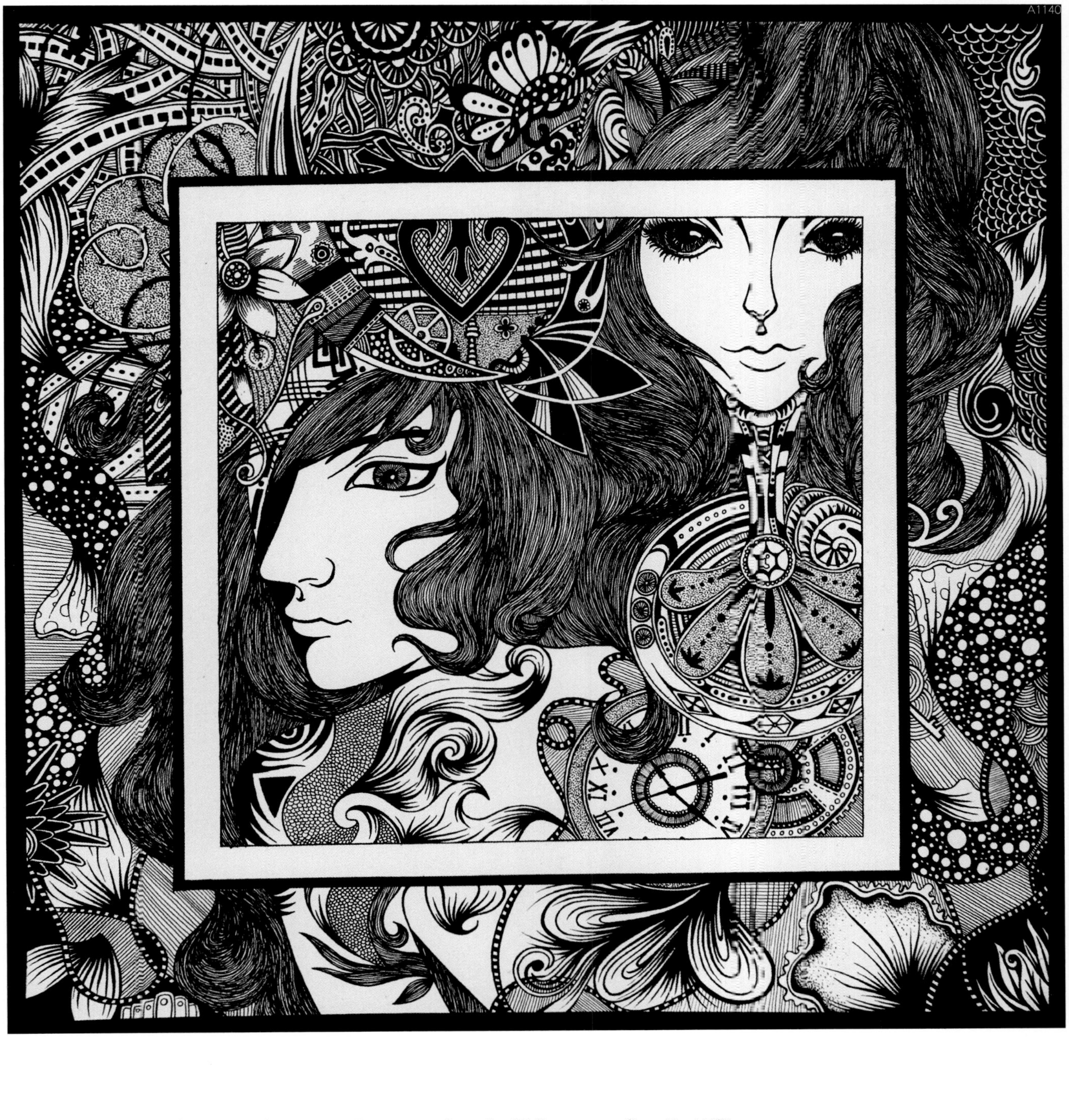
A1140

序　　号：A1132 | A1133 | A1134
作品名称：残 | 空幻 | 迷鹿
作　　者：邓卫君
学　　校：韩山师范学院
指导教师：秦波

序　　号：A1135
作品名称：好奇的世界
作　　者：曾琳雯
学　　校：韩山师范学院
指导教师：邓石兰

序　　号：A1136
作品名称：时间爆炸
作　　者：曾慧玲
学　　校：韩山师范学院
指导教师：邓石兰

序　　号：A1137
作品名称：战鲨
作　　者：吴晓
学　　校：韩山师范学院
指导教师：邓石兰

序　　号：A1138
作品名称：孔雀开屏
作　　者：周骏秀
学　　校：山东科技大学
指导教师：孙彤彤

序　　号：A1139
作品名称：猫
作　　者：周满
学　　校：韩山师范学院
指导教师：吴晓纯

序　　号：A1140
作品名称：双鱼记
作　　者：吴英亮
学　　校：韩山师范学院
指导教师：邓石兰

A1141

A1142

A1143

A1144

A1145

A1146

序　　号：A1141
作品名称：黑白装饰画
作　　者：胡志秋
学　　校：重庆电信职业学院
指导教师：彭媛

序　　号：A1142
作品名称：黑白装饰画
作　　者：伯惠婕
学　　校：重庆电信职业学院
指导教师：彭媛

序　　号：A1143
作品名称：幻想角度 2
作　　者：王世平
学　　校：重庆电信职业学院
指导教师：阳燕

序　　号：A1144
作品名称：华山栈道
作　　者：王桂云
学　　校：西安工程大学
指导教师：无

序　　号：A1145
作品名称：凝望
作　　者：董璐娟
学　　校：大连艺术学院
指导教师：王禹

序　　号：A1146
作品名称：攀登
作　　者：刘亦璐
学　　校：南开大学
指导教师：谢朝、陈聿东

A1147

A1148

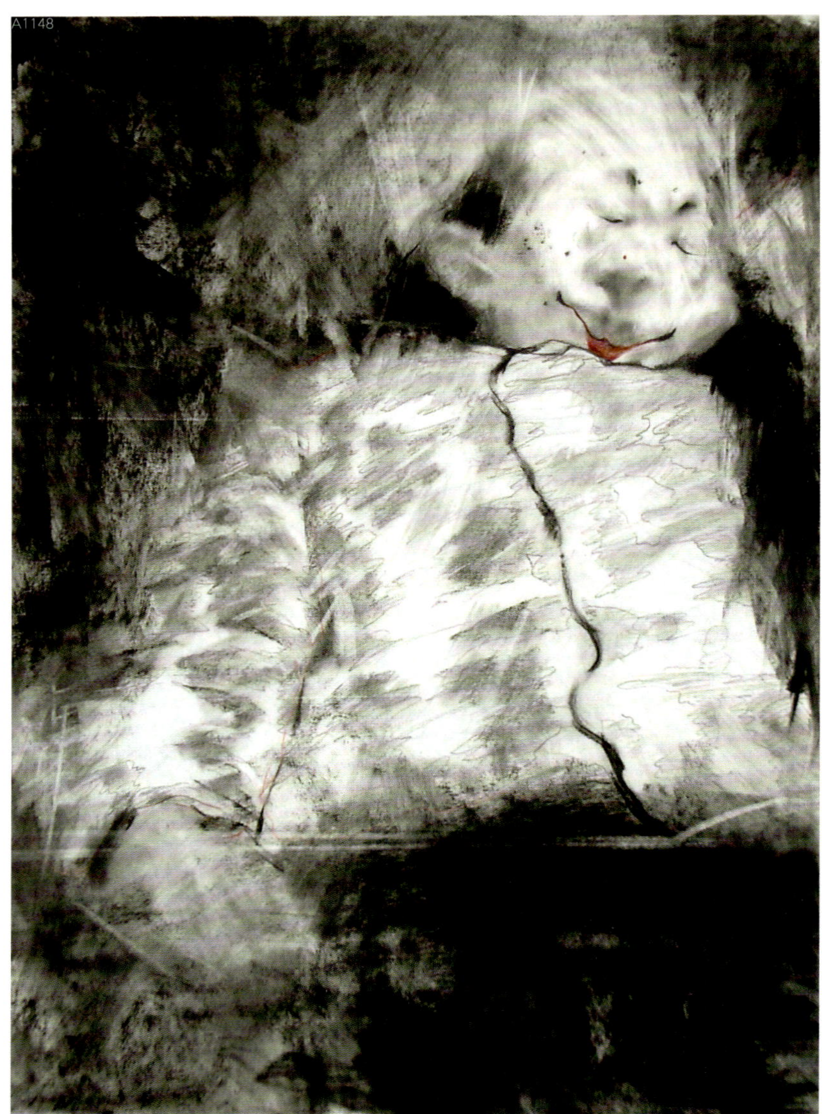

A1149

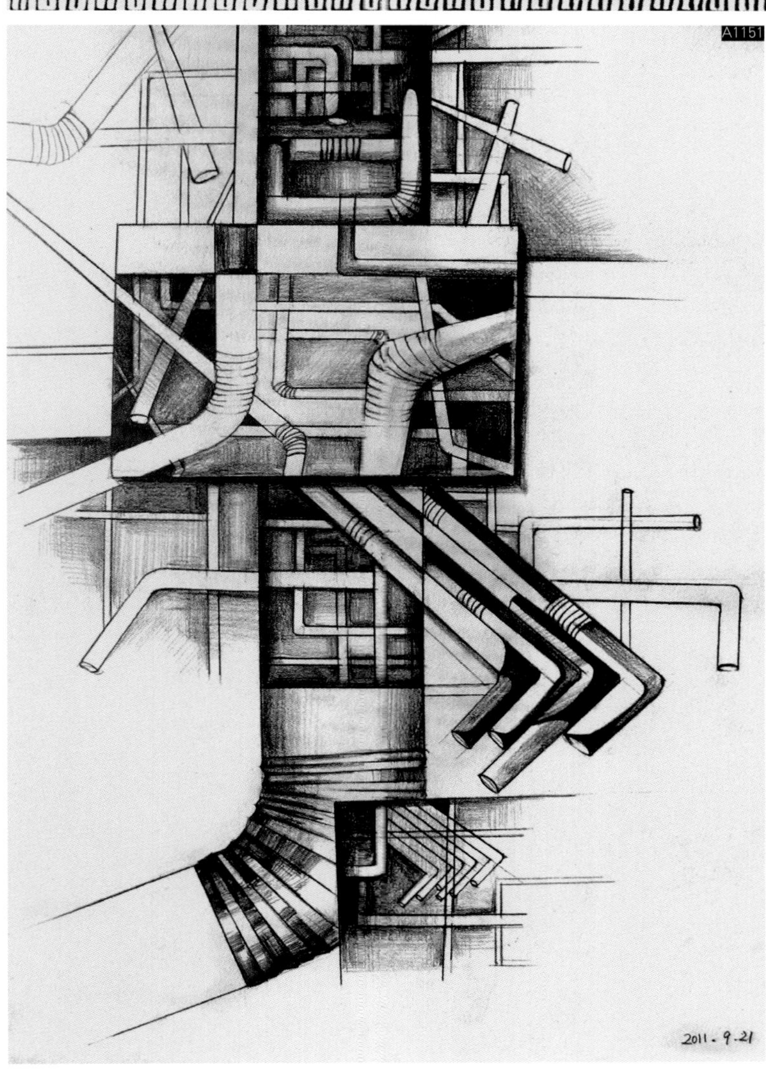

序　　号：A1147
作品名称：奇思妙想之爱异想
作　　者：王雨
学　　校：南开大学滨海学院
指导教师：无

序　　号：A1148
作品名称：梦
作　　者：陶北京
学　　校：华中师范大学
指导教师：王文新

序　　号：A1149
作品名称：黑夜中的无畏之眼，用手揽住的光芒
作　　者：沈月
学　　校：上海师范大学
指导教师：无

序　　号：A1150
作品名称：二方连续
作　　者：王娇
学　　校：天津体育学院运动与文化艺术学院
指导教师：成洁

序　　号：A1151～A1152
作品名称：设计素描
作　　者：张灵梅
学　　校：四川美术学院
指导教师：高彬

序　　号：A1153
作品名称：平面构成
作　　者：仇文静
学　　校：北华航天工业学院
指导教师：宋明轩

序　　号：A1154
作品名称：来自外太空的积木
作　　者：林冠廷
学　　校：景德镇陶瓷学院
指导教师：杨超

序　　号：A1155
作品名称：线的装饰画
作　　者：苏月娇
学　　校：常州工学院
指导教师：陈璐

序　　号：A1156
作品名称：都市余辉
作　　者：杨燕
学　　校：昆明理工大学
指导教师：许佳

序　　号：A1157
作品名称：花瓶
作　　者：罗银娉
学　　校：重庆电信职业学院
指导教师：阳燕

序　　号：A1158
作品名称：家·想
作　　者：孙亚楠
学　　校：天津职业技术师范大学
指导教师：刘宝岳

序　　号：A1159
作品名称：面具
作　　者：张哲君
学　　校：河南大学民生学院
指导教师：谢洁

序　　号：A1160
作品名称：创意速写
作　　者：张瑞华
学　　校：河套学院
指导教师：石鑫

序　　号：A116
作品名称：装饰画
作　　者：张琥霞
学　　校：天津体育学院运动与文化艺术学院
指导教师：成洁

书画
艺术

The art of
calligraphy and
painting

序　　号：B0001
作品名称：树之神
作　　者：鹿芳雨
学　　校：山东大学（威海）
指导教师：郑阳

序　　号：B0002
作品名称：凤凰涅槃
作　　者：宋晓棠
学　　校：广西师范大学
指导教师：肖舜之

序　　号：B0003
作品名称：老年人
作　　者：胡欢
学　　校：天津美术学院
指导教师：唐国树

序　　号：B0004
作品名称：豆蔻年华
作　　者：樊莲芝
学　　校：河南大学
指导教师：肖海英

序　　号：B0005
作品名称：国画人物
作　　者：巩泽琦
学　　校：北京航空航天大学
指导教师：谭红

序　　号：B0006
作品名称：梵音
作　　者：王青
学　　校：华中师范大学
指导教师：王余

序　　号：B0007
作品名称：人物写生
作　　者：潘敏捷
学　　校：江苏理工学院
指导教师：占必传

序　　号：B0008
作品名称：绿境
作　　者：宋巧红
学　　校：菏泽学院
指导教师：文明红

B0004

B0005

B0006

B0007
甲午年桃月敏提畫

B0008

B0009

B0010

B0011

B0012

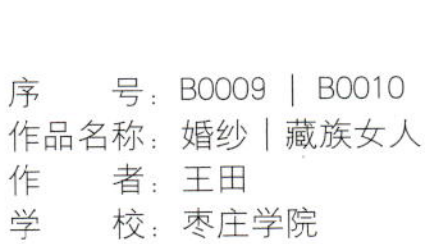

序　　号：B0009 | B0010
作品名称：婚纱 | 藏族女人
作　　者：王田
学　　校：枣庄学院
指导教师：王妍

序　　号：B0011
作品名称：盼
作　　者：李思遥
学　　校：湖南师范大学
指导教师：焦成根

序　　号：B0012
作品名称：守望
作　　者：石慧芳
学　　校：枣庄学院
指导教师：王妍

序　　号：B0013
作品名称：沉浸在故事里的女孩
作　　者：李润瑶
学　　校：昆明理工大学
指导教师：陈出云

序　　号：B0014
作品名称：迢递隔重城
作　　者：陈旭
学　　校：山东师范大学
指导教师：宋丰光

序　　号：B0015
作品名称：人物设计
作　　者：袁梦
学　　校：西昌学院
指导教师：无

B0016

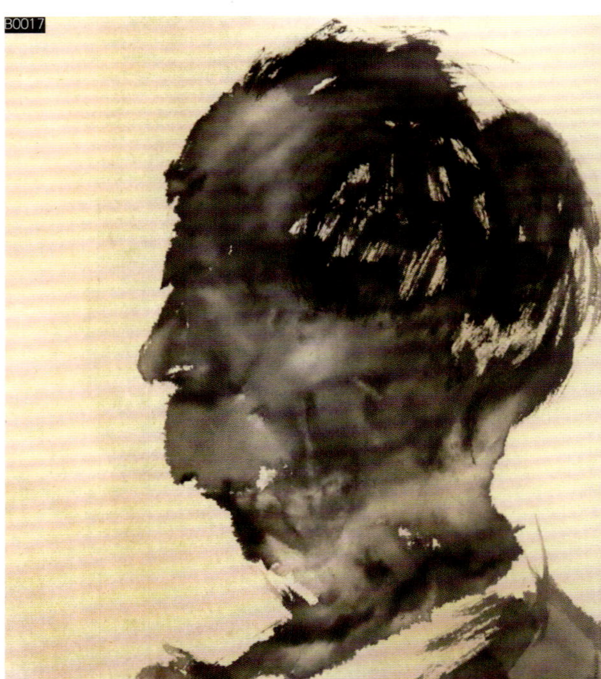

B0017

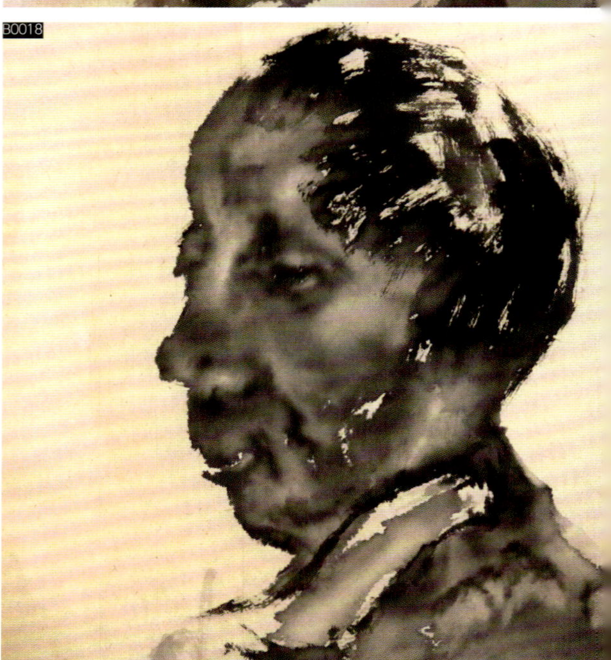

B0018

序　　号：B0016
作品名称：簪花仕女图（临摹）
作　　者：朱家旗
学　　校：东北师范大学人文学院
指导教师：王雅卓

序　　号：B0017 ~ B0018
作品名称：记忆中模糊了的爷爷
作　　者：杨全
学　　校：丽水学院
指导教师：陈晓俊

序　　号：B0019 ~ B0020
作品名称：水墨人物写生
作　　者：李瑛
学　　校：山东师范大学
指导教师：宋丰光

序　　号：B0021 | B0022
作品名称：母亲 | 父亲
作　　者：周必云
学　　校：保山学院
指导教师：赵刚

B0019
B0020
B0021
B0022

序　　号：B0023 ~ B0026
作品名称：枝上花系列
作　　者：刘肖肖
学　　校：北京理工大学
指导教师：王东声

序　　号：B0027
作品名称：水岸秋香
作　　者：刘肖肖
学　　校：北京理工大学
指导教师：王东声

序　　号：B0028
作品名称：荷
作　　者：孙承艳
学　　校：华北电力大学
指导教师：康辉

B0029

序　　号：B0029
作品名称：堰亭小记
作　　者：母永霞
学　　校：阿坝师范高等专科学校
指导教师：刘珂

序　　号：B0030
作品名称：水泽鱼趣
作　　者：王静
学　　校：南京理工大学泰州科技学院
指导教师：袁树香

序　　号：B0031 ~ B0032
作品名称：何处隐匿
作　　者：张鹏
学　　校：景德镇陶瓷学院
指导教师：郭立

序　　号：B0033
作品名称：高塬初雪
作　　者：郭晓婷
学　　校：陕西师范大学
指导教师：刘埗

B0030

B0031
大青

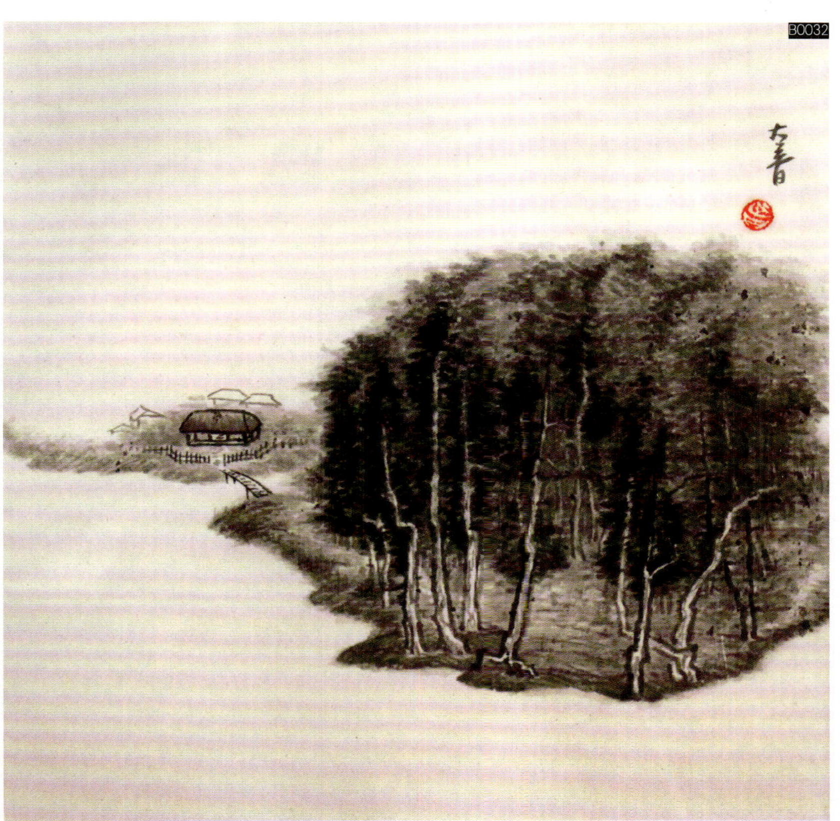
B0032
大青

B0033

序　　号：B0034 | B0035 | B0036
作品名称：松菊图 | 深山访友 | 观瀑图
作　　者：范林勇
学　　校：广安职业技术学院
指导教师：梅赟夫

序　　号：B0037 ~ B0038
作品名称：中国画系列夜阑·蝶
作　　者：李丽
学　　校：枣庄学院
指导教师：无

序　　号：B0039
作品名称：夏荷
作　　者：杨婧
学　　校：甘肃民族师范学院
指导教师：樊莉

序　　号：B0040
作品名称：夜蝴蝶
作　　者：黄智豪
学　　校：广东第二师范学院
指导教师：陈中科

序　　号：B0041 ~ B0044
作品名称：梅花四条屏
作　　者：林如柏
学　　校：深圳大学
指导教师：无

序　　号：B0045 ｜ B0046
作品名称：岁月之一｜岁月之二
作　　者：冯程程
学　　校：石家庄学院
指导教师：刘智勇

B0047

B0048

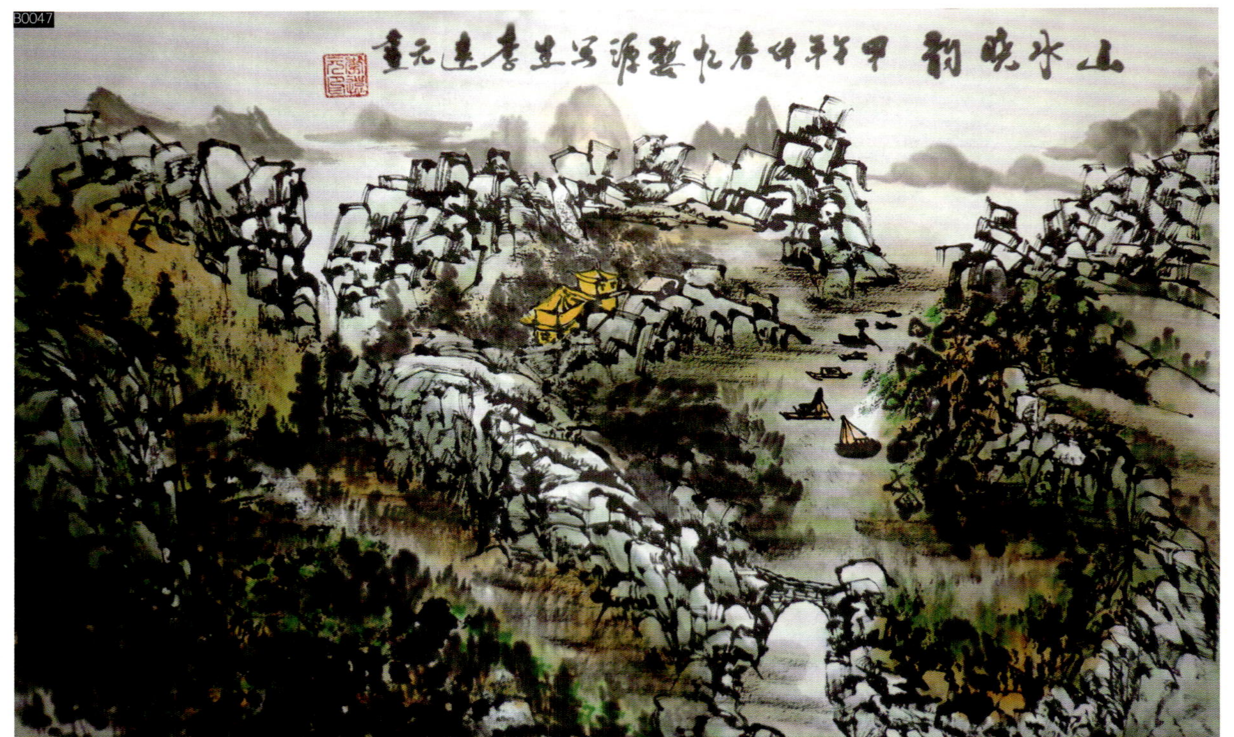

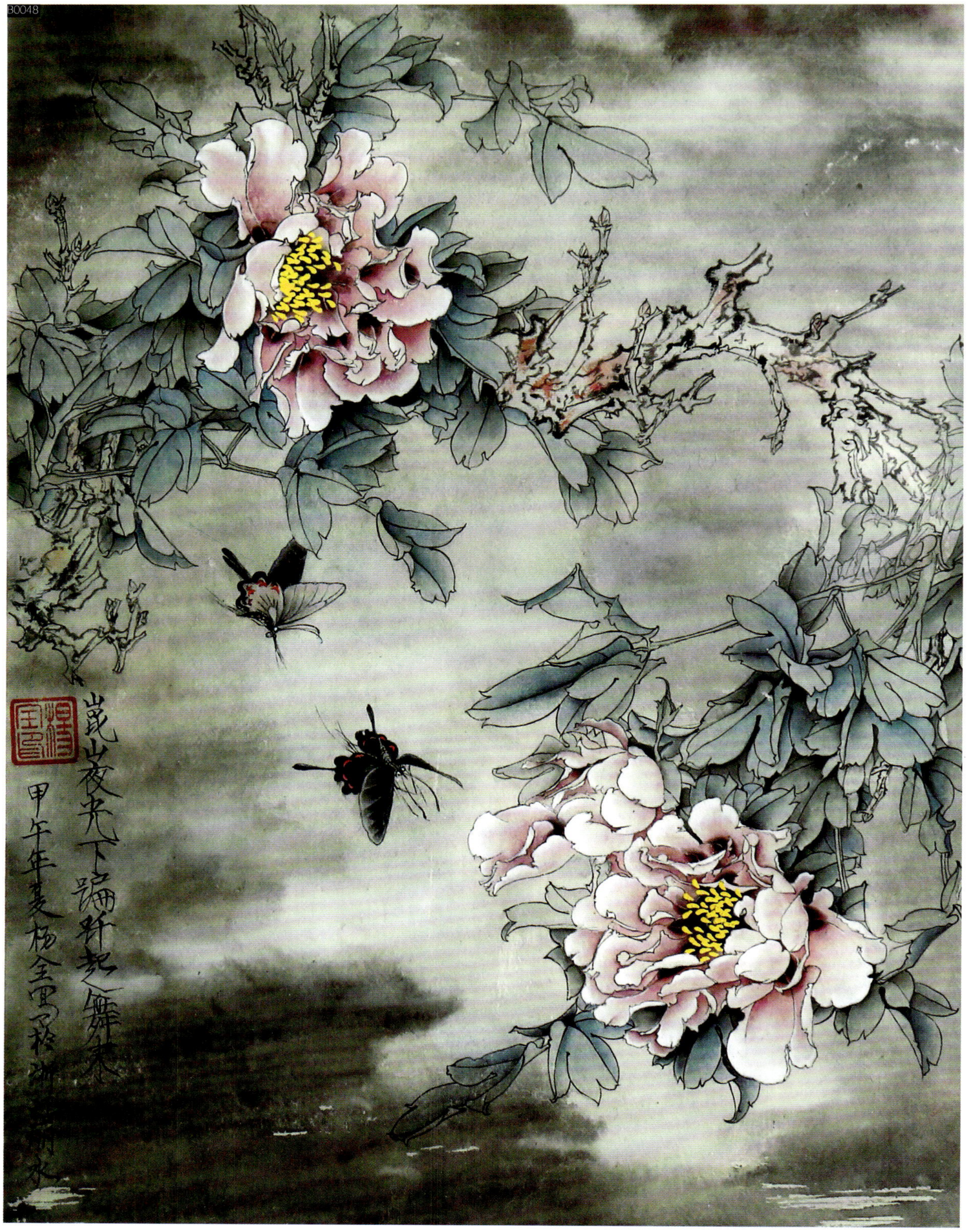

序　　号：B0047
作品名称：山水晓韵
作　　者：李远元
学　　校：武汉商学院
指导教师：肖鹏

序　　号：B0048
作品名称：蝶恋花
作　　者：杨全
学　　校：丽水学院
指导教师：雷慧珍

序　　号：B0049 | B0050
作品名称：夕 | 生机
作　　者：李琳茜
学　　校：景德镇陶瓷学院
指导教师：余小荔

序　　号：B0051
作品名称：芙蕖逸幽
作　　者：翟云鹏
学　　校：河北科技大学
指导教师：王芳

B0052

B0053

序　　号：B0052
作品名称：待飞
作　　者：李士伟
学　　校：山东大学（威海）
指导教师：邵力华

序　　号：B0053
作品名称：太行山小景
作　　者：张艺凡
学　　校：南开大学
指导教师：张文恒

序　　号：B0054
作品名称：大道无形
作　　者：潘金辰
学　　校：河北师范大学
指导教师：孙小东

序　　号：B0055
作品名称：凝烟碧水·色秋
作　　者：范琴琴
学　　校：河北师范大学
指导教师：孙小东

序　　号：B0056
作品名称：新居苗岭图
作　　者：罗昌海
学　　校：贵州财经大学
指导教师：张记、肖志伟、王晨又

序　　号：B0057
作品名称：巫峡秋涛
作　　者：施蕾妮
学　　校：台州学院
指导教师：林海

B0054

B0055

B0056
新居苗寨圖

B0057
巫峡秋涛
施蕾妮

B0058

B0059

B0060

B0061

序　　号：B0058
作品名称：国画风景
作　　者：王应宽
学　　校：保山学院
指导教师：赵刚

序　　号：B0059
作品名称：江南好
作　　者：黄智宇
学　　校：重庆三峡学院
指导教师：无

序　　号：B0060～B0061
作品名称：烟雨
作　　者：李明聪
学　　校：山东艺术学院
指导教师：王兴堂、侯弟坤

序　　号：B0062
作品名称：巍巍太行
作　　者：张艺凡
学　　校：南开大学
指导教师：无

序　　号：BC063
作品名称：江山
作　　者：吴达
学　　校：吉林大学
指导教师：展豪

B0064

B0065

序　　号：B0064 | B0065
作品名称：花开富贵 | 虎
作　　者：薛永红
学　　校：辽东学院
指导教师：关洪丹

序　　号：B0066
作品名称：宋人小品海棠图
作　　者：朱家旗
学　　校：东北师范大学人文学院
指导教师：王雅卓

序　　号：B0067
作品名称：年年有余
作　　者：魏琴
学　　校：四川电影电视学院
指导教师：董恒华

序　　号：B0068
作品名称：书香百合
作　　者：郭彦廷
学　　校：山西大学
指导教师：史宏云

序　　号：B0069
作品名称：青春绽放
作　　者：张子浩
学　　校：吉林艺术学院
指导教师：孙博

序　　号：B0070
作品名称：油菜花
作　　者：种庆
学　　校：枣庄学院
指导教师：张闻

B0071

B0072

B0073

序　　号：B0071
作品名称：怒放的生命
作　　者：张芸
学　　校：贵州师范大学
指导教师：顾静

序　　号：B0072
作品名称：清晨
作　　者：王国辉
学　　校：兰州大学
指导教师：李晶晶

序　　号：B0073
作品名称：百合争春
作　　者：王曙光
学　　校：燕京理工学院
指导教师：陈旺

序　　号：B0074
作品名称：岭南蓝天下
作　　者：龙文鹏
学　　校：武汉理工大学
指导教师：无

序　　号：B0075
作品名称：美人蕉
作　　者：潘莹
学　　校：成都大学
指导教师：陈艺

序　　号：B0076
作品名称：牡丹
作　　者：李文娟
学　　校：仲恺农业工程学院
指导教师：陈佳仪

序　　号：B0077～B0078
作品名称：水墨材质·守护
作　　者：苏曼宁
学　　校：广西艺术学院
指导教师：江波

序　　号：B0079
作品名称：游
作　　者：范稳彪
学　　校：华南师范大学
指导教师：谢少威

序　　号：B0080
作品名称：道·生活
作　　者：王文婷
学　　校：山东艺术学院
指导教师：刘雪茜

B0083

序　　号：B0081 ~ B0082
作品名称：永乐宫壁画（局部临摹）
作　　者：李沛蓉
学　　校：广西艺术学院
指导教师：无

序　　号：B0083
作品名称：永乐宫（局部临摹）
作　　者：杨诺
学　　校：华中师范大学
指导教师：王余

序　　号：B0084 | B0085
作品名称：敦煌壁画（局部临摹）| 永乐宫壁画（局部临摹）
作　　者：庞邦君
学　　校：华中师范大学
指导教师：王余

序　　号：B0086
作品名称：佛壁（局部临摹）
作　　者：郭洪雄
学　　校：福建师范大学
指导教师：林宜耕

序　　号：B0087
作品名称：文殊菩萨（局部临摹）
作　　者：茅文宽
学　　校：广西艺术学院
指导教师：贺明

序　　号：B0088
作品名称：梦江南
作　　者：张楠
学　　校：信阳师范学院
指导教师：无

序　　号：B0089
作品名称：花与鹂
作　　者：侯钦苓
学　　校：枣庄学院
指导教师：张闻

序　　号：B0090
作品名称：王冕晨牧图
作　　者：乔翔
学　　校：信阳师范学院
指导教师：邹东升

序　　号：B0091
作品名称：秋山碧水
作　　者：郭洪雄
学　　校：福建师范大学
指导教师：张永海

序　　号：B0092
作品名称：夜
作　　者：林扬
学　　校：郑州轻工业学院易斯顿（国际）美术学院
指导教师：无

B0093

B0094

B0095

序　　号：B0093 | B0094
作品名称：牛与鸟 | 虾
作　　者：罗钦文
学　　校：常州工学院
指导教师：陈璐

序　　号：B0095
作品名称：屋
作　　者：杨小慧
学　　校：韩山师范学院
指导教师：陈卢鹏

序　　号：B0096 ｜ B0097
作品名称：花间鼠趣｜幽林鸟趣
作　　者：杜小娟
学　　校：广西师范大学
指导教师：徐芳

B0098

空山新雨後

序　　号：B0098 | B0099
作品名称：空山新雨后 | 馨香润青山
作　　者：郭林吉
学　　校：广西艺术学院
指导教师：无

序　　号：B0100
作品名称：天山一隅
作　　者：魏琴
学　　校：四川电影电视学院
指导教师：董恒华

序　　号：B0101
作品名称：太行山
作　　者：张亚妮
学　　校：广东技术师范学院
指导教师：付智明

B0102

序　　号：B0102
作品名称：舞
作　　者：马飞
学　　校：湖南理工学院
指导教师：王永成

序　　号：B0103
作品名称：歇
作　　者：谭济汕
学　　校：云南师范大学
指导教师：刘煜

序　　号：B0104
作品名称：静谧
作　　者：周龙敏
学　　校：广西师范大学
指导教师：徐芳

序　　号：B0105
作品名称：幽情独居
作　　者：王国辉
学　　校：兰州大学
指导教师：李晶晶

序　　号：B0106
作品名称：凌云天地
作　　者：张智宇
学　　校：西南财经大学天府学院
指导教师：张辉，彭秋璐

B0107

B0108

序　　号：B0107
作品名称：眼见为虚
作　　者：何旻
学　　校：温州大学城市学院
指导教师：黄文霖

序　　号：B0108
作品名称：讷言敏行
作　　者：范稳彪
学　　校：华南师范大学
指导教师：谢少威

B0109

子非魚安知魚之樂

甲午年秋月 冀星書

B0110

紅葉晚蕭蕭長亭酒一瓢殘雲歸太華
疏雨過中條樹色隨山迥河聲入海遙
帝鄉明日到猶自夢漁樵

錄許渾秋日赴闕題潼關驛樓 歲在甲午 劉桐

B0111

寒雨連江夜入吳平明送客楚
山孤洛陽親友如相問一片冰
心在玉壺

甲午五月 瑞君書

序　　号：B0109
作品名称：书法
作　　者：冀星
学　　校：云南艺术学院
指导教师：彭谌

序　　号：B0110
作品名称：秋日赴阙题潼关驿楼
作　　者：刘桐
学　　校：江苏师范大学
指导教师：刘延恒

序　　号：B0111
作品名称：楷书·芙蓉楼送辛渐
作　　者：李瑞君
学　　校：广西工业职业技术学院
指导教师：韦举昌

B0112

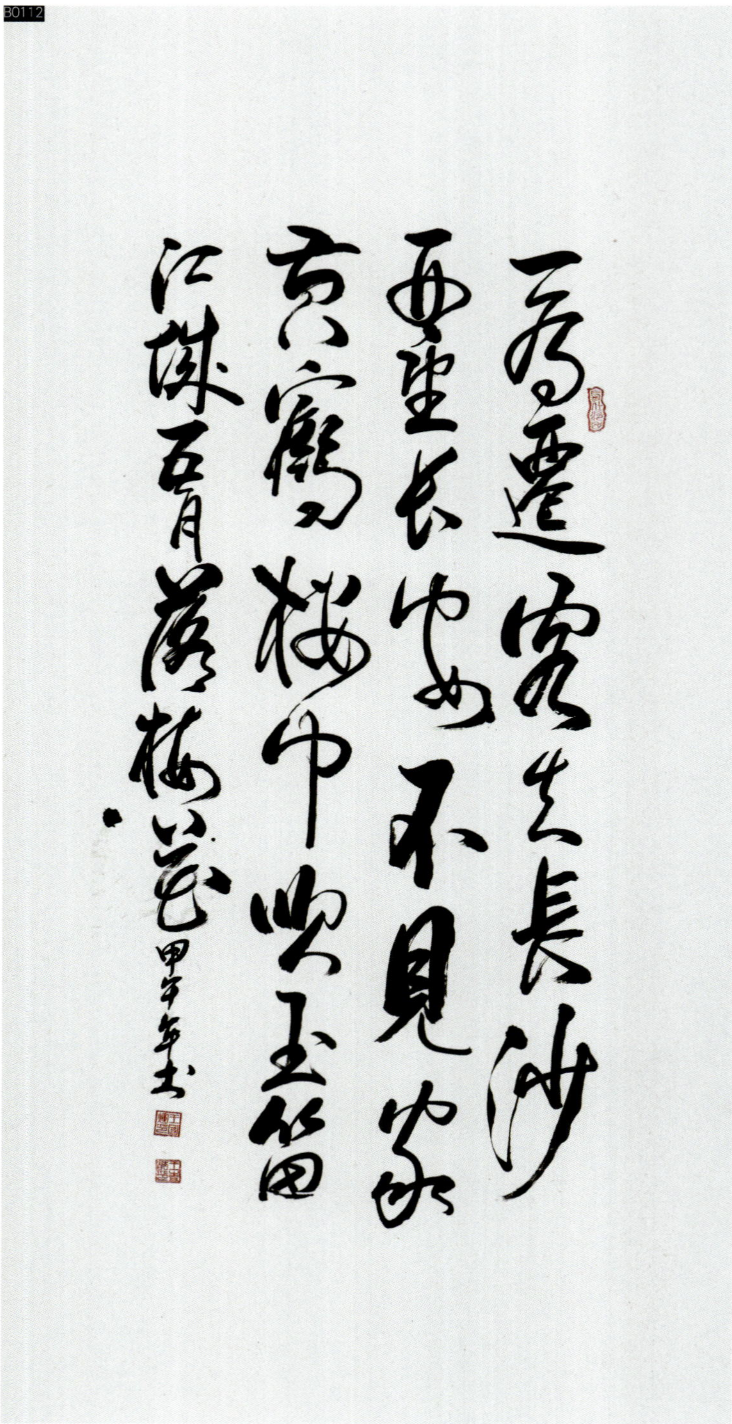

B0113

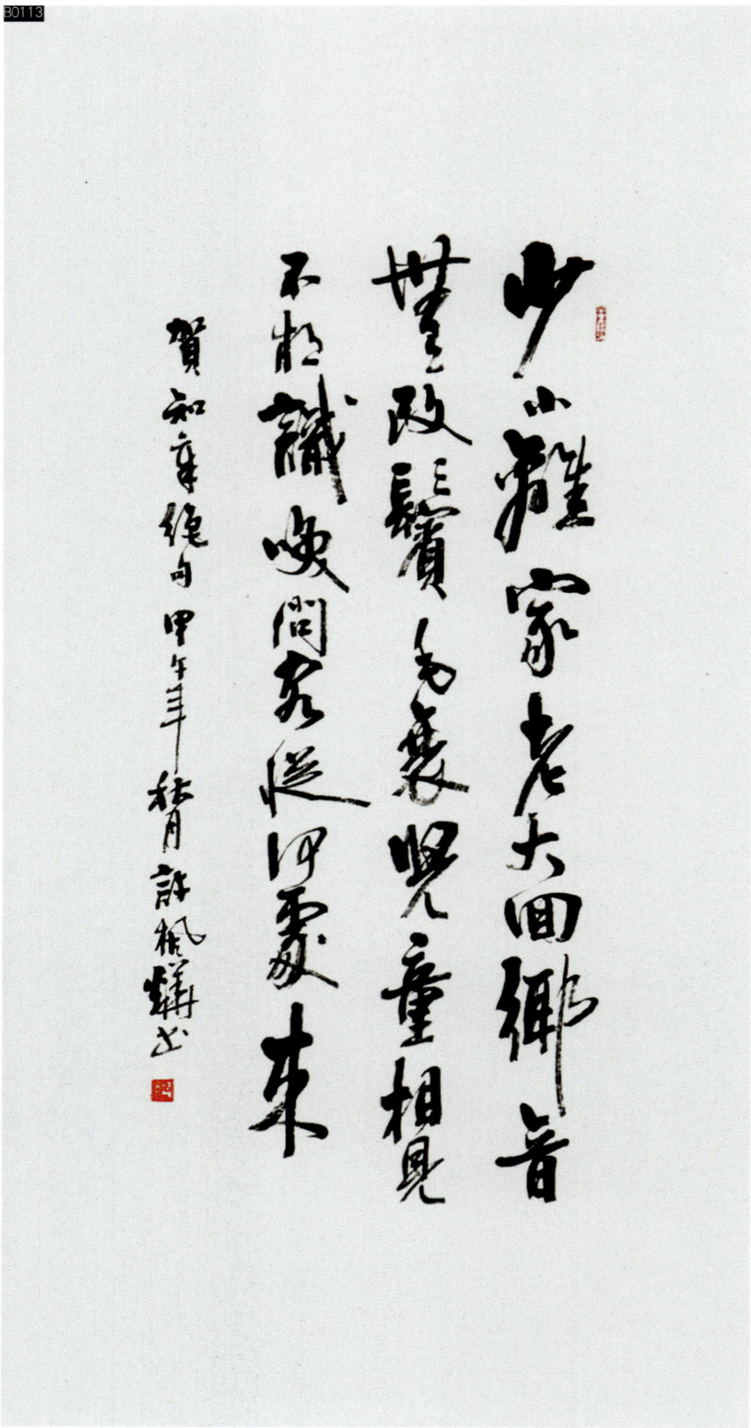

序　　号：B0112
作品名称：草书
作　　者：王国辉
学　　校：兰州大学
指导教师：李晶晶

序　　号：B0113
作品名称：回乡偶书诗一首
作　　者：许枫烨
学　　校：桂林理工大学
指导教师：梁星

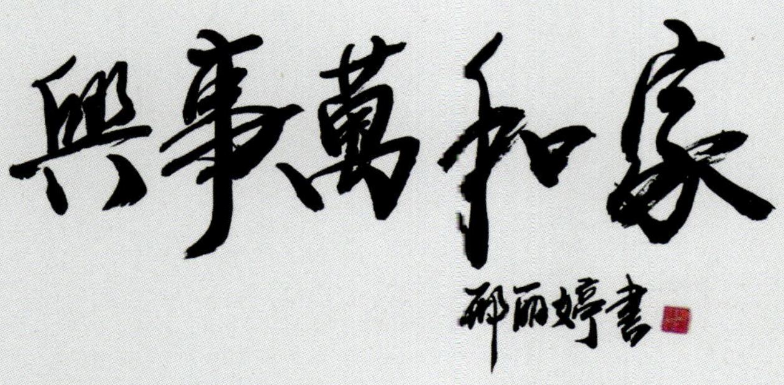

B0115

B0116

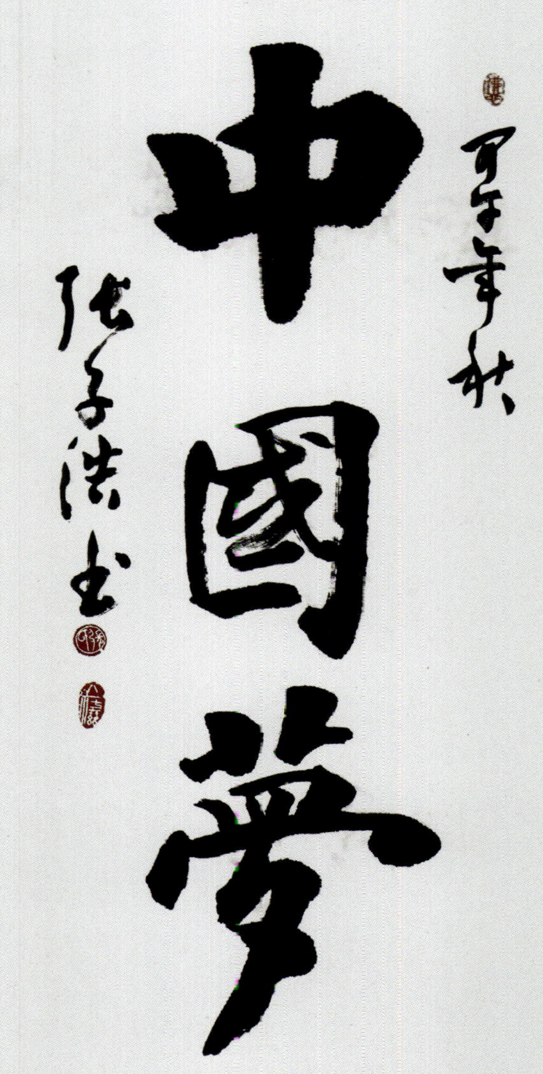

序　　号：B0114
作品名称：家和万事兴
作　　者：邢丽婷
学　　校：海南职业技术学院
指导教师：刘春影

序　　号：B0115
作品名称：能者为师
作　　者：王颖娴
学　　校：广州华立科技职业学院
指导教师：范秀云、毛玲丽

序　　号：B0116 | B0117
作品名称：艺海无涯 | 中国梦
作　　者：张子浩
学　　校：吉林艺术学院
指导教师：孙博

B0118

B0119

B0120

B0121

序　　号：B0118
作品名称：论语
作　　者：闫能冲
学　　校：保山学院
指导教师：无

序　　号：B0119
作品名称：小篆诗一首
作　　者：周志远
学　　校：华中师范大学
指导教师：无

序　　号：B0120
作品名称：征梦
作　　者：万清
学　　校：东北农业大学
指导教师：边卓

序　　号：B0121
作品名称：独坐敬亭山
作　　者：陈建新
学　　校：四川工商职业技术学院
指导教师：庞映平

序　　号：B0122
作品名称：书法作品之陆游诗词节选
作　　者：王婷婷
学　　校：扬州教育学院
指导教师：陈景国

萬頃煙波鷗世界

九秋風露鶴精神

岁次甲午年王婷婷书

B0123

B0124

B0125

B0126

序　　号：B0123 ~ B0126
作品名称：书法语，四小稿
作　　者：罗来辉
学　　校：四川工商职业技术学院
指导教师：无

B0127

永和九年歲在癸丑暮春之初會于會稽山陰之蘭亭脩稧事也羣賢畢至少長咸集此地
有崇山峻領茂林脩竹又有清流激湍暎帶左右引以為流觴曲水列坐其次雖無絲竹管弦之
盛一觴一詠亦足以暢叙幽情是日也天朗氣清惠風和暢仰觀宇宙之大俯察品類之盛
所以遊目騁懷足以極視聽之娛信可樂也夫人之相與俯仰一世或取諸懷抱悟言一室之內
或因寄所託放浪形骸之外雖趣舍萬殊靜躁不同當其欣於所遇暫得於己快然自足
知老之將至及其所之既倦情隨事遷感慨係之矣向之所欣俛仰之間以為陳迹猶不
能不以之興懷況脩短隨化終期於盡古人云死生亦大矣豈不痛哉每攬昔人興感之由
若合一契未嘗不臨文嗟悼不能喻之於懷固知一死生為虛誕齊彭殤為妄作後之視今
亦由今之視昔悲夫故列叙時人錄其所述雖世殊事異所以興懷其致一也後之攬者
亦將有感於斯文

癸巳年暮秋楊諾書於重慶

B0128

書法是中華民族的文化瑰寶
幾千年傳承下的文化傳統字
是時代的烙印是中華民族內
涵的體現

甲午年冬胡凌怡書於蘇科

序　　号：B0127
作品名称：兰亭序
作　　者：杨诺
学　　校：华中师范大学
指导教师：王余

序　　号：B0128
作品名称：墨香
作　　者：胡凌怡
学　　校：苏州科技学院
指导教师：无

B0129

山不在高有僊則名水不在深有龍則靈斯是陋室惟吾德馨苔痕上階綠草色入簾青談笑有鴻儒往來無白丁可以調素琴閱金經無絲竹之亂耳無案牘之勞形南陽諸葛廬西蜀子雲亭孔子云何陋之有

癸巳年王瑞星书

B0130

上善若水 厚德載物

癸巳年初夏

于山城智宇书

B0131

空山新雨後天氣晚來秋明月松間照清泉石上流竹喧歸浣女蓮動下漁舟隨意春芳歇王孫自可留

甲午秋龔傳武書

序　　号：B0129
作品名称：陋室铭
作　　者：王瑞星
学　　校：广西艺术学院
指导教师：无

序　　号：B0130
作品名称：上善若水
作　　者：黄智宇
学　　校：重庆三峡学院
指导教师：无

序　　号：B0131
作品名称：唐诗一首
作　　者：龚传武
学　　校：贵州财经大学
指导教师：无

B0132

觀自在菩薩行般若波羅蜜多時照見五蘊皆空度一切苦厄舍利子色不異空空

不異色色即是空空即是色受想行識亦復如是舍利子是諸法空相不生不滅不垢不

淨不增不減是故空中無色無受想行識無眼耳鼻舌身意無色聲香味觸法無

眼界乃至無意識界無無明亦無無明盡乃至無老死亦無老死盡無苦集滅道無智亦無

得亦無所淂故菩提薩埵依般若波羅蜜多故心無挂碍

録心經甲午

彭芳湲

序　　号：B0132
作品名称：心经
作　　者：彭芳湲
学　　校：河南大学
指导教师：无

B0133

多勉日新志

能為歲寒枝

甲午夏日 王静

序　　号：B0133
作品名称：隶书楹联
作　　者：王静
学　　校：曲阜师范大学
指导教师：郝海波

B0134

B0135

序　　号：B0134
作品名称：李凭箜篌引 · 吴丝蜀桐张高秋
作　　者：王静
学　　校：曲阜师范大学
指导教师：马东骅

序　　号：B0135
作品名称：节录千字文
作　　者：王翠萍
学　　校：江门职业技术学院
指导教师：李秋云

B0135

B0137

B0138

序　　号：B0136 | B0137
作品名称：将进酒 | 菩提偈
作　　者：梁圣颖
学　　校：广州华立科技职业学院
指导教师：范秀云

序　　号：B0138
作品名称：软笔书法
作　　者：王诺冰
学　　校：常州工学院
指导教师：陈璐

B0139

B0140

B0141

序　　号：B0139
作品名称：汉仪小篆·青花瓷·歌词
作　　者：杜海棋
学　　校：云南大学滇池学院
指导教师：无

序　　号：B0140
作品名称：东坡诗半首
作　　者：高海阳
学　　校：昆明理工大学
指导教师：无

序　　号：B0141
作品名称：心经
作　　者：李润瑶
学　　校：昆明理工大学
指导教师：陈出云

B0142

獨坐幽篁裡
彈琴復長嘯
深林人不知
明月来相照

甲午年夏月王銳強

B0143

移舟泊煙渚
日暮客愁新
野曠天低樹
江清月近人

唐詩一首 甲午年 雅潔書

B0144

弘靶琉釰袜寂賑鏝劲歧踈鍬披乳
披錦鏝舒鄉繳駁詠榭翔破班糨穌
勃顏駛耘賑翊被歧飲乳較彌媛暇
緩竣被踈鈹駛祥羅鉤款粥鮁竣甸

杂字集甲午年陳丹萍書

序　　号：B0142
作品名称：书法
作　　者：王锐强
学　　校：兰州城市学院
指导教师：李恒滨

序　　号：B0143
作品名称：宿建德江
作　　者：赵雅洁
学　　校：西北民族大学
指导教师：无

序　　号：B0144
作品名称：杂字集
作　　者：陈丹萍
学　　校：广西师范大学
指导教师：无

序　　号：B0145
作品名称：人和
作　　者：孙承艳
学　　校：华北电力大学
指导教师：康辉

序　　号：B0146
作品名称：万丈光芒
作　　者：刘信
学　　校：郑州轻工业学院易斯顿（国际）美术学院
指导教师：纪保超

序　　号：B0147
作品名称：书法
作　　者：冯建鹏
学　　校：新疆轻工职业技术学院
指导教师：无

B0148

B0149

B0150

B0151

B0152

B0153

B0154

B0155

序　　号：B0148 ｜ B0149 ｜ B0150
作品名称：篆刻 · 孙 ｜ 篆刻个人姓名章 · 孙运启 ｜ 篆刻 · 广海
作　　者：孙运启
学　　校：山东大学（威海）
指导教师：安祥祥

序　　号：B0151
作品名称：女汉子
作　　者：杨媛媛
学　　校：阿坝师范高等专科学校
指导教师：罗永禄

序　　号：B0152 ~ B0153
作品名称：石刻精琢
作　　者：杜旭丹
学　　校：辽宁大学
指导教师：刘洪澍

序　　号：B0154 ~ B0155
作品名称：牛 · 悟道
作　　者：童顺
学　　校：武汉工商学院
指导教师：无

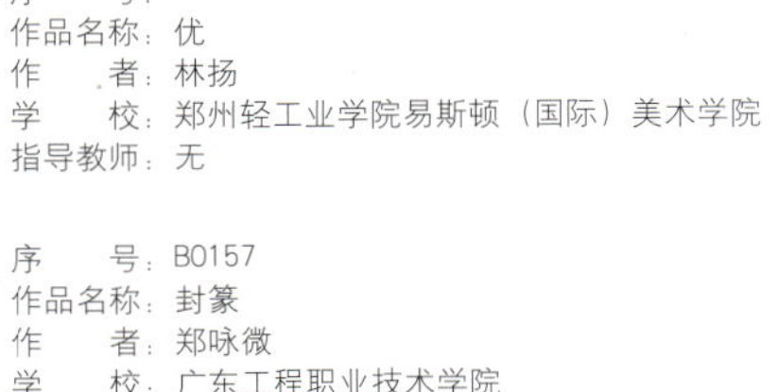

序　　号：B0156
作品名称：优
作　　者：林扬
学　　校：郑州轻工业学院易斯顿（国际）美术学院
指导教师：无

序　　号：B0157
作品名称：封篆
作　　者：郑咏微
学　　校：广东工程职业技术学院
指导教师：邓中云

序　　号：B0158
作品名称：都会过去
作　　者：刘肖肖
学　　校：北京理工大学
指导教师：王东声

序　　号：B0159 | B0160～B0161 | B0162～B0163
作品名称：法度之外 | 三业清净 | 花开那年
作　　者：马浩轩
学　　校：天津商业大学
指导教师：孔帅

工业
设计

The industrial design

G0001

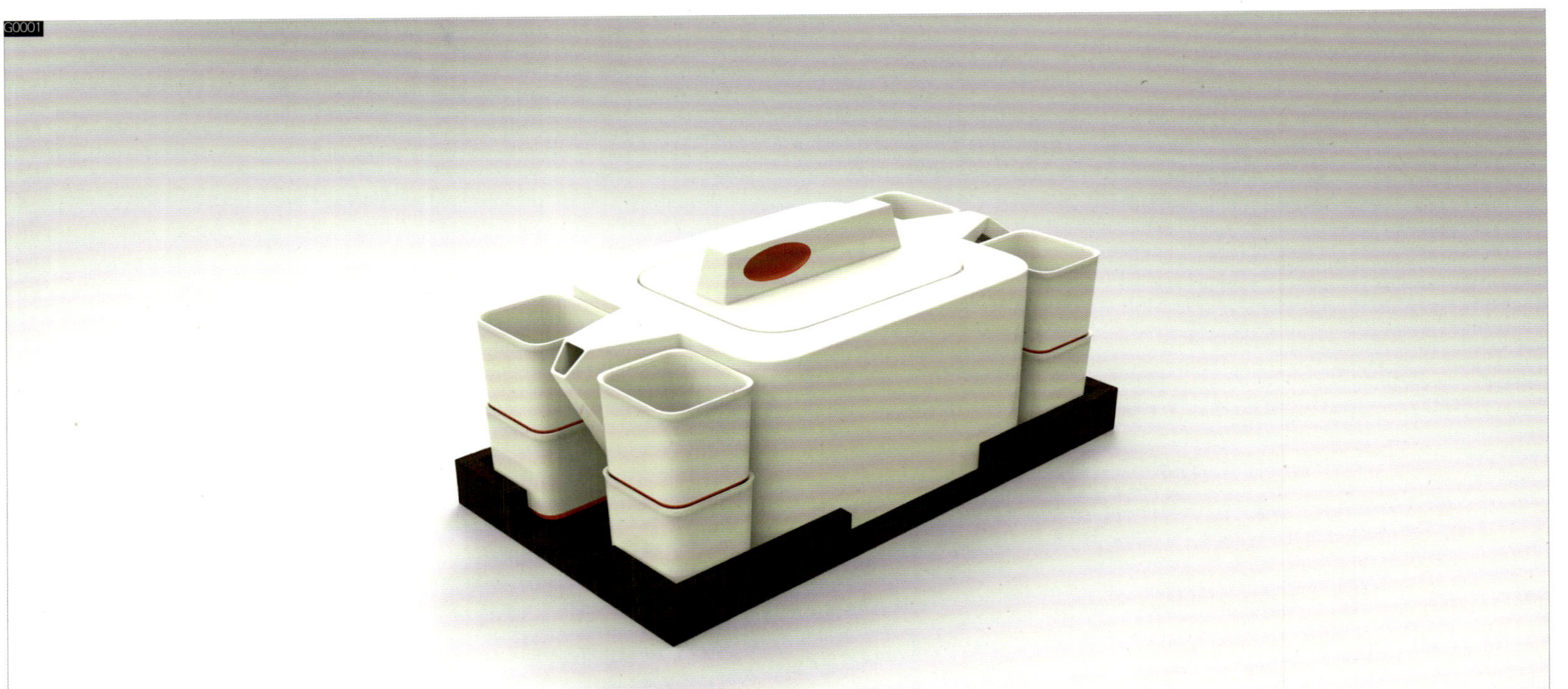

G0002

序　　号：G0001
作品名称：元
作　　者：陈文君
学　　校：常州大学
指导教师：张明月

序　　号：G0002
作品名称：布依茶具
作　　者：张力军
学　　校：昆明理工大学
指导教师：张建国

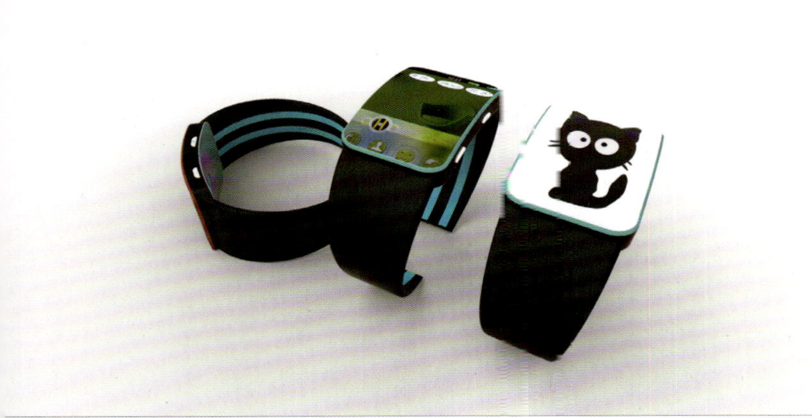

序　　号：G0003
作品名称："琵琶"迷你音响
作　　者：毛俊
学　　校：黄山学院
指导教师：左铁峰

序　　号：G0004
作品名称：360 婴童卫士
作　　者：莫树财
学　　校：常州大学
指导教师：张明月

序　　号：G0005
作品名称：纸币兑换硬币机
作　　者：罗龙、龙海涛、王鹏、邓雅丽
学　　校：常州大学
指导教师：刘晓彬

序　　号：G0006
作品名称：空气净化保温杯垫
作　　者：陈思羽
学　　校：常州大学
指导教师：张春明、张明月

序　　号：G0007
作品名称：救生圈机器人
作　　者：林凡
学　　校：三明学院
指导教师：林文信

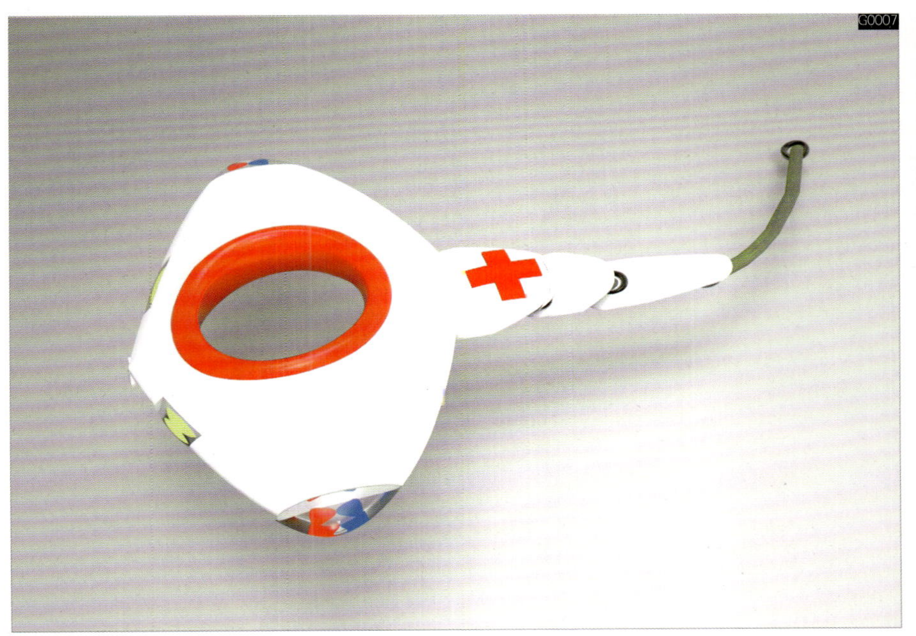

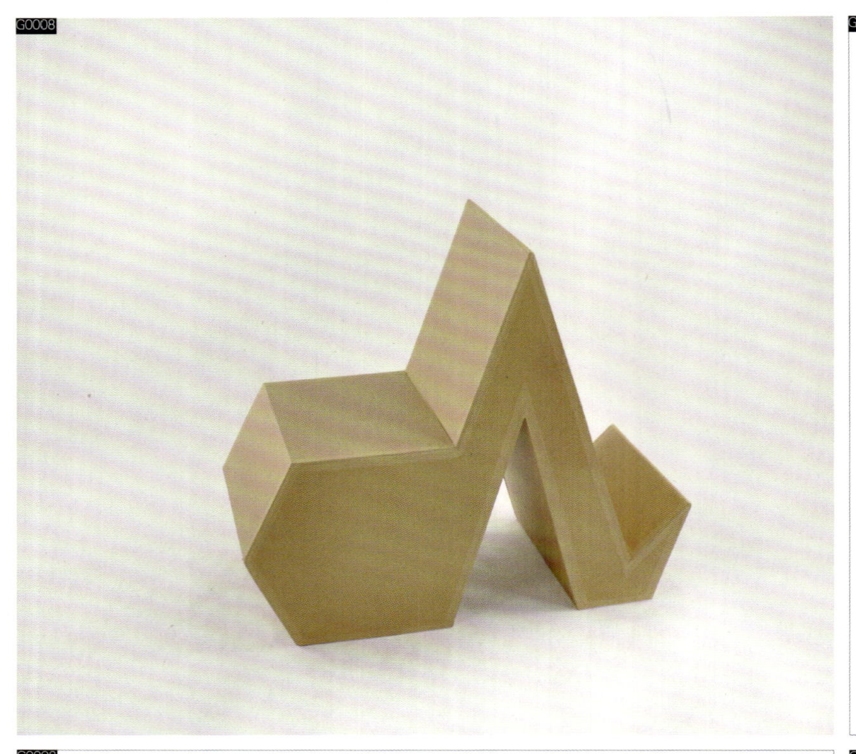

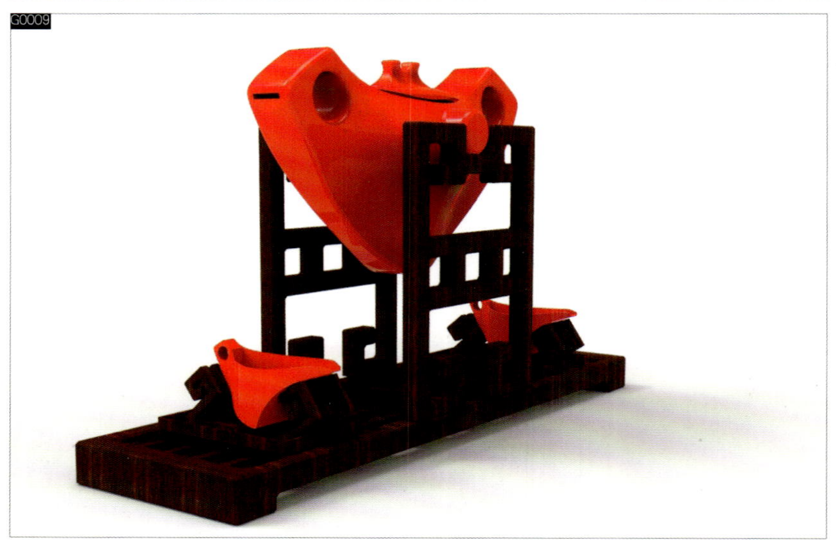

序　　号：G0008
作品名称：音符椅
作　　者：冯子倩
学　　校：中华女子学院
指导教师：陈铮

序　　号：G0009
作品名称：茶具
作　　者：杨项玲
学　　校：北华航天工业学院
指导教师：宋明轩

序　　号：G0010
作品名称：风姿绰约
作　　者：刘柱
学　　校：成都艺术职业学院
指导教师：刘家伟

序　　号：G0011
作品名称：藤椅
作　　者：向玉曜
学　　校：成都艺术职业学院
指导教师：刘家伟

序　　号：G0012
作品名称：生命之初
作　　者：赵一蕾
学　　校：成都艺术职业学院
指导教师：刘家伟

序　　号：G0013
作品名称：山水椅
作　　者：冯骥驰
学　　校：成都艺术职业学院
指导教师：刘家伟

序　　号：G0014
作品名称：搓衣凳凳
作　　者：陈杰
学　　校：广州美术学院
指导教师：张剑

序　　号：G0015
作品名称：对坐
作　　者：张又芳
学　　校：成都艺术职业学院
指导教师：刘家伟

G0015

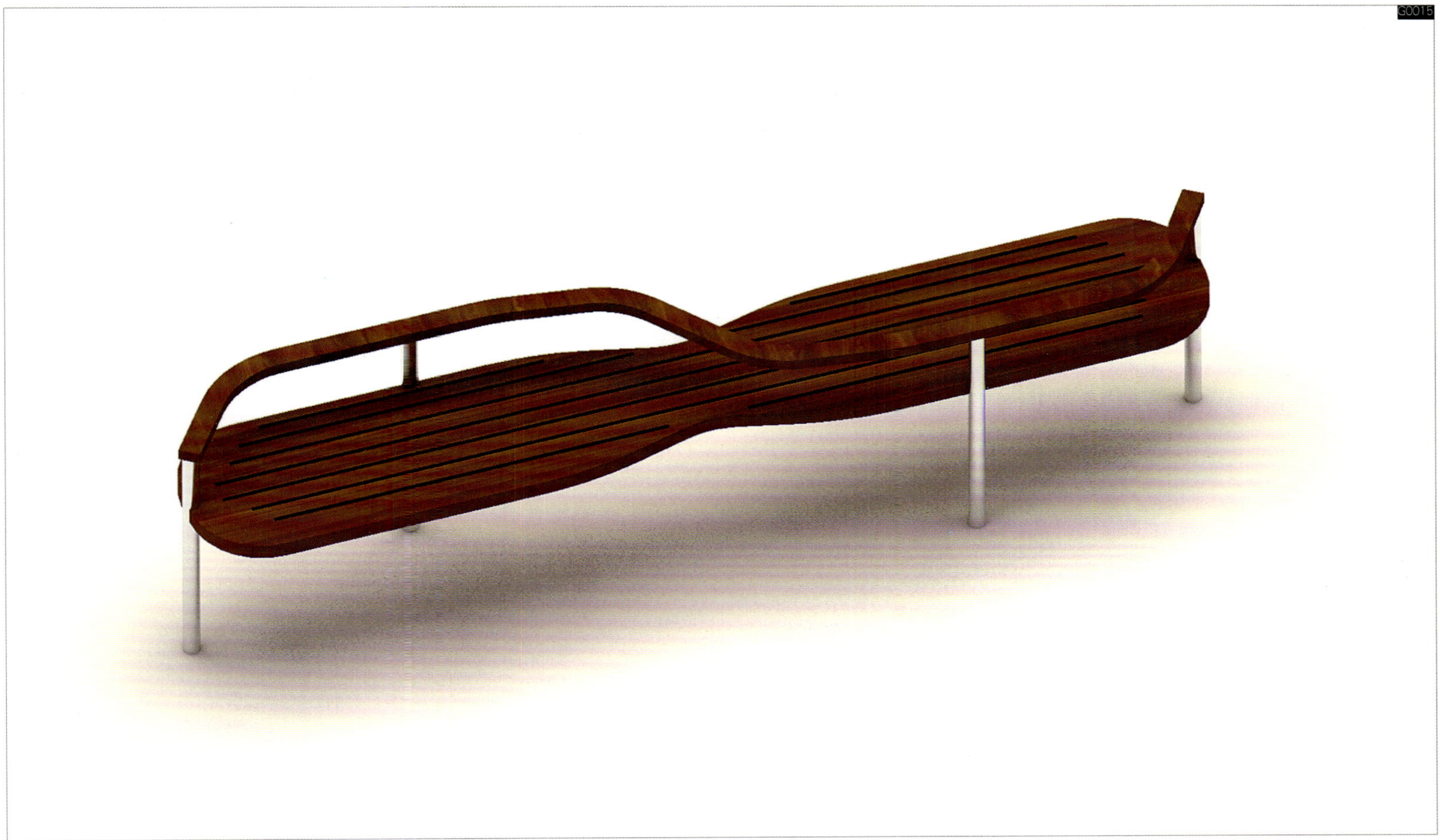

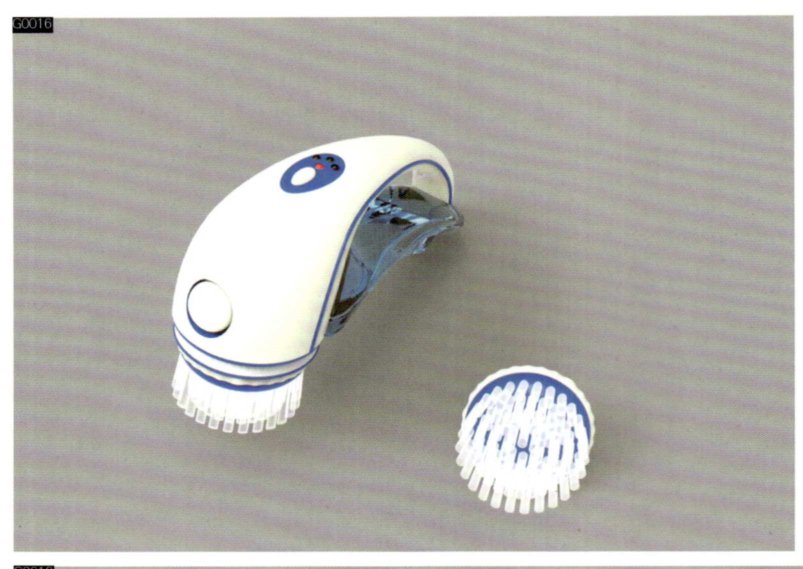
G0016

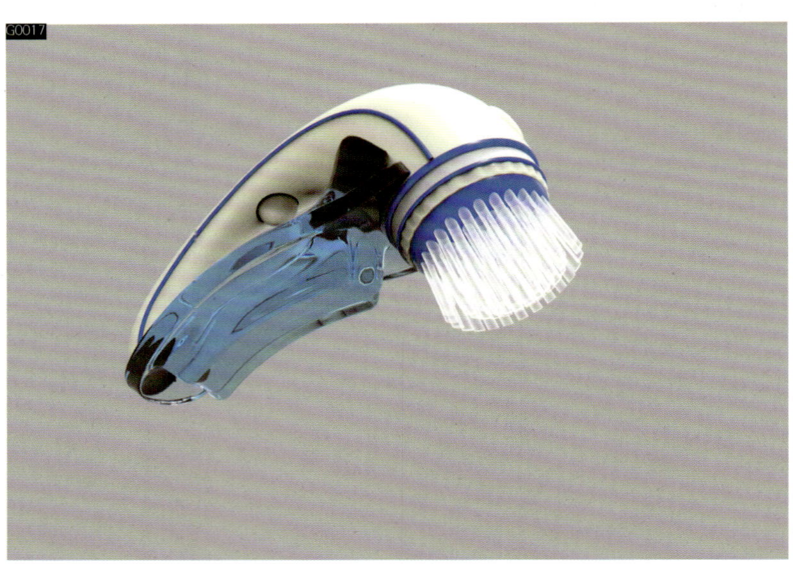
G0017

G0018

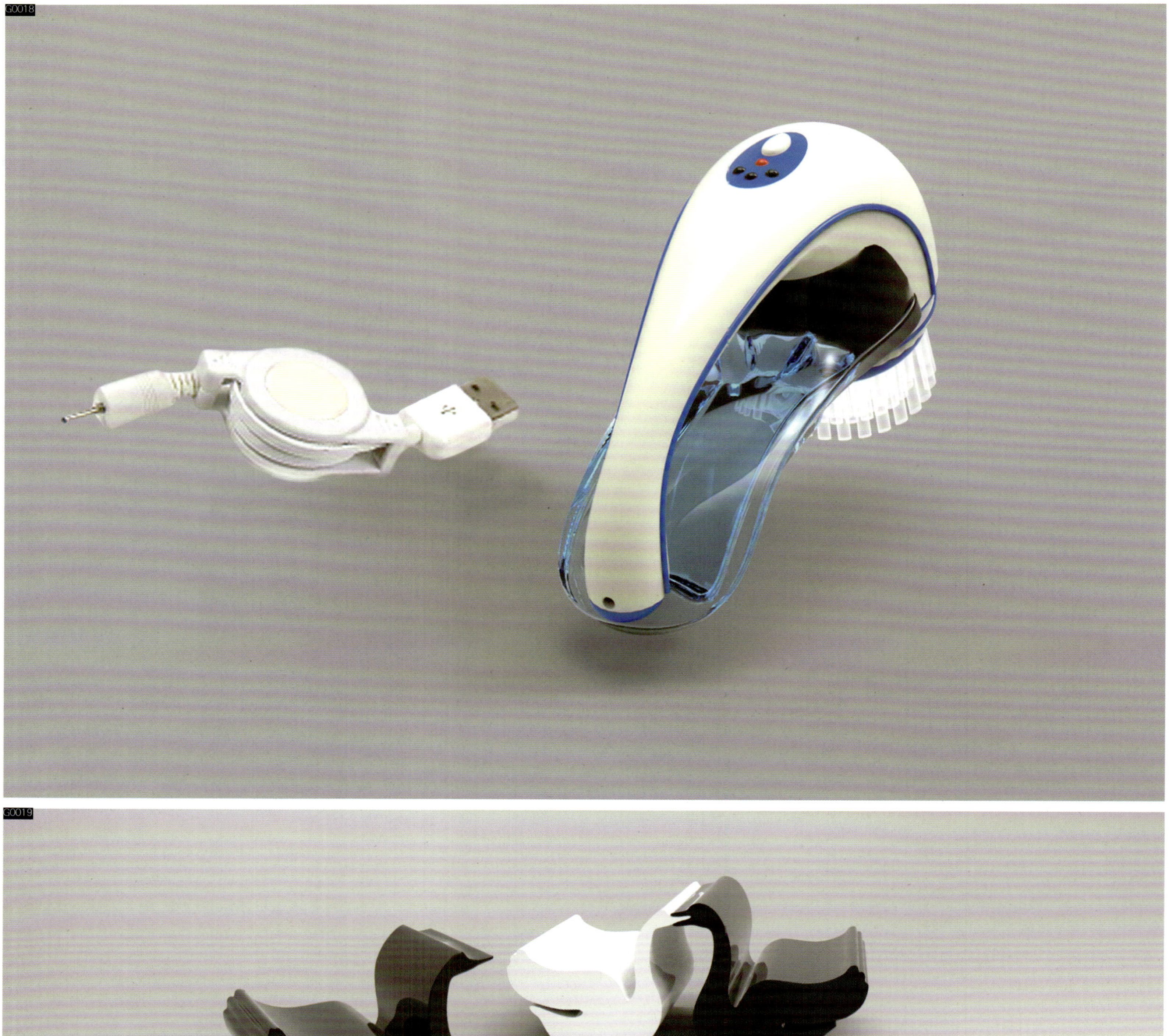

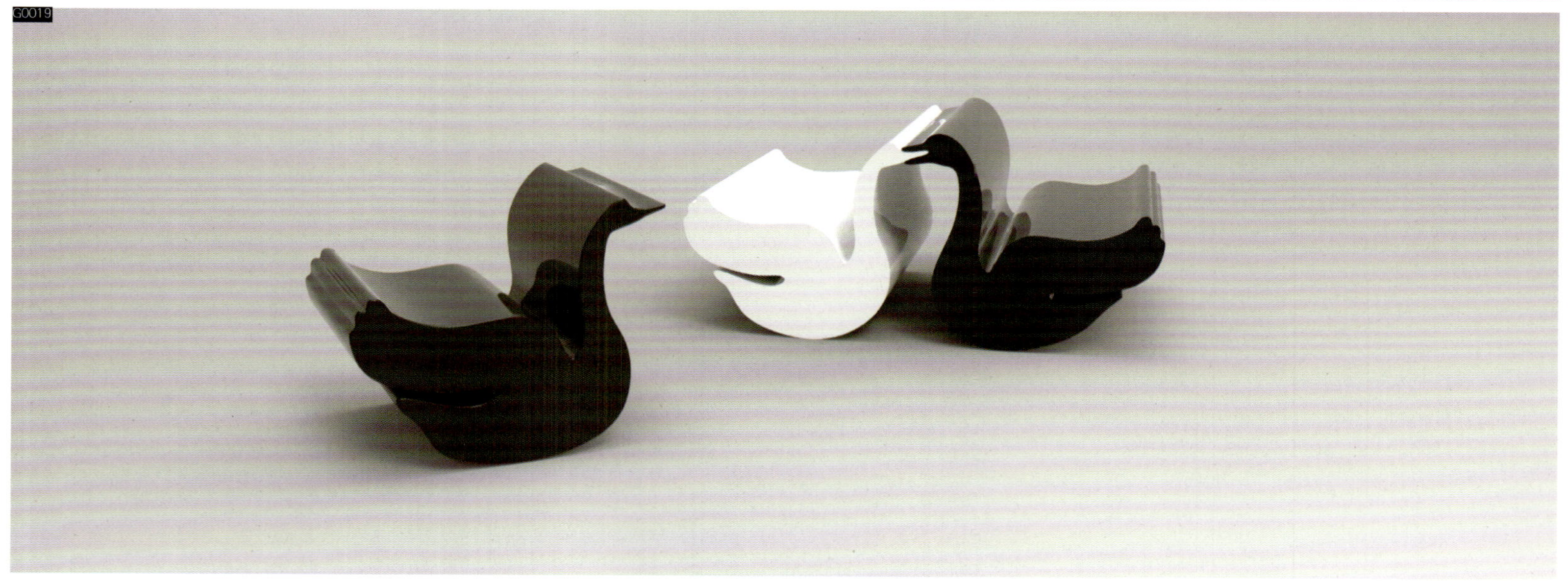
G0019

G0020

序　　号：G0016 ~ G0018 | G0019
作品名称：厨房除油器 | 天鹅座椅
作　　者：孙学敏
学　　校：天津科技大学
指导教师：靳桂芳

序　　号：G0020 ~ G0022
作品名称：灯与植物
作　　者：王晓璇　阮聪
学　　校：广州大学
指导教师：无

G0023

G0024

G0025

G0026

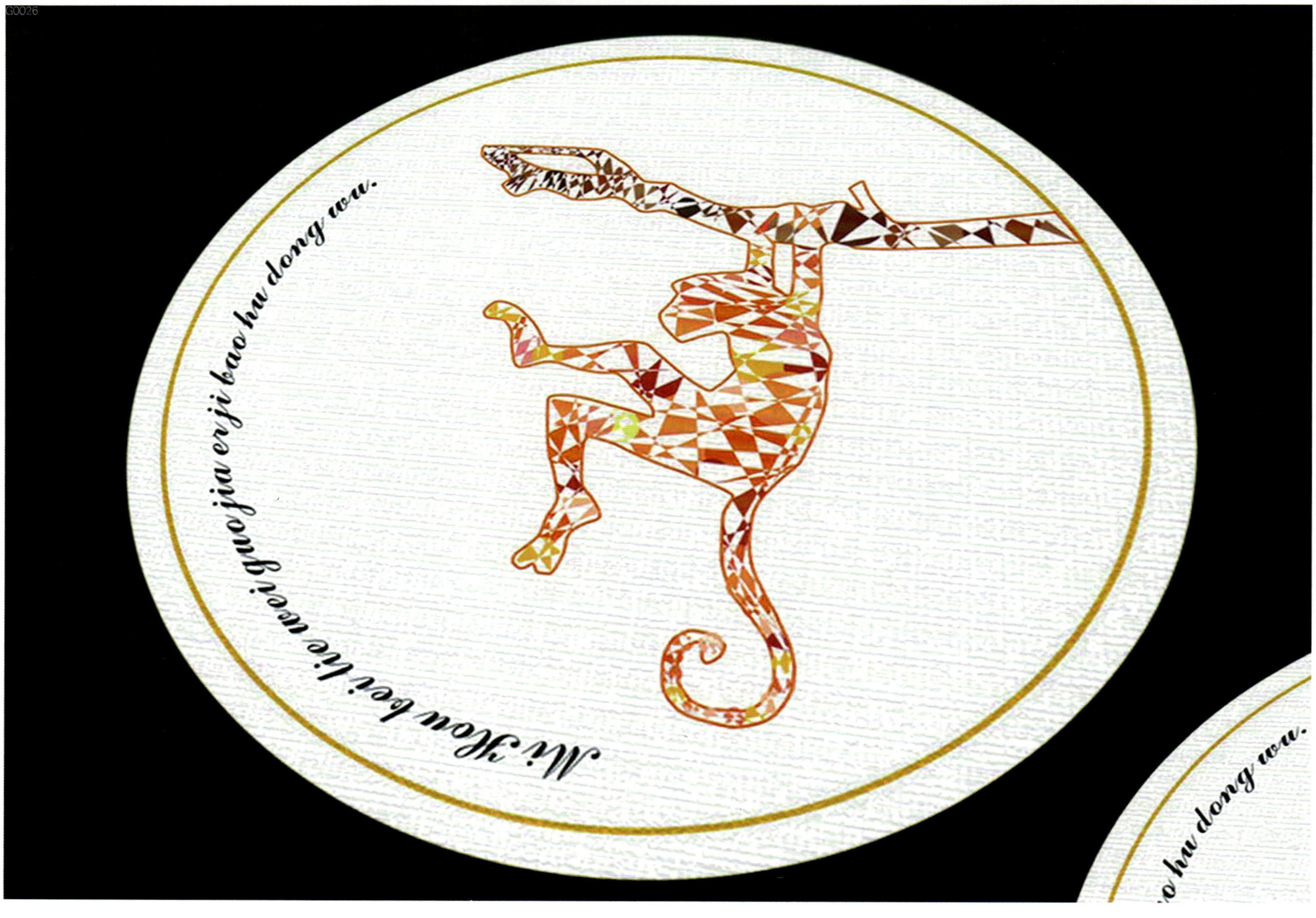

Mi Hou bei lie wei guojia erji bao hu dong wu.

序　　号：G0023 ~ G0026
作品名称：西双版纳野生动物杯垫设计系列
作　　者：王茂璐
学　　校：昆明理工大学
指导教师：侯小锋

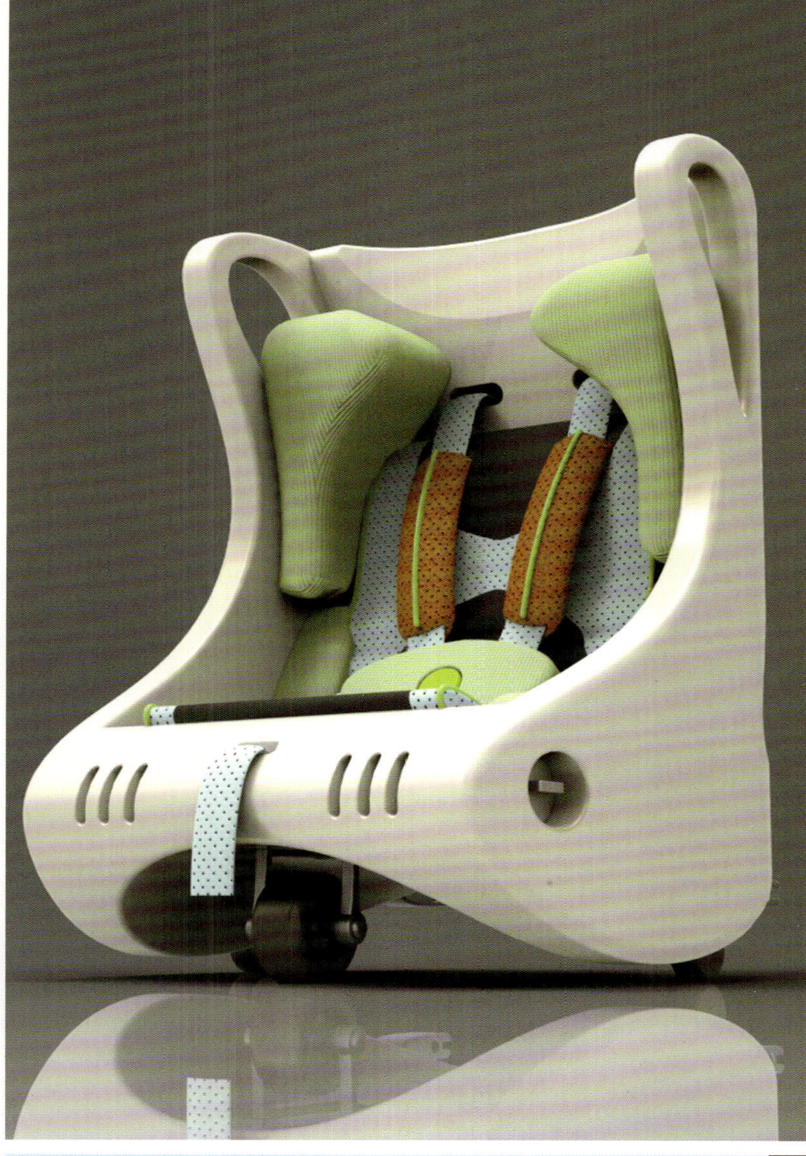

序　　号：G0045 ~ G0046
作品名称：布灯
作　　者：陈可昕
学　　校：西安建筑科技大学
指导教师：张博

序　　号：G0047
作品名称：树与水电视柜
作　　者：朱忠正
学　　校：青岛科技大学
指导教师：王滨

序　　号：G0048
作品名称：甲虫台灯
作　　者：廖力民
学　　校：常州大学
指导教师：张明月

序　　号：G0049
作品名称：围棋之公共座椅设计
作　　者：湿嘉豪、杜金林
学　　校：九江学院
指导教师：杨闵敏

序　　号：G0050
作品名称：婴儿安全座椅
作　　者：王鹏、沈雪、魏婷婷、王志贤
学　　校：常州大学
指导教师：姚江、张明月

序　　号：G0051
作品名称：电动车外观设计
作　　者：张力军
学　　校：昆明理工大学
指导教师：张建国

G0052

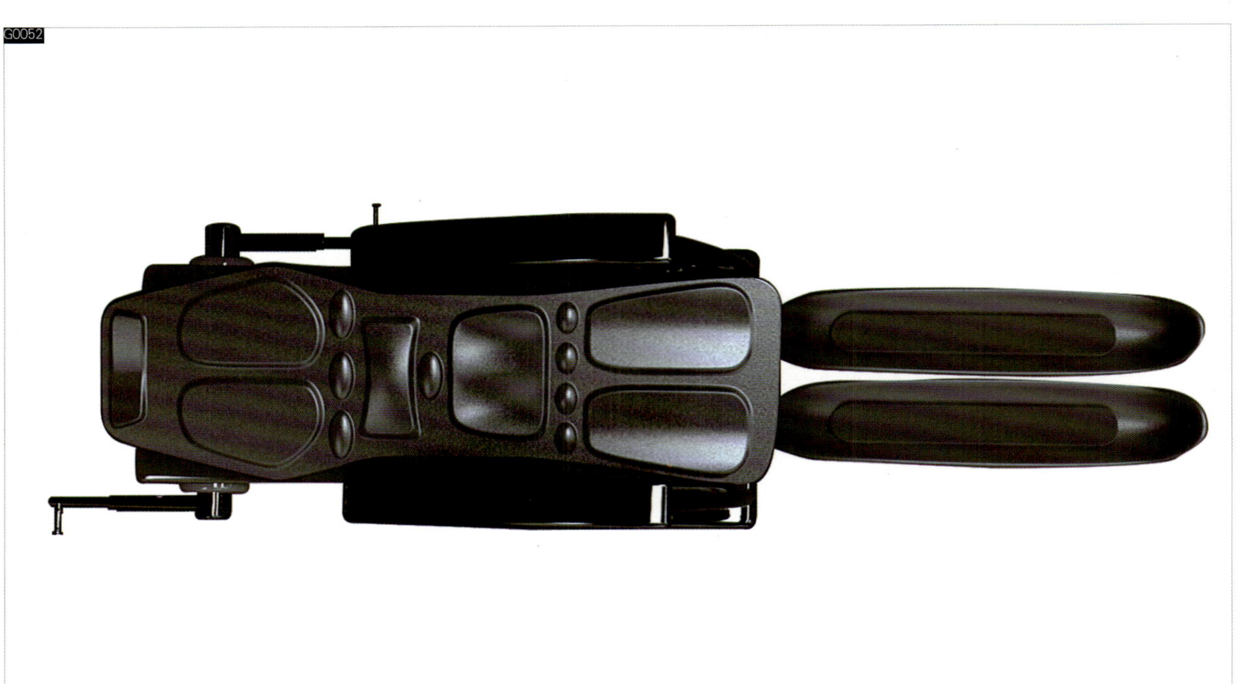

G0053

G0054

序　　号：G0052 ~ G0053
作品名称：仰泳健身器材
作　　者：万戈松
学　　校：北华航天工业学院
指导教师：宋明轩

序　　号：G0054
作品名称：笑脸瓶盖
作　　者：陈杰
学　　校：广州美术学院
指导教师：无

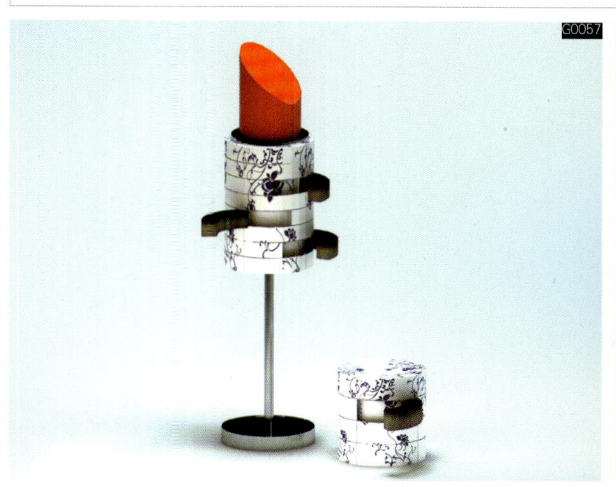

序　　号：G0055 | G0056
作品名称：婴幼儿音乐洗手盆 | 磁悬浮未来交通工具 · 蜗牛车
作　　者：武宽慧
学　　校：湖北工业大学
指导教师：陈启祥

序　　号：G0057
作品名称：衣架的诱惑
作　　者：黄雪
学　　校：成都艺术职业学院
指导教师：刘家伟

序　　号：G0058
作品名称：胶囊凳
作　　者：任航航
学　　校：山西农业大学信息学院
指导教师：孙琪

序　　号：G0059
作品名称：乐生
作　　者：黄云
学　　校：成都艺术职业学院
指导教师：刘家伟

G0060

G0061

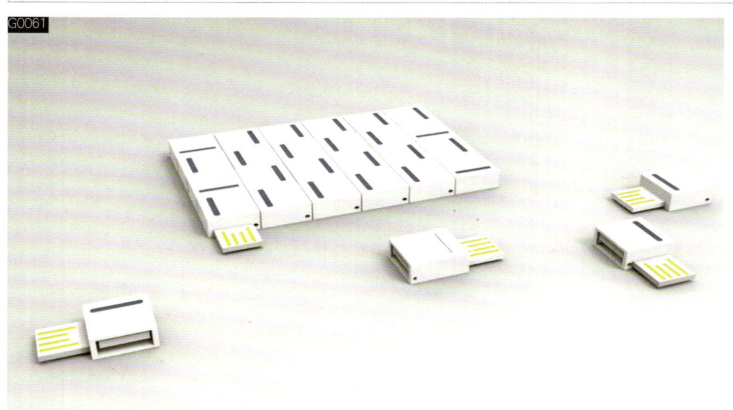

G0062

G0063

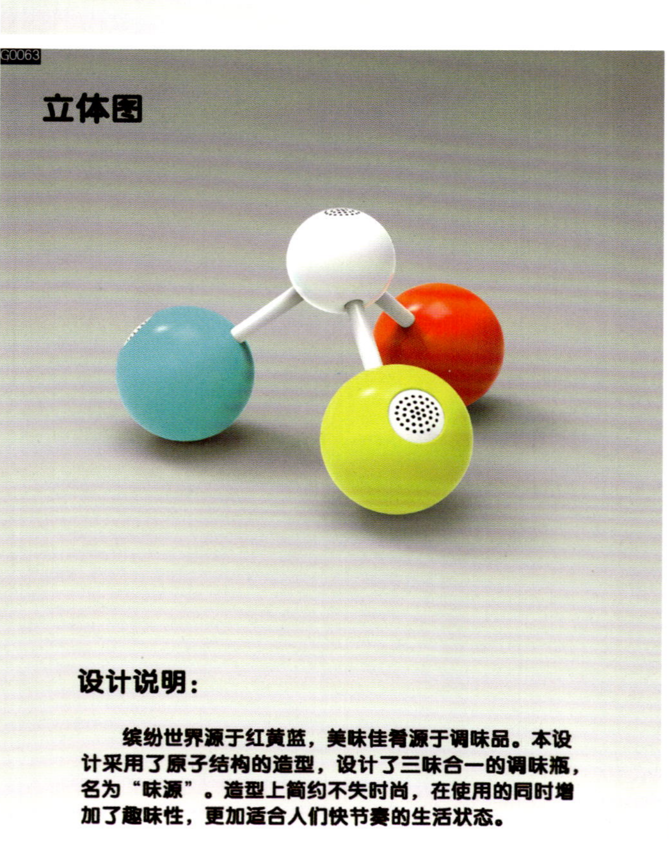

G0064

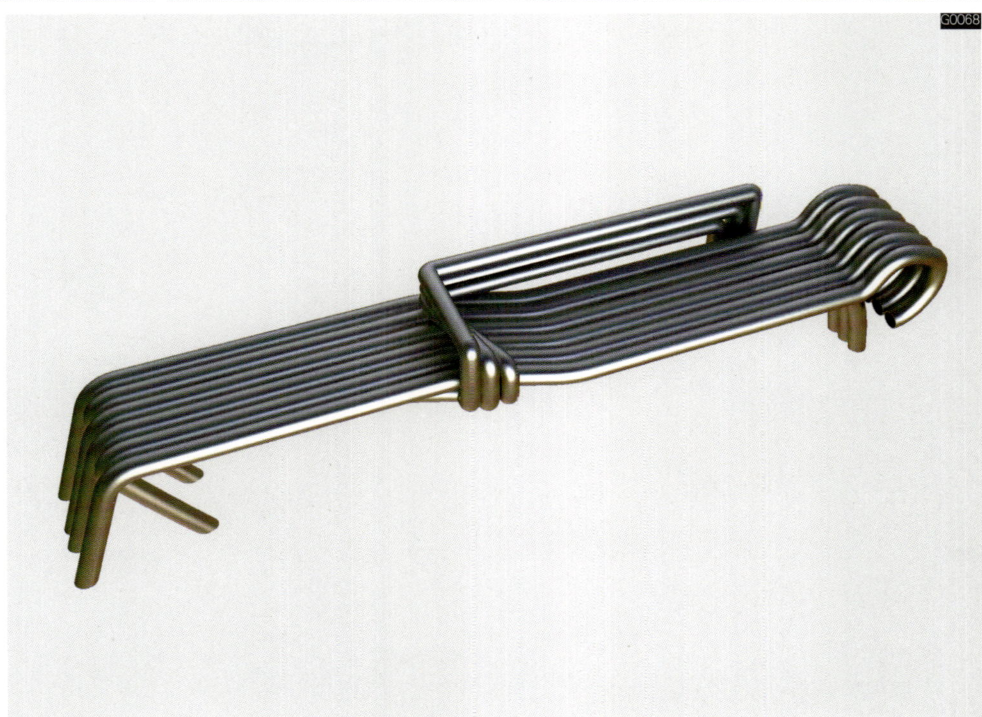

序　　号：G0060
作品名称：刀锋骑士
作　　者：张力军
学　　校：昆明理工大学
指导教师：张建国

序　　号：G0061
作品名称：便捷储存神器
作　　者：翟辛鲜
学　　校：常州大学
指导教师：张明月

序　　号：G0062
作品名称：“飞蛋”微型航拍仪
作　　者：毛俊
学　　校：黄山学院
指导教师：张晓利

序　　号：G0063
作品名称：味源——调味瓶设计
作　　者：王倩
学　　校：黄山学院
指导教师：孙伟

序　　号：G0064
作品名称：情侣伞
作　　者：韩卫卫
学　　校：郑州大学
指导教师：王晓予

序　　号：G0065
作品名称：仿生贝壳汽车婴儿安全座椅
作　　者：李光楠
学　　校：常州大学
指导教师：张春明、张明月

序　　号：G0066
作品名称：钢艺
作　　者：王飞强
学　　校：成都艺术职业学院
指导教师：刘家伟

序　　号：G0067
作品名称：结
作　　者：文波
学　　校：成都艺术职业学院
指导教师：刘家伟

序　　号：G0068
作品名称：钢心柔情
作　　者：黄帅
学　　校：成都艺术职业学院
指导教师：刘家伟

G0069
Barrier-free cup
Barrier-free cup can make me fell the water.
背景：生活中的一些小事对于健康的人来说很简单，但对于盲人来说往往就存在很多的不方便，例如倒水，他们常常会将水溢出杯子，如果是开水便会被烫伤。
Background:The little things in life for healthy people is very simple,but often there are a lot ofinconvenience for blind people,such as water,they often will overflow the cup,if it is boiled water will be burned.
设计说明：Barrier-free cup可以很轻松的解决盲人倒水的问题，中间的透明软面硅胶可以让使用者感受到水的波动，利用触觉来感应到水的高度，当水即将倒满时就可以感受到，防止水溢出来伤害到使用者。
Design specification: Barrier - free cup can easily solve the problem of water for the blind,inthe middle of the transparent soft silicone can let users feel the fluct-uation of water, using tactile sensingthe height of the water, when wateris filled can feel that, to prevent water over-flow to harm to the user.
这杯子，让我感受到了水的流动和温度！

G0070
Barrier-free cup
Barrier-free cup can make me fell the water.
细节-Detail
PP材质，耐高温，更环保。
PP material, high temperature resistant, more environmentally friendly.
薄面硅胶，触感更佳，耐高温。
My meager sensibilities silica gel, feel better, high temperature resistance.
1.5厘米留余，防水溢出，更贴心。
More than 1.5 cm left, waterproof overflow, more intimate.
Before
Now

G0071
R-Skipping健康跳绳
Rope skipping
how to use
Step1：
先将跳绳通过USB借口连接电脑，设定自己想要消耗的卡路里值，做好准备工作。
Step2：
开始运动时，边条由绿色变成红色时，说明卡路里消耗足够。
Step3：
可以将自己所消耗的卡路里通过电脑记录下来，每天做合理运动安排哦
USB接线口

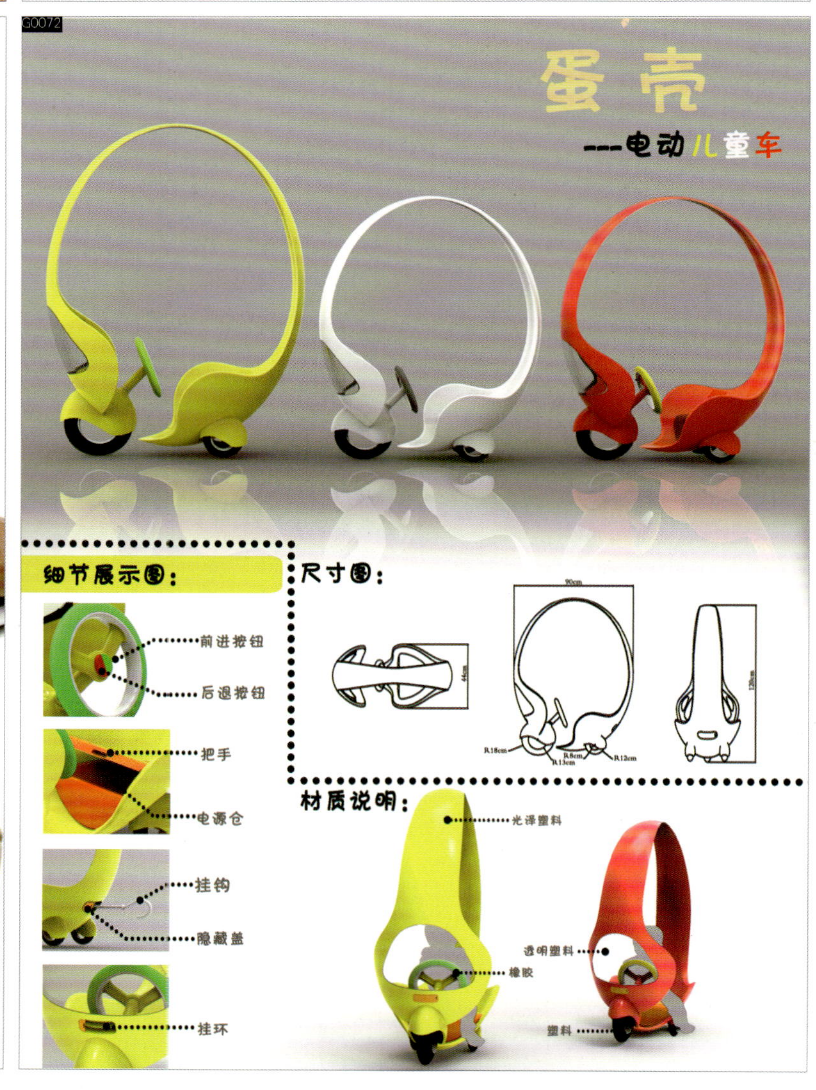
G0072
蛋壳
---电动儿童车
细节展示图：
前进按钮
后退按钮
把手
电源仓
挂钩
隐藏盖
挂环
尺寸图：
材质说明：
光泽塑料
透明塑料
橡胶
塑料

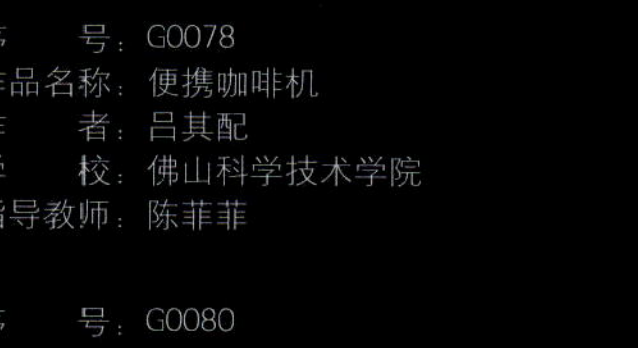

号：G0078
品名称：便携咖啡机
者：吕其配
校：佛山科学技术学院
导教师：陈菲菲

序　　号：G0079
作品名称：Touch the Sunshine 立式取暖器
作　　者：潘梦千
学　　校：昆明理工大学
指导教师：王坤茜

号：G0080
品名称：炸弹音响
者：王娇
校：天津体育学院运动与文化艺术学院
导教师：刘顺利

序　　号：G008
作品名称：易收纳插头
作　　者：伍柃亦、姜珏悦、姚梦园、白万东
学　　校：昆明理工大学
指导教师：许佳

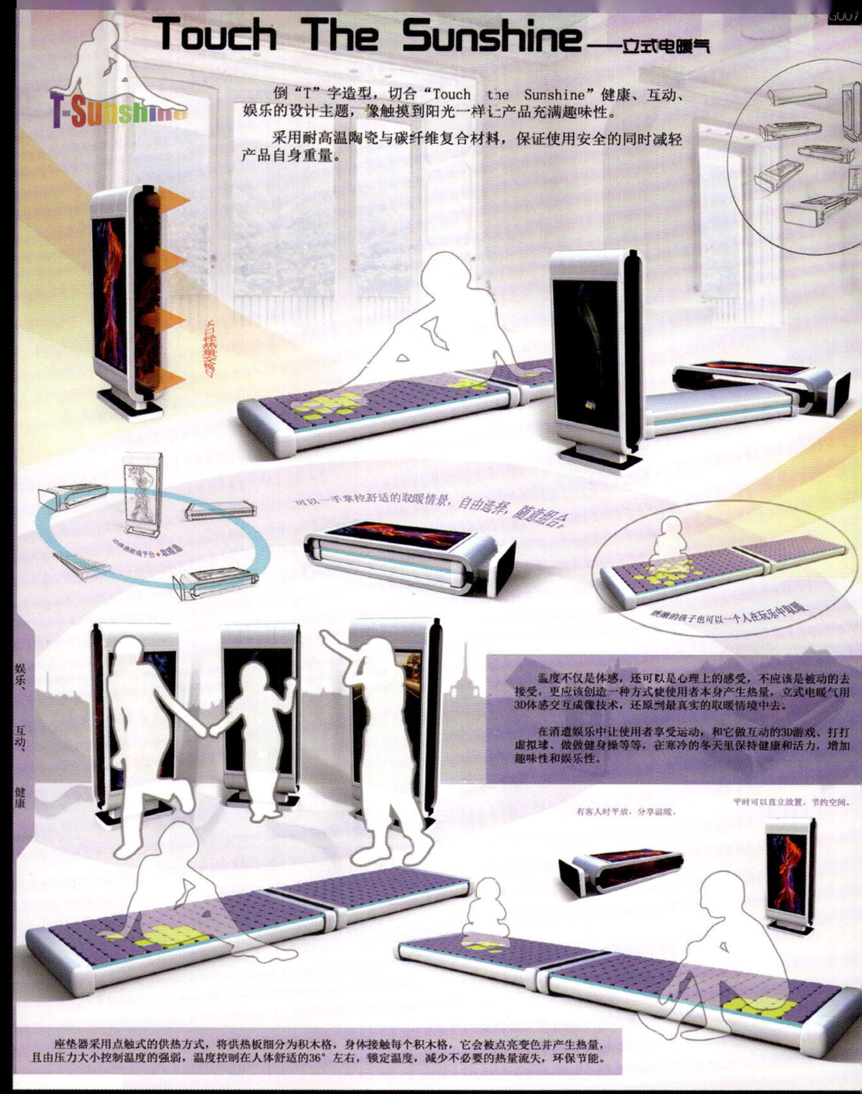

G0080

炸弹音响

设计理念：把炸弹作为设计元素，音响的外形酷似炸弹，炸弹上有4个按钮，"+"长按此按钮为开关机键。开机后此键为向前切换键，"-"此键是向后切换键。"<"开机后，此键为减声音键，长按是快退键，">"此键为加声音键，长按则是快进键。4个按键都是热感应的。此音响师太阳能充电。你只要把它紧靠的放在需要用音响播放的电子产品边上，它会靠它的火花头自动搜索到目标，然后播放。

G008

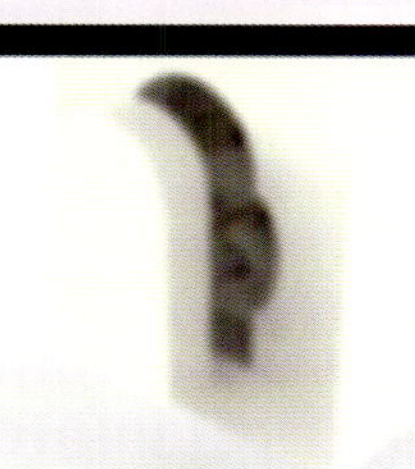

易收纳插头

设计概述

解决家用电器插头不使用时无法收纳、占用空间、被踩脏的问题。

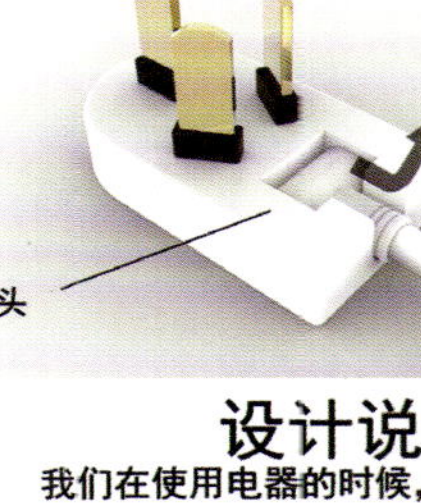

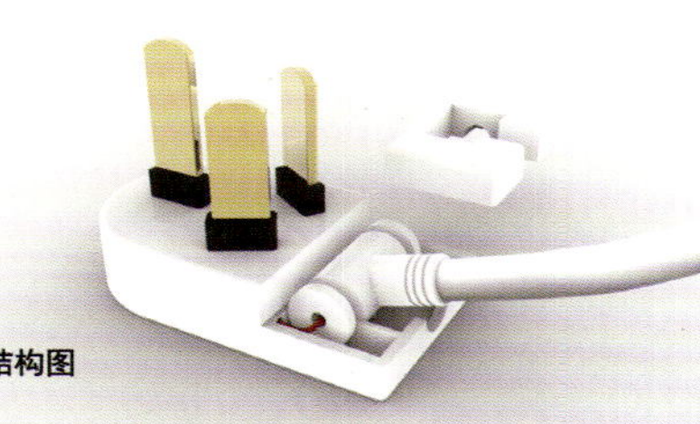

设计说明

我们在使用电器的时候，经常会发现家中的地上散乱的摆放着各种家电的插头电线，这既不美观，又占用了空间，同时也是一个安全隐患，家中的小孩老人可能会绊倒，这个插头设计能够帮助解决这个问题，电器在不使用的时候就可以收纳进电器内部，与家电融为一体，插头采用90度可旋转接头设计，从正常模式旋转90度就可以收纳进电器，收线方式采用转盘的形式。

装备到电器上　　---收线方式

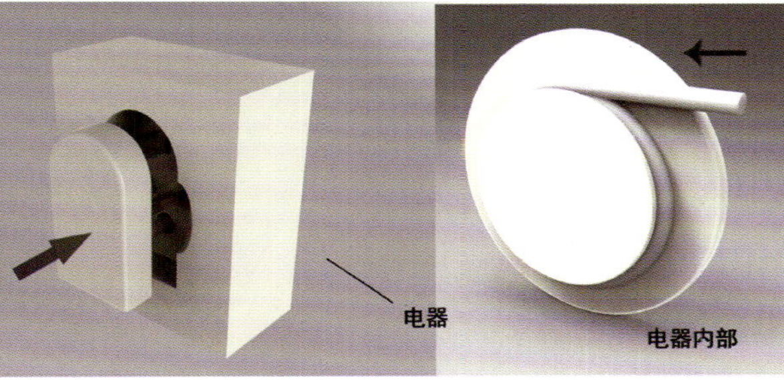

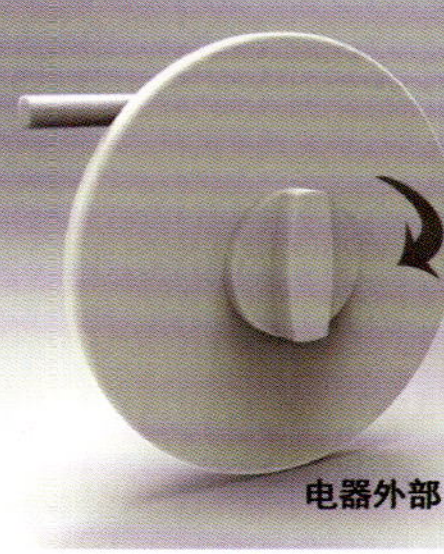

G0082

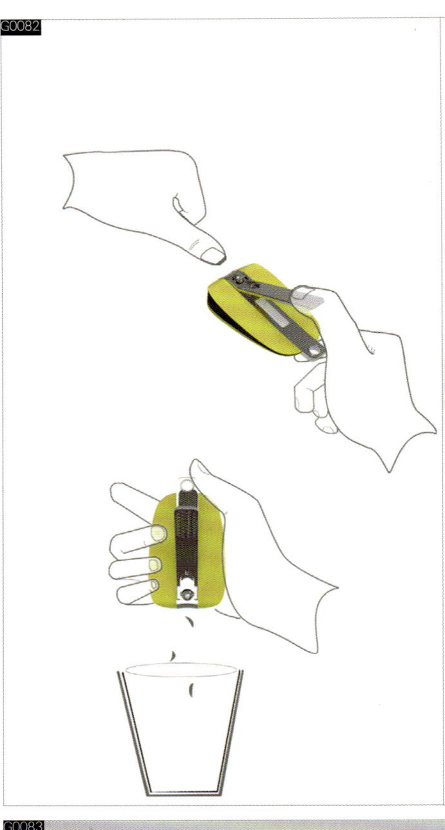

剪指甲的同时收集指甲。当在修剪指甲的时候，剪下的指甲会随意飞溅，影响他人且不便于清理。我的这个设计就为了收集修剪下来的指甲，待修剪完后，再把剪下的指甲倒入垃圾桶中。不影响他人也不会污染周围环境

G0083

"韵味"——设计说明 Design description

旗袍——传统女性的服饰，以其流动的旋律、体现女性贤淑、典雅、温柔、清丽的性情与气质。

香水——魅力、内涵的体现。不同的香味，展现给人不同的感觉。

两者的结合——女士专属香水。女性美的象征，女人味的体现。

"韵味"——细节展示 Detail display

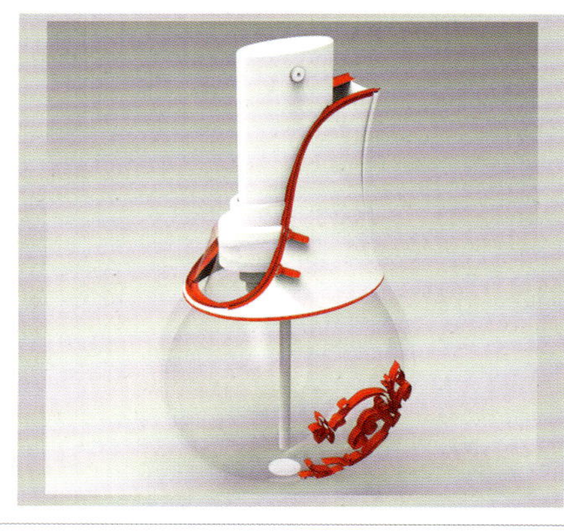

序　　号：G0082
作品名称：剪 · 甲
作　　者：伍柃亦、姜琦悦、姚梦园、白万兵
学　　校：昆明理工大学
指导教师：许佳

序　　号：G0083
作品名称：韵味—女性香水瓶设计
作　　者：刘颖、韩冬、范雅迪、刘昆霞、洪思敏、廖一帆
学　　校：黄山学院
指导教师：左铁峰

序　　号：G0084
作品名称：编织球台灯
作　　者：黄婉华
学　　校：广州科技贸易职业学院
指导教师：曾小桦

序　　号：G0085
作品名称：岩洞茶具设计
作　　者：李航宇
学　　校：三明学院
指导教师：林幸民

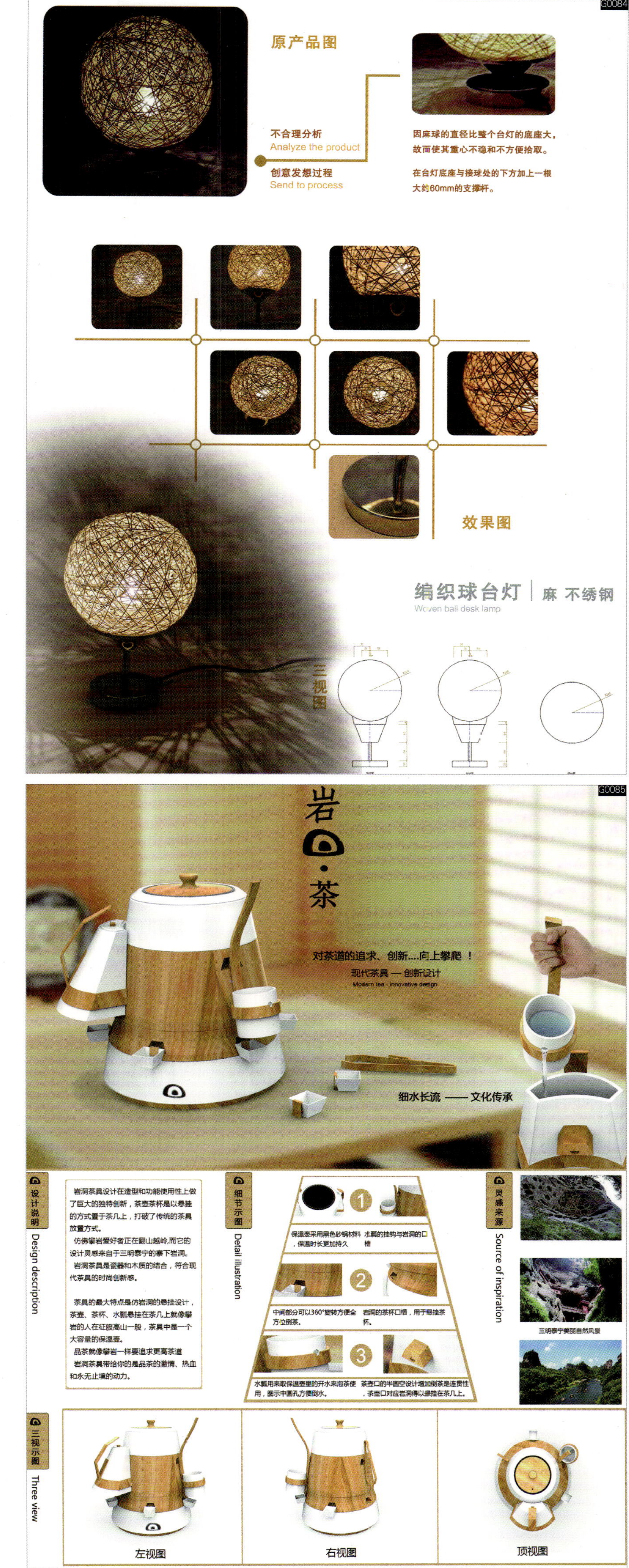

序　　号：G0086
作品名称：Radar
作　　者：林祥辉
学　　校：三明学院
指导教师：林幸民

序　　号：G0087
作品名称：手电筒设计
作　　者：韩冬、刘晨霞、刘颖、范雅迪、廖一帆、洪思敏
学　　校：黄山学院
指导教师：舒伟

序　　号：G0088
作品名称：飞科吹风机改良设计
作　　者：贾小红
学　　校：四川长江职业学院
指导教师：柏清

序　　号：G0089
作品名称：监测 & 健康
作　　者：于恒
学　　校：燕山大学
指导教师：王年文

外观小巧简约，开关采用滑动式，更符合人机，灯头的设计可以使光照面积大

机身采用高科技的塑料材质，更加耐用，人们在寒冷的天气下使用，手也不会感觉凉，底座有一处切割处，可以立在平面上，放置更加方便

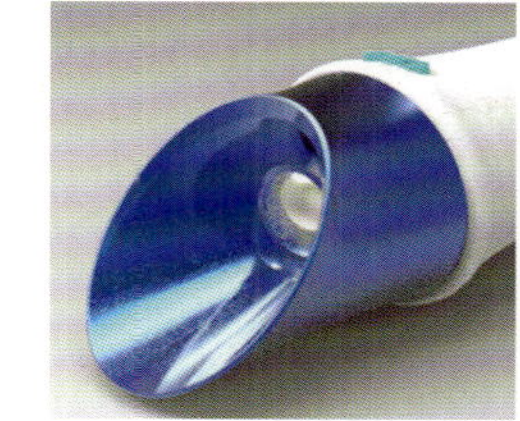

G0088

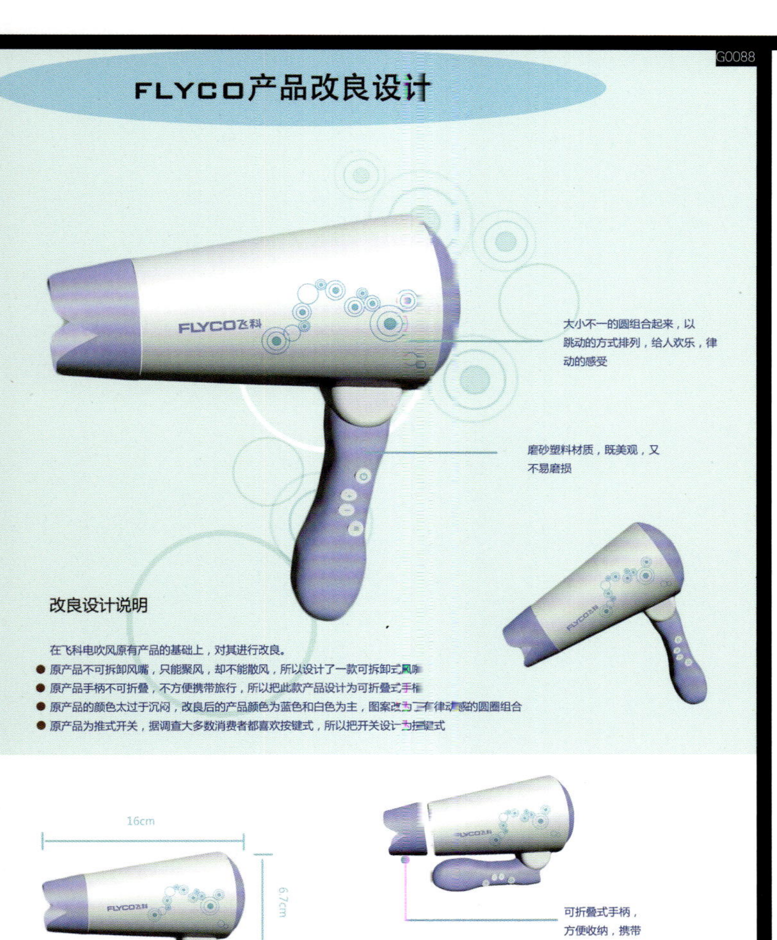

6.7cm

12.5cm

产品尺寸

可折叠式手柄，方便收纳，携带

可拆卸式风嘴设计，方便更改聚风方式

G0089

监测&健康

——家庭健康监测验尿笔

- 更为方便、自由的进行尿常规的监测检验
- 更为提前的检测出身体健康风险
- 监测数据结果专入电脑进行数据共享

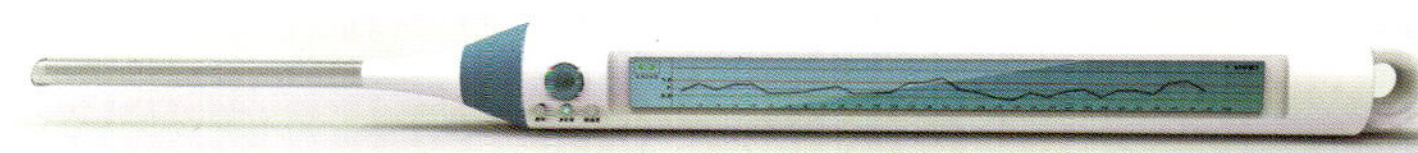

设计说明：

尿常规检查是健康检测的重要项目之一，监测&健康家用健康监测验尿笔打破了医院传统的冗杂验尿流程和监测场所的限制，能够更为方便自由的进行尿常规的监测检验，更为提前的检测出健康风险，然后将疾病发现在早期然后进行治疗。显示屏上设有无线设置可以将监测数据结果导入电脑进行数据共享。

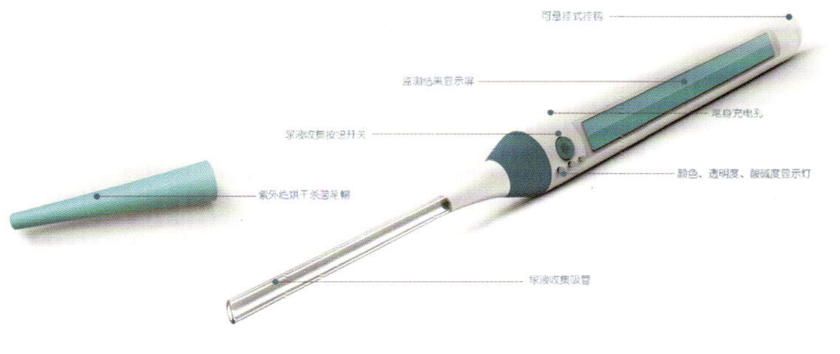

纺织服装艺术

The art of apparel and textiles

当我们面对灾难时，内心的恐惧迷茫油然而生，面对痛苦的束缚，勇敢地摆脱内心的阴霾，摆脱束缚的挣扎，把握自己的命运，挑战自我，在欲火中得以重生，冲破黑暗的枷锁。

序　　号：I0001 ~ I0002 | I0003
作品名称：无界 | 震
作　　者：李建平
学　　校：盐城工学院
指导教师：马丽丽

序　　号　10004 ~ 10007
作品名称　[illegible]·主
作　　者　[illegible]军[illegible]
学　　校　[illegible]州师范大学
指导教师　[illegible]

10008

10009

10010

序　　号：I0008
作品名称：青花
作　　者：白雪松
学　　校：抚顺职业技术学院
指导教师：朱霖、陈松立

序　　号：I0009
作品名称：雀之灵
作　　者：顾佳鑫
学　　校：抚顺职业技术学院
指导教师：朱霖、陈松立

序　　号：0010
作品名称：嫦娥奔月
作　　者：于乔
学　　校：抚顺职业技术学院
指导教师：朱霖、陈松立

序　　号：I0011
作品名称：黑黑卷卷
作　　者：周慧
学　　校：北京科技经营管理学院
指导教师：陈静

10012

10013

10014

I0054

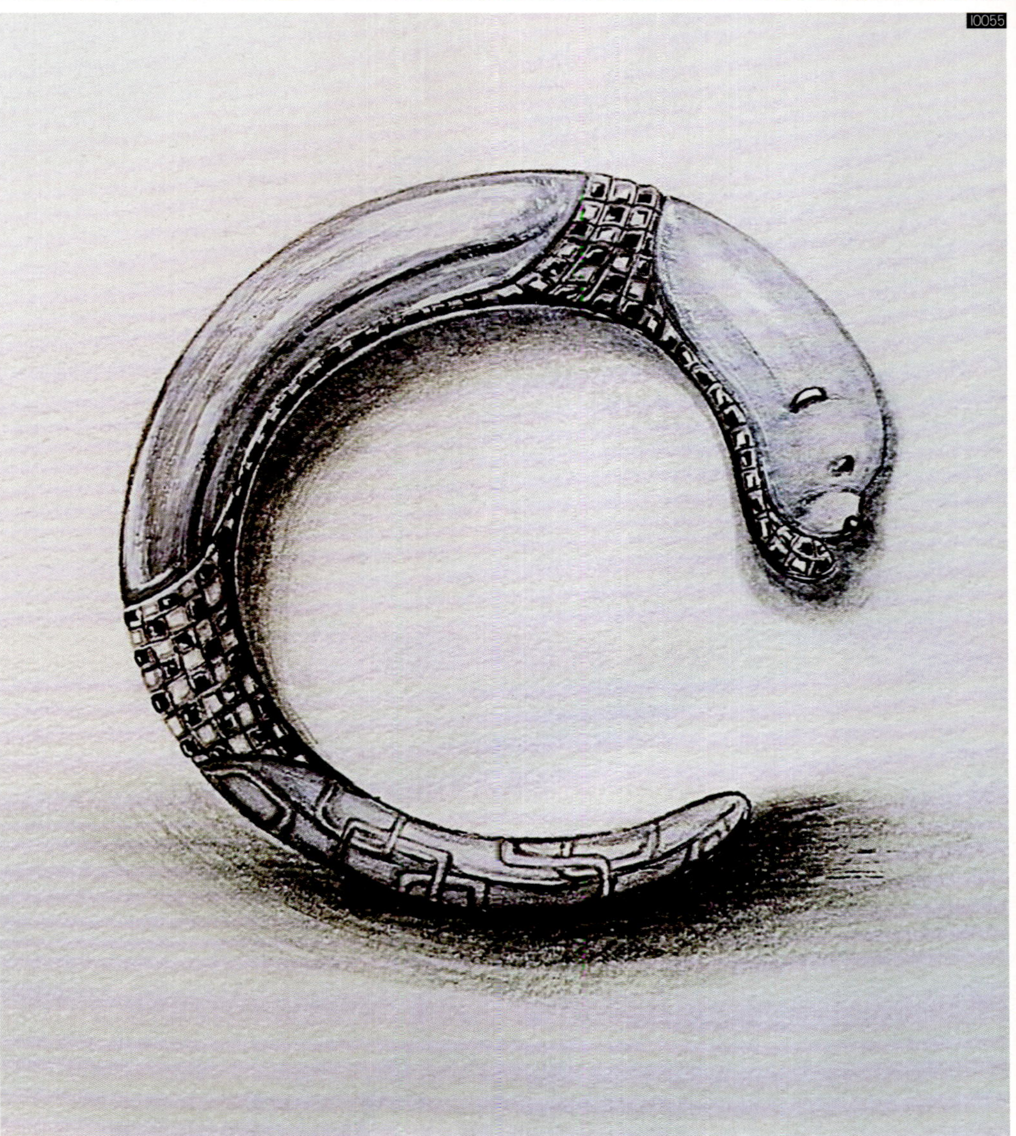
I0055

I0056

I0057

I0058

倾心

Keren Wang

Jewellery Design

I0059

序　　号：I0056 | I0057
作品名称：深海迷情 | 源
作　　者：李建平
学　　校：盐城工学院
指导教师：马丽丽

序　　号：I0058
作品名称：倾心
作　　者：王筱琴
学　　校：四川师范大学
指导教师：程思

序　　号：I0059
作品名称：坠入繁星
作　　者：高歌
学　　校：杭州师范大学
指导教师：无

I0060

主题：梦幻仙境

说明：花卉的另类表现

I0061

设计名称：穿梭

设计说明：中西方文化的交融，古典传统与现代时尚的碰撞。

序　　号：I0060 | I0061 | I0062 | I0063

作品名称：梦幻仙境 | 穿梭 | 胡桃夹子的世界 | 裂变

作　　者：李方舟

学　　校：鲁迅美术学院

指导教师：庄子平

作品名称：胡桃夹子的世界
嗯！想到小时候的梦想了么，拥有好多的玩具胡桃夹子连睡觉都不会忘
，整幅图以黄色调为主，以童话胡桃夹子玩具为构想组成画面！回首过
展望未来！新的想法新的期待正等着我们去探索！
色板：
配版：
主题：裂变
说明：花卉的创意构想

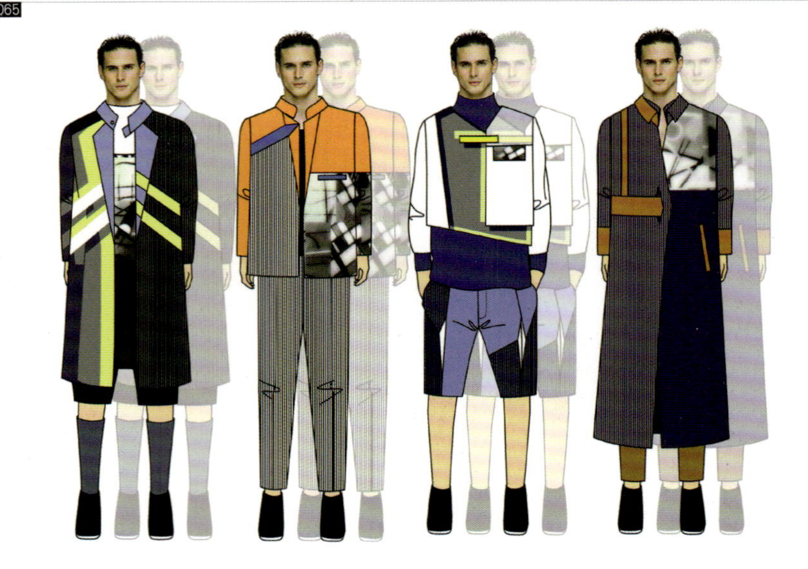

I0066

序　　号：I0064 ｜ I0065
作品名称：R.T ｜ 轻 · 自在
作　　者：谭丽
学　　校：四川美术学院
指导教师：卓克难

序　　号：I0066
作品名称：初
作　　者：汤国英
学　　校：武汉纺织大学
指导教师：无

10067

10068

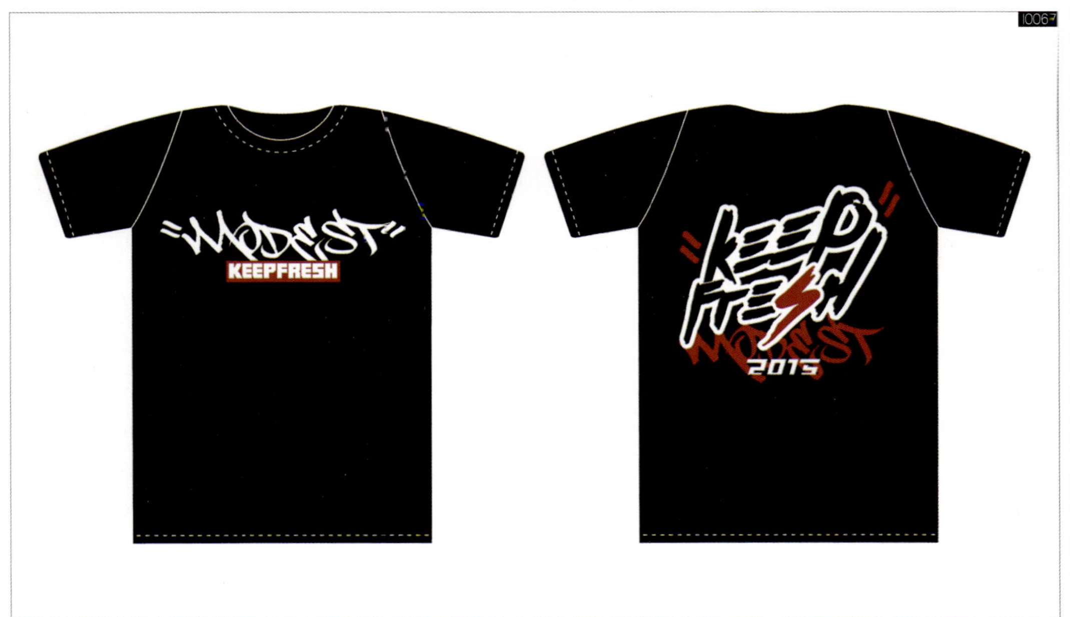

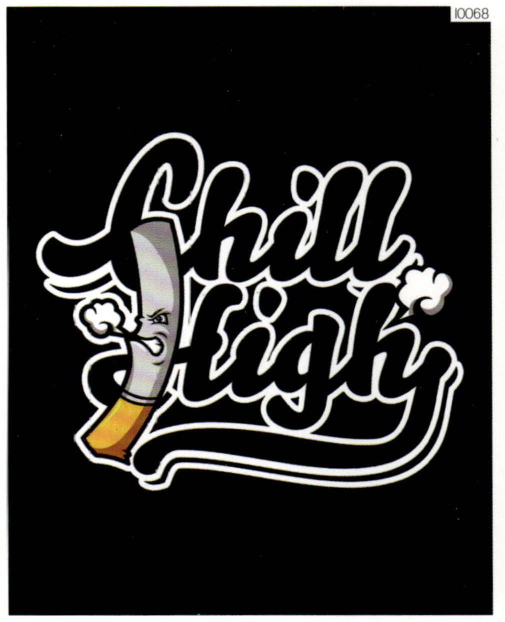

10069

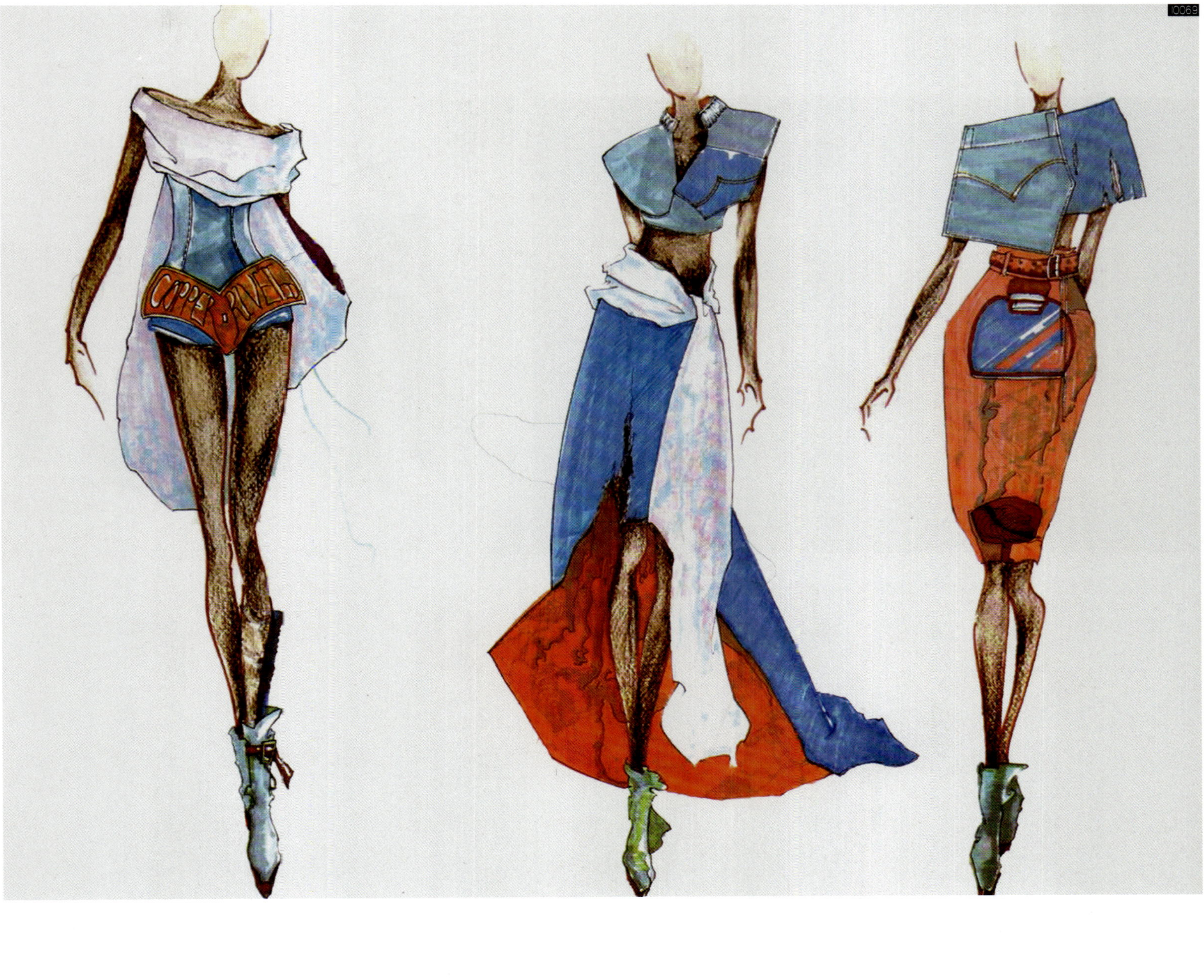

序　　号：10067 | 10068
作品名称：KEEPFRESH | 纪念服图案
作　　者：林建航
学　　校：佛山科学技术学院
指导教师：陈菲菲

序　　号：10069
作品名称：木偶牛仔
作　　者：王莉娟
学　　校：湖南女子学院
指导教师：梁峰

10070
10071
10072
10073
10074
格子迷情
10075
10076
10077

序　　号：I0070～I0073
作品名称：时装画
作　　者：江丽红
学　　校：河源职业技术学院
指导教师：胡叶娟

序　　号：I0074 | I0075
作品名称：格子迷情 | 茶韵
作　　者：王巧
学　　校：苏州大学
指导教师：李正

序　　号：I0076 | I0077
作品名称：阳光组合 | 百褶裙
作　　者：叶芳羽
学　　校：湖南师范大学
指导教师：贺景卫

序　　号：I0078 | I0079
作品名称：纸飞机的天空 | 现
作　　者：费婷
学　　校：四川师范大学
指导教师：张晓黎

I0080

I0081

I0082

序　　号：I0080
作品名称：呼唤自然
作　　者：陈晋
学　　校：四川师范大学
指导教师：张晓黎

序　　号：I0081
作品名称：东方情愫
作　　者：吴双
学　　校：四川师范大学
指导教师：张晓黎

序　　号：I0082
作品名称：芙青叠影
作　　者：张悦
学　　校：四川师范大学
指导教师：张晓黎

序　　号：I0083
作品名称：自由之鱼
作　　者：李晓丽
学　　校：山东理工大学
指导教师：于丽华

序　　号：I0084
作品名称：浪之韵
作　　者：李晓丽
学　　校：山东理工大学
指导教师：宋金英

序　　号：I0085
作品名称：Back To Nature
作　　者：张悦
学　　校：四川师范大学
指导教师：张晓黎

序　　号：I0086
作品名称：街头
作　　者：陈晋
学　　校：四川师范大学
指导教师：张晓黎

I0087

I0088

I0089

序　　号：I0087 | I0088 | I0089
作品名称：双生 | 草木偶 | 花丛中的女人
作　　者：毕玥
学　　校：海南大学
指导教师：无

2015

中国当代大学生艺术作品年鉴

Yearbook of Contemporary Chinese University Students' Art Works in 2015

暨“逐日杯”中国当代大学生艺术作品大赛入编作品

The Selected Works of the "Eonian Cup" Contemporary Chinese University Students' Art Work Contest

《中国当代大学生艺术作品年鉴》
委会 编

earbook of Contemporary Chinese
iversity Students' Art Works
itorial board

易名 主编
ng Yiming Chief editor

入编作品

The Selected Works

造型艺术 摄影艺术 视觉传达艺术

建筑环境艺术 动漫新媒体艺术

VOLUME THREE

卷叁

北京工艺美术出版社

谨以此年鉴
献给为中国高等艺术教育发展而辛勤付出的教师和学子们！

图书在版编目（CIP）数据

2015中国当代大学生艺术作品年鉴．入编作品．卷3/丁易名主编．—北京：北京工艺美术出版社，2015.9
（中国艺术年鉴）
ISBN 978-7-5140-0734-3

Ⅰ．①2… Ⅱ．①丁… Ⅲ．①艺术－作品综合集－中国－现代 Ⅳ．①J121

中国版本图书馆CIP数据核字(2015)第213300号

出 版 人：陈高潮
责任编辑：杨世君　冯淑泰
装帧设计：北京逐日文化传媒有限公司
责任印制：宋朝晖

2015 中国当代大学生艺术作品年鉴

入编作品　卷 3

丁易名　主编

出版发行　北京工艺美术出版社
地　　址　北京市东城区和平里七区16号
邮　　编　100013
电　　话　(010) 84255105（总编室）
　　　　　(010) 64283627（编辑部）
　　　　　(010) 64283671（发行部）
传　　真　(010) 64280045/84255105
网　　址　www.gmcbs.cn
经　　销　各地新华书店
印　　刷　北京久佳印刷有限责任公司
开　　本　700毫米×1000毫米 1/8
印　　张　58.5
版　　次　2015年9月第1版
印　　次　2015年9月第1次印刷
印　　数　1～3000
书　　号　ISBN 978-7-5140-0734-3
定　　价　1494.00元（全三册）

主　　办　中国传媒大学美术传播研究所
中国当代艺术家协会
策划／承办　北京逐日文化传媒有限公司
《中国艺术年鉴》编辑部
学术顾问　李砚祖　吕品昌　叶建新　宁　钢
主　　编　丁易名
副 主 编　张立坤　刘　洋　毕小龙　张芳帆
编　　辑　雷雨龙　张鸿雨　贾迎春　王　帅
陈致远　段会会　朱玉梅　史青苗
美　　编　李　鹏　耿　莹　胡振宇

特邀编委

（按姓氏首字母排序）

谨以此年鉴
献给为中国高等艺术教育发展而辛勤付出的教师和学子们！

2015
中国当代大学生艺术作品年鉴
暨“逐日杯”中国当代大学生艺术作品大赛

《2015 中国当代大学生艺术作品年鉴》（以下简称《年鉴》）暨“逐日杯”中国当代大学生艺术作品大赛在全国两千余所高等艺术院校师生的大力支持下，前后耗费一年左右的时间终于圆满结束。此次征稿共收到 3 万余名学生的 11 万余幅（件）投稿作品，经过编委会、评审团、专家评审委员会遵循公平、公正的原则分级评审，最终有 6000 余幅（件）作品被《年鉴》收编入册，其中有近 500 幅（件）优秀作品在大赛中获得终评提名。这些作品延续了上一年度作品多类型、多风格、多理念的特点，不仅反映出当前高等院校艺术教育多元化、实用化、职业化的发展状况和实践创作教育成果，更体现出当代大学生朝气蓬勃的活力与天马行空的创造力。

《年鉴》对于高等艺术教育部门、教育机构和从事绘画艺术、书画艺术、造型艺术、视觉传达艺术、建筑环境艺术、动漫新媒体艺术、工业设计、摄影艺术、纺织服装艺术等设计创作人员掌握高校艺术教育行业发展趋向，了解新的设计创作理念，有很好的参考和借鉴作用。在本次《年鉴》的征稿、编辑和大赛的举办过程中，还得到了以中央美术学院、清华大学美术学院、天津美术学院、湖北美术学院、西安美术学院等全国八大美院为主的 31 所独立高等艺术院校和其他综合类、职业类高等艺术院校的专家、教授以及老师们的大力支持和帮助，在此向为《年鉴》和大赛提供帮助和支持的单位及个人表示衷心的感谢！

《年鉴》由北京工艺美术出版社出版，委托相关的图书销售公司、发行公司在国外和国内（含港、澳、台）等各地区发行。由于资料数据繁多，在编辑过程中难免有疏漏或错误之处，敬请读者指正，并提出宝贵意见，以便我们不断提高《年鉴》的编辑水平，满足广大读者的需求。

《中国艺术年鉴》编辑部
《中国当代大学生艺术作品年鉴》编委会
2015 年 7 月

序

preface

艺术教育是教育中不可缺少的组成部分。在现实生活中，人们常常会侧重技法的提高而忽视感受，重视考学而忽视兴趣，重视成绩而忽视审美能力和艺术素质的培养，这无疑束缚了人的想象力和创造力。随着时代的发展，越来越多的人开始明白要培养全面发展的人才，就必须重视艺术教育，各院校也从多方面开展艺术教育活动，这促进了当前我国文化和艺术的大发展、大繁荣。在文化和艺术百花齐放的大环境下，《2015 中国当代大学生艺术作品年鉴》开始了新的征程。

《2015 中国当代大学生艺术作品年鉴》暨"逐日杯"中国当代大学生艺术作品大赛是中国传媒大学美术传播研究院与北京逐日文化传媒有限公司共同面向全国大学生征集艺术作品的评选活动，反映了 2014 ~ 2015 年度我国各大院校在绘画艺术、造型艺术、视觉传达艺术、动漫新媒体艺术等九大类艺术专业方面学生的实际情况及其所取得的成就。我们本着客观、公正的原则，全面真实地展现了中国当代大学生的创作才华和进取精神，用年鉴这一形式记录莘莘学子在艺术道路上的成长历程，希望能点燃更多年轻人对艺术创作的热情。

回顾《年鉴》走过的历程，有努力，有汗水，更有宝贵的学习经验。我们将每年的大学生艺术创作足迹系统真实地记录下来，总结过去，把握现在，展望未来。希望《年鉴》继续担负起重任，不断推动中国艺术教育的发展。

最后，真挚地感谢给我们提供支持和帮助的高校的老师们、朋友们，以及给我们提出宝贵意见的社会各界人士。《年鉴》在大家的共同努力下，一定会越办越好。

丁宏名 主编

谨以此年鉴

献给为中国高等艺术教育发展而辛勤付出的教师和学子们！

藝術作为興趣同时又是自己的未来职业工作，那不仅意味着幸运，更意味着社会将艺术创造的责任赋予了你。作为未来的艺术家、设计家，将用艺术之笔描绘一个新的美好世界，因此，在大学时代的学习和努力就十分重要。

李砚祖

2015年5月

清华大学美术学院教授 博士研究生导师 李砚祖题词

很欣慰又看到了2015年度的学生年鉴作品，看出当代大学生思维活跃，勇于探索，能真实地反映现实生活、感受当下……无论是技术训练还是工艺表现都有较好体现。从作品中看出新一代青年艺术家的思想和充满智慧的目光，且充满活力。

中央美术学院雕塑系 吕品昌

2015.5.22

中央美术学院教授 硕士研究生导师 吕品昌题词

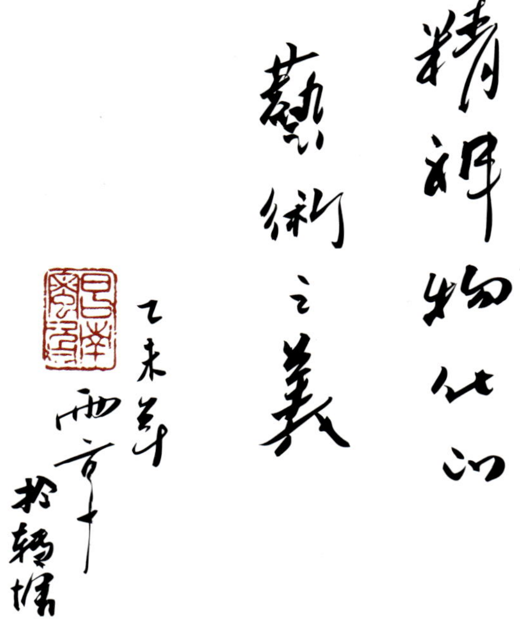

中国美术学院教授 硕士研究生导师 戴雨享题词

弘扬民族传统
尽展时代风采
实现中国梦想

郭振山

天津美术学院教授 郭振山题词

谨以此年鉴

献给为中国高等艺术教育发展而辛勤付出的教师和学子们！

历史年輪
时代見證

陈君

湖北美术学院教授 陈君题词

天化精华
艺术之魂

癸巳 任焕斌

西安美术学院教授 任焕斌题词

寄语
Wishes

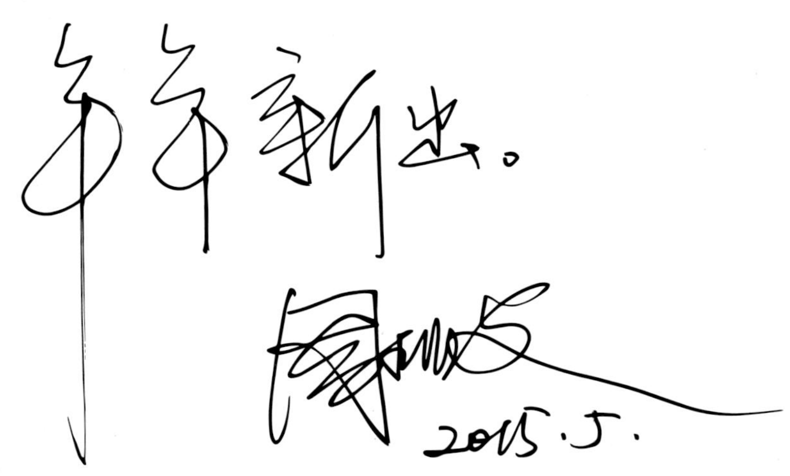

四川美术学院教授 硕士研究生导师 周小波题词

这里不仅是展示，更是交流，坚持，再坚持！

期待年青的艺术才子们在这个平台上，
相互激励，未来有更美好的辉煌！

在这里你总会被关注，
期待你的参与！

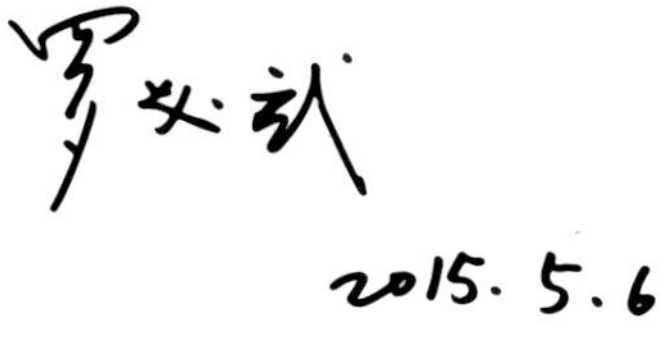

广州美术学院教授 硕士研究生导师 罗必武题词

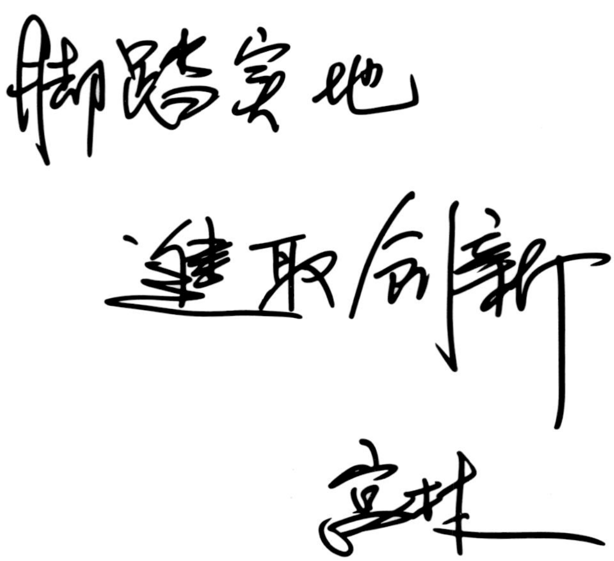

北京电影学院教授 宫林题词

闳约深美

敬录蔡元培先生为上海美专所题学训！蔡元培先生为我国著名的思想家、教育家和社会活动家，曾为上海美专董事局主席

乙未初夏 刘伟冬

南京艺术学院教授 硕士研究生导师 刘伟冬题词

追求卓越，宁静致远

宁钢

景德镇陶瓷学院教授 宁钢题词

构筑中国当代大学生艺术才华展示平台，功在当代，利在千秋！今届更比往届好！

广州大学美术与设计学院

詹武

2015年5月8日

广州大学美术与设计学院教授 硕士研究生导师 詹武题词

谨以此年鉴

献给为中国高等艺术教育发展而辛勤付出的教师和学子们！

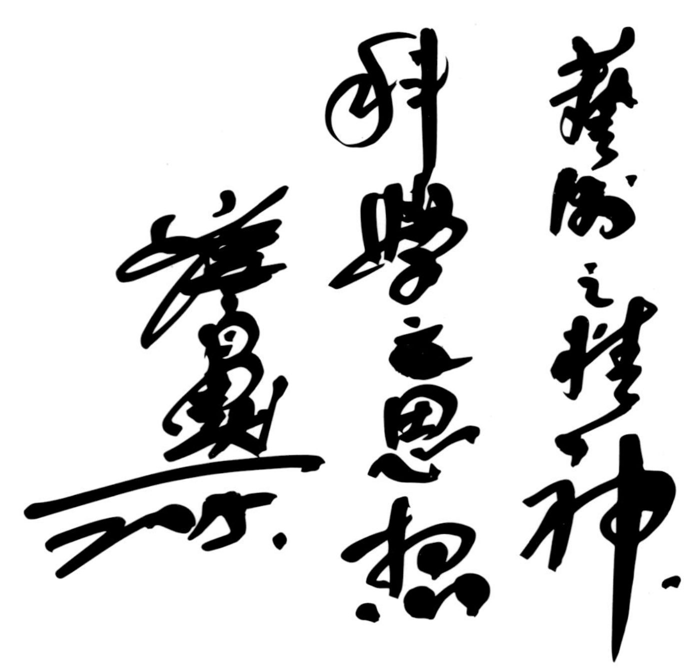

国防大学美术书法研究院教授 崔自默题词

希望中国当代大学生艺术作品集越办越好！

2015.5.13

东华大学服装·艺术设计学院教授 硕士研究生导师 陈建辉题词

寄语

Wishes

从《中国当代大学生艺术作品年鉴》出版以来的积累中看到当代大学生进步的印痕，加油！

徐青青

西安工程大学艺术工程学院教授 徐青青题词

中國大學生藝術之精華，經典藝術文獻。

癸巳年冬月葉建新題

中国传媒大学教授 叶建新题词

谨以此年鉴

献给为中国高等艺术教育发展而辛勤付出的教师和学子们！

艺术家的摇篮　中华艺术的希望

祝《中国当代大学生艺术作品年鉴》取得成功！

天津工艺美术职业学院商业美术系主任

李宗尧

天津工艺美术学院副教授　李宗尧题词

贺《2015年中国当代大学生艺术年鉴》出版

创意人生，记忆青春

陈高潮

二〇一五年五月十四日

北京工艺美术出版社社长　陈高潮题词

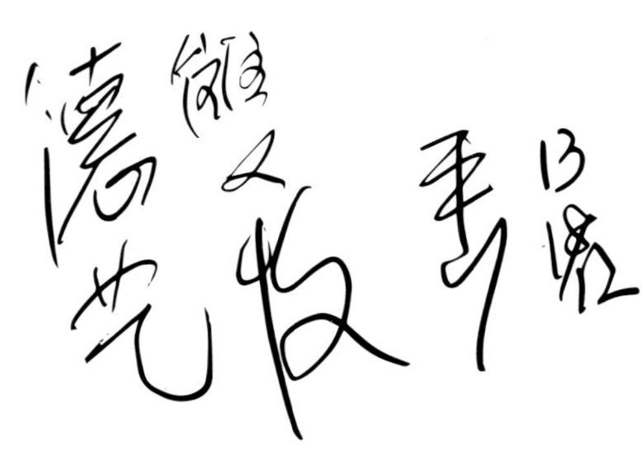

著名艺术家　边平山题词

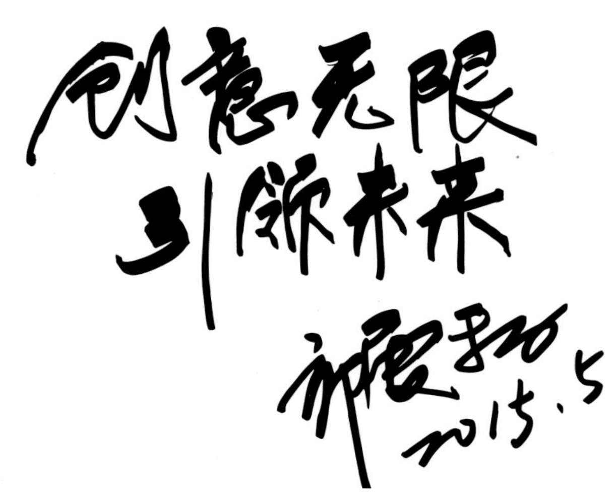

中国陶瓷艺术大师　郭爱和题词

专家评审委员会

The committee of review experts

艺术院校专家评审委员

李砚祖　清华大学美术学院　教授
吕品昌　中央美术学院　教授
戴雨享　中国美术学院　教授
郭振山　天津美术学院　教授
陈　君　湖北美术学院　教授
任焕斌　西安美术学院　教授
周小波　四川美术学院　教授
罗必武　广州美术学院　教授
晏　阳　鲁迅美术学院　副教授
宫　林　北京电影学院　教授
刘伟冬　南京艺术学院　教授
宁　钢　景德镇陶瓷学院　教授
詹　武　广州大学美术与设计学院　教授
崔自默　国防大学美术书法研究院　教授
陈建辉　东华大学服装·艺术设计学院　教授
徐青青　西安工程大学艺术工程学院　教授
刘颖悟　广东技术师范学院美术学院　教授
李宗尧　天津工艺美术学院　副教授

出版社、杂志社等评审委员

翟　博　《中国教育报》总编辑
陈高潮　北京工艺美术出版社　社长
兰翠芹　《设计》杂志社　副社长
张　彬　北京艺术与科学电子出版社　社长

社会知名艺术家、企业家等评审委员

边平山　著名画家
郭爱和　中国陶瓷艺术大师
闫　蕾　广东佛山鹰牌陶瓷有限公司策划中心总监
丁雄军　亚皇集团总裁

主办、承办单位负责人评审委员

叶建新　中国传媒大学美术传播研究所　教授
丁易名　北京逐日文化传媒有限公司　董事长、总经理
杨李军　中国传媒大学　博士
叶加贝　北京工商大学　博士

所有铜奖（含）以上获奖作品均由专家评审委员会综合评审打分产生

谨以此年鉴

献给为中国高等艺术教育发展而辛勤付出的教师和学子们！

姓 名	所属院校
阿不来提·马合苏提	新疆大学
包 琳	嘉兴学院
蔡玉硕	河南大学
陈春贵	泉州工艺美术职业学院
陈伟龙	浙江师范大学
陈聿东	南开大学
程 耀	广东第二师范学院
邓 斌	四川工程职业技术学院
董振怀	沧州师范学院
丰兴军	济宁学院
高元华	荆州理工职业学院
耿 翊	贵州大学
顾明智	常州纺织服装职业技术学院
管学理	湖北交通职业技术学院
韩永林	兰州财经大学
郝淑宝	河套学院
何靖泉	辽宁轻工职业学院
贺洛乙	周口师范学院
胡晓洁	黄冈师范学院
黄光辉	贵州师范大学
黄 辉	天津职业技术师范大学
黄检文	萍乡学院
黄 侃	广州商学院
黄文中	泉州师范学院
黄 洋	阿坝师范高等专科学校
黄作林	重庆师范大学
惠晓钟	陕西国防工业职业技术学院
江水明	苏州高博软件技术职业学院
姜百瑞	重庆师范大学涉外商贸学院

姓 名	所属院校
姜 博	广东松山职业技术学院
姜松华	南京信息职业技术学院
姜 霞	山东工艺美术学院
蒋 鑫	河南科技大学
金 卓	亳州师范高等专科学校
鞠广东	石家庄理工职业学院
雷文彬	四川师范大学成都学院
李 刚	上海工艺美术职业学院
李六杏	安徽经济管理学院
李 萌	华南理工大学
李锐文	广州大学
李 一	安阳工学院
李志强	常州工学院
梁观光	贺州学院
林 勇	福建信息职业技术学院
林梓波	福州大学
刘 蓉	重庆工商大学
刘树龙	吉林建筑大学
刘 爽	大连艺术学院
刘晓杰	厦门大学
刘训立	西安美术学院
刘永福	广西职业技术学院
刘志刚	西北民族大学
楼正国	鲁东大学
罗礼平	福建师范大学
罗 源	重庆工商大学
马 辉	西安美术学院雕塑系客座教授
马绥莉	榆林学院
马振龙	天津理工大学

所有铜奖（不含）以下获奖作品均由评审团成员综合打分产生（评委按姓氏首字母排序）

评审团成员

Members of the jury

姓 名	所属院校
牛 学	武汉工商学院
漆琰玲	鲁迅美术学院
曲阜贵	漳州科技学院
佘国富	福州大学厦门工艺美术学院
申庆全	黑龙江农业经济职业学院
沈 宏	燕京理工学院
沈雷鸣	宁波大红鹰学院
寿伟克	衢州学院
宋国彬	黄冈师范学院
苏子东	珠海城市职业技术学院
孙 皓	天津商业大学
孙友全	广东农工商职业技术学院
汤洪泉	江苏理工学院刘海粟艺术学院
王东辉	上海第二工业大学
王 飞	湖北工程学院
王兆健	青岛黄海学院
吴智勇	重庆电信职业学院
武文丰	西华师范大学
肖机灵	广东职业技术学院
谢 迁	西安工程大学
幸代远	西昌学院
徐 丹	盐城工学院
许广彤	石家庄大学
薛 果	湖北工业大学商贸学院
薛圣言	景德镇陶瓷学院
薛文峰	内蒙古农业大学
杨剑涛	宜宾学院
杨 珺	武汉职业技术学院

姓 名	所属院校
杨开富	重庆工商大学
杨立泳	北方民族大学
杨树彬	广东工业大学
杨 涛	北京师范大学珠海分校
杨永福	广西大学行健文理学院
姚静萍	西北民族大学
殷晓克	渭南师范学院
尹 波	荆楚理工学院
禹 青	青岛科技大学
袁朝辉	黄冈师范学院
袁 哲	西南林业大学
张高志	唐山师范学院
张丽娟	郑州轻工业学院
张 利	山东女子学院
张晓莉	武汉生物工程学院
张晓黎	四川师范大学
张 旭	惠州经济职业技术学院
赵维平	郑州升达经贸管理学院
赵 云	武汉工程职业技术学院
郑 斌	湖南理工学院
郑 鑫	闽江学院
钟砚涛	常州大学
周晨阳	南通大学
周晓亚	中国戏曲学院
周燕弟	连云港师范高等专科学校
朱 彬	景德镇陶瓷学院
邹昌锋	江西农业大学
左铁峰	黄山学院

目 录 / Contents

获奖作品（卷一）

人物档案（卷一）

目 录/Contents

造型艺术

The art of sculpture

C0001

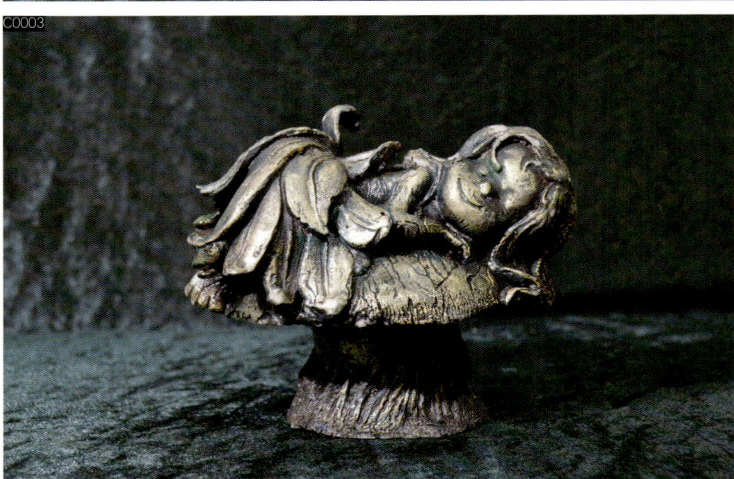
C0003

C0004

C0002

序　　号：C0001 | C0002
作品名称：绽放 | 背井离乡
作　　者：段江新、林乔武
学　　校：三明学院
指导教师：金优石

序　　号：C0003 | C0004
作品名称：睡莲 | 蔡君
作　　者：杨沂林、刘嘉敏、郑楚红
学　　校：三明学院
指导教师：连晓波

序　　号：C0041 ~ C0042
作品名称：铜趣
作　　者：朱璐璐
学　　校：广西艺术学院
指导教师：韩冰

C0043

C0044

C0045

C0046

C0047

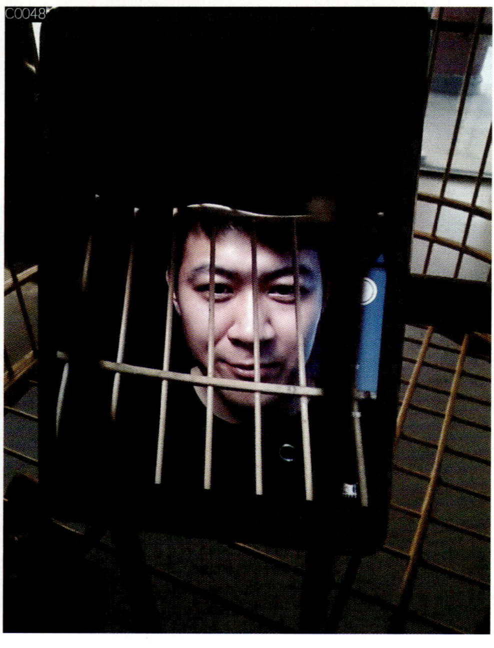
C0048

序　　号：C0043 ~ C0048
作品名称：空间
作　　者：滕飞
学　　校：山东艺术学院
指导教师：谭开界

序　　号：C0049 | C0050 | C0051 | C0052
作品名称：空城系列之亲情 | 空城系列之空 | 空城系列之爱情 | 空城系列之自我
作　　者：刘力
学　　校：广西师范大学
指导教师：无

C0053

C0054

C0055

C0056

序　　号：C0053 ｜ C0054 ｜ C0055 ｜ C0056
作品名称：易拉罐画四大美女系列之昭君出塞｜貂蝉拜月｜西施浣纱｜贵妃醉酒
作　　者：关世俊
学　　校：大连工业大学
指导教师：庄光明

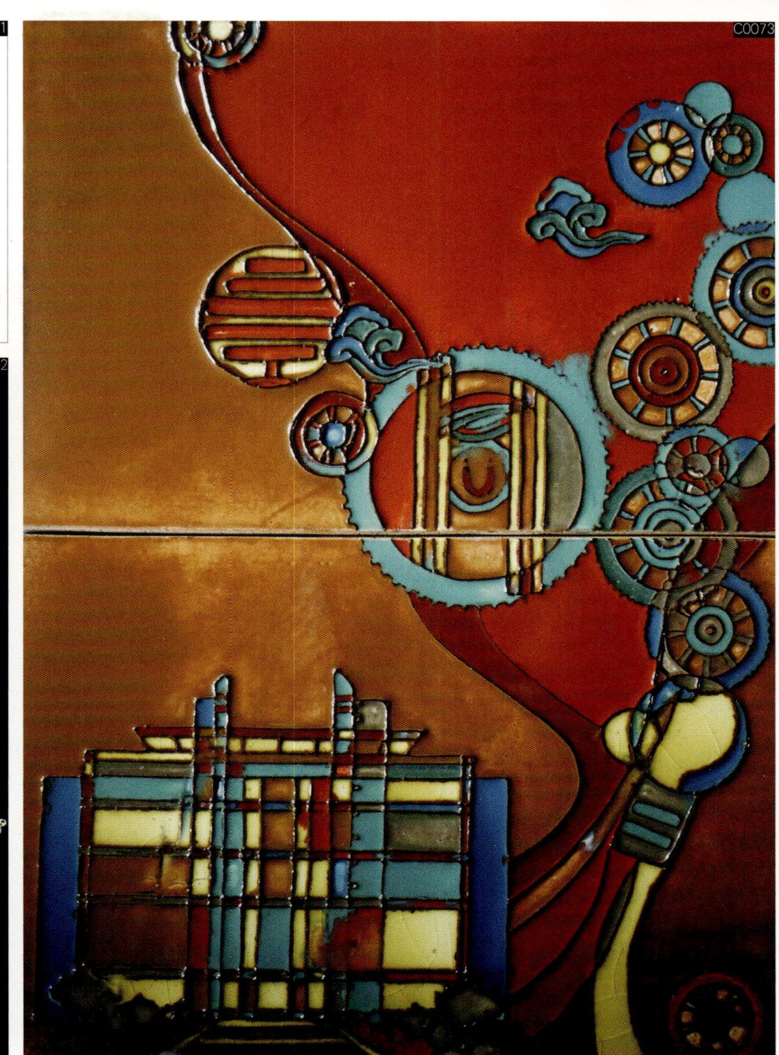

序　　号：C0071
作品名称：北冥有鱼
作　　者：朵一凡
学　　校：天津美术学院
指导教师：唐国树

序　　号：C0072
作品名称：花花世界
作　　者：邓嘉丽
学　　校：江门职业技术学院
指导教师：饶娟娟

序　　号：C0073
作品名称：唐三彩壁画
作　　者：吴溪、王静、姚秀莲、赵筱婷、刘振宇、李林桐、王世新、徐霞青
学　　校：常州大学
指导教师：徐英

序　　号：C0074
作品名称：摩登女郎
作　　者：熊佳
学　　校：四川美术学院
指导教师：张海东

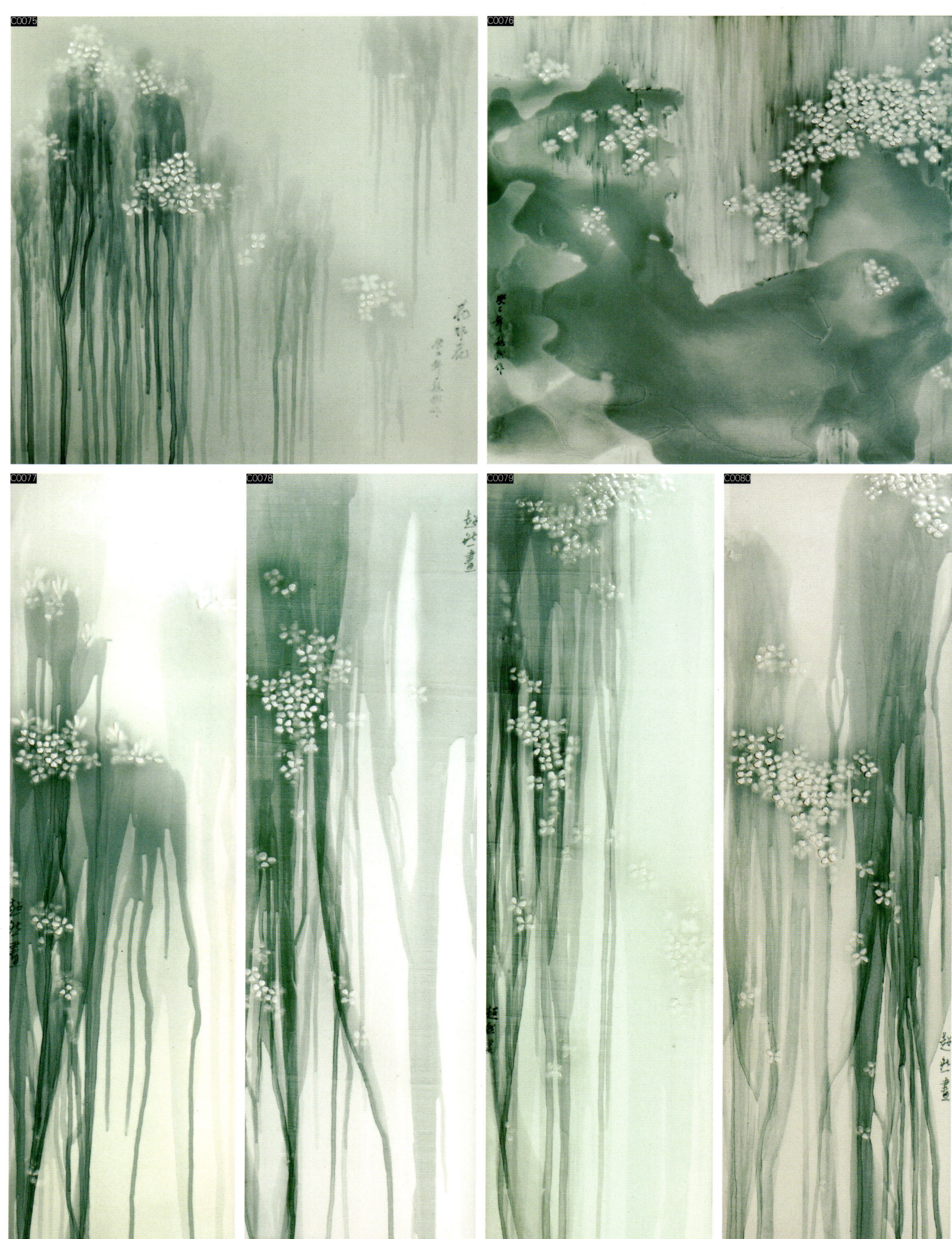

C0075　C0076　C0077　C0078　C0079　C0080

序　　号：C0075 ~ C0076 | C0077 ~ C0080
作品名称：花非花 | 勿沾衣
作　　者：童超然
学　　校：景德镇陶瓷学院
指导教师：宁钢

C0081

C0082

C0083

C0084

C0085

序　　号：C0081 | C0082
作品名称：我心畅想 | 雅风
作　　者：潘梅
学　　校：景德镇陶瓷学院
指导教师：李磊颖

序　　号：C0083 ~ C0084 | C0085
作品名称：案香 | 繁花似锦
作　　者：潘璐
学　　校：景德镇陶瓷学院
指导教师：吕金泉

序　　号：C0086 ~ C0087
作品名称：前后
作　　者：张艳丽
学　　校：广西艺术学院
指导教师：朱连城

序　　号：C0088
作品名称：亦山亦水·一茶一坐
作　　者：马小惠
学　　校：沈阳大学
指导教师：白鑫

序　　号：C0110 ~ C0113
作品名称："物质"与"精神"系列
作　　者：曹湾
学　　校：钦州学院
指导教师：卢珊

C0114

C0115

C0116

C0117

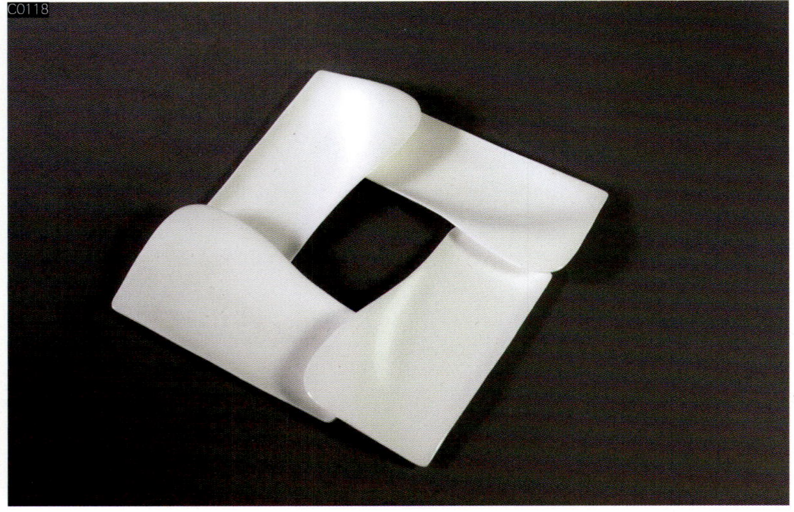
C0118

序　　号：C0114 | C0115
作品名称：国色天香 | 飘零
作　　者：罗薏
学　　校：郑州轻工业学院易斯顿（国际）美术学院
指导教师：王萌

序　　号：C0116
作品名称：飘
作　　者：程鑫
学　　校：郑州轻工业学院易斯顿（国际）美术学院
指导教师：王萌

序　　号：C0117 | C0118
作品名称：豫谱 | 凝聚力
作　　者：程鑫
学　　校：郑州轻工业学院易斯顿（国际）美术学院
指导教师：袁征

C0119

C0120

C0121

C0122

C0123

序　　号：C0119
作品名称：迁
作　　者：罗薏
学　　校：郑州轻工业学院易斯顿（国际）美术学院
指导教师：袁征

序　　号：C0120
作品名称：妙趣泡面碗
作　　者：王琪斐
学　　校：华南理工大学
指导教师：林利

序　　号：C0121
作品名称：百花争艳
作　　者：朱亚雷
学　　校：河南大学
指导教师：李政

序　　号：C0122
作品名称：Forever
作　　者：白雪
学　　校：厦门大学
指导教师：王卫

序　　号：C0123
作品名称：闪闪红星
作　　者：雷钦
学　　校：常州大学
指导教师：徐英

C0124

C0125

C0126

C0127

序　　号：C0124
作品名称：莲
作　　者：黎嘉玲
学　　校：广东第二师范学院
指导教师：潘凯翔

序　　号：C0125
作品名称：兔先生
作　　者：冯子倩
学　　校：中华女子学院
指导教师：张璇

序　　号：C0126
作品名称：未羊贺吉
作　　者：高坤
学　　校：景德镇陶瓷学院
指导教师：无

序　　号：C0127
作品名称：喜洋洋
作　　者：詹佑铭
学　　校：景德镇陶瓷学院
指导教师：宁钢

视觉
传达
艺术

The art of visual communication

D0001

D0002

D0003

D0004

D0005

D0006

D0007

D0008

D0009

D0010

D0011

D0012

D0013

D0014

D0015

D0016

SHI HEYIHAO

序　　号	作品名称	作　　者	学　　校	指导教师
D0001	样	庞倩	昆明理工大学	李晓弟
D0002～D0004	酒庄标志设计系列作品	毕妍秋	南开大学	无
D0005	安庆广播电视台标志	贾留洋	洛阳师范学院	韩新顺
D0006	相宜本草标志	田英慧	伊犁师范学院	王丽丽
D0007	雪中飞标志	田英慧	伊犁师范学院	王丽丽
D0008	盘龙城遗址博物馆 LOGO	王清竹	北京理工大学	郝亚维
D0009	重庆市沙坪坝曾家镇标志	刘红丽	河北旅游职业学院	吴芳
D0010	东京梦华	黄晨曦、徐帅	湖北工业大学	王天甲
D0011	胡魁章	翟健含	沈阳航空航天大学	杨猛
D0012	岵山旅游景区标志	董金强	海南职业技术学院	刘珈伲
D0013	大雅文化画廊标志设计	马莉颖	西北民族大学	无
D0014	昂首的羊	周碧洋	景德镇陶瓷学院	赵文琰
D0015	路人咖啡	祝翠	闽西职业技术学院	倪蕾、江星
D0016	浉河壹号标志设计	程璐	信阳师范学院	无

D0017

D0018

D0019

D0020

D0021

D0022

D0023

D0024

D0025

D0026

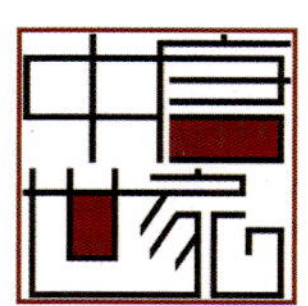

D0027

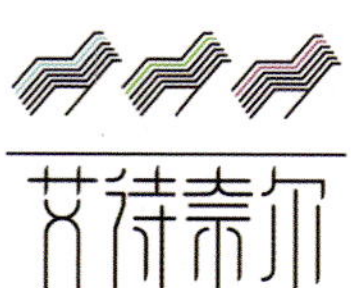

D0028

D0029

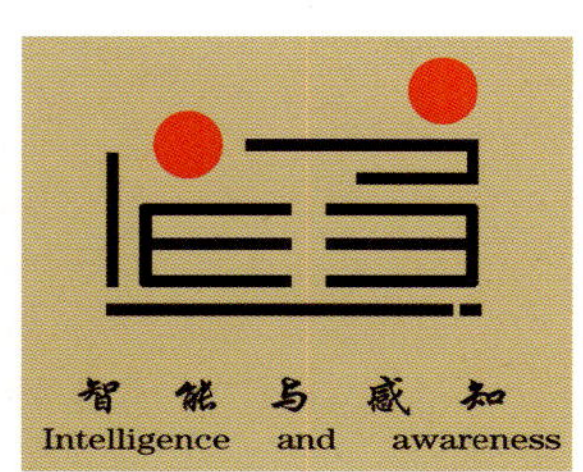

D0030

D0031

序号	作品名称	作者	学校	指导教师
序　号：D0017	作品名称：荣华南府标志设计	作　者：覃鹏雕	学　校：北海职业学院	指导教师：吴就远
序　号：D0018	作品名称：“梦湾”度假村	作　者：刘莞芸	学　校：景德镇陶瓷学院	指导教师：无
序　号：D0019	作品名称：盘龙城标志设计	作　者：张瀚尹	学　校：天津美术学院	指导教师：薛明
序　号：D0020	作品名称：企业标志	作　者：陈泽宁	学　校：海南职业技术学院	指导教师：刘珈伲
序　号：D0021	作品名称：国际历史科学大会标志方案	作　者：俞永峰	学　校：天津职业技术师范大学	指导教师：王广文
序　号：D0022 ~ D0023	作品名称：艺术公司	作　者：杨茜	学　校：四川大学锦城学院	指导教师：刘亚婷
序　号：D0024	作品名称：华冠农业高科技有限公司 LOGO	作　者：肖莉丽	学　校：河南大学	指导教师：陈琛
序　号：D0025	作品名称：黑龙江博物馆标志设计	作　者：陈茜	学　校：南京理工大学泰州科技学院	指导教师：无
序　号：D0026	作品名称：中唐世家	作　者：门喜	学　校：河南大学	指导教师：无
序　号：D0027	作品名称：艾诗奈尔座椅品牌标志	作　者：邓春凯	学　校：沈阳航空航天大学	指导教师：杨猛
序　号：D0028	作品名称：熊猫房子标志设计	作　者：申茹	学　校：齐鲁工业大学	指导教师：李慧媛
序　号：D0029	作品名称：济南老乡会标志	作　者：杨宽	学　校：合肥学院	指导教师：无
序　号：D0030	作品名称：教师节标志设计	作　者：吴珊	学　校：榆林学院	指导教师：李云歌
序　号：D0031	作品名称：宠物猫食品标志	作　者：刘培城	学　校：伊犁师范学院	指导教师：王丽丽

D0032

D0033

D0034

D0035

D0036

D0037

D0038

D0039

D0040

D0041

D0042

D0043

D0044

D0045

D0046

D0047

序　　号	作品名称	作　　者	学　　校	指导教师
D0032	安徽省淮南市政务服务中心标志	贾留洋	洛阳师范学院	韩新顺
D0033	文濠商贸公司标志设计	闫迎新	昆明理工大学	闵薇
D0034	南京师范大学泰州学院读书协会标志	王志玉	南京师范大学泰州学院	无
D0035	泰州站前商业街	王志玉	南京师范大学泰州学院	王燕霞
D0036	兔儿童餐具	姚旗伟	中国人民大学	无
D0037	国颐建筑公司	姚旗伟	中国人民大学	无
D0038	爱山广场	姚旗伟	中国人民大学	无
D0039	中国马术场地障碍巡回赛LOGO	王清竹	北京理工大学	郝亚维
D0040	湖北新洋丰肥业股份有限公司标志	徐佳琪	天津科技大学	王艺湘
D0041	枣庄电视台台标设计	宋昊	日照职业技术学院	董晓丽
D0042	泰博教育	朱剑宇	苏州工艺美术职业技术学院	无
D0043	状元府标志	崔东超	黄淮学院	无
D0044	灵动儿童主题餐厅	林洁莲	广东技术师范学院	姚斌
D0045	惜水	周盈	湖州师范学院	陈湘
D0046	资助中心标志	吴立秀	北京科技经营管理学院	刘铁
D0047	凤凰茗茶	钱俊颖	广州大学纺织服装学院	冯晶雅

D0048

D0049

D0050

D0051

D0052

D0053

D0054

MY.SELF

D0055

北京长汀智力支乡协会
Bei jing chang ting zhi liv zhi xiang xie hui

D0056

D0057

D0058

D0059

D0060

D0061

D0062

Green Design
格林帝舍建筑景观

D0063

序号	作品名称	作者	学校	指导教师
D0048	ALPHA	张祎	西安翻译学院	刘玉娟
D0049	SWAN QUEEN	张祎	西安翻译学院	刘玉娟
D0050	无龄感视觉形象设计	温少裕	河源职业技术学院	孟拥
D0051	乌鲁木齐第 78 小学 LOGO	曹旭	新疆师范大学	李群
D0052	“时速”网络	刘莞芸	景德镇陶瓷学院	无
D0053	天津外国语大学少儿英语机构标志	李杉杉	天津美术学院	薛明
D0054	logo 设计	张雪芝	天津科技大学	王艺湘
D0055	乡协会标志设计	吴立秀	北京科技经营管理学院	郝蕴琴
D0056	常州大学彩虹桥工作站	肖礼文	常州大学	张明月
D0057	常州大学社会工作服务站	肖礼文	常州大学	张明月
D0058	尚优青少年健康成长中心	肖礼文	常州大学	张明月
D0059	常州大学职业发展协会	肖礼文	常州大学	张明月
D0060	瑞图阳光标志设计	陈成	河套学院	王芬
D0061	天佐农业标志设计	陈成	河套学院	王芬
D0062	Green Design 标志	董金强	海南职业技术学院	刘珈伲
D0063	橙汁饮料	许枫烨	桂林理工大学	梁星

D0064

D0065

D0066

D0067

D0068

D0069

D0070

D0071

D0072

D0073

D0074

D0075

D0076

D0077

珍源坊

ZHEN YUAN FANG

D0078

序号	作品名称	作者	学校	指导教师
序　号：D0064	作品名称：中国马术场地障碍巡回赛 LOGO	作　者：王清竹	学　校：北京理工大学	指导教师：郝亚维
序　号：D0065	作品名称：青点咖啡标志设计	作　者：孙益康	学　校：景德镇陶瓷学院	指导教师：无
序　号：D0066	作品名称：沈阳旅游形象设计	作　者：张艳杰	学　校：沈阳航空航天大学	指导教师：杨猛
序　号：D0067	作品名称：咖啡 logo	作　者：陈丹	学　校：山东工艺美术学院	指导教师：惠岩
序　号：D0068	作品名称：蒂格沙发标志设计	作　者：张琳	学　校：北海职业学院	指导教师：叶蕾蕾
序　号：D0069	作品名称：向日葵奶茶店标志设计	作　者：杨梦媛	学　校：天津科技大学	指导教师：王艺湘
序　号：D0070	作品名称：天羽艺术中心 LOGO	作　者：肖莉丽	学　校：河南大学	指导教师：陈琛
序　号：D0071	作品名称：中国江苏网视觉形象设计	作　者：刘景发	学　校：河源职业技术学院	指导教师：无
序　号：D0072	作品名称：雷风设计	作　者：朱长喜	学　校：青岛科技大学	指导教师：周新
序　号：D0073	作品名称：云南民族大学文化学院标志	作　者：杨志芳	学　校：云南民族大学	指导教师：马楠
序　号：D0074	作品名称：世博会博物馆标志	作　者：杨志芳	学　校：云南民族大学	指导教师：马楠
序　号：D0075	作品名称：尚城国际房地产 LOGO	作　者：赵丹丹	学　校：广西师范大学	指导教师：郭琼
序　号：D0076	作品名称：找我玩网站 LOGO	作　者：贾懿航	学　校：集美大学诚毅学院	指导教师：陈文新
序　号：D0077	作品名称：珍源坊	作　者：门喜	学　校：河南大学	指导教师：无
序　号：D0078	作品名称：吉林市中心医院标志	作　者：刘晓琳	学　校：齐鲁工业大学	指导教师：李慧媛

D0079

D0080

D0081

D0082

D0083

D0084

D0085

D0086

D0087

D0088

D0089

D0090

D0091

D0092

序　号：D0079	作品名称：光速快递	作　者：朱剑宇	学　校：苏州工艺美术职业技术学院	指导教师：俞烨操
序　号：D0080	作品名称：中国酒泉网征集 LOGO	作　者：刘红丽	学　校：河北旅游职业学院	指导教师：吴芳
序　号：D0081	作品名称：千秋渔业标志设计	作　者：陶罗洲	学　校：北海职业学院	指导教师：吴就远
序　号：D0082	作品名称：好人乐	作　者：罗方圆	学　校：天津科技大学	指导教师：王艺湘
序　号：D0083	作品名称：红艺舞蹈学校 LOGO	作　者：肖莉丽	学　校：河南大学	指导教师：陈琛
序　号：D0084	作品名称：福建师大西部爱心联盟标志	作　者：郭洪雄	学　校：福建师范大学	指导教师：无
序　号：D0085	作品名称：沂蒙山果标志	作　者：阚凤霞	学　校：山东工艺美术学院	指导教师：苗登宇
序　号：D0086	作品名称：熊猫慢递邮局标志设计	作　者：杨梦媛	学　校：天津科技大学	指导教师：王艺湘
序　号：D0087	作品名称：咖啡店标志设计	作　者：吴立秀	学　校：北京科技经营管理学院	指导教师：郝蕴琴
序　号：D0088	作品名称：品诺装饰标志设计	作　者：杨柳燕	学　校：北海职业学院	指导教师：杨造艺
序　号：D0089	作品名称：标志设计	作　者：庞成梅	学　校：北海职业学院	指导教师：杨造艺
序　号：D0090	作品名称："家之味农庄"标志设计	作　者：孙锐	学　校：江南大学	指导教师：王安霞
序　号：D0091	作品名称："耀笙公司"标志设计	作　者：熊丽	学　校：苏州大学	指导教师：无
序　号：D0092	作品名称：字体设计	作　者：陈丽娜	学　校：集美大学诚毅学院	指导教师：叶主行

D0093

D0094

D0095

D0096

四川搏鸣文化传播有限公司

D0097

D0098

D0099

D0100

D0101

D0102

D0103

D0105

D0106

D0107

D0108

序　号	作品名称	作　者	学　校	指导教师
D0093	安康福 logo 设计	黄子夏	燕京理工学院	陈旺
D0094	朗禾 logo 设计	黄子夏	燕京理工学院	陈旺
D0095	云锦 logo 设计	黄子夏	燕京理工学院	陈旺
D0096	四川搏鸣文化传播有限公司 logo 设计	黄子夏	燕京理工学院	陈旺
D0097	万州标志	马斌	重庆三峡学院	王璐
D0098	BC 动漫设计工作室标志设计	兰梦	山东农业大学	胡海燕
D0099	logo 标志	闫瑞朋	河南理工大学	刘艳
D0100	黄金叶香烟标志	徐佳琪	天津科技大学	王艺湘
D0101	杜甫草堂标志设计	李自莲	榆林学院	李云歌
D0102	喜上眉梢喜铺标志	宋昊	日照职业技术学院	董晓丽
D0103	三 A 集团	曹衣	云南民族大学	马楠
D0104	2016 冬运会标志	徐佳琪	天津科技大学	王艺湘
D0105	丹尼尔	邱榆杰	广东建设职业技术学院	林霞
D0106	标志设计	胡子明	南京理工大学泰州科技学院	无
D0107	太原市图书馆标志	陆梦楠	马鞍山师范高等专科学校	马宗禹
D0108	太原图书馆标志设计	张志群	马鞍山师范高等专科学校	马宗禹

D0109

D0110

D0111

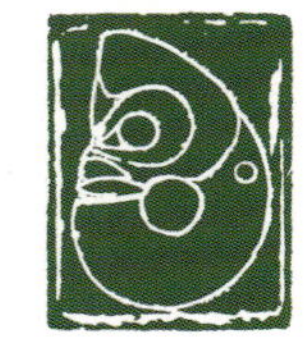

D0112

D0113

D0114

D0115

D0116

D0117

D0118

D0119

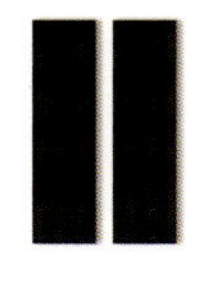

D0120

D0121

D0122

序号	作品名称	作者	学校	指导教师
D0109	MT Fashion	林建航	佛山科学技术学院	陈菲菲
D0110	溪栖温泉客栈	罗琴	海口经济学院	刘杰
D0111	牛河梁遗址博物馆	王喆	沈阳航空航天大学	杨猛
D0112	满聚相声	王喆	沈阳航空航天大学	杨猛
D0113	“玺”美术馆	王喆	沈阳航空航天大学	杨猛
D0114 ~ D0115	云致香堂	李翔	海南大学	唐丽春
D0116	沈阳茗雅轩茶楼标志设计	张艳杰	沈阳航空航天大学	杨猛
D0117	纯花纯品	王司祺	云南民族大学	马楠
D0118	昆明理工大学 60 周年标志设计	玉旺叫	云南民族大学	马楠
D0119	按下生活暂停键	郑井洁	广西艺术学院	熊燕飞
D0120	珠宝标志	李冀航	北海职业学院	叶蕾蕾
D0121	标志——龙	李明航	北京吉利学院	三金富
D0122	投资公司标志	蔡铭	云南民族大学	马楠

D0123

D0124

D0125

D0126

D0127

D0128

D0129

D0130

D0131

D0132

D0133

D0134

D0135

D0136

D0137

序号	作品名称	作者	学校	指导教师
D0123	哈尔滨供水集团图标	张震凡	马鞍山师范高等专科学校	马宗禹
D0124	灵均菡萏 生态济南	汪子莉	马鞍山师范高等专科学校	马宗禹
D0125～D0126	砚山志愿者服务协会 logo	王琪琪	马鞍山师范高等专科学校	马宗禹
D0127	中允品牌策划有限公司标志	张镇	齐鲁工业大学	孟光伟
D0128	凯莉朵标志设计	何昱	温州大学城市学院	陈贤望
D0129	满坤科技有限公司标志设计	李洁	浙江同济科技职业学院	范子珍
D0130	雨维斯标志	管小磊	曲阜师范大学	秦枫
D0131	灯笼	肖菲	大连工业大学	宋永胜
D0132	青岛科技大学图书馆标志设计	崔晓楠	青岛科技大学	曲国先
D0133	四川省交通投资集团	张峰	齐鲁工业大学	王巍
D0134	济南少儿羽乒俱乐部	张峰	齐鲁工业大学	王巍
D0135	胖哥食品	门喜	河南大学	无
D0136	武汉动物园标志设计	郑艳红	广州商学院	无
D0137	天元众博会展标志	高歌	杭州师范大学	无

D0138

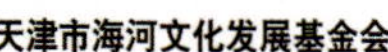

D0139

D0140

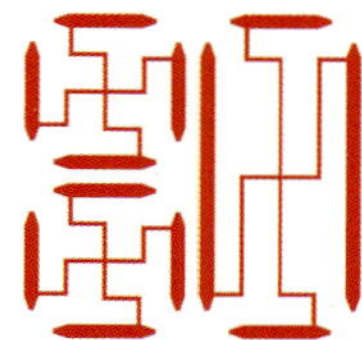

D0141

D0142

D0143

D0144

Green Design
建筑景观工程有限公司

D0145

D0146

D0147

D0148

D0149

D0150

西北工业大学 附属中学80届
The Middle School Attached To
Northwestern Polytechnical University

D0151

D0152

序号	作品名称	作者	学校	指导教师
D0138	海河文化基金会 LOGO	张雯	天津商业大学	无
D0139	科研与创新编辑部标志	宋少华	天津商业大学	田敬
D0140	西北工业大学附属中学 80 届标志设计	吴慧敏	浙江同济科技职业学院	范子珍
D0141	江西航空标志	董金强	海南职业技术学院	刘珈伲
D0142	永春县岵山旅游景区标志	韦家勇	海南职业技术学院	刘珈伲
D0143	岵山标志	郑又曦	海南职业技术学院	钟兰馨
D0144	格林蒂舍	郑又曦	海南职业技术学院	钟兰馨
D0145	江西航空有限公司	郑又曦	海南职业技术学院	钟兰馨
D0146	永春·岵山	周才映	海南职业技术学院	刘珈伲
D0147	江西航空标志	周才映	海南职业技术学院	王晓梅
D0148	格林蒂舍	周才映	海南职业技术学院	钟兰馨
D0149	素绣	梅婷婷	浙江同济科技职业学院	范子珍
D0150	西工大附中 80 届 logo	张雪志	浙江同济科技职业学院	范子珍
D0151	蒙娜丽莎标志设计	韦正霞	榆林学院	李云歌
D0152	堂倌小厨	董鑫淼	西安培华学院	杨柳

D0153

D0154

D0155

D0156

D0157

D0158

D0159

D0160

D0161

D0162

D0163

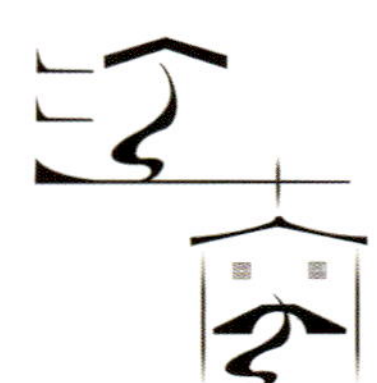

D0164

序　　号：D0153　作品名称：淘宝网标志设计　作　　者：赵怡　学　　校：榆林学院　指导教师：李云歌
序　　号：D0154　作品名称：银川滨河新区国际科教城标志设计　作　　者：李自莲　学　　校：榆林学院　指导教师：李云歌
序　　号：D0155　作品名称：海南格林蒂舍公司标志设计　作　　者：张民　学　　校：榆林学院　指导教师：李艳妮
序　　号：D0156　作品名称：北汽集团图标　作　　者：郑亚楠　学　　校：榆林学院　指导教师：李云歌
序　　号：D0157　作品名称：黄岛区电视台图标　作　　者：李桃　学　　校：海南职业技术学院　指导教师：钟兰馨
序　　号：D0158　作品名称：太原图书馆标志设计　作　　者：谢文静　学　　校：马鞍山师范高等专科学校　指导教师：马宗禹
序　　号：D0159　作品名称：镇远标志设计　作　　者：徐宵　学　　校：海口经济学院　指导教师：刘杰
序　　号：D0160　作品名称：海南格林蒂舍建筑景观工程有限公司　作　　者：黄勇敏　学　　校：海南职业技术学院　指导教师：刘春影
序　　号：D0161　作品名称：海口经济学院运动会标志设计　作　　者：赵兴情　学　　校：海口经济学院　指导教师：刘杰
序　　号：D0162　作品名称：永春县岵山镇标志设计　作　　者：李桃　学　　校：海南职业技术学院　指导教师：钟兰馨
序　　号：D0163　作品名称："江南"字体设计　作　　者：蒋洁　学　　校：南京理工大学泰州科技学院　指导教师：杨晶晶
序　　号：D0164　作品名称：长城　作　　者：陆叶　学　　校：南京理工大学泰州科技学院　指导教师：无

D0193

D0194

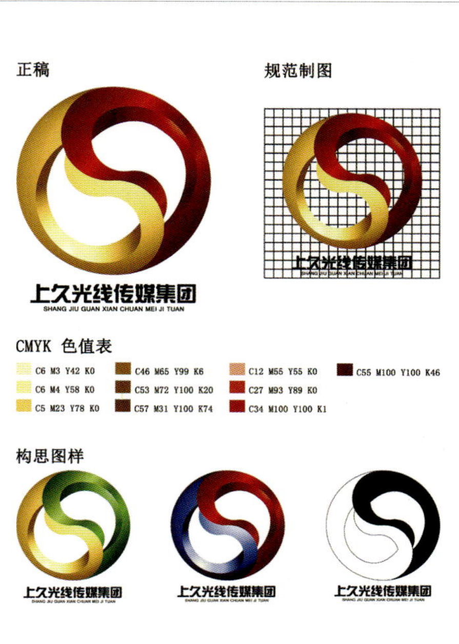

D0195

D0196

D0197

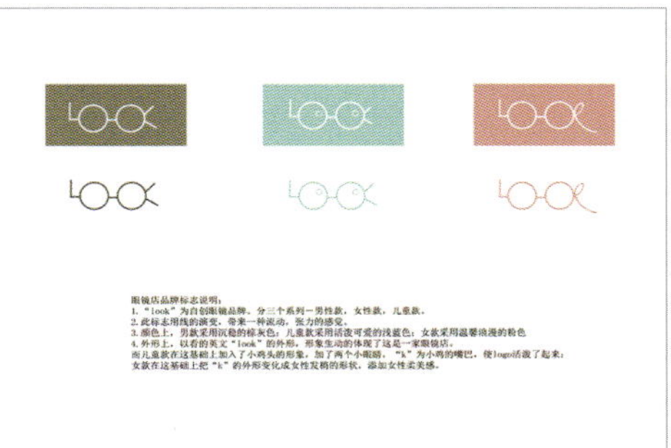

序　　号：D0193	作品名称：领航美院标志设计	作　　者：韩丽茹	学　　校：天津美术学院	指导教师：薛明
序　　号：D0194	作品名称：上久光线传媒集团	作　　者：万清	学　　校：东北农业大学	指导教师：边卓
序　　号：D0195	作品名称：昆明理工大学 60 周年校庆标志设计	作　　者：安俊芳	学　　校：贵州师范大学	指导教师：胡瑞波
序　　号：D0196	作品名称：人人快餐厅标志设计	作　　者：安俊芳	学　　校：贵州师范大学	指导教师：胡瑞波
序　　号：D0197	作品名称：LOOK	作　　者：申佳琪	学　　校：闽南师范大学	指导教师：李歆

D0198

序　　号：D0198
作品名称：光盘设计
作　　者：原艺洋
学　　校：云南艺术学院
指导教师：李海华

D0201

序　　号：D0199 | D0200
作品名称：Q 果汁饮料包装 | 日照绿茶包装
作　　者：宋昊
学　　校：日照职业技术学院
指导教师：闫肃

序　　号：D0201
作品名称：巧克力包装系列
作　　者：董海桃
学　　校：日照职业技术学院
指导教师：闫肃

D0202

D0203

序　　号：D0202
作品名称：叶来香
作　　者：莫家旺
学　　校：广西艺术学院
指导教师：郑万林

序　　号：D0203
作品名称：罗汉果
作　　者：古灵灵、黄岚
学　　校：广西艺术学院
指导教师：黄江鸣

序　　号：D0218 | D0219
作品名称：欢乐果园 | 绿色果园
作　　者：林慧佳
学　　校：广东建设职业技术学院
指导教师：林霞

序　　号：D0220
作品名称：娇兰
作　　者：莫格茵
学　　校：广东建设职业技术学院
指导教师：林霞

序　　号：D0221
作品名称：好人生养生茶传统包装
作　　者：曾金花
学　　校：广东建设职业技术学院
指导教师：林霞

D0222

D0223

D0224

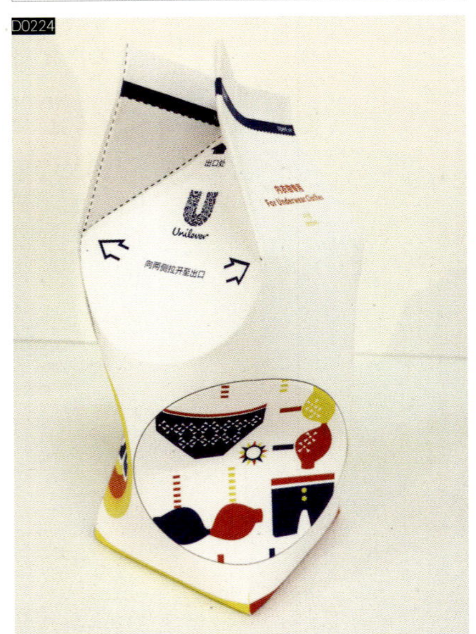

D0225

D0226

序　　号：D0222
作品名称：凯莉朵包装
作　　者：何昱
学　　校：温州大学城市学院
指导教师：陈贤望

序　　号：D0223
作品名称：山东特产系列之野风酥
作　　者：谷晓娜
学　　校：山东师范大学
指导教师：无

序　　号：D0224 ～ D0225
作品名称：纸质易存取洗衣粉包装
作　　者：韩喆、郑旨渊
学　　校：湖北美术学院
指导教师：无

序　　号：D0226
作品名称：手工皂
作　　者：李雪莹
学　　校：西北民族大学
指导教师：张少泉

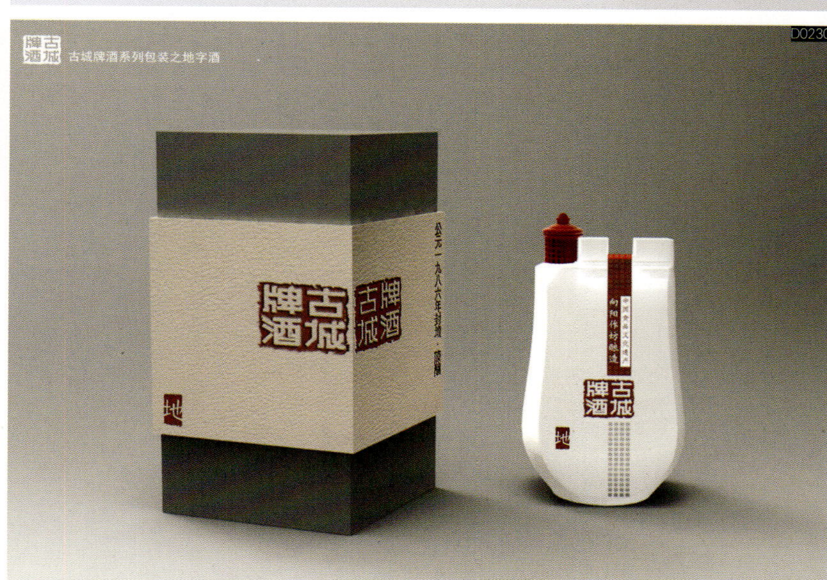

序　　号：D0227
作品名称：旗韵
作　　者：陈杰
学　　校：广东建设职业技术学院
指导教师：林霞

序　　号：D0228
作品名称：洋到
作　　者：蚁锦焕
学　　校：广州美术学院
指导教师：郭湘黔

序　　号：D0229
作品名称：组合
作　　者：王晓璇、陈聪
学　　校：广州大学
指导教师：无

序　　号：D0230～D0232
作品名称：魅力古城
作　　者：王喆
学　　校：沈阳航空航天大学
指导教师：杨猛

D0233

D0236

D0237

D0234

D0238

D0235

序　　号：D0233 ~ D0235
作品名称：湘味浓包装设计系列
作　　者：娄艺凡
学　　校：北京理工大学
指导教师：苏韬

序　　号：D0236
作品名称：生命
作　　者：陈伟华
学　　校：广东建设职业技术学院
指导教师：林霞

序　　号：D0237
作品名称：绿水余晖
作　　者：赖煜培
学　　校：广东建设职业技术学院
指导教师：林霞

序　　号：D0238
作品名称：淮阳泥泥狗包装设计
作　　者：张艳杰
学　　校：沈阳航空航天大学
指导教师：杨猛

序　　号：D0239
作品名称：麦斯威尔咖啡
作　　者：陈卿卿
学　　校：广东建设职业技术学院
指导教师：林霞

序　　号：D0240
作品名称：玩转时空
作　　者：赖文静
学　　校：广东建设职业技术学院
指导教师：林霞

序　　号：D0241
作品名称：创意光盘
作　　者：梁梦迪
学　　校：天津体育学院运动与文化艺术学院
指导教师：刘顺利

D0242

浮来春 酒系列包装

浮来春酒标

产品包装设计

五大规线图

D0243

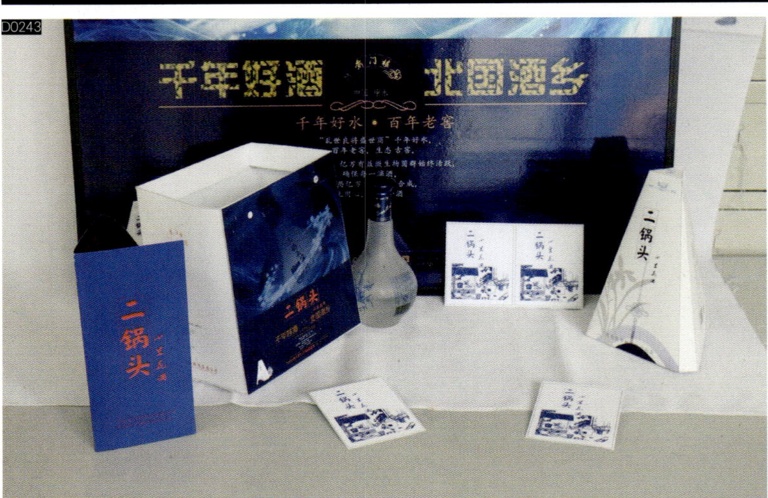

D0245

D0244

D0246

D0247

D0248

D0249

D0250

序　　号：D0242
作品名称：浮来春酒系列包装
作　　者：成晓彤
学　　校：枣庄学院
指导教师：车华忠

序　　号：D0243
作品名称：前门楼白酒包装
作　　者：赵剑侠
学　　校：四川长江职业学院
指导教师：柏清

序　　号：D0244
作品名称：瓷韵
作　　者：赖煜培
学　　校：广东建设职业技术学院
指导教师：林霞

序　　号：D0245 ～ D0246
作品名称：泰山女儿茶包装设计
作　　者：苏文燕
学　　校：天津科技大学
指导教师：张立雷

序　　号：D0247
作品名称：心相印纸品 365 包装设计
作　　者：康宗社
学　　校：贵州师范大学
指导教师：袁琳

序　　号：D0248
作品名称：寇依香水
作　　者：方佳佳
学　　校：广东建设职业技术学院
指导教师：林霞

序　　号：D0249
作品名称：茶道・茴香
作　　者：周海珠
学　　校：广东建设职业技术学院
指导教师：林霞

序　　号：D0250
作品名称：浪凡
作　　者：邝佩珊
学　　校：广东建设职业技术学院
指导教师：林霞

D0251

D0252

D0253

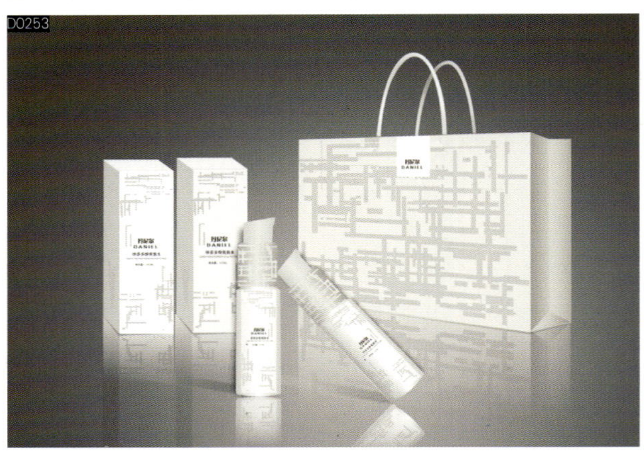

D0254

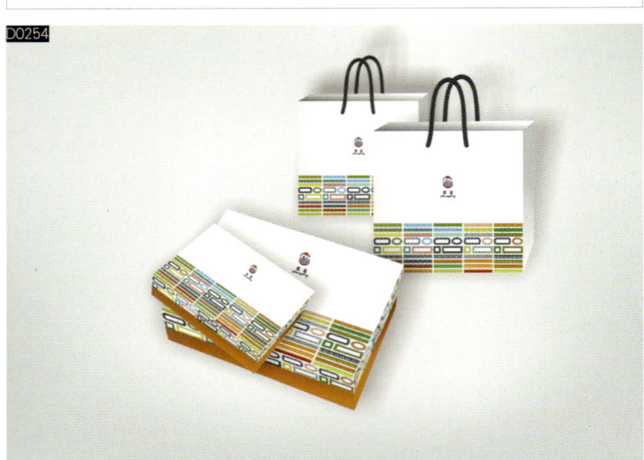

D0255

序　　号：D0251
作品名称：T&CAKE 甜蜜佳人
作　　者：夏小敏
学　　校：江苏理工学院
指导教师：施茜

序　　号：D0252
作品名称：至尊男士包装
作　　者：黄土铭
学　　校：广东建设职业技术学院
指导教师：林霞

序　　号：D0253
作品名称：飘落的时空
作　　者：邱榆杰
学　　校：广东建设职业技术学院
指导教师：林霞

序　　号：D0254
作品名称：莫菲包装
作　　者：黎秋霞
学　　校：广东建设职业技术学院
指导教师：林霞

序　　号：D0255
作品名称：浪花
作　　者：韩瑜
学　　校：广东建设职业技术学院
指导教师：林霞

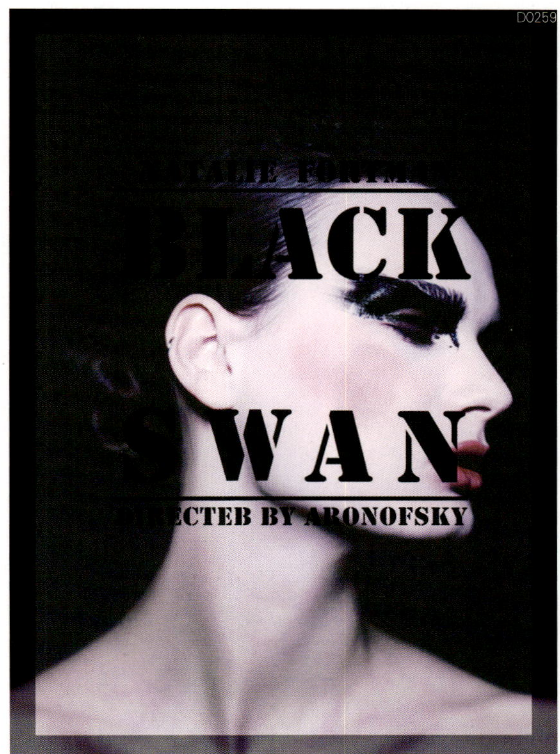

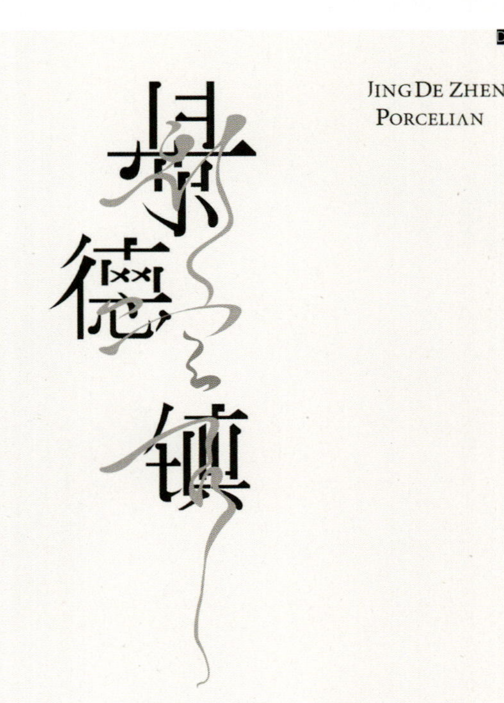

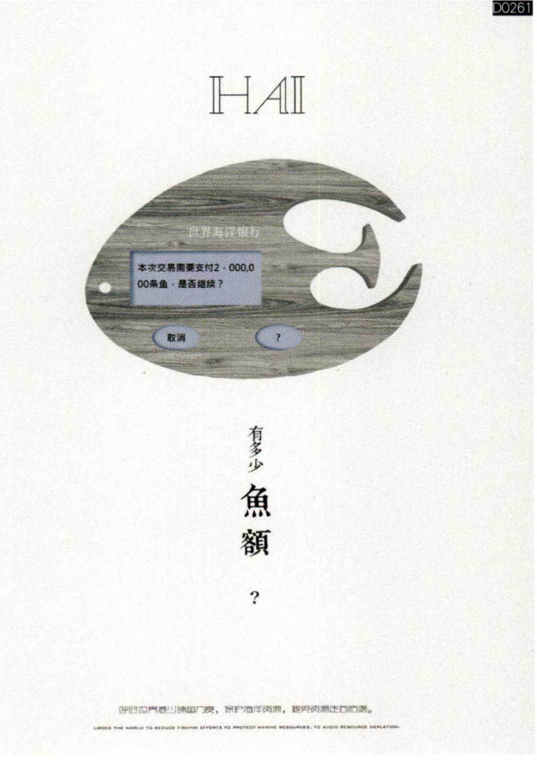

序　　号：D0256 ~ D0259
作品名称：黑天鹅
作　　者：钱程
学　　校：昆明理工大学
指导教师：苏菁

序　　号：D0260
作品名称：印象中的景德镇
作　　者：周碧洋
学　　校：景德镇陶瓷学院
指导教师：陈静

序　　号：D0261
作品名称：HAI，有多少鱼额？
作　　者：陈小康
学　　校：武汉长江工商学院
指导教师：高娅娟

D0262

D0263

D0264

D0266

D0265

D0267

序　　号：D0262 ~ D0265 ｜ D0266 ~ D0267
作品名称：Don' t hurt me 系列 ｜ Don' t let the green disappear 系列
作　　者：马迪、方彬洲
学　　校：厦门大学
指导教师：甘森忠

序　　号：D0268 ~ D0270
作品名称：随遇而安
作　　者：蔡宝英
学　　校：湖北美术学院
指导教师：刘硕

序　　号：D0271 ~ D0273
作品名称：Tree 服装品牌海报设计
作　　者：单硕
学　　校：吉林大学
指导教师：无

D0274

D0275

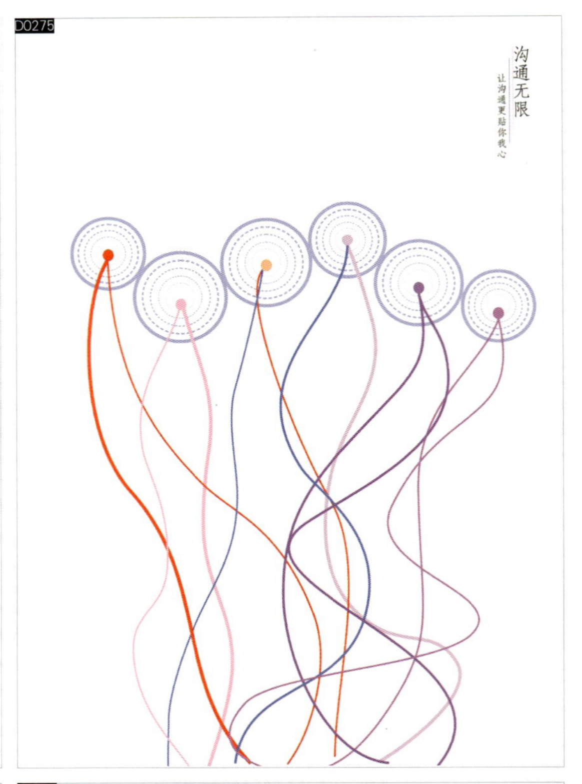

D0276

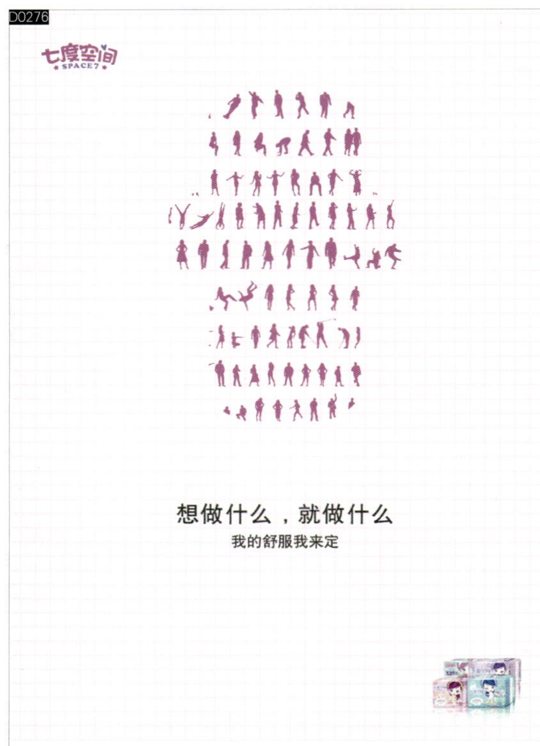

D0277

D0278

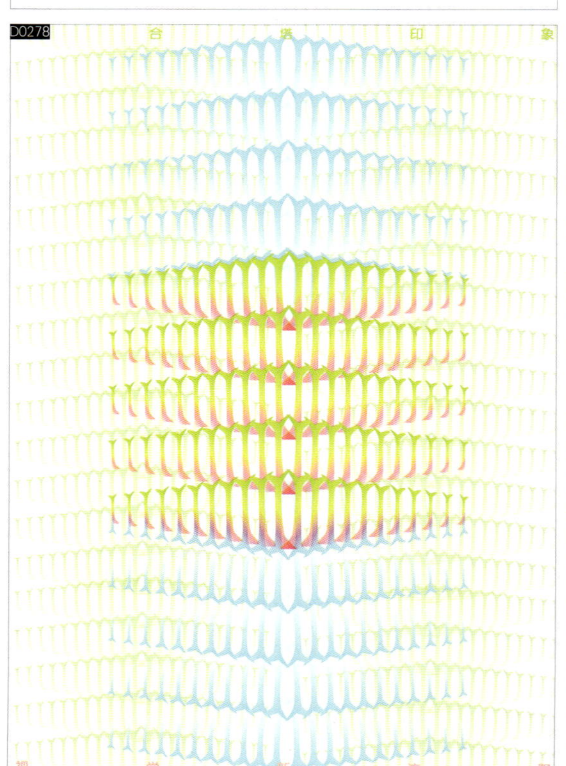

D0279

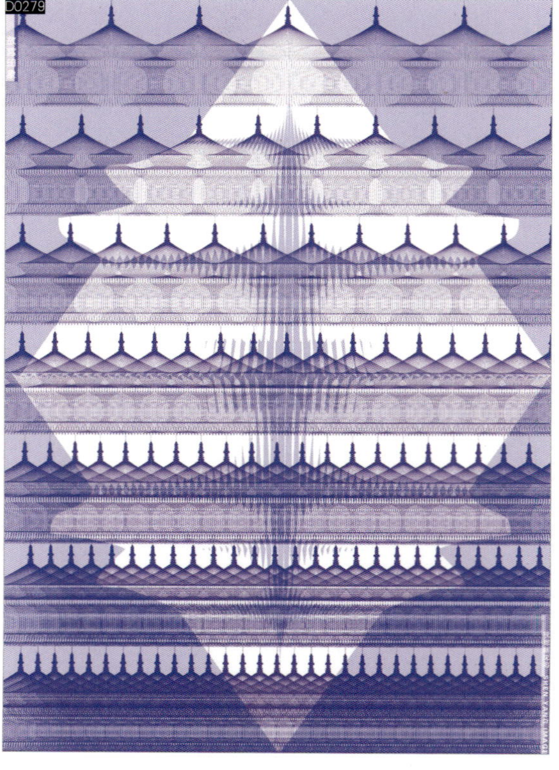

序　　号：D0274 | D0275
作品名称：相依共存 | 沟通无限
作　　者：张学婧
学　　校：山东工艺美术学院
指导教师：石增泉

序　　号：D0276 ~ D0277
作品名称：七度空间广告——随心所欲系列
作　　者：娄艺凡
学　　校：北京理工大学
指导教师：王艺湘

序　　号：D0278 | D0279
作品名称：视觉新沈阳·印象百合塔 | 视觉新沈阳·印象故宫
作　　者：曲宏宇
学　　校：沈阳航空航天大学
指导教师：杨猛

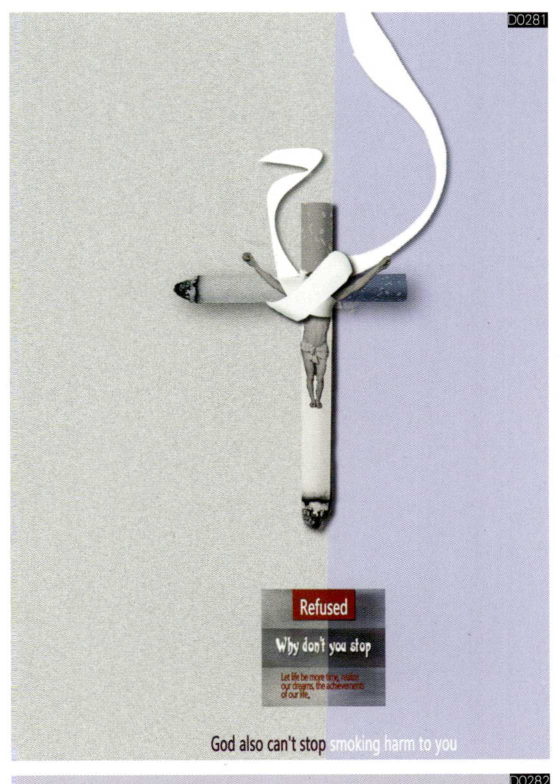

序　　号：D0280 ~ D0282
作品名称：Stop smoking
作　　者：王鹏、孙会林、唐汪洋、颜廷靖
学　　校：常州大学
指导教师：张明月

序　　号：D0283 | D0284 | D0285
作品名称：印记系列之纸指相传 | 绣香四溢 | 遗术长青
作　　者：白瑞淑、秦梦薇
学　　校：齐鲁工业大学
指导教师：孟光伟

D0286

D0287

D0288

D0289

D0290

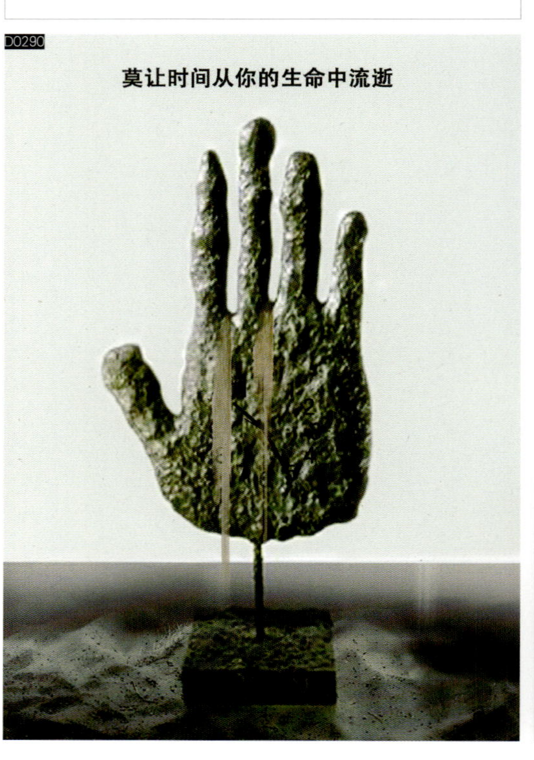

D0291

序　　号：D0286 ~ D0288
作品名称：招贴设计
作　　者：陈紫微
学　　校：常州工学院
指导教师：陈璐

序　　号：D0289
作品名称：新国艺系列之皮影的芭蕾艺术
作　　者：陈成
学　　校：河套学院
指导教师：乔杨

序　　号：D0290
作品名称：公益海报之时间
作　　者：苏丹
学　　校：河套学院
指导教师：乔杨

序　　号：D0291
作品名称：保护森林
作　　者：欧阳舟
学　　校：湖南师范大学
指导教师：吴尚君

序　　号：D0292
作品名称：橘味
作　　者：陈鹏宇
学　　校：四川大学锦城学院
指导教师：无

序　　号：D0293 ~ D0294
作品名称：天猫插画系列
作　　者：马利
学　　校：郑州轻工业学院易斯顿（国际）美术学院
指导教师：王宏民

序　　号：D0295 ~ D0297
作品名称：BLINK 系列
作　　者：俞永峰
学　　校：天津职业技术师范大学
指导教师：倪春洪

D0292
blink
冰力克
纯正德国无糖果粉糖

D0293
只有想不到
没有买不到!
天猫TMALL.COM

D0294
只有想不到
没有买不到!
天猫TMALL.COM

D0295
blink
特立独行够闪够味

D0296
blink
特立独行够闪够味

D0297
blink
特立独行够闪够味

D0298

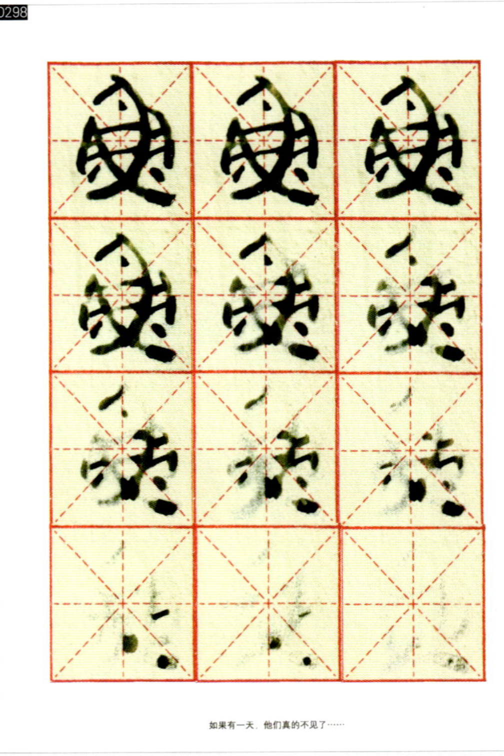

D0299

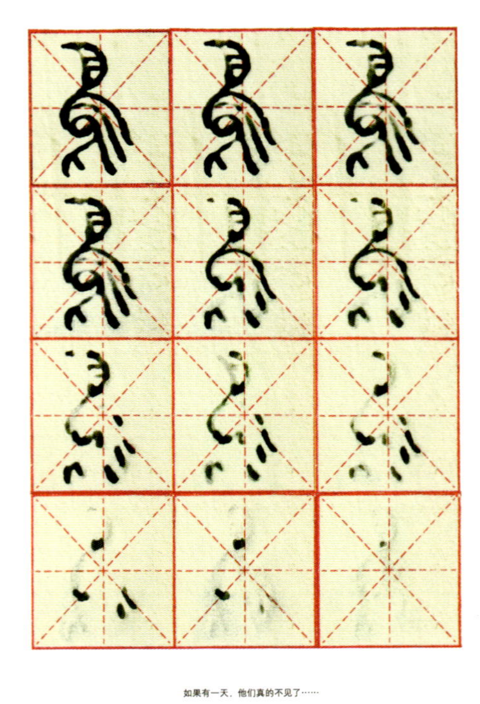

D0300

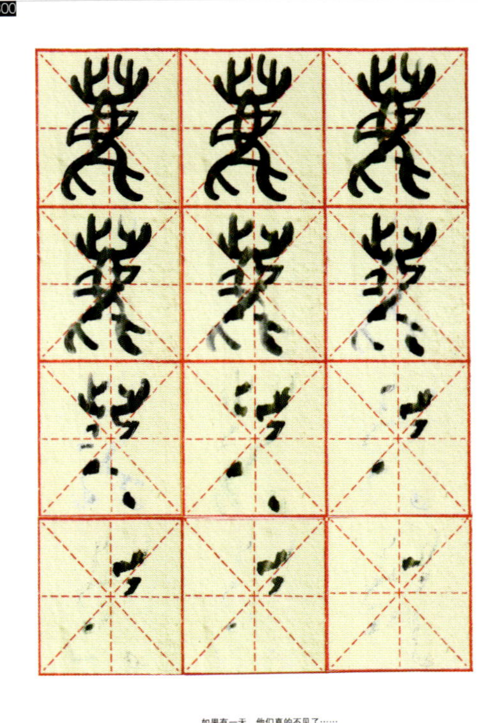

D0301

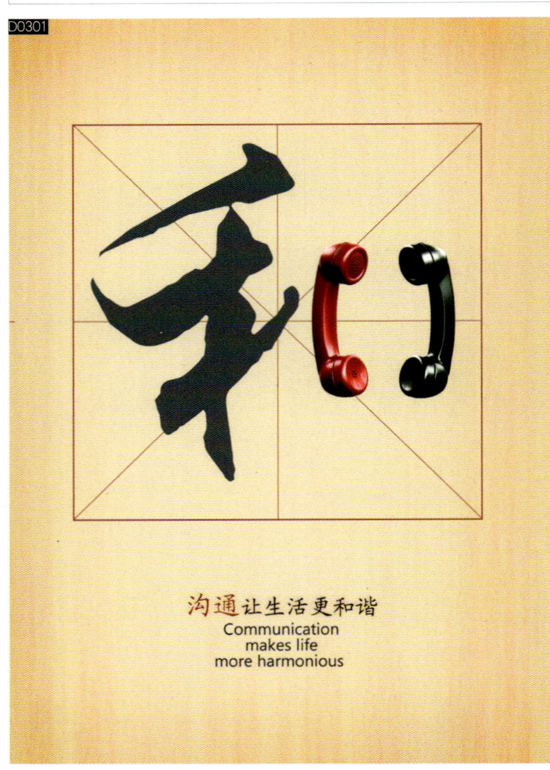

D0302

D0303

D0304

D0305

D0306

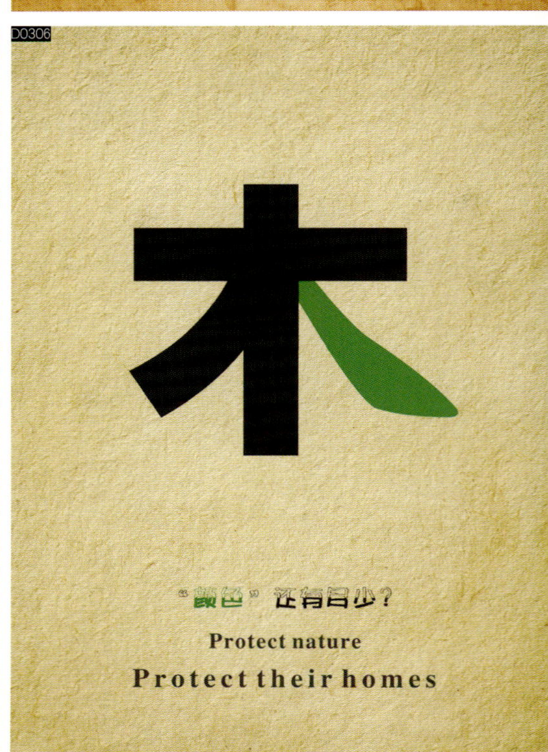

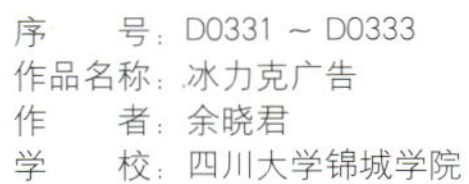
序　　号：D0331 ~ D0333
作品名称：冰力克广告
作　　者：余晓君
学　　校：四川大学锦城学院
指导教师：刘亚婷

序　　号：D0334
作品名称：梦想·希望
作　　者：张博文
学　　校：北京理工大学
指导教师：郝亚维

序　　号：D0335
作品名称：湘游
作　　者：张琳琳
学　　校：湖南师范大学
指导教师：吴尚君

序　　号：D0336
作品名称：情有毒终
作　　者：张雄亮
学　　校：西安培华学院
指导教师：张鹏

D0337

D0338

D0339

D0340

D0341

D0342

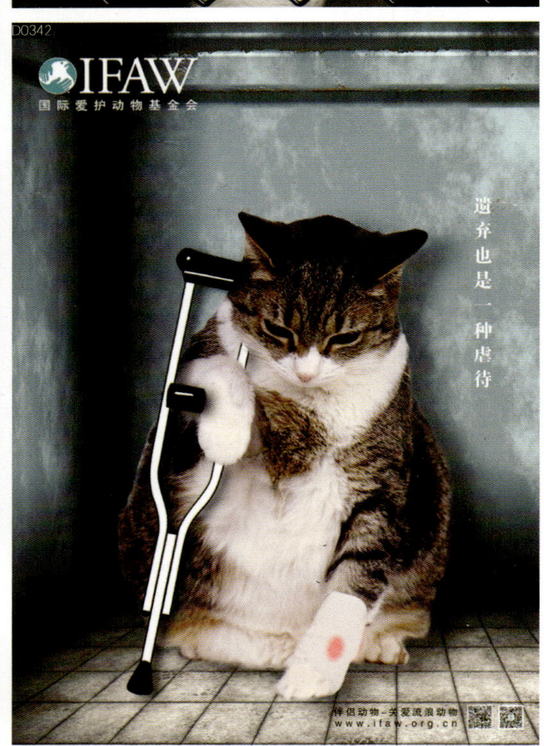

序　　号：D0337 ~ D0339
作品名称：公益广告系列
作　　者：郭芮嘉
学　　校：北京理工大学
指导教师：郝亚维

序　　号：D0340 ~ D0342
作品名称：保护伴侣动物招贴系列
作　　者：苏超
学　　校：广东技术师范学院
指导教师：吴振全

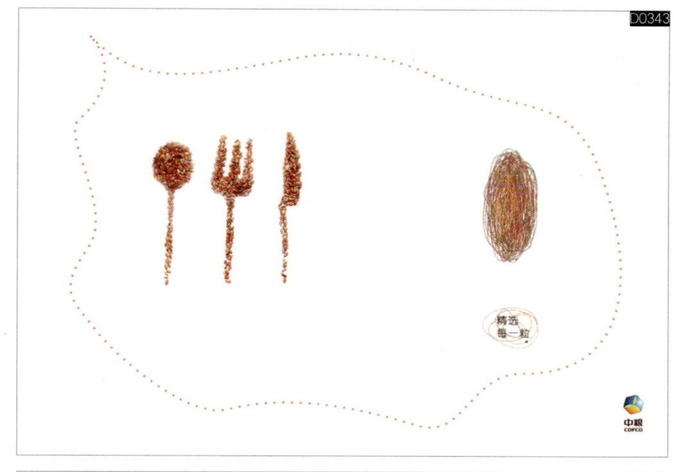

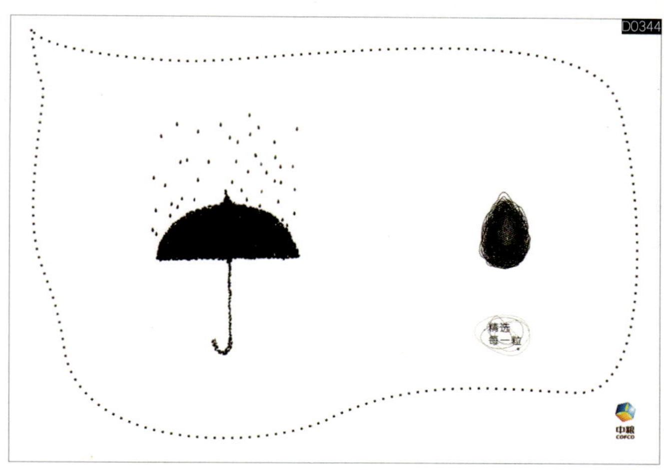

序　　号：D0343～D0345 | D0346～D0347
作品名称：中粮谷物“精选”系列 | 依云矿泉水“浮”系列
作　　者：王蕾
学　　校：四川大学锦城学院
指导教师：王宗果

D0348

D0349

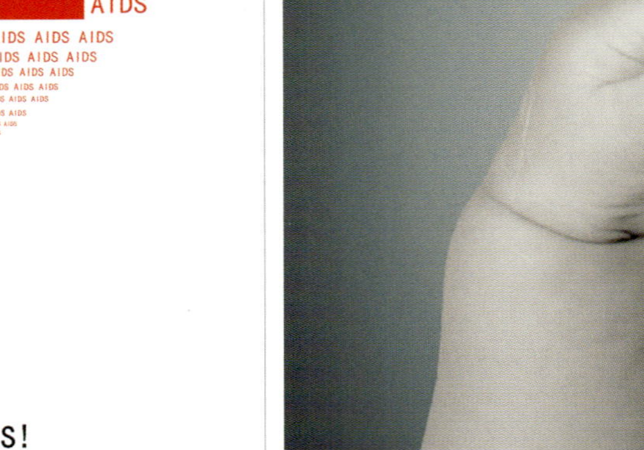

D0350

D0351

D0352

D0353

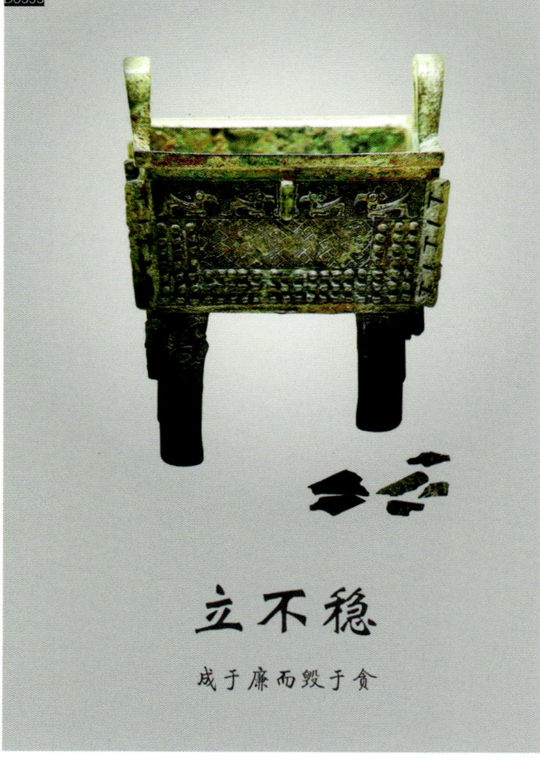

序　　号：D0348 | D0349
作品名称：艾滋病 | 爱我就别鉴定我
作　　者：闫迎新
学　　校：昆明理工大学
指导教师：闵薇

序　　号：D0350 | D0351 | D0352 | D0353
作品名称：反腐倡廉系列之印不下 | 坐不牢 | 戴不住 | 立不稳
作　　者：康博
学　　校：青岛大学
指导教师：徐昊

D0354

D0355

D0356

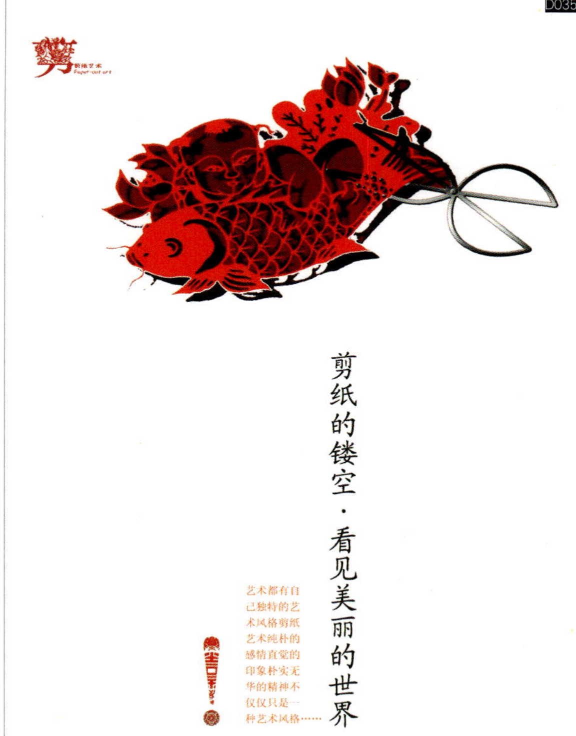

D0357

D0358

D0359

序　　号：D0354 | D0355
作品名称：窒息 | 人人纳税，税为人人
作　　者：邱媛
学　　校：广东财经大学华商学院
指导教师：陆春连

序　　号：D0356
作品名称：剪纸招贴设计
作　　者：石健炜
学　　校：河套学院
指导教师：郝淑宝

序　　号：D0357
作品名称：态度
作　　者：崔姝
学　　校：河南大学
指导教师：范存江

序　　号：D0358
作品名称：气变
作　　者：刘欣灵
学　　校：辽宁经济职业技术学院
指导教师：曹毅亮、邢洪亮

序　　号：D0359
作品名称：保护野生动物
作　　者：王夕兵
学　　校：西安培华学院
指导教师：张鹏

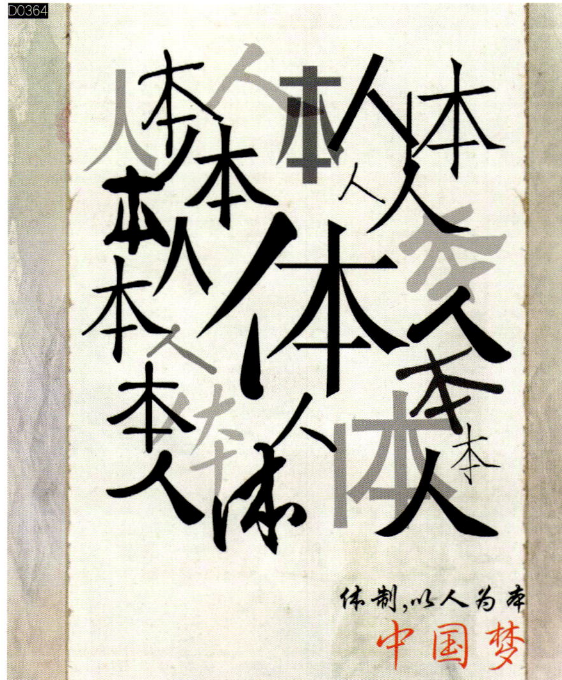

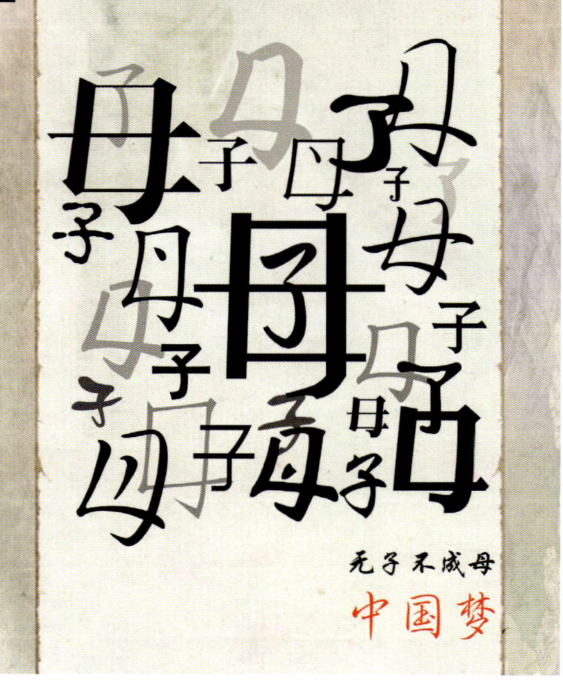

序　　号：D0360
作品名称：拒绝水污染
作　　者：李得民
学　　校：仙桃职业学院
指导教师：孙林

序　　号：D0361
作品名称：公益系列——美德篇
作　　者：黄志斌
学　　校：曲阜师范大学
指导教师：无

序　　号：D0362 ｜ D0363
作品名称：保护海洋 ｜ 节约用电
作　　者：杨时
学　　校：广东工业大学
指导教师：黄迅

序　　号：D0364 ~ D0365
作品名称：中国梦
作　　者：王清
学　　校：常州工学院
指导教师：陈璐

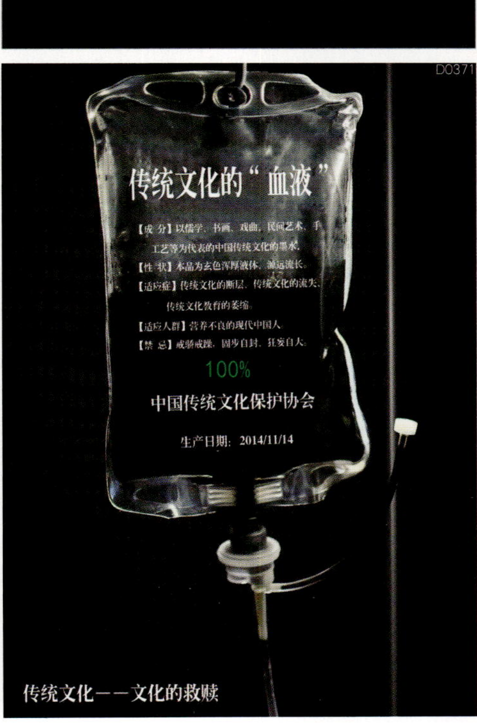

序　　号：D0366
作品名称：雾霾开关
作　　者：林雷明
学　　校：海南职业技术学院
指导教师：刘珈伲

序　　号：D0367
作品名称：Wake up
作　　者：裴璐
学　　校：山西大学
指导教师：王志俊

序　　号：D0368
作品名称：关爱
作　　者：莫家旺
学　　校：广西艺术学院
指导教师：郑万林

序　　号：D0369
作品名称：人会是下一条鱼么
作　　者：卢尧
学　　校：江苏理工学院
指导教师：刘妤

序　　号：D0370
作品名称：毕业祭
作　　者：罗方圆
学　　校：天津科技大学
指导教师：王艺湘

序　　号：D0371
作品名称：文化的救赎
作　　者：张文文、李天龙、戴辉龙
学　　校：湖南师范大学
指导教师：吴尚君

序　　号：D0372～D0377
作品名称：盼望·关注留守儿童
作　　者：黄宙炜
学　　校：广东舞蹈戏剧职业学院
指导教师：李志英

D0378

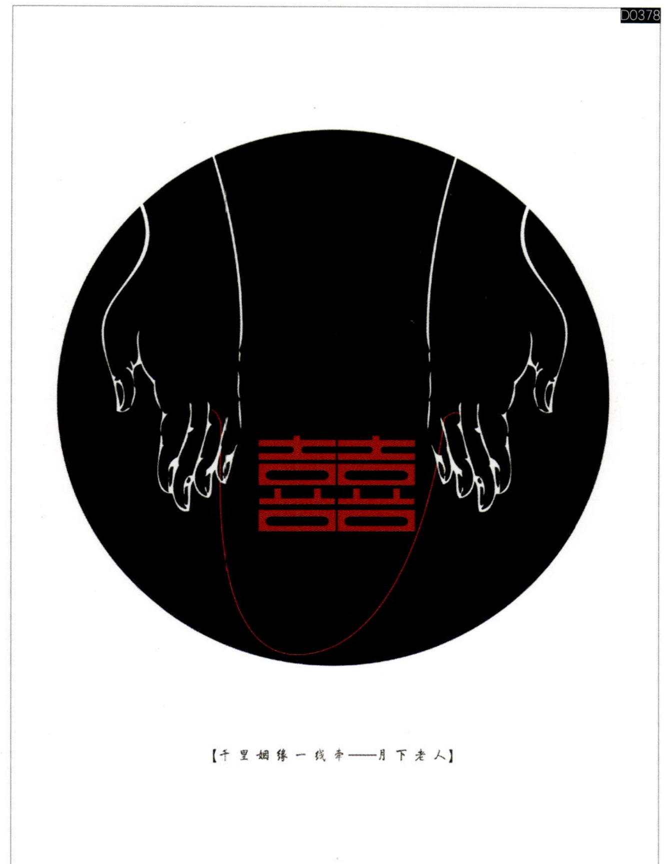

D0379

D0380

D0381

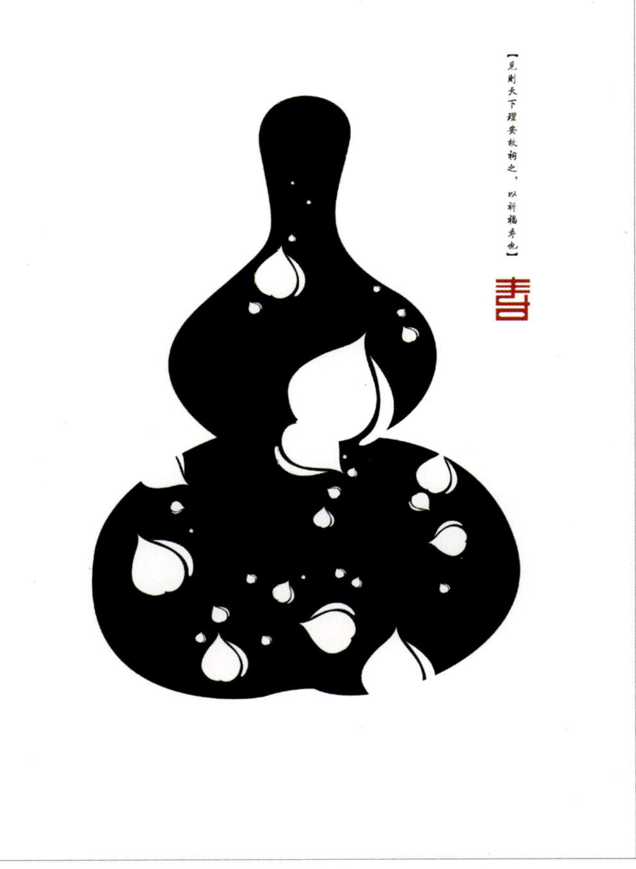

序　　号：D0378 ~ D0381
作品名称：福禄寿禧系列
作　　者：李杉杉
学　　校：天津美术学院
指导教师：薛明

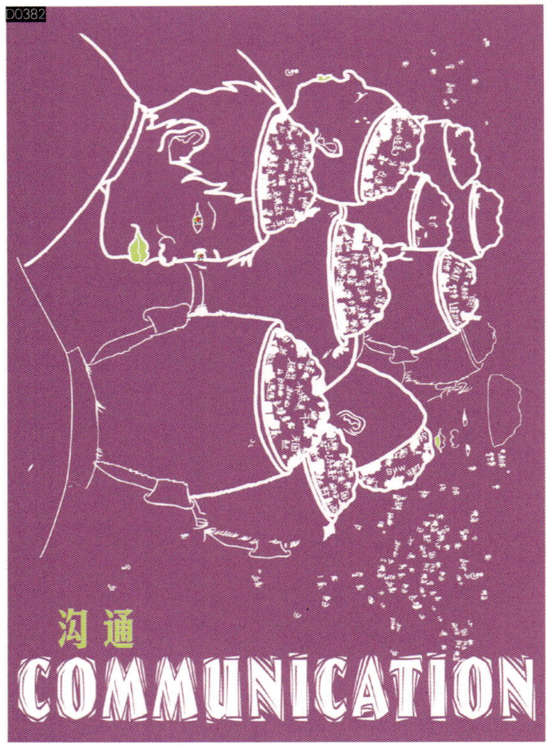

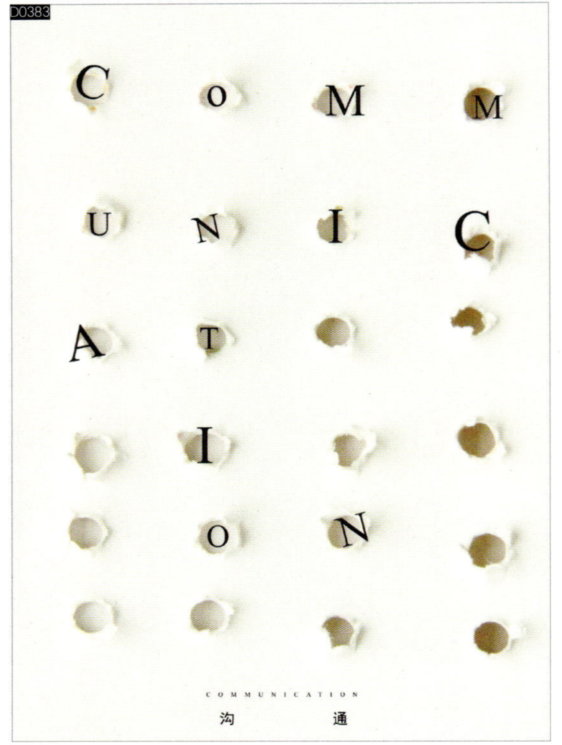

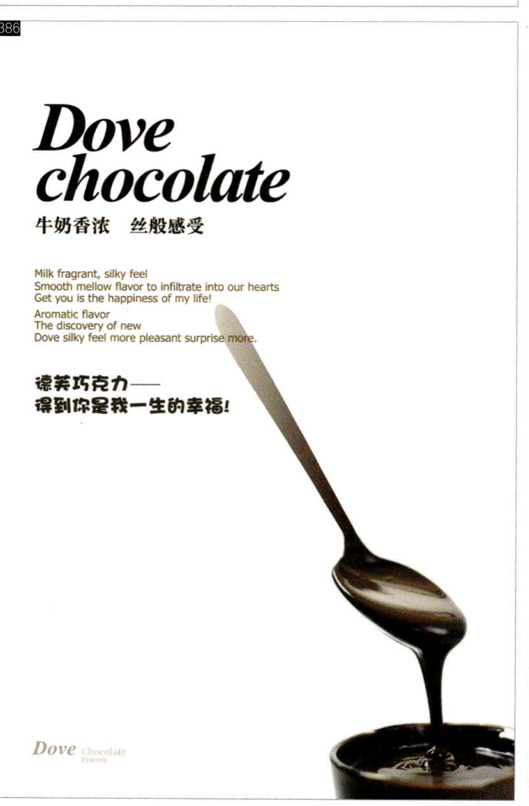

序　　号：D0382 ~ D0383
作品名称：沟通系列
作　　者：侯闫博雨
学　　校：西安工程大学
指导教师：李永轮

序　　号：D0384
作品名称：海报
作　　者：张雯
学　　校：天津商业大学
指导教师：无

序　　号：D0385
作品名称：翘板
作　　者：韩麟祥
学　　校：德州科技职业学院
指导教师：闫芳、曹卫超

序　　号：D0386
作品名称：德芙海报
作　　者：聂爽
学　　校：郑州轻工业学院易斯顿（国际）美术学院
指导教师：王宏民

序　　号：D0387
作品名称：易信广告
作　　者：邓森文
学　　校：四川大学锦城学院
指导教师：王宗果

我的生活　我的"王老吉"

我的学习　我的"王老吉"

D0392

我的工作　我的"王老吉"

Office

I的工作　I的王老吉

序　　号：D0388～D0389
作品名称：行走系列
作　　者：黄晨曦、徐帅
学　　校：湖北工业大学
指导教师：关洪

序　　号：D0390 | D0391 | D0392
作品名称：生活篇之王老吉 | 学习篇之王老吉 | 工作篇之王老吉
作　　者：王玲玲、朱曼梅
学　　校：马鞍山师范高等专科学校
指导教师：马宗禹

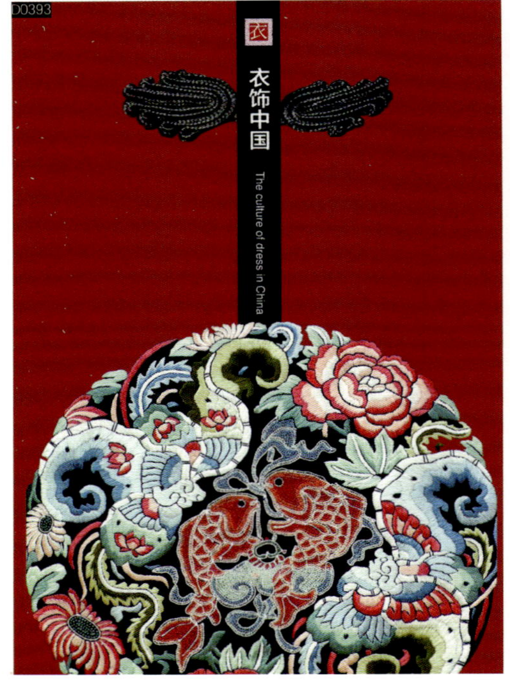

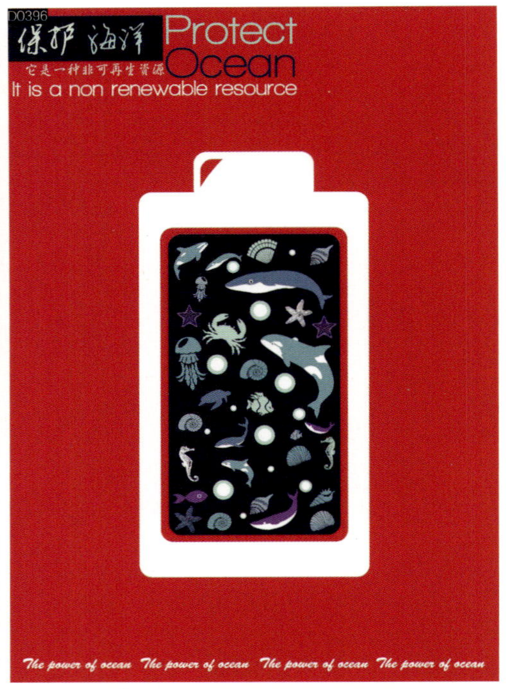

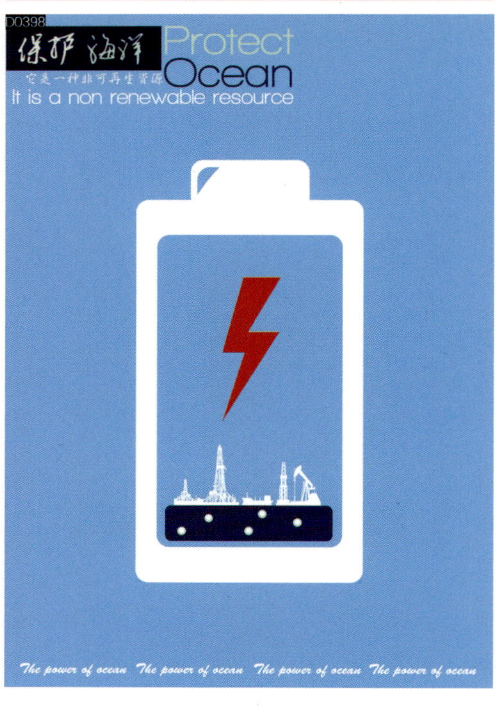

序　　号：D0393
作品名称：服饰
作　　者：陈叶
学　　校：湖南师范大学
指导教师：吴尚君

序　　号：D0394 | D0395
作品名称：美在山西之"晋量玩"篇 | 美在山西之"晋量吃"篇
作　　者：武常洋
学　　校：黄冈师范学院
指导教师：张红辉

序　　号：D0396 ~ D0398
作品名称：The power of ocean
作　　者：王梓潇
学　　校：沈阳师范大学
指导教师：杨野

序　　号：D0399 ~ D0402
作品名称：树系列
作　　者：马亚浩
学　　校：大连工业大学
指导教师：宋永胜

序　　号：D0403 ~ D0404
作品名称：传宗接代
作　　者：徐宝辉
学　　校：南昌大学
指导教师：李枝秀

序　　号：D0405 | D0406
作品名称：别让灯泡污染环境 | 别让电池污染环境
作　　者：李欣霖
学　　校：成都理工大学工程技术学院
指导教师：侯亚红

序　　号：D0407
作品名称：海天拌饭酱系列之白领篇
作　　者：孙佳宁
学　　校：沈阳航空航天大学
指导教师：佟进

D0399
D0400
D0401
D0402
D0403
一代人
The generation
传宗接代
For the next generation of health
D0404
又一代人
And a generation
传宗接代
For the next generation of health
D0405
Don't
let the bulb
pollute the
environme
nt. pollution
Everybody is re
esponsible for pro
t ecting the environmt
nment. Don't let the bulb p
let the bulb pollute the envi
pollute the environment. Don'
onment. Everybody is resp
esponsible for protecting
the environmtent.
pollution
别让灯泡污染环境
D0406
Don't
let the battery
pollution envir
onment .The
decrea se
ofthe intermed
iateresources le
pollution.
thbatterypollut
onenvironment.
别让电池污染环境
D0407
说"拌"就"拌" 餐餐相伴！
海天
海天招牌拌饭酱

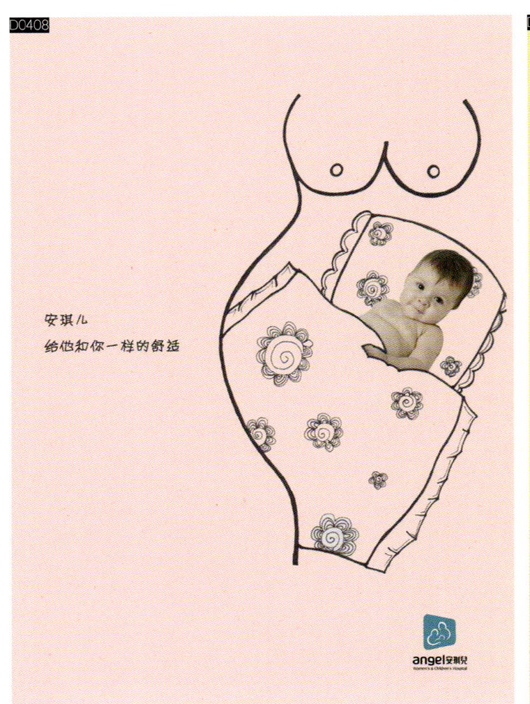

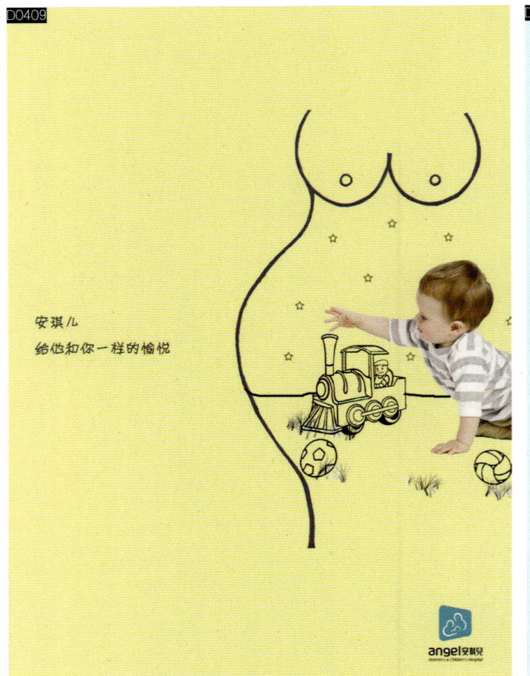

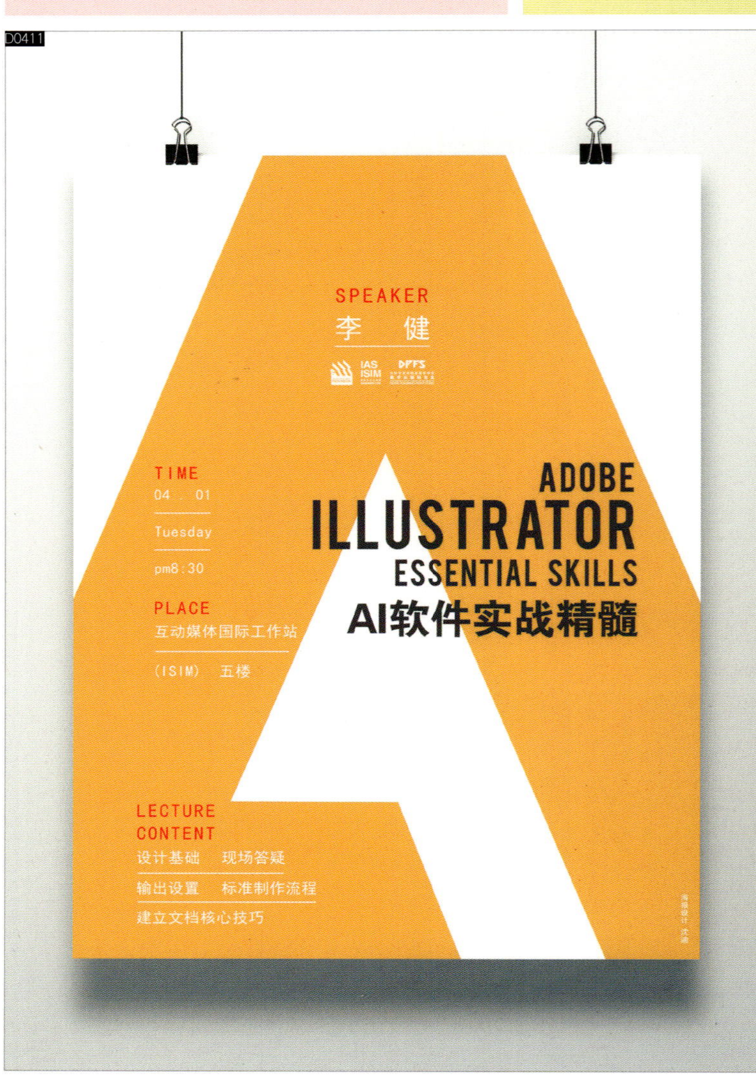

序　　号：D0408 ~ D0410
作品名称：安琪儿妇产医院广告 · 守护
作　　者：唐新然
学　　校：石河子大学
指导教师：王健

序　　号：D0411
作品名称：《AI 实战精髓》海报设计
作　　者：沈迪
学　　校：吉林艺术学院
指导教师：颜成宇

序　　号：D0412
作品名称：作废
作　　者：何园园
学　　校：马鞍山师范高等专科学校
指导教师：马宗禹

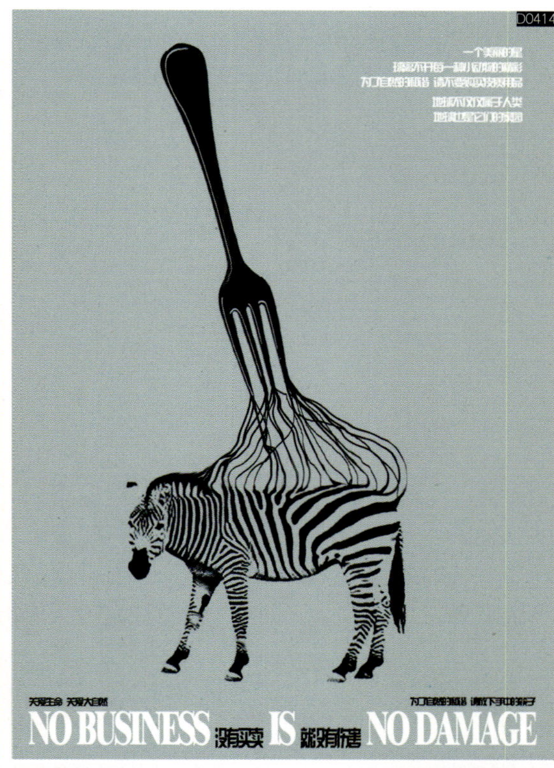

序　　号：D0413～D0415
作品名称：没有买卖没有伤害
作　　者：梅天鹏
学　　校：西北民族大学
指导教师：周安平

序　　号：D0416 | D0417
作品名称：沟通 | 家
作　　者：王红
学　　校：湖南师范大学
指导教师：吴尚君

序　　号：D0418
作品名称：和平的枪声
作　　者：王贞贞
学　　校：北京科技经营管理学院
指导教师：苗红玉

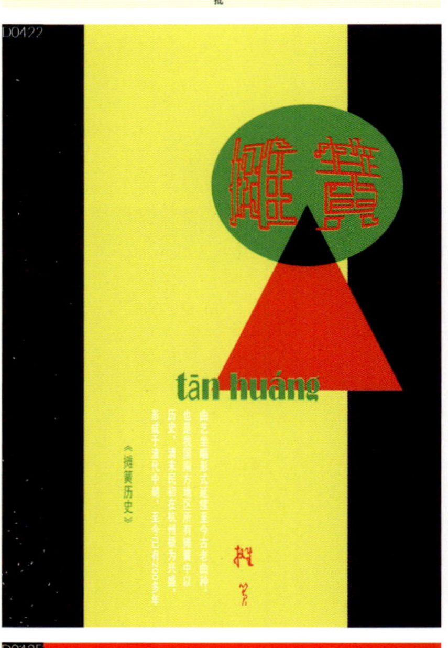

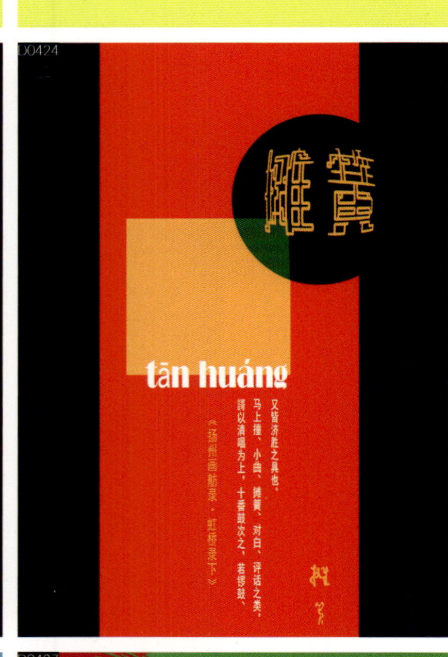

序　　号：D0419
作品名称：保护剪纸艺术
作　　者：贾留洋
学　　校：洛阳师范学院
指导教师：韩新顺

序　　号：D0420 | D0421
作品名称：两岸一家亲 | 同一个圆，同一个梦
作　　者：吴曦
学　　校：昆明理工大学
指导教师：张琪

序　　号：D0422 ~ D0424
作品名称：摊簧
作　　者：林燕玲
学　　校：广州大学纺织服装学院
指导教师：无

序　　号：D0425
作品名称：When it is over ?
作　　者：潘沪生
学　　校：兰州大学
指导教师：李晶晶

序　　号：D0426 | D0427
作品名称：诱惑・嘴唇的诱惑 | 诱惑・眼睛的诱惑
作　　者：杜无名、吴臣凤
学　　校：昆明理工大学
指导教师：邓薇

序　　号：D0428 | D0429 | D0430
作品名称：纵享“乐”不停系列之吃货女孩 | 纵享“乐”不停系列之水果女孩 | 纵享“乐”不停系列之运动女孩
作　　者：高志浩
学　　校：天津理工大学
指导教师：陈志莹

序　　号：D0431 ~ D0433
作品名称：触手可“吉”
作　　者：刘晓琳
学　　校：齐鲁工业大学
指导教师：李慧媛

序　　号：D0434 ~ D0436
作品名称：资助海报系列
作　　者：贾艳平
学　　校：河北艺术职业学院
指导教师：韩敏学

D0437

雀巢咖啡

D0438

D0439

今天你可口可乐了吗

D0440

今天你可口可乐了吗

序　　号：D0437 | D0438 | D0439 | D0440
作品名称：雀巢 · 释放你的潜力 | 雀巢 · 冲击你的梦想 | 可乐 · 无处不在 | 可乐 · 美好生活
作　　者：杜无名
学　　校：昆明理工大学
指导教师：邓薇

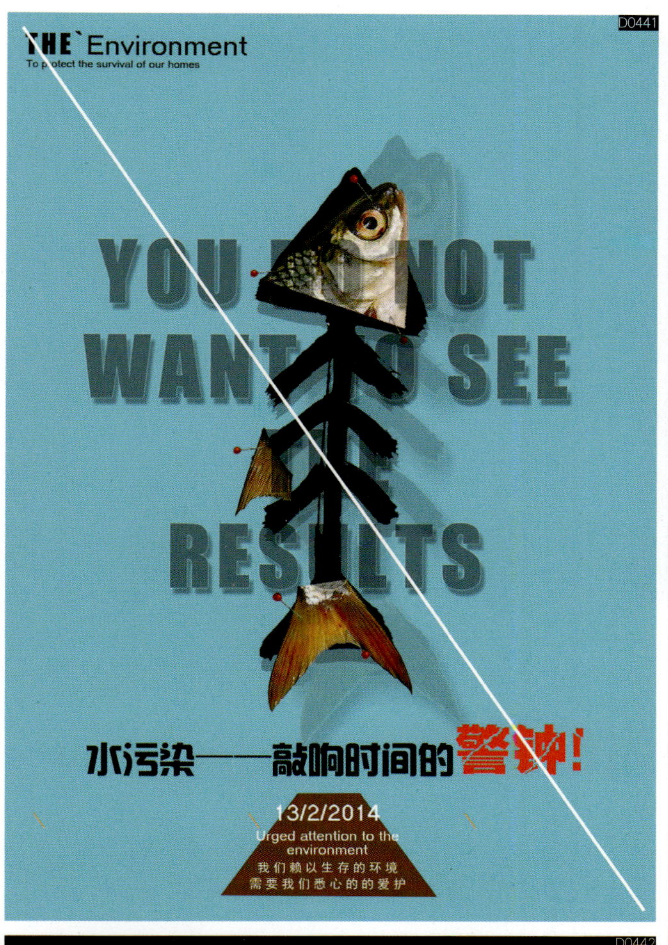

序　　号：D0441
作品名称：水污染招贴
作　　者：林阳
学　　校：河南大学
指导教师：无

序　　号：D0442
作品名称：保护野生动物招贴设计
作　　者：崔建波
学　　校：河套学院
指导教师：郝淑宝

序　　号：D0443
作品名称：沟通
作　　者：唐剑
学　　校：伊犁师范学院
指导教师：陈永安

序　　号：D0444 ~ D0445
作品名称：中国梦 · 融
作　　者：张静
学　　校：河南理工大学万方科技学院
指导教师：蔡玉静

因专注而精湛　用管理诠释成功　因坚持而久远

序　　号：D0446
作品名称：强力胶・铁链
作　　者：朱长喜
学　　校：青岛科技大学
指导教师：杨晓艺

序　　号：D0447
作品名称：关爱动物
作　　者：朱长喜
学　　校：青岛科技大学
指导教师：纪丽

序　　号：D0448 ｜ D0449 ｜ D0450
作品名称：I WANT YOU ｜ OPPO，我的世界因我不凡之舞台篇 ｜ 桃花姬，吃出来的美丽
作　　者：李峰，杨璐
学　　校：湖南工业大学
指导教师：杨虹

序　　号：D0451
作品名称：AI 实战精髓
作　　者：王雪
学　　校：吉林艺术学院
指导教师：颜成宇

序　　号：D0452
作品名称：日历
作　　者：陈汶卿
学　　校：湖北美术学院
指导教师：田智文

序　　号：D0453
作品名称：酒吧单身夜
作　　者：王翔飞
学　　校：天津科技大学
指导教师：王艺湘

序　　号：D0454
作品名称：舞
作　　者：张书雷
学　　校：天津科技大学
指导教师：张立雷

序　　号：D0455 ~ D0456
作品名称：眼镜广告
作　　者：杨晨曦
学　　校：四川大学锦城学院
指导教师：王宗果

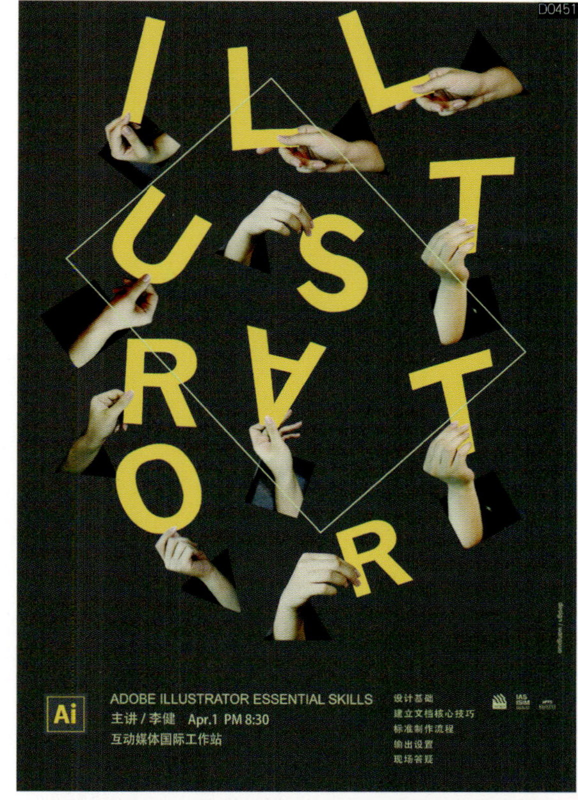
D0451
ILLUSTRATOR
Ai
ADOBE ILLUSTRATOR ESSENTIAL SKILLS
主讲 / 李健 Apr.1 PM 8:30
互动媒体国际工作站
设计基础
建立文档核心技巧
标准制作流程
输出设置
现场答疑

D0452
2013
Calendar
two thousand and thirteen

D0453
2014.11.11
脱單
COME
ROCK
BAR
OPEN

D0454
舞
舞随风动
舞出精彩人生！

D0455
就是如此相近
Glasses

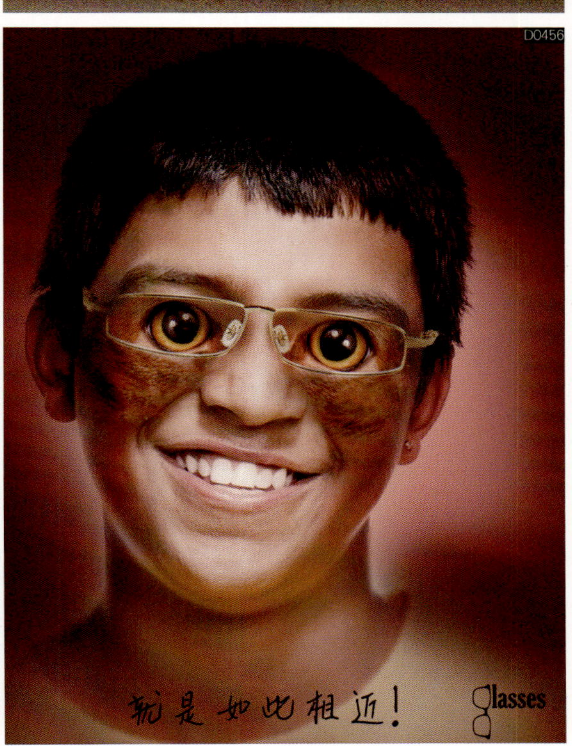
D0456
就是如此相近！
Glasses

D0457

D0458

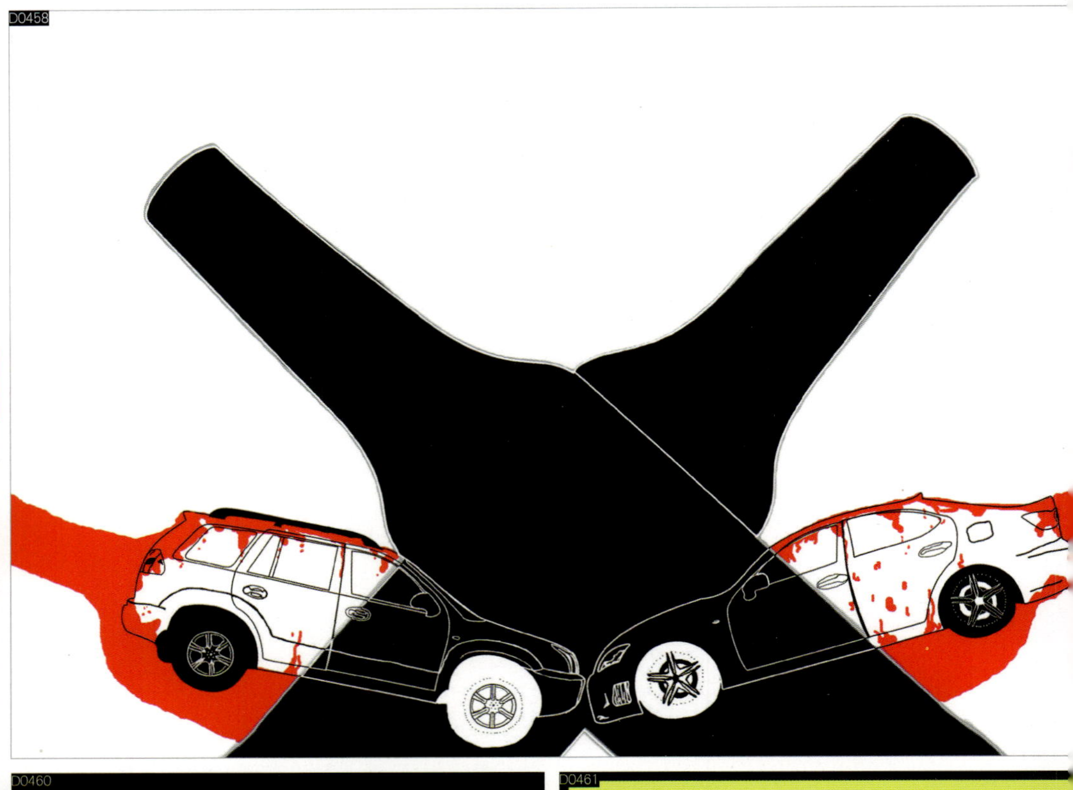

D0459

D0460

D0461

序　　号：D0457
作品名称：胜利V？枪口！
作　　者：张俊斌
学　　校：黄冈师范学院
指导教师：张红辉

序　　号：D0458
作品名称：酒驾
作　　者：王文涛
学　　校：德州科技职业学院
指导教师：闫芳、曹卫超

序　　号：D0459
作品名称：疲惫的苍蝇拍
作　　者：叶金磊
学　　校：西安外国语大学
指导教师：无

序　　号：D0460～D0461
作品名称：廉政公益广告
作　　者：许岑
学　　校：北京理工大学
指导教师：郝亚维

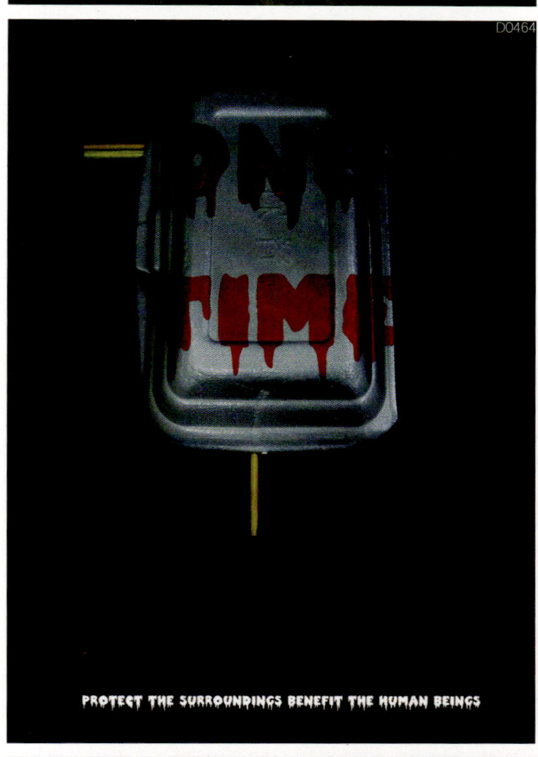

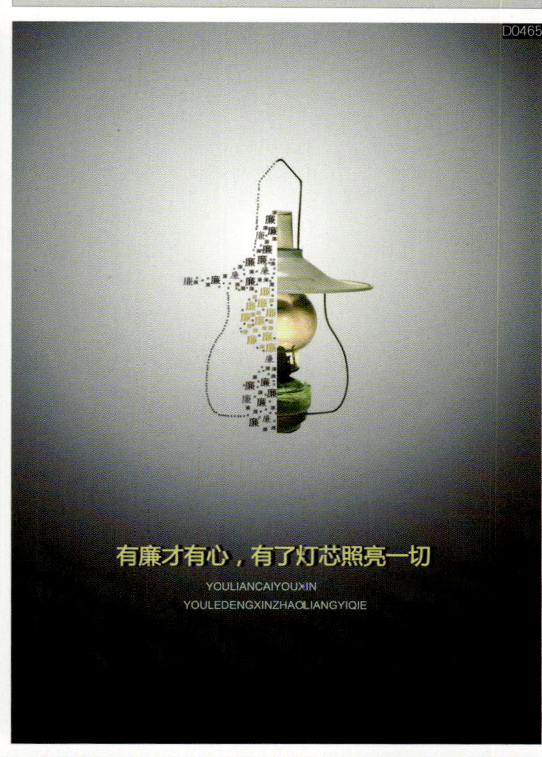

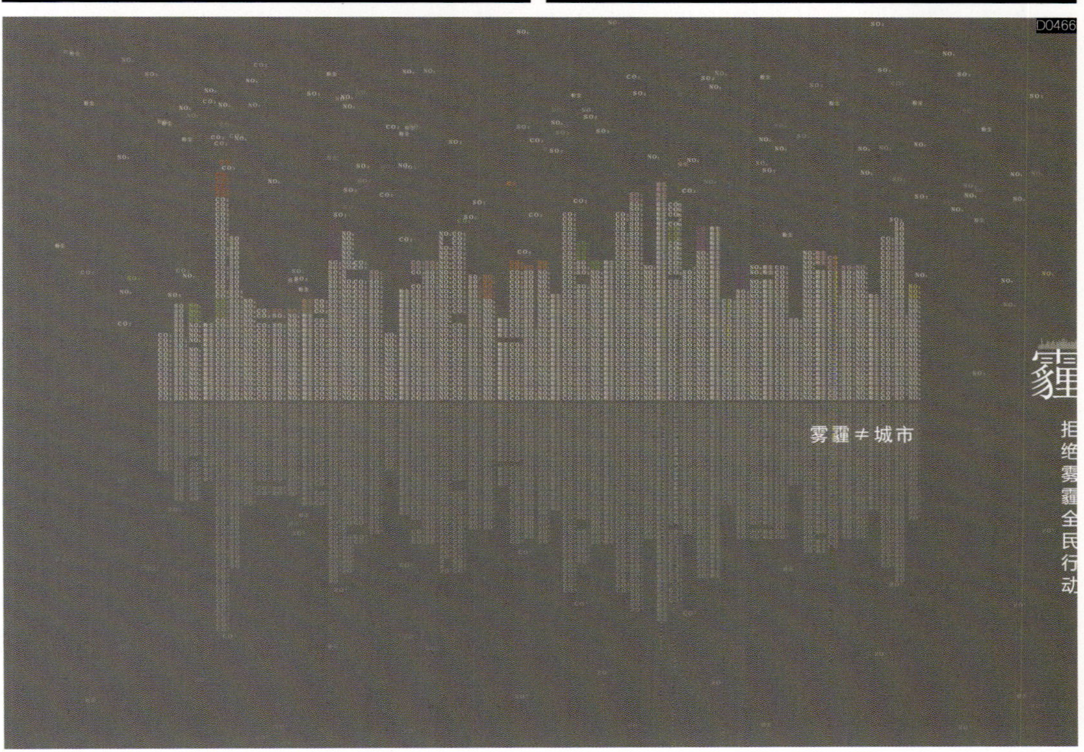

序　　号：D0462
作品名称：低碳城市
作　　者：施斌杰
学　　校：沈阳航空航天大学
指导教师：刘春雷

序　　号：D0463
作品名称：“在五月”海报设计
作　　者：沈迪
学　　校：吉林艺术学院
指导教师：颜成宇

序　　号：D0464
作品名称：终点
作　　者：韩昭
学　　校：贵州大学
指导教师：李戎

序　　号：D0465
作品名称：廉心
作　　者：蔡铭
学　　校：云南民族大学
指导教师：马楠

序　　号：D0466
作品名称：雾霾≠城市
作　　者：卢承君
学　　校：黄冈师范学院
指导教师：张文智

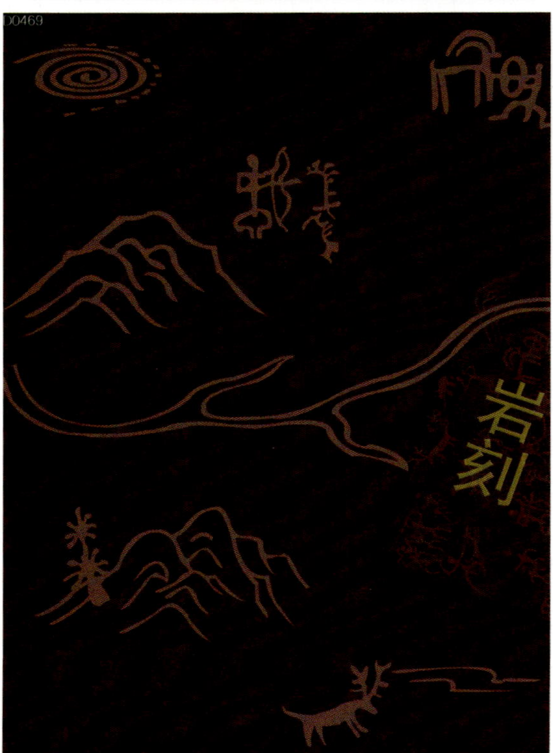

序　　号：D0467～D0469
作品名称：阴山岩画海报招贴设计系列
作　　者：李玉强
学　　校：河套学院
指导教师：石鑫

序　　号：D0470～D0472
作品名称：时代印象系列
作　　者：黄德坤
学　　校：河套学院
指导教师：乔杨

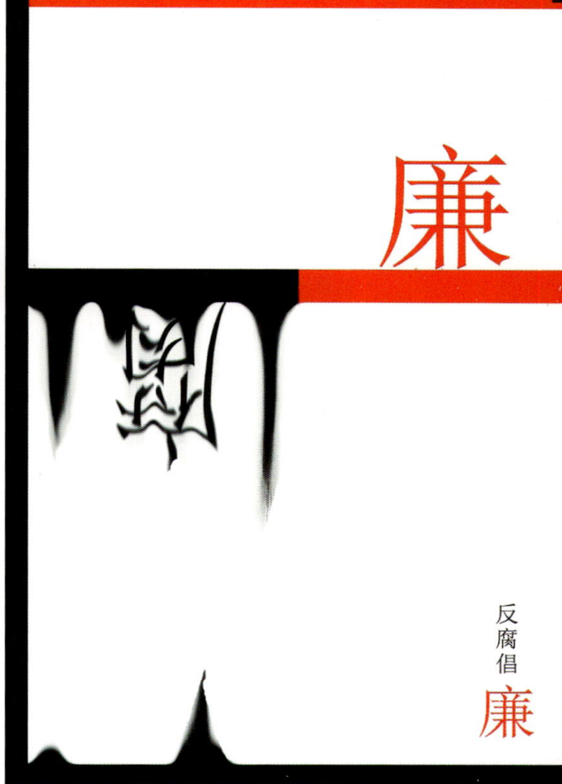

序　　号：D0489 ~ D0490
作品名称：可口可乐招贴
作　　者：张蕎心
学　　校：西北民族大学
指导教师：张少泉

序　　号：D0491
作品名称：远离毒品
作　　者：刘磊
学　　校：德州科技职业学院
指导教师：闫芳、曹卫超

序　　号：D0492
作品名称：反腐倡廉
作　　者：姚晨阳
学　　校：德州科技职业学院
指导教师：闫芳、曹卫超

序　　号：D0493
作品名称：丝绸之路
作　　者：林雷明
学　　校：海南职业技术学院
指导教师：钟兰馨

序　　号：D0494
作品名称：没买卖就没杀害
作　　者：叶舒平
学　　校：湖北美术学院
指导教师：无

D0495

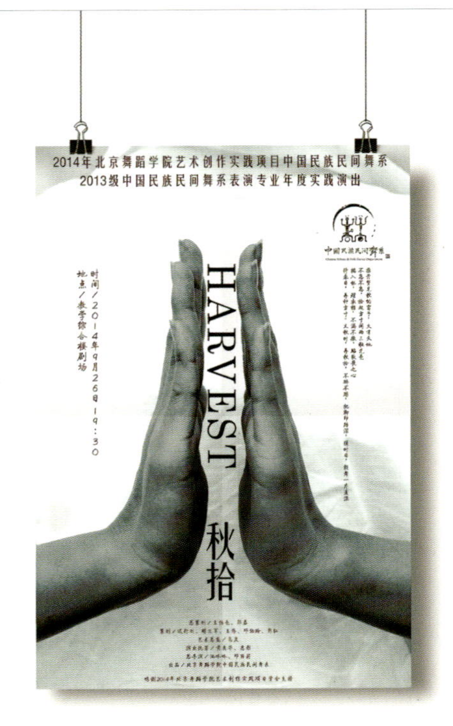

D0496

D0497

D0498

D0499

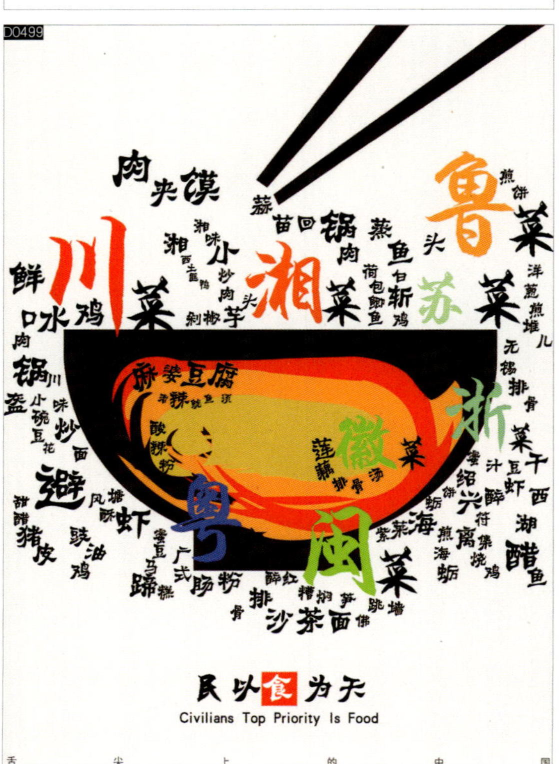

D0500

序　　号：D0495
作品名称：秋拾
作　　者：沈迪
学　　校：吉林艺术学院
指导教师：颜成宇

序　　号：D0496
作品名称：收藏品茗——苏州旅游产品设计
作　　者：杨湖月
学　　校：湖北工业大学
指导教师：胡雨霞、周峰

序　　号：D0497
作品名称：相宜本草海报
作　　者：黄丽娟
学　　校：四川长江职业学院
指导教师：柏清

序　　号：D0498
作品名称：内之美
作　　者：翟健含
学　　校：沈阳航空航天大学
指导教师：刘春雷

序　　号：D0499
作品名称：民以食为天——《舌尖上的中国》海报作品
作　　者：徐佳琪
学　　校：天津科技大学
指导教师：王艺湘

序　　号：D0500
作品名称：咖啡海报
作　　者：江惠南
学　　校：广西艺术学院
指导教师：无

D0501

《百善孝为先》

D0502

D0503

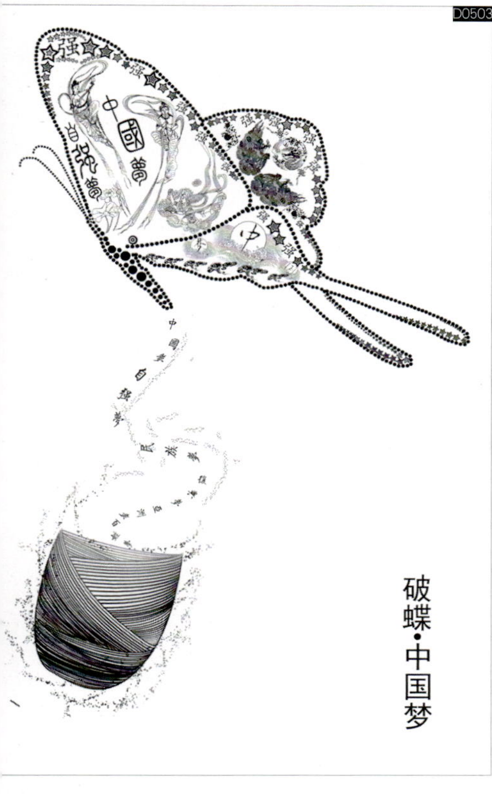

D0504

D0505

序　　号：D0501
作品名称：百善孝为先
作　　者：孙红瑞
学　　校：马鞍山师范高等专科学校
指导教师：马宗禹

序　　号：D0502
作品名称：我们还能砍伐多久
作　　者：张力军
学　　校：昆明理工大学
指导教师：张建国

序　　号：D0503
作品名称：破蝶·中国梦
作　　者：王永烁
学　　校：德州科技职业学院
指导教师：闫芳、曹卫超

序　　号：D0504
作品名称：电池广告
作　　者：薛东
学　　校：西安外国语大学
指导教师：朴美善

序　　号：D0505
作品名称：保护野生象
作　　者：滕双宇
学　　校：燕京理工学院
指导教师：陈旺

序　　号：D0506
作品名称：北方岩刻
作　　者：陈成
学　　校：河套学院
指导教师：郝淑宝

序　　号：D0507
作品名称：保护野生动物
作　　者：陈成
学　　校：河套学院
指导教师：石鑫

序　　号：D0508 | D0509
作品名称：贪字头上两把刀 | 别走进自己挖好的坟墓
作　　者：时晓颖
学　　校：德州科技职业学院
指导教师：闫芳、曹卫超

序　　号：D0510 | D0511
作品名称：适度 | 万物之心皆地球
作　　者：梁佳
学　　校：山西大学
指导教师：王志俊

序　　号：D0512
作品名称：传承的技艺，永恒的祝福
作　　者：赵雪宇
学　　校：齐鲁工业大学
指导教师：孟光伟

序　　号：D0513
作品名称：城市中的宁静生活
作　　者：邓豪俣
学　　校：昆明理工大学
指导教师：沈德坤

序　　号：D0514
作品名称：滴滴香浓尽在麦斯威尔
作　　者：陈勇兴
学　　校：吉林大学
指导教师：孟德琦

D0515

D0517

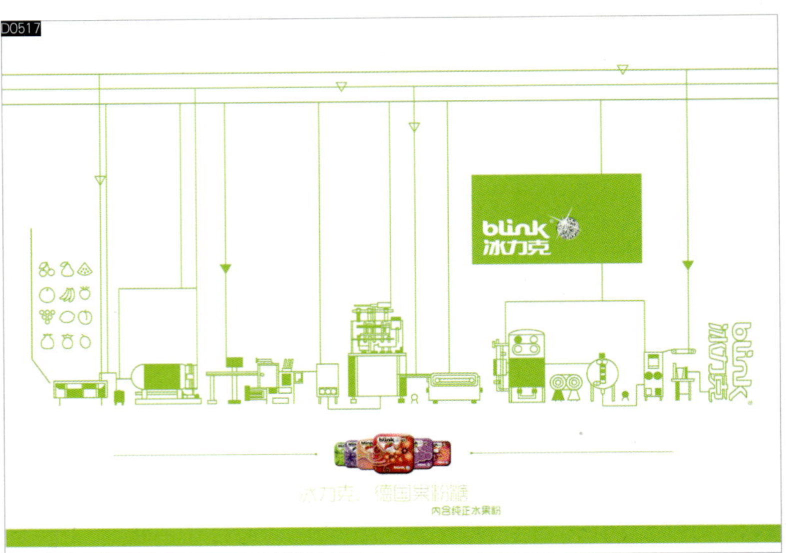

D0516

D0518

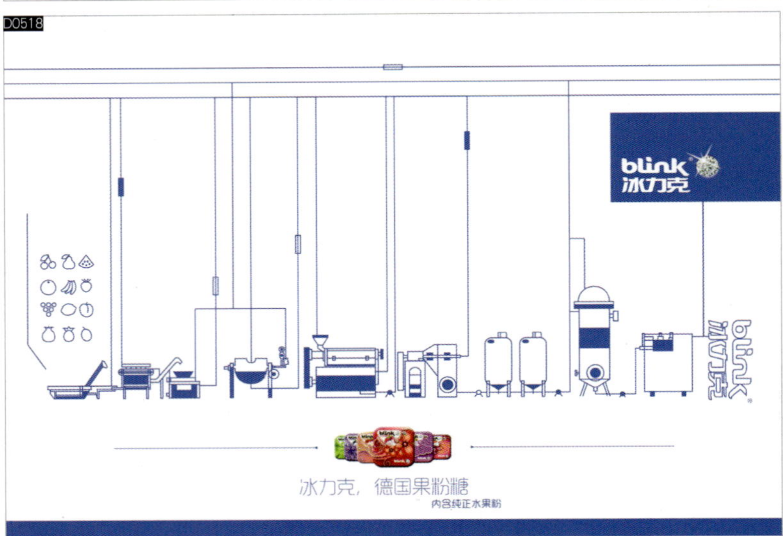

D0519

序　　号：D0515
作品名称：小雪人儿童美术培训馆标志及招贴设计
作　　者：阚凤霞
学　　校：山东工艺美术学院
指导教师：苗登宇

序　　号：D0516
作品名称：天天相"拌"餐餐相"拌"
作　　者：方金萍
学　　校：马鞍山师范高等专科学校
指导教师：马宗禹

序　　号：D0517～D0519
作品名称：冰力克广告
作　　者：邓春凯
学　　校：沈阳航空航天大学
指导教师：巩姝姗

序　　号：D0520 ~ D0521
作品名称：蒙牛酸酸乳系列
作　　者：张易坤
学　　校：安阳师范学院
指导教师：陈敏

序　　号：D0522
作品名称：AI 实战精髓海报
作　　者：靳迦因
学　　校：吉林艺术学院
指导教师：颜成宇

D0523

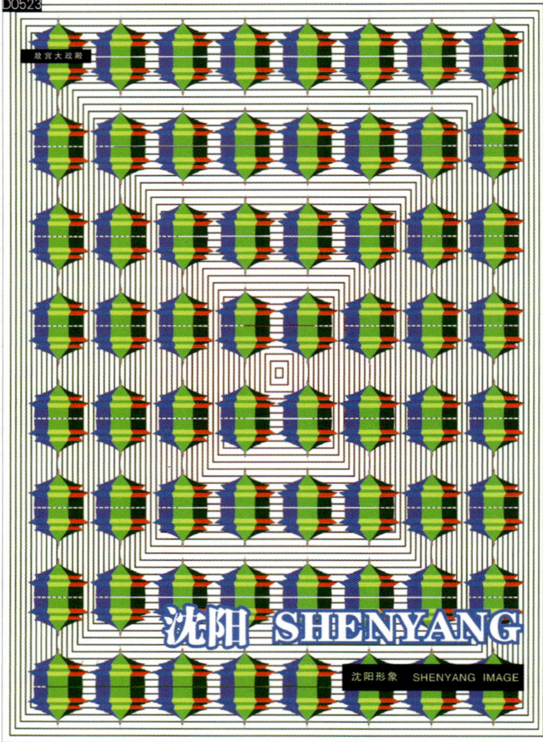

D0524

D0525

D0526

D0527

D0528

序　　号：D0523 | D0524
作品名称：沈阳印象 | 锡伯印象
作　　者：段丹丽
学　　校：沈阳航空航天大学
指导教师：无

序　　号：D0525 ~ D0526
作品名称：米缇贝蒂女包系列广告
作　　者：邓森文
学　　校：四川大学锦城学院
指导教师：王宗果

序　　号：D0527
作品名称：绿
作　　者：孙月腾
学　　校：德州科技职业学院
指导教师：闫芳、曹卫超

序　　号：D0528
作品名称：保护水资源·少了水怎么活
作　　者：黄德坤
学　　校：河套学院
指导教师：郝淑宝

D0557

向日葵

D0558

DESSERT

D0559

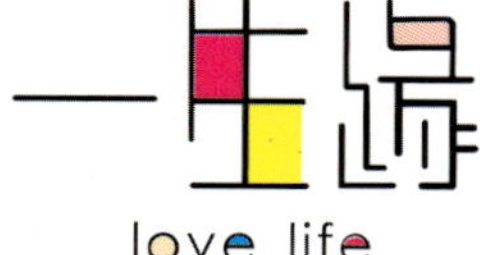

D0560

玩转时空

play the time an space

D0561

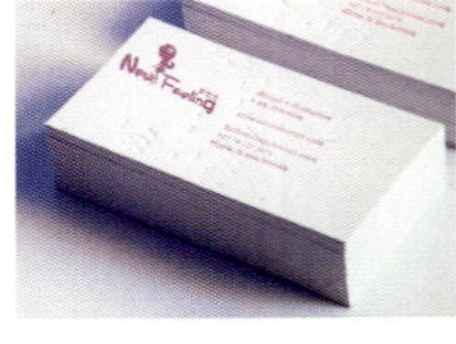

D0562

序　　号：D0561
作品名称：新感觉
作　　者：韩瑜
学　　校：广东建设职业技术学院
指导教师：林霞

序　　号：D0562
作品名称：浪凡
作　　者：邝佩珊
学　　校：广东建设职业技术学院
指导教师：林霞

序　　号：D0563
作品名称：玫瑰园
作　　者：蓝智敏
学　　校：广东建设职业技术学院
指导教师：林霞

序　　号：D0564
作品名称：柠檬时光
作　　者：陈梓佳
学　　校：广东建设职业技术学院
指导教师：林霞

D0563

D0564

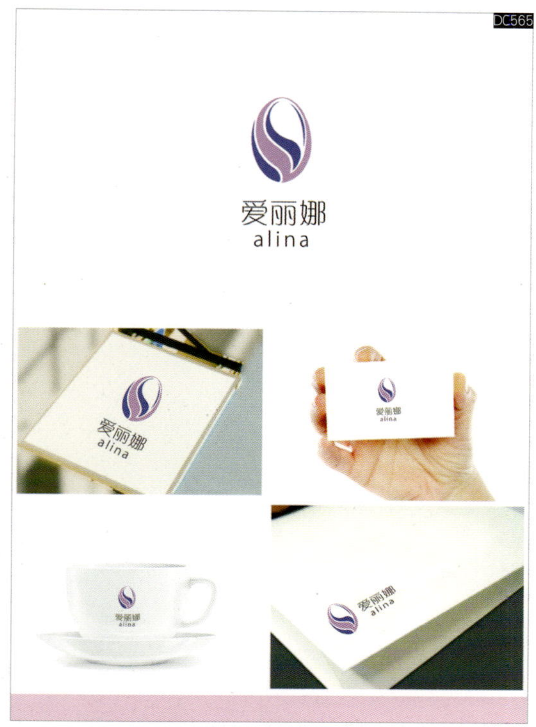

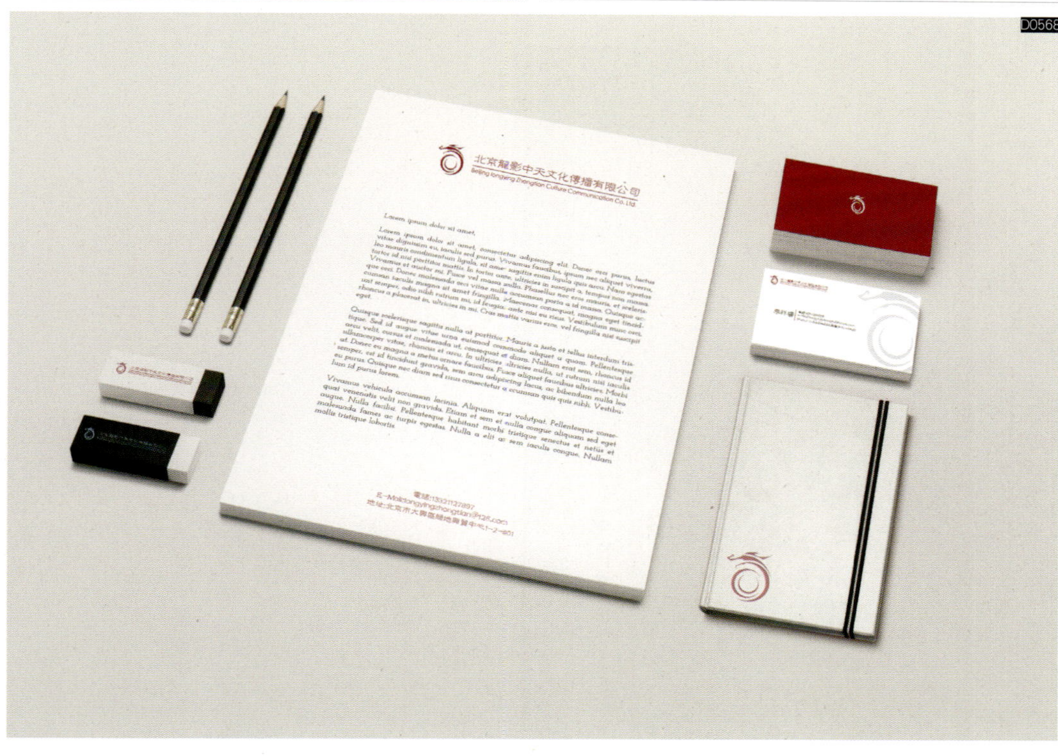

序　　号：D0565
作品名称：爱丽娜标志
作　　者：李淡杏
学　　校：广东建设职业技术学院
指导教师：林霞

序　　号：D0566 | D0567
作品名称：纯粹珠宝 | 弓庭地产
作　　者：周海珠
学　　校：广东建设职业技术学院
指导教师：林霞

序　　号：D0568
作品名称：龙影 VI
作　　者：解乃珑
学　　校：北京财贸职业学院
指导教师：贾宁、张广远

序　　号：D0569
作品名称：好人生
作　　者：曾金花
学　　校：广东建设职业技术学院
指导教师：林霞

D0570

D0571

D0572

序　　号：D0570
作品名称：坚果孙
作　　者：何羽
学　　校：浙江同济科技职业学院
指导教师：范子珍

序　　号：D0571
作品名称：珠宝形象推广物料运用设计
作　　者：李冀航
学　　校：北海职业学院
指导教师：叶蕾蕾

序　　号：D0572
作品名称：蒂格沙发形象推广物料运用设计
作　　者：张琳
学　　校：北海职业学院
指导教师：叶蕾蕾

序　　号：D0573
作品名称：Tomorrow 系列 VI 设计
作　　者：张澍
学　　校：天津科技大学
指导教师：王艺湘

序　　号：D0574 ｜ D0575
作品名称：VI 设计立顿乐活 ｜ VI 设计米歇尔的绿色厨房
作　　者：张洁玥
学　　校：北京财贸职业学院
指导教师：张广远、贾宁

序　　号：D0576
作品名称：绿家房地产
作　　者：陈伟华
学　　校：广东建设职业技术学院
指导教师：林霞

序　　号：D0577
作品名称：至尊男士标志
作　　者：黄土铭
学　　校：广东建设职业技术学院
指导教师：林霞

D0573

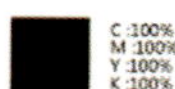

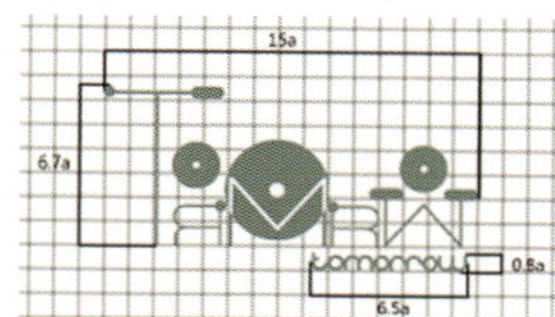

设计说明

摇滚本身并不是商业化的代表，而是象征了自由、热情和坚持，体现了一部分人追求自我，体现不同的价值观念，所以在观看了各种音乐节的海报设计以及一些小众摇滚乐队的图标设计（比如迷笛音乐节、草莓音乐节、张北草原音乐节以及一些乐队等等）

图形分析

我选择了一种我喜欢的方式，当然其中借鉴了韩裔设计师Ji Lee“以词成像”系列的作品构思，运用单词Tomorrow拼出一个类似架子鼓的图形，作为我对摇滚乐“明天”的期许。

色彩分析

黑色，不追求浮华。

D0574

D0575

D0576

D0577

设计说明：

该产品是男士护肤品。使用中国古代的纹样和金黄色的设计组合体现至尊的特点，方正的图形展现男士的力量。该标志体现该产品在男士护肤品的领头羊地位，也体现了购买者的高端品位。

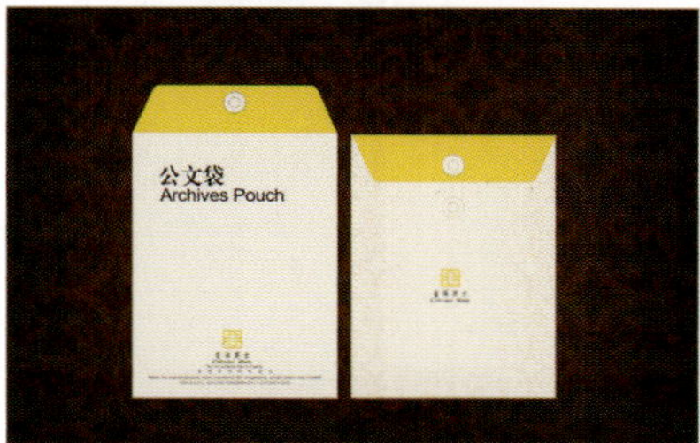

D0578

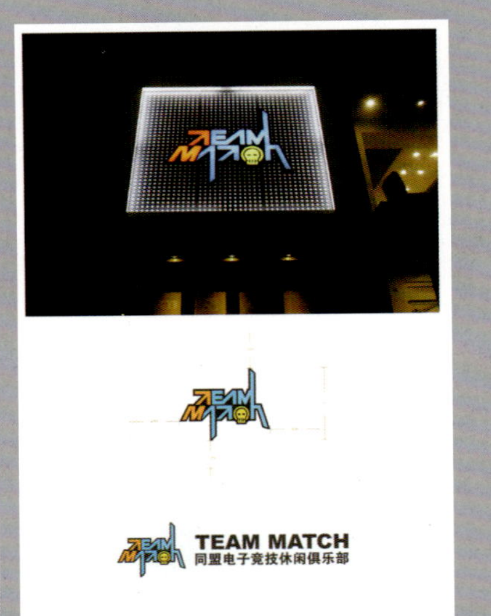

D0579

幅面 1

饮料品牌设计

品牌logo

幅面 2

饮料品牌设计

• 标志灵感来源于“霹雳的闪电”“能量的火焰”，在“加能”汉字的基础上进行变形，文字以倾斜和透视的形式，并融入闪电和火焰的元素，充分表现出了功能饮料产品的运动、能量的定义。标示整体造型质朴简约、静动相生、线条流畅、富有动感。趋势线的变化组合，具有强烈的时代感和视觉冲击力，传达出一个现代企业的崭新形象。

• 整个标志造型富有动感、具有国际化风格，准确体现出运动型功能饮料的方向，便于延展应用，识别性强。

• 黄色体现出识别性强，象征出活力、健康、有生命力、感染力与亲和力，红色象征的年轻、活力、希望。整个标志简洁明快，富有动感，厚重大气中蕴涵着生机与活力，视觉冲击力强，符合国际化风格。

幅面 3

饮料品牌设计

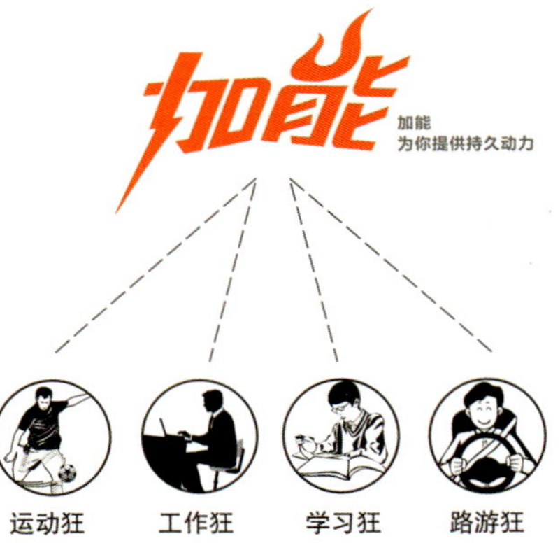

面对各种挑战 需要持久动力

幅面 4

饮料品牌设计

健康 | 活力 | 能量

序　　号：D0578
作品名称：TM VI 设计
作　　者：黄欣琪
学　　校：吉林艺术学院
指导教师：颜成宇

序　　号：D0579
作品名称：加能品牌饮料设计
作　　者：李翔
学　　校：海南大学
指导教师：唐丽春

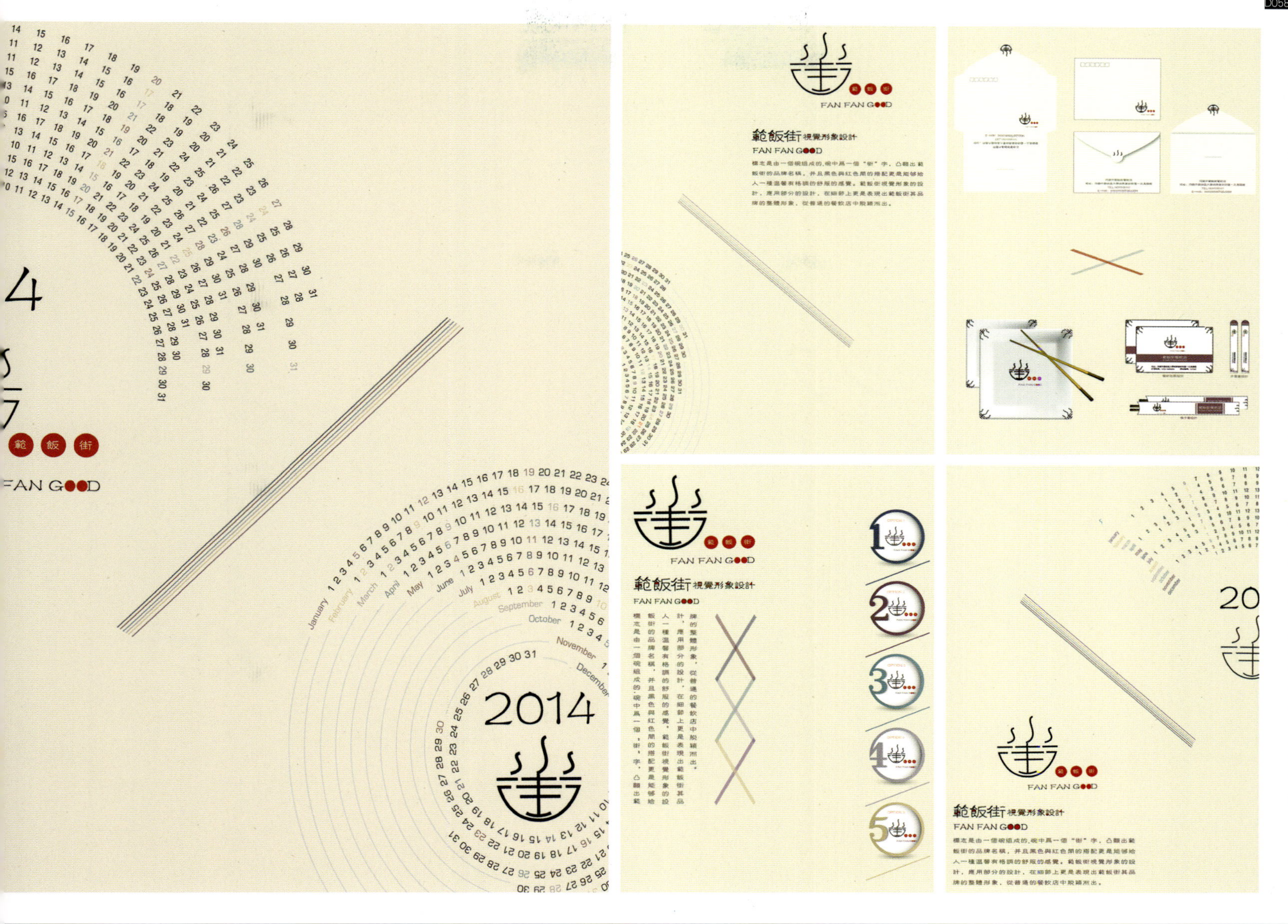

序　　号：D0580
作品名称：FAN FAN GOOD 品牌形象 VI 设计
作　　者：温少裕
学　　校：河源职业技术学院
指导教师：孟拥

Elephant nose
Private restaurant

视觉形象设计

Visual image design

象鼻头

私 房 菜 馆

标志释义：

标志是以象鼻头三字首拼音字母组合而成，以X作耳朵，B作头部，T作眼睛，形成快乐的象厨师。颜色以优雅的咖啡色为主调，以绿色为点缀，寓意菜馆是悠闲

德科传媒VI设计

德科传媒
DE KE CHUAN MEI

标志释义

标志以齐的首字母，d为主体，通过d的变形得到标志

标志主体形似飞鸟，寓意德科传媒前途光明发展迅速。

标志主体为蓝色，具有理智、沉稳的意向，强调企业形象，代表博大胸怀，永不言败的精神，表明公司会容纳更多有德有才的人，为他们提供展示自己的平台。

标准色

标准色

序　　号：D0581
作品名称：象鼻头视觉形象设计
作　　者：王婉婷
学　　校：河源职业技术学院
指导教师：孟拥

序　　号：D0582
作品名称：德科传媒 VI 识别系统
作　　者：韩涛
学　　校：德州科技职业学院
指导教师：闫芳

D0583

序　　号：D0583
作品名称：路人咖啡
作　　者：祝翠
学　　校：闽西职业技术学院
指导教师：倪蕾，江星

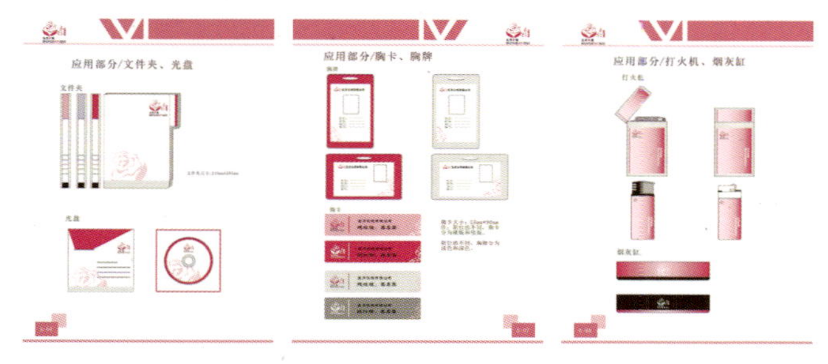
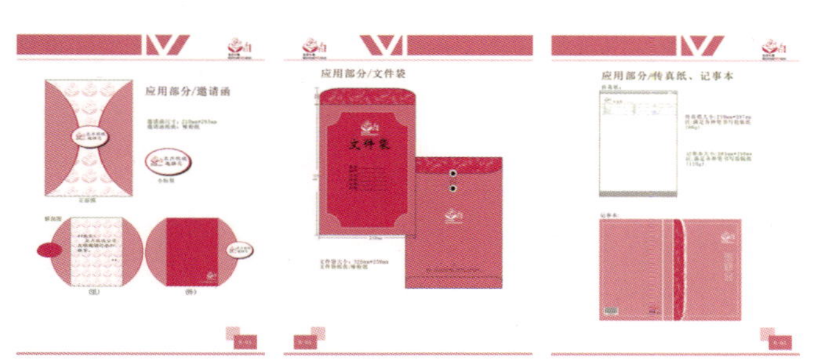

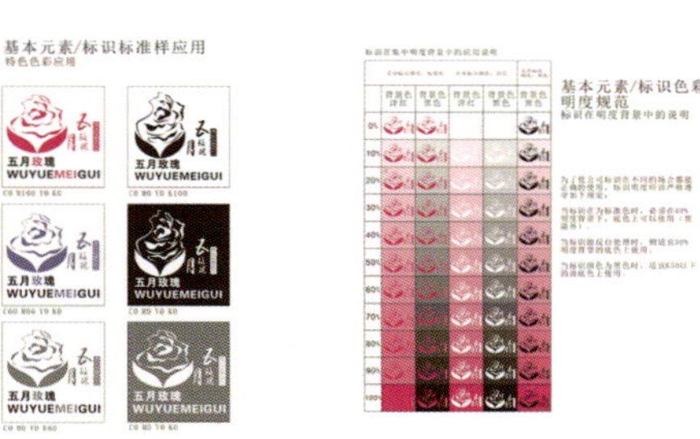

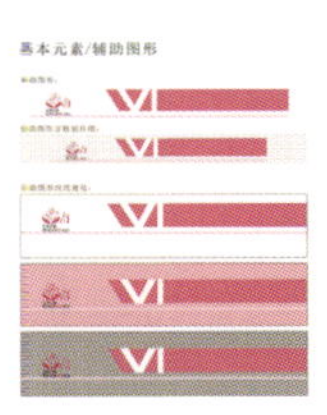

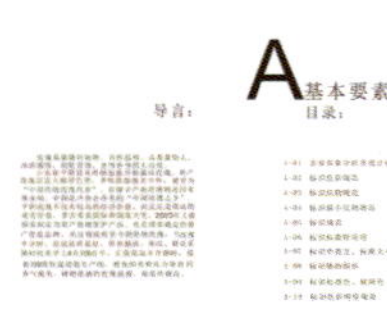

序　　号：D0584
作品名称：五月玫瑰视觉识别系统
作　　者：李盼盼
学　　校：河南理工大学万方科技学院
指导教师：张继迎

D0585

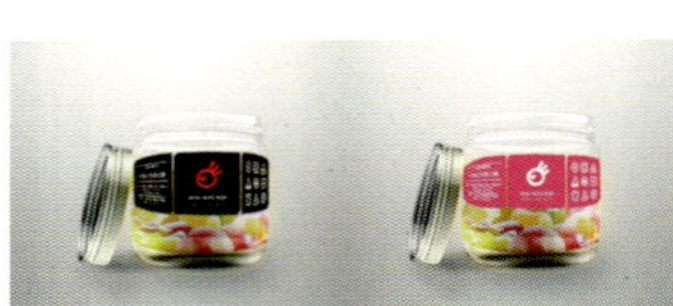

序　　号：D0585
作品名称：Bon bon box VI 识别系统设计系列
作　　者：杨雨然
学　　校：首都师范大学
指导教师：郝雪婷

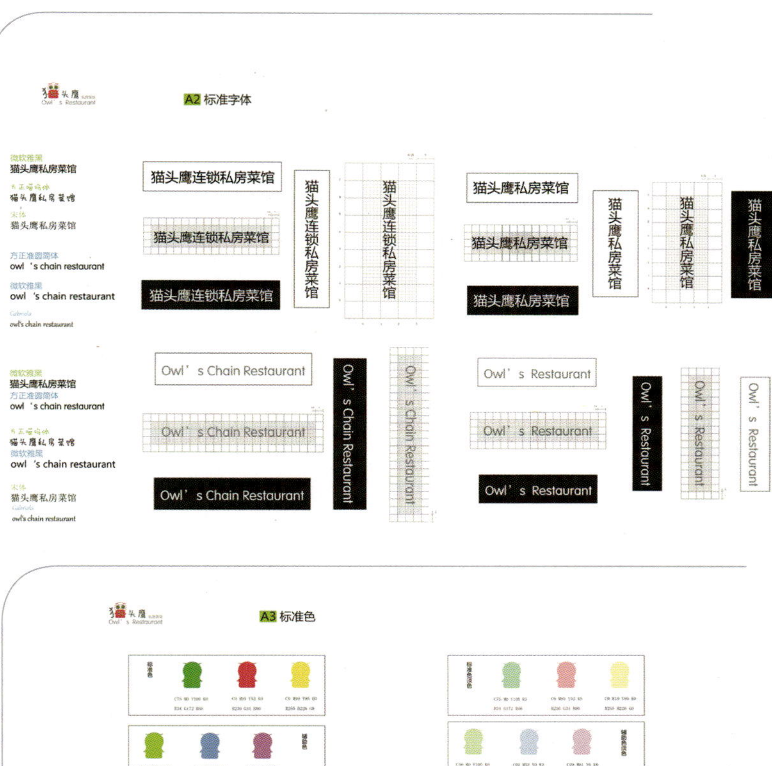

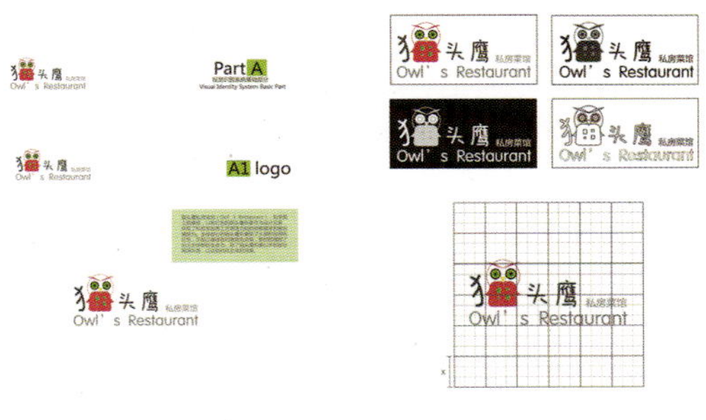

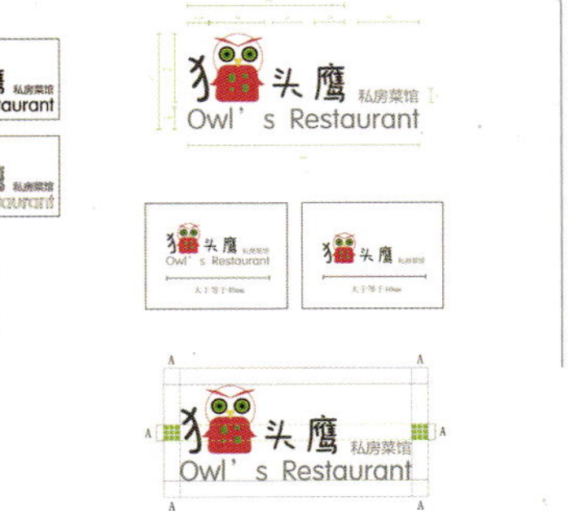

序　　号：D0586
作品名称：猫头鹰私房菜馆 VIS
作　　者：付枭云
学　　校：成都理工大学工程技术学院
指导教师：侯亚红

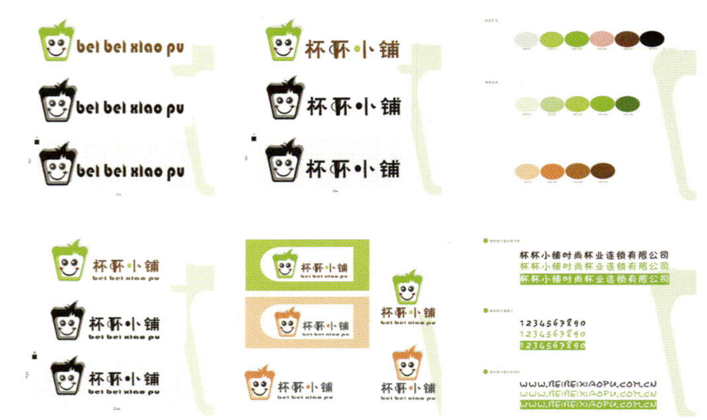

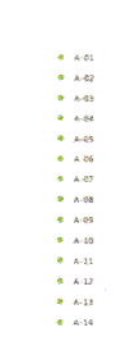

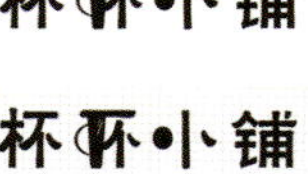

序　　号：D0587
作品名称：杯杯小铺 VIS 视觉识别系统
作　　者：王淅
学　　校：西安建筑科技大学
指导教师：无

序　　号：D0588 ~ D0593
作品名称："姝"内衣包装
作　　者：杨喆、覃思、韦丰、胡鑫月、刘秋利、周振
学　　校：广西艺术学院
指导教师：梁徽琳

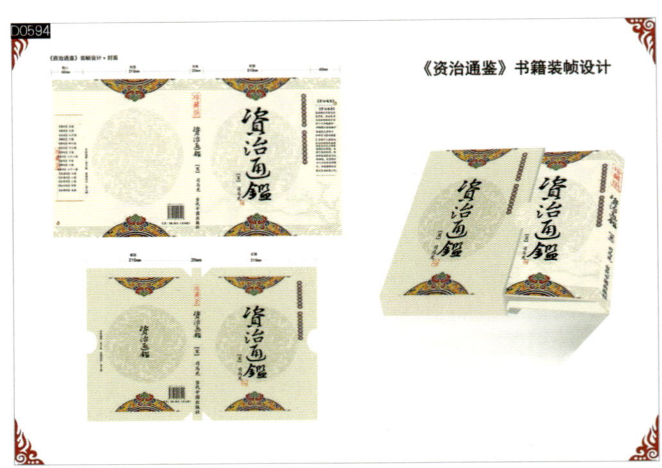

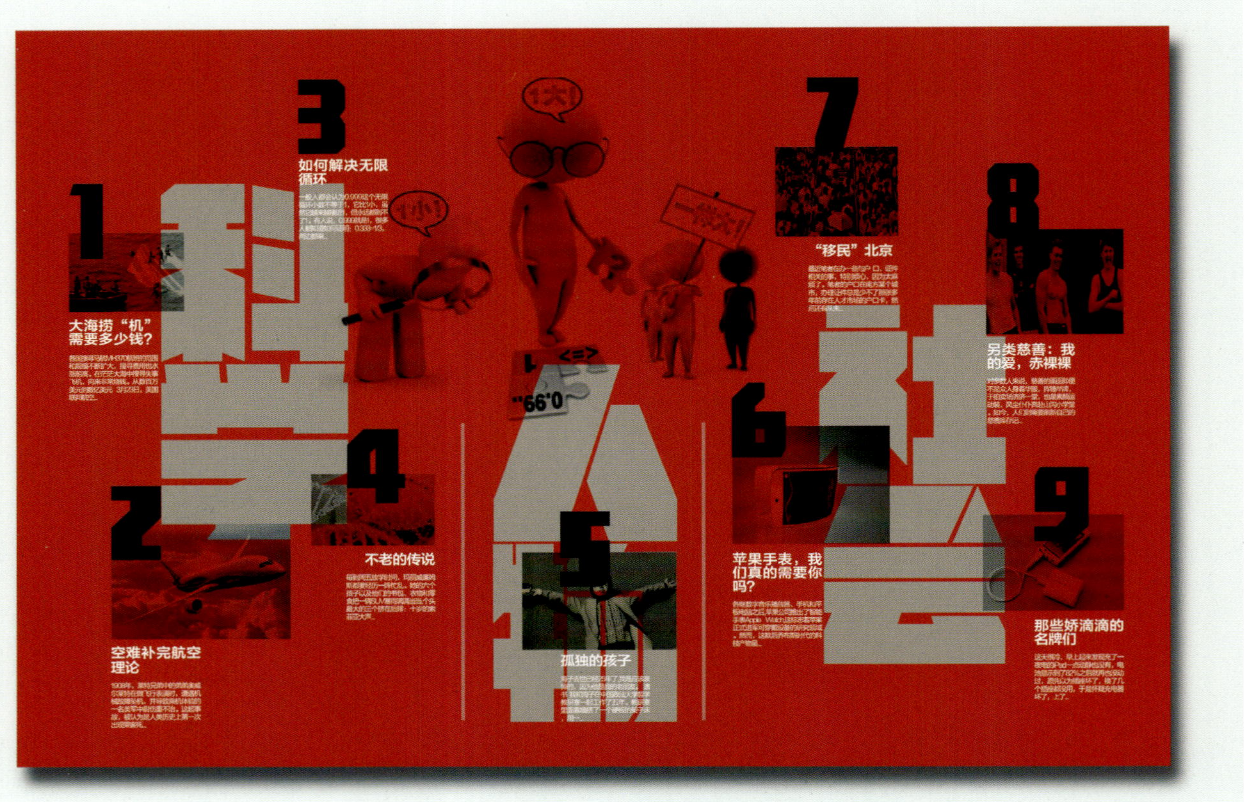

序　　号：D0594
作品名称：书籍装帧《资治通鉴》
作　　者：黄子航
学　　校：东北林业大学
指导教师：无

序　　号：D0595
作品名称：老舍茶馆型录设计系列
作　　者：谢天
学　　校：天津科技大学
指导教师：无

序　　号：D0596～D0597
作品名称：哲学之家
作　　者：童书瑶
学　　校：湖南女子学院
指导教师：刘一峰

序　　号：D0598
作品名称：青年读物
作　　者：焦丽橙
学　　校：南开大学
指导教师：吴立行

D0599

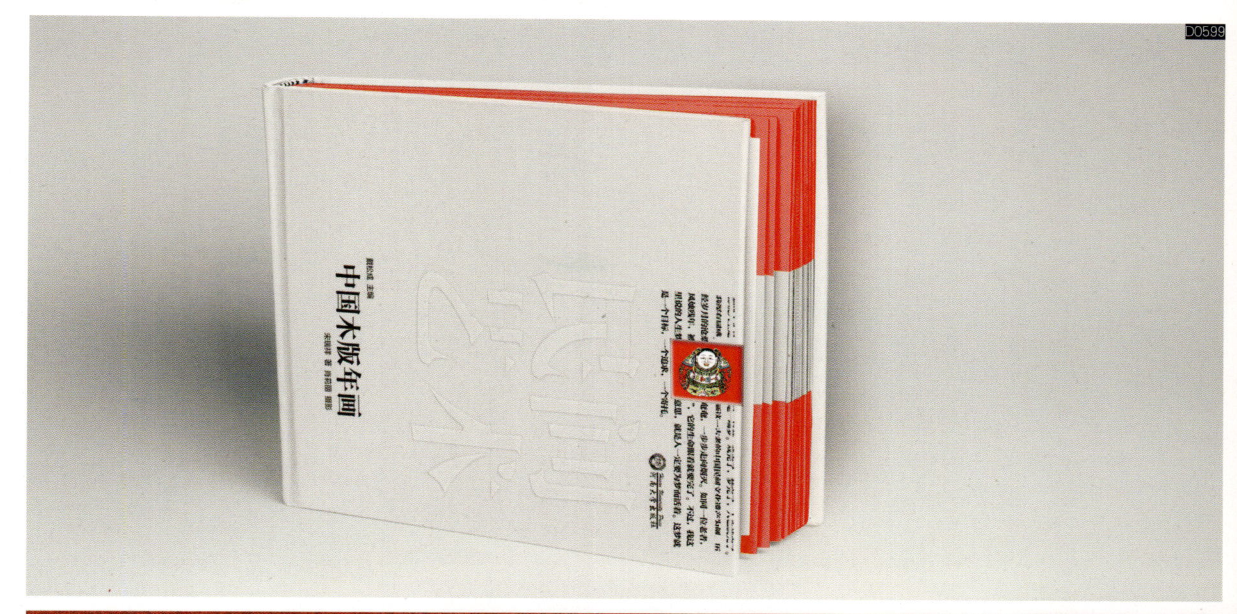

D0600

序　　号：D0599
作品名称：中国木版年画
作　　者：肖莉丽
学　　校：河南大学
指导教师：朱瑜珠

序　　号：D0600
作品名称：中国饮食文化
作　　者：程云
学　　校：青岛滨海学院
指导教师：马应应

序　　号：D0601 ～ D0604
作品名称：节气
作　　者：仇佳蓓
学　　校：西安外国语大学
指导教师：翟蕾蕾

序　　号：D0605 ～ D0606
作品名称：薪火释乐
作　　者：马玉洁
学　　校：吉林艺术学院
指导教师：颜成宇

序　　号：D0607
作品名称：书籍封面设计
作　　者：靳迦因
学　　校：吉林艺术学院
指导教师：颜成宇

D0605

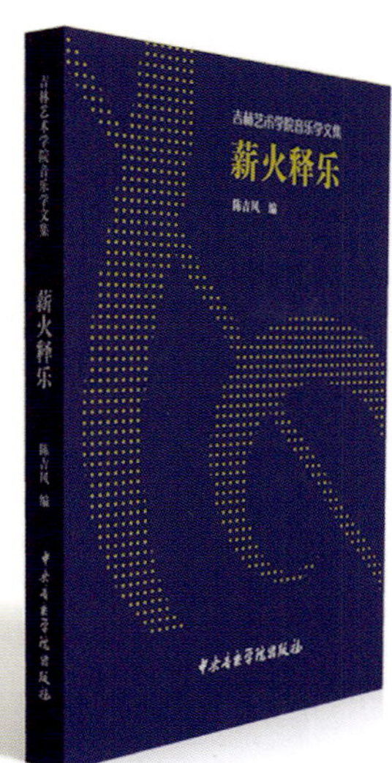

D0606

D0607

D0608

D0609

D0610

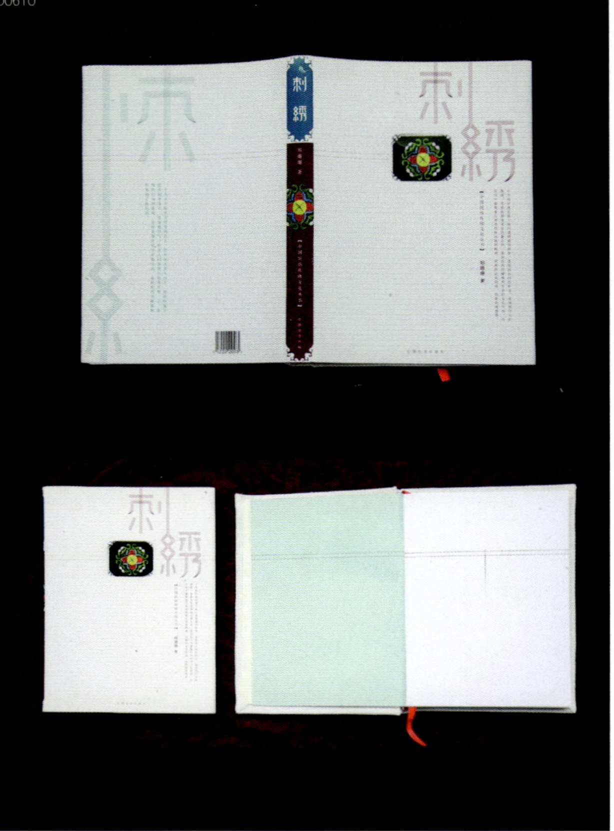

序　　号：D0608 | D0609
作品名称：三星宣传册 | 茶韵
作　　者：于家伟
学　　校：青岛滨海学院
指导教师：马应应

序　　号：D0610
作品名称：刺绣书籍装帧设计
作　　者：陈美凤
学　　校：广西艺术学院
指导教师：刘佳

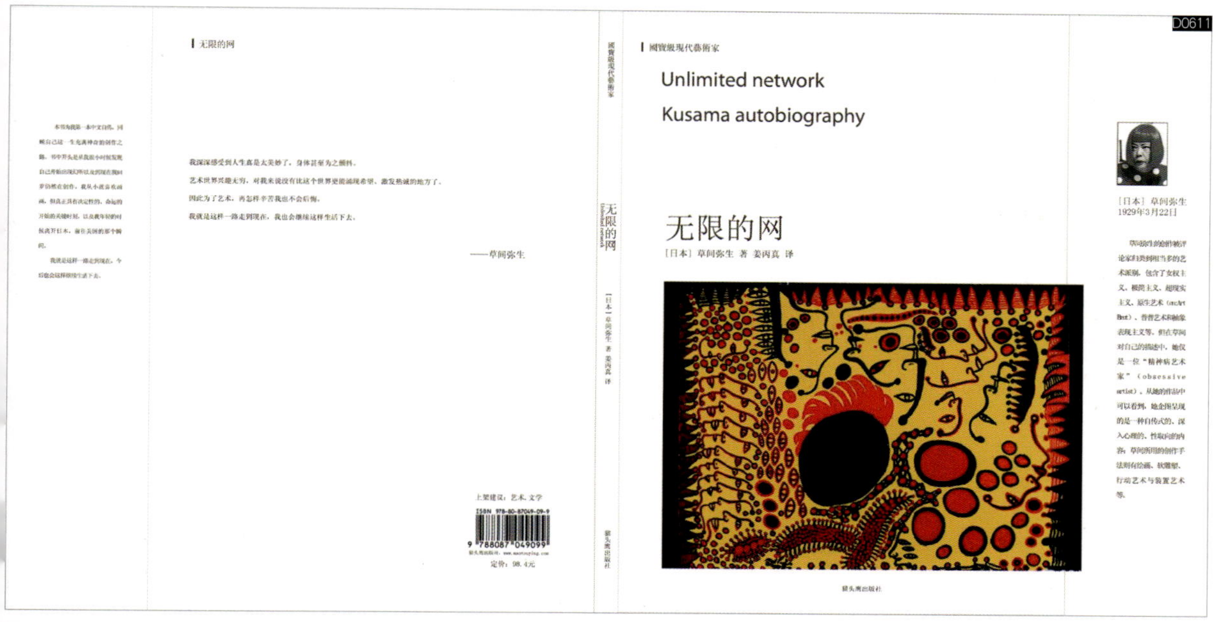

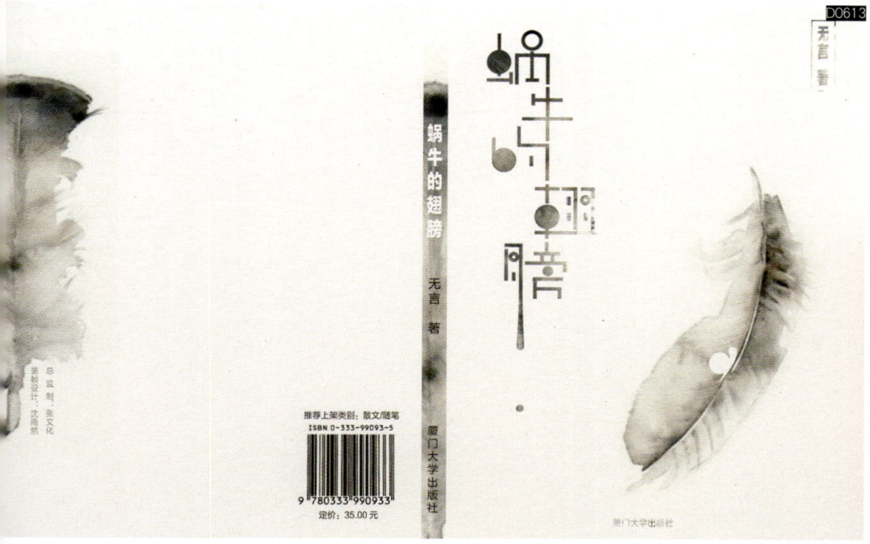

序　　号：D0611 | D0612
作品名称：无限的网 | 现代简约艺术
作　　者：姜丙真
学　　校：天津科技大学
指导教师：王艺湘

序　　号：D0613
作品名称：蜗牛的翅膀
作　　者：沈雨然
学　　校：厦门大学
指导教师：无

序　　号：D0614
作品名称：千古寓言
作　　者：门喜
学　　校：河南大学
指导教师：无

序　　号：D0615
作品名称：《苏菲的世界》书籍设计
作　　者：全琛
学　　校：河套学院
指导教师：郝淑宝

序　　号：D0616
作品名称：《中国原》封面设计
作　　者：陈成
学　　校：河套学院
指导教师：郝淑宝

D0617

D0618

D0619

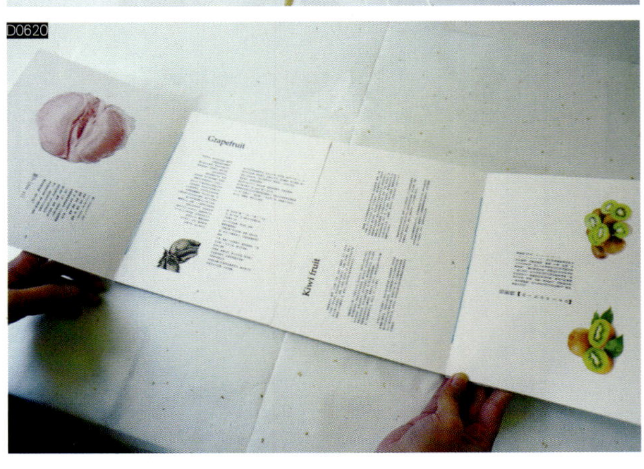

D0620

D0621

序　　号：D0617 ~ D0621
作品名称：果园飘香
作　　者：陈佳芸
学　　校：湖北美术学院
指导教师：陈保红

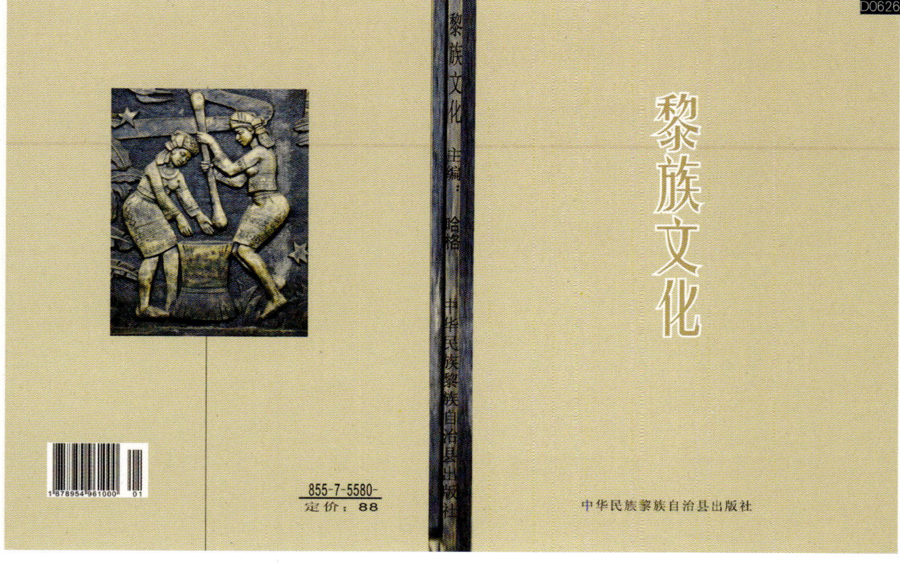

序　　号：D0622
作品名称：孙子兵法
作　　者：李亚男
学　　校：河南大学
指导教师：无

序　　号：D0623
作品名称：顾城诗集装帧
作　　者：张澍
学　　校：天津科技大学
指导教师：王艺湘

序　　号：D0624
作品名称：26
作　　者：张祎
学　　校：大连艺术学院
指导教师：王禹

序　　号：D0625
作品名称：《青春，永不散场》封面设计
作　　者：孙宝燕
学　　校：青岛滨海学院
指导教师：马应应

序　　号：D0626
作品名称：黎族书籍之故事系列
作　　者：黄勇敏
学　　校：海南职业技术学院
指导教师：刘春影

D0627

之所以以京剧脸谱为主题做书
是因为《京剧脸谱》采用了广征博采的方法，择优收录了中国传统戏曲的各类脸谱，帮助了传统戏曲爱好者及研究者更好地了解京剧及其内涵的一本书。

书本采用红色作为主色调，能够更好地显现出与中国传统相关联，更好地体现出其寓意。让学生初步了解中国戏曲的艺术特色及京剧脸谱艺术的特点。谱式、色彩等方面的基础知识，了解京剧脸谱艺术富有图案美，具有鲜明的思想性和艺术性，培养学生对京剧脸谱艺术的欣赏能力。

D0628

国香書籍設計說明

姓　　名：曹雪琦
班　　级：12装高
学　　号：20121200103
指导老师：马应应

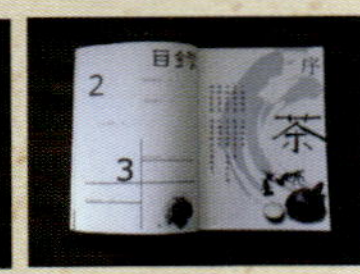

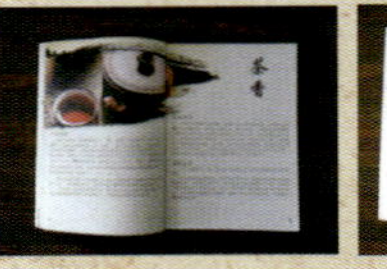

设计说明

以茶为主题，茶是中国的传统文化之一，主要突出茶的传统和典雅，在封面设计上选择了直接反映书籍内容，突出主题的图案-茶具进行美化装饰。使画面产生美感，文字重点突出书名，选择大号字体，为搭配整本书的内容和风格。背面选用山作映衬，是整个画面显得古朴塑造了书的整体风格。形成书籍本身的文化性。内容穿插图片和文字，整体设计比较简洁。图片和文字的穿插是内容饱满而不凌乱。

D0629

舌尖上的中国

设计说明：
《舌尖上的中国》是以民间美食为素材，深入民间记录民间美食做法。
俗话说："民以食为天"《舌尖上的中国》的拍摄正是揭示了中华民族在生存和发展的过程中对食物口味和审美的演变过程的精益求精，也正是有了这种需求，才会有如今各种美食的呈现，也应对了社会发展的需求、人类物质要求和精神要求的对于美食所做的变化。
这本书的装帧设计中色彩对比比较明显，在总体的设计中融入了戏曲的元素，而戏曲元素与现代元素相结合，完美的诠释了中华民族文化源远流长的博大精深。

指导教师：马应应
姓　　名：聂秀花
专　　业：装潢艺术设计
学　　院：艺术传媒学院

D0630

锐澳鸡尾酒宣传册

说明：
主要采用黑色为封皮颜色，简洁中有脱处它的高端大气，里面采用彩色系，衬出产品自身的特点。

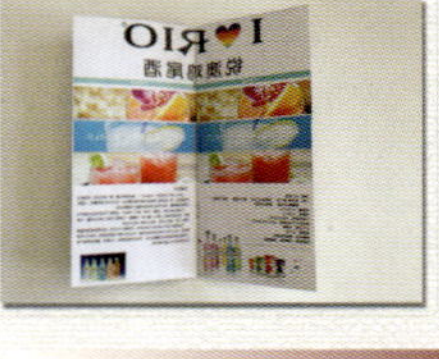

D0631

《陋室之鳴》書籍裝幀設計

姓　　名：张金娟
专　　业：装潢艺术设计
指导教师：马应应

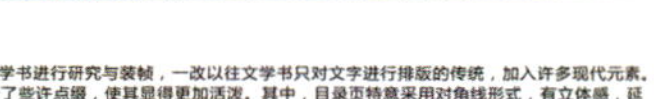

设计说明：

《陋室之鸣》是对文学书进行研究与装帧，一改以往文学书只对文字进行排版的传统，加入许多现代元素。用几何图形对此书进行了些许点缀，使其显得更加活泼。其中，目录页特意采用对角线形式，有立体感，延伸感，运动感。书籍内页文字的排版，在文字信息传达的基础上，又增添了类似有机图形的趣味。

D0632

序　　号：D0627
作品名称：京剧脸谱
作　　者：谢金秀
学　　校：青岛滨海学院
指导教师：马应应

序　　号：D0628
作品名称：国香
作　　者：曹雪琦
学　　校：青岛滨海学院
指导教师：马应应

序　　号：D0629
作品名称：舌尖上的中国
作　　者：聂秀花
学　　校：青岛滨海学院
指导教师：马应应

序　　号：D0630
作品名称：锐澳鸡尾酒宣传册
作　　者：邢志超
学　　校：青岛滨海学院
指导教师：马应应

序　　号：D0631
作品名称：陋室之鸣
作　　者：张金娟
学　　校：青岛滨海学院
指导教师：马应应

序　　号：D0632
作品名称：爱
作　　者：宋娜
学　　校：大连艺术学院
指导教师：王禹

序　　号：D0643
作品名称：中国民艺采风录套系书籍设计
作　　者：高歌
学　　校：杭州师范大学
指导教师：无

序　　号：D0644
作品名称：美味小铺之疯狂的糕点
作　　者：李颖然
学　　校：青岛滨海学院
指导教师：马应应

序　　号：D0645
作品名称：三行，情书
作　　者：董玫萱
学　　校：青岛滨海学院
指导教师：马应应

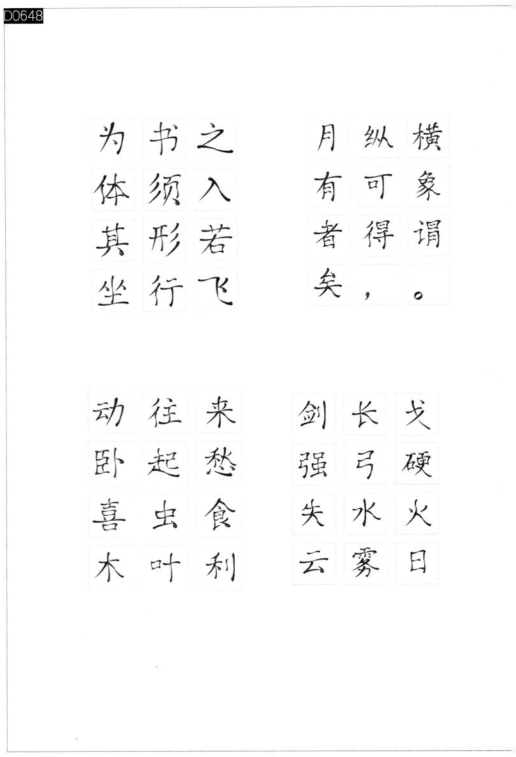

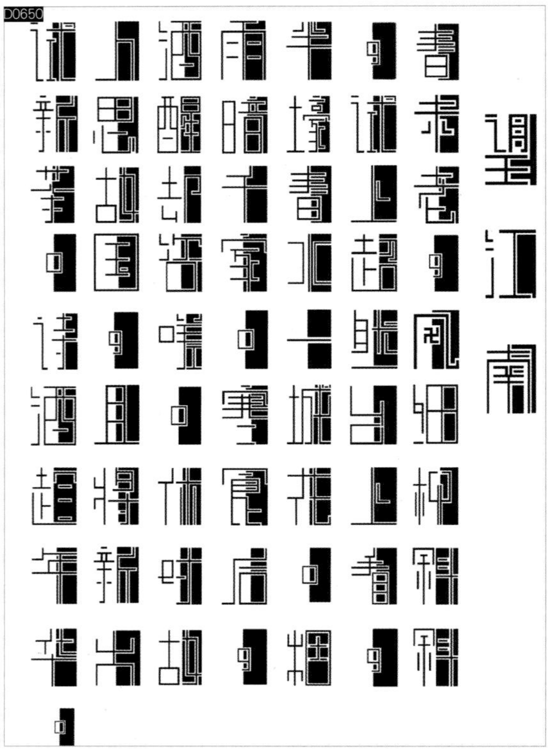

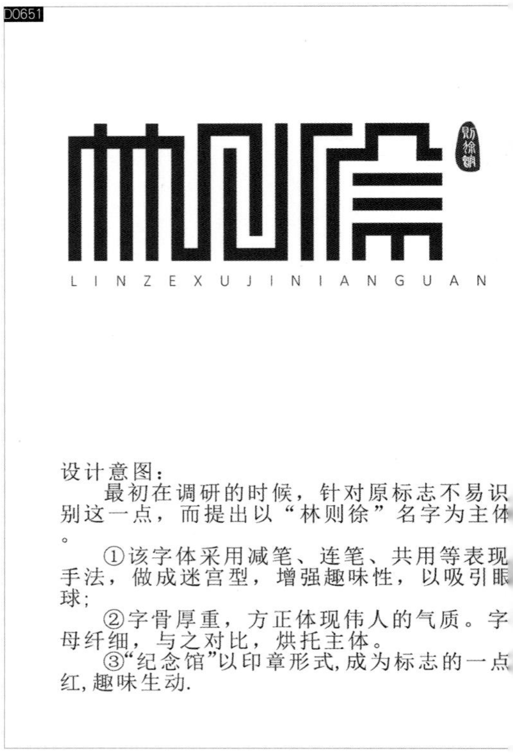

D0646

D0647

文字设计

D0648

为书之体须入其形若坐行飞

月纵横有可象者得谓矣，。

动往来卧起愁喜虫食木叶利

剑长戈强弓硬失水火云雾日

D0649

D0650

D0651

LINZEXUJINIANGUAN

设计意图：

最初在调研的时候，针对原标志不易识别这一点，而提出以“林则徐”名字为主体。

①该字体采用减笔、连笔、共用等表现手法，做成迷宫型，增强趣味性，以吸引眼球；

②字骨厚重，方正体现伟人的气质。字母纤细，与之对比，烘托主体。

③“纪念馆”以印章形式，成为标志的一点红，趣味生动.

序　　号：D0646
作品名称：空间体
作　　者：古灵灵
学　　校：广西艺术学院
指导教师：吴芳

序　　号：D0647
作品名称：成套字体设计
作　　者：薛景
学　　校：贵州大学
指导教师：项锡黔

序　　号：D0648
作品名称：字体设计
作　　者：陆兴梁
学　　校：南京理工大学泰州科技学院
指导教师：沈小华

序　　号：D0649
作品名称：牛仔体
作　　者：廖玲
学　　校：广西艺术学院
指导教师：陈辉

序　　号：D0650
作品名称：《望江南》字体设计
作　　者：黄佳媛
学　　校：常州工学院
指导教师：刘毅飞

序　　号：D0651
作品名称：林则徐字体设计
作　　者：林阿怀
学　　校：闽江学院
指导教师：林恩

序　　号：D0652
作品名称：烽火扬州路
作　　者：禹思
学　　校：广西艺术学院
指导教师：利江

序　　号：D0653
作品名称：CREATED
作　　者：林建航
学　　校：佛山科学技术学院
指导教师：陈菲菲

序　　号：D0654 ~ D0655
作品名称：字体设计系列
作　　者：李华洋
学　　校：广西艺术学院
指导教师：吴芳

序　　号：D0656
作品名称：天空之城字体设计
作　　者：刘红丽
学　　校：河北旅游职业学院
指导教师：吴芳

序　　号：D0657
作品名称：字体设计
作　　者：徐宵
学　　校：海口经济学院
指导教师：刘杰

序　　号：D0658
作品名称：送友人
作　　者：宗霞
学　　校：常州工学院
指导教师：陈璐

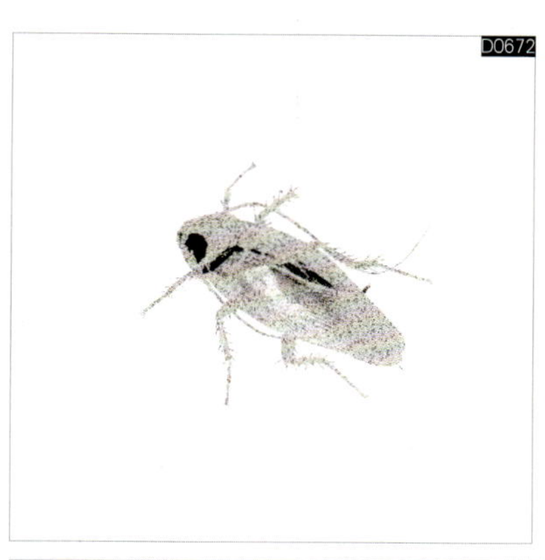

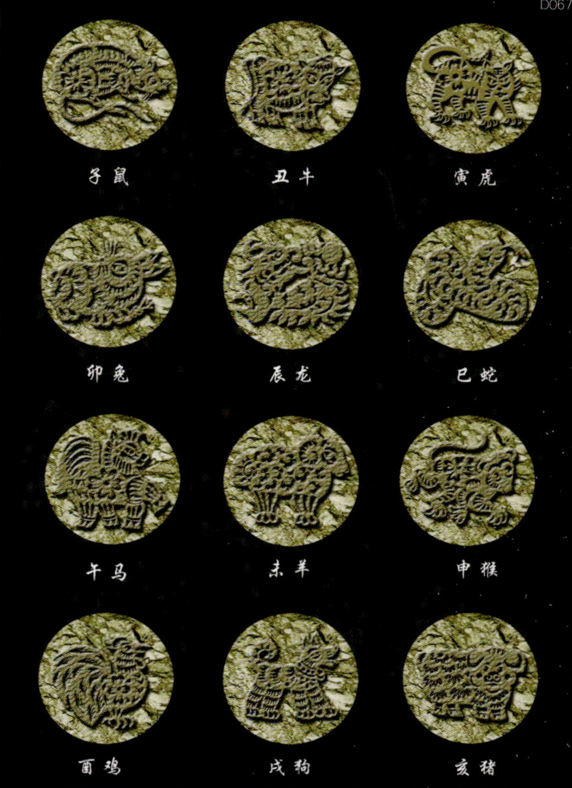

序　　号：D0672 | D0673 | D0674
作品名称：Cock roach | Fly | Geotrupidae
作　　者：刘华麟
学　　校：吉林艺术学院
指导教师：鲍永亮

序　　号：D0675
作品名称：和谐
作　　者：罗琴
学　　校：海口经济学院
指导教师：刘杰

序　　号：D0676
作品名称：十二生肖创意设计
作　　者：李玉强
学　　校：河套学院
指导教师：乔杨

序　　号：D0677
作品名称：色彩点起生命
作　　者：朱晗宇
学　　校：河南师范大学
指导教师：滑侨新

D0678

D0679

D0680

D0681

序　　号：D0678～D0681
作品名称：新禧·心喜
作　　者：罗畅、刘弋捷
学　　校：四川美术学院
指导教师：易平

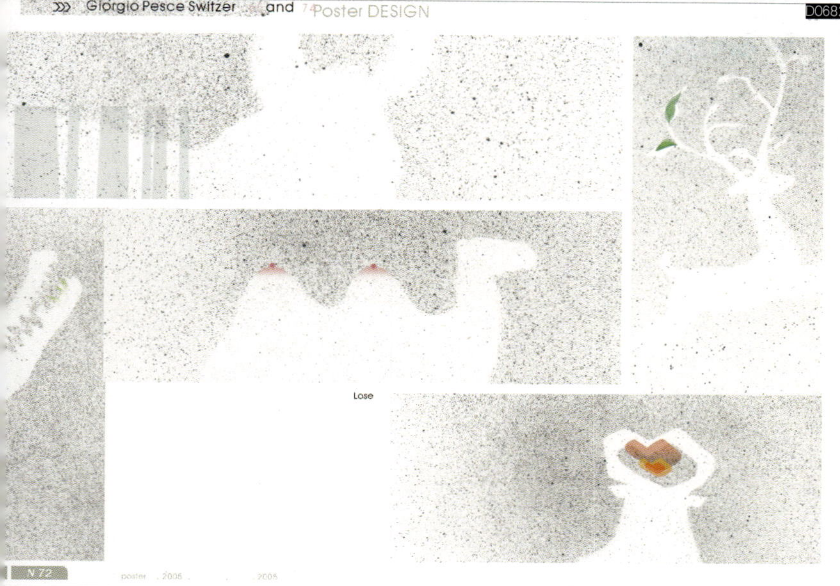

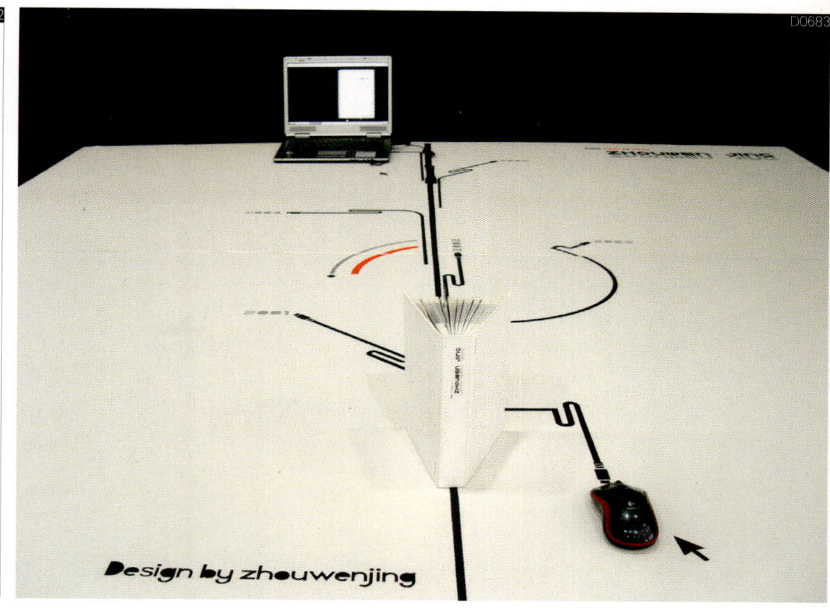

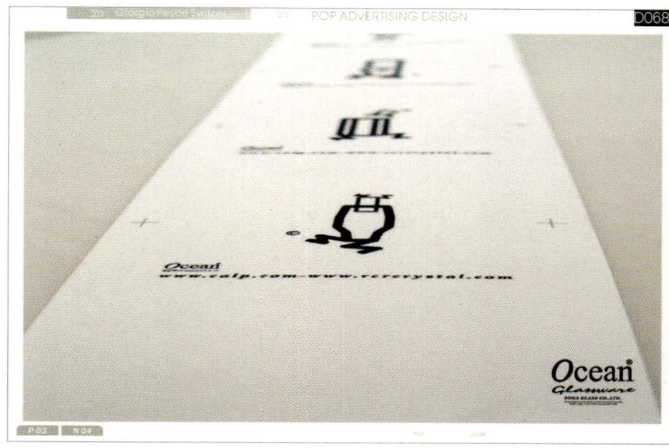

序　　号：D0682
作品名称：萌动
作　　者：周文静
学　　校：西安美术学院
指导教师：王宏香

序　　号：D0683
作品名称：ZHOUWEN JING 视觉媒体展示
作　　者：周文静
学　　校：西安美术学院
指导教师：张西利

序　　号：D0684 ~ D0686
作品名称：Ocean 视觉形象
作　　者：周文静
学　　校：西安美术学院
指导教师：王山

序　　号：D0687 | D0688 | D0689 | D0690
作品名称：梅 | 兰 | 竹 | 菊
作　　者：许强
学　　校：铜陵职业技术学院
指导教师：王萍、姚瑶

建筑环境艺术

The art of built environment

E0001

E0002

E0003

E0004

E0005

E0006

序　　号：E0001 ～ E0004
作品名称：集团办公室系列
作　　者：郑军保
学　　校：重庆工商职业学院
指导教师：张为

序　　号：E0005 ～ E0006
作品名称：未来风
作　　者：杨燕
学　　校：昆明理工大学
指导教师：许佳

序　　号：E0007 ～ E0010
作品名称：君子轩餐厅效果图
作　　者：杨宏博
学　　校：哈尔滨职业技术学院
指导教师：庄伟

序　　号：E0011 ～ E0012
作品名称："沐"系列
作　　者：邵滕珠
学　　校：湖南工业大学
指导教师：无

E0007

E0008

E0009

E0010

E0011

E0012

E0013

E0016

E0014

E0017

E0015

E0018

序　　号：E0013 ~ E0015 | E0016 ~ E0018
作品名称：印象家居 | 温馨家居
作　　者：杨项玲
学　　校：北华航天工业学院
指导教师：刘驰

序　　号：E0041 ~ E0046
作品名称：幸运之海
作　　者：覃彬玲
学　　校：广西演艺职业学院
指导教师：韦慧春

序　　号：E0047 ~ E0048
作品名称：折纸主题餐厅
作　　者：张培培
学　　校：吉林艺术学院
指导教师：孙博

序　　号：E0049 ~ E0052
作品名称：荏苒 · 匆容
作　　者：苏曼宁、黄红豆
学　　校：广西艺术学院
指导教师：江波

序　　号：E0053 ~ E0061
作品名称：理想别墅设计
作　　者：陈晓冬
学　　校：广东环境保护工程职业学院
指导教师：李浩

E0062

E0063

E0064

E0065

序　　号：E0062 ~ E0064
作品名称：清馨居
作　　者：刘娱晗
学　　校：燕山大学
指导教师：苏波

序　　号：E0065
作品名称：印象巴里室内设计
作　　者：林东升
学　　校：北京汇佳职业学院
指导教师：高瑜

序　　号：E0066 | E0067 | E0068
作品名称：无障碍设施养老院·卧室 | 无障碍设施养老院·卫生间 | 无障碍设施养老院·阳台
作　　者：张津铭
学　　校：天津农学院
指导教师：温文

序　　号：E0069 ~ E0071
作品名称：休闲书吧方案设计
作　　者：徐子惠
学　　校：天津科技大学
指导教师：张威媛

序　　号：E0072 ~ E0074
作品名称：心泊
作　　者：王迪、胡娜、胡羽柔、刘坚
学　　校：南昌大学
指导教师：李枝秀

序　　号：E0075 ~ E0077
作品名称：魅影
作　　者：黄红豆
学　　校：广西艺术学院
指导教师：江波

序　　号：E0078 ~ E0080
作品名称：木质情怀
作　　者：闫鹏
学　　校：山西大学
指导教师：要宇

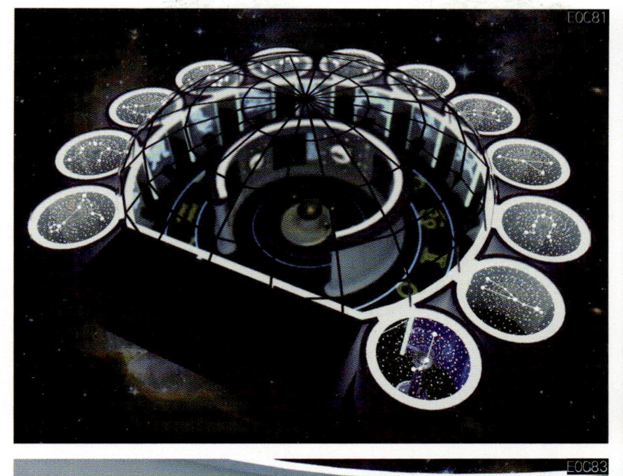

序　　号：E0081 ~ E0084
作品名称：星空下
作　　者：杨国晖
学　　校：成都理工大学工程技术学院
指导教师：廖倩

序　　号：E0085 ~ E0086
作品名称：KTV 室内设计
作　　者：孟盟盟
学　　校：安徽广播影视职业技术学院
指导教师：郑凯

序　　号：E0087
作品名称：ALBERT 展厅设计
作　　者：钟梼怡
学　　校：广东青年职业学院
指导教师：邱水财

E0088

E0089

E0090

E0091

E0092

序　　号：E0088 ~ E0091
作品名称：暖馨
作　　者：廉敏嫦
学　　校：燕山大学
指导教师：栗功

序　　号：E0092
作品名称：逸雅茶舍
作　　者：吴庆庆
学　　校：湖南师范大学
指导教师：刘伟

序　　号：E0093 ~ E0095 | E0096 | E0097 ~ E0098
作品名称：现代简约 | 中式别墅 | 新中式
作　　者：刘博
学　　校：天津商业大学
指导教师：翟慧敏

E0099

E0100

E0101

E0102

E0103

E0104

序　　号：E0099 ~ E0102
作品名称：彝族咖啡馆
作　　者：陈德运
学　　校：成都理工大学工程技术学院
指导教师：李拥军

序　　号：E0103 ~ E0104
作品名称：X 西餐工厂效果图
作　　者：施良新
学　　校：哈尔滨职业技术学院
指导教师：庄伟

序　　号：E0105 ~ E0107
作品名称：服装商业空间设计
作　　者：史一鸣
学　　校：哈尔滨职业技术学院
指导教师：徐铭杰

序　　号：E0108 ~ E0110
作品名称：哈雷机车主题餐厅设计
作　　者：魏巍
学　　校：沈阳工学院
指导教师：侯妍文

序　　号：E0111 ~ E0113
作品名称：餐厅
作　　者：林欣桦
学　　校：天津体育学院运动与文化艺术学院
指导教师：赵元征

E0105

E0106

E0107

E0108

E0111

E0109

E0112

E0110

E0113

序　　号：E0114 ~ E0116
作品名称：蜗居
作　　者：吴晓雪
学　　校：燕山大学
指导教师：赵琳

序　　号：E0117 ~ E0119
作品名称：紫色风情
作　　者：张祯
学　　校：南昌大学
指导教师：王譞

序　　号：E0120
作品名称：博物馆
作　　者：周天宇
学　　校：成都理工大学工程技术学院
指导教师：廖倩

序　　号：E0121 ~ E0124
作品名称：好居家
作　　者：屈俊平
学　　校：成都理工大学工程技术学院
指导教师：李拥军

序　　号：E0125 ~ E0126
作品名称：约瑟夫的工作室——室内设计
作　　者：张秩豪、姜雪、王炳蕴、姜圣昊
学　　校：东北师范大学人文学院
指导教师：吴春丽

序　　号：E0127 | E0128 | E0129
作品名称：室内设计效果图之会议室 | 室内设计效果图之办公室 | 室内设计效果图之策划部办公室
作　　者：曹红飞
学　　校：广西师范大学
指导教师：孙志远

序　　号：E0130 ~ E0132
作品名称：时尚餐厅设计
作　　者：王园园
学　　校：山东师范大学
指导教师：周长亮

序　　号：E0133 ~ E0134
作品名称：梦・箱
作　　者：李琴琴
学　　校：燕山大学
指导教师：苏波

序　　号：E0135 ~ E0139
作品名称：爱斐堡名庄荟餐厅设计
作　　者：王竹韵
学　　校：沈阳工学院
指导教师：侯妍文

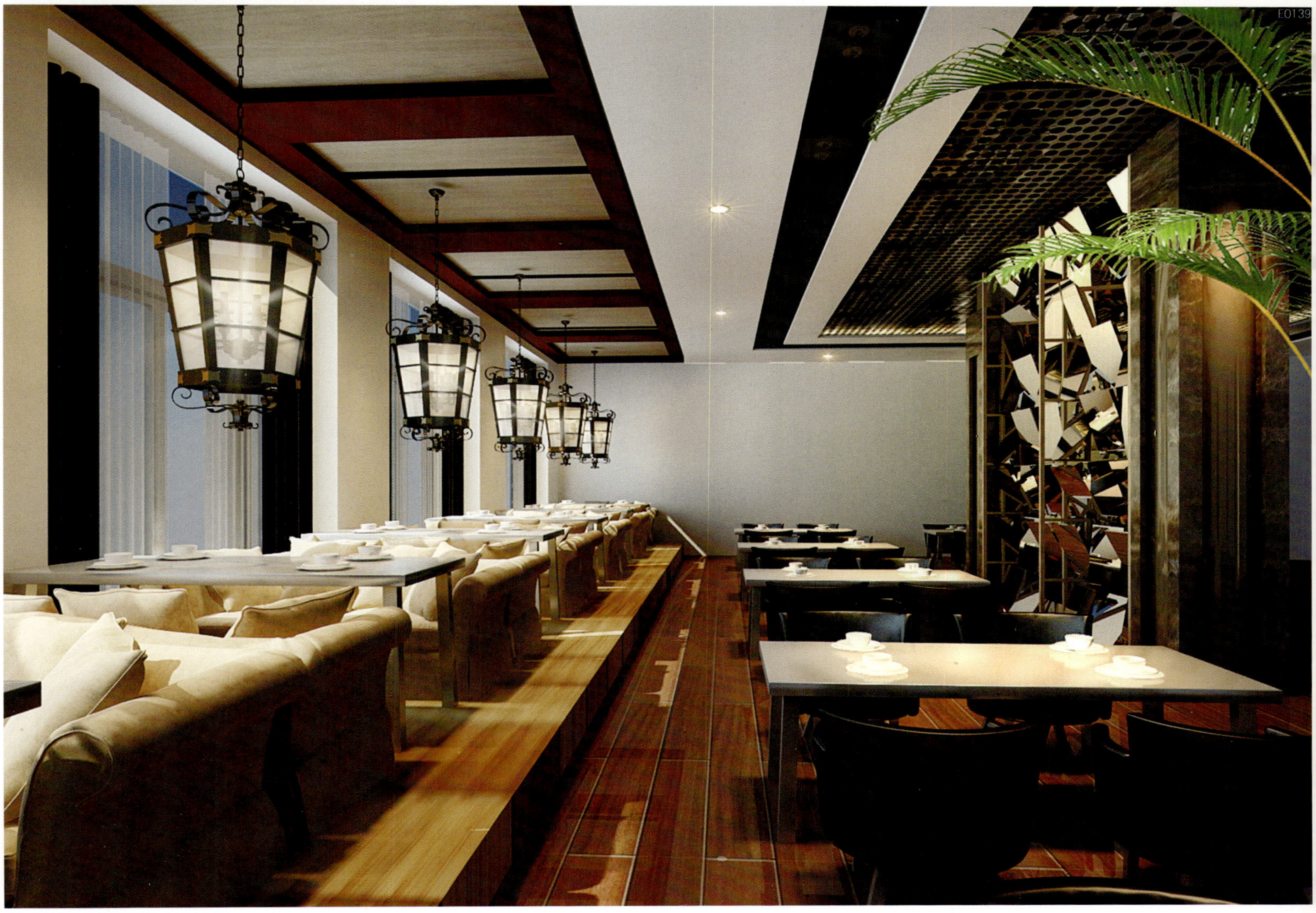

E0139

序　　号：E0140 | E0141
作品名称：一线牵婚介机构 · 接待室设计方案 | 一线牵婚介机构 · 走廊设计方案
作　　者：许文凯
学　　校：河套学院
指导教师：郁燕飞

序　　号：E0142
作品名称：精品女鞋展区设计
作　　者：贾文波
学　　校：河套学院
指导教师：马奕兰

序　　号：E0143
作品名称：室内设计
作　　者：聂萌萌
学　　校：天津体育学院运动与文化艺术学院
指导教师：赵元征

序　　号：E0144
作品名称：温馨
作　　者：吴锦忠
学　　校：天津体育学院运动与文化艺术学院
指导教师：赵元征

序　　号：E0145
作品名称：室内设计
作　　者：周晓
学　　校：天津体育学院运动与文化艺术学院
指导教师：无

序　　号：E0146
作品名称：现代风格系列之镜中语餐厅
作　　者：张晓帆
学　　校：成都理工大学工程技术学院
指导教师：廖倩

序　　号：E0174 | E0175
作品名称：卧室设计 | 客厅设计
作　　者：李基凡
学　　校：仲恺农业工程学院
指导教师：郑洪明

E0176

E0177

E0178

序　　号：E0176～E0178
作品名称：黑白简欧系列
作　　者：王路星
学　　校：江西工程学院
指导教师：李金龙

序　　号：E0179
作品名称：简欧室内设计
作　　者：林东升
学　　校：北京汇佳职业学院
指导教师：高瑜

序　　号：E0180
作品名称：居室设计方案
作　　者：石健炜
学　　校：河套学院
指导教师：徐和平

序　　号：E0181
作品名称：海洋主题餐厅设计
作　　者：辛志薇
学　　校：沈阳工学院
指导教师：侯妍文

序　　号：E0182
作品名称：54 路有轨电车主题餐厅
作　　者：张子浩
学　　校：吉林艺术学院
指导教师：孙博

序　　号：E0183 ~ E0184
作品名称：欧式酒店大堂
作　　者：傅雅文
学　　校：山西农业大学信息学院
指导教师：孙琪

E0185

E0188

E0186

E0189

E0187

E0190

序　　号：E0185 ~ E0187
作品名称：现代中式
作　　者：刘栋
学　　校：闽南师范大学
指导教师：许晔

序　　号：E0188 | E0189 | E0190
作品名称：中韵伽苑居室设计效果表现之主卧 | 中韵伽苑居室设计效果表现之儿童房 | 中韵伽苑居室设计效果表现之客厅
作　　者：周杨
学　　校：山西大学
指导教师：要宇

E0235

E0236

E0239

E0237

E0238

E0240

E0241

E0242

E0243

E0244

E0245

E0246

E0247

E0248

序　　号：E0242 ~ E0248
作品名称：观海之家
作　　者：冯亚楠
学　　校：燕山大学
指导教师：苏波

序　　号：E0249 ~ E0252
作品名称：沙滩冷饮店
作　　者：赵君璧
学　　校：燕山大学
指导教师：苏波

E0249

E0250

E0251

E0252

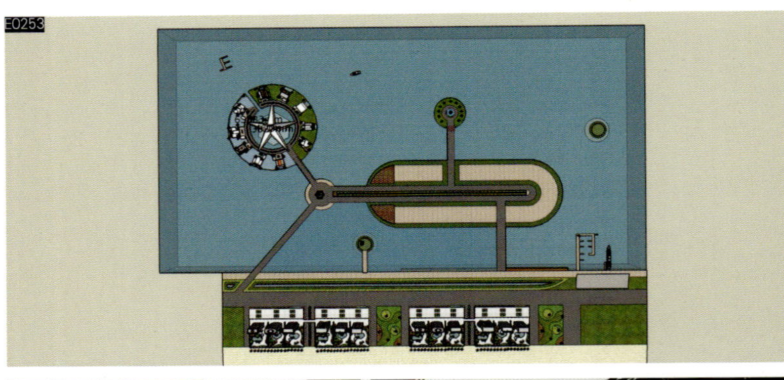

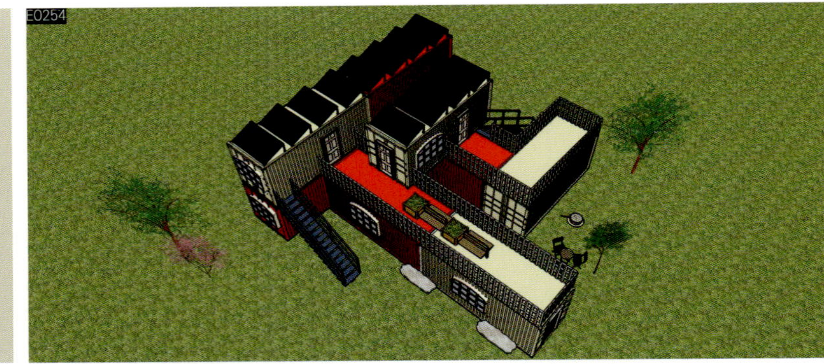

序　　号：E0253
作品名称：星·海
作　　者：高丽莹
学　　校：燕山大学
指导教师：苏波

序　　号：E0254
作品名称：集装箱的新农村之旅
作　　者：尹志超
学　　校：燕山大学
指导教师：苏波

序　　号：E0255 ~ E0257
作品名称：集装箱再造海边休闲餐厅
作　　者：李朔
学　　校：燕山大学
指导教师：苏波

序　　号：E0258 ~ E0260
作品名称：简·馨之家
作　　者：刘娱晗
学　　校：燕山大学
指导教师：苏波

序　　号：E0261 ~ E0264
作品名称：竹·简·生活
作　　者：郎艺婷
学　　校：燕山大学
指导教师：巴玥

序　　号：E0265 ~ E0268
作品名称：少年宫——乐动青春
作　　者：张兰
学　　校：燕山大学
指导教师：苏波

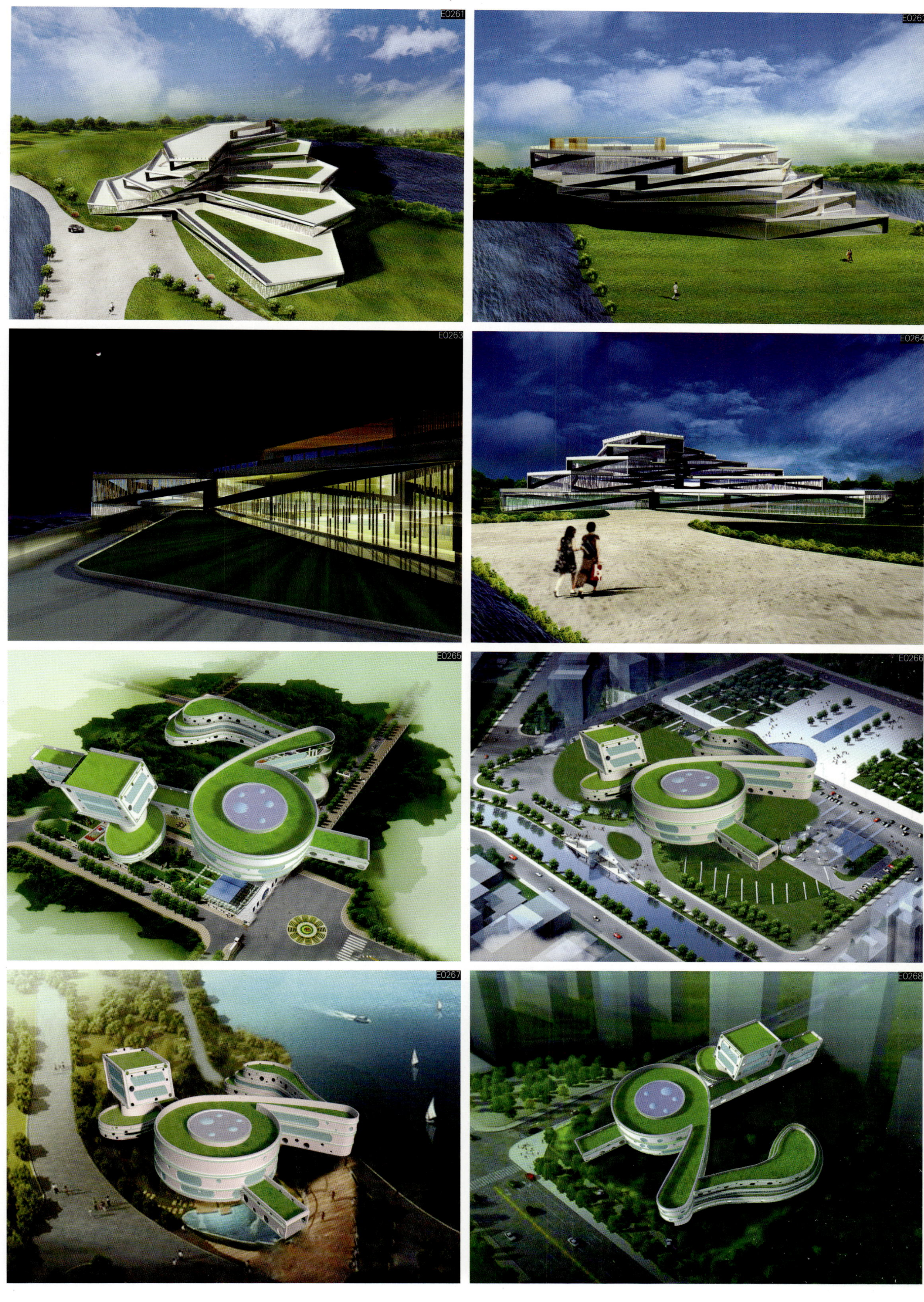
E0261
E0262
E0263
E0264
E0265
E0266
E0267
E0268

E0269

E0270

E0271

E0272

E0273

序　　号：E0269 ~ E0273
作品名称：土性文化——新疆景区多功能民居
作　　者：曹旭
学　　校：新疆师范大学
指导教师：李群

序　　号：E0274 ~ E0276
作品名称：上海翡翠文化中心建筑设计
作　　者：高海阳
学　　校：昆明理工大学
指导教师：无

E0277

E0278

E0279

序　　号：E0277 | E0278
作品名称：红军长征纪念馆——外观设计方案 | 红军长征纪念馆——展厅设计方案
作　　者：陆哲
学　　校：河套学院
指导教师：郁燕飞

序　　号：E0279
作品名称：升
作　　者：张茜
学　　校：烟台大学
指导教师：张巍

序　　号：E0280
作品名称：共享院廊——儿童福利院设计
作　　者：王行
学　　校：北京建筑大学
指导教师：赵可昕

序　　号：E0281
作品名称：屋顶
作　　者：武锦涛、杨萌、杨莹
学　　校：燕山大学
指导教师：无

序　　号：E0282 ~ E0283
作品名称：点墨山水美术馆
作　　者：康钰、刘嘉欢
学　　校：山西大学
指导教师：要宇

序　　号：E0332 ~ E0334
作品名称：校园公共艺术设计
作　　者：林如柏
学　　校：深圳大学
指导教师：邹明

序　　号：E0335 ~ E0336
作品名称：时尚·融合——南京江宁大学城商业区景观概念设计
作　　者：唐志海
学　　校：江苏经贸职业技术学院
指导教师：唐丽

序　　号：E0337 ~ E0340
作品名称：空间外的空间——延边大学创意咖啡馆建筑设计及景观灯光一体化
作　　者：杨隆琰
学　　校：延边大学
指导教师：董海英

序　　号：E0341
作品名称：校园景观设计
作　　者：李家旭
学　　校：沈阳工学院
指导教师：安琳莉

E0342

E0343

E0344

序　　号：E0342 ~ E0343
作品名称：食·简——大学生商业综合体
作　　者：杨帅、王晶、王赛超
学　　校：东北师范大学人文学院
指导教师：王子佳

序　　号：E0344
作品名称：小公园设计——馨苑
作　　者：傅雅文
学　　校：山西农业大学信息学院
指导教师：孙琪

序　　号：E0345 ~ E0346
作品名称：邯郸市丛台公园景观设计
作　　者：汲晓丹
学　　校：沈阳工学院
指导教师：王宇

序　　号：E0347
作品名称：光影
作　　者：毕冰洁
学　　校：山西大学
指导教师：白钊义

E0345

E0346

E0347

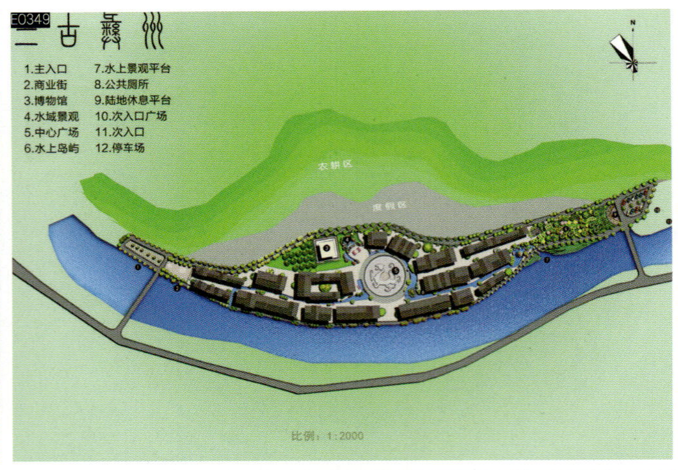

序　　号：E0348 ~ E0350
作品名称：马边彝族文化旅游区系列
作　　者：王露
学　　校：成都艺术职业学院
指导教师：袁玲

序　　号：E0351
作品名称：城市落叶——一站式智能化便民服务公共设施设计
作　　者：杨帅、王晶、王赛超
学　　校：东北师范大学人文学院
指导教师：王子佳

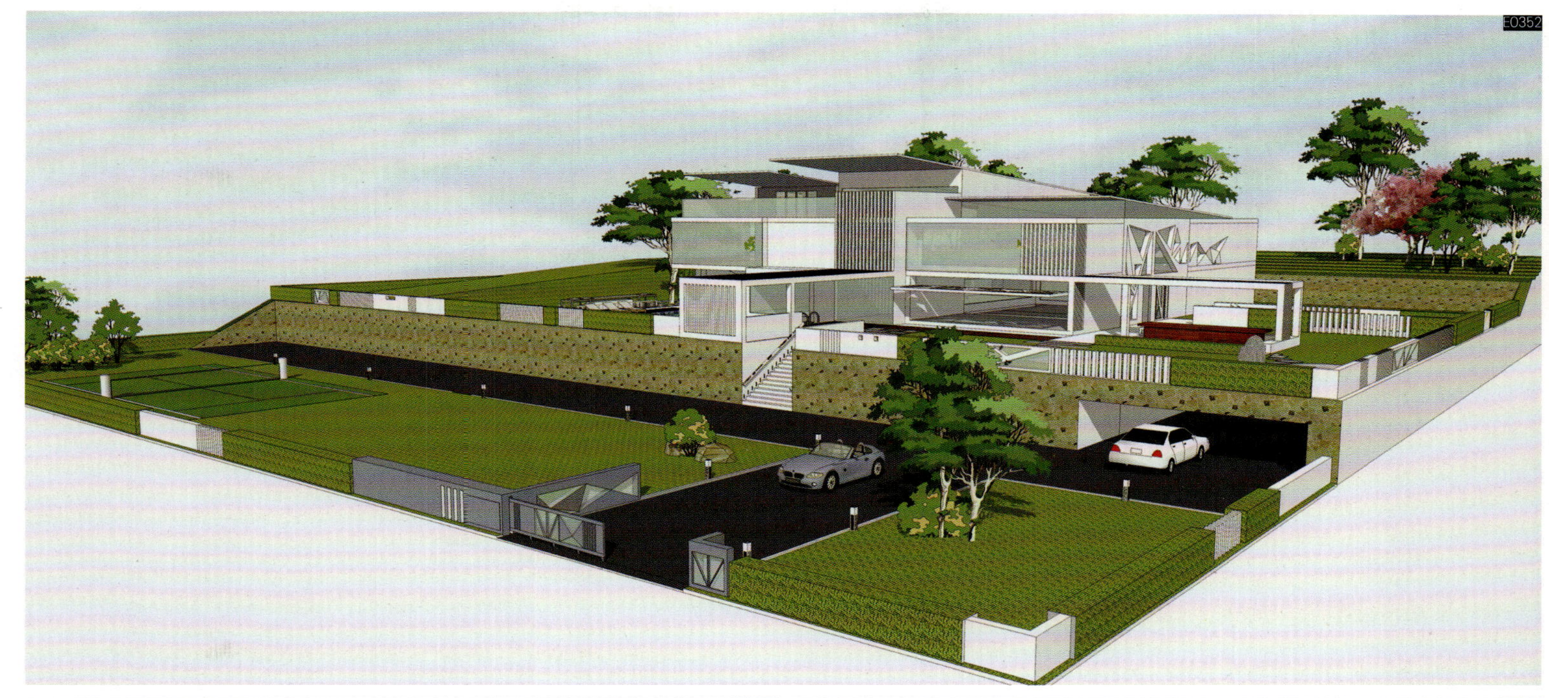

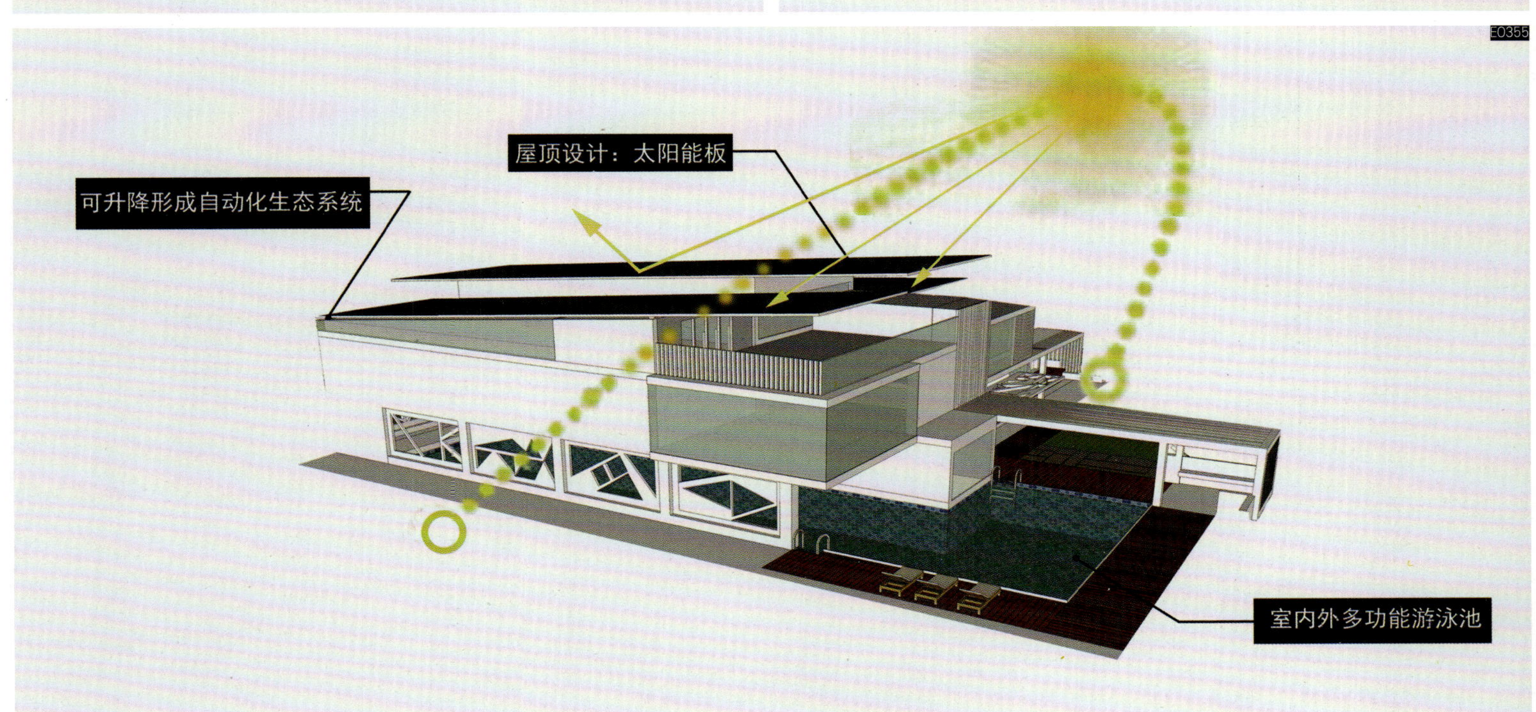

序　　号：E0352 ~ E0355
作品名称：现代别墅外观及庭院设计
作　　者：赵婧言
学　　校：天津科技大学
指导教师：王伟光

E0356

E时代

The Era of E

Commercial landscape concept design

商业区景观概念设计

一、项目概况 Site Profile

江宁大学城在建设之初，就以打造一座知识新城的理念来规划，划分为资源共享区和高校集中区。资源共享区呈带状伸展，各高校分布两侧。各高校的服务设施都在资源共享区内集中兴建，实现硕基间的资源共享。三级甲等医院，四星级宾馆，商业步行街等在内的“江宁大学城十大公配设施”重点项目已全面启动。江宁大学城还在快速融入南京的城市发展。这里距离主城区仅12公里，机场高速，将军路，宁溧路等多条主干道直通城区，10余条公交线路直通个校门口，宁杭高铁二环路，宁杭高速等穿城而过，南京地铁一号线南延线的起点站——中国药科大学站，就在江宁大学城。江宁大学城相关负责人表示，今后大学城将以引进的名校为载体，朝着建设国内一流的大学集中区迈进，同时，进一步完善服务和配套设施，吸引更多的国内乃至国际知名院校入驻，为南京创建教育名城，建设创新型城市着上浓墨重彩！

二、分析图 Analysis diagram

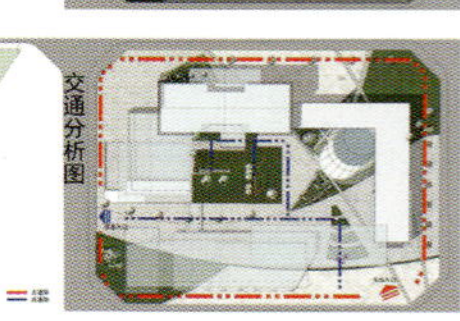

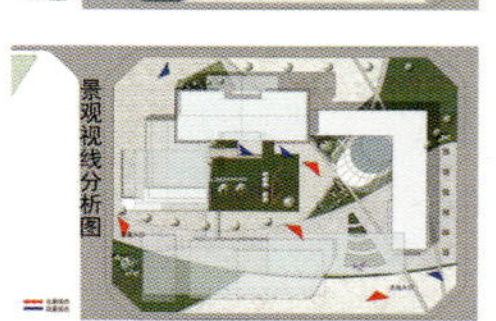

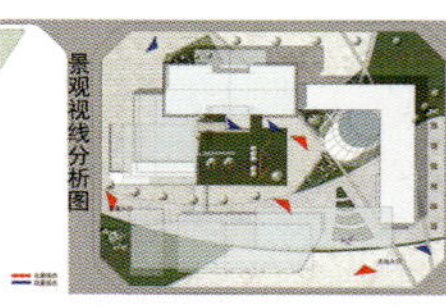

三、设计说明 Design Note

设计说明：

本设计地处南京江宁大学城商业街，体现时尚，现代化的商业建筑及周边景观设计主题，主要的设计面积有地面一层及建筑上两层。整个设计都以大弧度的弧线为元素，以硬质铺装，草坪等不同材质将弧线划分的区域区分开，在此基础上再在划分出来的不规则的小区域里结合外轮廓进行设计，从而使整个设计整体统一中又不失变化。

在建筑楼东面设有地面喷泉和树池与坐凳功能相结合的景观小品，而在喷泉的设计中，并没有设计过多的修饰，利用地形的高低起伏，将喷泉口隐于地面，并且喷泉的设置反映了薄雾给人带来的感官愉悦。喷泉的一侧设置了木质坐凳，坐凳的设计有两个亮点，第一是与树池的功能相结合，种小型银杏树，银杏作为季节特征很强的植物，既起到遮阴作用又具有很好的观赏性，使人更亲近于自然，且坐凳的造型打破了常有的规格，在形状和尺寸上都异于普通的坐凳，在有限的范围内将可利用范围最大化；第二则是使用者可以通过固定的轨道移动木质平台来控制与彼此互动的程度，为彼此创建了一个安全距离。且原木材质给人亲切感，与一旁的喷泉相辅相成。

在建筑的北面则在铺装上做了设计，用两种不同的植被铺装，并配有多种灌木和乔木，符合设计的多变性和多层次，其中并设有长条形的照明设施，将照明设备隐藏与景观小品中，白天不用于照明的时候也能做观赏用。既简洁大方又有新意。

整个建筑为包围式，因此在中心景观的设计时多注重绿化设计，在建筑主出入口地方，设置了弧形的花坛，种有修建整齐的红花檵木及小叶女贞这种色彩特征明显的低矮灌木，并搭配种有鸡爪槭和红枫，色彩丰富。中心景观区依然以弧线区分道路，铺装和绿地，在绿地之间的缝隙中设有雨水槽，用于承接雨水，同时能循环利用于灌溉植物，既环保又具有景观价值。

建筑二层的绿地作为竖向空间里的绿化，其亮点在与座椅的设计。一个45° 平行四边形被细分为两个独立的空间来满足各种不同的需求(狗和孩子、年轻人和老年人、安静和吵闹、自行车和婴儿车)。一边敞开正对着人行道，而另一边则相对安全和私密性。整个由几个不完整的三角形的长盒子构成，部分设计成座椅，而具有危险性的“尖角”部分种植了植物来保护人人们的安全。

三层的设计坚持了以下几点原则：一、保持统一；二、适当重复；三、加强联系；四、控制尺度，三楼的空间更适合营造温馨安静的小空间，所以在设计中多采用极简主义的景观设计，地面的凹槽，树池，景墙和汀步，多采用整体统一的极简造型，而绿化则偏向与东南亚植物，例如棕榈类乔木，热带植被花草植物，在商业街这样公众的场合为游人及时的提供了一个富有异域风情而又宁静祥和的休憩场所。

四、立面图 Elevation

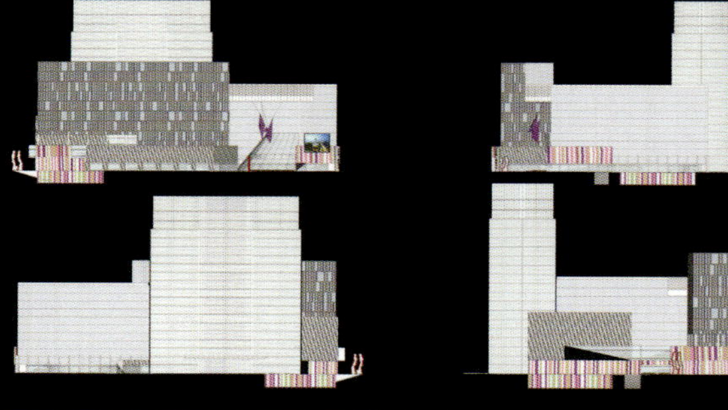

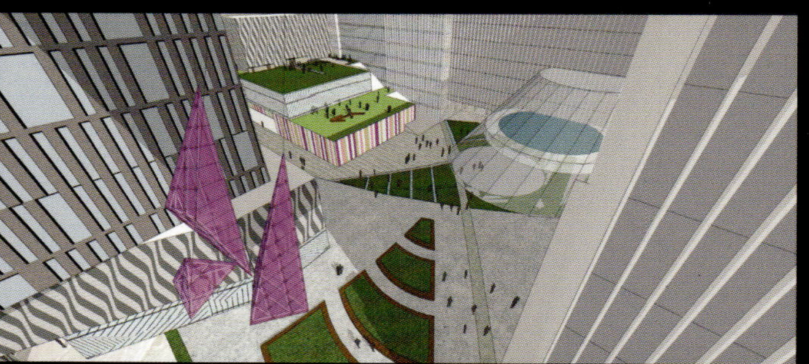

序　　号：E0356 ~ E0357
作品名称：E时代商业区景观概念设计
作　　者：王毓
学　　校：江苏经贸职业技术学院
指导教师：唐丽

序　　号：E0401
作品名称：欧美别墅建筑手绘表现
作　　者：刘光勇
学　　校：广西艺术学院
指导教师：曾晓泉

序　　号：E0402
作品名称：手绘效果图
作　　者：李远元
学　　校：武汉商学院
指导教师：肖鹏

序　　号：E0403
作品名称：仿宋古城
作　　者：杨庆林
学　　校：广西艺术学院
指导教师：韦咏芳

序　　号：E0404
作品名称：F 商业区
作　　者：张碧影
学　　校：河北建筑学院
指导教师：贾宁

序　　号：E0405
作品名称：独领风骚
作　　者：张梅
学　　校：云南民族大学
指导教师：无

序　　号：E0406
作品名称：寒冬腊月
作　　者：张梅
学　　校：云南民族大学
指导教师：无

E0407

E0410

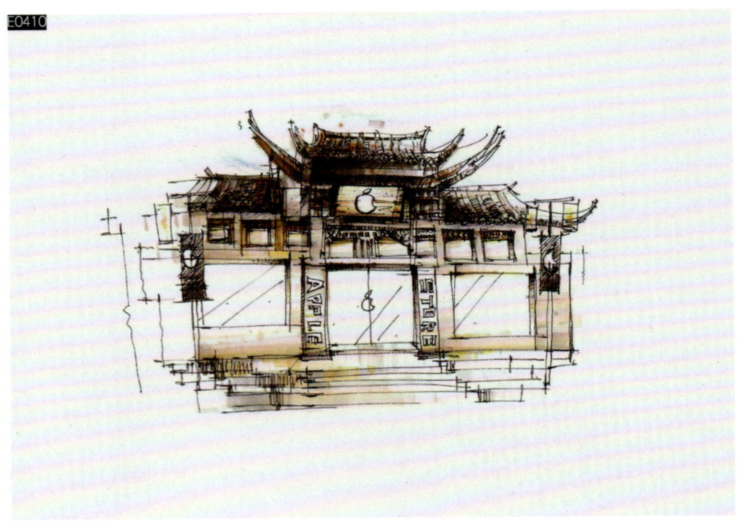

E0408

E0411

E0409

E0412

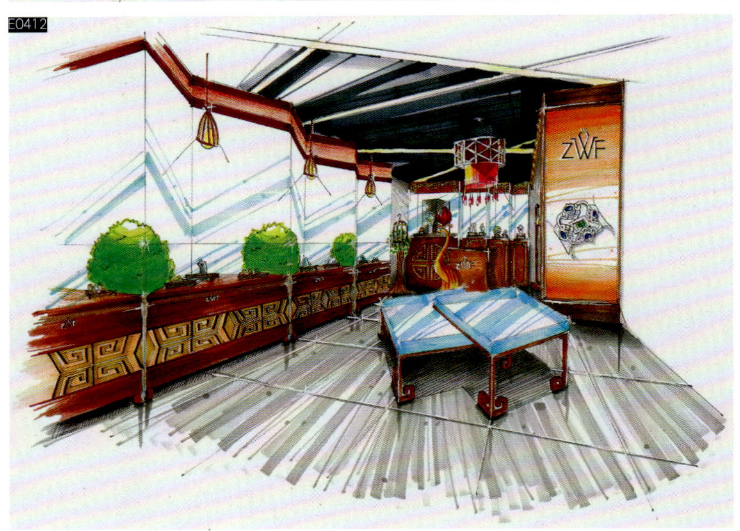

序　　号：E0407 ~ E0409
作品名称：山里人家
作　　者：范亚茹
学　　校：燕山大学
指导教师：苏波

序　　号：E0410
作品名称：苏风苹果店设计
作　　者：万子曦
学　　校：江南大学
指导教师：无

序　　号：E0411 ~ E0412
作品名称：名琅雅轩
作　　者：蔡晓君
学　　校：中山大学南方学院
指导教师：刘维

序　　号：E0413 | E0414
作品名称：室内家装手绘卧室透视图 | 室内家装手绘客厅透视图
作　　者：高志敏
学　　校：成都艺术职业学院
指导教师：卢鹿

序　　号：E0415 ~ E0416
作品名称：幸福时光
作　　者：俞越
学　　校：闽江学院
指导教师：无

序　　号：E0417
作品名称：室内手绘效果图
作　　者：何艾玲
学　　校：天津师范大学津沽学院
指导教师：张宝旺

序　　号：E0418
作品名称：静心居
作　　者：陈榴
学　　校：成都艺术职业学院
指导教师：夏梦秋

序　　号：E0419 ~ E0420
作品名称：室内效果图
作　　者：王迪玄
学　　校：扬州职业大学
指导教师：张晨

E0413

E0414

E0415

E0416

E0417

E0418

E0419

E0420

序　　号：E0421
作品名称：室内设计手绘表现
作　　者：吕优优
学　　校：成都艺术职业学院
指导教师：刘勇奇

序　　号：E0422
作品名称：室内设计手绘表现
作　　者：林洁
学　　校：成都艺术职业学院
指导教师：刘勇奇

序　　号：E0423
作品名称：室内设计手绘表现
作　　者：牛琴
学　　校：成都艺术职业学院
指导教师：刘勇奇

序　　号：E0424
作品名称：逆舟斋手绘
作　　者：陈榴
学　　校：成都艺术职业学院
指导教师：夏梦秋

序　　号：E0425
作品名称：低调的奢华
作　　者：郗桐
学　　校：燕京理工学院
指导教师：陈凤红

序　　号：E0426 | E0427 | E0428
作品名称：室内手绘 | 室内设计手绘表现 | 钧天广乐室内设计手绘表现
作　　者：周林
学　　校：长沙理工大学
指导教师：艾萱

序　　号：E0429～E0431
作品名称：室内家装透视图
作　　者：曹胜慧
学　　校：山东师范大学
指导教师：周长亮

E0432

E0433

E0434

序　　号：E0432
作品名称：室内设计
作　　者：郎英瑞
学　　校：广东技术师范学院
指导教师：曾丽娟

序　　号：E0433
作品名称：闺房
作　　者：郎英瑞
学　　校：广东技术师范学院
指导教师：陈国兴

序　　号：E0434
作品名称：手绘效果图卧室空间设计
作　　者：周郭俊
学　　校：福州外语外贸学院
指导教师：高云

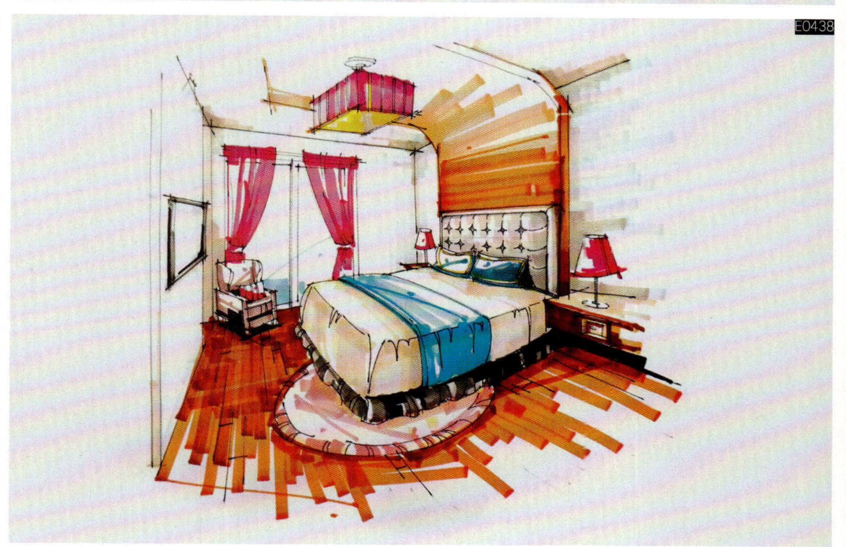

序　　号：E0435
作品名称：寂寞阁
作　　者：甘文松
学　　校：广东技术师范学院
指导教师：陈静敏

序　　号：E0436
作品名称：酒店大堂
作　　者：甘文松
学　　校：广东技术师范学院
指导教师：许树贤

序　　号：E0437
作品名称：室内手绘效果图
作　　者：石碧桃
学　　校：福州外语外贸学院
指导教师：高云

序　　号：E0438
作品名称：卧室空间手绘效果图
作　　者：许晴
学　　校：福州外语外贸学院
指导教师：高云

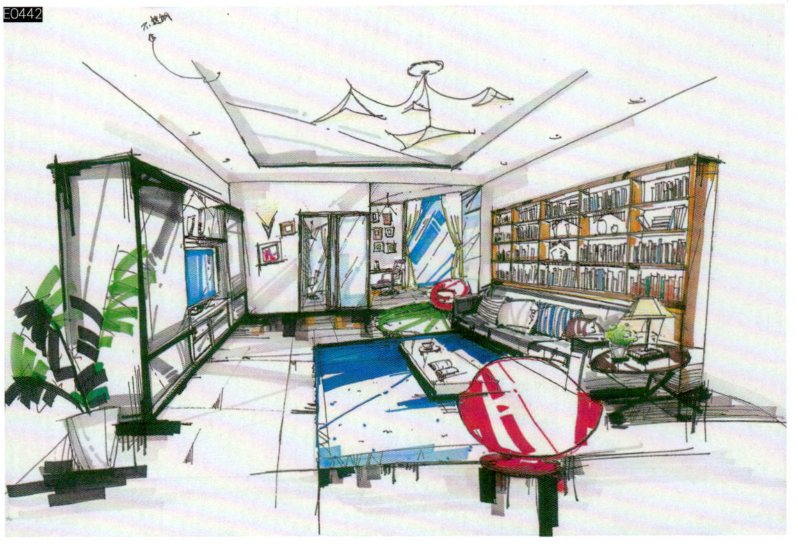

序　　号：E0439 ~ E0441
作品名称：手绘别墅设计方案系列
作　　者：李欢欢
学　　校：包头轻工职业技术学院
指导教师：刘媛

序　　号：E0442
作品名称：绮梦
作　　者：吴天蓉
学　　校：成都艺术职业学院
指导教师：夏梦秋

序　　号：E0443
作品名称：暖夏手绘
作　　者：何娟
学　　校：成都艺术职业学院
指导教师：夏梦秋

序　　号：E0444
作品名称：客厅效果图
作　　者：孔沙沙
学　　校：江西工程学院
指导教师：张培

序　　号：E0445
作品名称：客厅效果图
作　　者：赵庆
学　　校：江西工程学院
指导教师：张培

E0480

E0481

动漫
新媒体
艺术

The art of
animation
and new media

F0001

序　　号：F0001
作品名称：女剑士
作　　者：杨予宁
学　　校：上海大学
指导教师：无

序　　号：F0002
作品名称：土肥原次设计
作　　者：雷亚伦
学　　校：广西艺术学院
指导教师：郑万林

序　　号：F0003
作品名称：愤怒的心
作　　者：张亚南
学　　校：廊坊师范学院
指导教师：王健

序　　号：F0004
作品名称：女神
作　　者：凌飞燕
学　　校：西安美术学院
指导教师：李东航

F0004

F0005

序　　号：F0005
作品名称：破败的星球
作　　者：高海阳
学　　校：昆明理工大学
指导教师：无

序　　号：F0006 ｜ F0007
作品名称：三国无双插画 · 鲍三娘与关索 ｜ 英雄联盟插画 · 提莫与瑞雯
作　　者：郝程
学　　校：青岛科技大学
指导教师：无

序　　号：F0008
作品名称：月下城堡
作　　者：杨予宁
学　　校：上海大学
指导教师：无

F0006

關
三國
真
無双
6

F0007

LEAGUE of LEGENDS

F0008

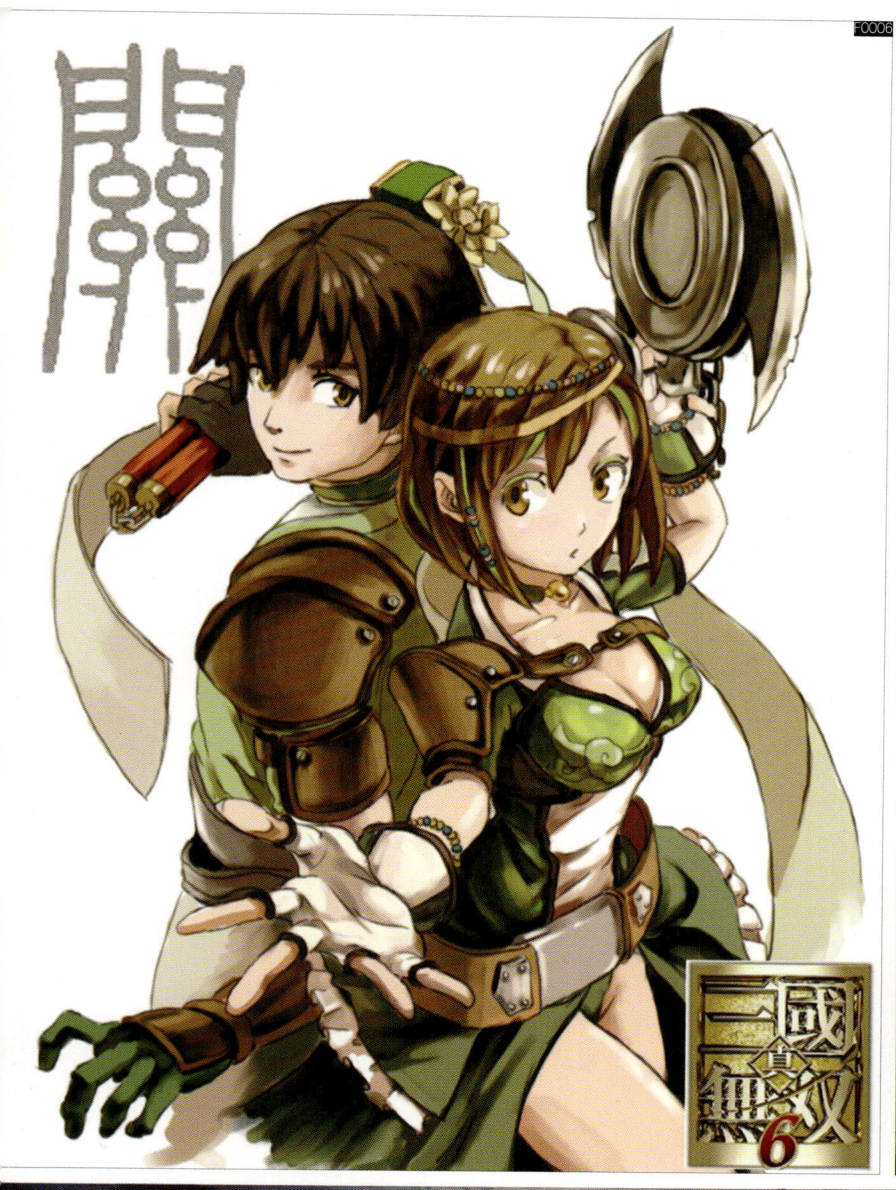

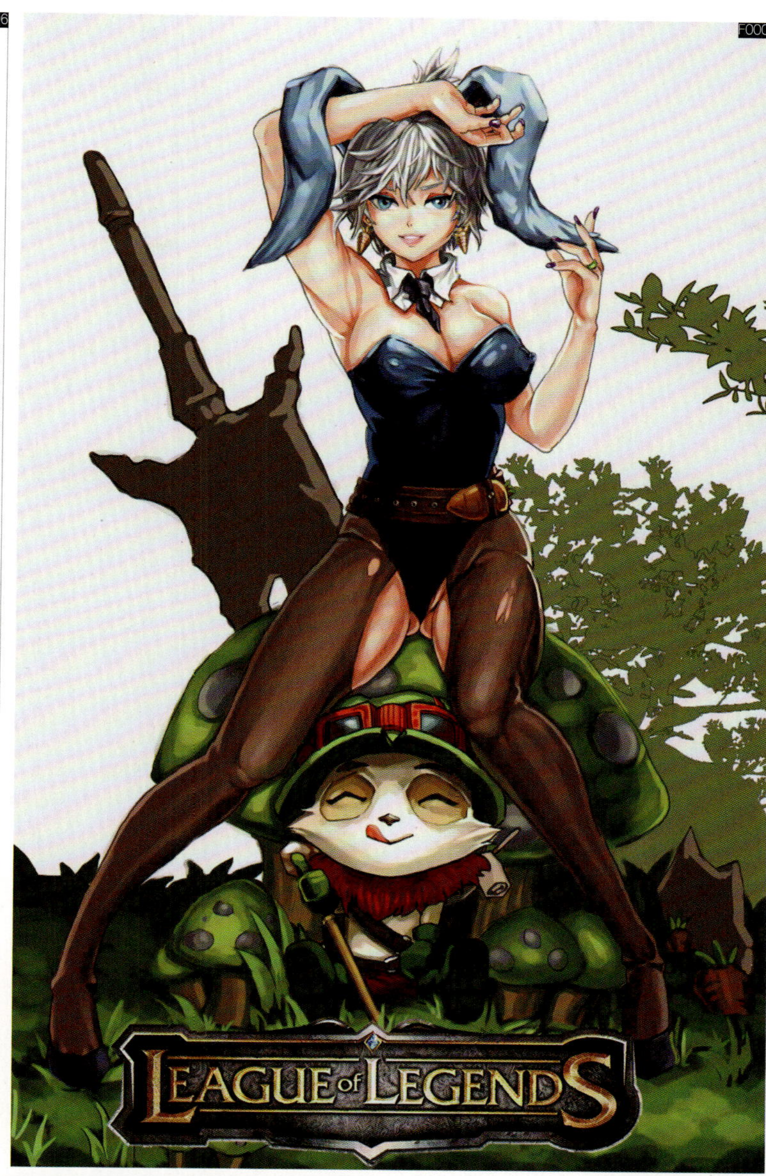

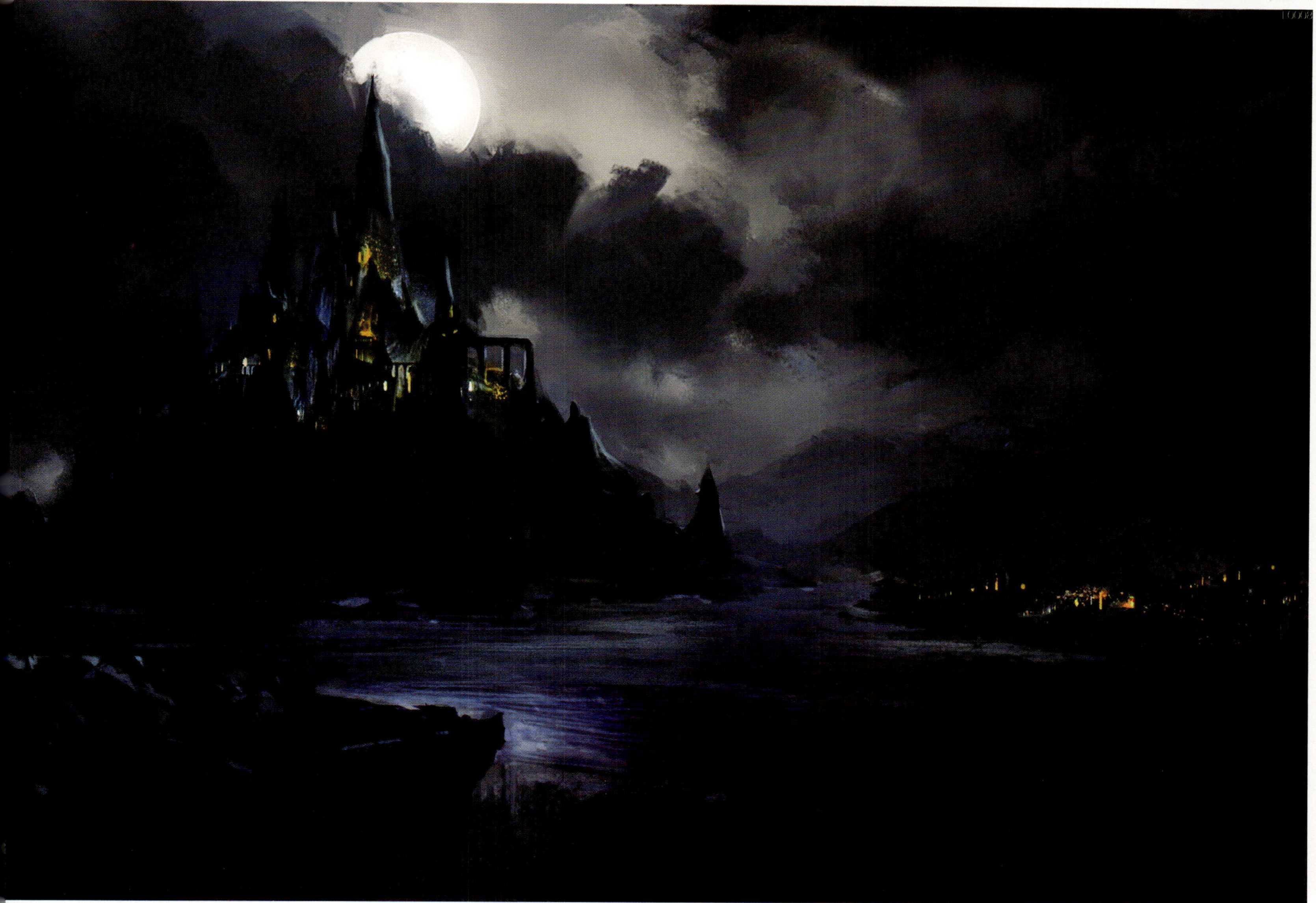

F0009

F0010

F0011

序　　号：F0009
作品名称：山本一郎人物设计
作　　者：雷亚伦
学　　校：广西艺术学院
指导教师：郑万林

序　　号：F0010
作品名称：涅槃之战
作　　者：苏银梅
学　　校：武汉生物工程学院
指导教师：张晓莉

序　　号：F0011
作品名称：动漫角色设计系列——剑客
作　　者：招敏珊
学　　校：私立华联学院
指导教师：刘翔

序　　号：F0012
作品名称：孤岛幻影
作　　者：李胜兰
学　　校：武汉生物工程学院
指导教师：张晓莉

序　　号：F0013
作品名称：毒蜘蛛
作　　者：秦雨田
学　　校：合肥师范学院
指导教师：唐杰晓

序　　号：F0014
作品名称：工农兵插画形象设计之那个年代的我们
作　　者：张晓琪
学　　校：山东农业大学
指导教师：胡海燕

序　　号：F0015
作品名称：小提琴Ⅱ
作　　者：邱光昊宇
学　　校：河北美术学院
指导教师：李严

F0012

F0013
前视图
UV贴图
角色设计：毒蜘蛛

F0014
那個年代的
我們

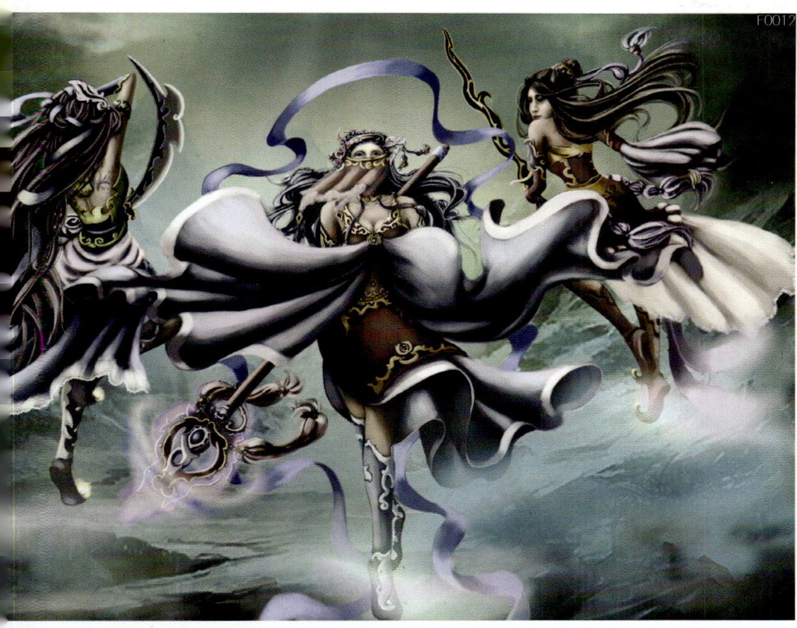

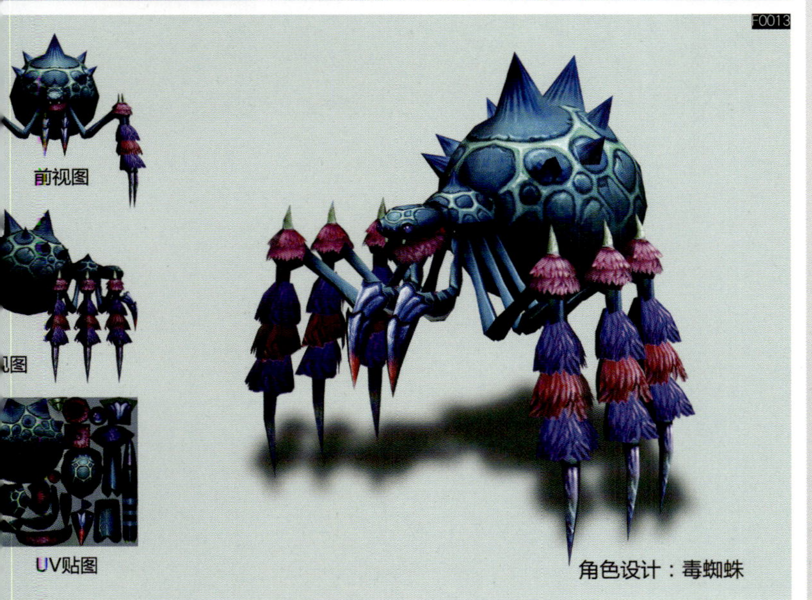

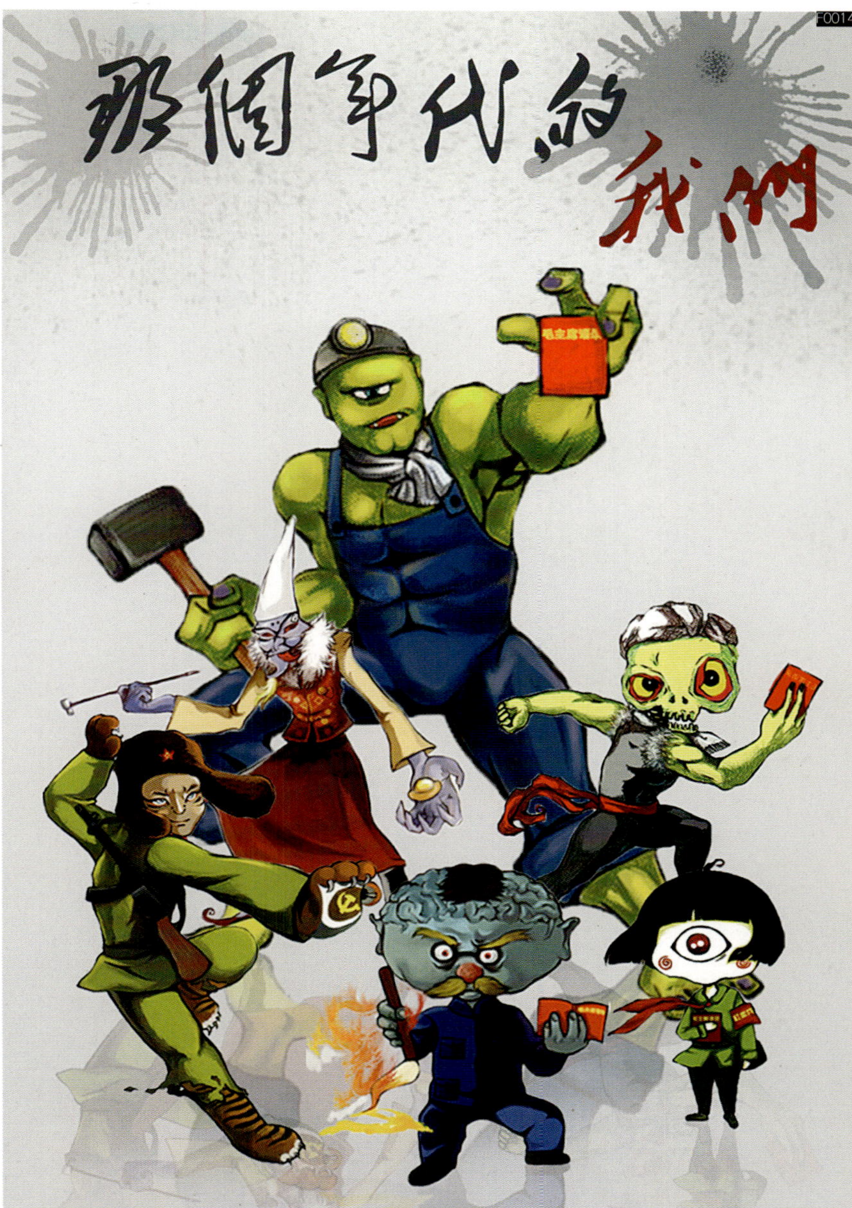

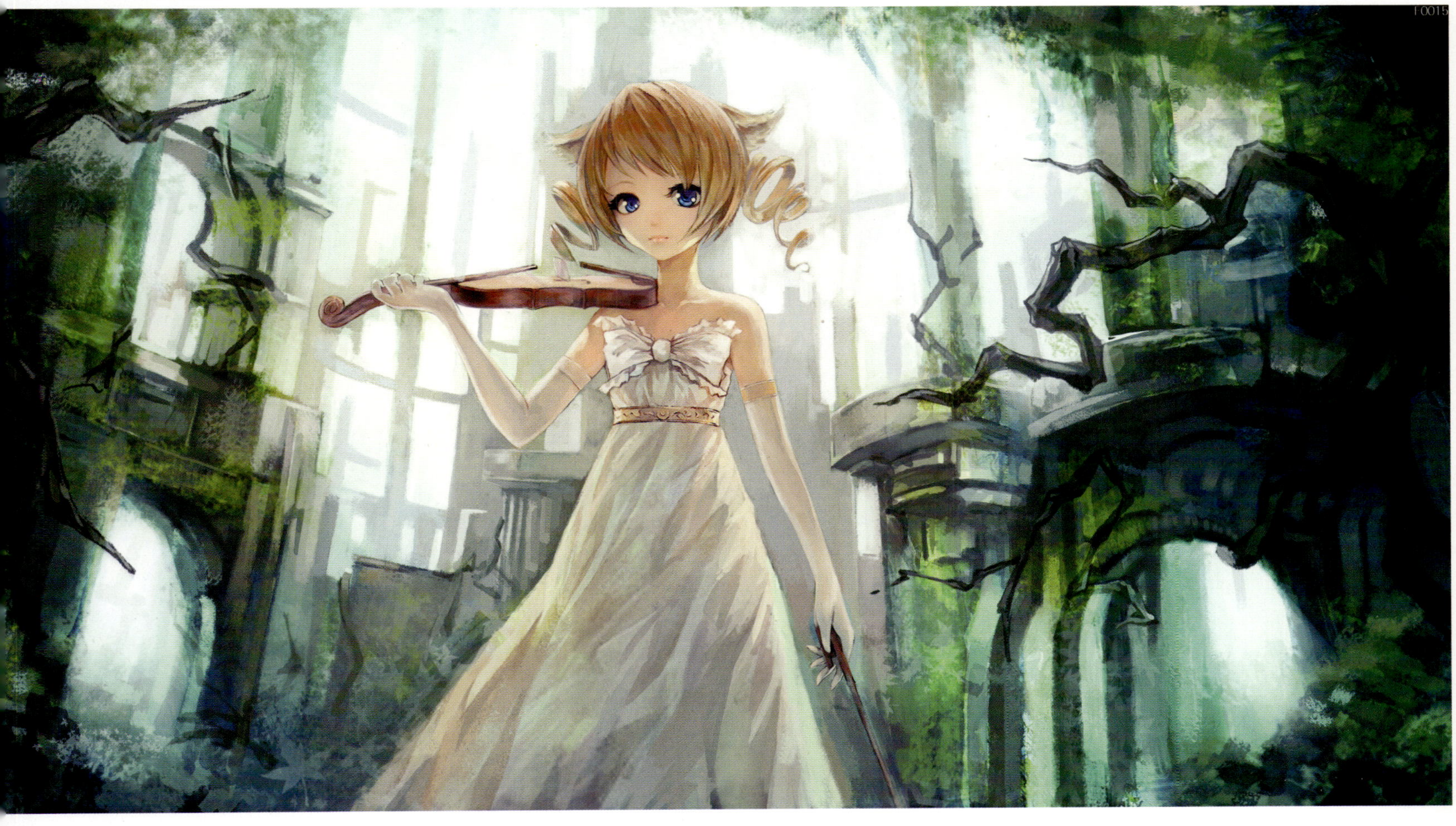
F0015

F0016

F0017

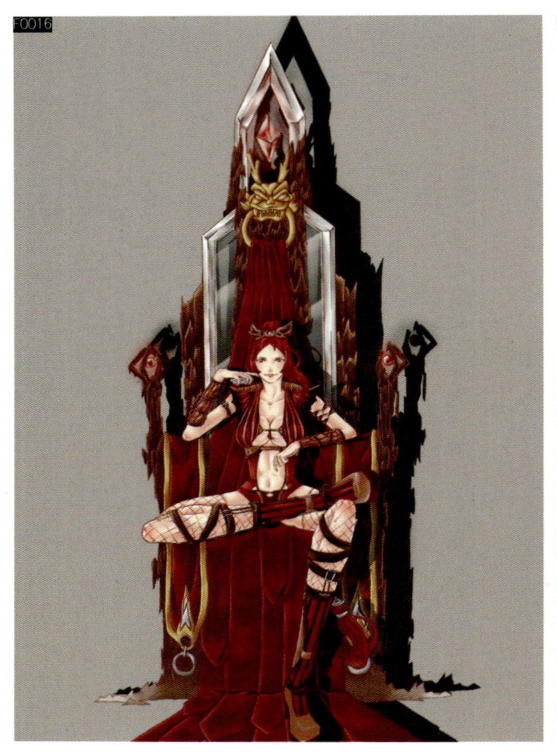

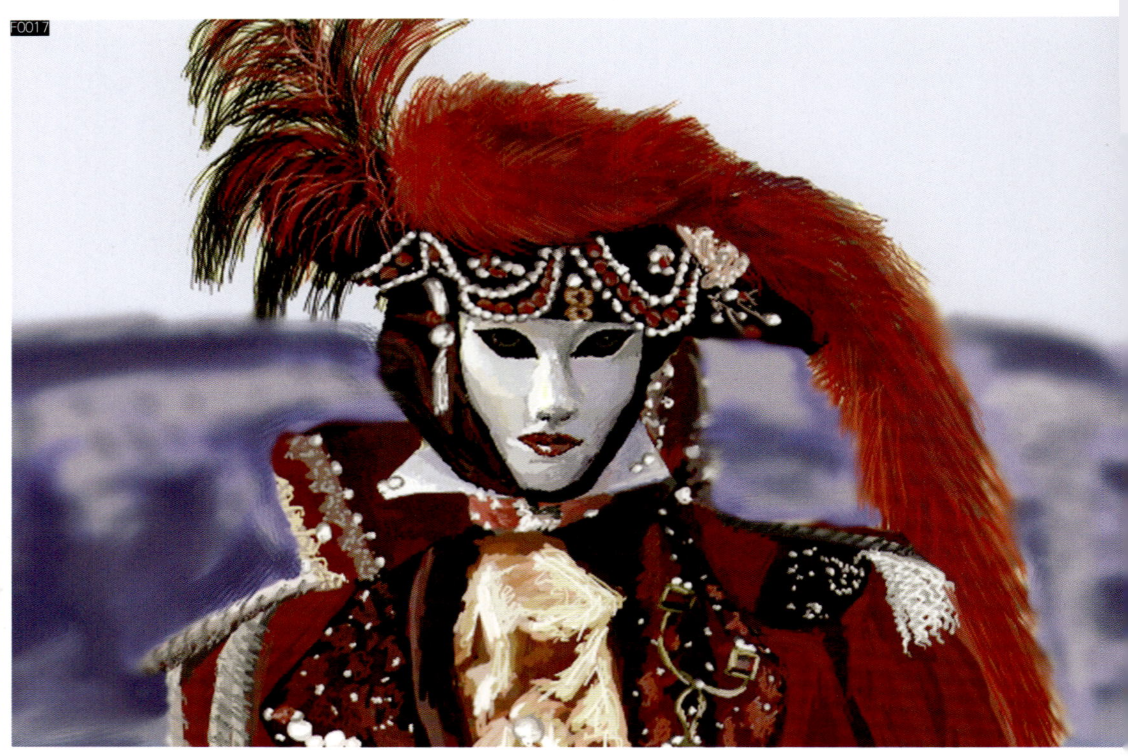

序　　号：F0016
作品名称：地宫女王
作　　者：张冰
学　　校：大连工业大学
指导教师：宋永胜

序　　号：F0017
作品名称：我的威尼斯梦
作　　者：吴婷
学　　校：山西大学
指导教师：武小明

序　　号：F0018
作品名称：小提琴 I
作　　者：邱光昊宇
学　　校：河北美术学院
指导教师：李严

F0018

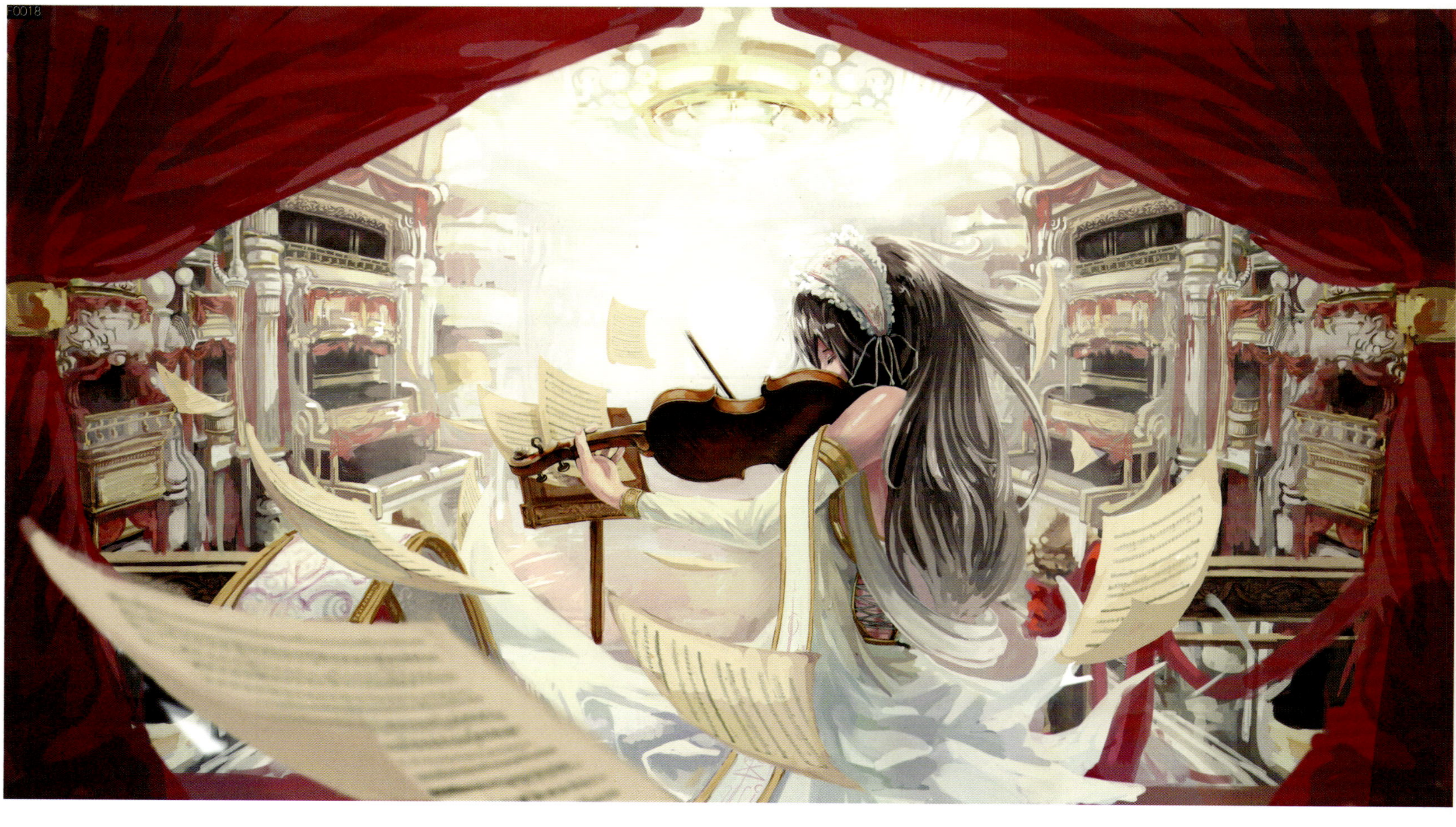

F0050

序　　号：F0050
作品名称：一家人
作　　者：赵易鑫
学　　校：景德镇陶瓷学院
指导教师：解晓明

序　　号：F0051 | F0052
作品名称：新新之家 | 爱之深
作　　者：刘银枝
学　　校：天津职业技术师范大学
指导教师：刘洋

F0053

F0054

F0055
妙珍

F0056

F0057

F0058
ORLAND
ORLANDO

F0059

F0060

F0061

序　　号：F0053 ～ F0054
作品名称：夏之梦插画系列设计
作　　者：张雪芝
学　　校：天津科技大学
指导教师：王艺湘

序　　号：F0055
作品名称：温暖
作　　者：李妙珍
学　　校：山东轻工职业学院
指导教师：杨雪

序　　号：F0056
作品名称：忆雪
作　　者：邵贤哲
学　　校：山东轻工职业学院
指导教师：杨雪

序　　号：F0057
作品名称：几何出路
作　　者：王文婷
学　　校：山东艺术学院
指导教师：刘雪茜

序　　号：F0058
作品名称：街景
作　　者：李昕馨
学　　校：山东工艺美术学院
指导教师：张光帅

序　　号：F0059
作品名称：灾难引擎，制动！
作　　者：李阳光
学　　校：北海艺术设计学院
指导教师：王宁宁

序　　号：F0060 ｜ F0061
作品名称：赣之景｜门
作　　者：陈丽燕
学　　校：仲恺农业工程学院
指导教师：谢莉斯

F0062

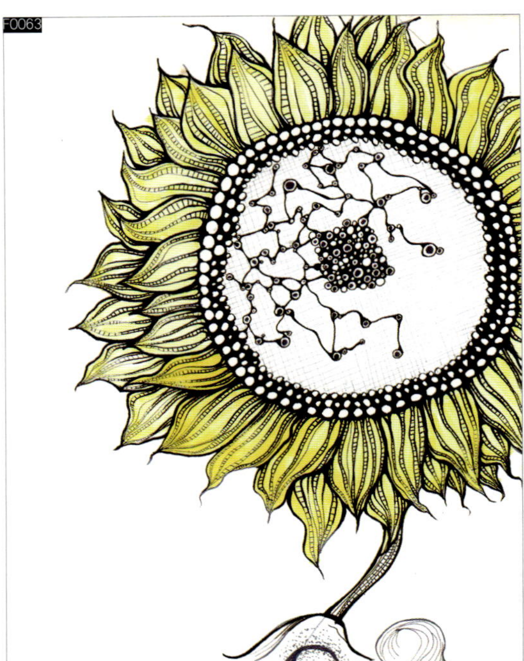

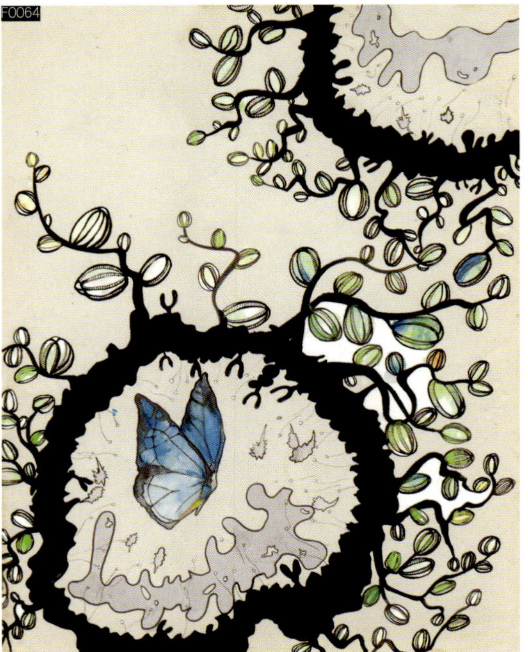

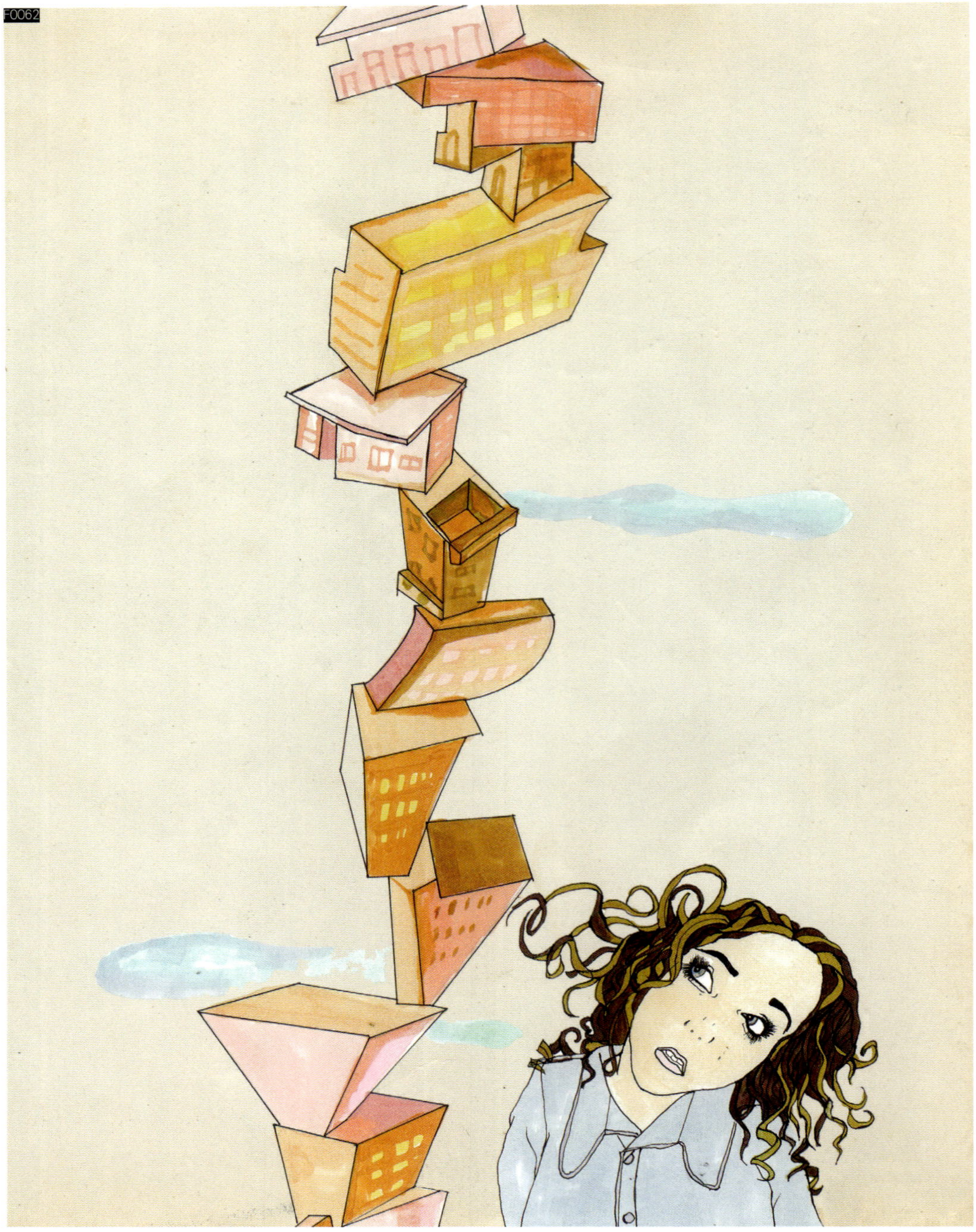

F0063

F0064

序　　号：F0062 | F0063 | F0064
作品名称：奇妙幻想曲 | 有点烦 | 破茧
作　　者：杨时
学　　校：广东工业大学
指导教师：黄迅

序　　号：F0065 | F0066
作品名称：探 | 解
作　　者：唐璇
学　　校：昆明理工大学
指导教师：王勇

序　　号：F0067
作品名称：无商不奸
作　　者：刘绍博
学　　校：北京工业大学耿丹学院
指导教师：李靓

序　　号：F0068 ~ F0069
作品名称：鬼吹灯系列
作　　者：李文慧
学　　校：天津职业技术师范大学
指导教师：时萌

序　　号：F0145
作品名称：读书的女孩
作　　者：金婷
学　　校：合肥师范学院
指导教师：唐杰晓

序　　号：F0146
作品名称：回溯
作　　者：王佩怡
学　　校：广东培正学院
指导教师：无

序　　号：F0147
作品名称：插画之好奇心
作　　者：罗舒文
学　　校：景德镇陶瓷学院
指导教师：虞锋波

序　　号：F0148
作品名称：插画设计
作　　者：曾慧
学　　校：私立华联学院
指导教师：刘翔

序　　号：F0149
作品名称：萌喵妹
作　　者：盛泽洋
学　　校：吉林动画学院
指导教师：王丽莹

序　　号：F0150
作品名称：美
作　　者：马兰花
学　　校：武汉生物工程学院
指导教师：张晓莉

序　　号：F0151
作品名称：插画设计
作　　者：曾慧
学　　校：私立华联学院
指导教师：刘翔

序　　号：F0152
作品名称：少女与蝴蝶插画设计
作　　者：陈成
学　　校：河套学院
指导教师：石鑫

序　　号：F0153
作品名称：小鹿斑比
作　　者：谷思洁
学　　校：重庆工商大学
指导教师：无

序　　号：F0154
作品名称：背后
作　　者：赵玉红
学　　校：天津职业技术师范大学
指导教师：刘东

F0155

F0156

F0157

F0158

F0159

序　　号：F0155 ~ F0156
作品名称：金鱼
作　　者：张芮
学　　校：东北农业大学
指导教师：王静

序　　号：F0157 | F0158
作品名称：神居 | 陨落
作　　者：刘嵘桦
学　　校：东南大学成贤学院
指导教师：潘秋思、许佳佳

序　　号：F0159
作品名称：端庄的鹿角
作　　者：姜钜昌
学　　校：沈阳航空航天大学
指导教师：无

序　　号：F0160
作品名称：金色童年插画设计
作　　者：李慧超
学　　校：河套学院
指导教师：石鑫

序　　号：F0161
作品名称：眷
作　　者：徐婷
学　　校：天津职业技术师范大学
指导教师：刘东

序　　号：F0162～F0164
作品名称：良品铺子插画系列
作　　者：聂爽
学　　校：郑州轻工业学院易斯顿（国际）美术学院
指导教师：初春

序　　号：F0165
作品名称：十二生肖
作　　者：周碧洋
学　　校：景德镇陶瓷学院
指导教师：索理

序　　号：F0166
作品名称：美好与爱
作　　者：管小磊
学　　校：曲阜师范大学
指导教师：秦枫

序　　号：F0167
作品名称：快乐的女孩
作　　者：林建航
学　　校：佛山科学技术学院
指导教师：陈菲菲

序　　号：F0168
作品名称：校园
作　　者：刘千羽
学　　校：华南理工大学
指导教师：门德来

序　　号：F0169
作品名称：君臣斗
作　　者：孙云杰
学　　校：齐鲁工业大学
指导教师：唐济川

序　　号：F0170
作品名称：朋友
作　　者：高海阳
学　　校：昆明理工大学
指导教师：无

序　　号：F0171 ｜ F0172
作品名称：FAMILY ｜县官一家
作　　者：唐秋怡
学　　校：大连科技学院
指导教师：樊琳琳

序　　号：F0173
作品名称：一家人
作　　者：陆殿霞
学　　校：大连科技学院
指导教师：樊琳琳

序　　号：F0174
作品名称：一家人
作　　者：纪红
学　　校：大连科技学院
指导教师：樊琳琳

序　　号：F0175
作品名称：园中玩偶
作　　者：李秋润
学　　校：大连科技学院
指导教师：樊琳琳

序　　号：F0176
作品名称：校园
作　　者：刘千羽
学　　校：华南理工大学
指导教师：门德来

F0170

F0171

F0172

F0175

F0173

F0174

F0176

F0177

垂乙兔

垂乙兔四视图

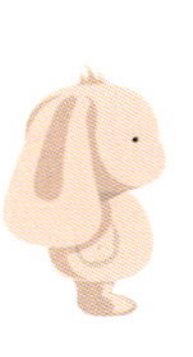

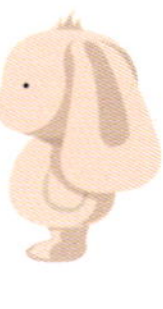

垂乙兔其他状态设定

F0178

垂乙兔的旅程·旅游篇——辽宁篇

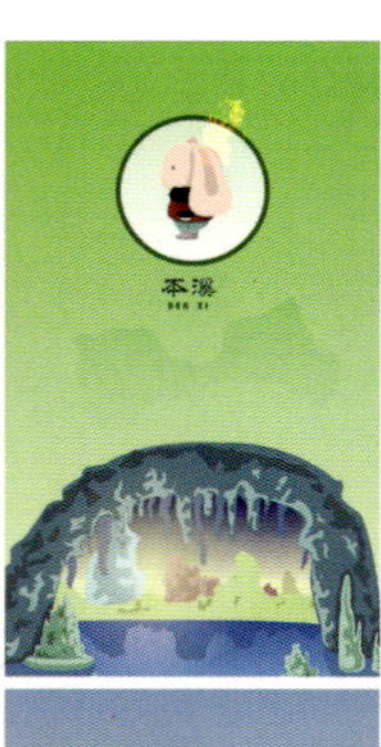

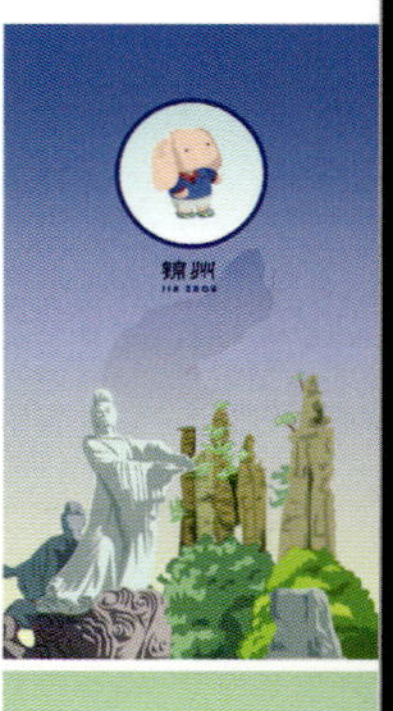

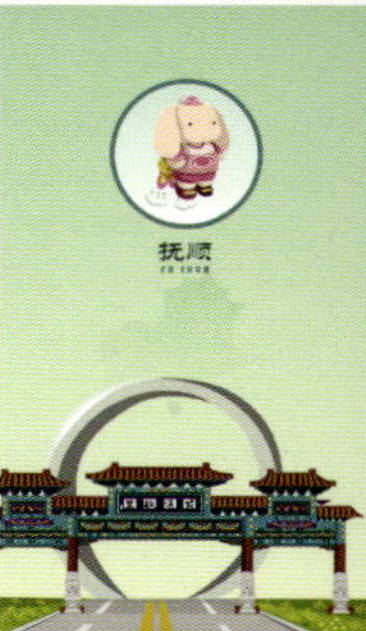

序　　号：F0177 ~ F0182
作品名称：“垂乙兔”卡通设计
作　　者：韩绪茂、赵宝绪
学　　校：大连工业大学、沈阳航空航天大
指导教师：李波、关向伟

F0196

F0197

F0199

F0200

F0201

阿翔人物设计

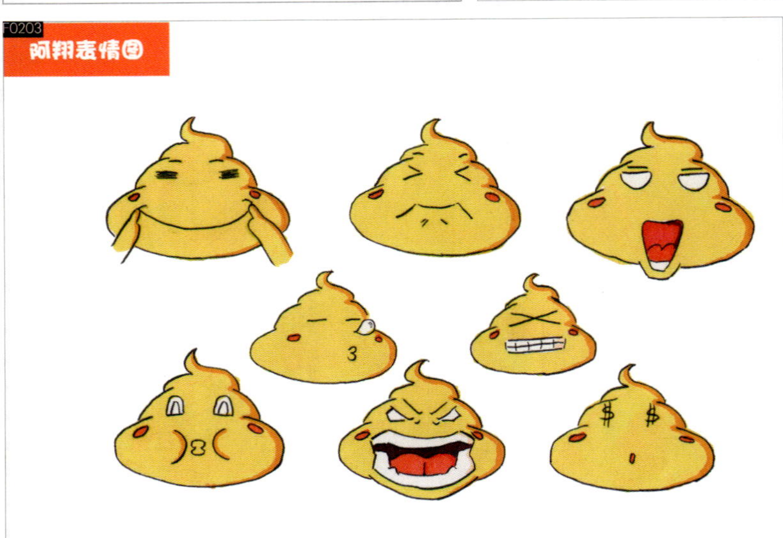

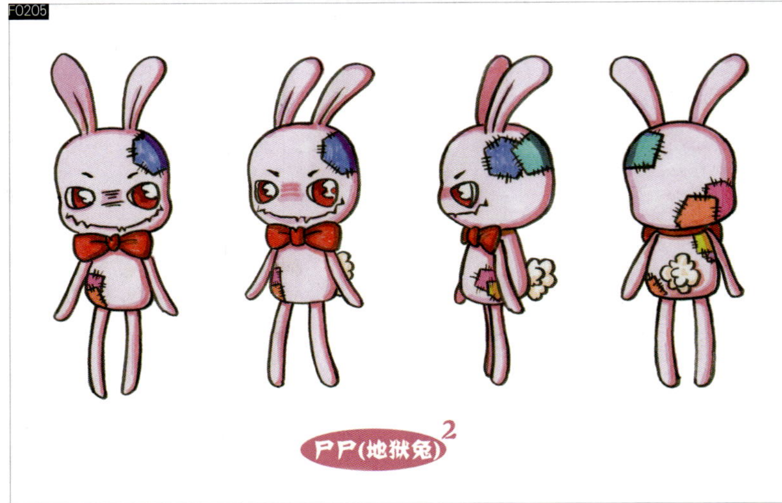

序　　号：F0201 ～ F0204
作品名称：阿翔
作　　者：尹延腾
学　　校：山东轻工职业学院
指导教师：杨雪

序　　号：F0205 ～ F0207
作品名称：地狱兔尸尸
作　　者：李寒霄
学　　校：山东轻工职业学院
指导教师：杨雪

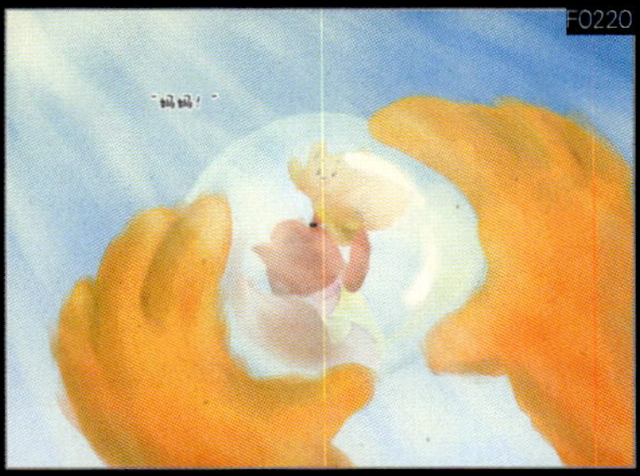

泡泡里de爱

主绘：丁姣　助手：张铎　文：法贺梅

作品名称	泡泡里de爱
主绘	丁姣
助手	张铎
文字	法贺梅
指导老师	高韬
学校	山东轻工职业学院 世博动漫学院

左洗洗，右洗洗……

肥皂产生了好多泡泡，小狐狸玩的不亦乐乎。

肥皂越洗越小，快要抓不住了。

小狐狸“扑通”一声掉进了水里。

妈妈，我爱你。

序　　号：F0208 ~ F0226
作品名称：泡泡里de爱
作　　者：丁姣
学　　校：山东轻工职业学院
指导教师：高韬

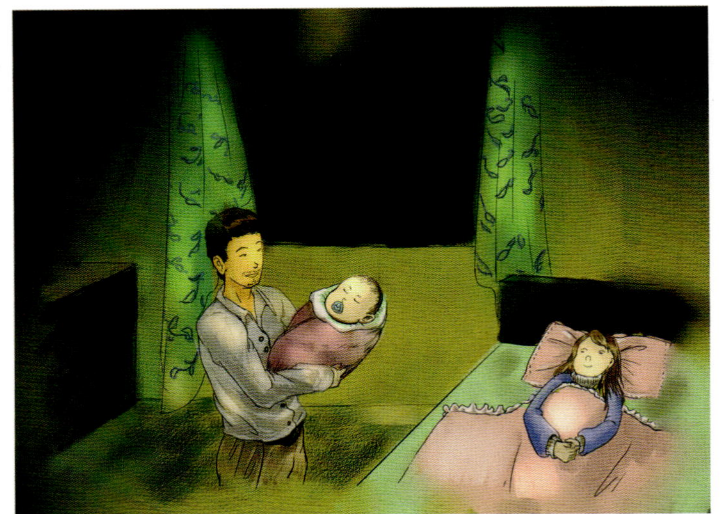

每个孩子都是父母最好的礼物。

当孩子渐渐长大一点了，母亲开始操心的又不再只是生活的柴米油盐。

放弃了太多时间，母亲把精力都放在了孩子身上。

父亲，永远是劳累在黑夜，但心中的家永远是天边最亮的星。

如果说阳光、大地容纳并温暖着树的成长，那么，父母难道不是阳光和大地。

当孩子长大了，总是看见父母曾经挺直的背已佝偻，时光带走了他们的黑发。而今，这孩子也将离他们远去了。

F0233

HIDE BOUNDING BOX

隐藏 X 边界框

F0234

HIDING IN THE CORNER OF THE HUNTER

Li Jiayang Guo Shengnan Yuan Mingyue Tao Yue Shan Di Artwork

F0235

恩格斯在一百年前的《自然辩证法》一书中就曾尖锐地指出："我们不要过分陶醉于我们对自然界的胜利。对于每一次这样的胜利,自然界都报复了我们。" 在今天当环境危机成为威胁人类生存,制约经济发展和影响社会稳定的直接因素,在震惊世界的公害事件频发不断,生态资源遭到严重破坏的形势下,人类才对环境保护比较清醒的认识。生活中每一个角落都有"狩猎者"其实它正等待着……

Engels in front of the one hundred book "dialectics of nature", has sharply pointed out: "We don't enjoy our victory over nature. For each such victory, the nature will revenge us." When today become a threat to human survival environment crisis, restricting economic development and the direct factors affecting social stability, frequent in pollution incident shocked the world, under the situation of serious destruction of ecological resources, human awareness of environmental protection is awake. Every corner of life have "hunters" in fact, it is waiting for...

F0236

恩格斯在一百年前的《自然辩证法》一书中就曾尖锐地指出："我们不要过分陶醉于我们对自然界的胜利。对于每一次这样的胜利,自然界都报复了我们。" 在今天当环境危机成为威胁人类生存,制约经济发展和影响社会稳定的直接因素,在震惊世界的公害事件频发不断,生态资源遭到严重破坏的形势下,人类才对环境保护比较清醒的认识。生活中每一个角落都有"狩猎者"其实它正等待着……

Engels in front of the one hundred book "dialectics of nature", has sharply pointed out: "We don't enjoy our victory over nature. For each such victory, the nature will revenge us." When today become a threat to human survival environment crisis, restricting economic development and the direct factors affecting social stability, frequent in pollution incident shocked the world, under the situation of serious destruction of ecological resources, human awareness of environmental protection is awake. Every corner of life have "hunters" in fact, it is waiting for...

HIDING IN THE CORNER OF THE HUNTER

Intractive Installation 34 x 20 x 34 cm
2013

作品指导教师 | 颜成宇

李佳洋 郭胜男 袁铭悦 陶悦 单迪 作品

F0237

空巢

互动装置 227 x 25 x 227 cm
2013

F0238

研究证明了鸟的数量在逐渐下降的驱动力是缺乏筑巢和繁殖场所。与高楼大厦和商场的不断建设相比,鸟儿已经无家可归，它们不知道飞去了哪里?

Studies have shown that the gradual decline in the number of birds is the lack of a driving force nesting and breeding places. And keep building skyscrapers and shopping malls than birds have homeless, they do not know where all fly away?

序　　号：F0227 ~ F0232	序　　号：F0233 ~ F0238
作品名称：时光飞逝系列	作品名称：中美双校联展展示视频
作　　者：綦鑫	作　　者：王雪
学　　校：重庆工商大学	学　　校：吉林艺术学院
指导教师：黎安娟	指导教师：颜成宇

序　　号：F0239 ~ F0242
作品名称：东巴文五行系列动画之水元素
作　　者：郑加杭、黄冠茂、李秋燕、曾景雯
学　　校：广东工业大学
指导教师：黄迅、马中文

序　　号：F0243 ~ F0245
作品名称：明信片设计
作　　者：叶紫清
学　　校：昆明学院
指导教师：王艳琦

序　　号：F0246 | F0247
作品名称：剪纸为主题的手机界面 | 麻布为主题的手机界面
作　　者：马玉洁
学　　校：吉林艺术学院
指导教师：颜成宇

F0248

F0249

F0250

F0251

序　　号：F0248 ~ F0249
作品名称：字体排版
作　　者：卢尧
学　　校：江苏理工学院
指导教师：刘妤

序　　号：F0250
作品名称：锐澳一家
作　　者：王娇
学　　校：天津体育学院运动与文化艺术学院
指导教师：刘顺利

序　　号：F0251
作品名称：中华福爷爷形象设计
作　　者：许岑
学　　校：北京理工大学
指导教师：郝亚维

满清
八大碗
Eight Big Bowl
哎呀妈！
雪菜炒小豆腐，卤虾豆腐蛋，
扒猪手，灼田鸡，小鸡珍
蘑粉，年猪烩菜，御府
椿鱼，阿玛尊肉
啥

F0253
F0254
F0255
F0256
F0257
F0258
F0259
F0260

序　　号：F0253～F0260
作品名称：FOR LOVE——"JUST US"品牌广告
作　　者：王清竹、张博文、许岑
学　　校：北京理工大学
指导教师：郝亚维

序　　号：F0261 | F0262
作品名称：动漫创作精品课程主页 | 艺术设计系主页
作　　者：罗鑫
学　　校：安徽职业技术学院
指导教师：郑凯

序　　号：F0263
作品名称：吉林省美术家协会
作　　者：梁宏碧
学　　校：吉林艺术学院
指导教师：颜成宇

序　　号：F0264 ～ F0266
作品名称：吉林建筑大学——高等教育研究所
作　　者：梁宏碧
学　　校：吉林艺术学院
指导教师：颜成宇

序　　号：F0288
作品名称：古代战场
作　　者：赵圣炜
学　　校：四川长江职业学院
指导教师：柏清

摄影
艺术

*The art
of
photography*

序　　号：H0001
作品名称：天然去雕饰
作　　者：刘晓雪
学　　校：北京工业大学耿丹学院
指导教师：无

序　　号：H0002
作品名称：蓝
作　　者：周龙敏
学　　校：广西师范大学
指导教师：徐芳

序　　号：H0003
作品名称：毕业季
作　　者：伍祺康
学　　校：吉林大学珠海学院
指导教师：无

序　　号：H0004
作品名称：雪后阳光
作　　者：任俊杰
学　　校：齐鲁师范学院
指导教师：陈曦

序　　号：H0005
作品名称：布达拉宫
作　　者：孟令翾
学　　校：四川大学锦城学院
指导教师：朱明富

序　　号：H0006
作品名称：忆 · 云南
作　　者：袁琪
学　　校：山东工艺美术学院
指导教师：无

序　　号：H0007
作品名称：月光
作　　者：何昱
学　　校：温州大学城市学院
指导教师：黄文霖

序　　号：H0008
作品名称：守
作　　者：吴俊隆
学　　校：琼州学院
指导教师：无

序　　号：H0009 | H0010
作品名称：落日·耀 | 落日·寂
作　　者：江辉龙
学　　校：福建农林大学东方学院
指导教师：无

序　　号：H0011
作品名称：落日
作　　者：马利
学　　校：郑州轻工业学院易斯顿（国际）美术学院
指导教师：杨中海

序　　号：H0012
作品名称：光之晨曦
作　　者：杨永太
学　　校：四川大学锦江学院
指导教师：无

序　　号：H0013
作品名称：夕阳
作　　者：王嘉晟
学　　校：中国人民解放军第二军医大学
指导教师：张啸江

序　　号：H0014
作品名称：日出时分
作　　者：宁欣
学　　校：四川师范大学
指导教师：郭旗

H0015

H0016

H0017

H0018

H0034
H0035
H0036
H0037

序　　号：H0038
作品名称：曲径
作　　者：王嘉晟
学　　校：中国人民解放军第二军医大学
指导教师：张啸江

序　　号：H0039 ｜ H0040
作品名称：生命的延伸 ｜ 水墨宏村
作　　者：管昕
学　　校：武汉东湖学院
指导教师：无

序　　号：H0041 ｜ H0042
作品名称：如画 ｜ 雪山
作　　者：盛玉洁
学　　校：江西工程学院
指导教师：胡毅

序　　号：H0043 ~ H0044
作品名称：池塘
作　　者：杜金林
学　　校：九江学院
指导教师：无

序　　号：H0045
作品名称：初雪
作　　者：寇屹
学　　校：河北科技大学
指导教师：无

序　　号：H0046 ~ H0047
作品名称：抽象系列
作　　者：王翰林
学　　校：中央美术学院
指导教师：无

H0048

序　　号：H0048 | H0049
作品名称：众里寻他千百度 | 夕阳西下几时回
作　　者：李宁
学　　校：南京师范大学泰州学院
指导教师：魏泰祥

序　　号：H0050
作品名称：海阔天空
作　　者：周林
学　　校：长沙理工大学
指导教师：艾萱

H0053

序　　号：H0051
作品名称：月・影
作　　者：李倩倩
学　　校：广州大学纺织服装学院
指导教师：冯晶雅

序　　号：H0052
作品名称：蓝色幻想
作　　者：何昱
学　　校：温州大学城市学院
指导教师：孙跃

序　　号：H0053
作品名称：晚霞
作　　者：张雨倩
学　　校：广西艺术学院
指导教师：无

序　　号：H0054 | H0055 | H0056
作品名称：湖·林 | 峦 | 雾川
作　　者：李依龙
学　　校：天津职业技术师范大学
指导教师：刘东明

H0057

序　　号：H0057
作品名称：在你世界的中心
作　　者：黎光波
学　　校：重庆航天职业技术学院
指导教师：无

序　　号：H0058
作品名称：境
作　　者：玉旺叫
学　　校：云南民族大学
指导教师：李俊

序　　号：H0059
作品名称：沙漠系列之天际
作　　者：王清竹
学　　校：北京理工大学
指导教师：郝亚维

H0060

H0061

H0076
H0077
H0078
H0080
H0081

序　　号：H0082
作品名称：流动的倒影
作　　者：宁欣
学　　校：四川师范大学
指导教师：郭旗

序　　号：H0083
作品名称：秋意
作　　者：于秀媛
学　　校：辽东学院
指导教师：无

序　　号：H0084
作品名称：秋意渐浓
作　　者：班爽
学　　校：沈阳航空航天大学
指导教师：许乃学

序　　号：H0085
作品名称：静寂
作　　者：刘成龙
学　　校：南京邮电大学
指导教师：无

序　　号：H0086
作品名称：雪夜校园
作　　者：孙运启
学　　校：山东大学（威海）
指导教师：无

序　　号：H0087
作品名称：雾帆影
作　　者：金洁
学　　校：丽水学院
指导教师：雷文生

序　　号：H0088
作品名称：秋
作　　者：毕妍秋
学　　校：南开大学
指导教师：无

序　　号：H0089
作品名称：日·落
作　　者：史萌
学　　校：昆明理工大学
指导教师：朱海昆

序　　号：H0090
作品名称：恩和丛林
作　　者：刘飞
学　　校：西南交通大学
指导教师：无

序　　号：H0091
作品名称：唯美宏村
作　　者：刘玉洁
学　　校：烟台大学
指导教师：王骏

序　　号：H0092
作品名称：藏·露
作　　者：徐宝辉
学　　校：南昌大学
指导教师：李枝秀

序　　号：H0093
作品名称：水之上
作　　者：林炀子
学　　校：汕尾职业技术学院
指导教师：袁学丽

序　　号：H0094
作品名称：云海
作　　者：邱媛
学　　校：广东财经大学华商学院
指导教师：无

序　　号：H0095
作品名称：撒网
作　　者：钟宜希
学　　校：衢州学院
指导教师：寿伟克

序　　号：H0096
作品名称：渔
作　　者：杜金林
学　　校：九江学院
指导教师：无

H0111
甜园客栈
幸福花园
景区连锁
客栈
时光里
煲仔饭

H0113

H0112

H0114

H0115

H0116

H0117

H0118

H0119

H0120

H0121

H0122

H0123

序　　号：H0116
作品名称：静界
作　　者：邓森文
学　　校：四川大学锦城学院
指导教师：朱宁

序　　号：H0117 | H0118
作品名称：鄱湖意象 | 景德镇古窑
作　　者：王欣
学　　校：景德镇陶瓷学院
指导教师：田鸿喜

序　　号：H0119 | H0120
作品名称：一湖隔春秋 | 钟声
作　　者：曾钰芸
学　　校：辽宁财贸学院
指导教师：姜杨

序　　号：H0121 | H0122 | H0123
作品名称：稻收 | 南登渔乡 | 自然的旋律
作　　者：毛秀程
学　　校：昆明理工大学
指导教师：陈出云

H0124

H0125

H0126

序　　号：H0124 | H0125 | H0126
作品名称：美梦 | 秘境 | 渔乡
作　　者：匡涛
学　　校：桂林理工大学
指导教师：无

H0127

H0128

序　　号：H0127
作品名称：驼队
作　　者：李思祁
学　　校：广西大学
指导教师：李文博

序　　号：H0128
作品名称：寂
作　　者：王清竹
学　　校：北京理工大学
指导教师：郝亚维

H0129

H0130

H0131

序　　号：H0129
作品名称：日出
作　　者：李宗润
学　　校：北京科技大学天津学院
指导教师：李文红

序　　号：H0130
作品名称：余晖
作　　者：王英兰
学　　校：榆林学院
指导教师：李艳妮

序　　号：H0131
作品名称：日出
作　　者：温吕钊
学　　校：成都理工大学工程技术学院
指导教师：廖倩

H0134

序　　号：H0132
作品名称：高粱影
作　　者：李永华
学　　校：榆林学院
指导教师：李艳妮

序　　号：H0133
作品名称：玉米地
作　　者：李思祁
学　　校：广西大学
指导教师：李文博

序　　号：H0134
作品名称：红日
作　　者：何宁
学　　校：北京科技大学天津学院
指导教师：满甜

H0135

H0136

H0137

序　　号：H0135
作品名称：孤
作　　者：洪振羽
学　　校：榆林学院
指导教师：李艳妮

序　　号：H0136 | H0137
作品名称：光影 | 七彩神山
作　　者：王晶
学　　校：西北民族大学
指导教师：刘志刚

H0154

H0155

H0156

H0157

H0158

H0159

序　　号：H0157
作品名称：彩旗
作　　者：陈美凤
学　　校：广西艺术学院
指导教师：刘佳

序　　号：H0158
作品名称：拾家
作　　者：陈萍
学　　校：广西艺术学院
指导教师：蒋英彩

序　　号：H0159
作品名称：禁
作　　者：周龙敏
学　　校：广西师范大学
指导教师：徐芳

序　　号：H0160
作品名称：捕鱼
作　　者：杨东
学　　校：广东技术师范学院
指导教师：叶志豪

序　　号：H0161
作品名称：我的朋友在哪里
作　　者：柳桂雪
学　　校：山东理工大学
指导教师：无

序　　号：H0162
作品名称：羊头
作　　者：班爽
学　　校：沈阳航空航天大学
指导教师：许乃学

序　　号：H0163
作品名称：静待
作　　者：李奇旺
学　　校：东北农业大学
指导教师：关晓娜

序　　号：H0164
作品名称：秋韵
作　　者：陆一溪
学　　校：安阳师范学院
指导教师：李莉

H0160
H0161
H0162
H0163
H0164

序　　号：H0165
作品名称：大自然的颜色
作　　者：陈美凤
学　　校：广西艺术学院
指导教师：刘佳

序　　号：H0166
作品名称：祈
作　　者：包世莲
学　　校：广西艺术学院
指导教师：韦文翔

序　　号：H0167
作品名称：竹排争流
作　　者：杨萌娜
学　　校：抚顺职业技术学院
指导教师：朱霖、陈松立

H0281

H0282

H0283

H0284

H0285

H0286

H0287

H0288

H0289

序　　号：H0286
作品名称：时
作　　者：何家栋
学　　校：杭州职业技术学院
指导教师：方丹丹

序　　号：H0287 ｜ H0288
作品名称：网 ｜ 希冀
作　　者：李凯歌
学　　校：山东大学（威海）
指导教师：司维东

序　　号：H0289
作品名称：以技营生
作　　者：王凯
学　　校：榆林学院
指导教师：白云

序　　号：H0290
作品名称：话当年
作　　者：赵怡
学　　校：榆林学院
指导教师：白云

序　　号：H0291 | H0292
作品名称：年轻的心 | 生活浮萍般卑微
作　　者：郑亚楠
学　　校：榆林学院
指导教师：白云

序　　号：H0293
作品名称：霞浦故事
作　　者：汪轲
学　　校：闽江学院
指导教师：蔡炎辉

H0294

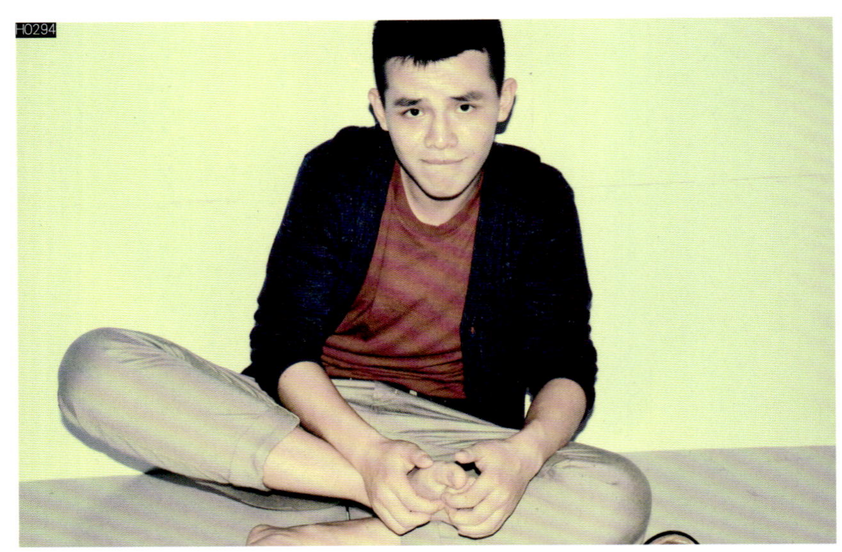

H0296

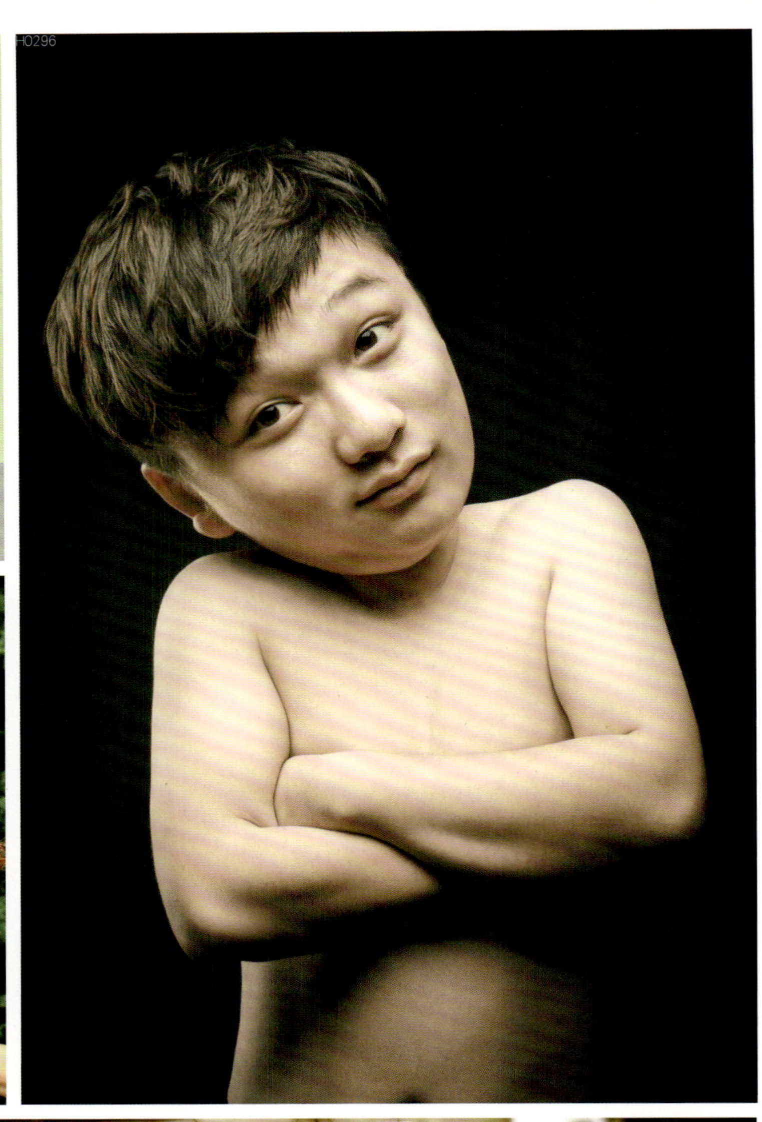

H0295

H0297

H0298

H0299

H0317

H0318

H0319

H0320

H0321

H0322

H0323

H0324

H0325

H0326

序　　号：H0320
作品名称：乡思
作　　者：焦恬也
学　　校：昆明理工大学
指导教师：许佳

序　　号：H0321
作品名称：守·望
作　　者：马强
学　　校：榆林学院
指导教师：白云

序　　号：H0322
作品名称：商业摄影人物
作　　者：孟雅芝
学　　校：湖南科技学院
指导教师：李科燕

序　　号：H0323
作品名称：商业摄影人像
作　　者：张鹤莹
学　　校：湖南科技学院
指导教师：李科燕

序　　号：H0324
作品名称：人物摄影
作　　者：梁新缘
学　　校：湖南科技学院
指导教师：李科燕

序　　号：H0325
作品名称：摄影
作　　者：俞永峰
学　　校：天津职业技术师范大学
指导教师：王广文

序　　号：H0326
作品名称：陶艺
作　　者：林子钰、林乔武
学　　校：三明学院
指导教师：邢成武

序　　号：H0327～H0328
作品名称：粉墨人生
作　　者：郝琪
学　　校：广西师范大学
指导教师：何平静

序　　号：H0329
作品名称：老人与摄影
作　　者：王芳
学　　校：广西艺术学院
指导教师：黄卢健

H0330

H0331

H0332

H0333

H0334

H0335

序　　号：H0330
作品名称：丹寨孩子
作　　者：吴庆庆
学　　校：湖南师范大学
指导教师：吴尚君

序　　号：H0331
作品名称：观・看
作　　者：隋宜宏
学　　校：山东工艺美术学院
指导教师：李楠

序　　号：H0332
作品名称：思索
作　　者：韩露利
学　　校：广安职业技术学院
指导教师：杨小乐

序　　号：H0333
作品名称：喜悦
作　　者：刘亚运
学　　校：新疆师范大学
指导教师：莫合德尔・亚森

序　　号：H0334
作品名称：安仁印象系列之童真
作　　者：彭庆
学　　校：四川电影电视学院
指导教师：张善诚

序　　号：H0335
作品名称：婺美
作　　者：刘宇
学　　校：天津财经大学
指导教师：刘欣

H0338

序　　号：H0336
作品名称：渴望 · 曙光
作　　者：朱悦韵
学　　校：广东技术师范学院
指导教师：无

序　　号：H0337
作品名称：我要回家
作　　者：韩昊
学　　校：厦门大学
指导教师：无

序　　号：H0338
作品名称：婚纱
作　　者：刘欢
学　　校：大连大学
指导教师：刘宝华

序　　号：H0339
作品名称：休憩时光
作　　者：隋宜宏
学　　校：山东工艺美术学院
指导教师：李楠

序　　号：H0340
作品名称：黄包车夫摄影
作　　者：李桃
学　　校：海南职业技术学院
指导教师：钟兰馨

序　　号：H0341
作品名称：留守老人
作　　者：杨宽
学　　校：合肥学院
指导教师：无

序　　号：H0342
作品名称：烤地瓜
作　　者：焦恬也
学　　校：昆明理工大学
指导教师：许佳

序　　号：H0343
作品名称：大学第一课
作　　者：张一超
学　　校：长春工业大学
指导教师：杨峰

序　　号：H0344
作品名称：敦煌
作　　者：陈汶卿
学　　校：湖北美术学院
指导教师：涂志初

序　　号：H0345
作品名称：微笑毕业
作　　者：钟洁
学　　校：广州大学
指导教师：蔡忆龙

序　　号：H0346
作品名称：一勇向前
作　　者：黄震坤
学　　校：广东青年职业学院
指导教师：无

序　　号：H0347
作品名称：陶醉
作　　者：孙艳晶
学　　校：天津职业技术师范大学
指导教师：顾杰

序　　号：H0348
作品名称：擦拭
作　　者：董银
学　　校：曲阜师范大学
指导教师：无

H0343
再见
禹强
We love you
七连长

H0344

H0345

H0346

H0347

H0348

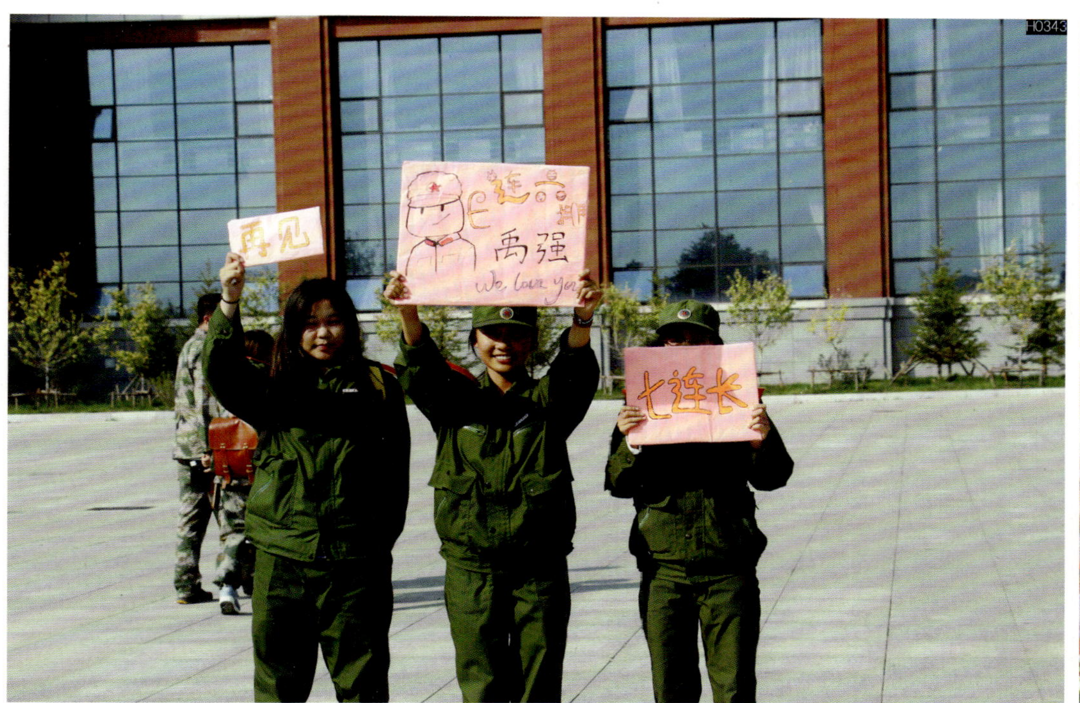

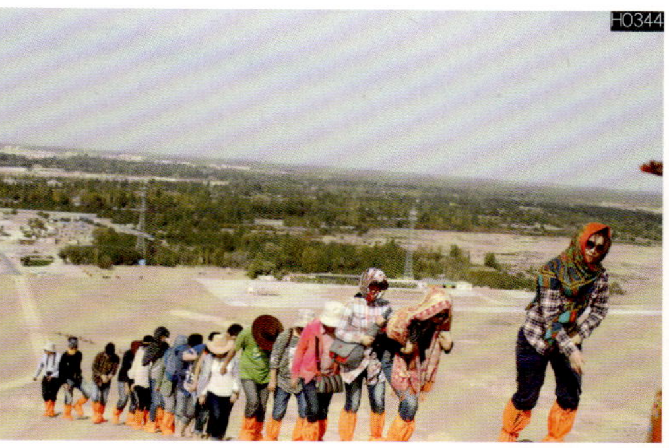

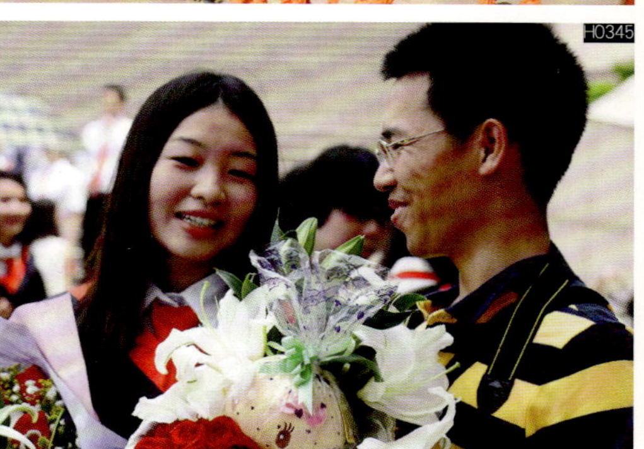

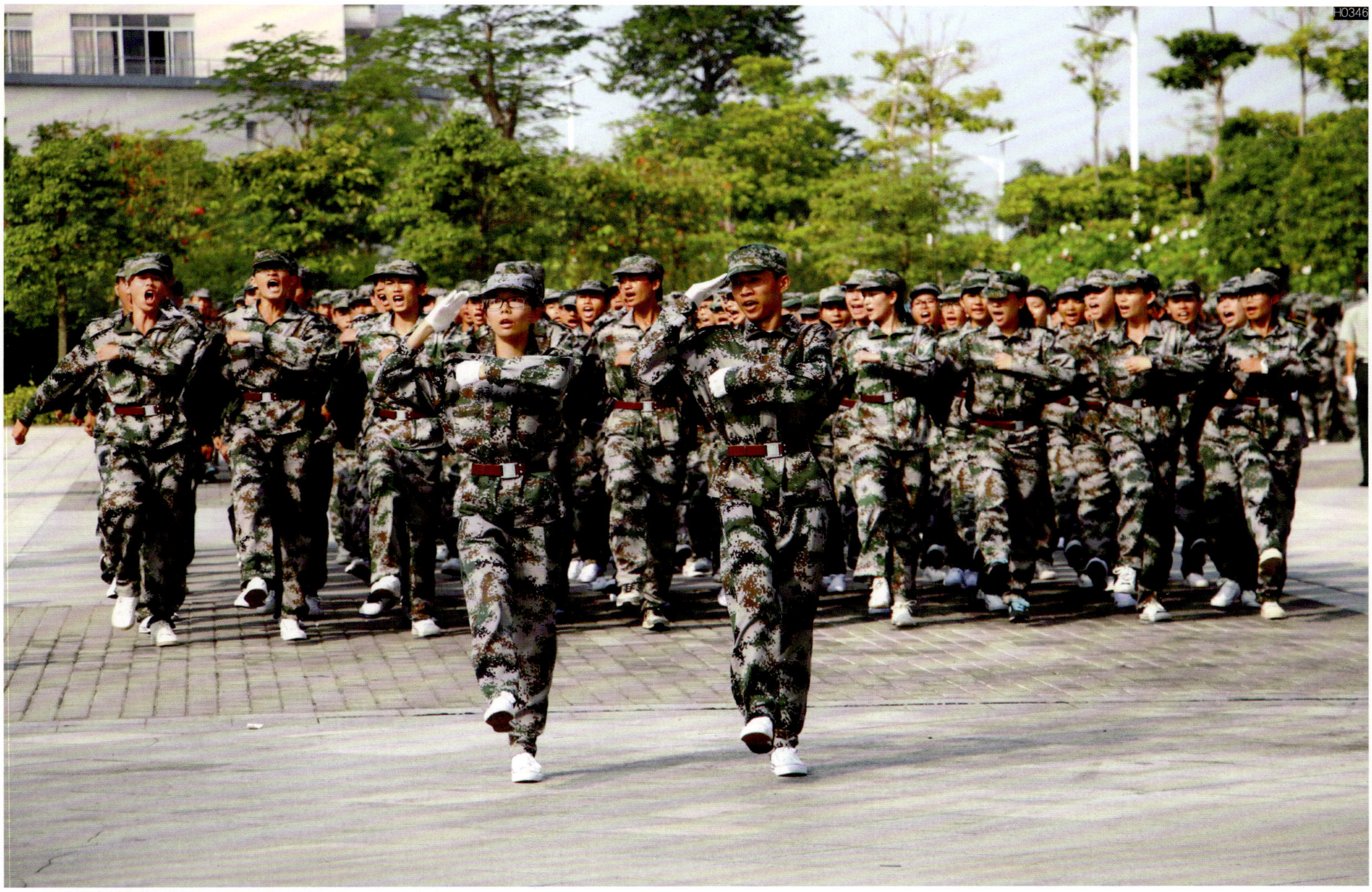

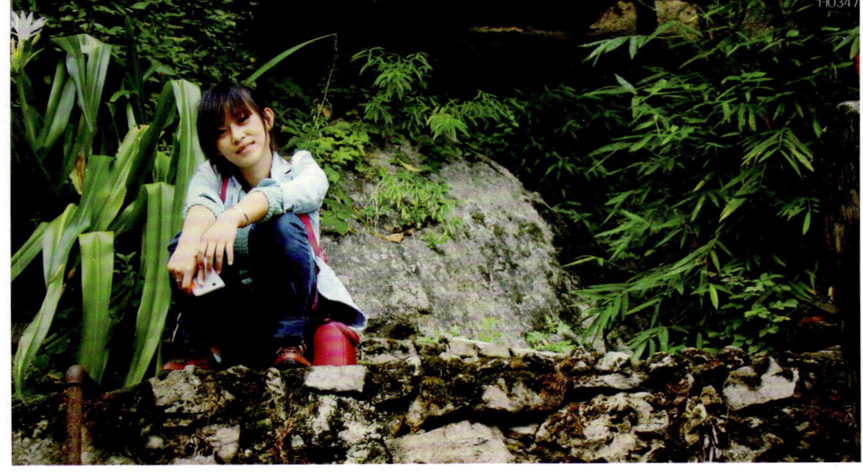

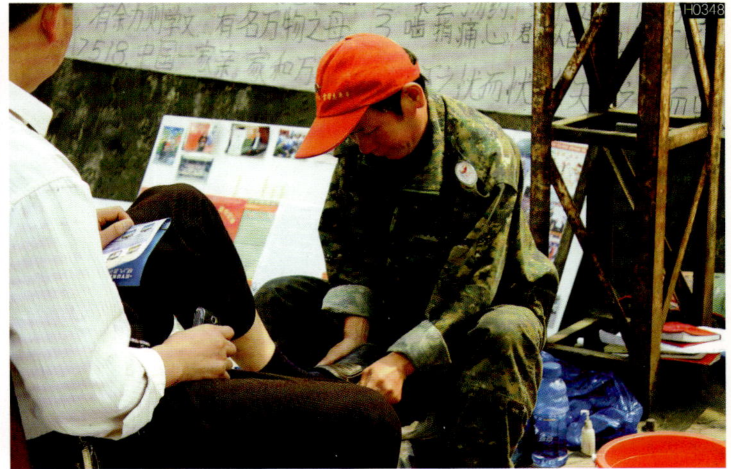

H0349

H0350

H0351

H0352

序　　号：H0349
作品名称：伫立
作　　者：马鑫
学　　校：山西大学
指导教师：无

序　　号：H0350
作品名称：黑云压城
作　　者：任炳旭
学　　校：天津师范大学津沽学院
指导教师：王米雪

序　　号：H0351
作品名称：夜
作　　者：张力军
学　　校：昆明理工大学
指导教师：张建国

序　　号：H0352
作品名称：水映谢赫扎伊德清真寺
作　　者：余文莹
学　　校：湖北工业大学
指导教师：无

序　　号：H0353
作品名称：城市里的墙
作　　者：徐宝辉
学　　校：南昌大学
指导教师：李枝秀

序　　号：H0354
作品名称：夜·上海
作　　者：赵璐瑶
学　　校：山东交通学院
指导教师：无

序　　号：H0355
作品名称：虚实相间
作　　者：戚炎强
学　　校：广东技术师范学院
指导教师：无

序　　号：H0356
作品名称：倒影·两座城
作　　者：黄震坤
学　　校：广东青年职业学院
指导教师：无

H0357

H0358

H0359

H0360

H0361

序　　号：H0357
作品名称：忆 · 云南
作　　者：袁琪
学　　校：山东工艺美术学院
指导教师：无

序　　号：H0358
作品名称：少女独舞
作　　者：曹纪策
学　　校：温州大学城市学院
指导教师：谢瑞乐

序　　号：H0359
作品名称：秦淮依旧
作　　者：张艺
学　　校：景德镇陶瓷学院
指导教师：无

序　　号：H0360
作品名称：匆匆那年
作　　者：王翔飞
学　　校：天津科技大学
指导教师：王艺湘

序　　号：H0361
作品名称：石家大院
作　　者：邱媛
学　　校：广东财经大学华商学院
指导教师：无

H0362

H0363

H0364

序　　号：H0362
作品名称：繁花
作　　者：赵璐瑶
学　　校：山东交通学院
指导教师：无

序　　号：H0363
作品名称：远处东方
作　　者：李明杰
学　　校：浙江工业大学之江学院
指导教师：无

序　　号：H0364
作品名称：现代的贫民窟
作　　者：李奇旺
学　　校：东北农业大学
指导教师：黄娜

H0365

H0366

H0367

H0368

序　　号：H0365 ~ H0367
作品名称：舌尖上的民俗
作　　者：曾子渝
学　　校：昆明理工大学
指导教师：李晶源

序　　号：H0368
作品名称：彩
作　　者：赵然
学　　校：杭州师范大学
指导教师：朱鸽翔

序　　号：H0384
作品名称：迪奥花漾甜心淡香水广告摄影
作　　者：王娟
学　　校：武汉工商学院
指导教师：牛学

序　　号：H0385
作品名称：百岁山矿泉水广告摄影
作　　者：张倩
学　　校：武汉工商学院
指导教师：牛学

序　　号：H0386
作品名称：百威啤酒广告摄影
作　　者：黄召帆
学　　校：武汉工商学院
指导教师：牛学

序　　号：H0387
作品名称：大卫杜夫香水广告摄影
作　　者：朱心怡
学　　校：武汉工商学院
指导教师：牛学

H0388

H0389

H0390

H0391

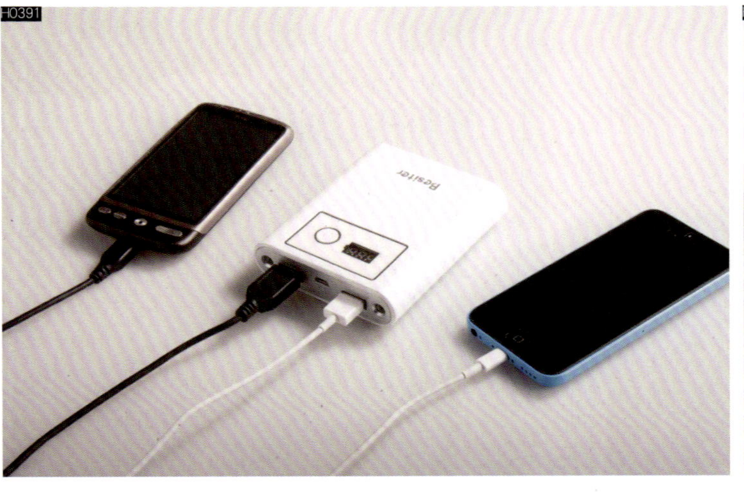

H0392

序　　号：H0388
作品名称：静物摄影
作　　者：张鹤莹
学　　校：湖南科技学院
指导教师：李科燕

序　　号：H0389
作品名称：静物摄影
作　　者：黄婷婷
学　　校：湖南科技学院
指导教师：李科燕

序　　号：H0390
作品名称：静物摄影
作　　者：张揽月
学　　校：湖南科技学院
指导教师：李科燕

序　　号：H0391
作品名称：静物摄影
作　　者：王锡鹏
学　　校：湖南科技学院
指导教师：李科燕

序　　号：H0392
作品名称：静物摄影
作　　者：孟雅芝
学　　校：湖南科技学院
指导教师：李科燕

序　　号：H0393
作品名称：静物摄影
作　　者：黄子夏
学　　校：燕京理工学院
指导教师：陈旺

序　　号：H0394
作品名称：商业广告习作
作　　者：梁佳
学　　校：山西大学
指导教师：王志俊

序　　号：H0395
作品名称：静物摄影
作　　者：吴艳艳
学　　校：湖南科技学院
指导教师：李科燕

H0396

H0397

H0398

H0399

H0400

H0401

序　　号：H0396
作品名称：脉动功能饮料广告摄影
作　　者：黄晓龙
学　　校：武汉工商学院
指导教师：牛学

序　　号：H0397
作品名称：美汁源果粒橙广告摄影
作　　者：李小龙
学　　校：武汉工商学院
指导教师：牛学

序　　号：H0398
作品名称：爱夸矿泉水广告摄影
作　　者：林婷
学　　校：武汉工商学院
指导教师：牛学

序　　号：H0399
作品名称：水溶 C100 广告摄影
作　　者：徐平平
学　　校：武汉工商学院
指导教师：牛学

序　　号：H0400
作品名称：阿萨姆奶茶广告摄影
作　　者：陈文娣
学　　校：武汉工商学院
指导教师：牛学

序　　号：H0401
作品名称：脉动维生素饮料广告摄影
作　　者：王青
学　　校：武汉工商学院
指导教师：牛学

序　　号：H0432
作品名称：红广场伏特加预调酒广告摄影
作　　者：刘安
学　　校：武汉工商学院
指导教师：牛学

序　　号：H0433 | H0434
作品名称：The Face Shop Calendula 化妆品广告摄影 | 本草优萃洗发水广告摄影
作　　者：蒋雅洁
学　　校：武汉工商学院
指导教师：牛学

序　　号：H0435
作品名称：力士沐浴乳广告摄影
作　　者：刘士威
学　　校：武汉工商学院
指导教师：牛学

H0436

H0437

H0438

H0439

H0440

H0441

序　　号：H0436
作品名称：Chateau 红酒广告摄影
作　　者：沈豪
学　　校：武汉工商学院
指导教师：牛学

序　　号：H0437
作品名称：静物摄影
作　　者：梁新缘
学　　校：湖南科技学院
指导教师：李科燕

序　　号：H0438
作品名称：RIO 鸡尾酒广告摄影
作　　者：何雨欣
学　　校：武汉工商学院
指导教师：牛学

序　　号：H0439
作品名称：资生堂泡沫洁面乳广告摄影
作　　者：雷啸
学　　校：武汉工商学院
指导教师：牛学

序　　号：H0440
作品名称：植物日记青竹高水分广告摄影
作　　者：胡娜
学　　校：武汉工商学院
指导教师：牛学

序　　号：H0441
作品名称：贝尔兰尼香水广告摄影
作　　者：韦薇
学　　校：武汉工商学院
指导教师：牛学

HD463

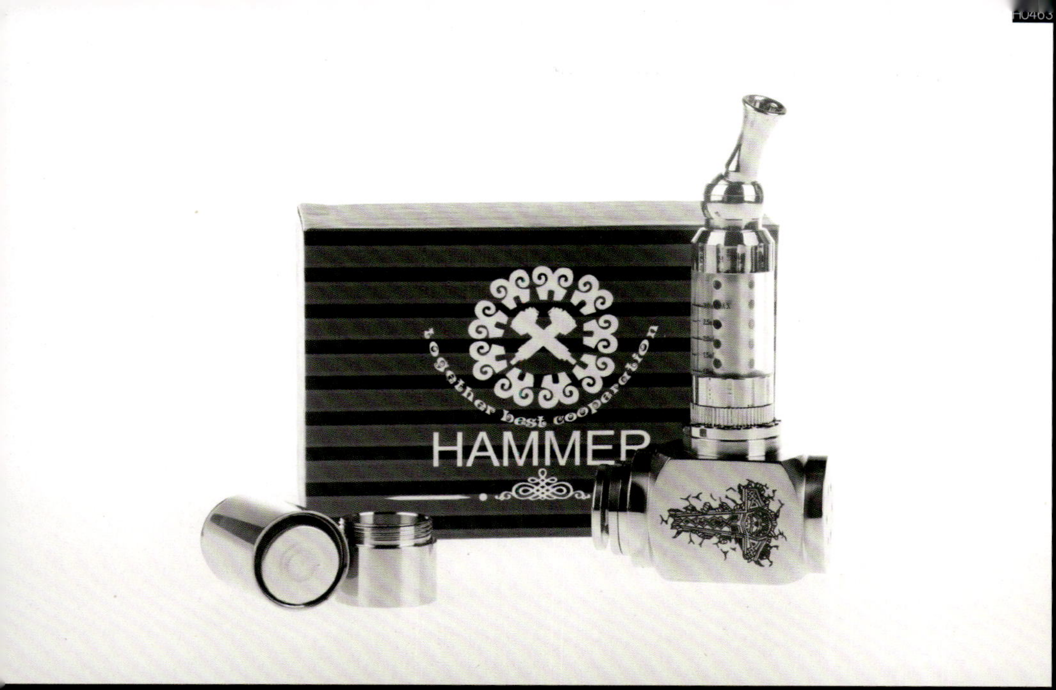

HD46

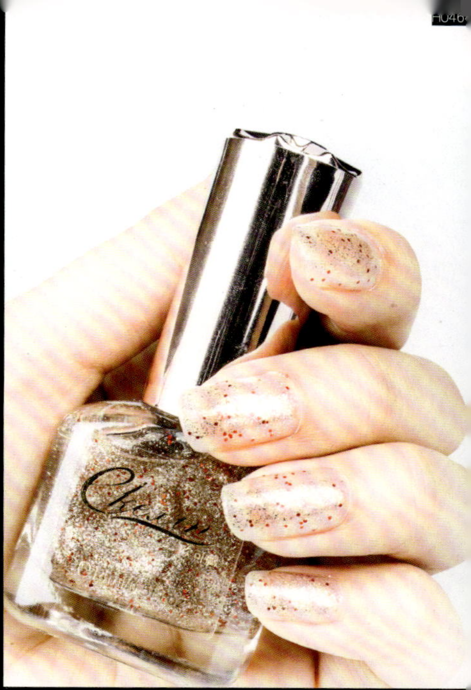

HD465

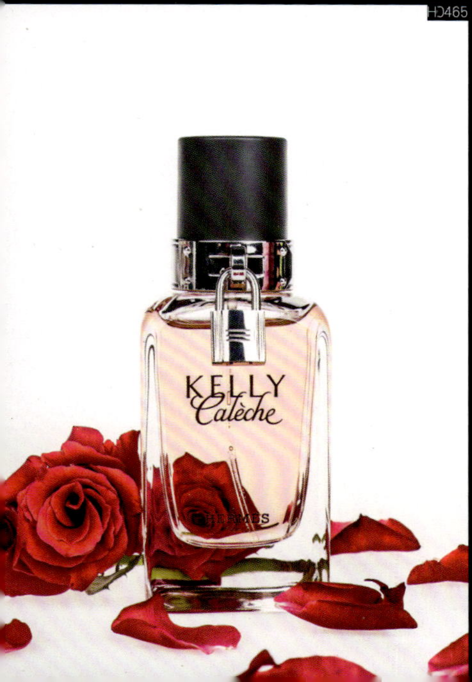

HD46

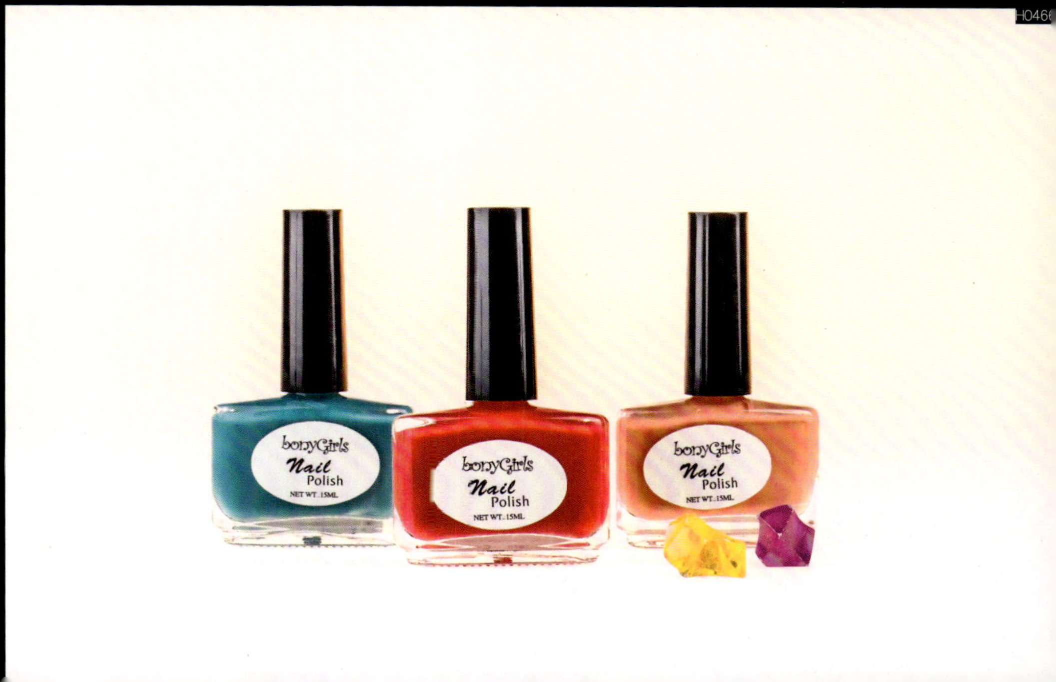

H0467

H0468

H0469

序　　号：H0467
作品名称：悦诗风吟化妆品广告摄影
作　　者：赵洁
学　　校：武汉工商学院
指导教师：牛学

序　　号：H0468
作品名称：迪奥真我香水广告摄影
作　　者：赵翾
学　　校：武汉工商学院
指导教师：牛学

序　　号：H0469
作品名称：泊美化妆品广告摄影
作　　者：佘娜
学　　校：武汉工商学院
指导教师：牛学

序　　号：H0470
作品名称：美津植秀化妆水广告摄影
作　　者：袁芳
学　　校：武汉工商学院
指导教师：牛学

序　　号：H0471
作品名称：金盏花新生焕肤乳广告摄影
作　　者：王稚媛
学　　校：武汉工商学院
指导教师：牛学

序　　号：H0472
作品名称：雅姿香水广告摄影
作　　者：汪静
学　　校：武汉工商学院
指导教师：牛学

序　　号：H0473
作品名称：植物精萃护肤品广告摄影
作　　者：赵瑞
学　　校：武汉工商学院
指导教师：牛学

序　　号：H0474
作品名称：依云保湿液广告摄影
作　　者：杨利文
学　　校：武汉工商学院
指导教师：牛学

序　　号：H0475
作品名称：舒蕾洗发水广告摄影
作　　者：向夏滨
学　　校：武汉工商学院
指导教师：牛学

序　　号：H0476 ｜ H0477 ｜ H0478 ｜ H0479
作品名称：旧时光·水影抽象委屈｜旧时光·水影抽象惊讶｜旧时光·水影抽象怒吼｜旧时光·水影抽象深思
作　　者：尹璐
学　　校：武汉工程大学
指导教师：邓俊峰

序　　号：H0480 ～ H0481
作品名称：洁柔面纸的创意表现——“止”
作　　者：张正洁
学　　校：四川农业大学
指导教师：董广辉

序　　号：H0482
作品名称：晚上九点
作　　者：孙嘉泽
学　　校：湖北大学知行学院
指导教师：易凤霞

序　　号：H0483
作品名称：单车
作　　者：曾颖茵
学　　校：广东技术师范学院
指导教师：严似蜜

序　　号：H0484
作品名称：火苗
作　　者：陈思黎
学　　校：集美大学诚毅学院
指导教师：叶主行

H0485

H0486

H0487

H0488

H0491

序　　号：H0485
作品名称：动
作　　者：曹文杰
学　　校：广东技术师范学院
指导教师：无

序　　号：H0486
作品名称：生命的火
作　　者：陈化玮
学　　校：仙桃职业学院
指导教师：孙林

序　　号：H0487
作品名称：晒猪头
作　　者：林先婷
学　　校：广东工业大学
指导教师：黄芳芳

序　　号：H0488
作品名称：陪伴
作　　者：韩丽茹
学　　校：天津美术学院
指导教师：薛明

序　　号：H0489 – H0490
作品名称：抽象系列
作　　者：王翰林
学　　校：中央美术学院
指导教师：无

序　　号：H0491
作品名称：存在的痕迹
作　　者：金洁
学　　校：丽水学院
指导教师：雷文生

后记

经过一年左右紧张而忙碌的征稿、审核、评审、设计、印刷等工作，《2015中国当代大学生艺术作品年鉴》（以下简称《年鉴》）终于与大家见面了。此次征稿分为一、二、三批次，共收到了3万余名学生的投稿作品，最终有6000余幅（件）作品被《年鉴》收编入册，其中有近500幅（件）优秀作品在大赛中获奖。面对烦琐且庞大的数据、资料，我们必须进行多次的核对、整理、筛选来保证《年鉴》的质量。值得称赞的是，在征稿过程中我们看到了很多让人眼前一亮的艺术作品，这些作品风格、理念多样，充分展示出我国当代大学生天马行空的创造力。

随着国家对文化事业的大力扶植，越来越多的年轻人投入到艺术创作的浪潮中。他们充满着生命的热情，有着对美好前景的憧憬，他们是把中国艺术事业推向前进、推向未来的汹涌力量。《年鉴》在总结、归纳2014～2015年度中国当代大学生艺术创作成果的同时，也为中国年青一代搭建了良好的学术平台，全面展示中国当代大学生的艺术创作特征，让未来的艺术人才获得更多的展示机会。

创作是主观能动的，它需要一系列实践的经验，更要有创新的思维。大学生以传统的基础训练为根本，或基础形体，或淡墨重彩，抑或是灵动的设计，从各个方面延伸出不同的绘画语言和鲜明的艺术风格。尽管有些作品还很稚嫩，但依然可以看出他们对艺术的探求精神。

在《年鉴》征稿、编辑和大赛的举办过程中，不仅得到了主办方中国传媒大学美术传播研究所叶建新、杨李军、叶加贝老师及专家评委们强有力的支持，还得到了以中央美术学院、清华美术学院、天津美术学院、湖北美术学院、西安美术学院等全国八大美术学院为主的31所独立高等艺术院校和其他综合类、职业类高等艺术院校的专家、教授以及老师们的大力支持和帮助，还有很多老师、朋友提出了很多宝贵而中肯的建议，正是因为有你们，《年鉴》才能做得更好。

最后，感谢给我巨大帮助的李砚祖、吕品昌、戴雨享、郭振山、陈君、任焕斌、周小波、罗必武、晏阳、宫林、刘伟冬、宁钢、詹武、崔自默、陈建辉、徐青青、刘颖悟、李宗尧、翟博、陈高潮、兰翠芹、边平山、郭爱和、刘若望、闫蕾等老师、朋友和同学。感谢我的精英团队，在《年鉴》出版之际，谨向他们和所有关心支持《年鉴》工作的单位和个人表示衷心的感谢！

由于投稿人数多、数据量大，约3000人的资料信息，6000多幅（件）作品需要工作人员一个个整理、核对。尽管同事们都全力以赴地进行工作，在编辑过程中也难免有疏漏或错误之处，还请大家多多指正，提出宝贵意见。

2015年，我们用行动、思想、汗水和力量完成了《年鉴》的出版；2016年，我们会继续坚持认真、严谨的工作态度，以公平、公正、专业、权威的评审机制来做好《年鉴》。加油吧，莘莘学子们，愿《年鉴》成为你们梦想的翅膀，带着你们展翅高飞！

丁勇名

2015年7月20日写于北京